정석 CATIA V5

윤석범·육기철·김창동·임재문 저

JINSAEM 진샘미디어

PREFACE

현대의 산업 사회는 대량 생산으로 개성보다는 소유욕만을 충족시키던 시대에서 나만의 개성을 요구하는 디자인과 차별화된 기능 중심의 시대로 변화하고 있습니다. 또 이런 방향의 발전은 세계화된 산업현장에서 공급자 중심의 제품 설계가 수요자 중심의 제품 설계와 디자인으로 변해가고 있는 자연스러운 현상입니다.

컴퓨터를 활용한 설계 디자인 CAD의 경향도 2D CAD의 활용에서 이제는 3D의 활용이 일반화 되었습니다. 이것은 높은 사양의 컴퓨터가 일반화되었기 때문은 물론 소프트웨어 개발업자들의 개인 PC에서의 사용을 목표로 한 개발 덕분이기도 합니다. CATIA는 Dassault System에서 개발하여 전 세계적으로 사용하는 CAD / CAM / CAE 프로그램 중의 하나로 우리나라에서도 자동차, 항공기, 조선 등 기계분야의 산업체에서는 물론 전기, 전자, 소비재 등 설계와 디자인이 관련된 거의 모든 제품개발과 생산분야에서 도입하여 사용하고 있는 가장 일반적인 3D 소프트웨어입니다. 따라서 학교에서도 공과대학 학생은 물론 일반 학생들까지도 CATIA의 교육과 활용은 보편화된 교과목 중의 하나입니다.

이 책은 저자가 직접 학교에서 강의하기 위해서 편찬한 것으로 CATIA V5가 가지고 있는 Sketcher, Part Design, Wireframe & Surface Design, Assembly Design 및 Drafting 기능을 배울 수 있도록 하였습니다. CATIA와 같은 소프트웨어의 활용은 프로그램의 이해보다는 수많은 경험을 통한 사용자의 숙련도가 중요한 분야입니다. 따라서 이 책은 CATIA를 처음 대하는 학생들이 이 책을 통하여 기초에서부터 고급기능까지도 연마할 수 있도록 수많은 예제를 제공하고 있으며, 특히 따라하기 예제는 복잡한 도면을 처음 대하는 학생들에게 중, 고급 사용자로 갈수 있는 길을 안내할 것입니다. 또 이 책에서 제공하는 풍부한 모델링 예제를 통해서는 능숙한 CATIA 사용 능력을 배양할 수 있을 것으로 기대합니다.

끝으로 이 책을 이용하여 공부하는 모든 분에게 감사드리며, 좋은 결과가 있기를 기대합니다.

2015년 6월

저자

CONTENTS

CHAPTER

01 CATIA 시작하기

CONTENTS

1 CATIA 소개

1969년 프랑스 항공기 제조 회사인 Dassault Aviation에서 대화식 그래픽 프로그램을 개발하는 것으로부터 CATIA의 역사는 시작한다. 1975년에 Dassault Aviation사는 미국의 록히드 항공기 제조사로부터 CAD/CAM의 소유권을 사들인 후, 1977년에는 CAD/CAM 3D 소프트웨어인 AMD(Avions Marcel Dassault)를 개발하였고, 이것이 오늘날의 CATIA의 이전 이름이다. 1981년에는 CATIA 솔루션의 마케팅과 홍보, 판매를 위해 IBM과 전 세계에 걸친 파트너십 채결하여 판매망을 확보하였다. 이후 세계적인 자동차 제조업체인 BMW, 메르세데스, 혼다, 포드 등과 협력 관계 체결을 계기로 세계적인 기계 자동차 분야의 설계 프로그램으로 위치를 넓혀갔다.

1982년에 3D 디자인, 서피스 모델링, NC 프로그래밍 기능을 추가하여 CATIA V1 출시를 시작으로 1984년에는 2D와 3D를 통합한 CATIA V2 출시하여 기계, 자동차, 항공기 설계 부문의 세계적인 소프트웨어로 부상하였다. 1986년에는 미국의 Boeing사도 CATIA를 도입하기에 이르렀다.

1998년 CATIA V5를 Window용 프로그램으로 출시하면서부터 CATIA는 산업현장에서 더욱 이용범위가 넓어졌고 기능도 대폭 확장되어 이제는 CAD/CAM/CAE를 포함하는 종합 설계프로그램으로서 자리를 차지하기에 이르렀다. 우리나라에서도 많은 기업체가 설계의 기본 프로그램으로 CATIA를 사용하고 있다.

2 CATIA V5 실행

CATIA V5 아이콘을 실행시키면 CATIA V5 파일이 실행에 들어가 다음과 같은 창이 열린다. 열리는 시간은 사용자의 컴퓨터에 따라 약간씩 차이가 있다.

3 Workbench로 들어가기

CATIA V5로 작업을 하기 위해서는 해당 작업 Workbench로 들어가야 한다. CATIA V5는 여러 종류의 Workbench를 가지고 있다. 따라서 Workbench로 들어가는 방법도 여러 가지가 있다. CATIA는 Solid Modeling에 있어 Sketch → Part Design → Assembly Design의 순서에 따라서 작업을 진행하므로 처음 작업을 위한 Workbench는 Sketch, Part Design 또는 Product Design Workbench로 들어가게 된다.

3.1 Window Workbench에서 들어가기

Window Workbench로 들어가는 방법은 그림처럼 Window에 열린 Welcome to CATIA V5 Window에서 해당 아이콘을 선택하여 Workbench로 들어가는 방법이다. 만약 처음 시작 시 Welcome to CATIA V5가 열리지 않았다면 All General Options Icon ■을 클릭하면 Welcome to CATIA V5 Window가 열린다. Welcome to CATIA V5 Window에는 자신이 미리 설정해 놓은 Workbench Icon 들이 띄워져있다. 여기서 자신이 작업 하려는 아이콘을 선택해서 해당 작업 화면으로 이동하면 된다.

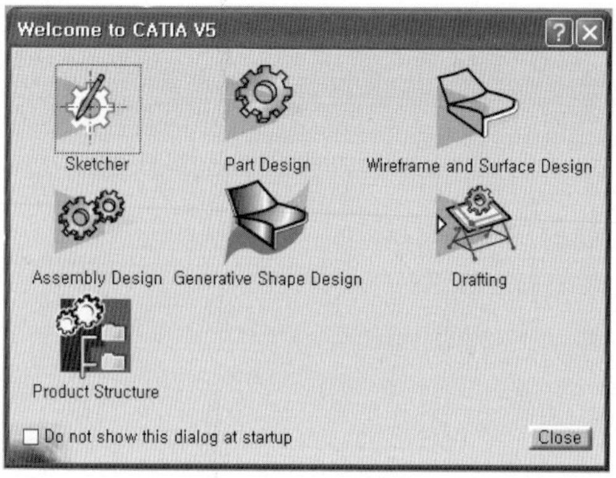

3.2 Pull Down Menu 이용하여 들어가기

CATIA V5 시작 화면의 상단에는 Pulldown Menu Bar가 존재한다. Start, ENOVIA V5, File, Edit, View, Insert, Tools, Window, Help 등의 메뉴가 있다. Workbench로 들어가기 위해서는 Start → Mechanical Design → 해당 Workbench 순서로 들어간다. 여기에는 많은 Workbench가 있으므로 자신이 하려는 작업에 맞게 찾아가야한다.

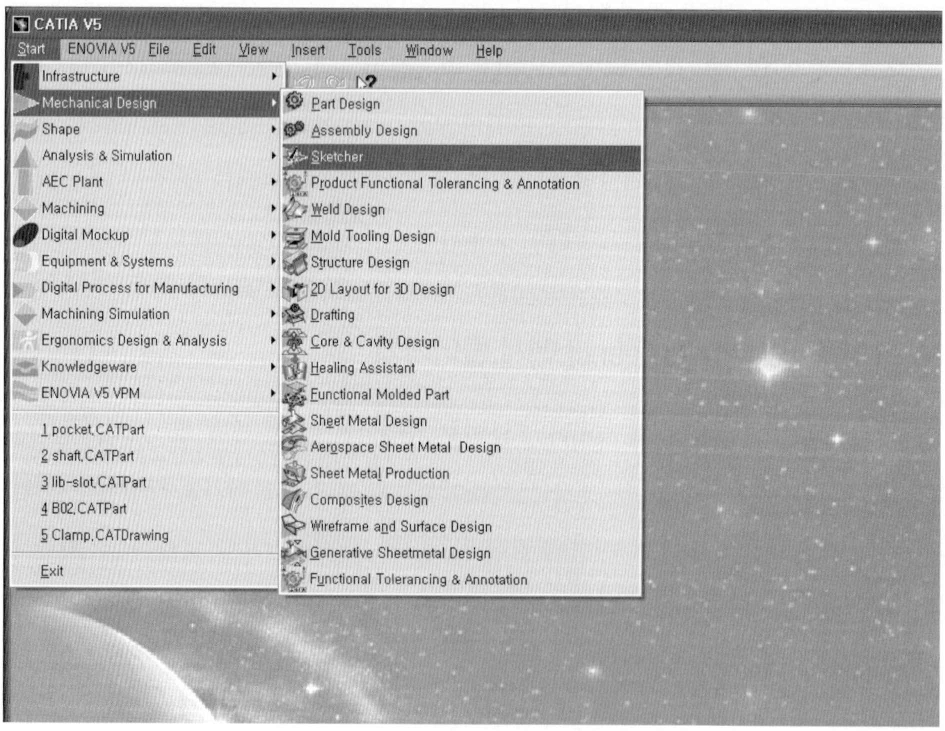

3.3 Standard Menu Bar에서 들어가기

Window 화면에 제공하는 Standard Menu Bar에는 어느 프로그램이나 New Icon이 있다. 이것을 이용하여 Workbench로 들어갈 수 있다. 메뉴에서 New를 클릭하면 새로운 창이 열리면서 들어가려는 Workbench를 선택하도록 요구한다. 이 창에서 원하는 Workbench를 선택하고 Ok 해주면 된다.

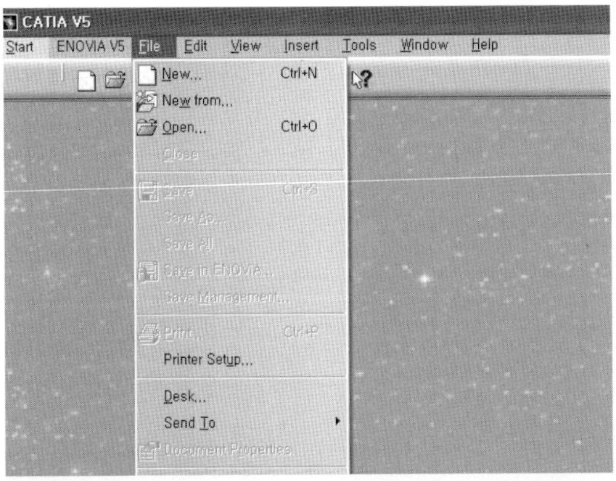

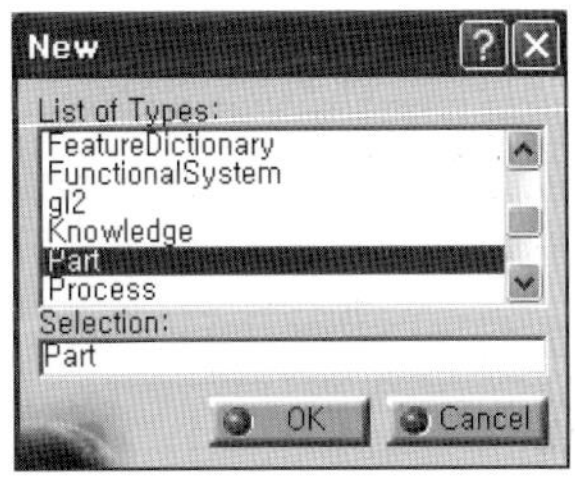

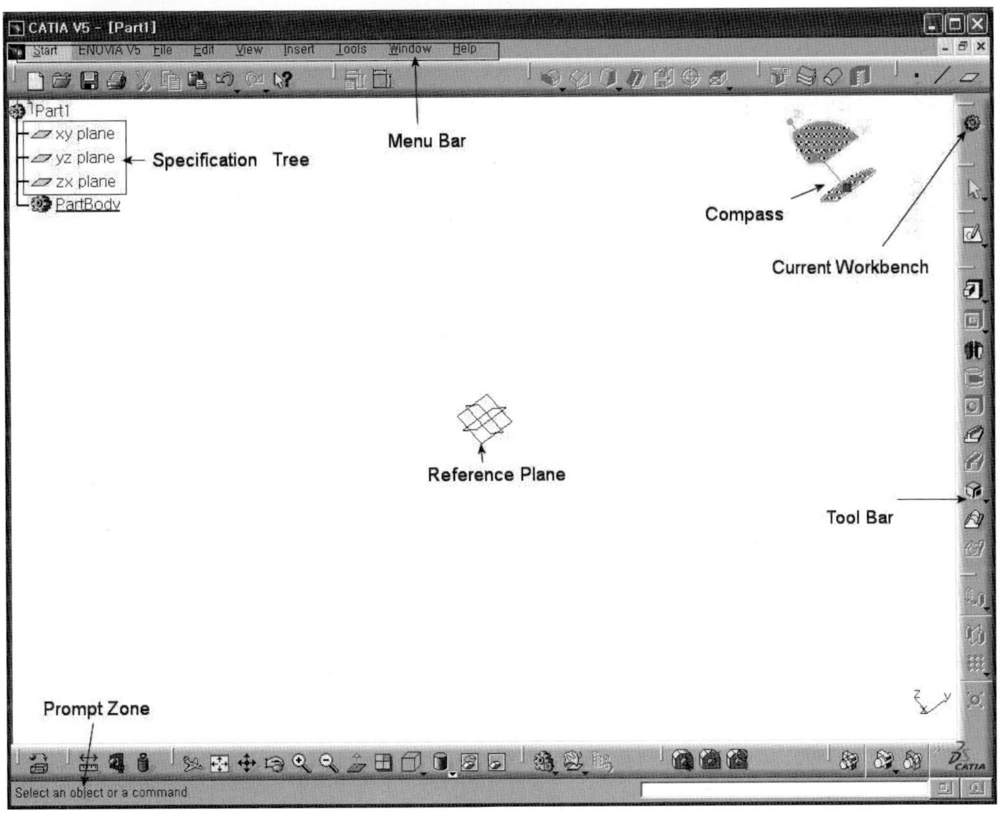

4 저장하기

CATIA V5 파일 저장은 File → Save를 이용하여 하거나 Standard Tool Bar의 💾 아이콘을 클릭해서 저장한다. 저장 파일의 확장자는 어떤 작업의 저장인지에 따라서 파일의 확장자가 달라진다.

Workbench	File Name
Part Design, Sketcher, Generative Sheetmetal Design, Wireframe and Surface Design	CATPart
Assembly Design	CATProduct
Drafting	CATDrawing

Part Design Workbench에서의 저장은 기본적으로 CATPart으로 지정되지만 stl, igs, model, stp, 3map 등의 확장자로도 저장할 수 있다.

5 종료하기

CATIA 종료는 File → Exit 또는 Window 창의 우측 상단에 있는 윈도 종료 아이콘을 클릭하여 종료한다.

6 CATIA V5 설정

6.1 CATIA V5 초기메뉴 설정

Pulldown Menu → Tools → Customize로 들어가면 새로운 창이 열린다. 여기서 Start Menu를 선택하면 초기에 열릴 Workbench Icon을 더하거나 삭제할 수 있다.

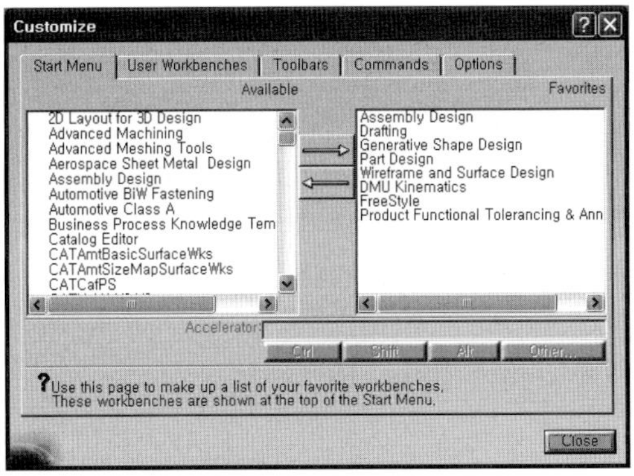

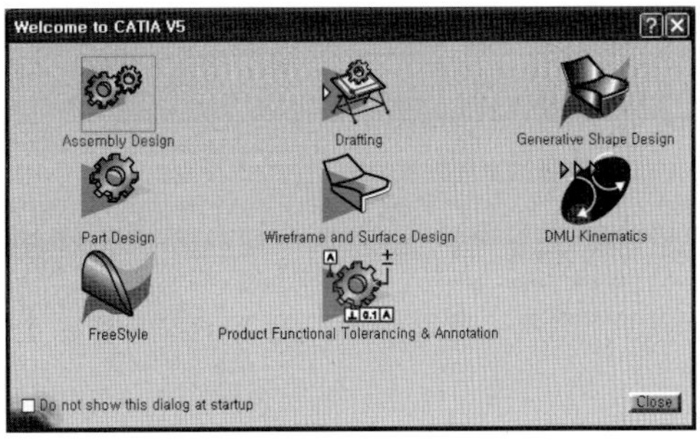

6.2 Commands 세팅

Customize Box의 Commands Tap을 클릭해서 작업에 필요한 명령 아이콘을 드래그 앤드 드롭하여 추가하거나 삭제할 수 있다.

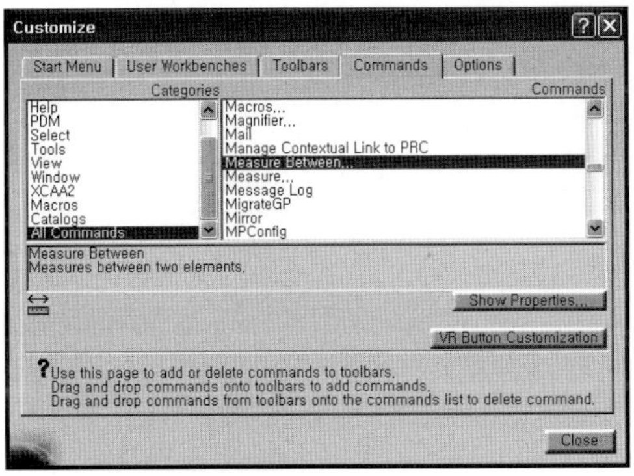

(Command Setting)

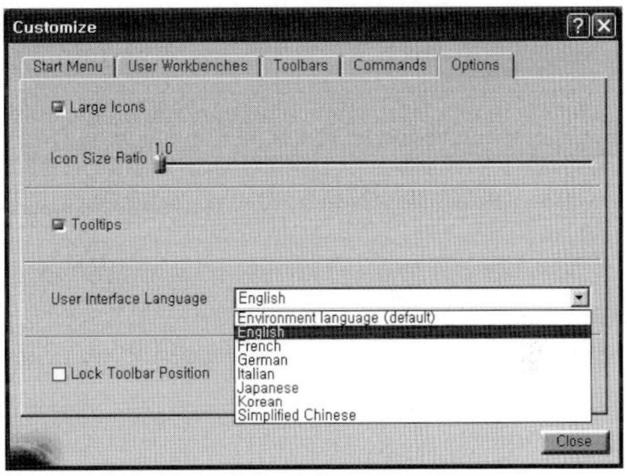

(Language Setting)

6.3 메뉴언어 세팅

CATIA V5는 사용자에 따라서 메뉴의 언어를 설정 할 수 있게 하였다. 한국어로 변경도 가능하다. 하지만 메뉴를 한국어로 번역한 내용이 쉽게 이해되지 않는 경우도 많아 이 책에서는 가급적 영문 메뉴를 이용하였으며 독자들도 영문 메뉴를 익히는 것이 장래에도 도움이 되리라 본다.

6.4 기타 메뉴 세팅

- Contextual Menu : 화면상의 구성요소 또는 Specifications Tree를 선택하고 마우스 오른쪽 버튼을 누르면 숨어있는 Contextual Menu가 나타난다. 작업 중 효율을 높이기 위해 사용한다.
- Workbench Toolbar : Pulldown Menu → View → Toolbars로 열어서 필요한 항목을 체크해주면 Workbench에 따른 작업에 필요한 Tool Bar를 불러 올 수 있다.

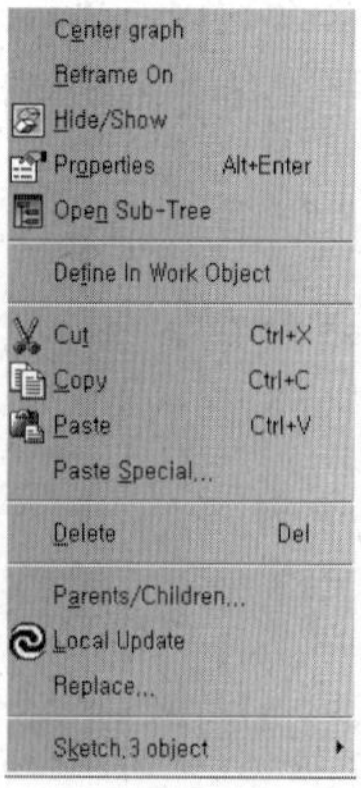

(Contextual)

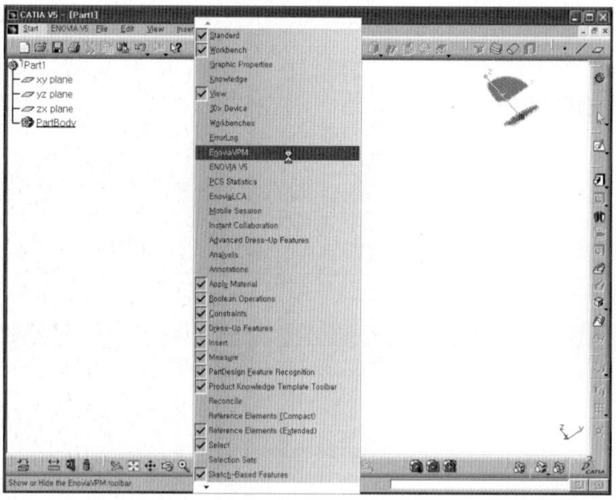

6.5 Color 세팅

CATIA V5는 기본적으로 작업창은 청색으로 그리고 Curve의 색은 흰색으로 설정되어 있다. 작업창의 색은 Menu Bar → Tools → Options 으로 Option Box를 열어서 Options → General → Visualization Tab에서 변경이 가능하다.

- Graduated Color Background : 배경색의 농도를 점점 연하게 하는 기능.
- Background : 배경색, 기본적인 색은 청색으로 Graduated Color Background가 체크되어 있다.

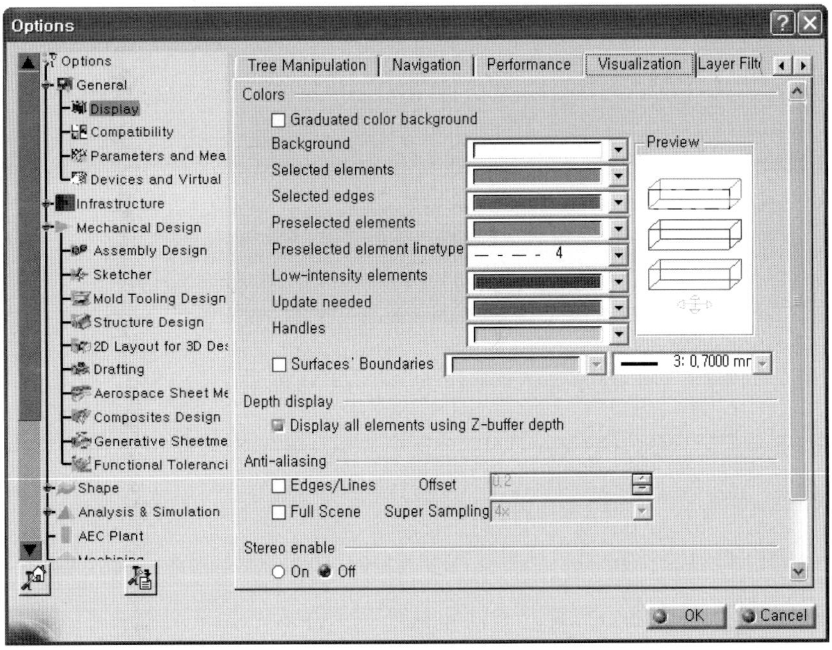

7 기본 Tool Bar

7.1 Standard Tool Bar

CATIA의 모든 작업에서 공통으로 사용하는 Tool Bar로 New, Open, Save, Print, Cut, Copy, Paste, Undo, Redo, What's This를 포함하고 있다.

Undo (작업취소), Redo (작업복구)

작업취소 명령은 Standard Tool Bar의 아이콘을 클릭하거나 Ctrl + Z 키보드를 눌러준다. Redo 명령은 또는 Ctrl + Y 키보드로 가능하다.

7.2 View Tool Bar

작업자는 필요에 따라서 사물을 확대 축소하거나 회전 시켜가며 작업을 진행한다. View Tool Bar는 이런 기능을 포함하고 있는 Menu Bar이다.

- Fly Mode : 공간 좌표에서 물체를 관찰할 때 사용하는 아이콘
- Fit All In : 작업하고 있는 모든 요소가 Window에서 보일 수 있도록 하여주는 기능으로 작업 요소가 보이지 않을 때 편리하게 사용된다.
- Pan : 작업 요소를 화면상에서 이동시키는 기능
- Rotate : 작업 요소를 회전 시켜서 보여주는 기능
- Zoom : 요소를 확대 축소 시켜 볼 수 있는 기능
- Normal View : 3차원 물체의 선택 면을 정면으로 보기를 할 수 있는 기능 기능으로 작업 시 편리하게 사용된다. 먼저 정면으로 보고 싶은 평면 또는 물체의 면을 선택하고 아이콘을 클릭하면 수직화면으로 변경된다.

다음은 원통의 우측 원형부분을 선택하여준 경우로 Normal View Icon을 클릭하고 원통의 상부 원형단면을 선택한 결과이다. 이 때 Specification Tree의 임의의 평면을 선택해도 선택된 면을 정면으로 볼 수 있다.

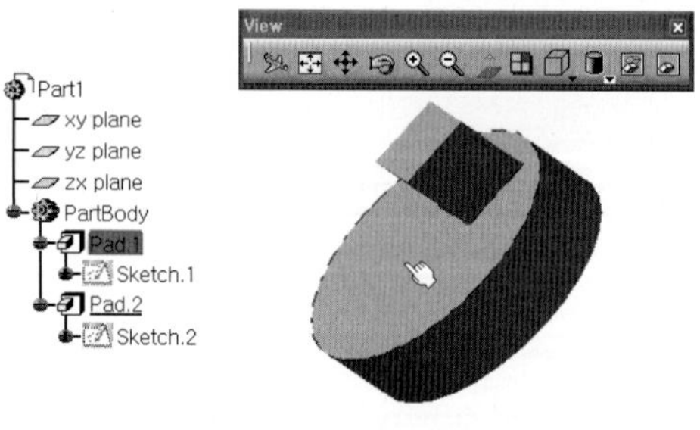

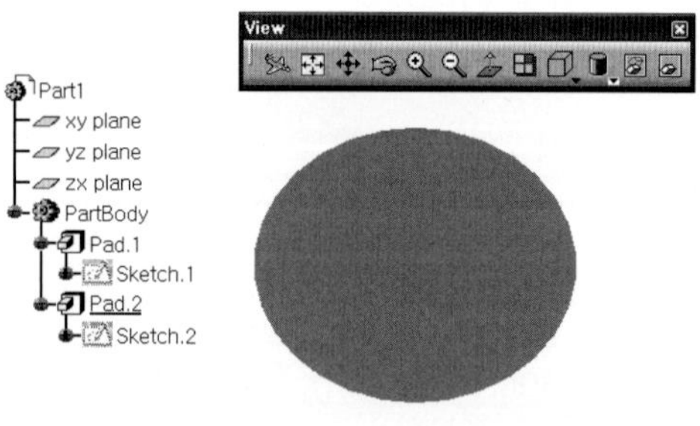

- Create Multi View : 3차원 요소를 3각법에 따라 정면도, 평면도, 측면도, 등각도로 분리하여 보여주는 기능

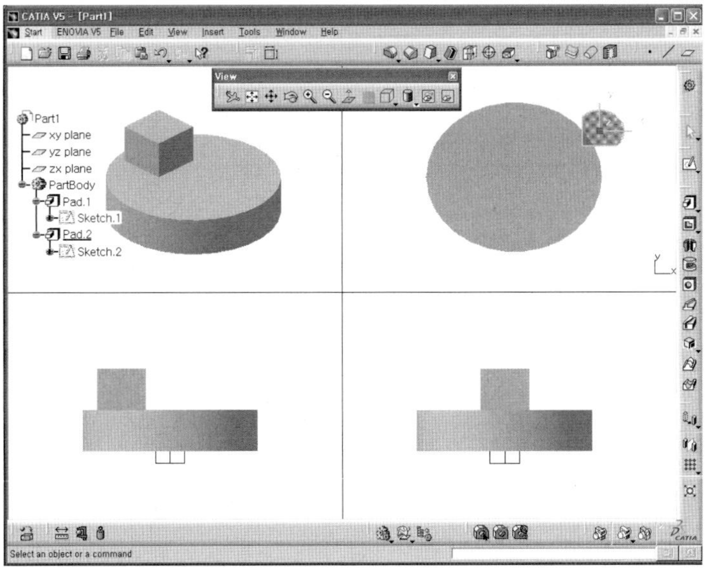

• Quick View Tool Bar : 요소의 투상을 선택에 따라 보여주는 기능으로 여기에는 Isometric View, Front View, Back View, Left View, Right View, Top View, Bottom View, Named Views 등의 세부 기능이 있다.

▸ Isometric View : 등각도로 보여주는 기능

▸ Front, Back, Left, Right, Top, Bottom View : 해당 투영도를 보여주는 기능

▸ Named Views : 클릭하면 보고 싶은 투영도를 선택하는 창이 열린다.

• View Mode Tool Bar : 3차원 Solid Model을 여러 가지 방법으로 보여주는 기능으로 여기에는 Shading, Shading with Edges, Shading with Edges without Smooth Edges, Shading with Edges with Hidden Edges, Shading with Material, Wireframe, Customize View Parameters 등의 세부 기능이 있다.

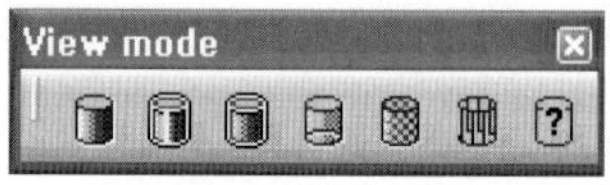

- Shading with Material : 3차원 물체에 선택한 재료의 특성을 가미하여 음영 처리 하여 주는 기능
- Wireframe : 3차원 물체의 외곽 와이어 프레임만 보여주는 기능
- Shading : 그림에 색감을 주어 음영처리 하는 기능으로 그림에 색감을 주는 방법은 Specifications Tree의 PartBody에 마우스를 두고 오른쪽 버튼을 누르면 숨어있는 메뉴가 나타난다. 여기서 Properties를 선택한다. 선택하면 Properties 창이 열린다. Graphic 탭을 누르고 Fill Color를 선택하여 Apply, Ok하면 색이 변화한다.

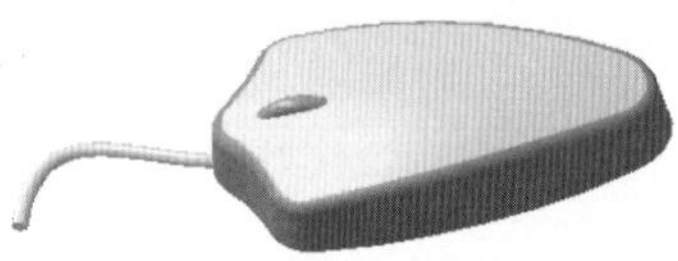

Shading

Shading with Edges

Shading with Edges with Smooth Edges

Shading with Edges and Hidden Edges

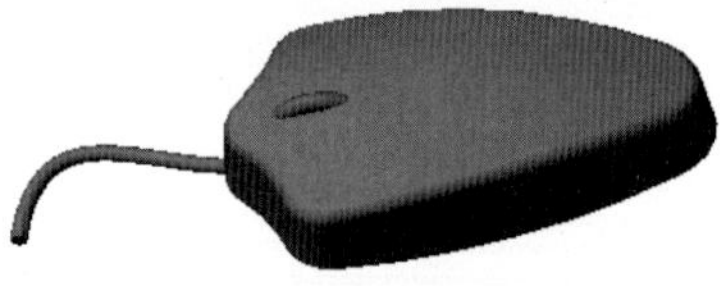

Shading with Material

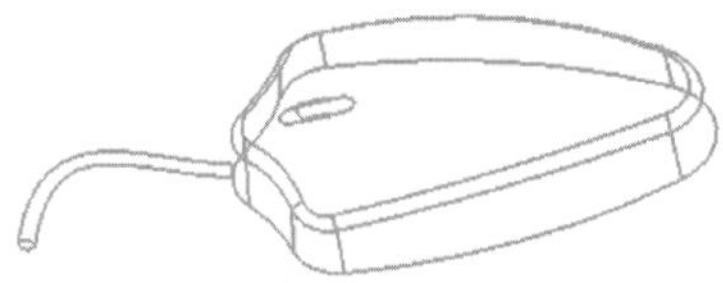

Wireframe

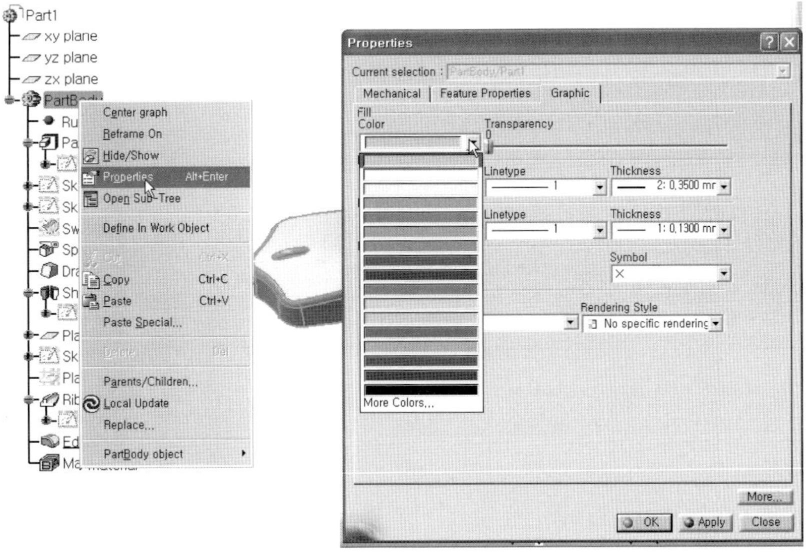

▸ Customize View Parameters : 윈도에 보여주는 모든 Parameter를 조절 관리하는 기능이 있으며 클릭하면 새로운 창이 열린다. 여기서 필요 부분에 체크하여 확인할 수 있다.

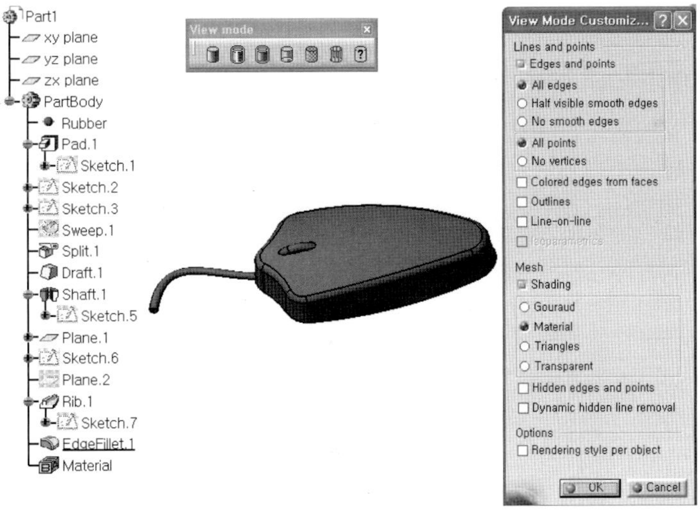

Customize View Parameters

• Hide/Show : 원하는 요소를 보이게 하거나 숨기는 아이콘

도면 작업에 안내 또는 참조 역할을 하는 Construction Line, Plane, Surface 등을 보이지 않게 감추는 역할을 하는 Icon이다.

숨기려는 요소를 선택하고 View Icon에서 Hide 메뉴를 클릭하거나 Tree에서 요소를 선택하고 마우스 우측 버튼을 눌러 Contextual Menu에서 Hide/Show를 선택하면 해당 요소가 숨겨지고 Icon은 회색으로 변한다.

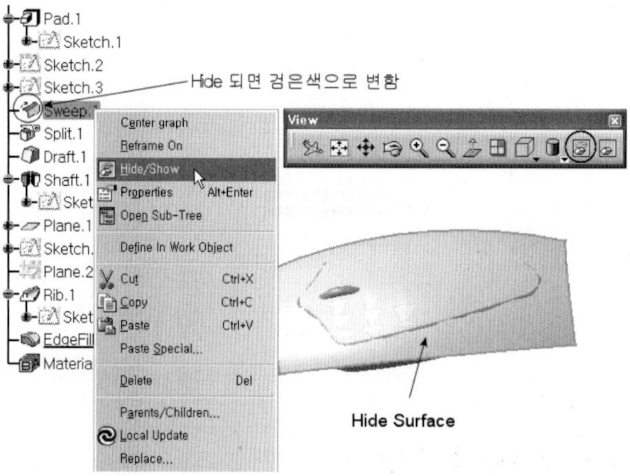

- Swap Visible Space : 보이는 공간과 보이지 않는 공간을 교차하여 주는 아이콘으로 이 아이콘을 클릭하면 요소가 보이다가 보이지 않게 된다.

7.3 Select Tool Bar

작업 중 필요요소를 선택하는 기능을 포함하는 Toolbar로 Select와 Rectangle Selection Mode가 Workbench를 선택하면 Default로 작동하고 있다.

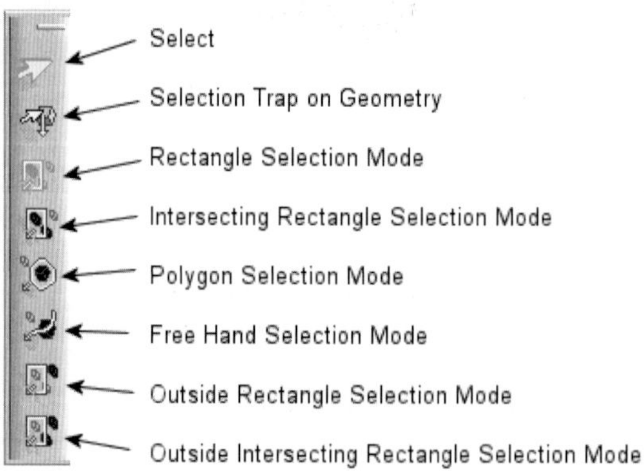

• 작업 요소를 선택할 때 Catia에서 사용하는 일반적인 용어는 다음과 같다.

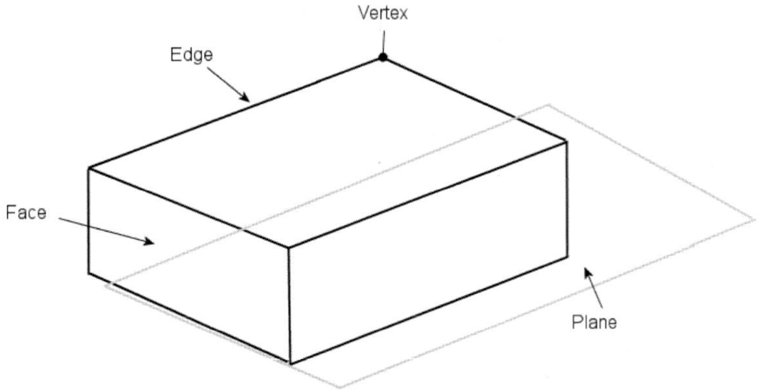

7.4 3D Compass

Compass는 작업창의 우측 상단에 기본적으로 표시되며 작업요소의 회전, 이동 등의 기능을 가지고 있으며 Compass에 표시되는 xyz 축은 절대좌표축과 같다.

• Free Rotation Handle : z축의 머리 부분으로 작업 요소를 회전 시킬 수 있다.

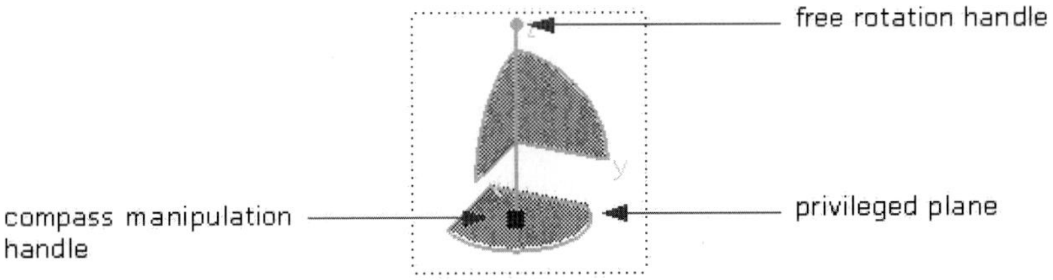

• Compass Manipulation Handle : 사각형 부분을 마우스로 끌어서 Compass를 이동시킬 수 있다.

• Privileged Plane : 기본 평면으로 xy plane이 설정되어 있다. Compass의 각 면은 Specifications Tree의 xy, yz, zx plane과 동일하다.

CHAPTER

02 SKETCHER

CONTENTS

CATIA V5의 Feature Modeling은 대부분 2D Profile을 이용하여 생성한다. 따라서 3D Modeling을 하기 위해서는 Feature 생성을 위한 2D 도면 작성이 먼저 이루어져야한다. CATIA V5에서는 2D Profile 작성을 위해서 Sketcher Workbench를 제공한다. 도면 작성에는 Profile을 생성하는 도구와 각각의 도면 요소들을 필요 치수와 형상에 맞도록 구속 할 수 있는 Constrain 기능이 있다.

1 Sketcher Workbench 들어가기

Sketcher Workbench로 들어가기 위해서는 CATIA를 실행시킨 화면에서 들어가며 여기에는 신규 도면을 작성하는 경우와 기존 도면을 수정하는 경우 두 가지 방법이 있다.

1.1 Pull Down Menu에서 시작하기

그림처럼 Pull down Menu에서 Start → Mechanical Design → Sketcher로 들어가면 된다. 대부분의 경우 Sketcher Workbench로 들어가기 보다는 Part Design Workbench 나 Product Workbench로 들어간다.

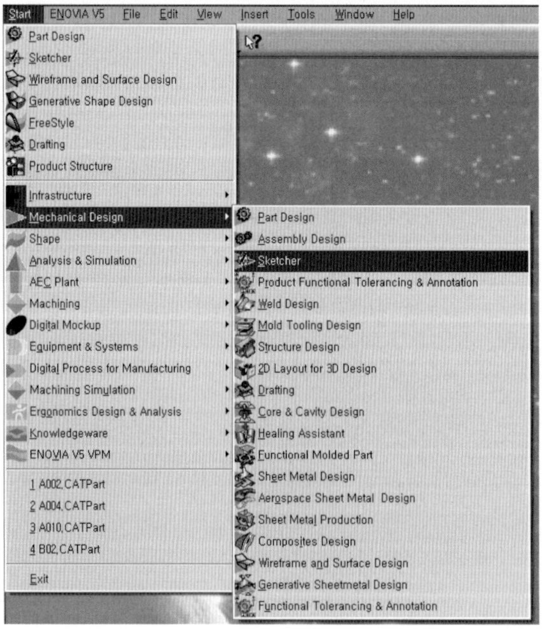

1.2 Welcome to CATIA에서 시작하기

그림처럼 윈도우 중앙의 Welcome to CATIA 창에서 필요한 Workbench Icon을 클릭해도 된다. Sketcher Workbench 또는 Part Design Workbench를 시작하면 다음과 같은 창이 새로 열린다. 이것은 새로 작성하는 Part Name을 지정하는 창으로 Part1으로 하고 OK를 클릭하면 먼저 Part Design Window가 열린다.

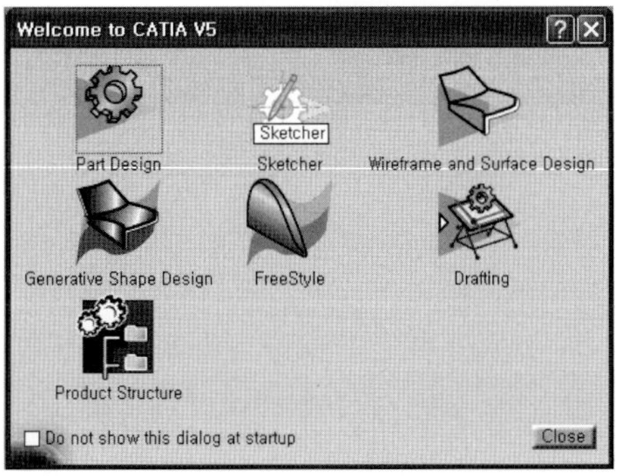

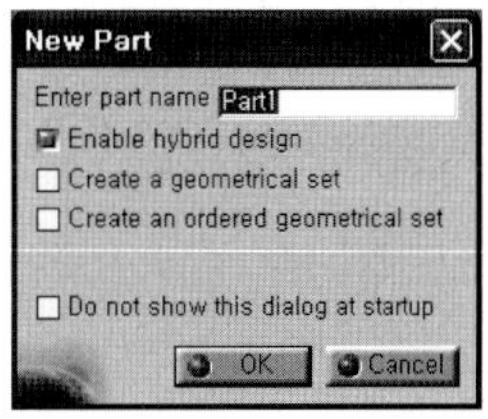

1.3 Part Design에서 Sketcher로 들어가기

- 기존 도면 작성 중에는 작업하려는 평면을 선택하고 Sketcher Icon 을 클릭한다.

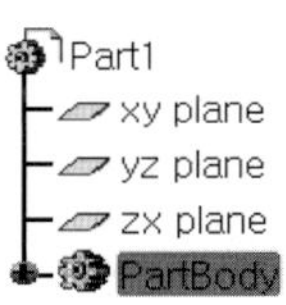

- 신규 도면을 작성하기 위해서는 먼저 Specifications Tree에서 밑그림을 그릴 평면(xy, yz, zx)을 선택하고 우측의 Sketcher Icon 을 클릭한다. 여기서는 xy plane을 선택하고 Sketcher Icon을 클릭하여 Sketcher Workbench로 들어간다.

Specifications Tree의 PartBody에 Sketch.1이라는 항목이 생성되고 새로운 Window가 열린다. Sketcher Workbench에서 주로 사용하는 Icon은 Profile, Operation, Constraint 그리고 Sketch tools 등이다.

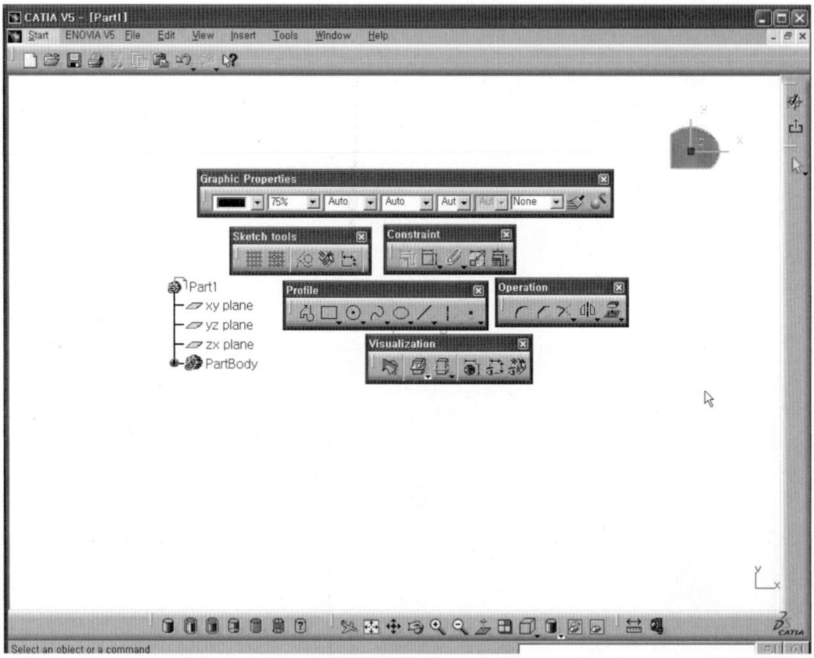

2 Sketcher Workbench 세팅

Sketcher Workbench의 세팅은 Menu Bar → Tools → Options 로 들어가면 Option Box가 열린다. Option Box에서 Mechanical Design → Sketcher로 Tab을 변경해서 들어가서 세팅할 수 있다.

- Grid : Grid 간격을 설정한다.
- Sketch Plane : Sketch 작업창과 커서 등을 설정한다.
- Geometry : Sketch 요소의 설정
- Constraint : 형상, 치수 등 구속조건 설정
- Color : Sketch에서 생성하는 요소의 색으로 Background Color를 변경하였으면 여기서 Default Color of the Elements 색을 변경해 주어야한다. Default Color는 흰색이다.
- Update : 수정한 조건을 적용시키는 조건 설정

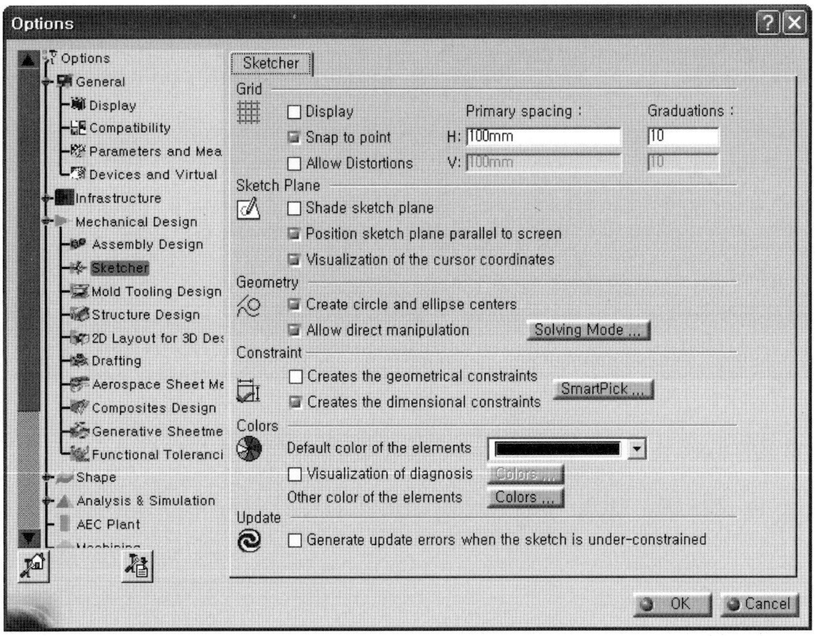

3 Sketch 작업

3.1 Tool Bar 설명

Sketch 작업에 사용하는 Tool Bar는 Graphic Properties, Profile, Operation, Constraint 그리고 Sketch tools로 각각의 기능을 알아보자.

(1) Graphic Properties

작업에 사용하는 요소의 색상, 굵기 등을 지정하는 Tool Bar이다.

(2) Sketch Tools

Sketch Tools는 Sketch 작업에 도움을 주는 Tool Bar로 Profile Tool Bar 또는 Operation Tool Bar 사용 시에는 확장된다.

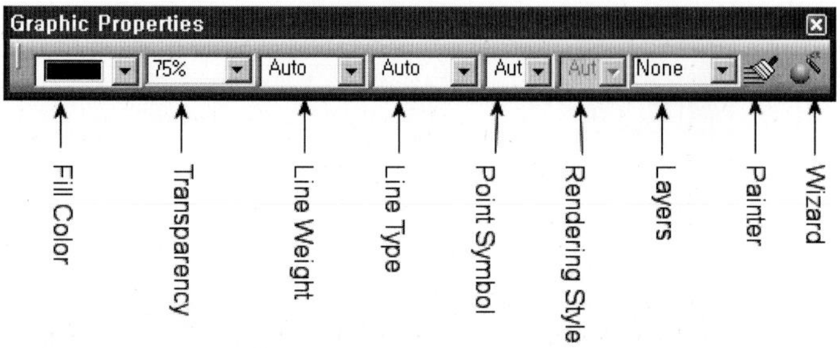

- Grid : Sketch 작업 시 Window에 일정 간격의 격자를 생성시켜준다.
- Snap to point : 작업 시 포인터를 Grid의 격자에 일치시켜준다.

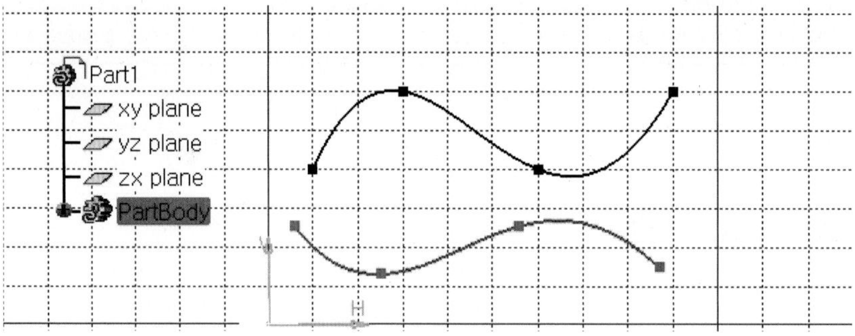

- Construction/Standard Element : 생성되는 요소를 Profile의 기본요소 또는 참조요소로 변환 설정 할 수 있다.

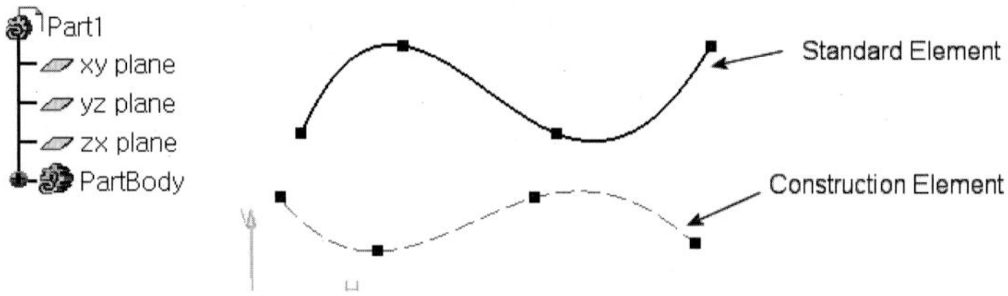

- Geometrical Constraints : 생성요소에 부여되는 수직 또는 수평 등의 형상 구속조건들을 생성하여 표시한다.
- Dimensional Constraints : 생성요소에 치수를 표기하는 기능으로, 이 기능이 활성화되면 영구적인 치수구속이 만들어진다.

(3) Profile

Sketch 작업에서 주로 사용하는 Tool Bar로 이것을 이용하여 새로운 요소를 생성한다. 여기에는 Profile, Rectangle, Circle, Spline, Ellipse, Line, Axis, Point by Clicking의 8개의 메뉴가 포함되어 있다.

- Profile : 직선과 곡선으로 구성된 Profile을 작성 할 때 사용하며 여기에는 Line, Tangent Arc, Three Point Arc 기능이 포함되어 있다.

▸ Line : 직선의 생성

▸ Tangent Arc : 직선의 끝에서 접하는 원호 생성

▸ Three Point Arc : 직선 끝점, 그리고 두 점을 이용하여 Arc를 생성한다. 작업을 종료하기 위해서는 마우스를 더블클릭해 주거나 ESC 버튼을 눌러준다.

- Rectangle : 여기에는 사각형, 타원, 육각형 등의 요소를 생성하는 기능을 가 지고 있으며 마우스로 클릭 해주면 다음과 같은 서브 Toolbar가 열린다. 여기에 포함되어 있는 Toolbar는 로 차례로 살펴보자.

▸ Rectangle : 2개의 점을 이용하여 직사각형과 정사각형을 생성한다.

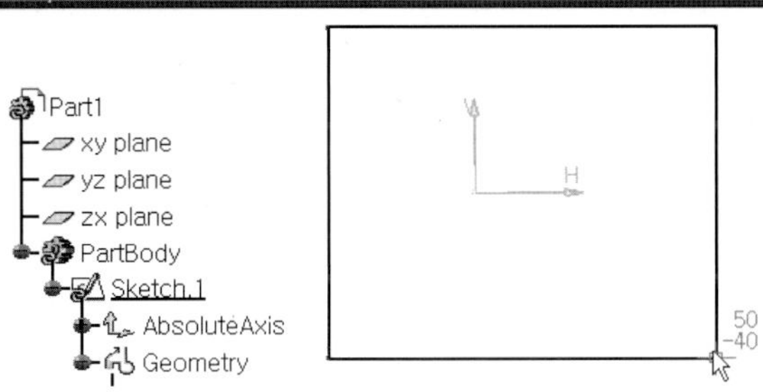

CATIA V5

마우스를 움직임에 따라 좌표 값이 표시되지만 치수에 관계없이 작업한다. 작업 후에 Constraints Menu를 이용하여 길이 등을 정의해 주면 되므로 대략적인 치수로 작업을 한다.

▸ Oriented Rectangle : 3점을 선택하여 경사진 사각형을 그린다.

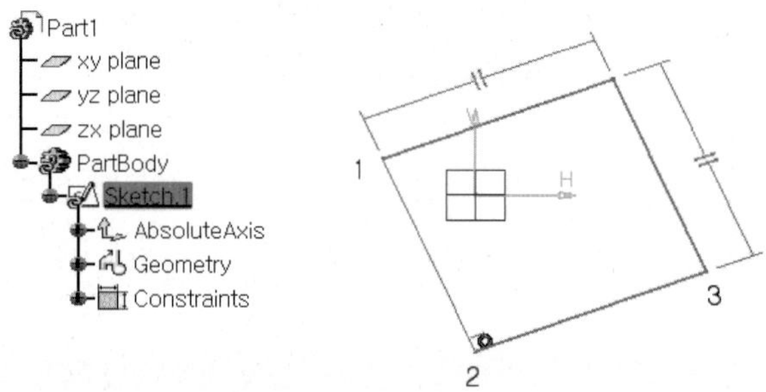

▸ Parallelogram : 평행사변형을 3점을 선택하여 생성한다.

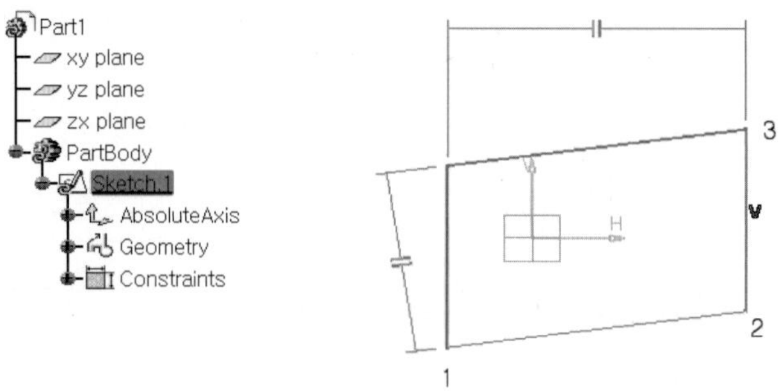

▸ Elongated Hole : 두 점과 반경을 이용하여 타원을 생성한다.

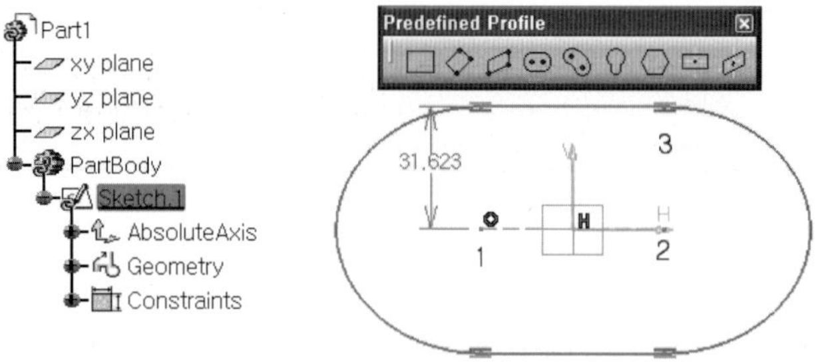

1,2,3 점을 차례로 선택하여 생성한다. 반경 치수와 1,2 점 사이의 거리 등은 작업 후 Constraints 메뉴를 이용하여 조정하여 준다.

▸ Cylindrical Elongated Hole : 내부의 원, 외곽원 그리고 사이의 원을 이용하여 도형을 생성한다.

먼저 전체원의 중심점 1을 선택하고 다음으로 가이드 원의 반경위치 2를 선택하여 준다, 그 다음에는 가이드원의 호의 길이만큼 위치에서 3을 잡아준 후에 외곽원의 반경에 따라서 4의 점을 잡아주면 완성된다.

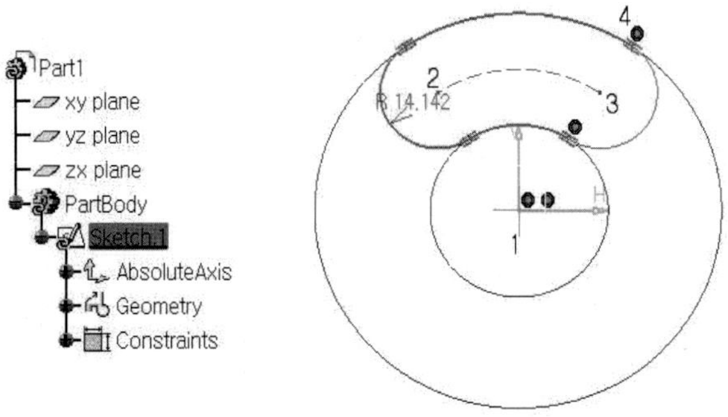

▸ Keyhole Profile : 가이드라인의 두 점과 두 개의 반경을 이용하여 Keyhole을 생성하는 기능

큰 원의 중심점 1을 선택하고 가이드라인이 될 1,2 의 끝점 2를 지정한다. 2점에서 만들어질 원의 반경을 3점을 지정하여 작은 원을 정한다. 아래쪽의 큰 원의 반경을 점을 지정하여 확정한다. 각 요소는 선택하여 편집이 가능하므로 필요에 따라서 작은 원호가 없는 키 홀과 같은 다른 도형으로 변환도 가능하다.

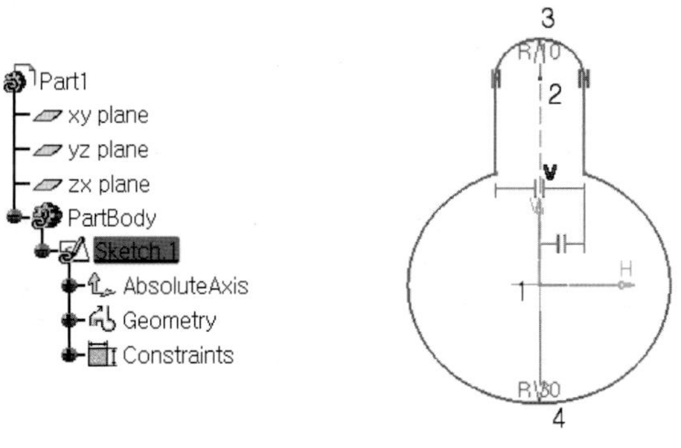

▸ Hexagon : 중심점 그리고 중심과의 거리로서 육각형을 생성함.

육각형의 중심점 1을 지정한 후 중심점과의 거리에 따른 2점을 지정하여 육각형을 완성한다.

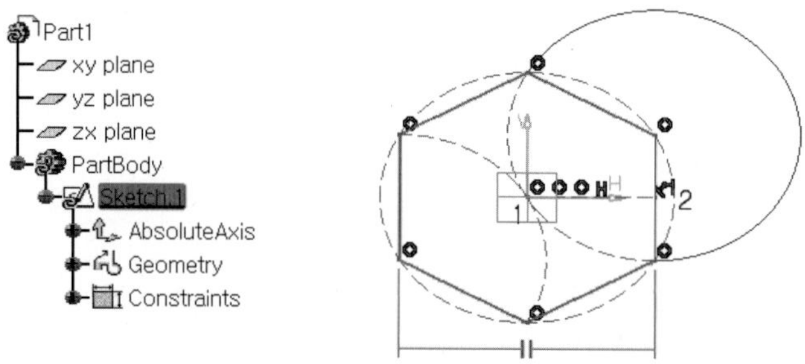

▸ Centered Rectangle : 사각형의 중심과 한쪽 모서리로 사각형을 생성함

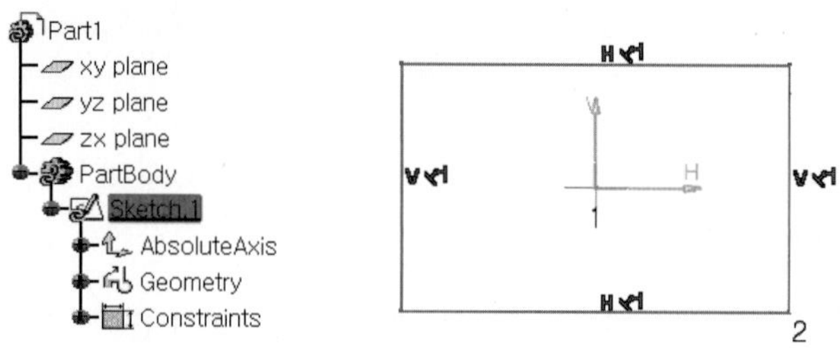

▸ Centered Parallelogram : 중심점과 사각형의 한쪽 모서리를 지정하여 평행 사변형을 생성하는 아이콘으로 평행 사변형의 가이드 역할을 할 두 개의 직선이 있어야 한다.

첫 번째 라인을 선택하고 두 번째 라인을 선택한 후 사각형의 한 모서리가 될 점 3을 지정해 준다.

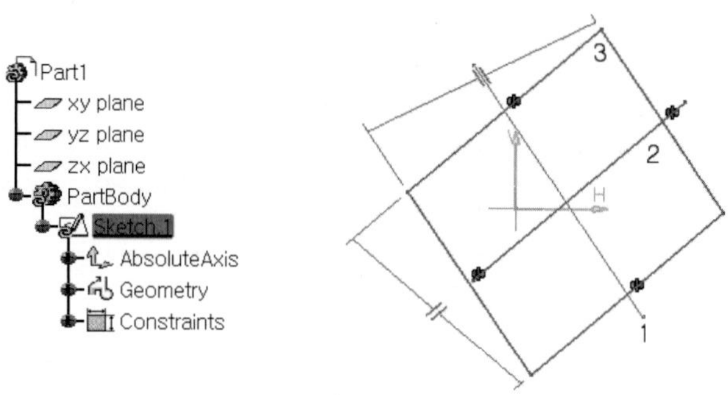

CATIA V5

- Circle : 원, 호 등 여러 형태의 원형 요소를 생성하는 기능을 가지고 있는 메뉴로 Circle Icon을 클릭하면 숨어있는 Sub Icon 들이 보인다. 이것이 포함하고 있는 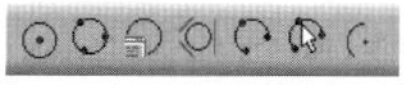 에 대해서 알아보자.

▸ Circle : 중심점과 반경으로 원을 생성한다.

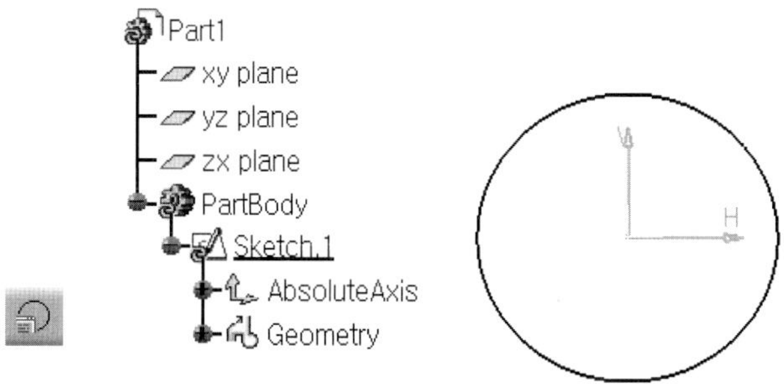

▸ Three Point Circle : 3점으로 원을 생성한다.

▸ Circle Using Coordinates : 원점의 좌표 그리고 반경을 정의하여 원을 생성한다.

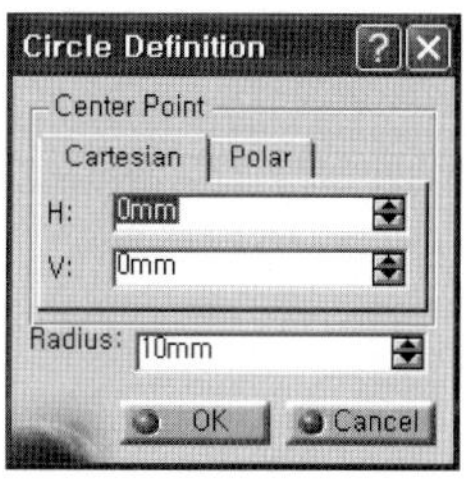

(Cartesian 좌표)

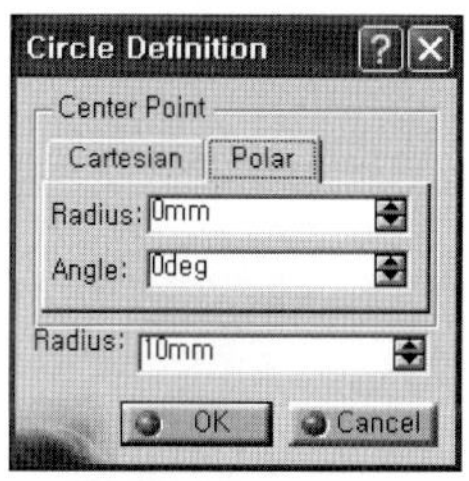

(Polar 좌표)

다음은 극좌표계로 그린 원으로 중심은 원점(0,0)에서 반경 30 중심각 45도이며 원의 반경은 50이다.

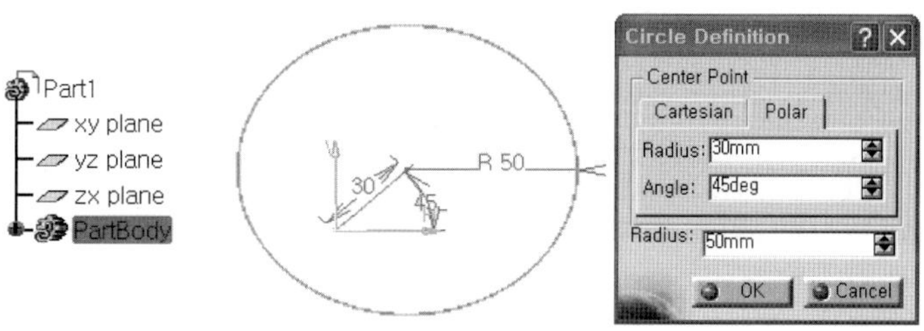

Polar Coordinate

▸ Tri-Tangent Circle : 3개의 요소에 접하는 원으로 접하는 3개의 요소는 모두 직선 일 수도 있고 모두 원 일 수도 있으며 그것들이 혼합된 것 일 수 있다.

생성하려는 원이 접하는 직선 또는 원 등 해당 도형을 차례로 선택하여주면 자동으로 원이 생성된다. 그림은 두 개의 직선과 곡선에 접하는 원을 생성한 예이다.

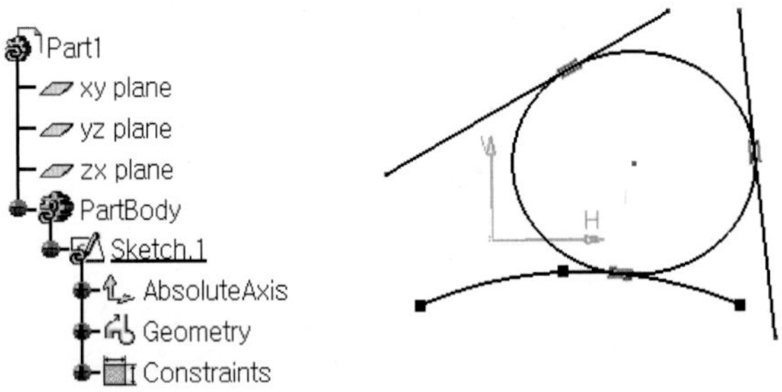

▸ Three Point Arc : 원호 위의 3점을 정의하여 호를 생성함

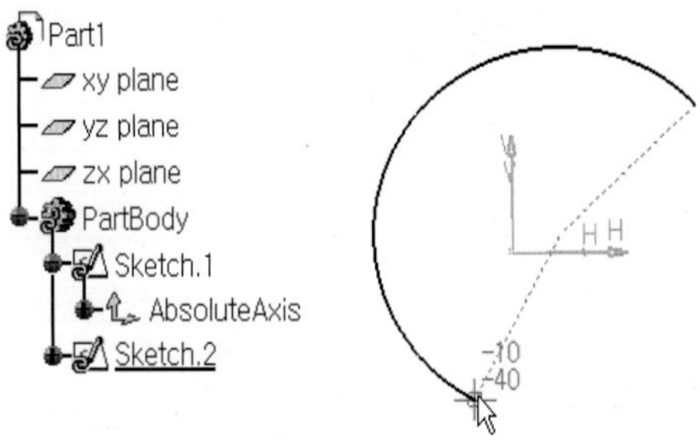

▸ Three Point Arc Starting with Limits : 호의 끝 두 점을 정의하고 반경을 지정하여 원호를 생성함

▸ Arc : 중심점과 호의 두 끝점을 정의하여 호를 생성함.

원호의 중심이 될 곳, 호의 시작점, 끝 점을 차례로 선택하여 호를 생성한다.

- Spline : 자유곡선을 Control Point를 정하거나 조정하여 생성하는 기능으로 여기에는 와 같은 2개의 Sub Menu가 있다.

▸ Spline : 자유곡선을 생성하는 Icon으로 점의 위치를 변경하여 곡선을 수정하고 Control Point를 더블 클릭하여 Tangent Constraint을 줄 수도 있다. Spline 상의 점은 Control Point라고하며 선의 형태를 조정하는 기능이 있다. 이것은 삭제는 가능하나 새로이 생성은 불가능하다.

① 점을 삭제하기 위해서 해당 점을 선택하고 마우스 오른쪽 버튼을 클릭하면 숨어있는 Contextual 메뉴가 보인다. 이 때 Cut 또는 Delete를 선택하면 점은 삭제된다.

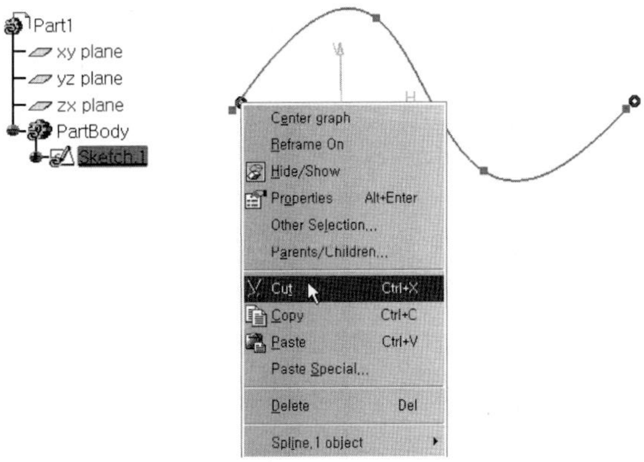

② Control Point를 더블클릭하면 해당 Point의 데이터가 보인다. 이것을 수정 할 수가 있으며 Tangency를 클릭하면 점의 접선방향이 정해진다. Reverse Tangent를 클릭하면 접선벡터의 방향이 바뀌어 Spline의 형태가 변경된다. 또 Curvature Radius를 이용하여 곡률 반경의 변경도 가능하다.

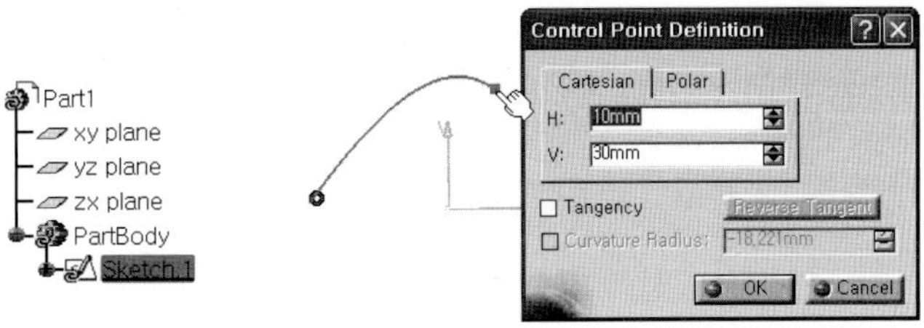

③ Spline 위를 더블클릭하면 Spline 특성을 확인하고 수정 할 수 있다.

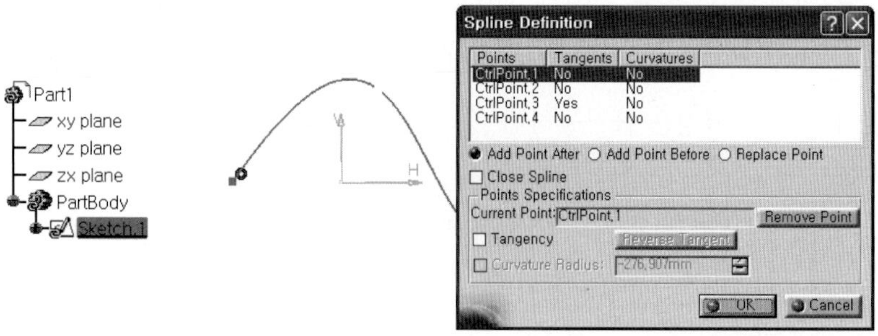

④ Control Point의 Tangent 화살표와 Vertical 또는 Horizontal Arrow를 선택하여 여러 가지 구속 조건을 부여할 수 있다.

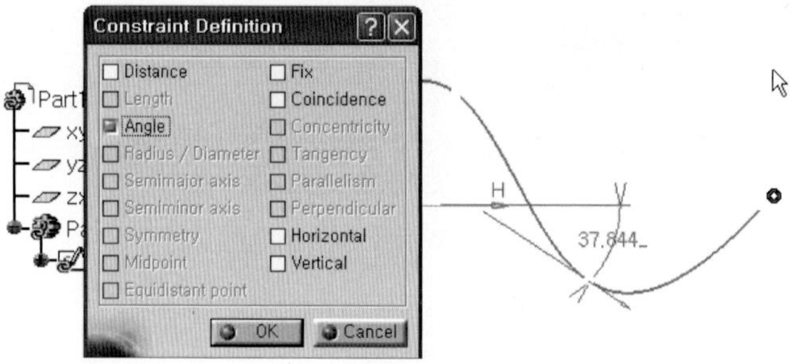

▸ Connect : 두 개의 요소를 연결하는 기능을 가지고 있다.

연결하고자하는 요소의 두 끝 점을 선택하여주면 새로운 Spline이 생성되며 연결 시켜준다.

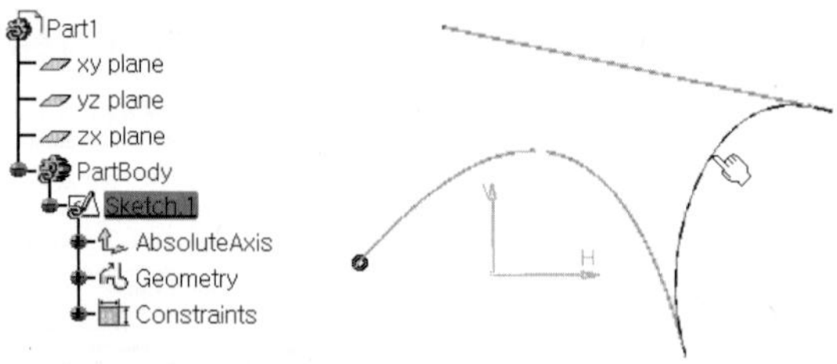

• Ellipse : Ellipse Icon에는 타원, 포물선, 쌍곡선, 원뿔곡선을 생성하는 기능을 가지고 있다. 여기에는 의 Sub Icon이 들어있다.

▸ Ellipse : 타원 생성 기능을 가지고 있음

타원의 생성은 먼저 타원의 중심을 선택하고 수평축의 위치 2를 선택하며 마지막으로 수직축의 위치를 설정하여 그려준다.

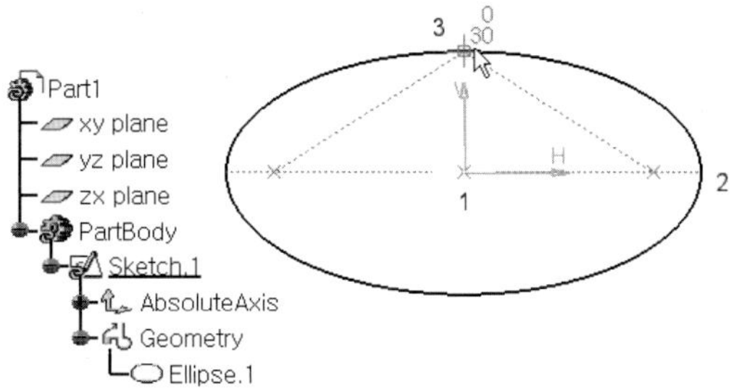

▸ Parabola by Focus : 포물선 생성기능을 갖는 Icon

초점 1을 선택하고 꼭지점 2를 선택한 후, 포물선 상의 시작점 3과 끝점 4를 선택하여 포물선을 생성한다.

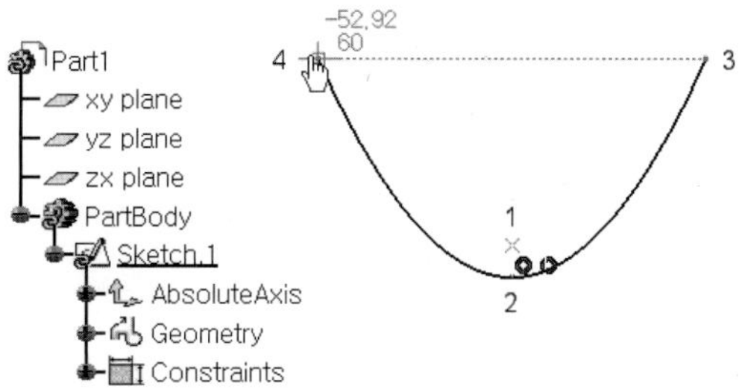

▸ Hyperbola by Focus : 쌍곡선 생성 기능을 갖는 Icon

초점 1, 중심점 2, 꼭지점 3, 곡선의 한쪽 끝점 4, 다른 끝점 5를 순차적으로 선택하여 쌍곡선을 생성한다.

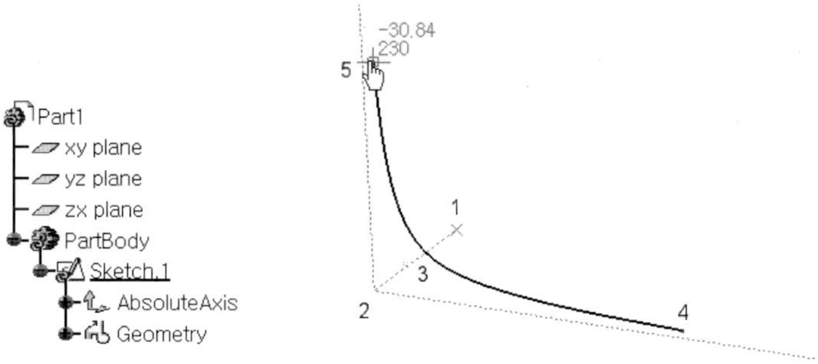

▸ Conic : Conic 요소를 생성하는 Icon

한축의 끝점 1, 다른 쪽 끝점 2, 다른 축의 끝점 3, 또 다른 끝점 4를 선택한 후에 곡선 상의 한 점 5를 선택하여 주면 요소가 완성된다.

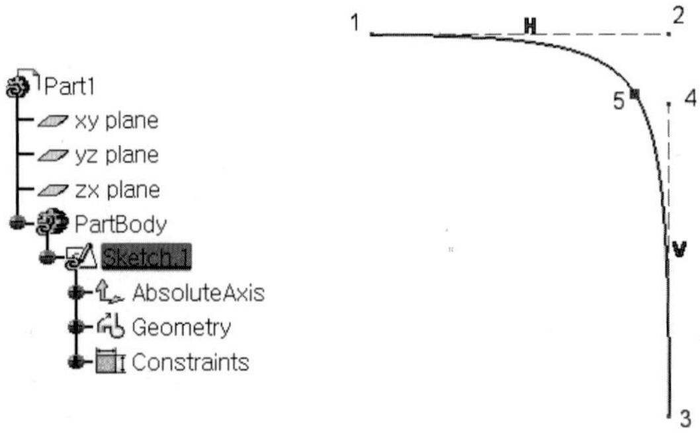

- Line : 직선을 생성하는 기능으로 Line, Infinite Line, Bi-Tangent Line, Bisecting Line 등의 Sub Menu를 포함하고 있다.

▸ Line : Line을 생성하는 기능으로 두 점을 선택하여 직선을 생성한다.

▸ Infinite Line : 무한 직선을 생성하는 기능

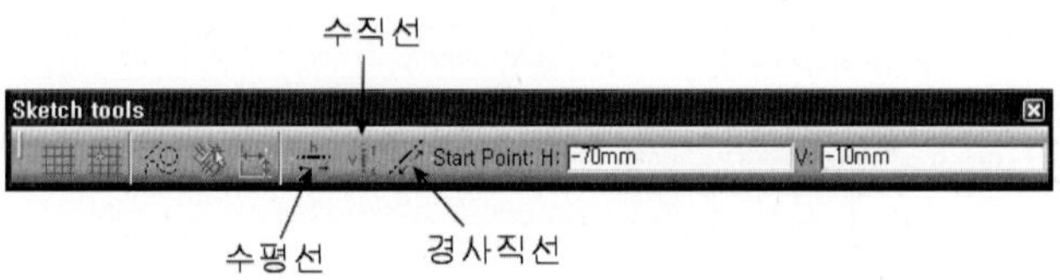

Sketch tools의 수평, 수직 또는 경사 메뉴를 클릭하여 해당 무한 직선을 생성한다.

▸ Bi-Tangent Line : 두 개의 요소에 접하는 접선 생성

접선을 긋고자하는 두 요소를 선택하여주면 자동적으로 두 요소를 연결하는 접선이 생성된다.

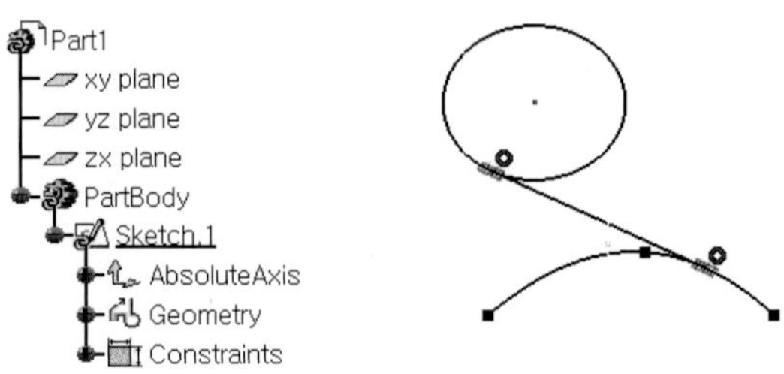

▸ Bisecting Line : 두 선분을 2등분하는 직선을 생성한다.

▸ Line Normal to Curve : 한 점에서 Curve에 수직선을 생성한다.

임의의 위치에서 원에 수직선을 긋는 경우, 한 점에서 원의 원주 위를 클릭하면 자동적으로 수직선을 생성한다.

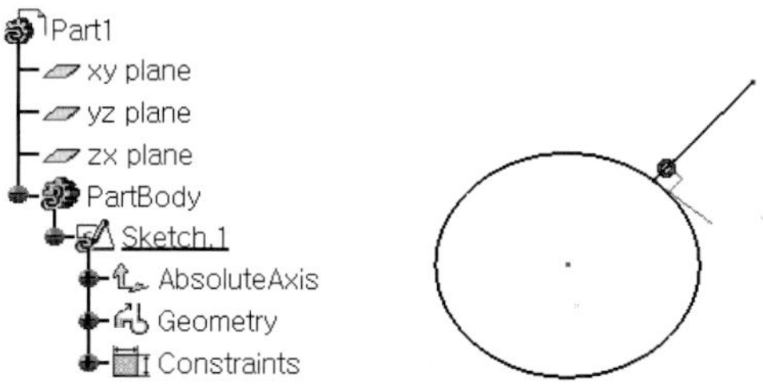

- Axis : 회전 작업 등에 필요한 임의의 축을 생성한다.
- Point : 점을 생성하는 Toolbar로 Sub Menu에 Point by Clicking, Point by Coordinates, Equidistant Points, Intersection Point, Projection Point 를 포함하고 있다.

▸ Point by Clicking : 마우스 클릭으로 원하는 위치에 점을 생성한다.

▸ Point by Using Coordinates : 좌표를 입력하여 점을 생성한다.

▸ Equidistant Points : Line 이나 Curve 위에 등간격의 점을 생성한다.

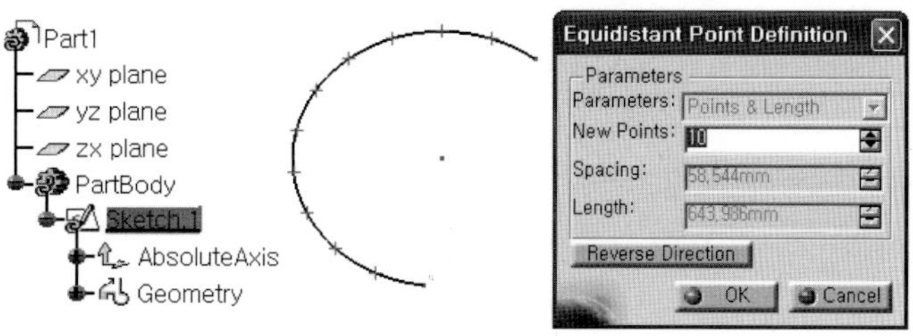

Equidistant Points 아이콘을 클릭 후 임의 곡선을 선택하면 Equidistant Points Definition Window가 열린다. 이 때 곡선의 한 쪽 끝점을 클릭하면 Parameters 메뉴가 활성화 된다. 여기에는 Point & Length, Point & Spacing, Spacing & Length의 3개의 선택 메뉴가 들어있다. New Points에 새로이 만들어 줄 점 숫자를 기록하고 OK 하면 곡선위에 새로운 점이 생성된다.

▸ Intersection Point : 곡선의 교차점에 점을 생성한다.

▸ Projection Point : 여러 개의 점을 곡선 위에 투영시켜 곡선 위에 점을 생성하는 기능.

여러 개의 점을 선택한 후 곡선을 선택하면 곡선에 투영된 점이 생성된다.

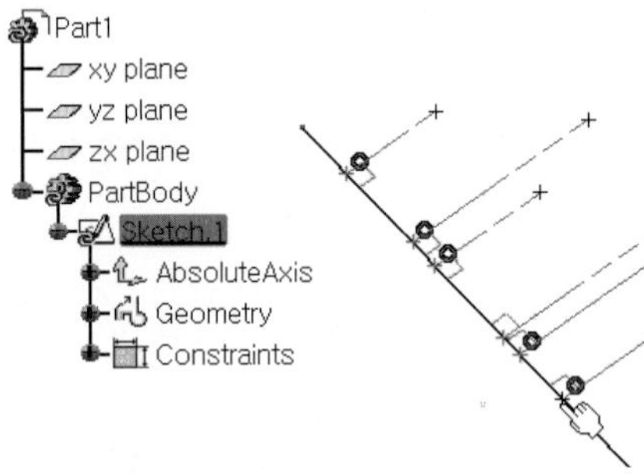

(4) Constraint

Constraint은 생성한 요소에 각도, 중심, 수직, 수평, 접선 등의 조건을 부여하는 형상구속과 치수로 구속하는 기능을 가지고 있는 Tool Bar로 앞에서의 Profile을 작성 할 때 함께 사용하여 작업자가 원하는 Profile을 만드는데 사용된다. Sketch 작업 시에 꼭 알아두어야 할 Toolbar로 여기에는 Constraint Defined in Dialog Box, Constraint, Fix Together, Animate Constraint, Edit Multi-Constraint의 Tool을 포함하고 있다.

구성 요소를 구속하지 않은 상태에서는 요소의 색이 흰색이지만 구속되면 녹색으로 변화하며 과잉 구속이 이루어지면 핑크색으로 변하여 구성요소를 비활성화 시킨다. 제대로 작성된 Profile이라면 녹색으로 완전 구속이 되어야 한다.

- Constraint Defined in Dialog Box : 요소를 선택하고 Icon을 클릭하면 새로운 창이 열리고 여러 가지의 구속조건을 Profile에 부여 할 수 있다.

  ▸ Distance : 두 개의 요소에 거리를 부여한다.

  ▸ Length : 요소의 길이를 부여한다.

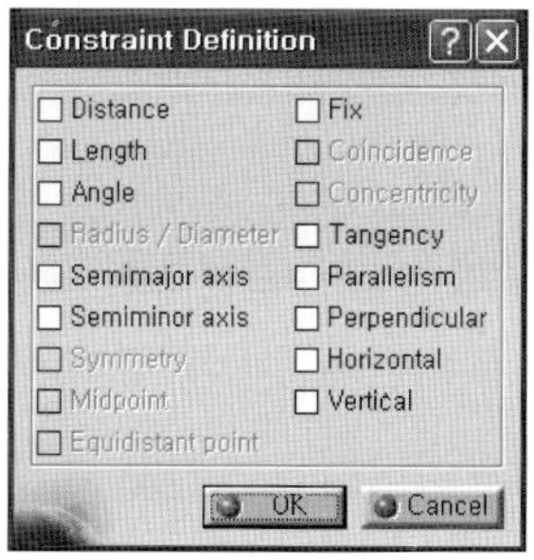

- Angle : 각도를 부여한다.
- Radius / Diameter : 반경 또는 직경을 부여한다.
- Semimajor axis : 타원의 장축으로 설정
- Semiminor axis : 타원의 단축으로 설정
- Symmetry : 두 개의 선택된 요소를 마지막에 선택한 선을 중심으로 대칭으로 설정
- Midpoint : 선분의 2등분점에 위치하도록 설정
- Equidistant point : 등거리 점으로 설정
- Fix : 선택한 요소를 현 위치에 고정시킨다.
- Coincidence : 선택한 두 요소가 일치 되도록 한다.
- Concentricity : 선택한 두 원이나 호를 동심원으로 구속 시킨다.
- Tangency : 두 개의 요소를 접하도록 구속한다.
- Parallelism : 두 개의 직선이 평행하도록 구속시킨다.
- Perpendicular : 두 개의 직선이 서로 직교하도록 구속시킨다.
- Horizontal : 직선을 수평하게 구속한다.
- Vertical : 직선을 수직으로 구속한다.

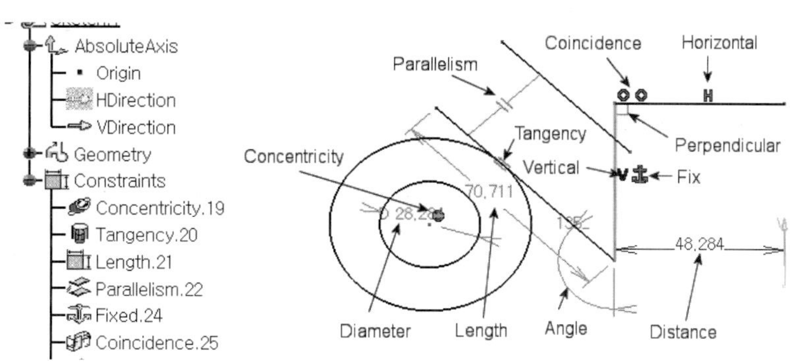

CATIA V5

• Constraint : 길이, 각도 들을 선택한 요소에 부여하는 기능으로 Constraint와 Contact Constraint 의 기능이 포함되어있다.

▸ Constraint : Quick Constraint 기능으로, 요소를 선택한 후 이 아이콘을 선택하면 자동으로 치수가 부여된다. 이 때 부여된 치수의 수정은 구속 치수를 더블 클릭하여 할 수 있다. 예로, 길이, 각도, 직경, 반경 등을 부여 또는 수정할 수 있다.

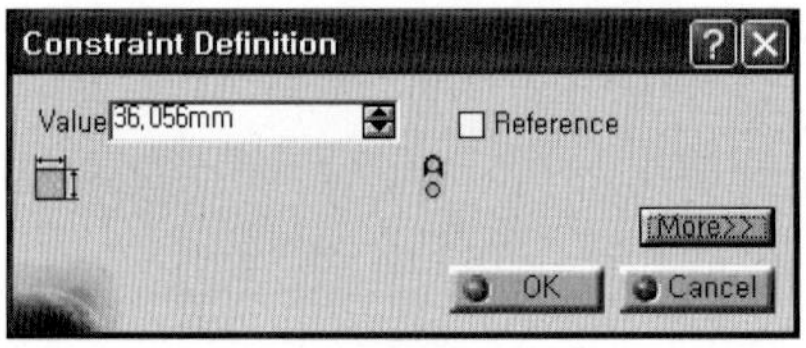

길이 수정

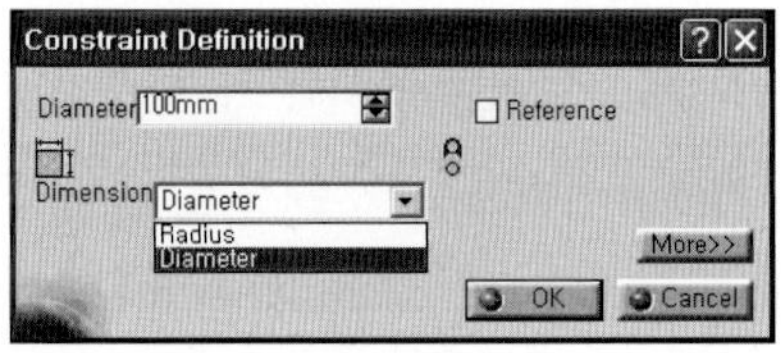

직경/반경

▸ Contact Constraint : 선택한 두 개의 직선을 일렬로 또는 직선과 곡선을 서로 접하게 하거나 두 개의 원을 동심원으로 변형 구속시키는 기능.

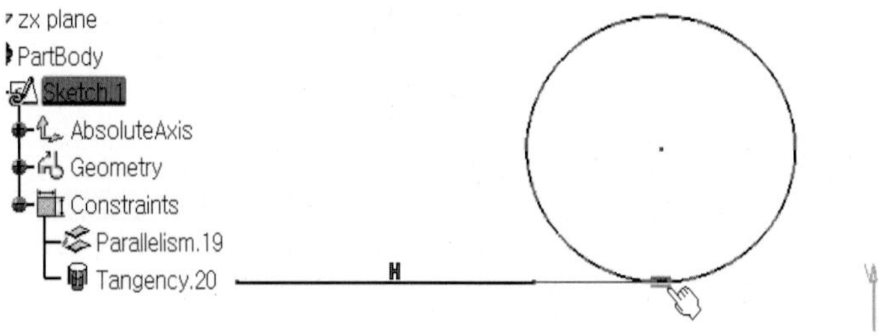

• Fix Together : 여러 개의 요소를 한 번에 구속하는 기능을 가지고 있는 메뉴로 여기에는 Fix Together, Auto Constraint 의 Sub Menu가 포함되어있다.

▸ Fix Together : 여러 개의 요소를 동시에 하나로 구속한다. 따라서 구속된 여러 개의 요소는 하나의 형상으로 인식되므로 동시에 드래그 앤 드롭이 가능하다.

Fix Together Icon을 클릭하면 Definition Box가 열린다. 이 때 동시 구속하려는 요소를 선택하고 OK 하면 동시 구속표식이 만들어지고 구속된다.

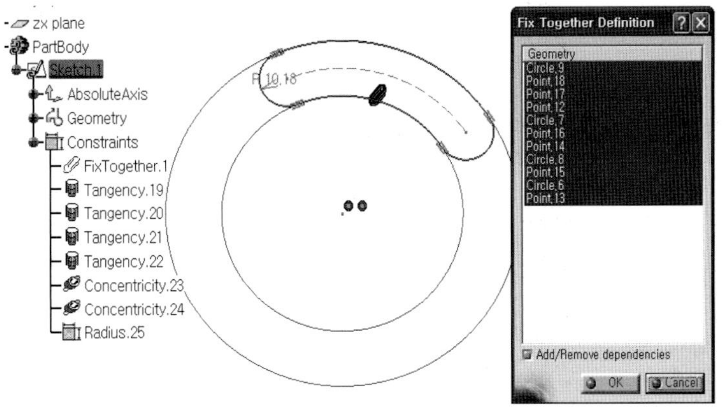

▸ Auto Constraint : 여러 개의 요소에 동시에 자동으로 치수를 부여하여 구속한다.

- Animate Constraint : 구속 조건을 변화시켜가며 요소의 변화를 관찰 할 수 있도록 해주는 기능
  구속 조건을 부여하는 윈도에 First Value, Last Value, Number of Step 수를 기록하여 Play Button을 누르면 계속해서 변경된 구속조건에 따라 변화하는 요소를 보여준다.

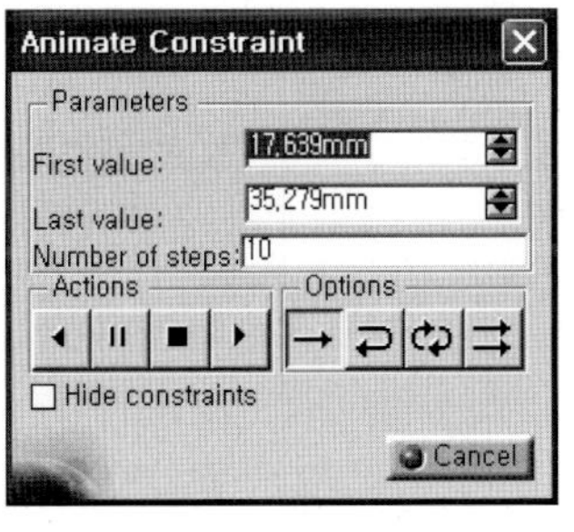

Animate Constraint

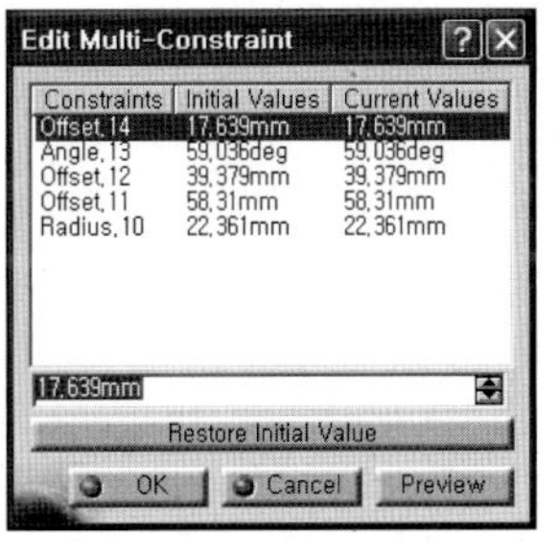

Edit Multi-Constraint

- Edit Multi-Constraint : 기존의 부여된 구속조건을 한 번에 수정할 수 있는 기능.
  기 부여된 구속 조건을 변경하는 창이 열린다. 이 창에서 변경하려는 구속 내용을 선택하여 새로운 조건으로 변경이 가능하다.

(5) Operation

생성된 요소에 라운드, 모따기, 대칭복사, 트림 등의 작업을 실시하여 완성된 Profile을 만드는 작업에 필요한 기능을 모아놓은 아이콘이다. 여기에는 Coner, Chamfer, Trim, Mirror, Project 3D Element의 세부 메뉴가 있다.

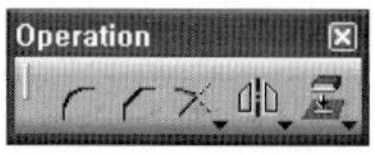

- Coner : 요소의 모서리를 라운드 시키는 아이콘이다. 아이콘을 클릭하면 Sketch tools Icon에 여러 가지 추가기능을 갖는 Option Icon이 나타난다.

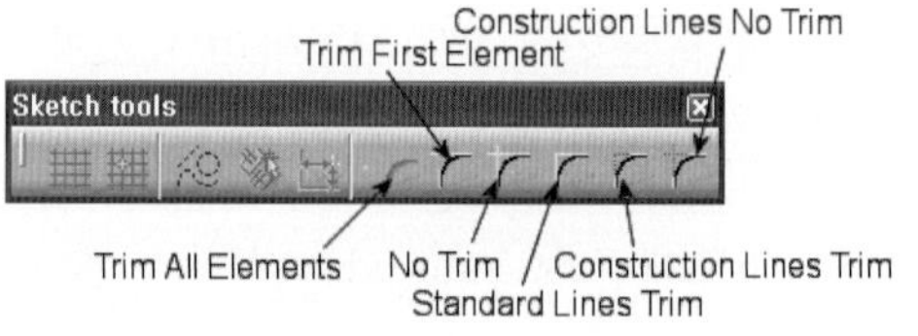

▸ Trim All Elements : 모서리 부분을 라운드 시켜주고 나머지는 제거한다.

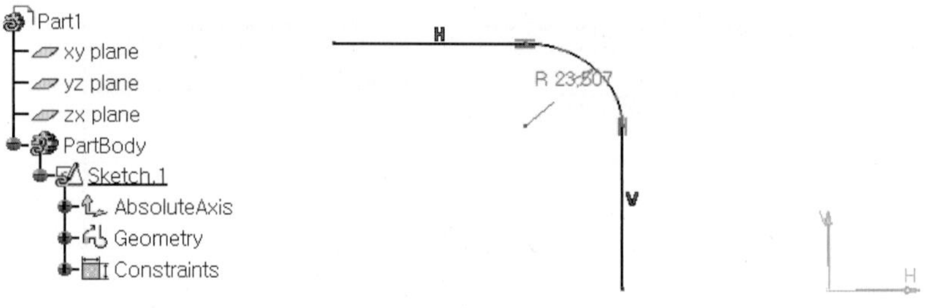

▸ Trim First Element : 라운드 후에 첫 번째 선택된 요소만 제거한다.

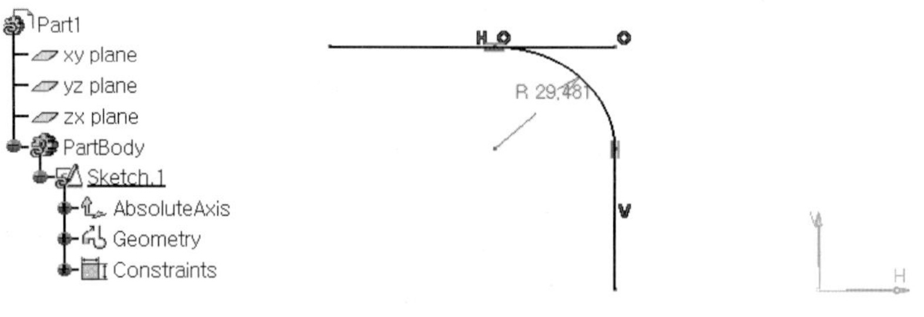

▸ No Trim : 모서리를 라운드만 시켜주고 Line은 그대로 유지한다.

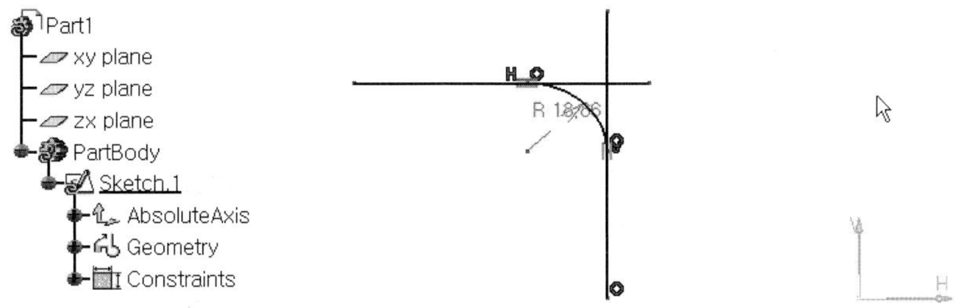

▸ Standard Line Trim : 라운드 시켜준 후 모서리의 돌출부분을 제거한다.

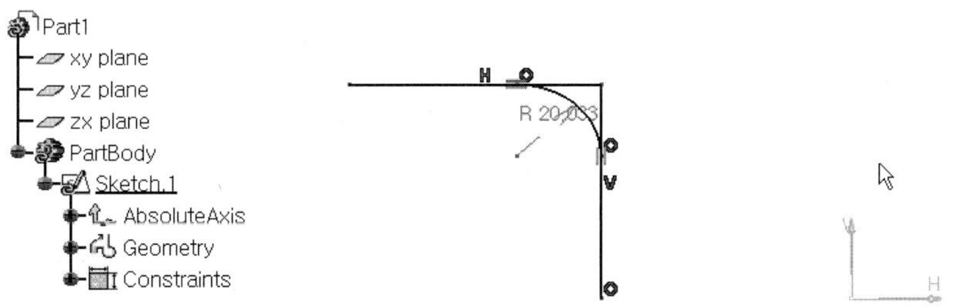

▸ Construction Lines Trim : 가이드라인을 제거해준다.

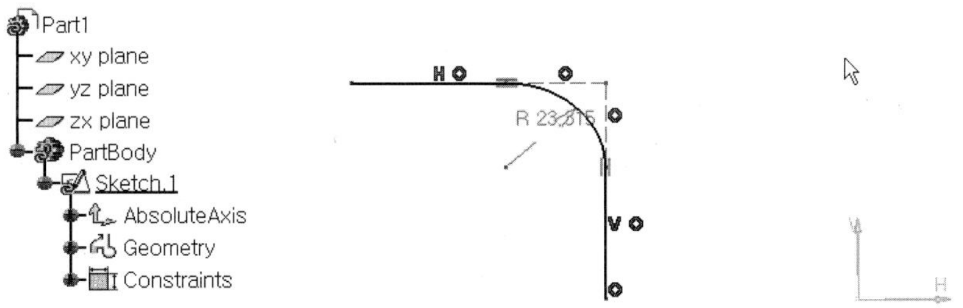

▸ Construction Lines No Trim : 가이드라인을 제거하지 않음

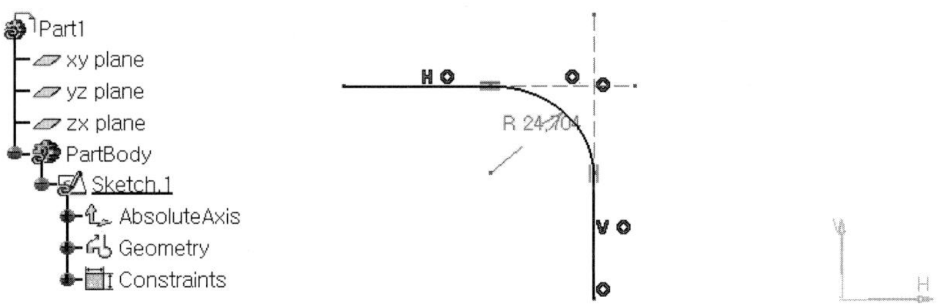

• Chamfer  : 모서리를 모따기 하는 기능으로 아이콘을 클릭하면 Sketch tools에 여러 가지 추가기능을 갖는 Option Icon이 나타난다.

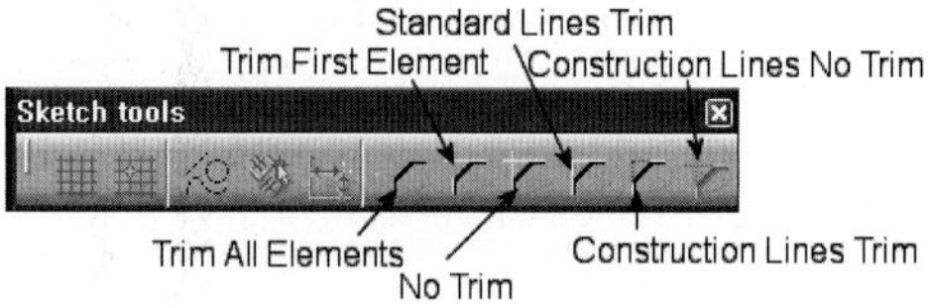

▸ Trim All Elements : 모따기 시켜주고 나머지 부분을 제거한다. 사용방법은 Coner Icon과 같다.

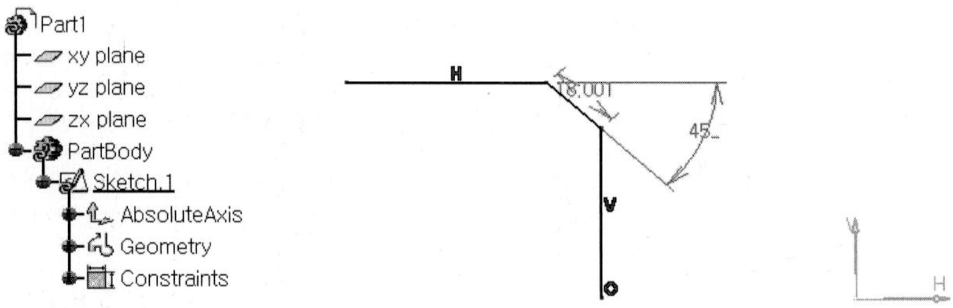

▸ Trim First Element : 모따기 후에 첫 번째 선택된 요소만 Trim 시키고 다른 요소는 그대로 유지한다.

▸ No Trim : 모서리를 모따기만 시켜주고 요소는 그대로 유지한다.

▸ Standard Line Trim : 모따기 시켜준 후 모서리의 돌출부분을 제거한다.

▸ Construction Lines Trim : 가이드라인을 제거해 줌

▸ Construction Lines No Trim : 가이드라인을 제거하지 않음

(6) Relimitations

Operation Tool Bar 중에 포함된 Trim Icon을 클릭하면 새로운 메뉴가 펼쳐진다. 여기에는 Trim, Break, Quick Trim, Close, Complement 등이 들어있다.

• Trim : 요소를 잘라내고, 연장하고 지우기 등 여러 가지 기능이 있다. Trim 아이콘을 선택하면 Sketch Tools Tool Bar가 확장되고 여기에 Trim All Elements와 Trim First Element의 두 가지 기능이 나타난다.

▸ Trim All Elements : 두 개의 요소를 선택하면 교점을 기준으로 선택된 요소의 반대쪽은 제거해주고, 한 개의 요소만을 선택하면 연장하는 기능이 있음

▸ Trim First Element : 처음 선택한 요소만 교점 기준으로 반대쪽이 제거된다. 또 하나의 요소만을 선택하면 연장 기능이 있다.

• Break : 하나의 요소를 두 개의 요소로 분리하는 기능으로 분리하려는 요소를 선택 후 분리하고자 하는 위치를 선택하면 그 위치에서 두 개의 요소로 분리된다. 또는 교차하는 요소를 선택하면 교차점에서 분리된다.

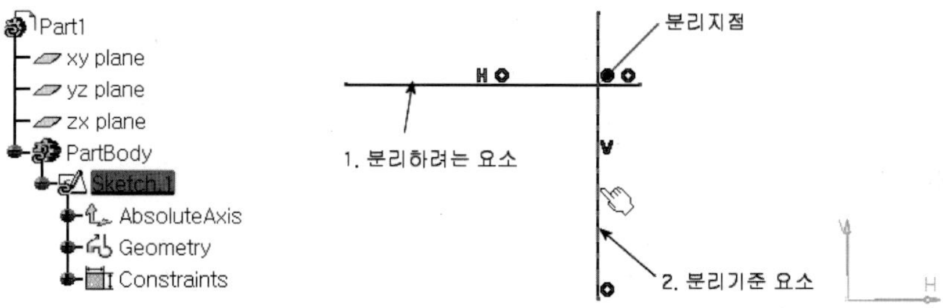

• Quick Trim : 요소를 선택하여 지우는 기능으로 여기에는 Break And Rubber In, Break And Rubber Out와 Break And Keep의 세부 기능이 있다

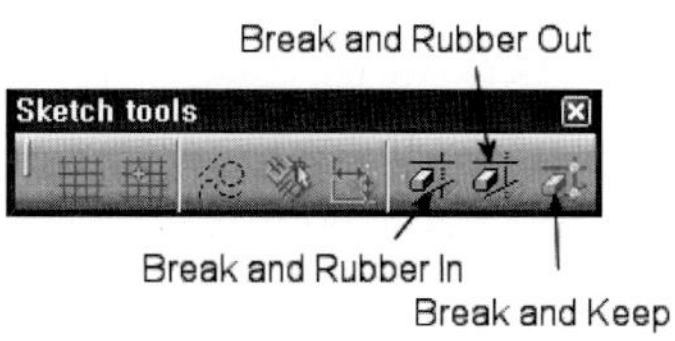

CATIA V5

▸ Break And Rubber In : 선택한 곳을 삭제하여준다.

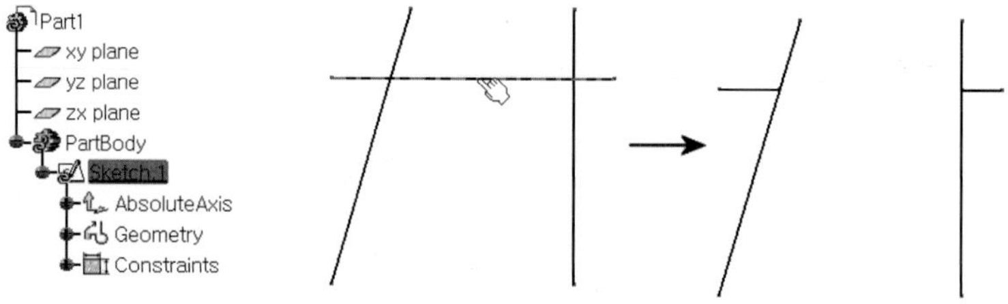

▸ Break And Rubber Out : 선택한 요소를 제외한 바깥 부분을 삭제한다.

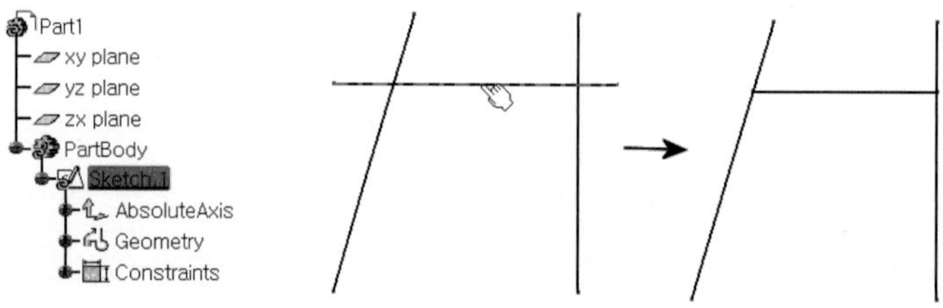

▸ Break and Keep : 선택한 요소와 교차하는 부분을 Break 하고 나머지 요소는 원래대로 유지한다.

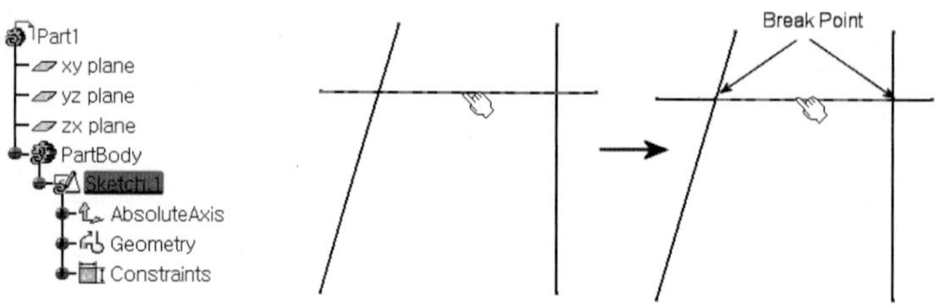

- Close : 열려진 원이나 타원을 완전한 원 또는 타원으로 닫아준다.
- Complement : 열린 원이나 타원을 선택하면 반대편 열린 호가 생성되고 원래 요소는 삭제된다.

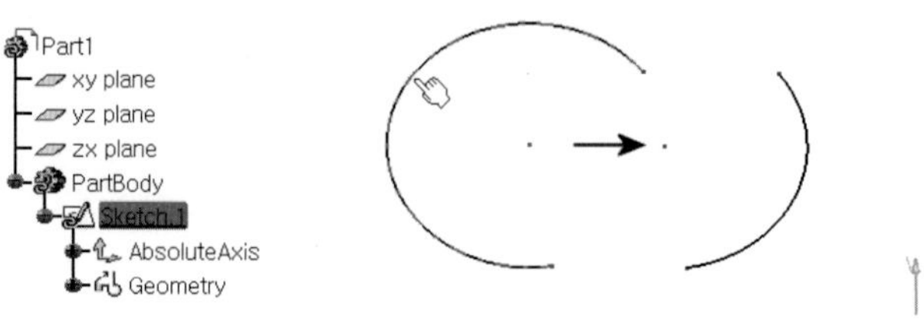

(7) Transformation

Transformation Tool Bar에 포함된 세부메뉴로 Mirror, Symmetry, Translate, Rotate, Scale, Offset의 기능이 있다.

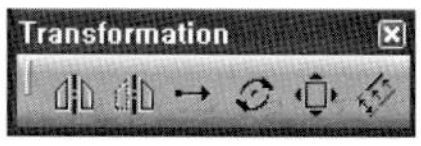

- Mirror : 선택한 요소를 대칭축을 중심으로 복사하는 기능으로 같은 요소가 대칭축의 양쪽에 복사된다.

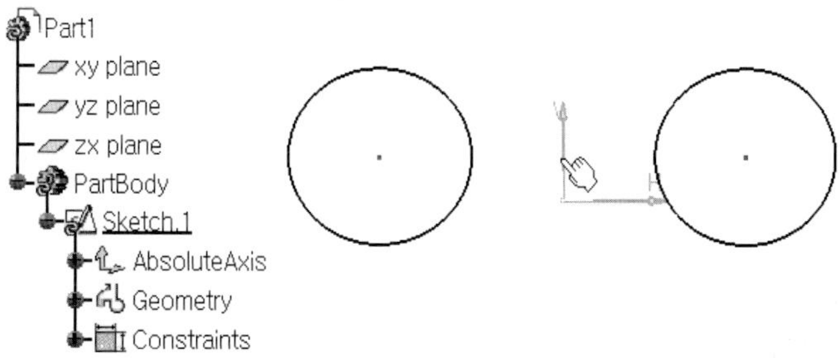

- Symmetry : 선택한 요소를 대칭축을 중심으로 복사하는 기능으로 원본 요소는 삭제된다.
- Translate : 선택한 요소를 지정된 위치에 이동 또는 복사하는 기능
  원본 요소를 선택하면 Translation Definition 창이 열린다. Instance에는 한 번에 복사하는 요소의 수를 기록하고 Duplicate mode를 체크하면 원본 요소가 지워지지 않고 유지된다. Keep internal constraints, Keep external constraints을 체크하면 요소 내외의 구속조건이 승계된다. 기준점을 선택하면 Length 창이 활성화된다. 이 길이는 기준점으로부터 복사되는 거리를 말한다.

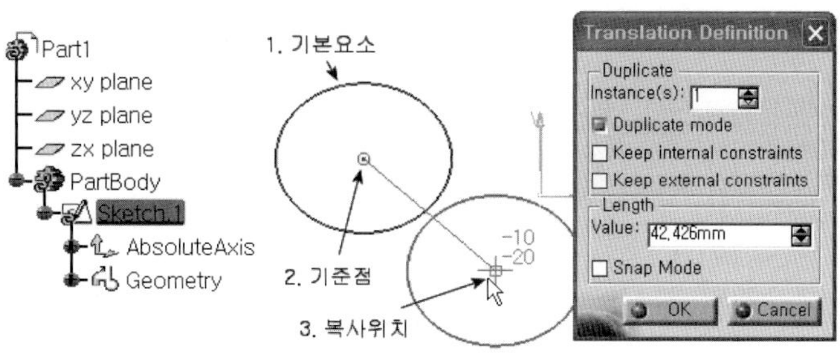

CATIA V5

• Rotate : 선택한 요소를 원형으로 회전시키거나 복사하는 기능

복사할 원본요소를 선택하고 중심을 선택하면 Rotation Definition 창이 열린다. Instance는 복사 시킬 요소의 수를(원본을 포함하지 않은 수) 기록하고 Duplicate mode를 체크하면 원본이 유지된다. Constraint Conservation을 체크하면 원본의 구속이 승계된다. Angle에는 복사되는 요소 한 개의 배열 각도를 정의해주면 된다.

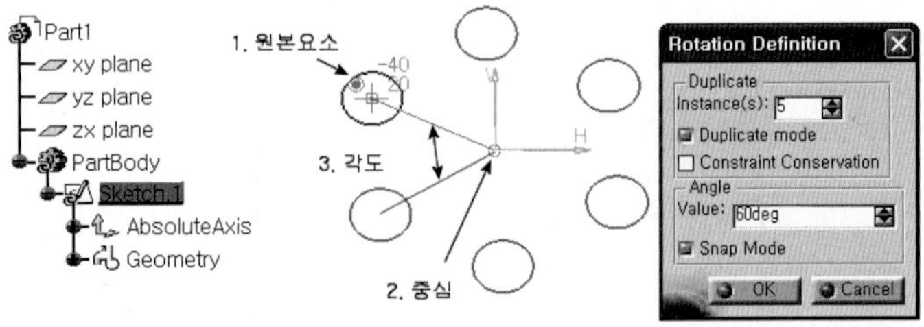

• Scale : 요소를 확대 축소하는 기능. 원본을 선택하고 기준점을 설정한 후 Scale Value에 비율을 기록한다. Value가 1.0 보다 크면 확대를 작으면 축소가 된다.

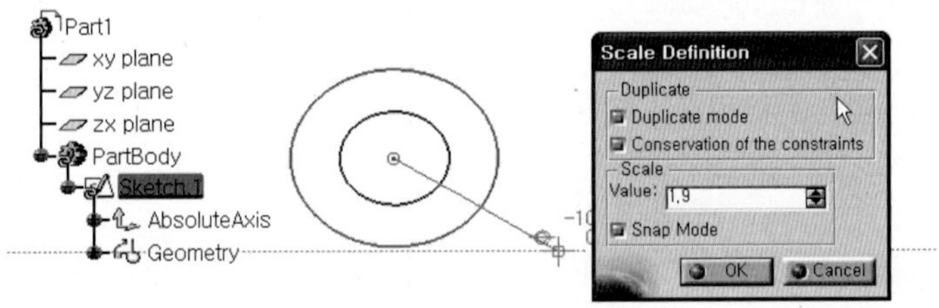

• Offset : 간격 띄우기 기능으로 No Propagation, Tangent Propagation, Point Propagation, Both Side Offset 등의 세부 메뉴가 Sketch Tools에 나타난다.

▸ No Propagation : 선택한 요소만 Offset 시켜준다.

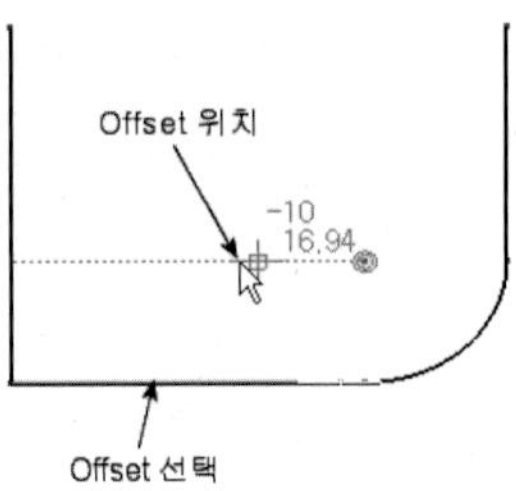

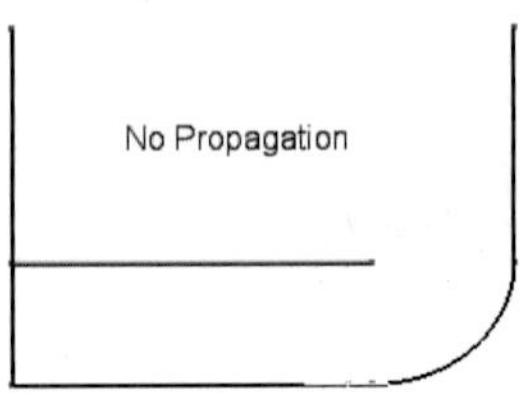

▸ Tangent Propagation : 선택된 요소에 접선으로 연결된 요소까지 Offset 시켜주는 기능.

▸ Point Propagation : 선택된 요소에 연결된 모든 요소를 Offset 시켜주는 기능.

▸ Both Side Offset : 선택한 요소를 양쪽으로 간격띄우기 복사한다.

Offset 아이콘을 선택하면 Sketch Tools가 확장된다. Instance 란에 Offset 시키고자 하는 요소의 숫자를 기록하면 숫자만큼 생성된다.

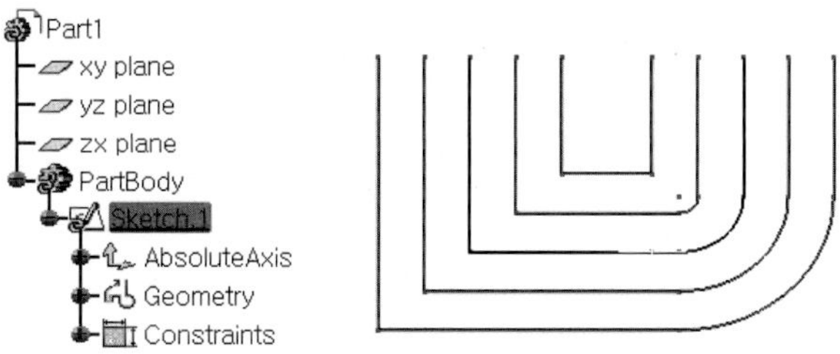

- Project 3D Elements : 3D 요소를 지정한 평면에 투영시키는 메뉴로 여기에는 Project 3D Elements, Intersect 3D Elements, Project 3D Silhouette Edge를 포함하는 3D Geometry Tool Bar 가 포함되어 있다.

▸ Project 3D Elements : 3D 물체를 지정한 평면에 투영시킨다.

Plane1에서 생성한 3D 요소를 xy 평면에 투사시킨 결과이다. 3D 물체의 외곽선을 얻을 수 있다.

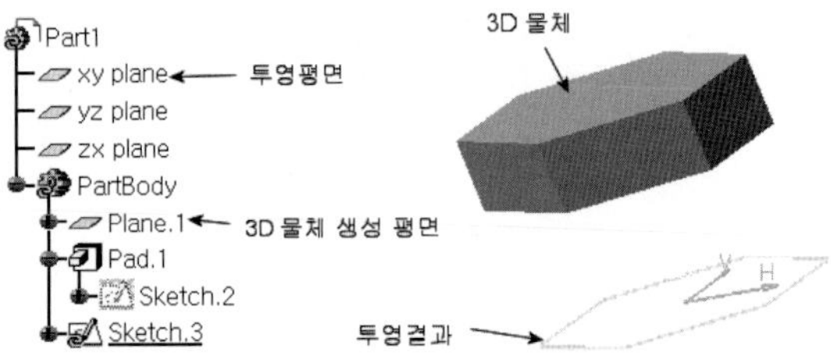

▸ Intersect 3D Elements : 3D 물체를 교차 평면에 투영시켜 교차면의 선분을 추출하는 메뉴.

xy plane에서 Mirror Pad 기능으로 생성한 3차원 요소를 xy 평면에 투영시킨다. Sketch.3는 투영 결과로 평면과 교차하는 면의 교차 외곽선으로 투영된다. 3D 물체인 Pad.1을 Hide 시키면 결과를 볼 수 있다.

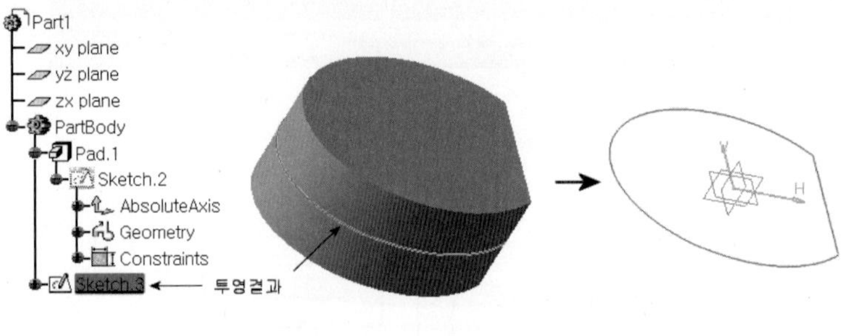

▸ Project 3D Silhouette Edge : 3차원 물체를 투영시킨 그림자 외곽선을 얻는 메뉴이다.

3차원 요소를 xy 평면에 투영시킨 결과로 원통의 외곽 투영 그림자 외곽선을 얻게 된다.

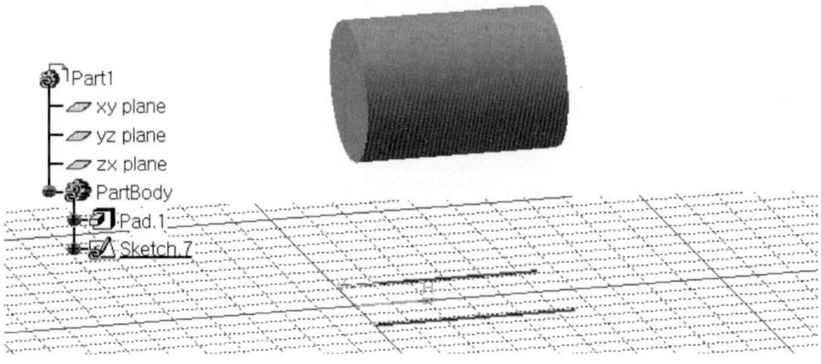

CATIA V5

4 Sketch 따라하기

■ 다음 도면을 xy 평면에 Sketch 하시오.

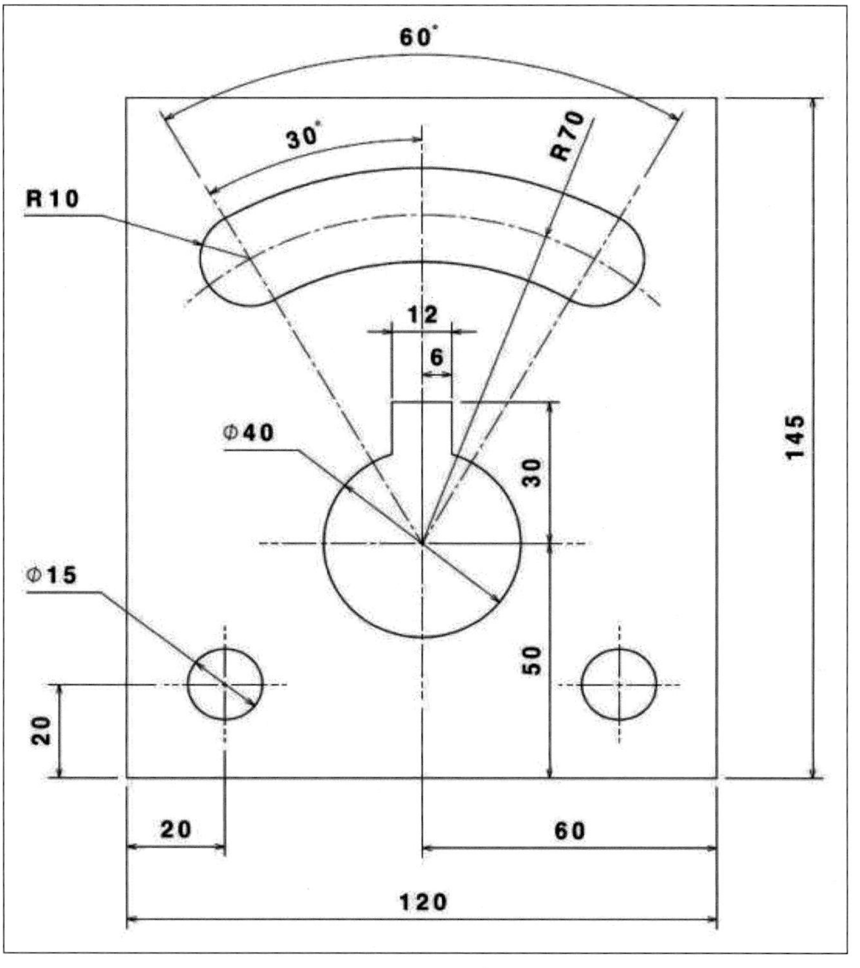

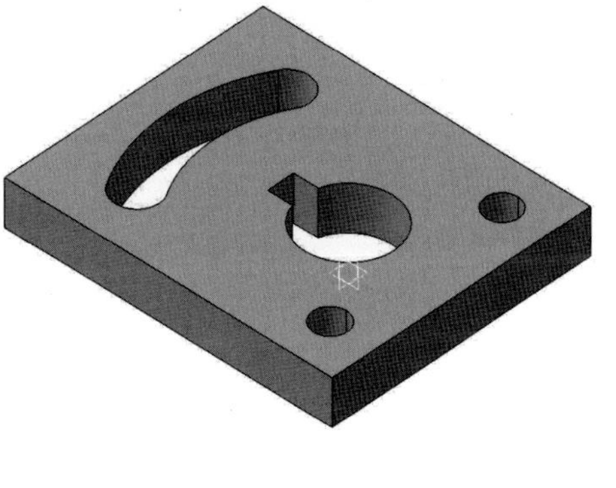

1 Part Design Workbench를 시작한다.

2 Specifications Tree에서 xy plane을 선택하고 Sketcher Icon 을 클릭한다.

3 Rectangle 을 이용하여 사각형을 Sketch 한 후, 그림처럼 치수구속을 실시한다.

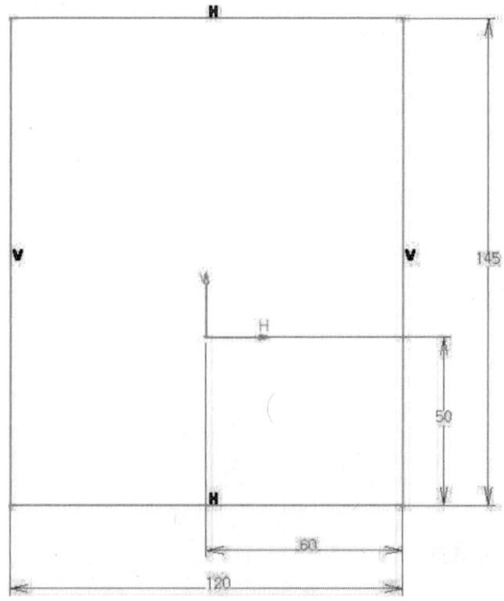

4 Keyhole 을 이용하여 그림처럼 적당한 Keyhole을 Sketch 한다.

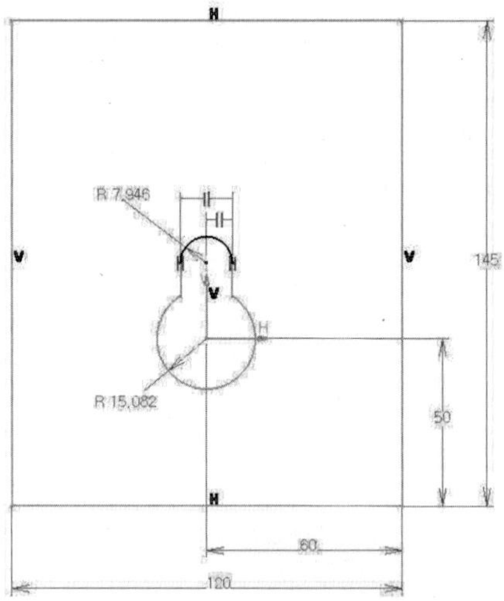

5 Keyhole의 머리 부분 원호를 선택하여 제거하고 직선을 Sketch한다.

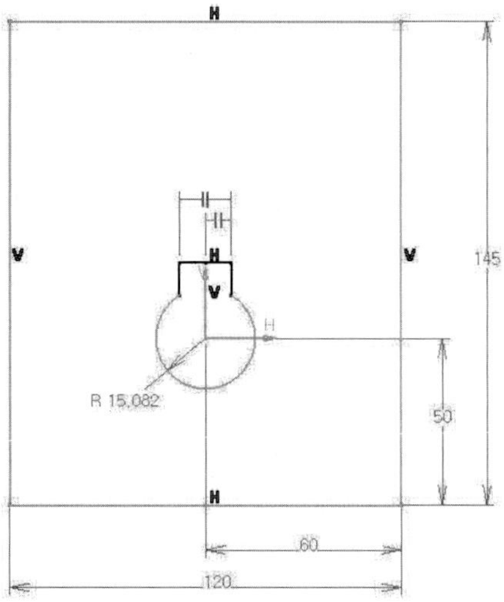

6 Keyhole에 치수를 부여하여 구속한다.

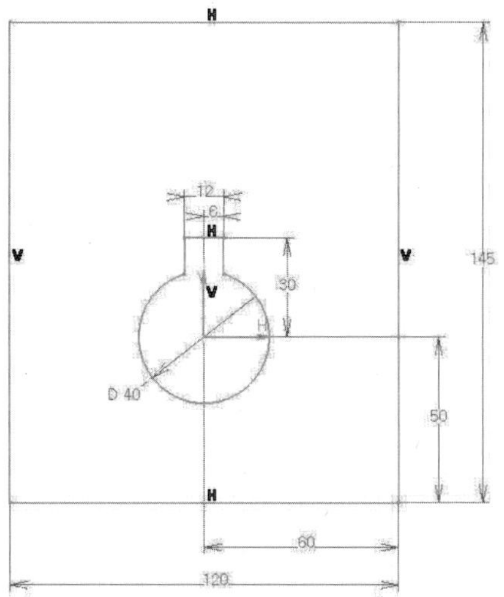

7 Cylindrical Elongated Hole 을 클릭하고 먼저 원점을 클릭해서 중심을 잡아 준다. 다음에는 좌측의 적당한 지점에 클릭해서 Cylindrical Elongated Hole의 좌측 중심을 잡고 우측의 적당한 지점에 클릭해서 우측의 중심을 잡아준다. 마지막으로 홀의 반경이 될 적당한 지점에 클릭해서 Cylindrical Elongated Hole을 만든다.

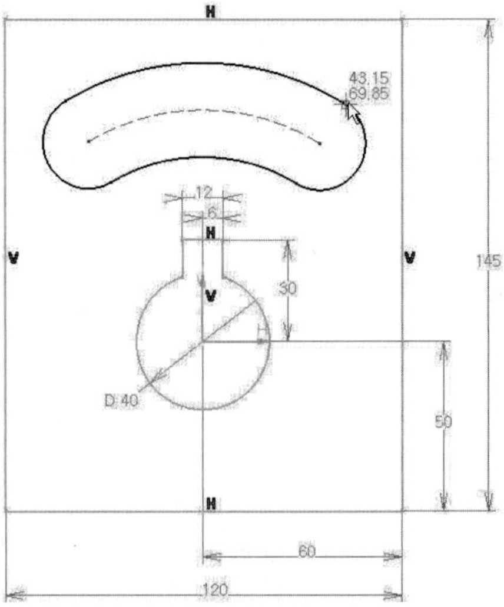

8 Construction/Standard Element 를 클릭해서 활성화한다. 그리고 Line 으로 원점과 Cylindrical Elongated Hole의 좌측중심을 연결하는 직선과 원점과 Cylindrical Elongated Hole의 우측 중심을 연결하는 Construction Line을 Sketch 한다.

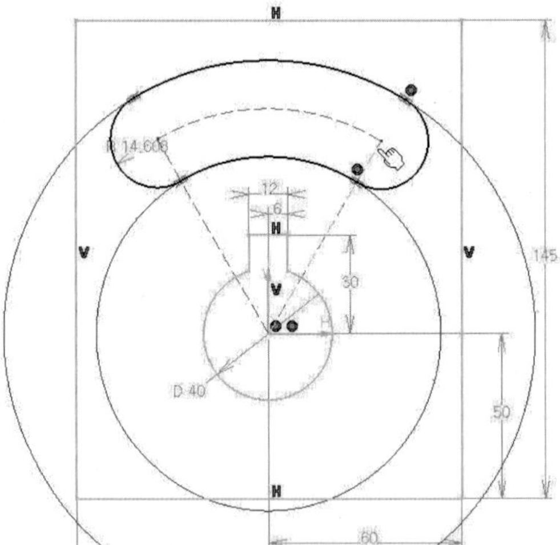

9 Cylindrical Elongated Hole의 반경에 대한 구속을 그림처럼 실시한다.

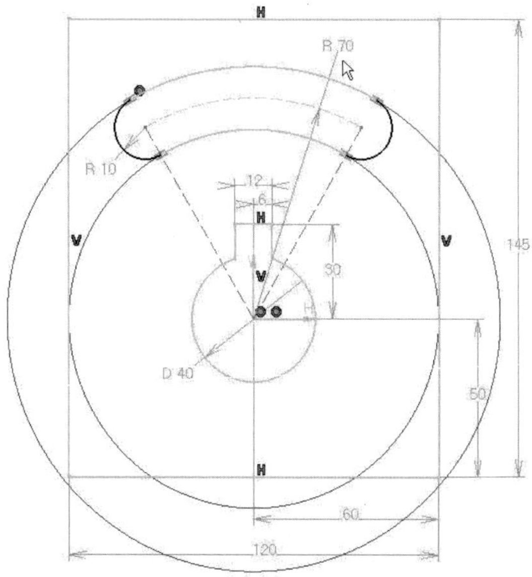

10 Cylindrical Elongated Hole의 각도에 대한 구속을 그림처럼 실시한다.

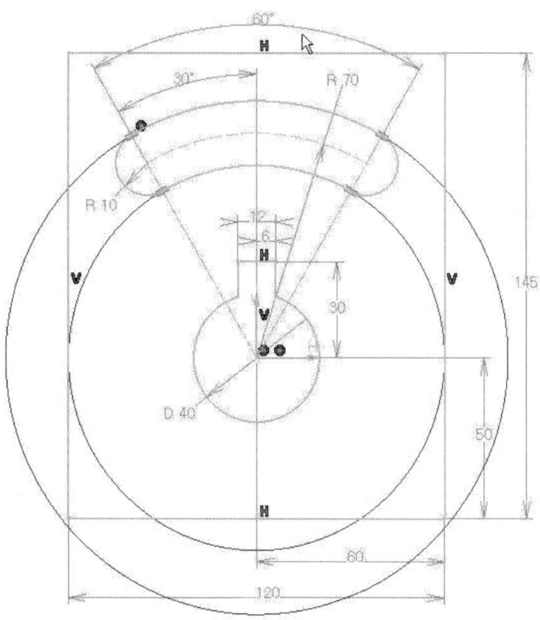

11 직경 15의 원을 다른 도형과 간섭받지 않도록 Sketch하고, 그림처럼 구속한다.

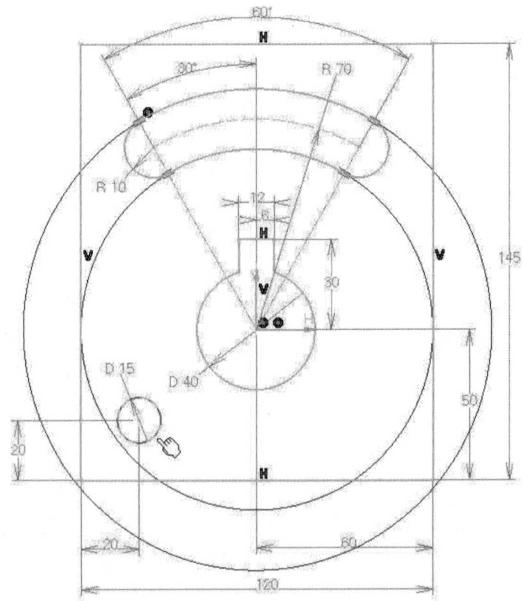

12 Mirror 기능을 활용하여 반대쪽 형상을 완성한다.

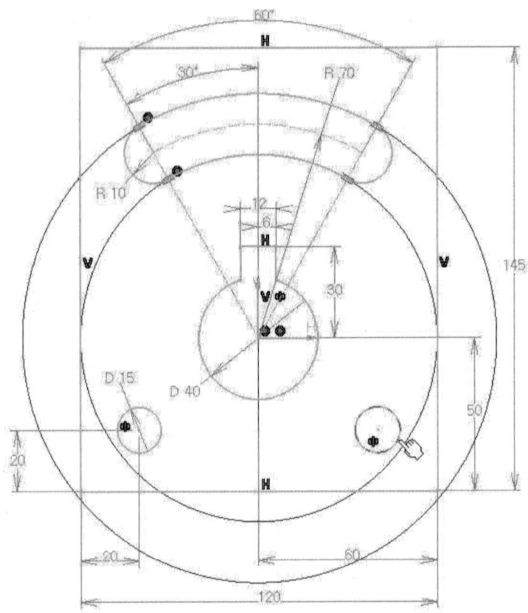

CATIA V5

■ 다음 도면을 xy 평면에 Sketch 하시오.

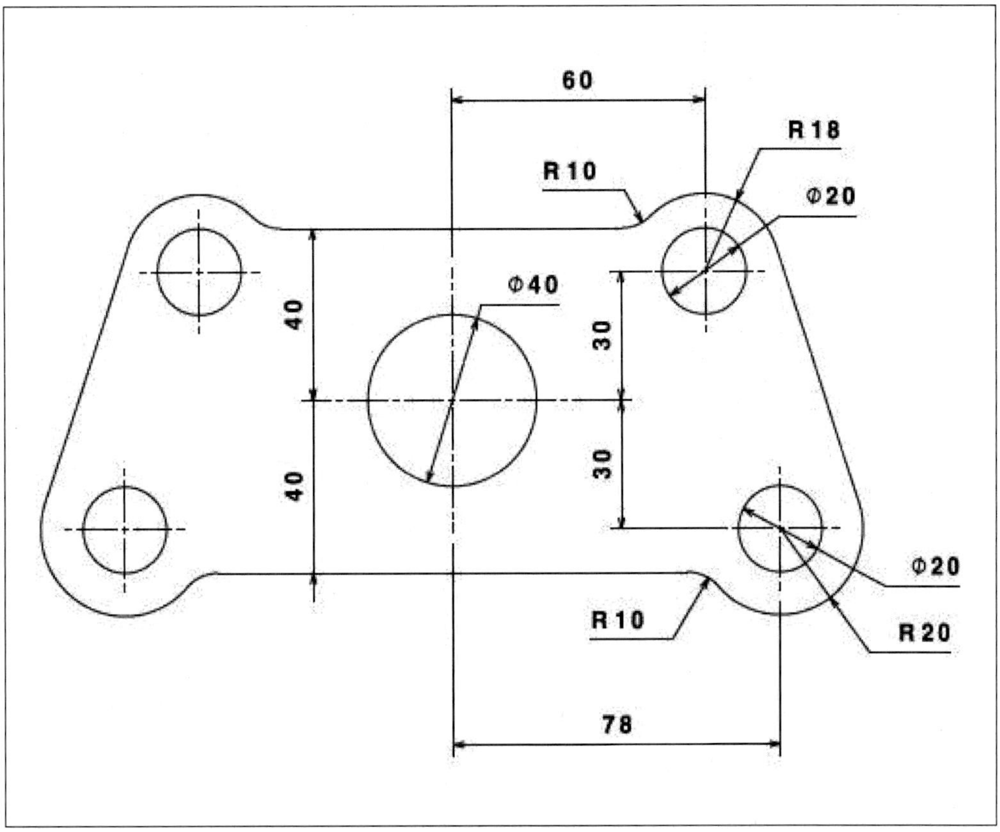

1 Part Design Workbench를 시작한다.

2 Specifications Tree에서 xy plane을 선택하고 Sketcher Icon 을 클릭한다.

3 좌우 대칭형 도형이므로 우측을 완성한 후 Mirror 시키고자 한다.

4 V 축에 일치하도록 Line 을 생성한 후, Construction/Standard Element 를 이용하여 Construction Element로 변경해준다. 그 후, Arc 를 이용하여 원점에 동심원인 원호를 그림처럼 생성한다. 원호의 양 끝점은 Construction Line에 일치 시키도록 한다.

5 생성된 원호에 대한 치수구속을 실시한다.

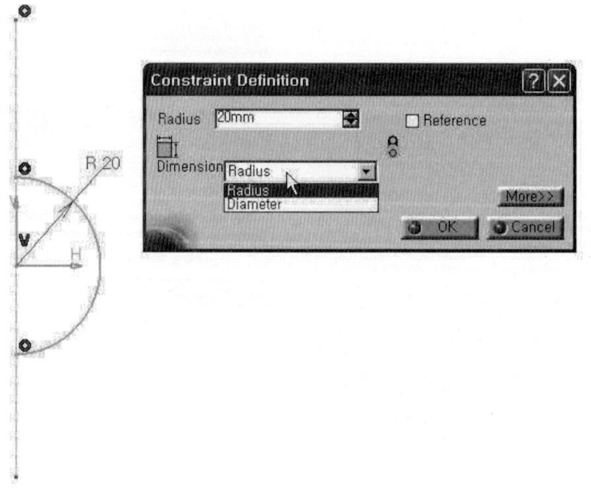

6 Circle ⊙을 이용하여 적당한 위치에 4개의 원을 생성한다. 이때 위, 아래 2개의 원들을 동심원으로 생성하는 것에 유의한다.

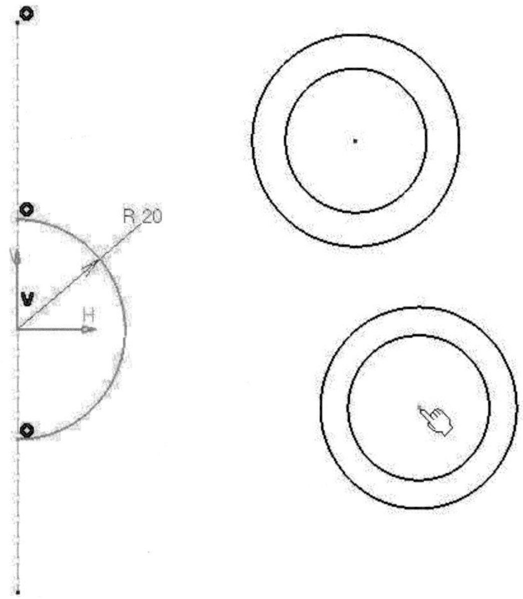

7 그림처럼 원들의 크기와 위치에 대한 구속을 실시한다.

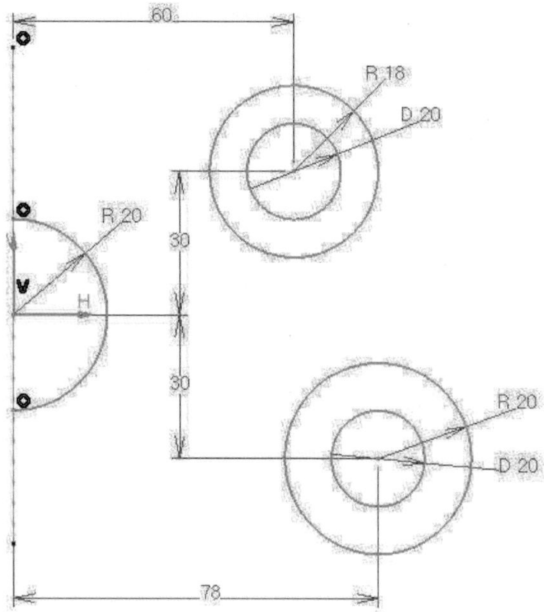

CATIA V5

8 Line 을 이용하여 위, 아래 적당한 위치에 2개의 직선을 생성한다. 이때 직선의 왼쪽 끝점들은 Construction Line에 일치시키도록 한다.

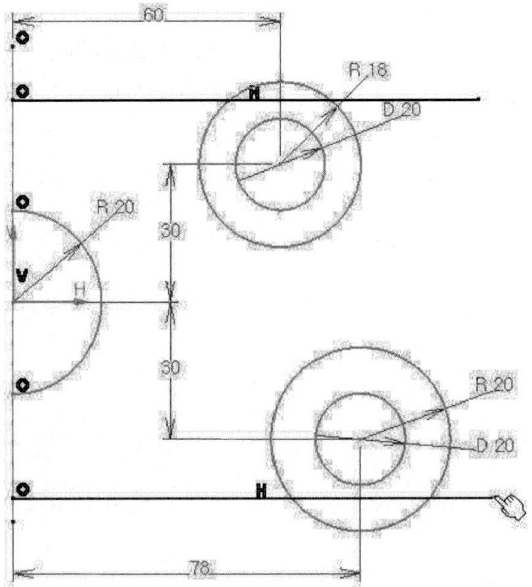

9 그림처럼 생성된 두 직선에 대한 구속을 실시한다.

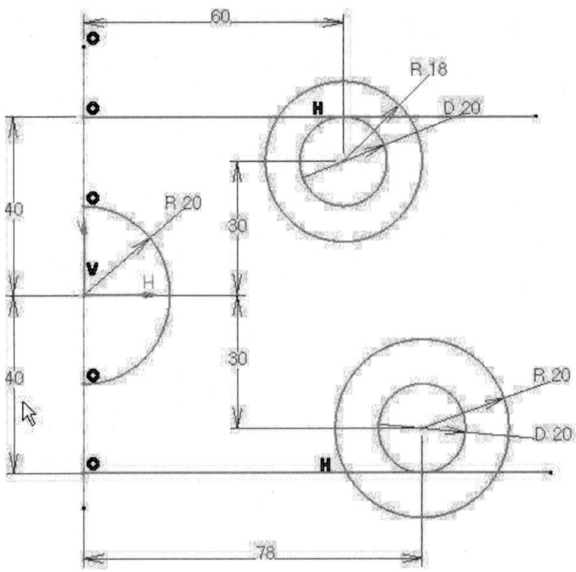

10 Quick Trim 을 이용하여 위, 아래 직선에서의 불필요한 부위를 제거한다.

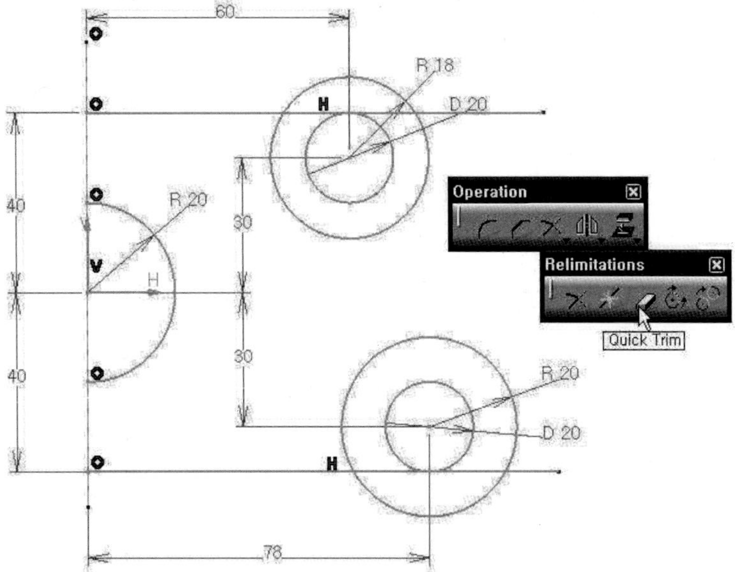

11 Bi-Tangent Line 을 이용하여 아래의 그림처럼 생성한다.

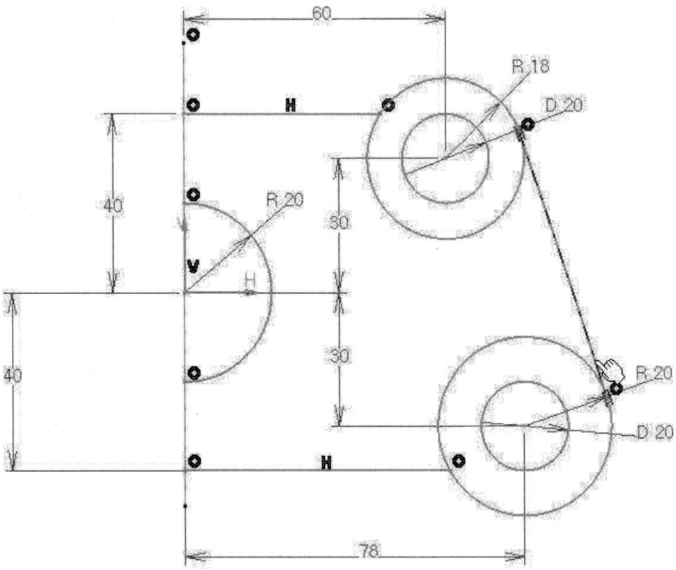

12 Quick Trim 을 이용하여 직경 20인 2개의 원에서 불필요한 부분을 제거한다.

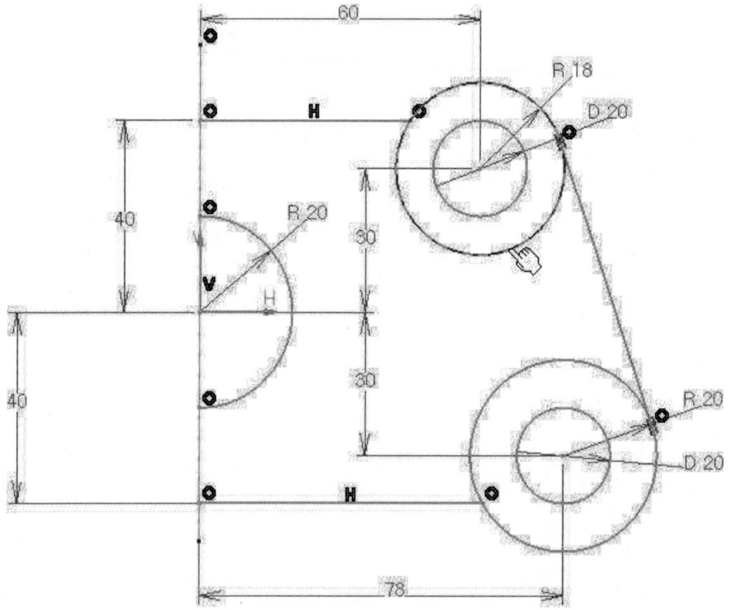

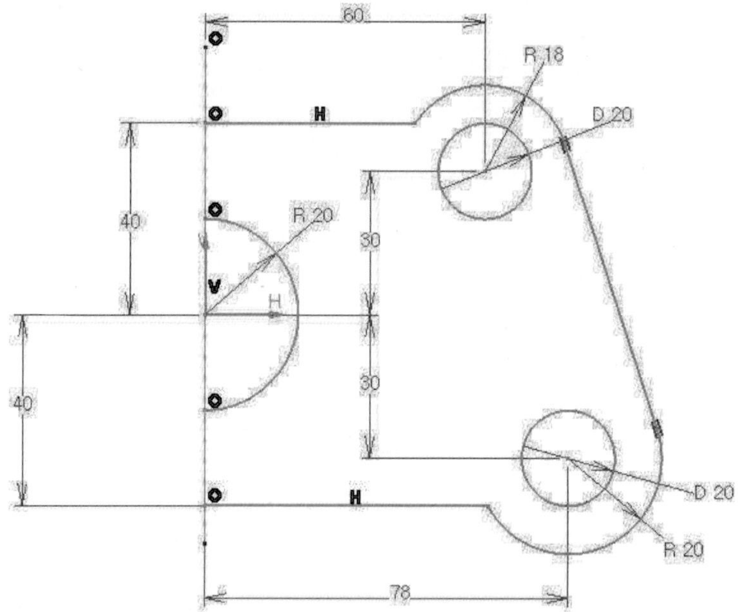

13 Coner 를 이용하여 그림처럼 반경 10으로 라운딩 처리한다. 이때 Coner 옵션 중 Trim All Elements를 이용하도록 하자.

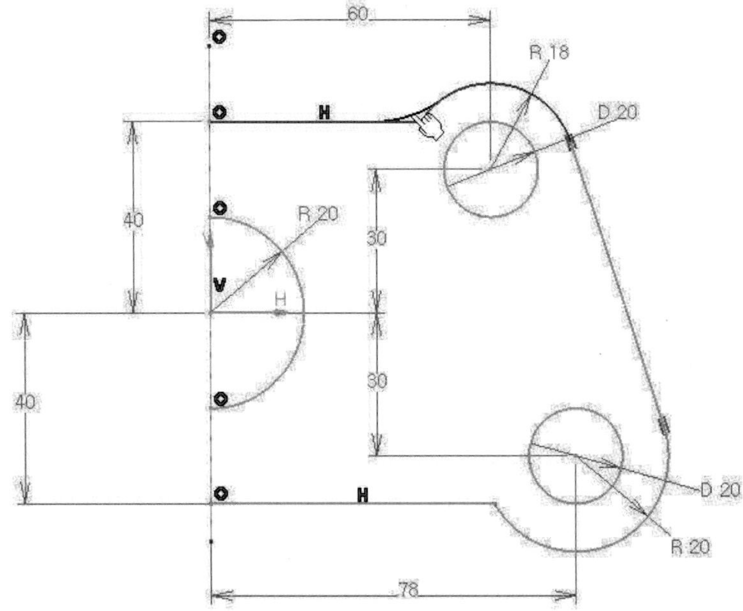

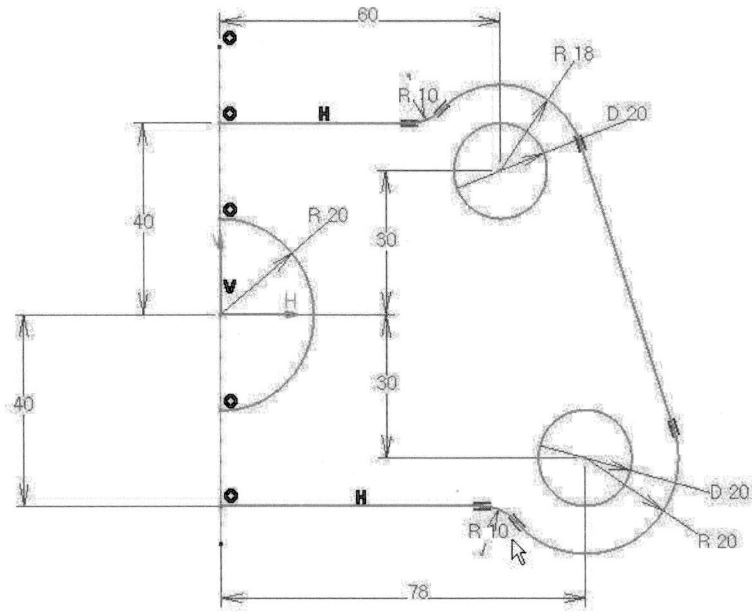

14 대칭 복사할 요소들을 선택한 후, Mirror 을 이용하여 V축에 대칭 복사하여 완성한다. 복사할 요소들을 선택할 때, User Selection Filter를 활용하면 편하게 선택할 수 있다.

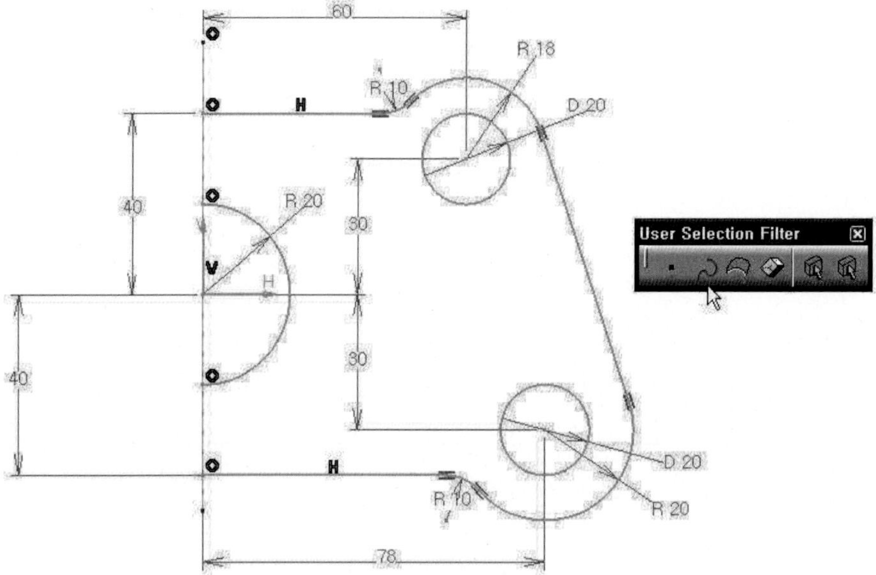

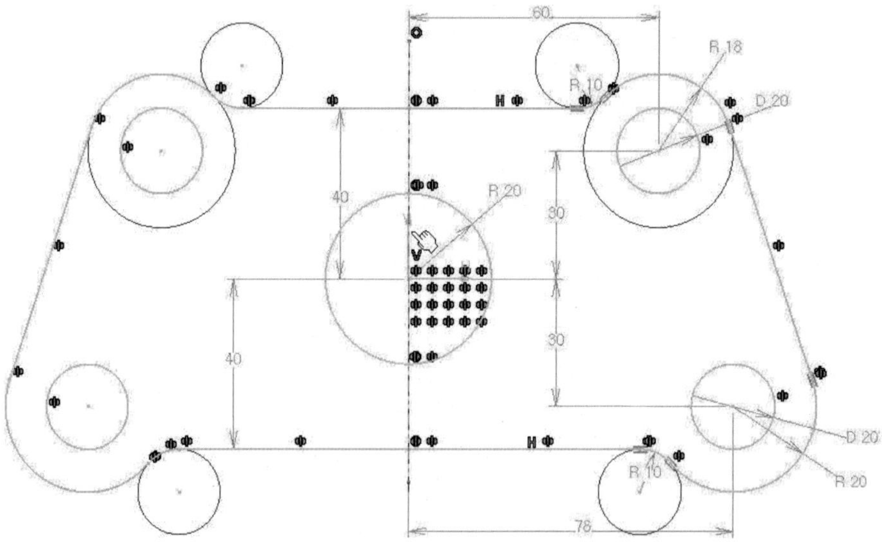

■ 다음 도면을 xy 평면에 Sketch 하시오.

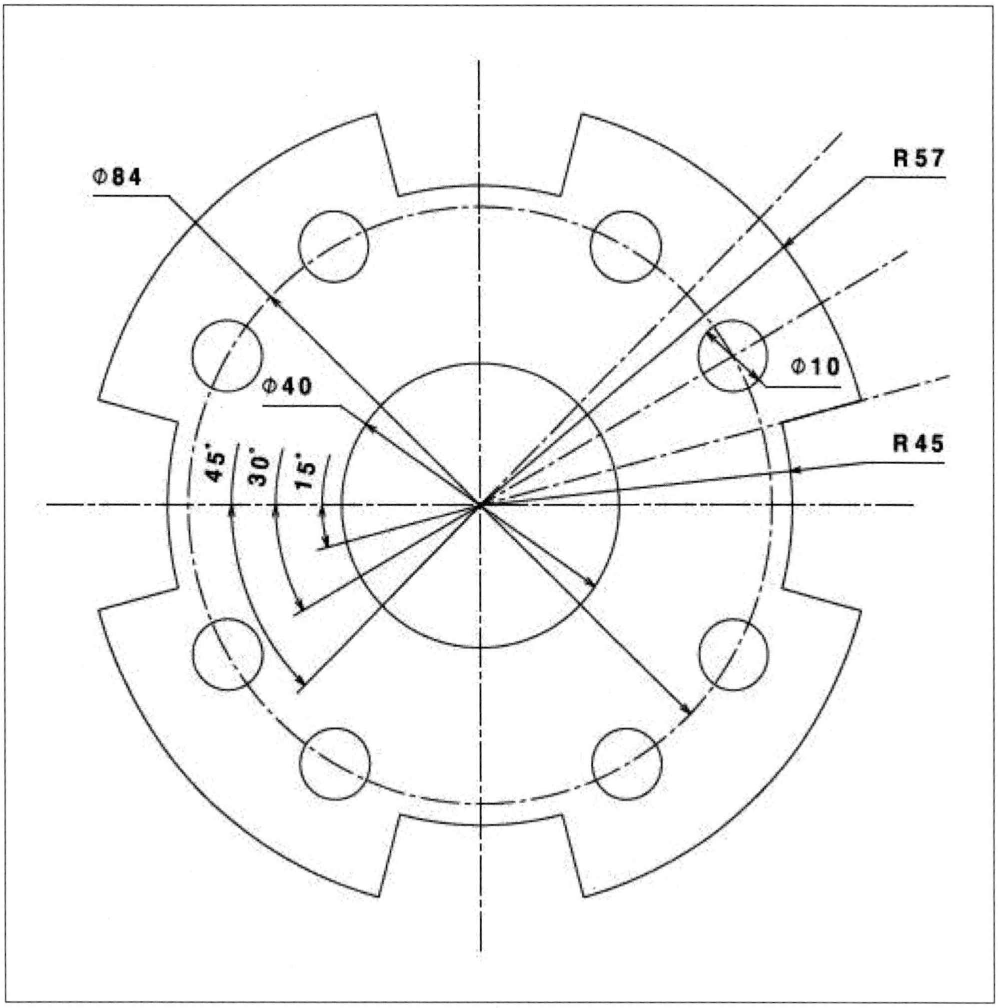

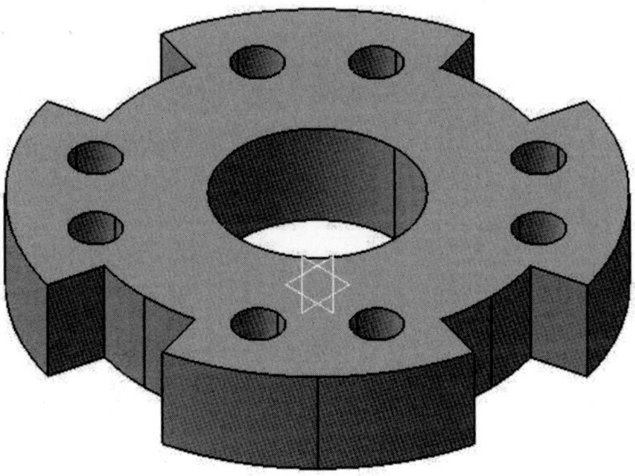

1 형상의 1/4을 완성한 후, 회전 복사 시켜 완성하고자 한다.

2 Part Design Workbench를 시작한다.

3 Specifications Tree에서 xy plane을 선택하고 Sketcher Icon 을 클릭한다.

4 우측 원의 중심을 잡을 Construction Line을 Sketch하기 위해서 Sketch Tools Bar의 Standard/Construction 을 클릭해서 활성화시킨다. Circle 로 중심에 직경 84의 원을 Sketch 한다.

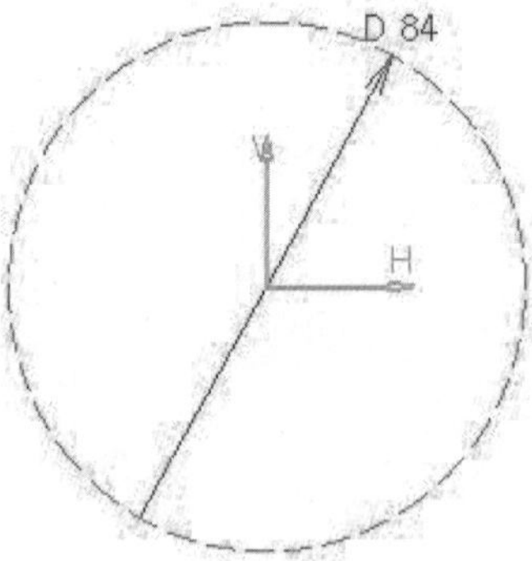

5 Line 을 클릭해서 원점에서 30도의 각도를 갖는 직선을 그리기 위해 적당한 선을 원점에서부터 생성한다. 만일 원점과 구속되지 않았다면 직선의 끝점과 원점을 동시에 선택하여 Coincidence 구속한다.

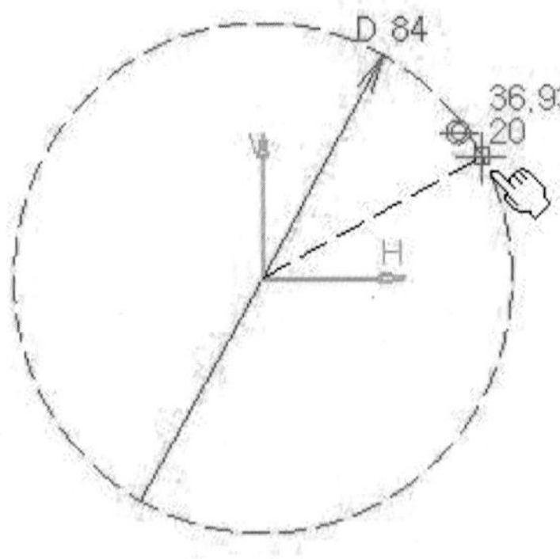

6 직선의 끝점과 84 원을 동시에 선택하고 Constraints Defined in Dialog Box Icon 을 클릭해서 Coincidence를 체크한다.

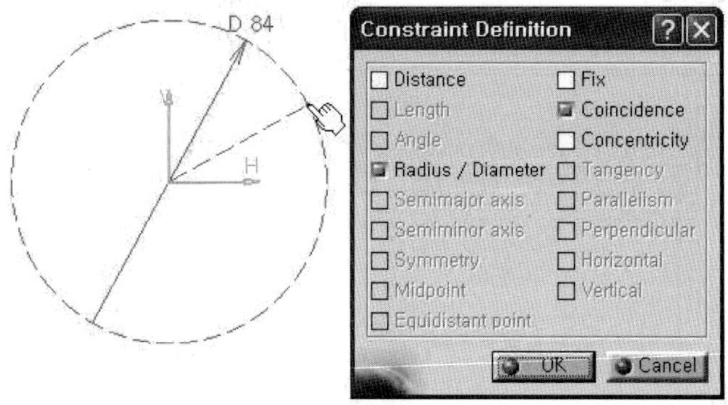

7 직선을 H축과 30도로 구속한다.

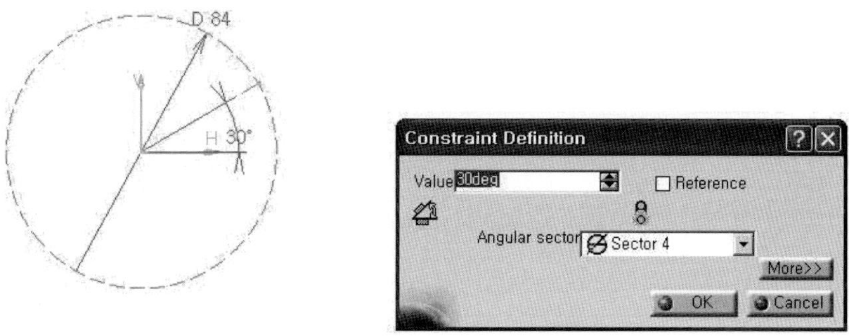

8 같은 방법으로 60도 직선을 그려서 84원과 구속한다.

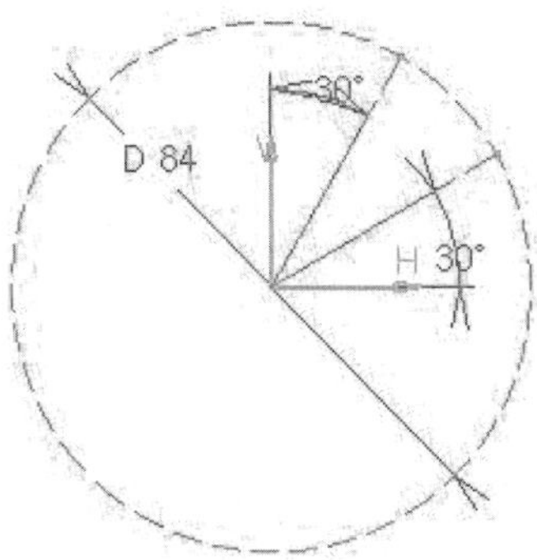

9 Standard/Construction Element 을 클릭해서 비활성화 시킨다. 그리고 방금 Sketch한 직선의 끝에 중심을 잡고 직경 10의 원을 두 개 그린다.

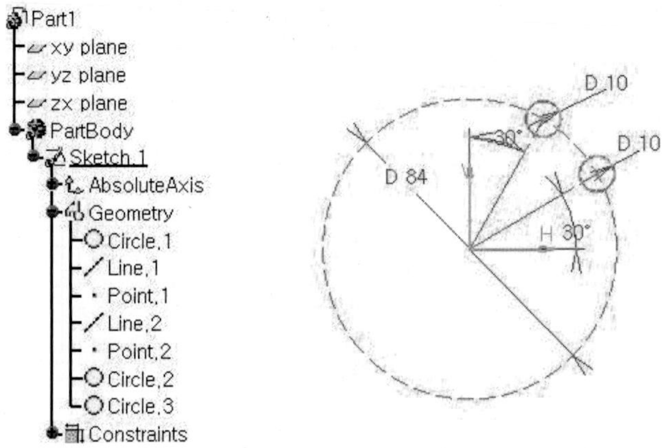

10 원점을 지나는 수직축과 수평축에 15도의 직선을 Line 으로 Sketch한다.

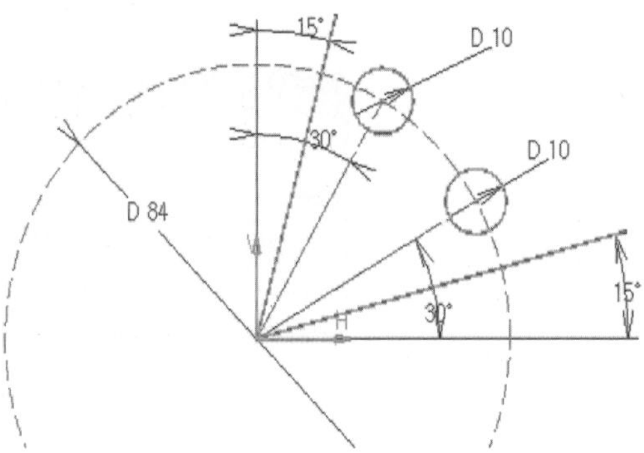

11 아이콘을 클릭해서 원점에 중심을 잡고 반경 57의 원호를 Sketch한다.

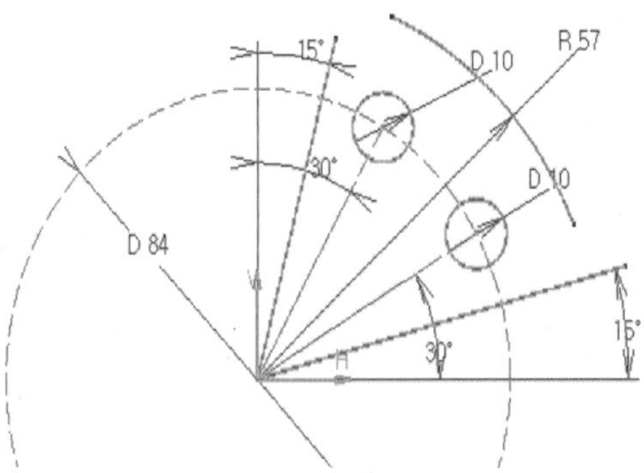

12 원호의 끝점과 직선의 끝점을 동시에 선택하여 Coincidence 구속한다.

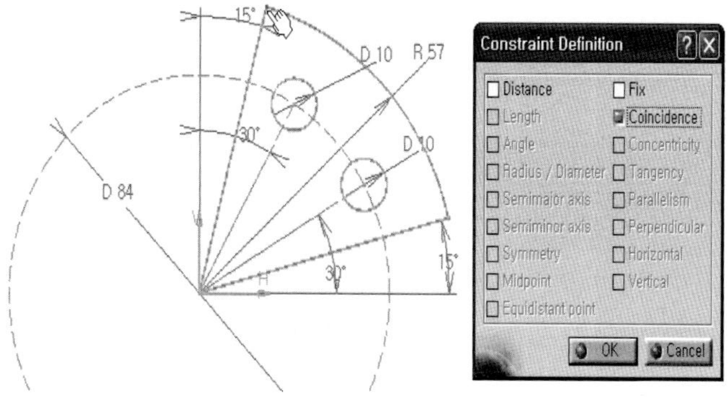

13 아이콘을 클릭해서 원점에 중심을 잡고 수평축에서 수직축까지 반경 45의 원호를 Sketch한다.

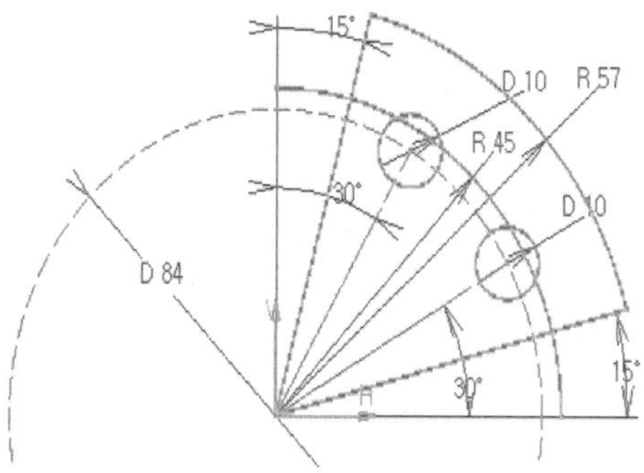

14 Quick Trim 과 Trim 으로 필요 없는 부분을 정리한다. 동일한 Icon을 계속 사용할 경우는 아이콘을 더블 클릭하면 계속해서 해당 기능이 지속된다.

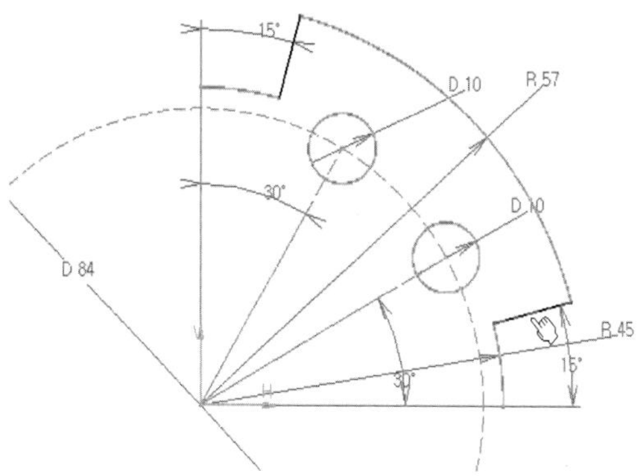

15 15도의 직선은 구속되지 않아 아직 녹색으로 변하지 않았다. 직선의 방향이 원점과 일치 구속되지 않았기 때문으로 직선과 원점을 선택하여 Coincidence 구속한다.

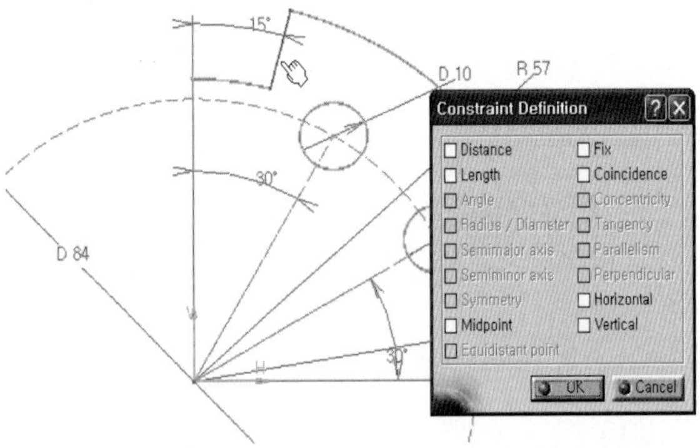

16 Sketch한 모든 요소를 선택하고 Rotate 를 클릭해서 원형 복사를 실시한다. 먼저 중심으로 원점을 클릭하고 Instance에 3, Angle에 90을 입력하고 Ok한다.

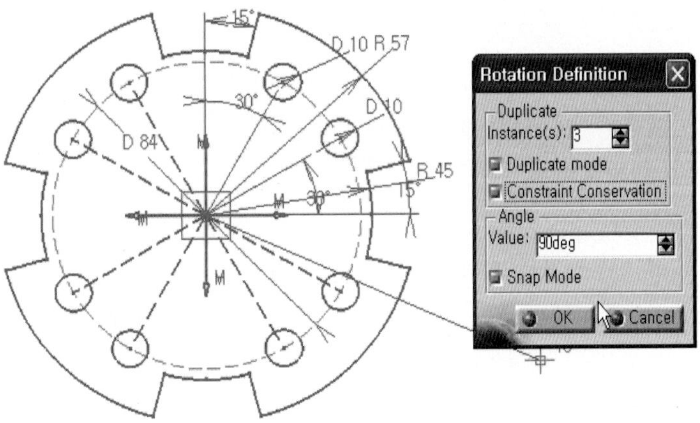

17 마지막으로 Circle icon ⊙으로 중심에 직경 40의 원을 Sketch 한다. 치수나 형상 구속 표식으로 구별이 힘들면 Visualization Tool Bar 의 Icon들을 Off시킨다.

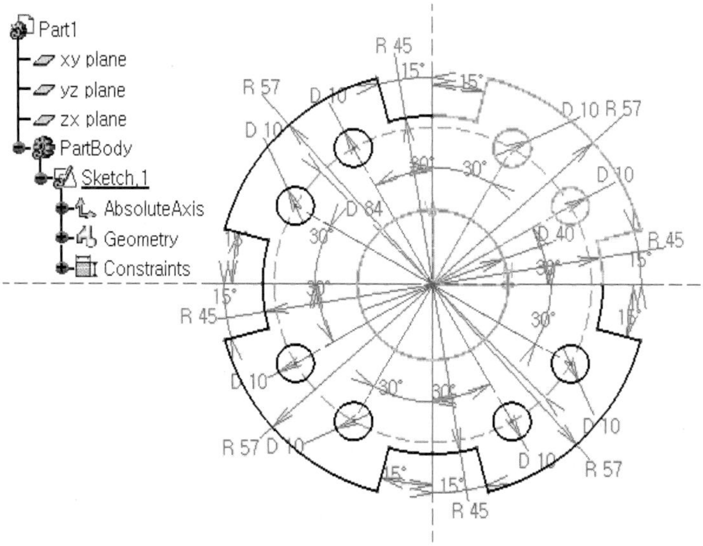

18 다음과 같이 완성되었다.

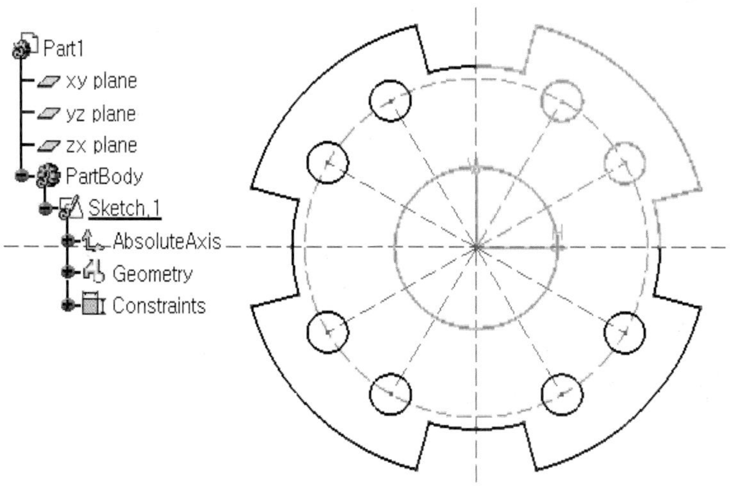

5 Sketch 결과 확인

다음의 도형을 활용하여 Sketch 작업의 내용을 확인해 보자.

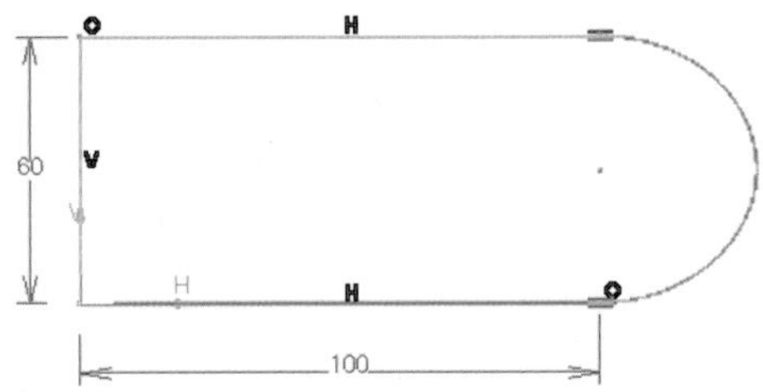

5.1 Parents / Children Box

구속결과를 확인하고 싶으면 확인하기를 원하는 요소에 마우스를 놓고 우측버튼을 눌러 Parents/Children를 클릭하면 구속 결과를 볼 수 있다.

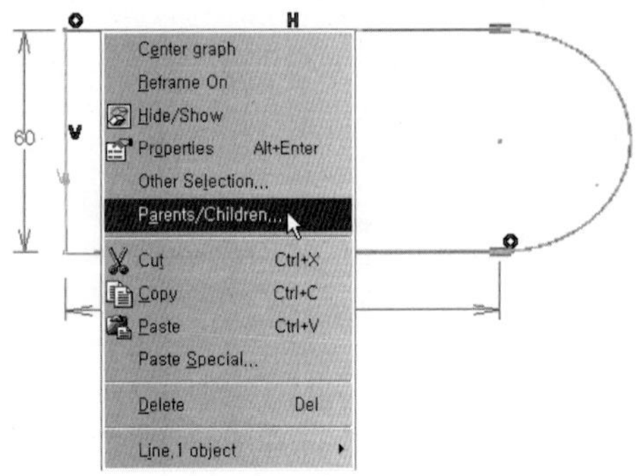

- Parents/Children Box에서 요소의 더 자세한 사항을 확인하고 싶으면 해당 요소를 더블클릭하면 알 수 있다.

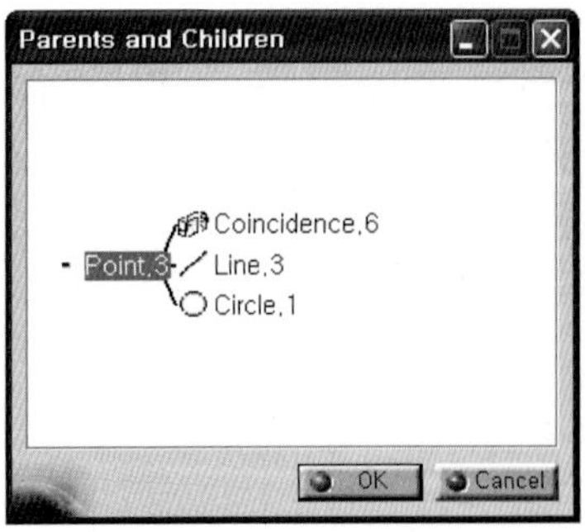

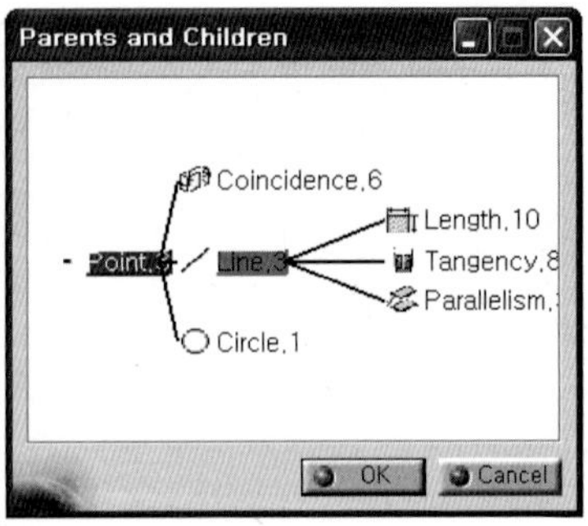

5.2 Sketch Solving Status

앞의 도형에 원호의 직경을 구속하여 보자. Constraints Defined in Dialog Box 를 열어서 원호에 Diameter/Radius 구속을 하면 다음처럼 보라색으로 변한다.

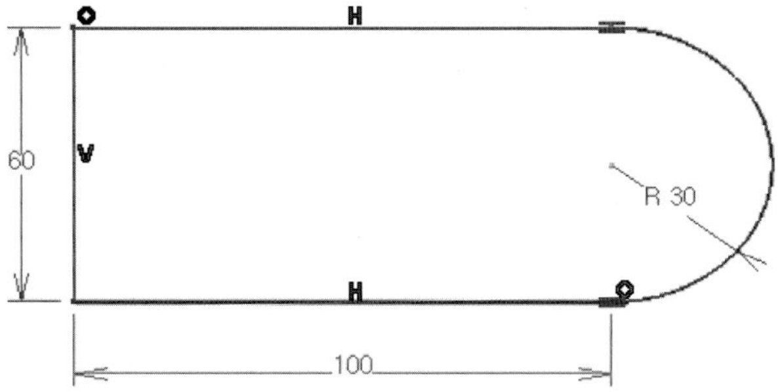

- 도형의 상태를 알아보기 위해서 Tools Bar에 있는 Sketch Solving Status 를 클릭한다. 클릭하면 작은 Box가 열리고 현재 상태를 보여준다. Over-Constrained 즉 과잉구속이다. 그리고 과잉 구속된 좌측 선분의 끝에는 주황색 동심원이 만들어져있다.

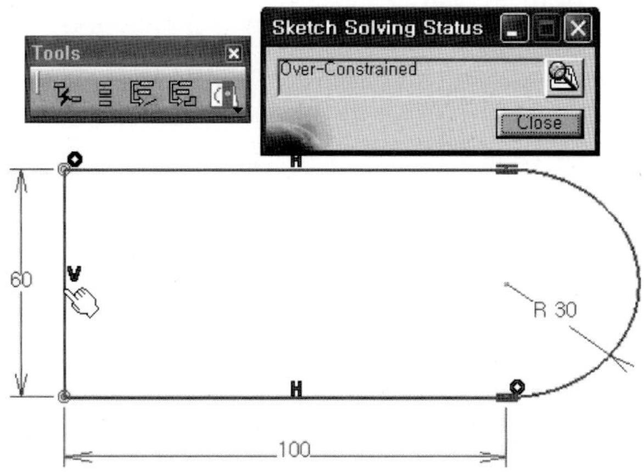

- 좀 더 자세한 내용을 확인하고 싶으면 Tools Bar의 Sketch Analysis 또는 Sketch Solving Status Box의 를 클릭하자. Diagnostic Tab을 선택하면 자세한 내용이 보인다. Over-Constrained 항목을 선택하면 좌측의 Specifications Tree에 해당 구속이 주황색으로 선택된다.

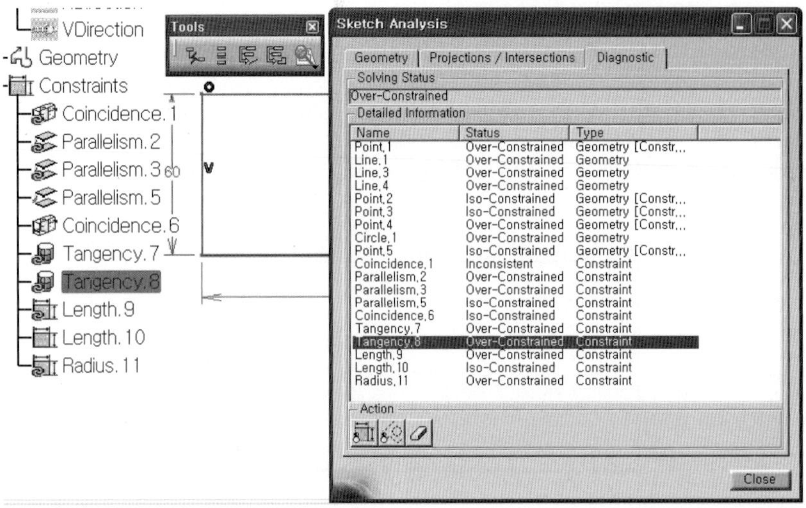

- Geometry Tab을 클릭하면 도형의 모든 형상 요소가 표시된다. 닫혀있는지, 열려있는지 직접 확인 할 수 있다.

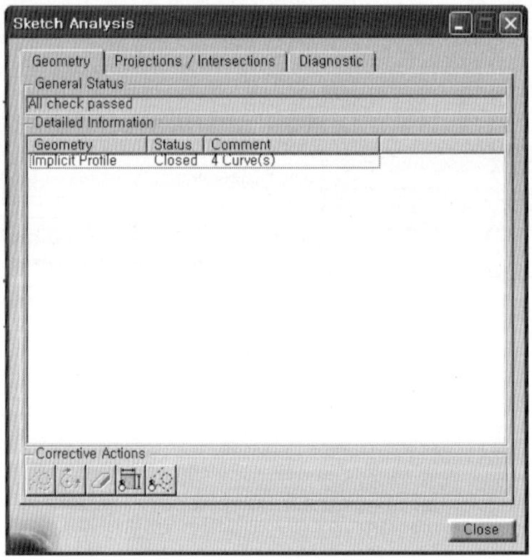

- 과잉 구속을 해결하는 방법으로 과잉 구속된 해당 구속을 제거하면 된다.
- 해당 구속이 꼭 필요한 경우는 과잉구속을 참조구속으로 변경하면 된다. 해당 구속 치수를 더블클릭해서 열어진 Constraint Definition Box의 Reference항을 체크해준다. 치수는 괄호()가 씌워지고 색이 변한다.

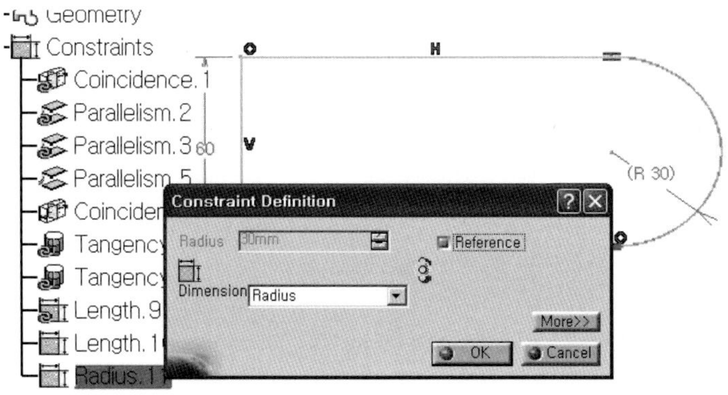

도면의 비활성화

작업 중 Specifications Tree를 취급하다보면 다음처럼 형상이 어두운 색으로 변하고 작업을 할 수 없을 경우가 있다. 이런 때는 Specifications Tree의 임의의 가지 하나를 더블클릭하면 살아난다.

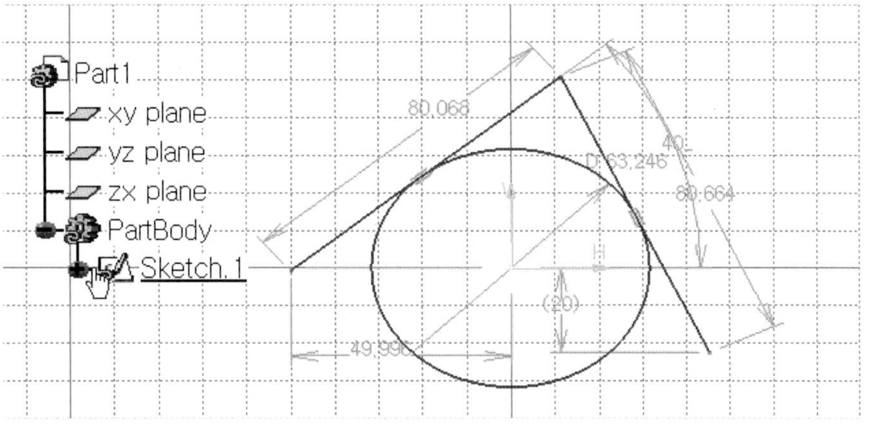

Ex_01

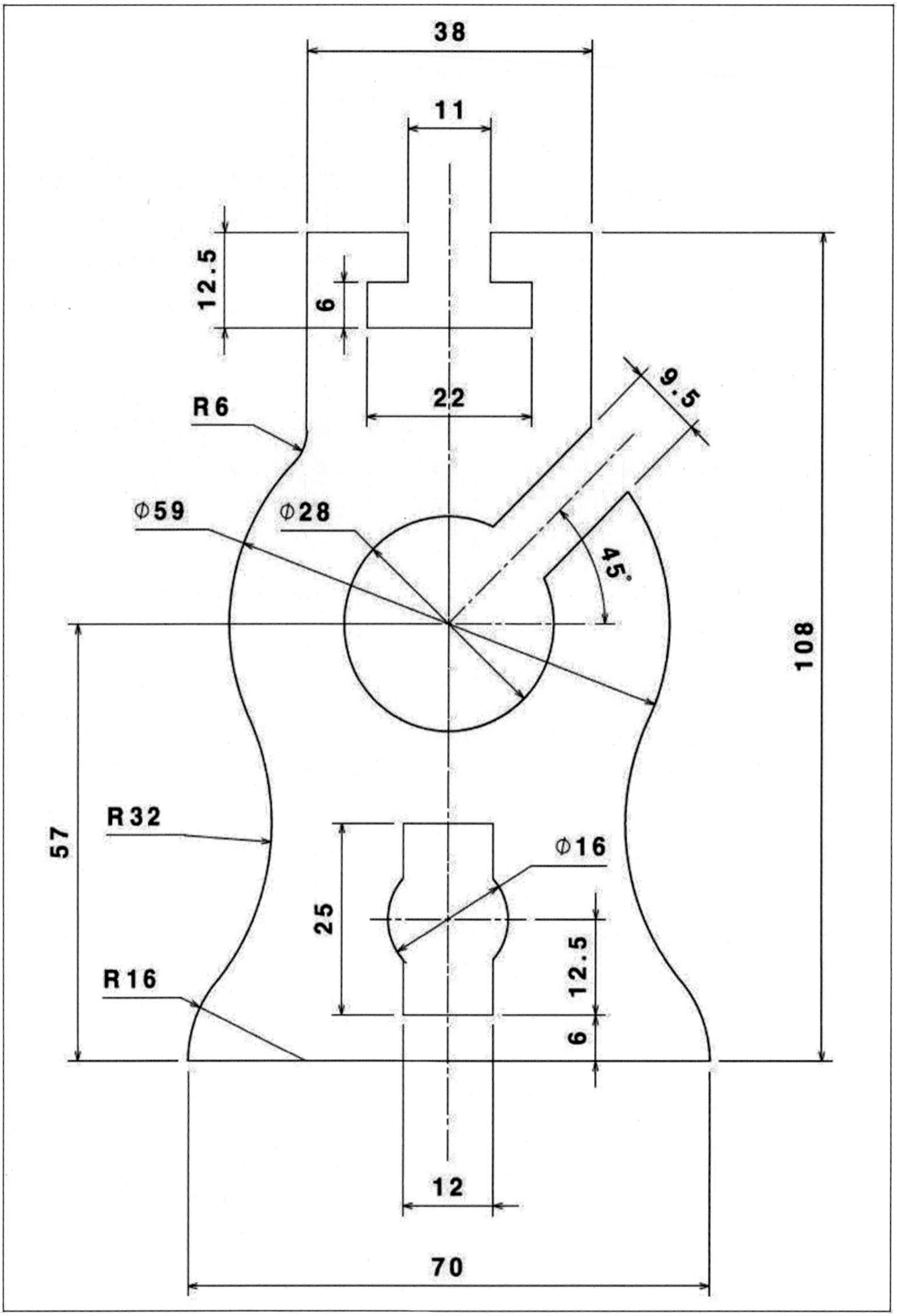

38
11
12.5
6
22
R6
9.5
Φ59
Φ28
45°
108
57
R32
Φ16
25
12.5
R16
6
12
70

Ex_02

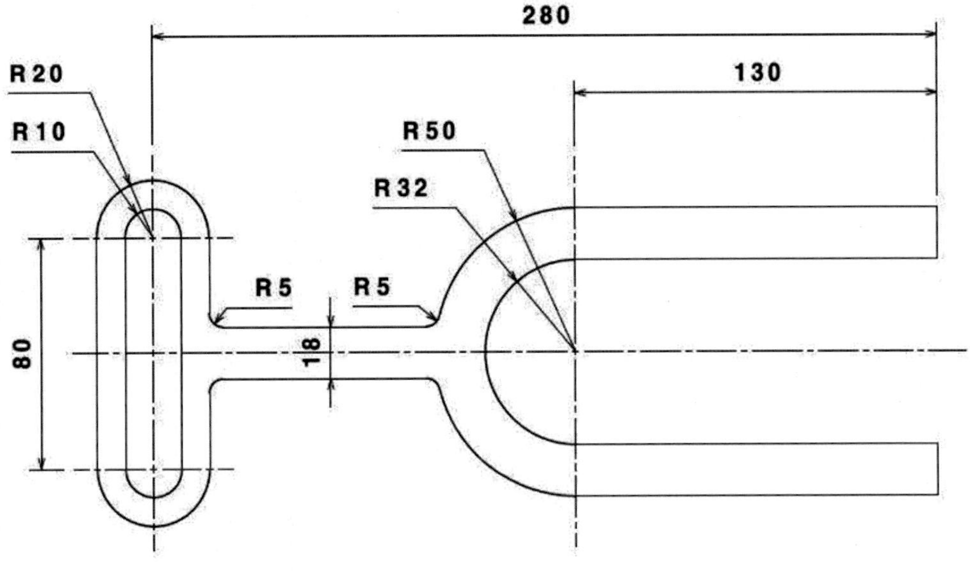

280
130
R20
R10
R50
R32
R5
R5
80
18

Ex_03

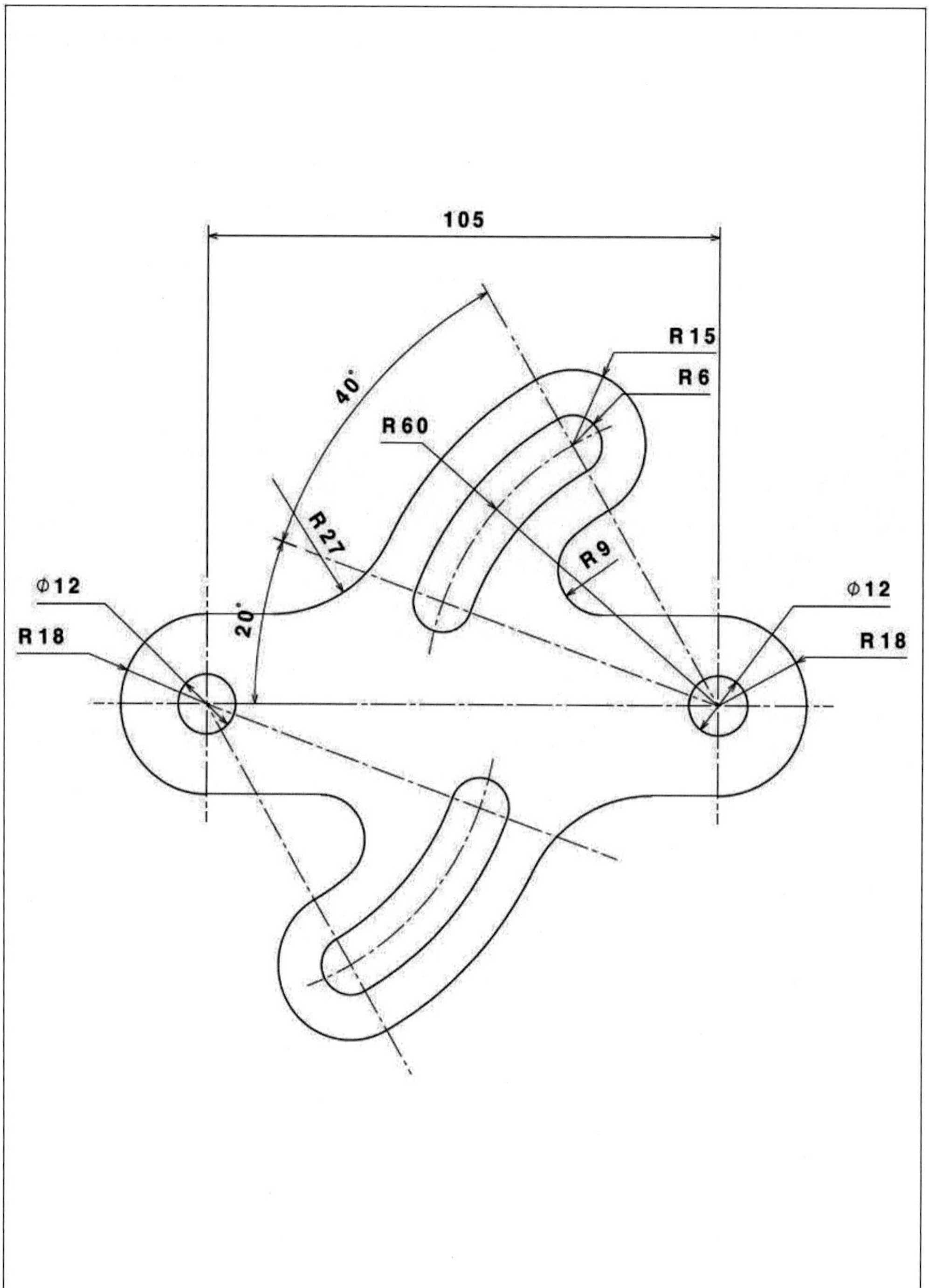
105
R15
R6
R60
40°
R27
R9
Φ12
R18
20°
Φ12
R18

Ex_04

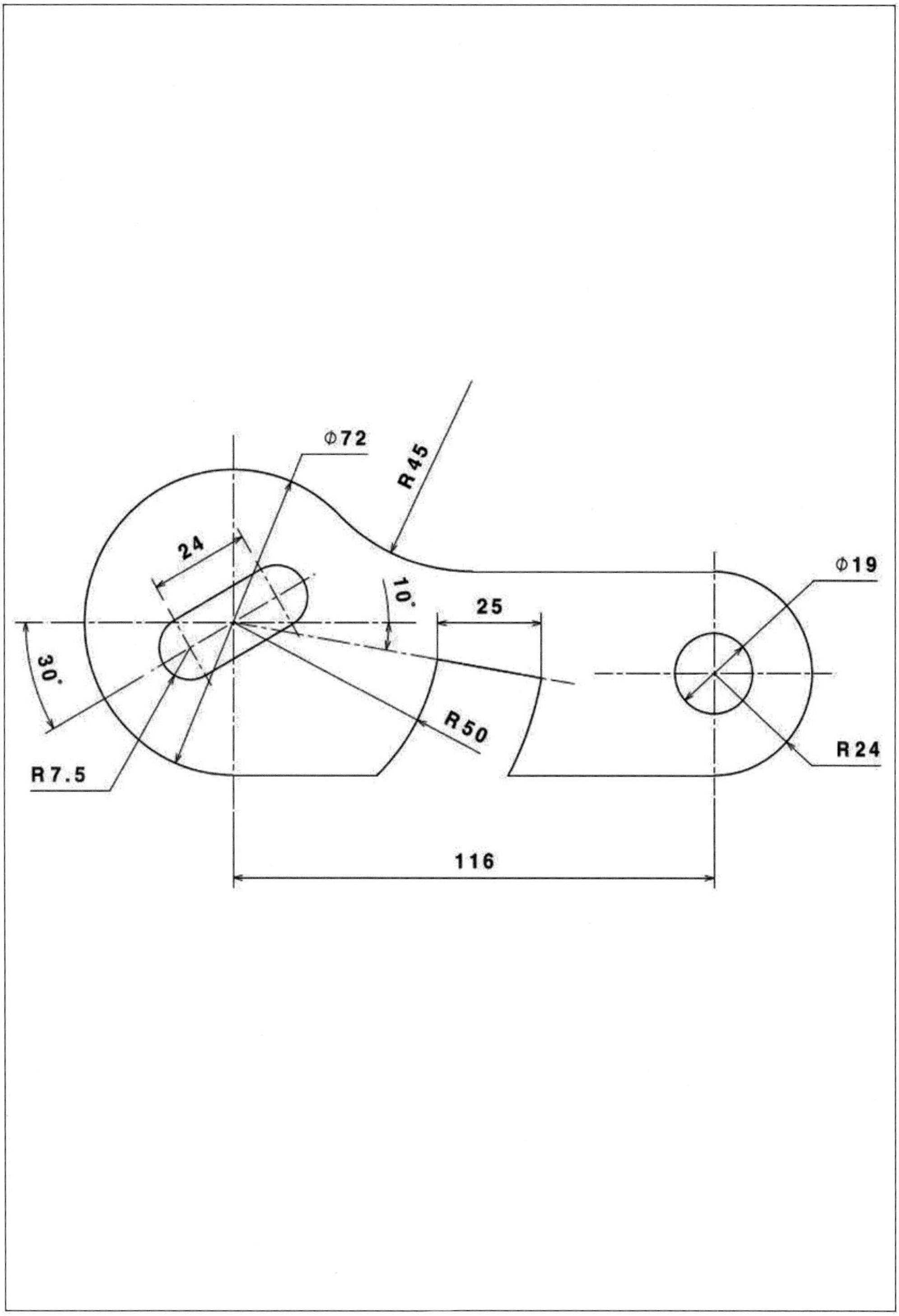

Φ72
R45
24
Φ19
10°
25
30°
R50
R7.5
R24
116

Ex_05

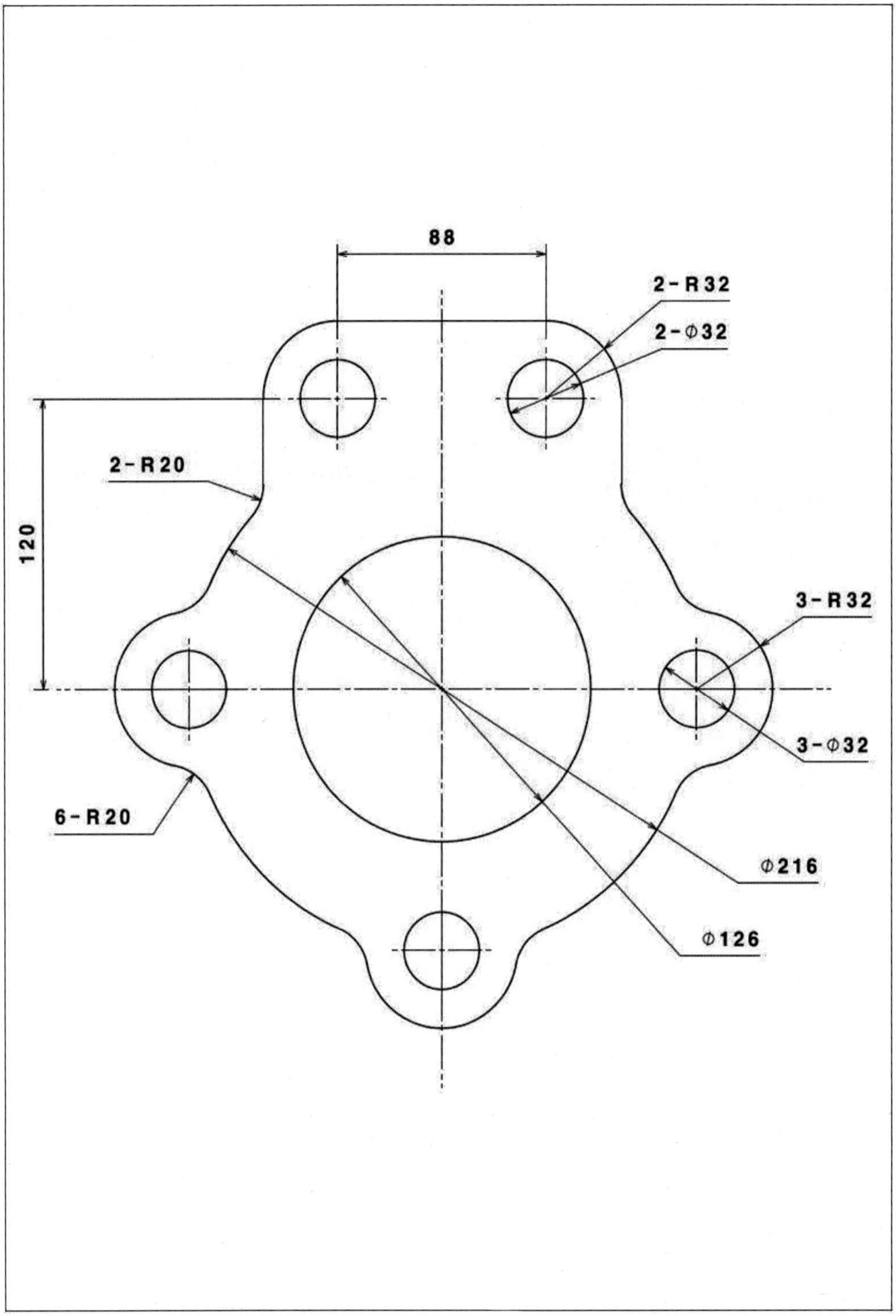
88
2-R32
2-Φ32
2-R20
120
3-R32
3-Φ32
6-R20
Φ216
Φ126

Ex_06

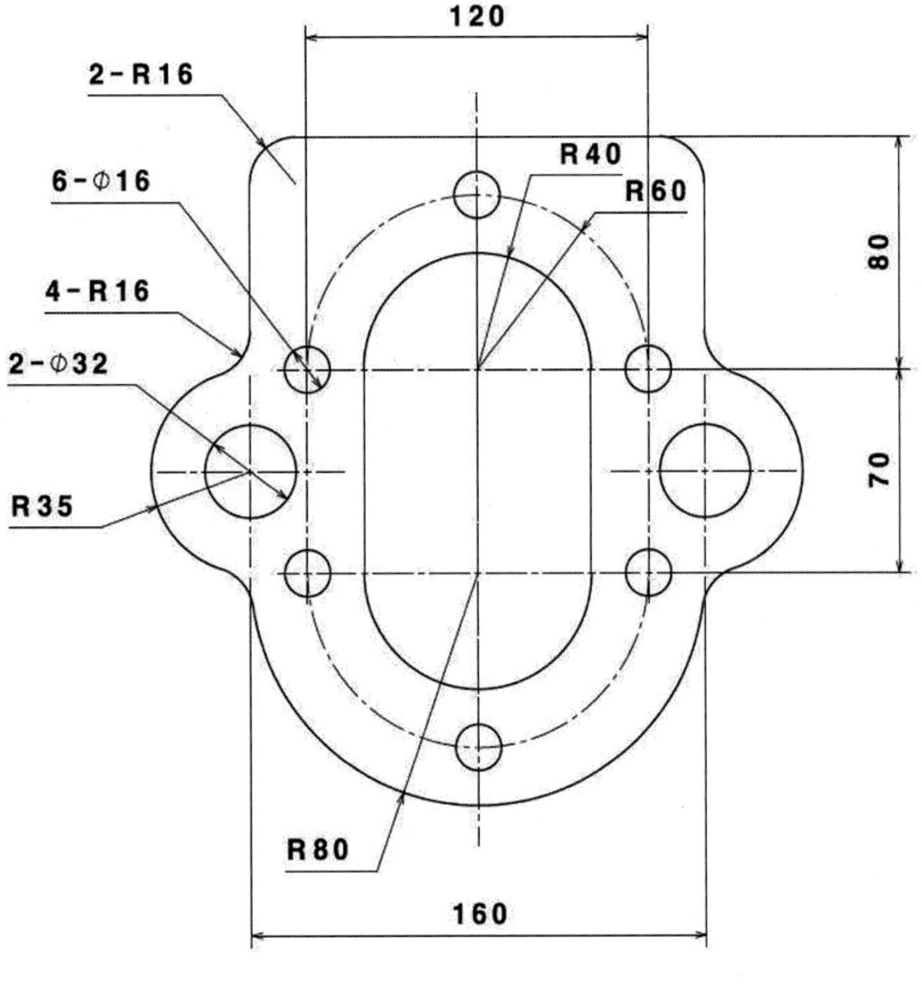
120
2-R16
R40
R60
6-Φ16
80
4-R16
2-Φ32
70
R35
R80
160

Ex_07

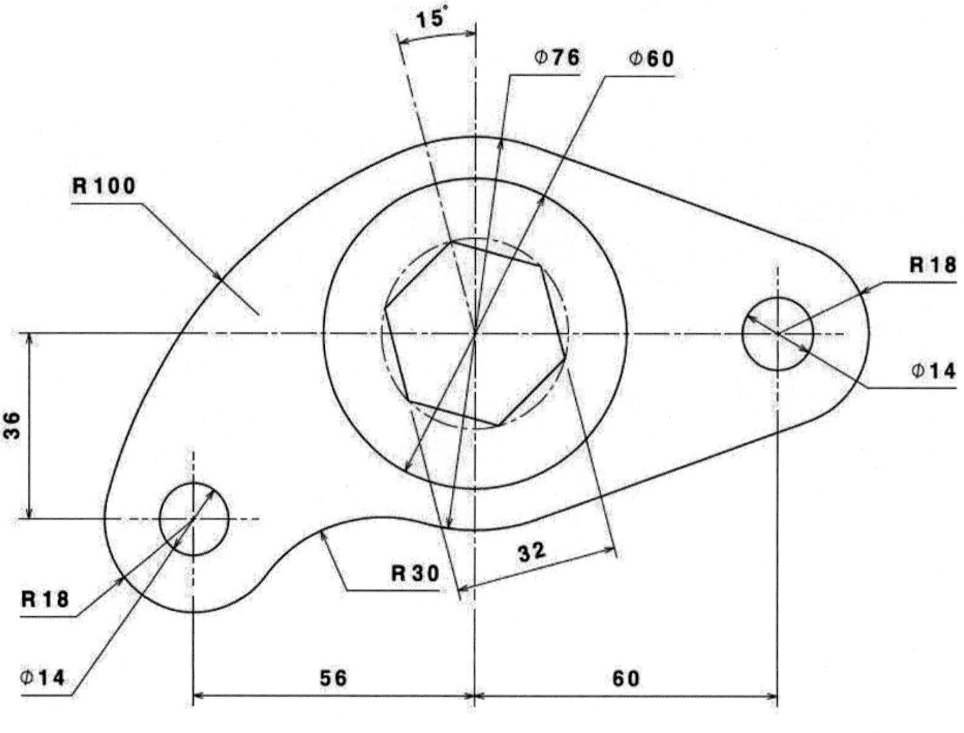

Ex_08

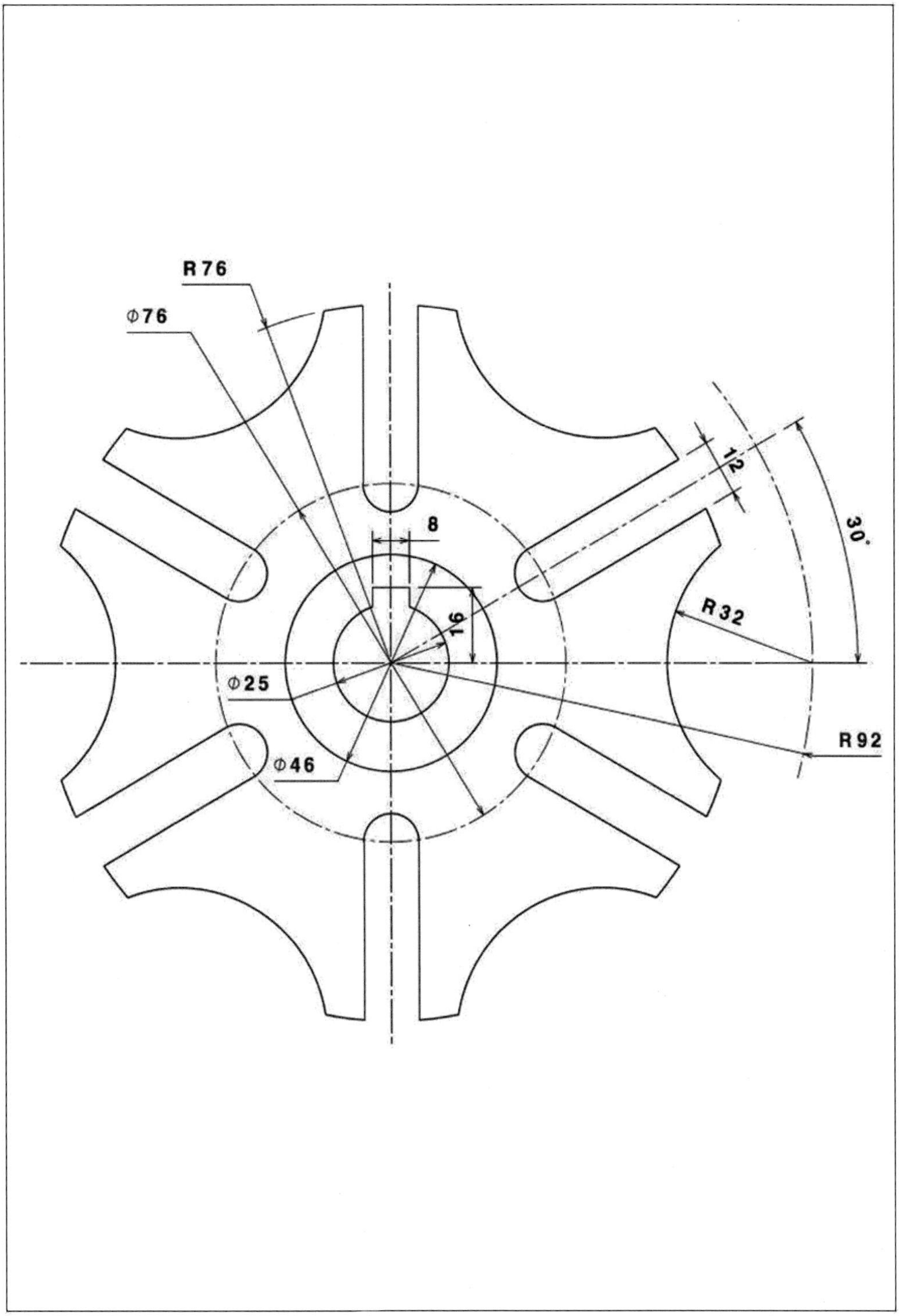

CATIA V5

Ex_09

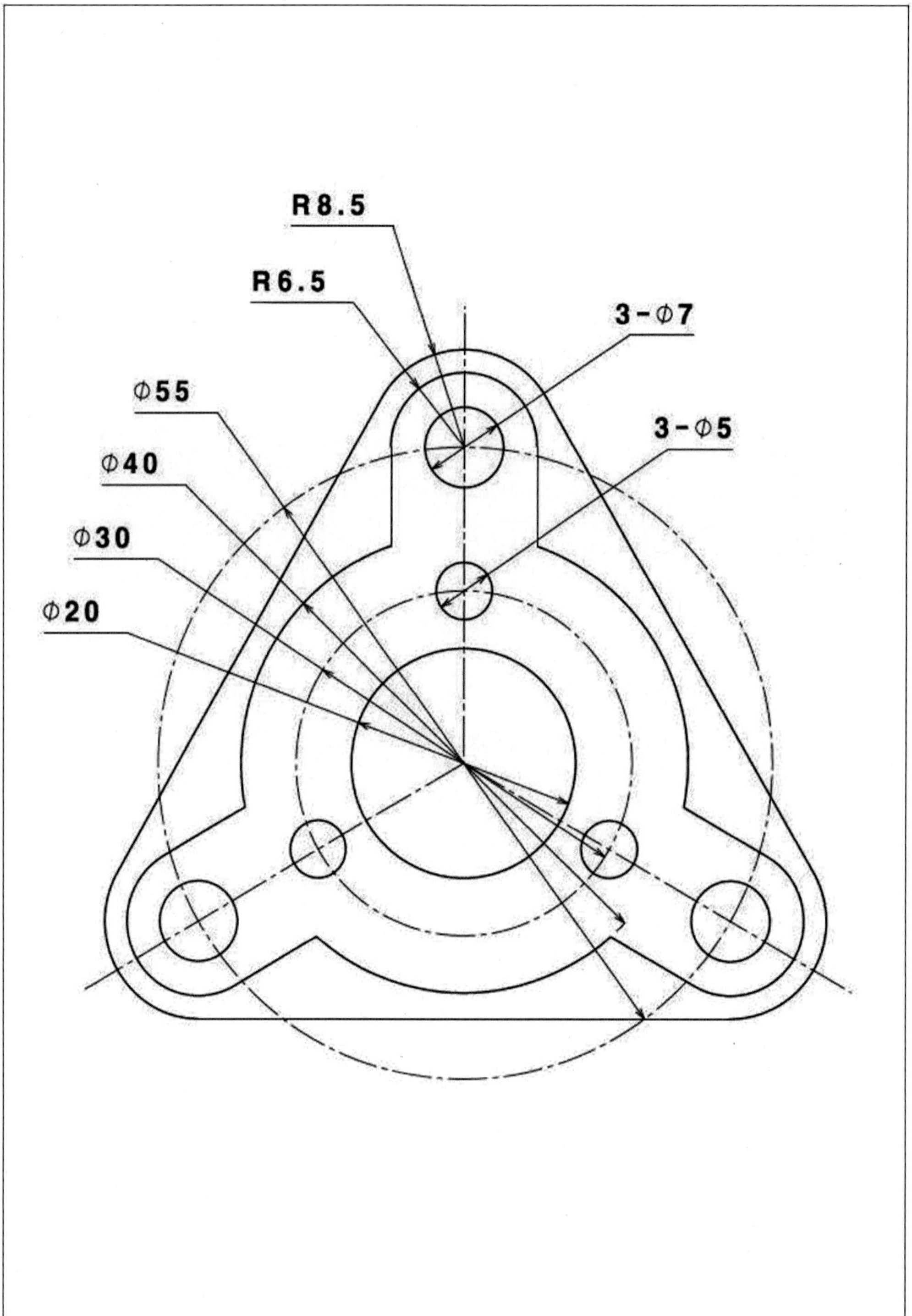

R8.5
R6.5
3-Φ7
Φ55
3-Φ5
Φ40
Φ30
Φ20

Ex_10

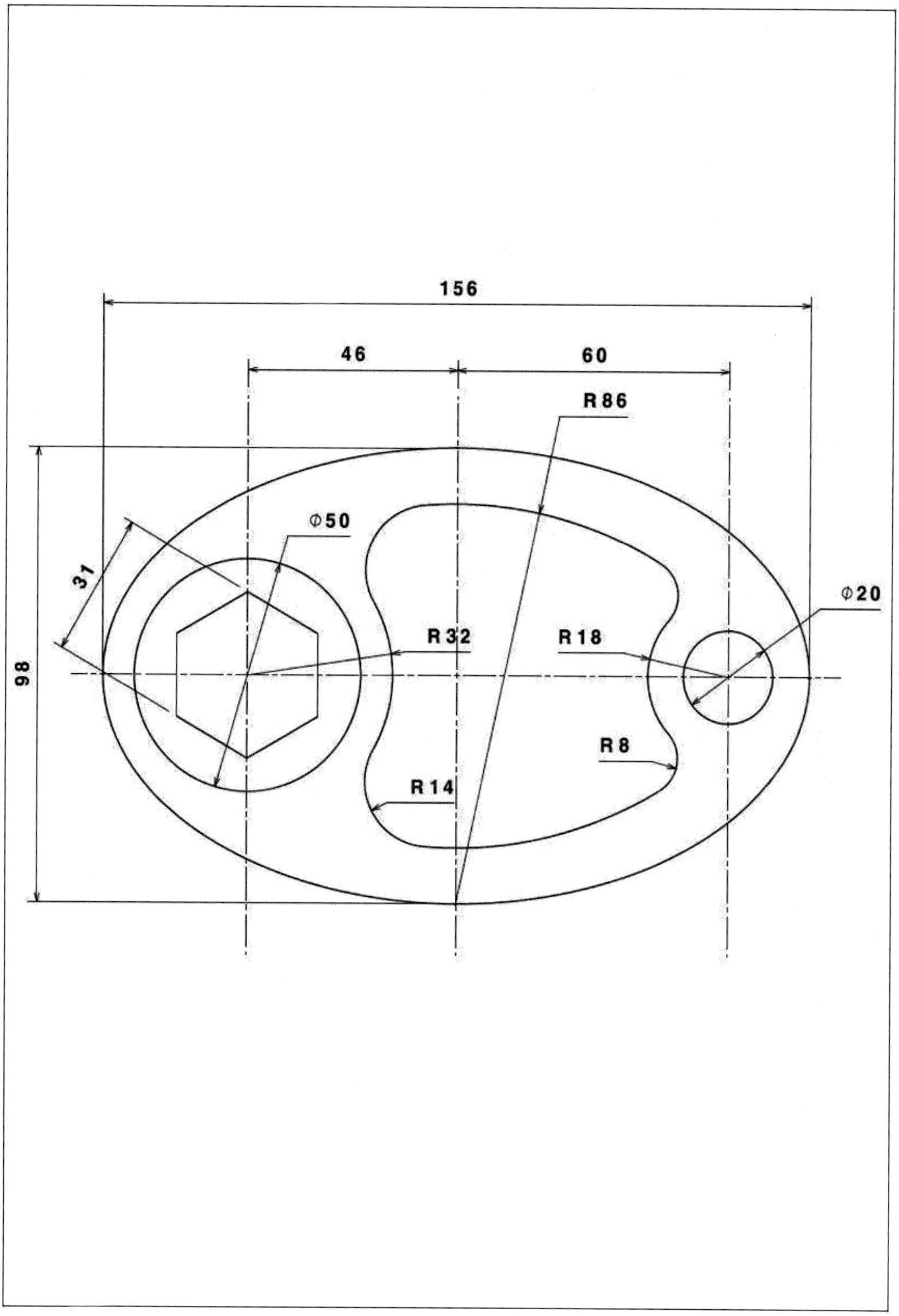
156
46
60
R86
Φ50
31
Φ20
R32
R18
98
R8
R14

Ex_11

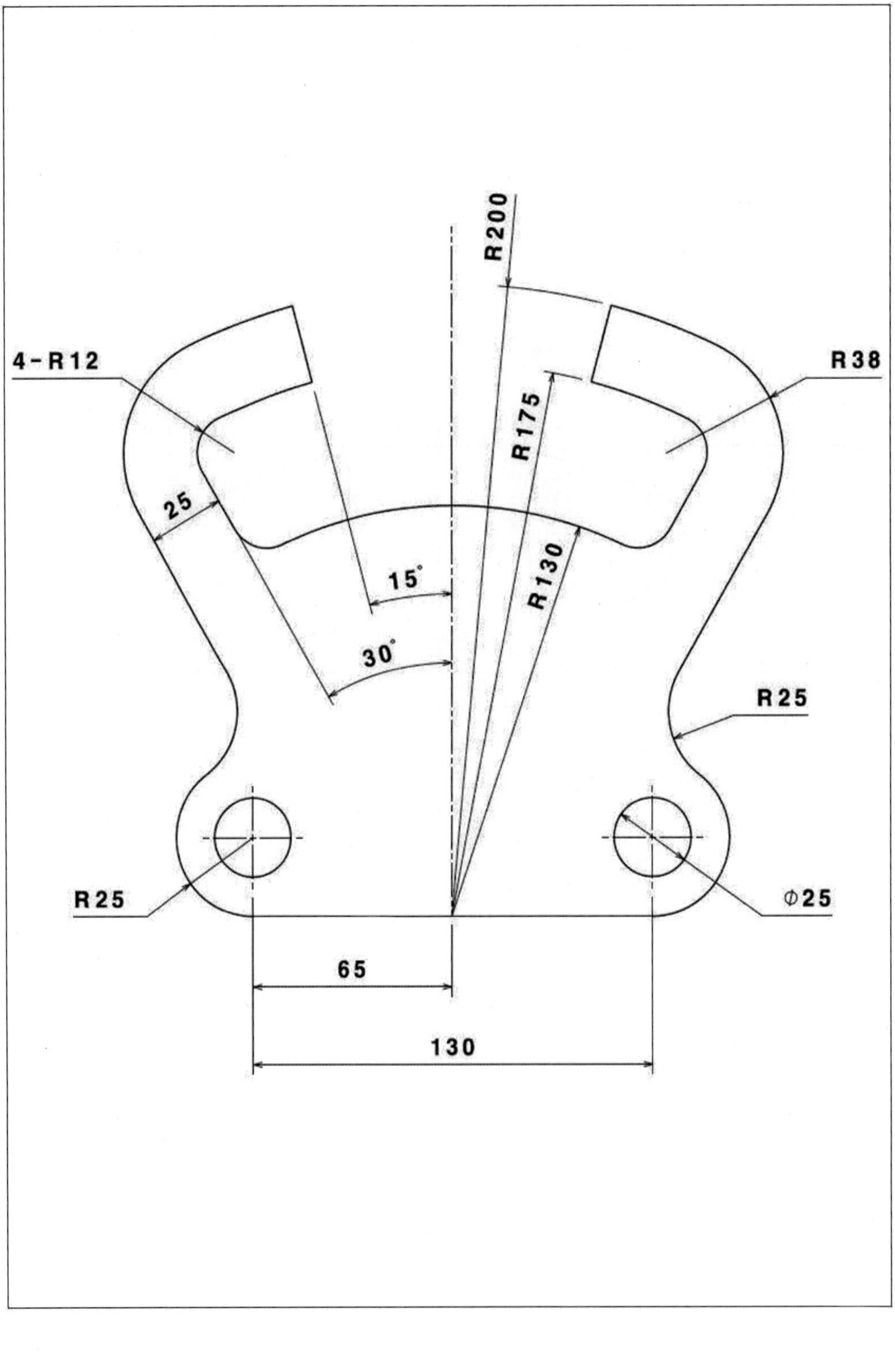
R200
4-R12
R38
R175
25
15°
R130
30°
R25
R25
Φ25
65
130

Ex_12

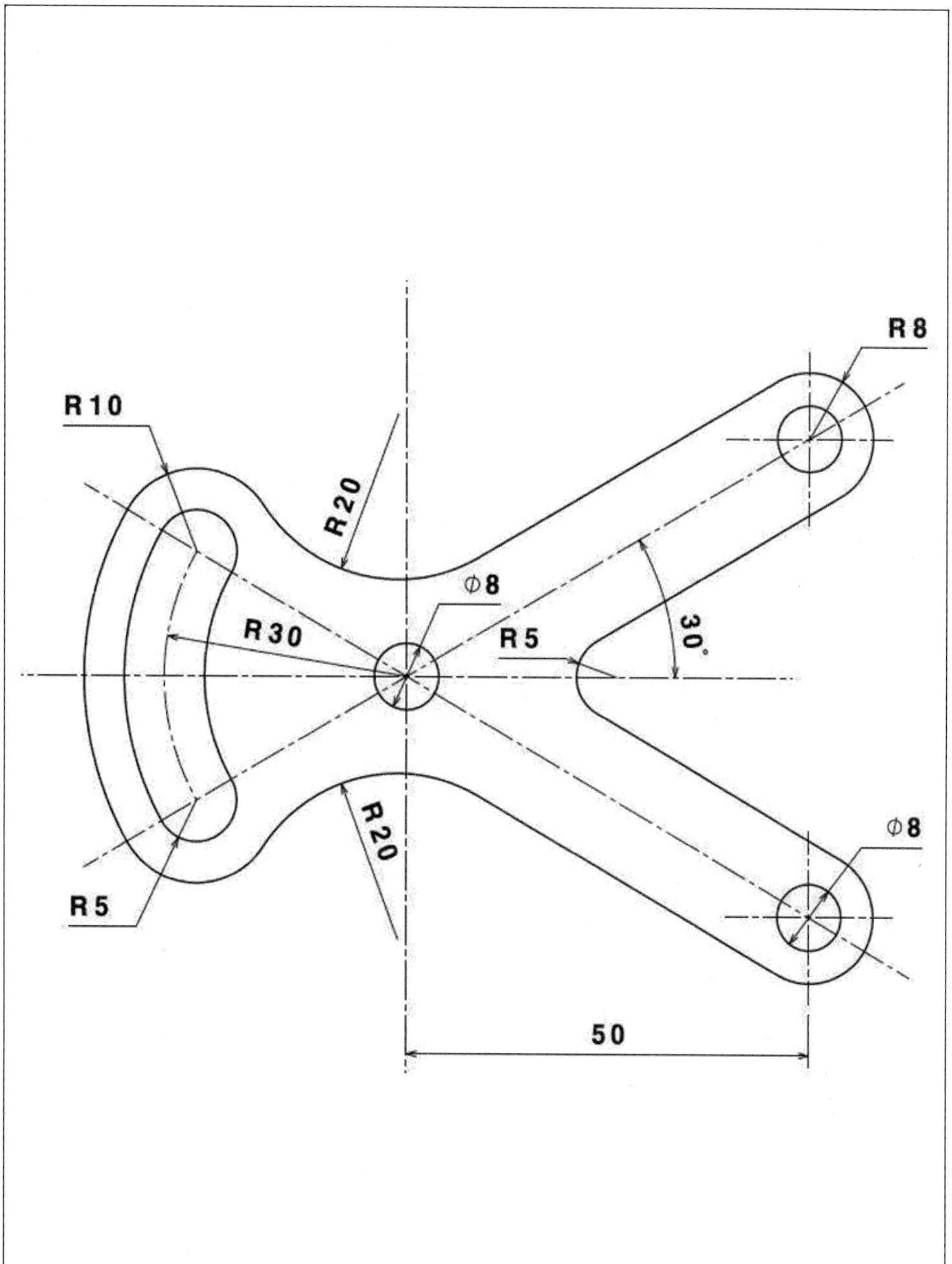
R8
R10
R20
Φ8
R30
R5
30°
R5
R20
Φ8
50

Ex_13

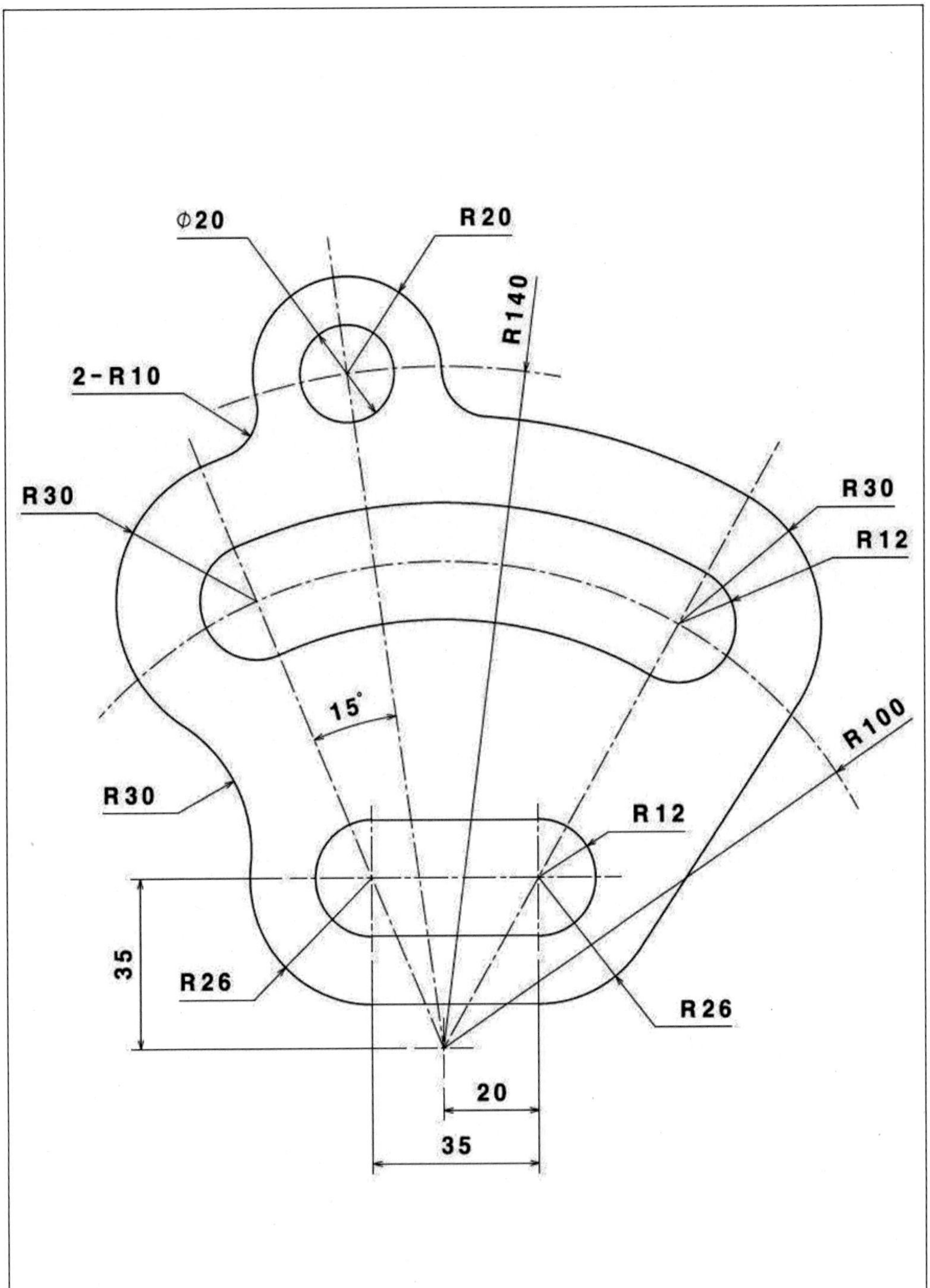

Φ20
R20
R140
2-R10
R30
R30
R12
15°
R100
R30
R12
35
R26
R26
20
35

Ex_14

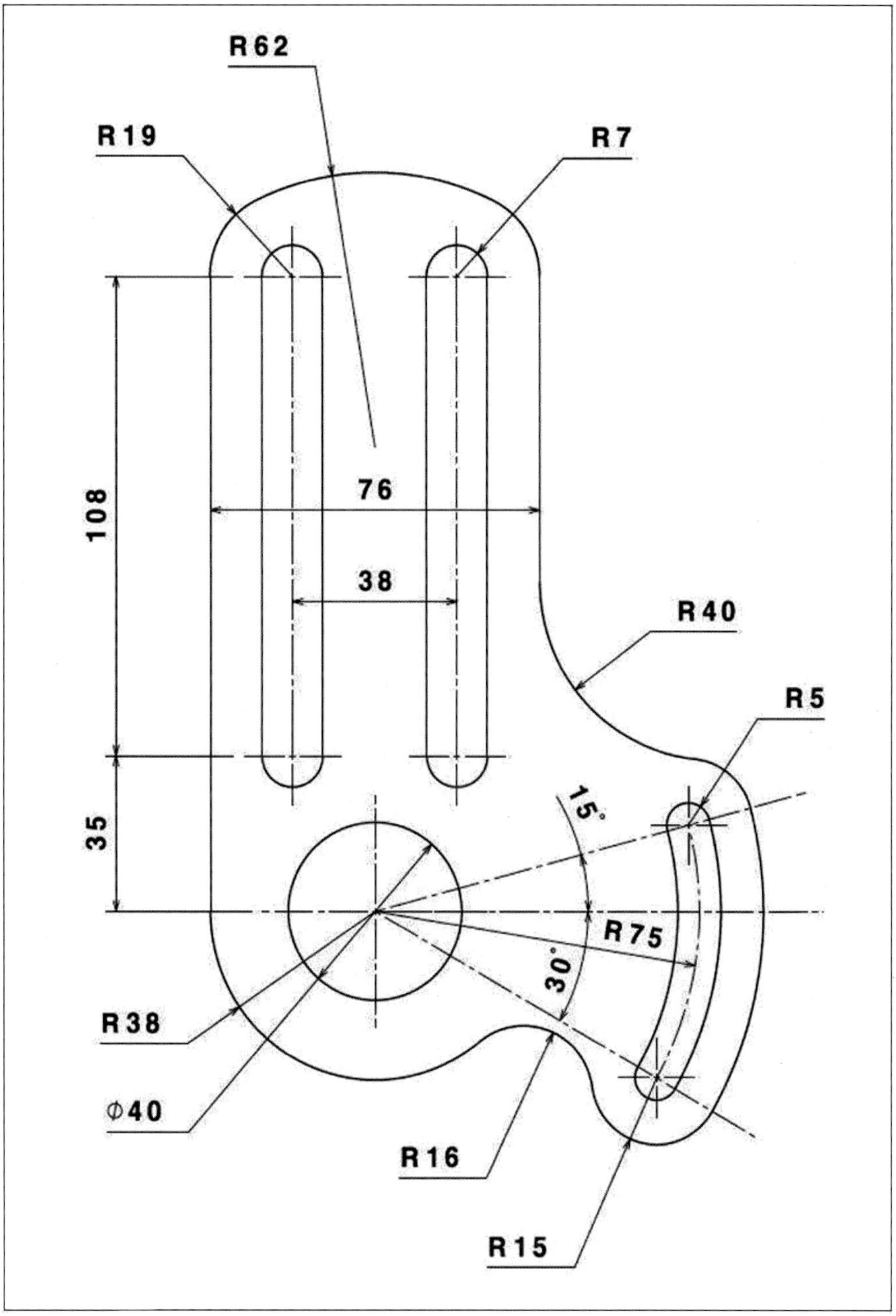
R62
R19
R7
108
76
38
R40
R5
35
15°
R75
30°
R38
Φ40
R16
R15

Ex_15

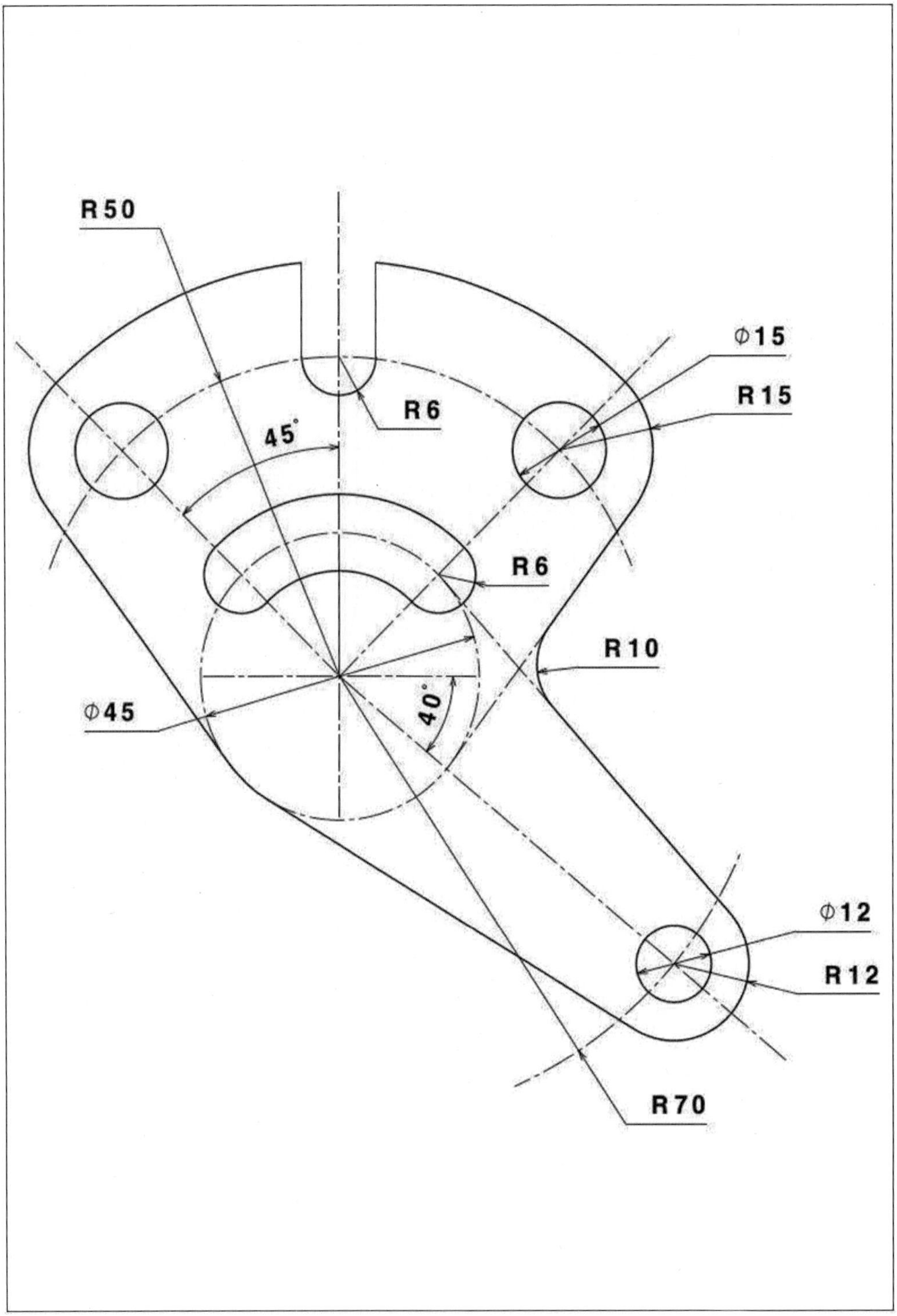

Ex_16

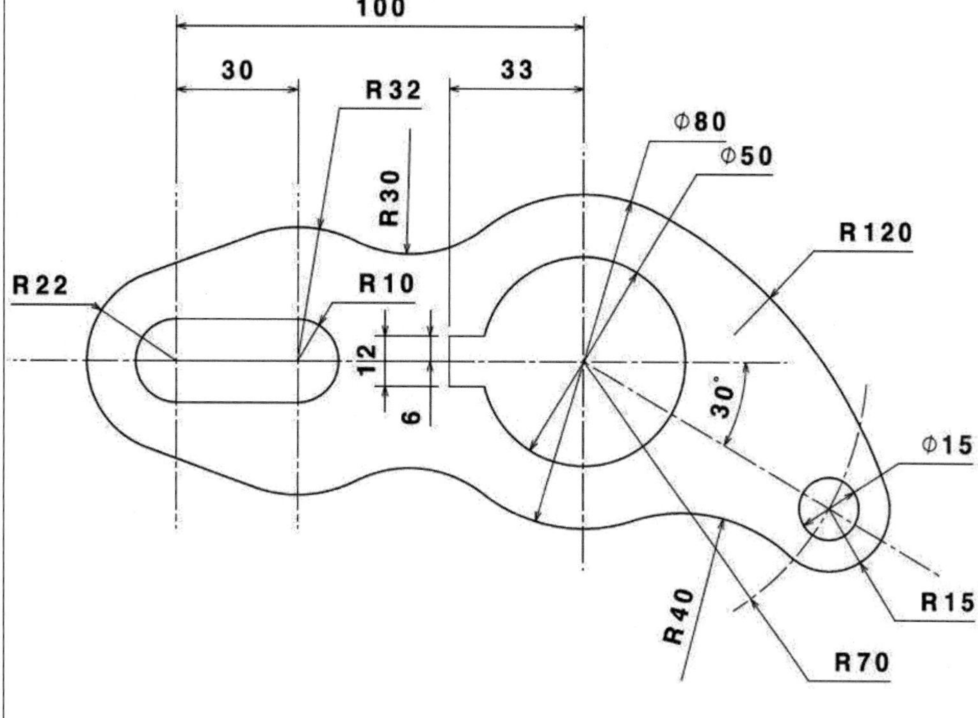
100
30
33
R32
R30
Φ80
Φ50
R120
R22
R10
12
6
30°
Φ15
R15
R40
R70

Ex_17

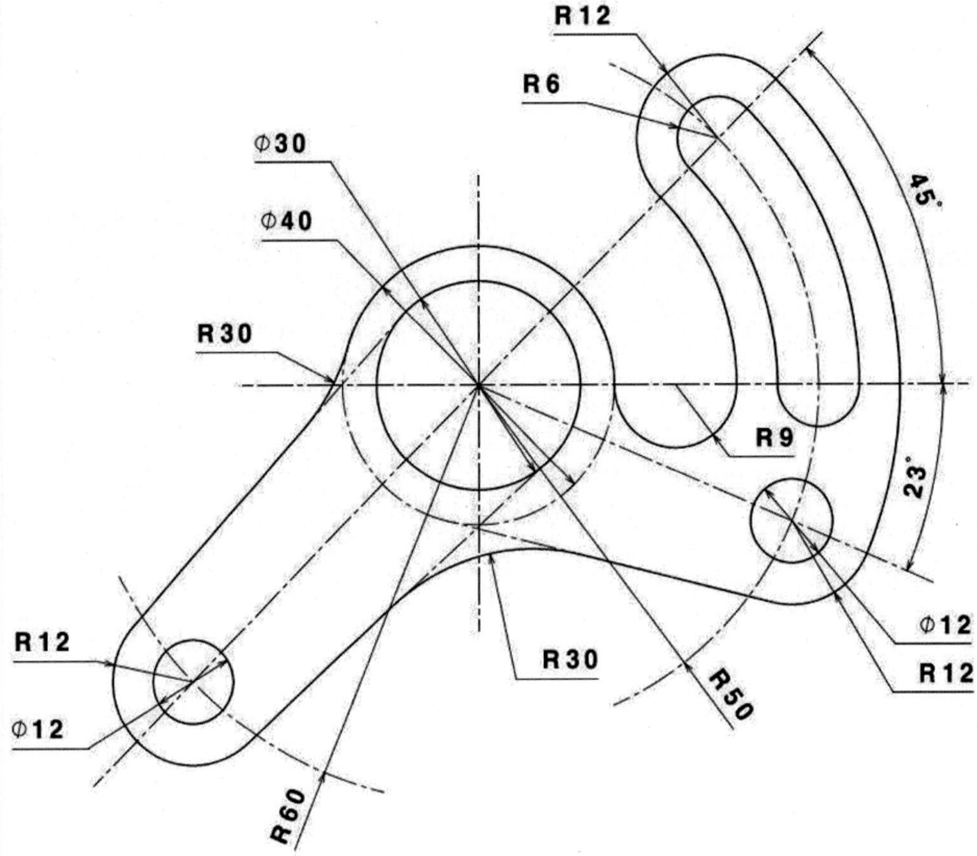
R12
R6
Φ30
Φ40
R30
45°
R9
23°
Φ12
R12
R30
R50
R12
Φ12
R60

CHAPTER

03 PART DESIGN

CONTENTS

1 Part Design이란?

CATIA V5의 가장 중요한 기능 중의 하나가 Part Design 이다. Part Design Workbench를 통해서 3D Solid Model을 만들어내게 된다. Part Design은 앞 장의 Sketch 작업을 기반으로 여러 가지 작업을 통하여 Solid Model을 만들어 내게 되므로 반드시 앞 장의 Sketch Workbench 내용을 익히기를 당부한다.

2 Part Design Workbench로 들어가기

Part Design Workbench로 들어가는 방법은 Pulldown Menu에서 Start → Mechanical → Part Design 으로 시작하는 방법과 Workbench Window에서 Part Design Icon을 클릭하여 들어가는 방법 그리고 Standard Menu Bar에서 New → Part Design이 있다.

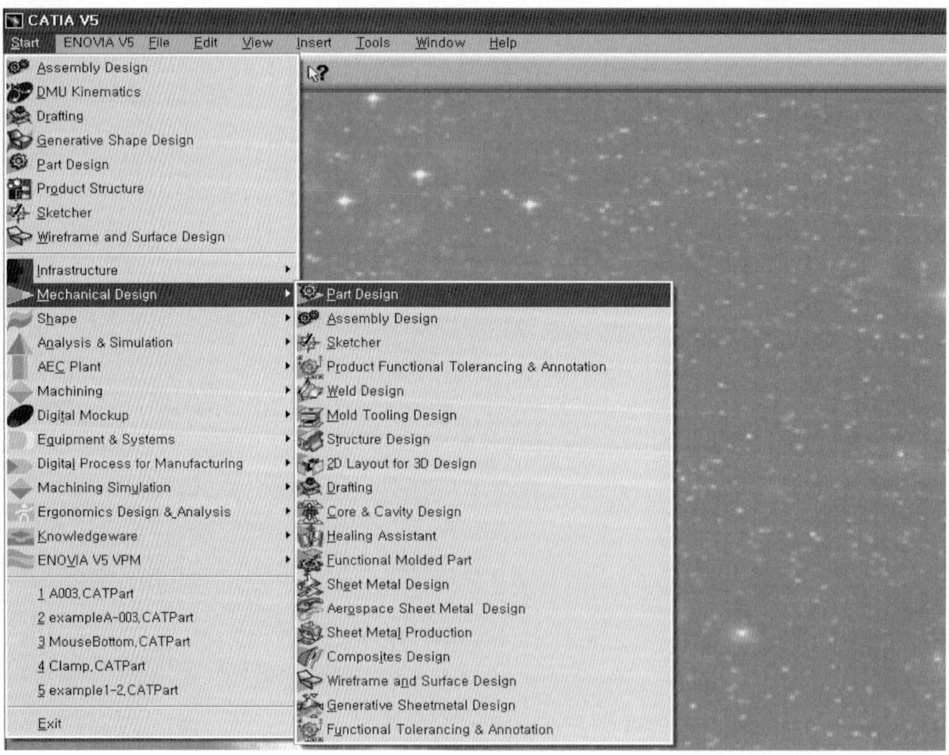

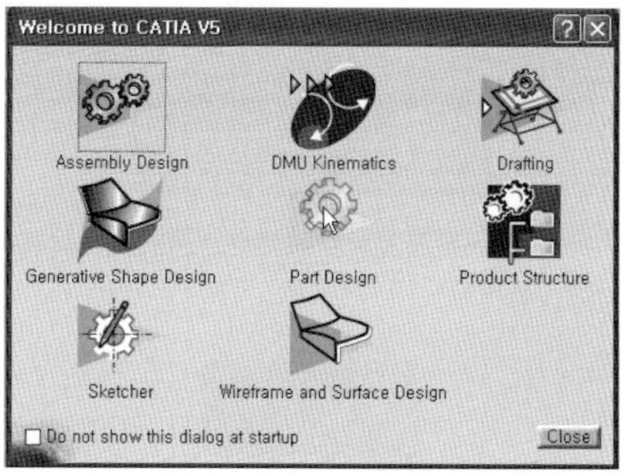

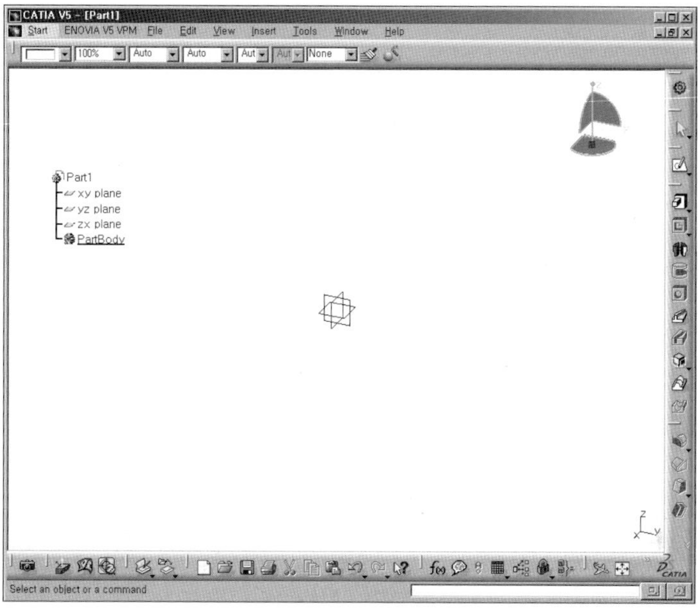

Part Design Workbench로 들어가면 Specifications Tree에는 Part1 밑에 PartBody이라는 항목이 생성되어 앞으로의 작업은 이 아래에 기록된다.

3 Part Design Workbench Menu

Part Design Workbench에서 하는 작업은 다음의 4가지 방법의 작업이다.

Sketch-Based Features

CATIA V5

Dress-Up Features

Surface-Based Features

Transformation Features

이 장에서는 위 4가지 작업 방법과 여기에 기본으로 사용되는 Reference Elements Tool Bar 에 관한 설명으로 4가지 작업에 사용되는 Icon의 사용방법을 자세하게 소개한다.

3.1 Part Design Icon 불러오기

Part Design 작업에 필요한 아이콘 및 메뉴는 Sketch Workbench에서와 같은 방법으로 Pulldown Menu → View → Toolbars 또는 사이드 메뉴 바에서 마우스 우측 버튼을 누르면 필요한 메뉴가 보인다. 이 때 필요한 메뉴를 선택하면 된다.

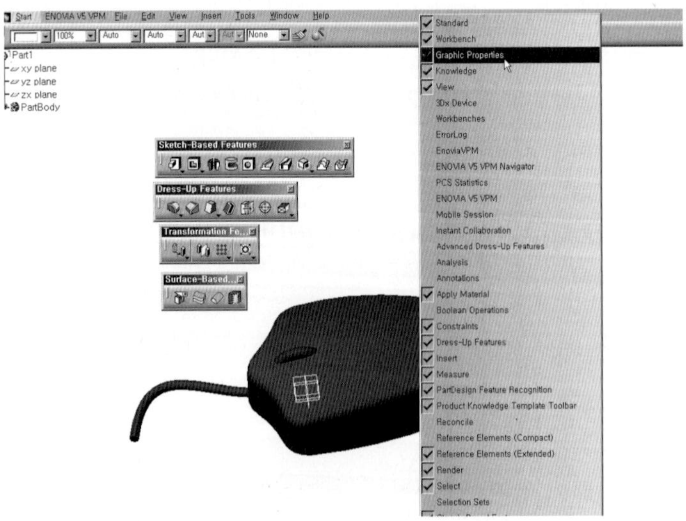

3.2 기본도형 만들기

Part Design에서는 우리가 원하는 많은 도형을 만들 수 있다. 그중에서 가장 기본적인 Pad, Pocket, Shaft 등의 간단한 도형 만들기를 따라 하기를 통해서 배우고 좀 더 복잡하고 고급스러운 기능은 차례로 배우기로 한다.

(1) Sketch 작업을 Part Design 작업으로 전환하기

Pad 작업 따라하기

1 Part Design Workbench에서 xy plane을 선택하고 Sketch Icon 을 클릭하여 Sketch Workbench로 들어가 다음과 같은 가로 세로 100x50의 사각형을 Sketch한다.

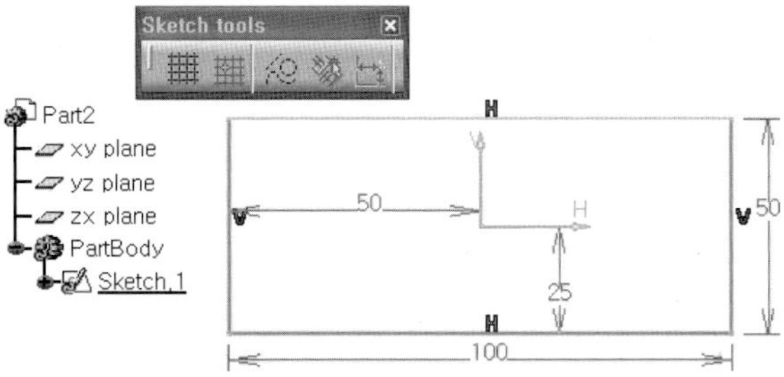

2 작업을 마쳤으면 Exit Workbench 를 클릭해서 Part Design Workbench로 나간다. 다음에 Pad Icon을 클릭하면 Pad Definition Box가 열린다. Box의 Profile/Surface의 Selection 항에는 방금 그린 Sketch.1이 자동으로 선택되어 있다. First Limit의 Length 항에 30을 입력하고 Preview를 클릭한다. 직육면체가 만들어 졌다. 만일 처음 Sketch한 밑그림이 원이었다면 원통형 물체가 생성되었을 것이다. 이와 같이 밑그림에 따라서 도형의 형체가 달라지게 된다.

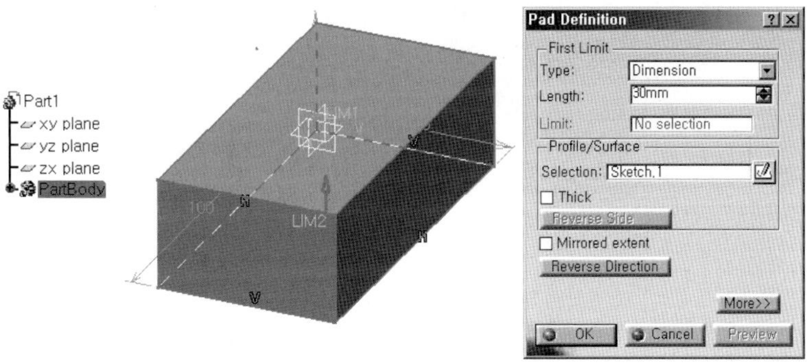

Pocket 작업 따라하기

Pad 작업이 Sketch 한 밑그림으로 도형을 돌출 시키는 기능이라면 Pocket은 기존의 도형에서 Sketch한 도형 형태의 모양을 제거하는 작업이다.

1 위에서 만든 직육면체의 윗면을 선택하고 Sketch Icon 을 클릭하여 Sketch Workbench로 들어가 다음과 같은 직경 20의 원을 Sketch 한다.

2 작업을 마쳤으면 Exit Workbench 를 클릭해서 Part Design Workbench로 나간다. 다음에 Pocket Icon 을 클릭하면 Pocket Definition Box가 열린다. Box의 Profile/Surface의 Selection 항에는 방금 그린 Sketch.2가 자동으로 선택되어 있다. First Limit의 Depth 항에 30을 입력하고 Preview를 클릭한다. 직육면체의 상단에 직경20의 구멍이 뚫렸다. 만일 Sketch한 도형이 다른 도형이라면 구멍역시 다르게 만들어졌을 것이다.

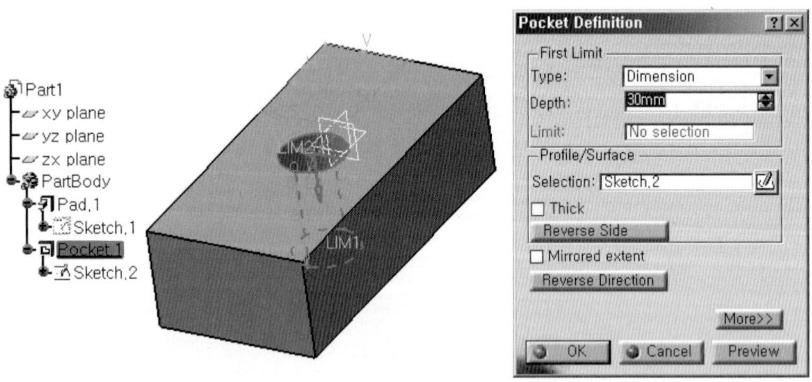

Shaft 작업 따라하기

Shaft 작업은 Sketch 한 도형을 회전축을 중심으로 회전시켜 물체를 만드는 기능이다.

1. Part Design Workbench에서 xy plane을 선택하고 Sketch Icon 을 클릭하여 Sketch Workbench로 들어가 다음과 같은 가로 세로 20x30의 직사각형을 Sketch한다.

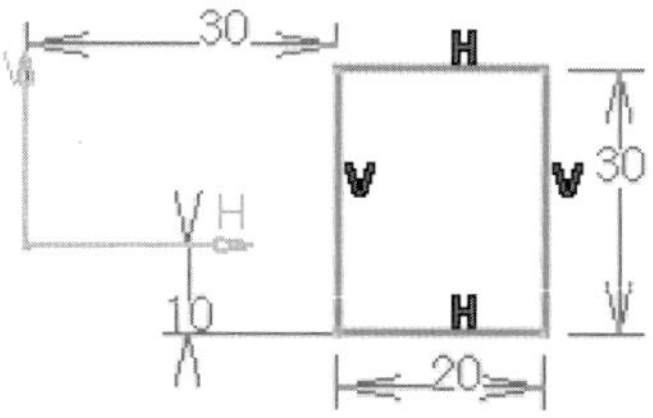

2. 작업을 마쳤으면 Exit Workbench 를 클릭해서 Part Design Workbench로 나간다. 다음에 Shaft Icon 을 클릭하면 Shaft Definition Box가 열린다. Box의 Profile/Surface의 Selection 항에는 방금 그린 Sketch.1이 자동으로 선택되어 있다. Axis Selection 항에는 도형에서 V축을 선택하고 Preview를 클릭한다. 회전 물체의 형태가 Sketch 도형에 따라서 달라지게 만들어 짐을 알 수 있다.

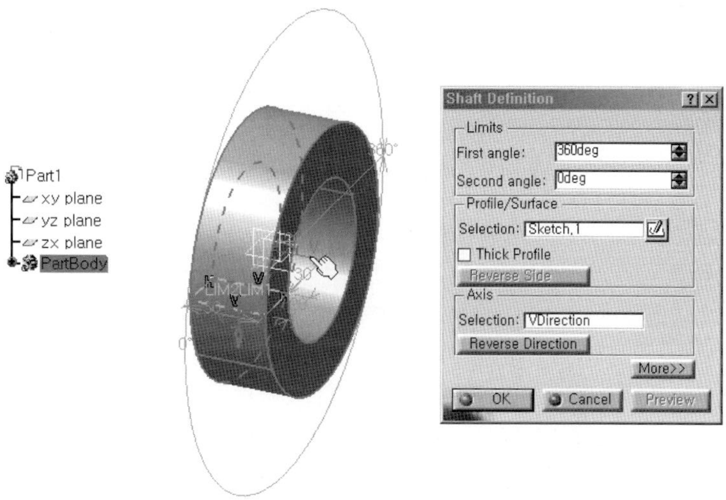

(2) 3D 물체에 색상 입히기

방금 만든 Shaft 물체에 색상을 입혀보자. 색을 입히면 작업 중 구별 등에 편리하게 활용 할 수 있다.

■ 전체 색상 변경하기

1 Specifications Tree의 PartBody가 선택된 상태에서 마우스 우측 버튼을 누르면 Pop Up 메뉴가 보인다. 여기서 Properties를 선택하면 Properties Box가 열린다.

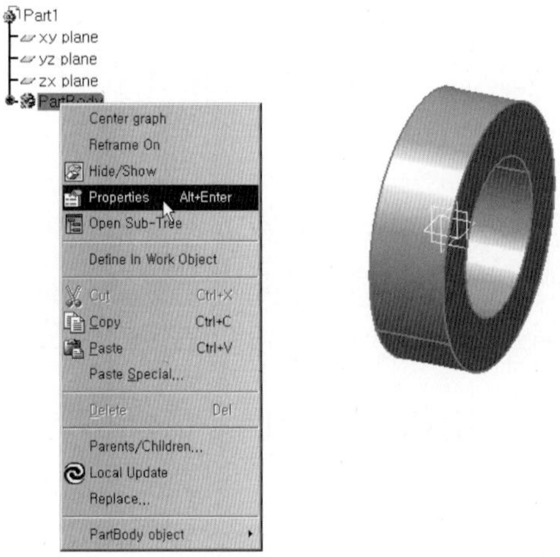

2 Properties Box에서 Graphic tab을 누른다. Fill Color Field의 선택메뉴에서 원하는 색을 선택하고 Apply, Ok하면 전체의 색이 바뀐다.

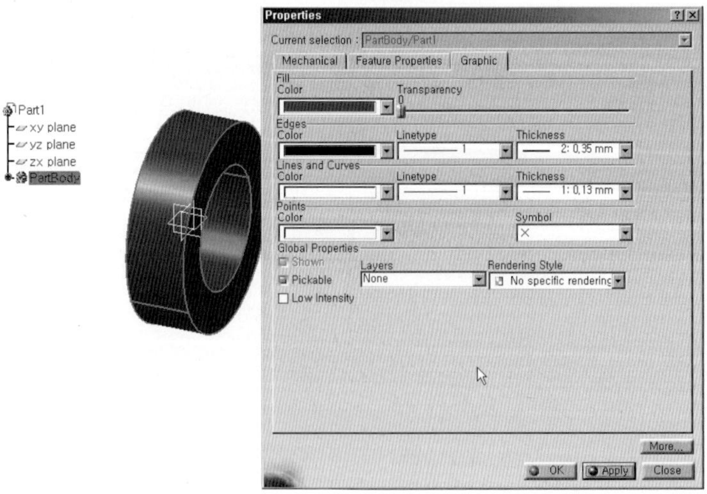

부분 색상 변경하기

1 생성된 3차원 물체에서 색을 변경하고자하는 부분에 마우스를 대고 우측 버튼을 누른다. (여러 면을 동시에 선택하려면 Ctrl 버튼을 누른 상태에서 선택한다.) 열리는 Pop Up메뉴에서 Properties를 선택한다.

2 Properties Box의 Graphic Tab을 누르고 Fill Color에서 원하는 색을 선택하고 Apply, Ok한다.

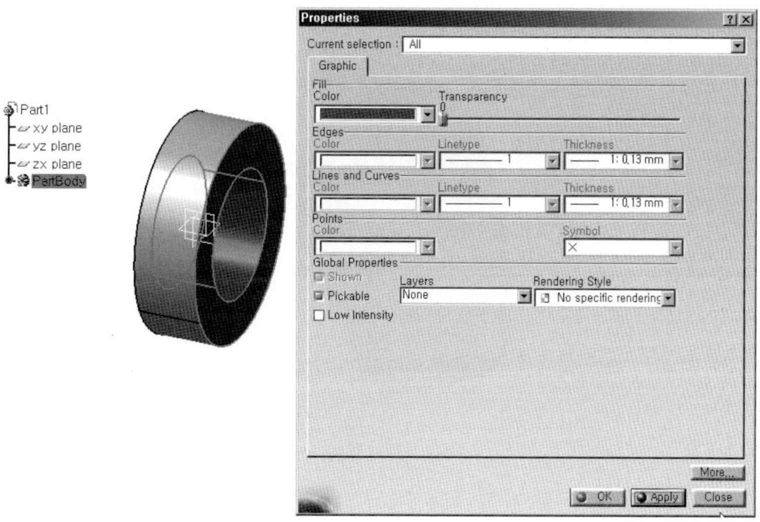

(3) Apply Material

만들어진 물체에 재질을 부여하는 기능으로 제작한 물체를 실제의 질감으로 확인 할 수 있다.

1 3D 물체가 만들어진 상태에서 Material Icon 을 클릭하면 Library Box가 열린다. 여러 종류의 재질을 지원하므로 원하는 종류의 재질을 선택한다. Metal → Aluminum을 선택하고 물체를 클릭해 준다.

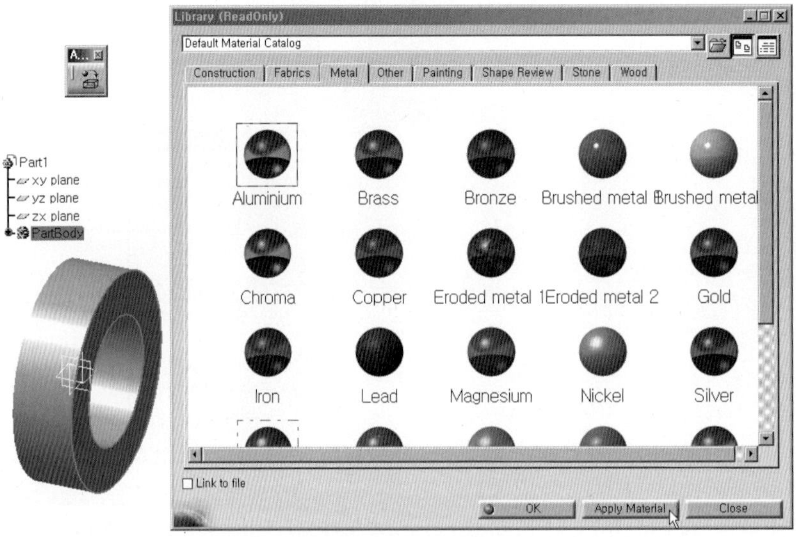

2 Apply Material Tab이 활성화 되었으면 클릭하고 Ok한다. View Tool Bar 에서 Shading with Material 을 클릭하면 물체의 색과 질감이 변경되어 보인다.

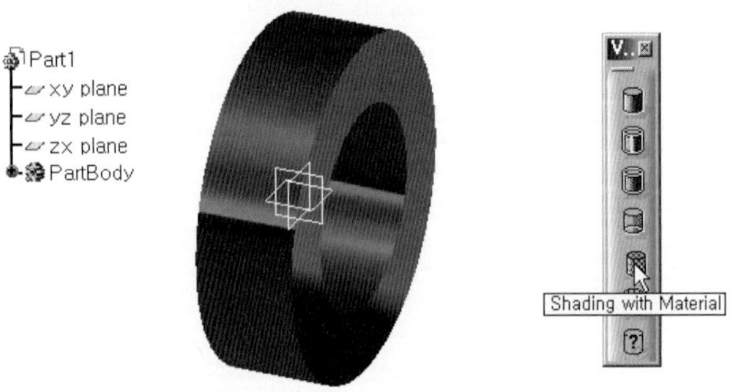

3.3 Reference Elements

Reference Element 는 Solid Model을 만드는 작업에 도움을 주는 요소로 실제 3D 모델에는 포함되지 않으며 Sketch 작업이나 Solid Model을 형상화 과정에서 또는 조립작업에서 보조 역할에 필요한 요소이다.

(1) Reference Point 생성

Solid 작업에 필요한 참조 Point를 생성하는 방법을 소개한다.

Reference Point ▪를 클릭해서 점을 생성하자.

- Coordinates : 좌표 값에 따라서 점을 생성한다.

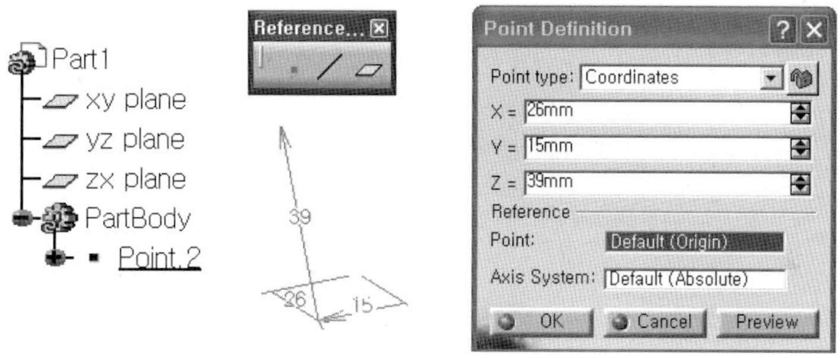

- On Curve : 커브의 끝점에서 거리에 따라서 커브 상에 점을 생성하거나, 커브 길이의 비율에 따라서 생성한다. 즉 전체 길이를 1.0로 한 길이의 비율이다.

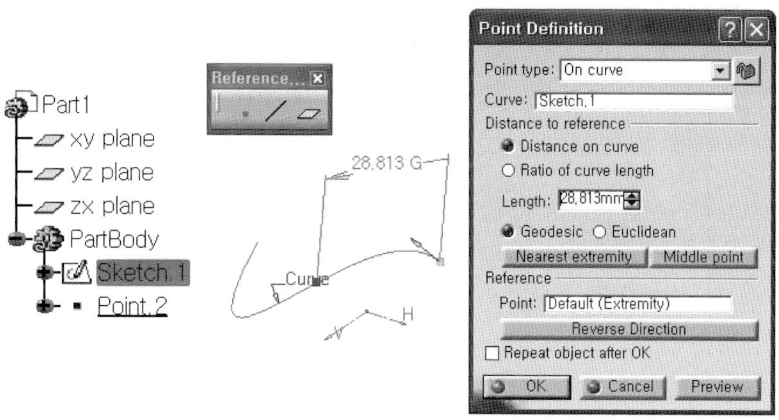

- On Plane : 선택한 Plane으로부터 수직 수평방향의 거리를 부여하여 Point를 생성한다.

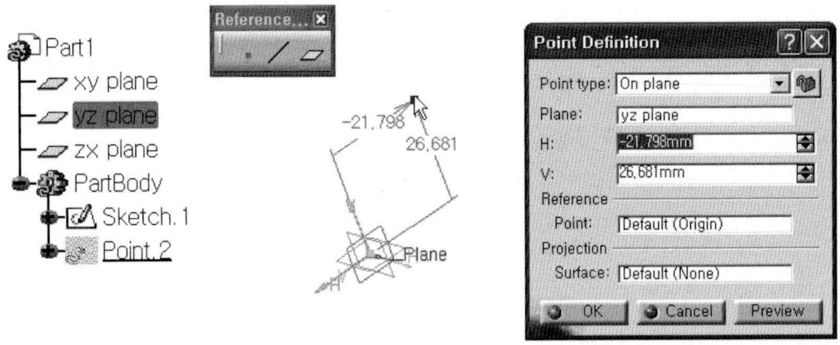

- On Surface : Surface 상에 Surface의 중심점으로부터 설정된 거리에 점을 생성한다.

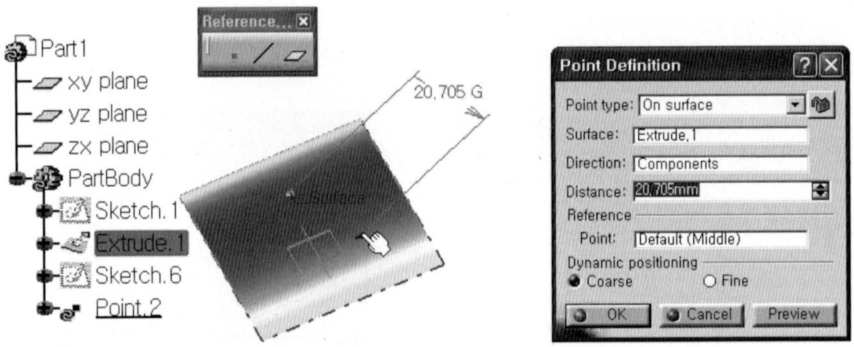

- Circle/Sphere Center : 원 또는 구의 중심에 점을 생성한다.

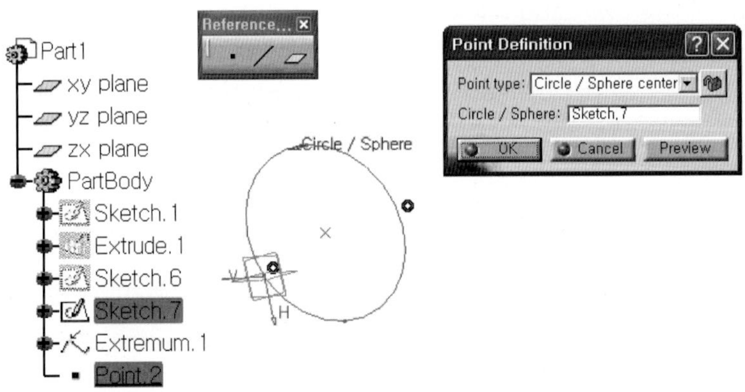

- Tangent on Curve : 커브의 정해진 방향의 접선방향으로 점을 생성한다.

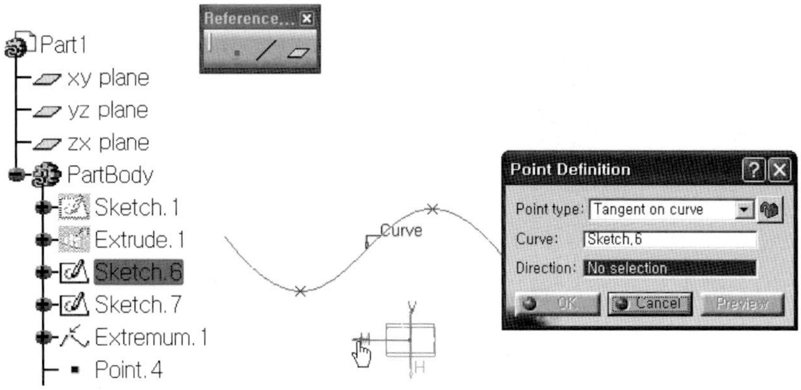

- Between : 두 점 사이에 거리의 비율로 점을 생성한다.

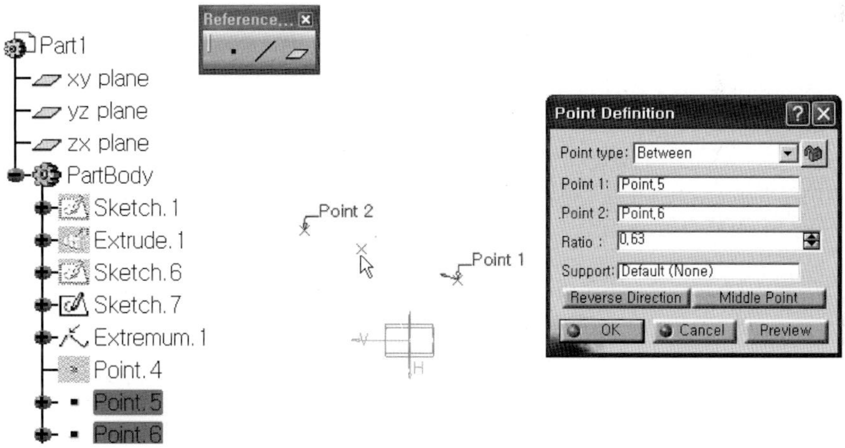

(2) Reference Line 생성

Solid를 생성하는데 도움을 주는 보조 직선을 생성하는 방법을 소개한다.

Reference Tool Bar의 Line 을 클릭해서 참조 직선을 생성한다.

- Point to Point : 두 점을 선택해서 시작점, 끝점을 정의하여 직선을 생성한다.

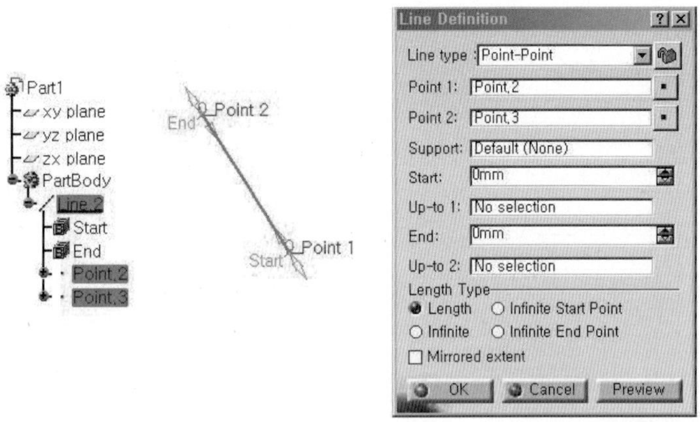

- Point-Direction : 점과 방향을 설정하여 직선을 생성한다. 여기서 방향은 x, y, z축일 수도 있고 모서리나 직선을 선택해도 된다.

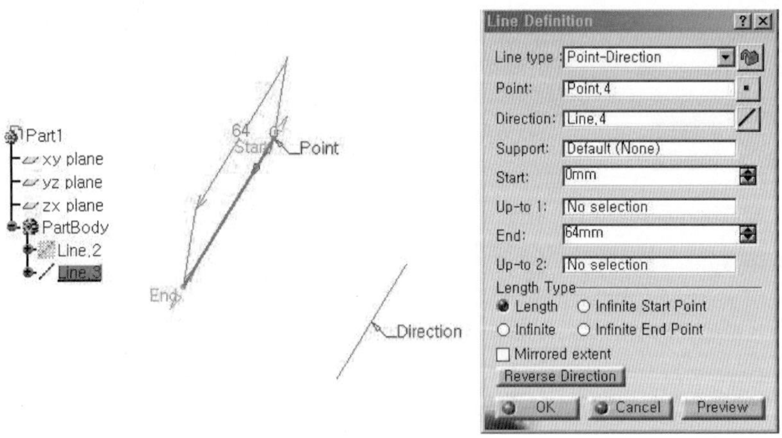

• Angle/Normal to Curve : 커브에 대하여 지정된 각도의 또는 수직인 직선을 지정된 점으로부터 생성한다. 따라서 이 기능을 사용하려면 기준이 되는 Curve, 그리고 직선을 시작하는 점이 지정되어야 한다.

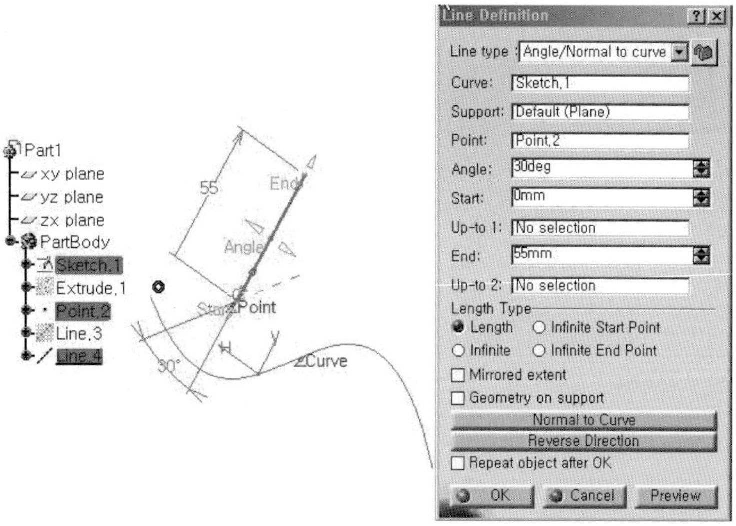

• Tangent to Curve : 커브에 접하며 지정된 위치로부터 직선을 생성한다.

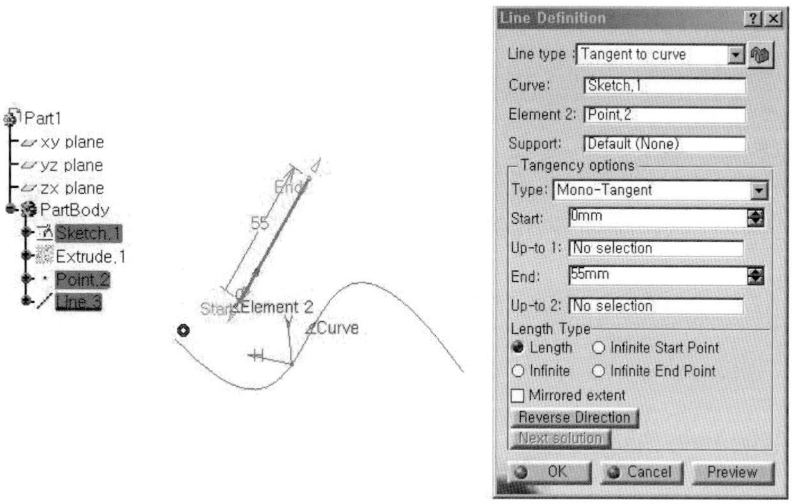

CATIA V5

- Normal to Surface : 지정된 점으로부터 곡면에 수직인 직선을 생성한다.

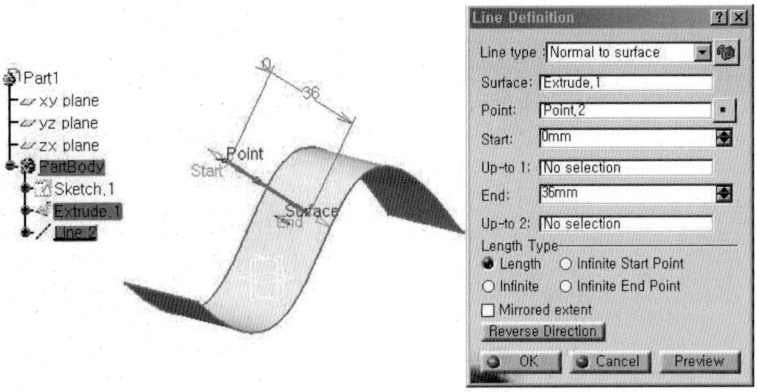

- Bisecting : 교차하는 2개의 직선의 교점에서 또는 정의된 점에서 직선을 생성한다. 2개의 직선 중에서 하나를 선택하여 사용 할 수 있다.

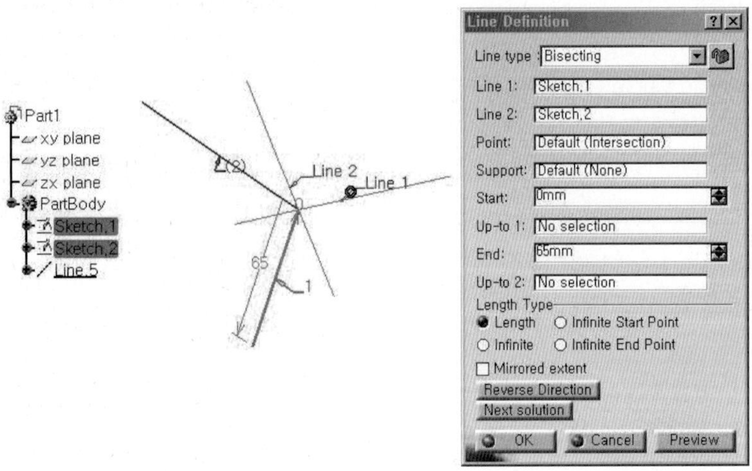

(3) Reference Plane 생성

3차원 Solid는 하나의 Feature로 이루어지는 단순한 물체는 거의 없다. 대부분의 물체는 여러 개의 Feature의 조합으로 되어있다. 따라서 여러 종류의 Feature를 생성하기 위해서는 서로 다른 많은 평면을 필요로 한다.

우리가 전통적으로 사용하는 기본 Plane으로는 xyz 좌표계에 의해서 만들어지는 xy, yz, zx 평면이 있다. 이 3개의 평면은 모든 도형을 다 표현 할 수 있는 평면이 아니므로 우리는 작업의 필요에 따라 Sketch를 할 평면을 만들어 사용해야 한다. Plane Icon 을 클릭하면 Plane Definition Box가 열린다.

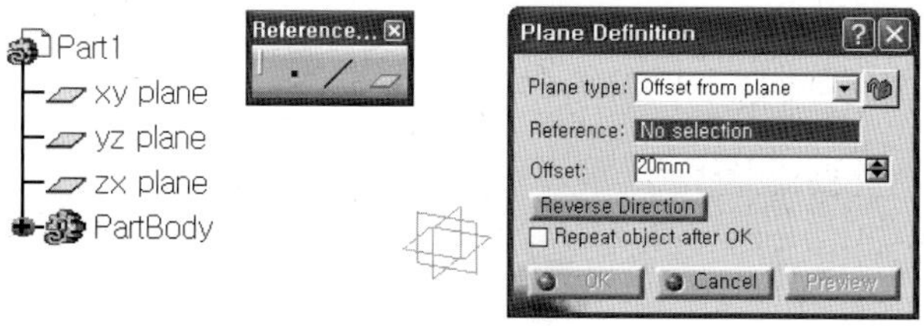

Plane Definition

Plane Type : Plane의 생성 Option으로 11가지의 선택사항이 있다.

- Offset from plane : Default Option으로 기존 xyz축에 의해서 만들어진 평면 또는 기존 Solid의 평면에 Offset시킨 평면을 생성하는 기능이다.

1 Reference는 Offset 시킬 평면을 선택하는 것으로 Spec Tree에서 xy, yz, zx 평면을 선택하거나 Field에 마우스 우측버튼을 클릭한 상태에서 평면을 선택할 수도 있으며 Solid에서 필요한 면을 선택하기도 한다.

2 Offset Field에 Offset 시킬 거리를 입력한다. 만일 반대방향이면 Reverse Direction을 클릭하면 그림에서처럼 녹색의 새로운 Plane이 생성된다.

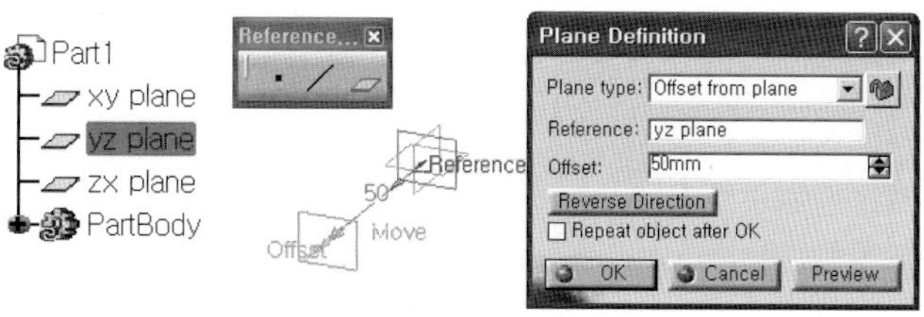

- Parallel through Point : 기존 평면과 평행하며 특정 점을 지나는 평면을 생성하는 기능이다. 다음은 육면체의 우측 측면과 평행하며 좌측 꼭지점을 지나는 평면을 생성한다.

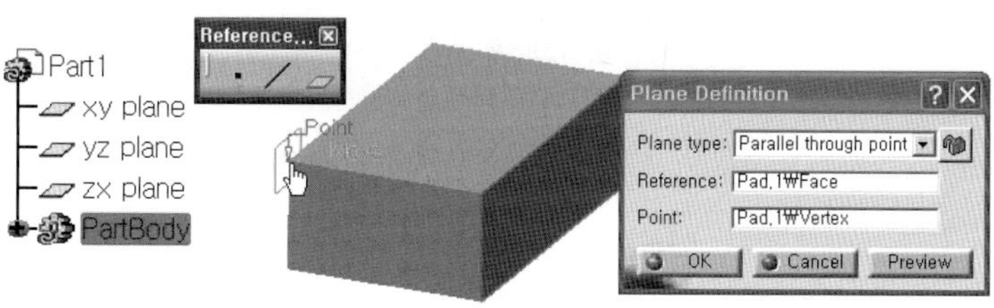

- Angle/Normal to Plane : 기존 평면에 수직 또는 각을 이루는 평면을 생성하는 기능이다. 다음은 육면체의 윗면을 Reference로 윗면의 좌측 모서리를 Rotation Axis로 설정하고 72도 회전 시킨 평면을 생성한 것이다. Normal to Plane을 누르면 각도가 90도로 된 면을 생성한다.

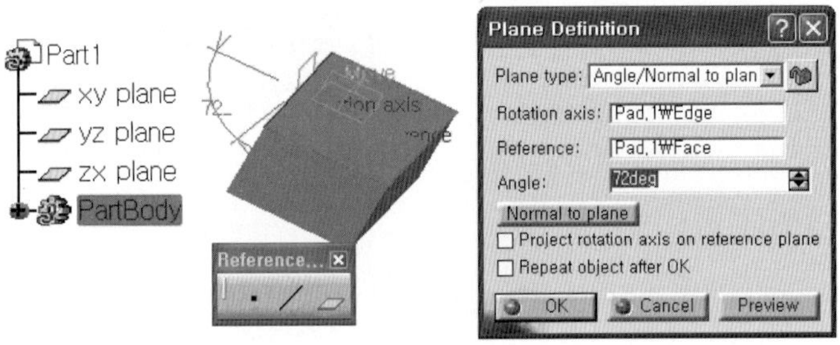

- Through Three Points : 3점을 지나는 평면을 생성하는 Option이다. 다음은 육면체의 3 꼭지점을 지나는 면을 생성한 결과 이다.

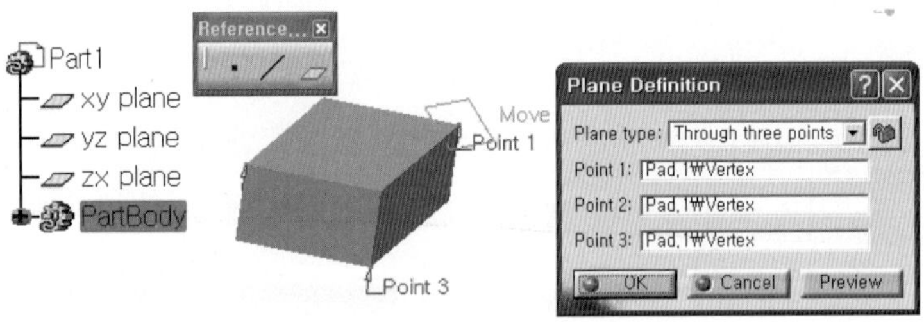

- Through Two Lines : 두 직선을 통과하는 평면을 생성하는 Option이며 Forbid non coplanar Lines는 동일한 평면상의 직선만 선택 가능한 Option이다.

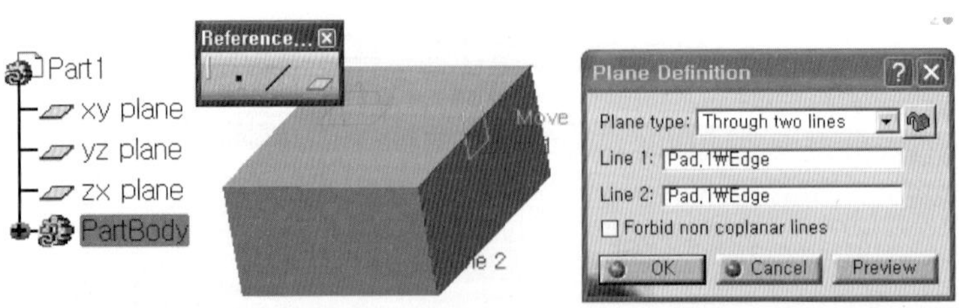

• Through Point and Line : 점과 직선을 지나는 평면을 생성한다.

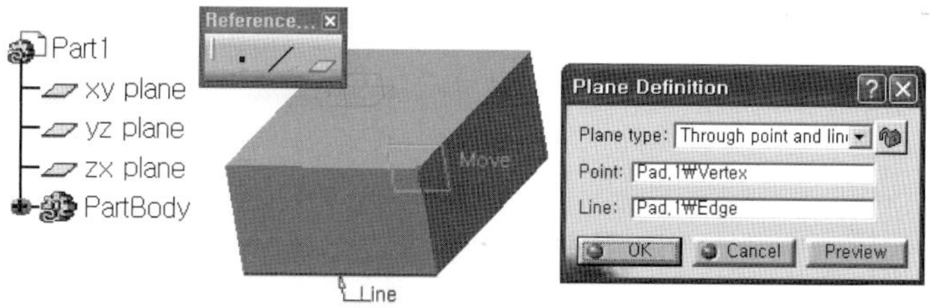

• Through Planar Curve : 평평한 커브를 지나는 평면을 생성한다.

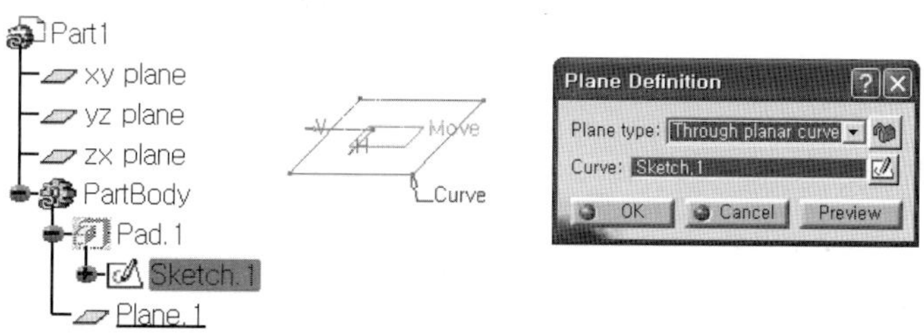

• Normal to Curve : 커브의 중앙에 수직인 평면을 생성한다.

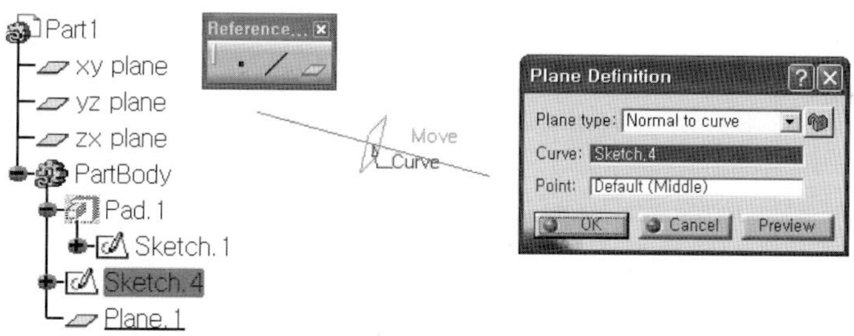

• Tangent to Surface : 곡면에 접선방향으로 선택된 점에 평면을 생성한다.

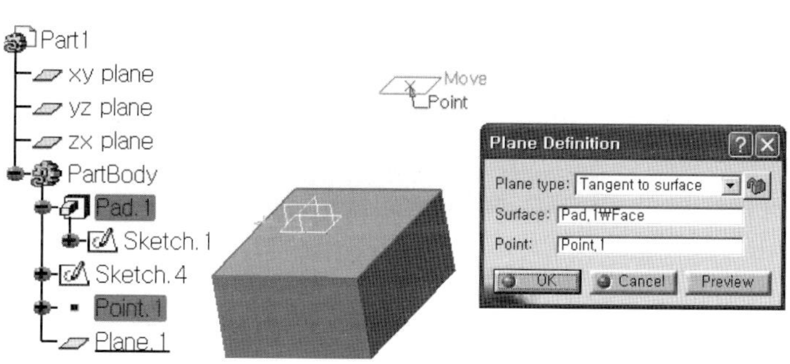

- Equation : Ax+By+Cz=D 형식의 수식에 따라서 절대좌표에 대하여 평면을 생성하거나 선택된 점에 평면을 생성한다.

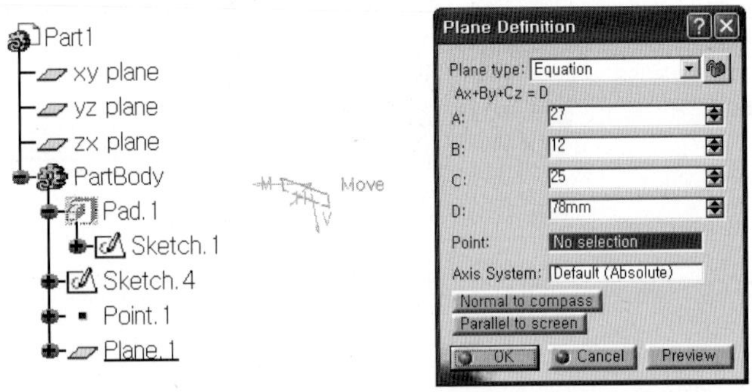

- Mean Through Points : 선택된 점의 평균적인 평면을 생성한다.

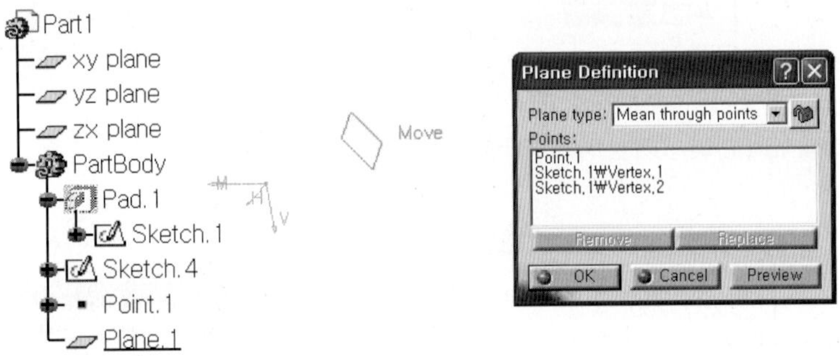

3.4 Sketch-Based Features

Sketch 작업을 기반으로 Solid Modeling 작업을 진행하는데 가장 기본적인 Tool Bar이다. 여기에는 2차원 평면에서 Sketch한 도형을 3차원 형상으로 뽑아내는 Pad, Pocket, Shaft, Groove, Hole, Rib, Slot, Stiffener, Loft, Removed Loft 등의 세부 메뉴가 포함되어 있다.

(1) Pads

Sketch Workbench에서 생성한 2차원 도형의 수직방향으로 돌출시켜 3차원 Solid를 만드는 Icon이다. 여기에는 단순 Pad, Drafted Filleted Pad, Multi Pad 가 포함되어 있다.

Pad

단순 Pad로 Sketch 도형을 수직 또는 일정 각도로 돌출 시키는 Icon이다.

- 기본 Pad Feature 만들기 : 다음과 같은 도형을 만들어 보자.

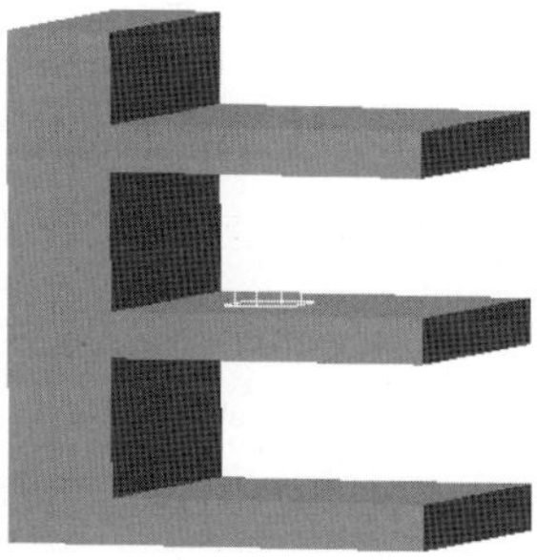

1 만들 도형을 고려하여, xy plane을 선택하고 Sketch Icon 으로 Sketch Workbench로 들어가 xy 평면에 그림과 같은 도형을 Sketch 한다. 이 때 Sketch된 도형은 모두 Sketch.1으로 명명된다.

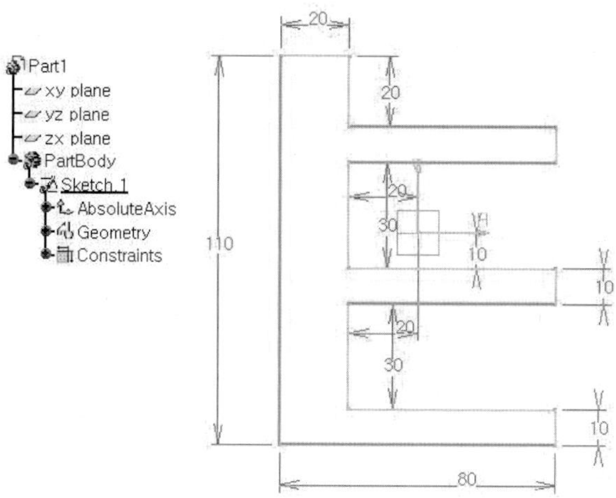

2 Exit Workbench 를 클릭해서 Sketch Workbench에서 Part Design Workbench로 나간다. 방금 작업한 도형이 Default Profile로 주황색으로 표시된다.

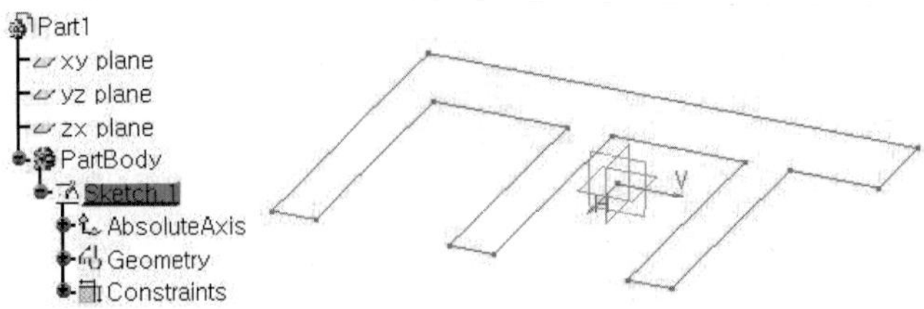

3 주황색으로 표시된 것은 Sketch한 도형이 선택되었음을 의미한다. 만일 도형이 흰색이라면 해당 도형을 선택하여 준다. 다음에 Pad Icon을 클릭하면 Specifications Tree에 Pad.1이 만들어지고 Pad Definition Box가 열린다. Box의 Profile/Surface의 Selection 항에는 방금 그린 Sketch.1이 자동으로 선택되어 있다. First Limit의 Length 항에 30을 입력하고 Mirrored extent를 체크하고 OK 시켜준다. 도면 상단에 LIM1, 하단에 LM2가 표시된다.

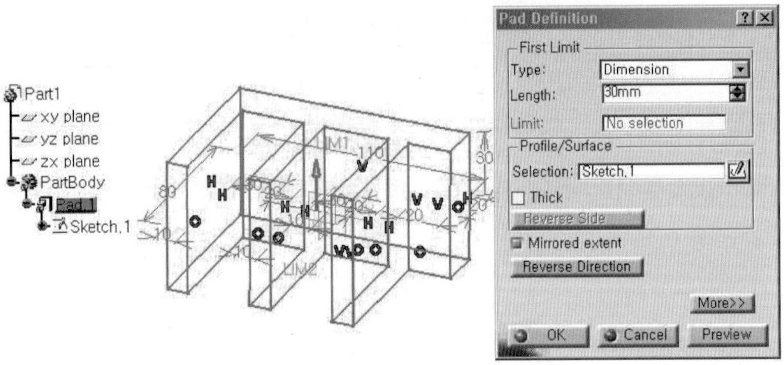

▸ 만일 밑그림의 치수를 변경하고 싶다면 Specifications Tree의 Sketch.1을 더블클릭해주면 다시 Sketch Workbench로 들어간다. 해당 치수를 더블클릭하고 Constraint Box에 새로운 치수를 입력한다.

▸ Pad 치수를 변경하고 싶다면 이번에는 Specifications Tree의 Pad.1을 더블클릭 한다. 새롭게 열린 Pad Definition Box의 이전에 입력한 Length를 새로운 값으로 입력하고 OK 하면 Pad 길이가 변경된다.

Pad Definition Box

1 앞에서 만든 물체의 맨 아래 단 위쪽 평면을 선택하고 Sketch Icon 을 클릭하여 Sketch 작업을 실시한다.

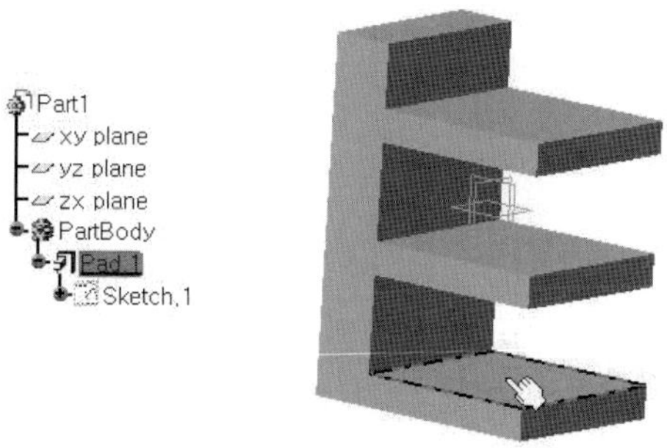

2 해당 면에 직경 20의 원을 생성하자. 그리고 평면과 원을 동시에 선택하고 Icon으로 Fix 구속을 한다.

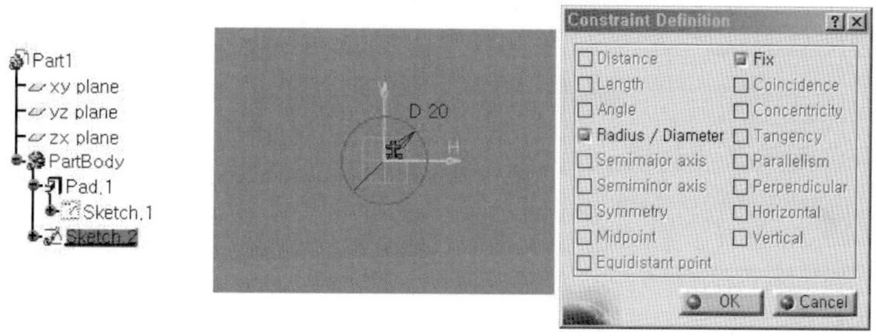

3 구속이 되었으면 Exit Workbench 를 클릭해서 Part Design Workbench로 들어가자. 새로이 만들어진 원을 볼 수 있을 것이다.

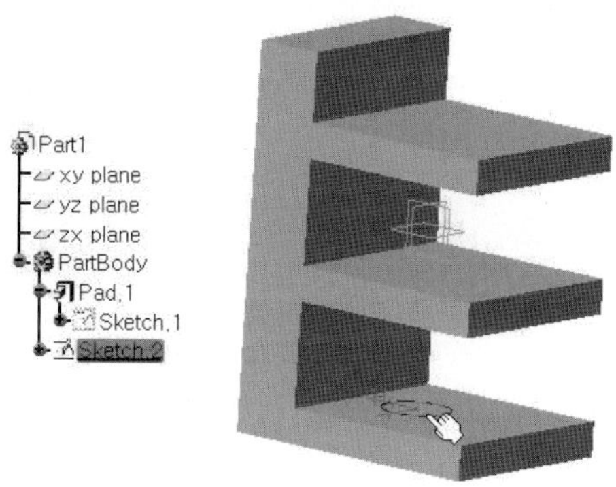

4 원이 선택된 상태(주황색)에서 Pad Icon을 클릭한다.

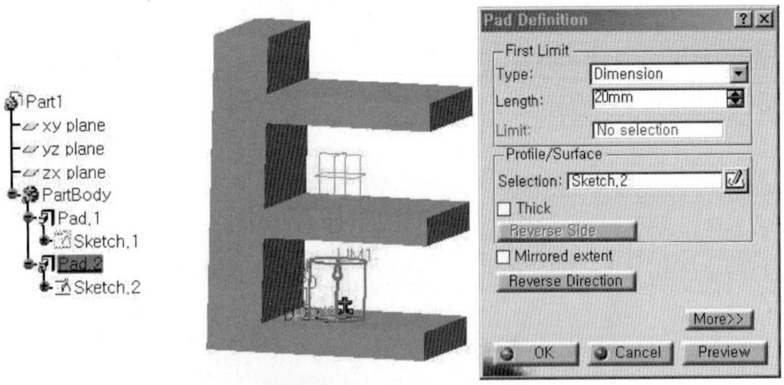

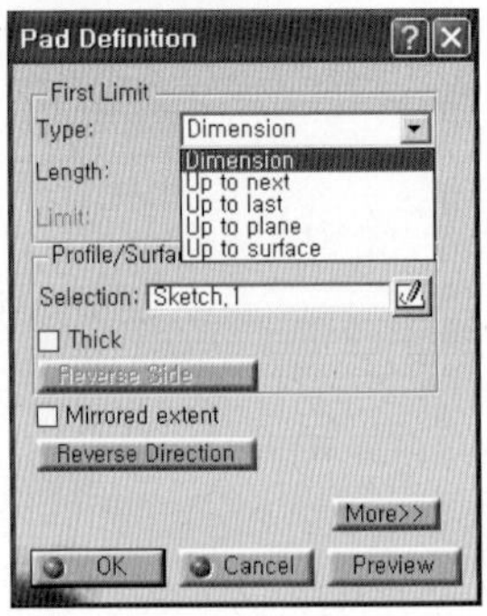

- First Limit : 원통 면 위에 표시된 LIM1의 높이로 Sketch Profile을 돌출시키는 위 방향의 높이를 지정한다.
- Type : Pad 높이를 지정하는 방법으로 5가지가 있다.
- Dimension : Length에 Pad 길이를 직접 입력하는 방법이다. Dimension 상태에서 Length를 변경시켜 놓고 Preview를 눌러보자. 원통의 높이가 변경됨을 알 수 있다.
- Up to next: 이 항목을 설정하면 다음 접촉면이 있는 곳까지 자동으로 Pad 시켜준다.

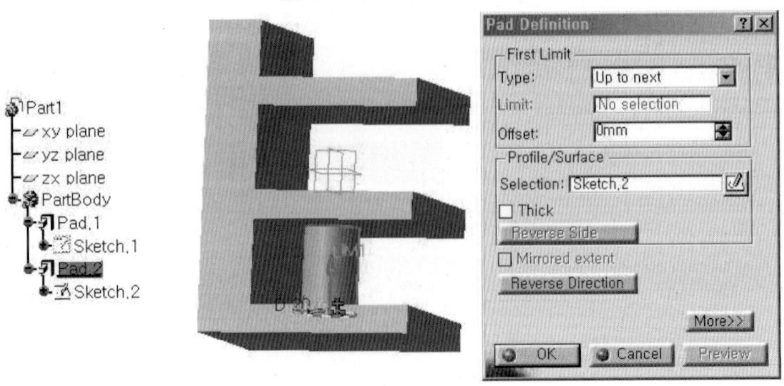

▸ Up to last : 이 항목을 선택하면 마지막 접촉면까지 자동으로 Pad 시킨다.

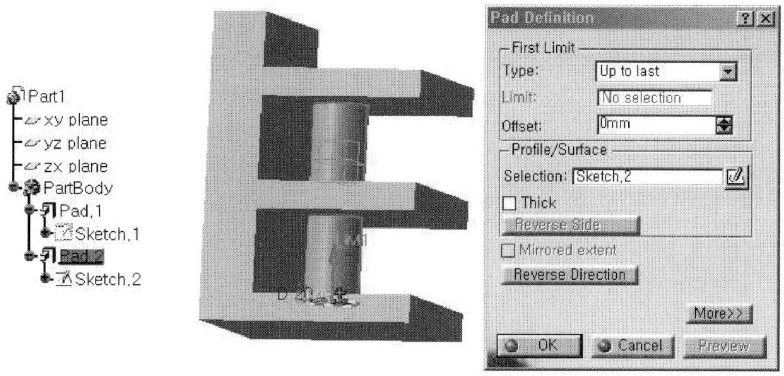

▸ Up to plane : 지정한 평면까지 Pad 하는 기능으로 다음은 zx 평면을 Plane으로 지정한 결과이다.

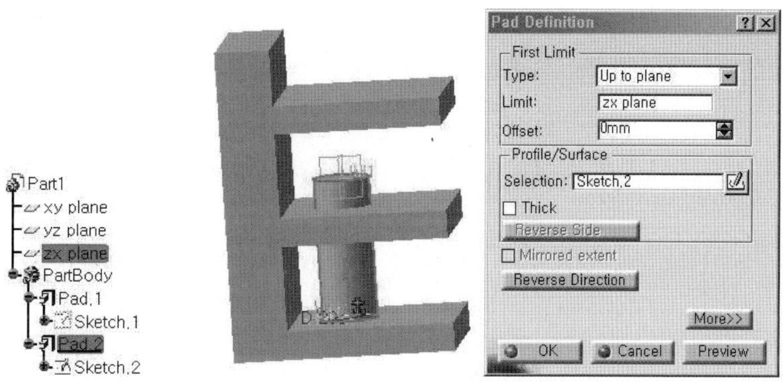

▸ Up to surface : 지정한 Surface까지 Pad 시키는 Icon 이다. Up to surface를 선택하고 마우스로 임의의 Surface를 선택해 보자. Limit 항에는 선택한 면이 표시된다.

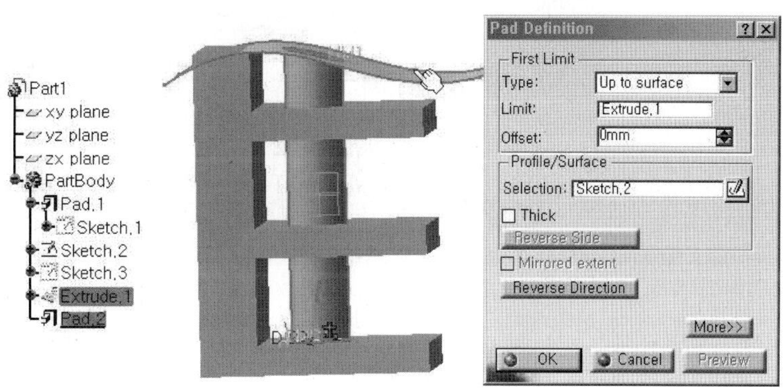

▸ Offset : Up to plane, Up to surface 설정 시에 선택한 평면에서 간격을 두고 Pad 시키는 기능으로 "-"는 지정 평면의 아랫방향 "+"는 위 방향을 뜻한다.

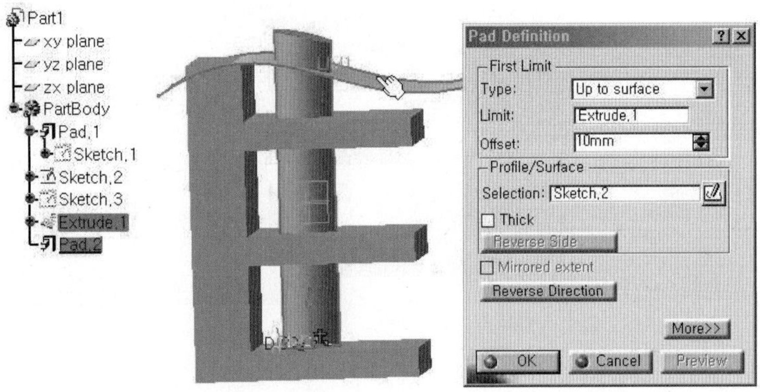

▸ Profile/Surface : Pad 시킬 도형 또는 Thick (두께) 등을 지정하는 필드

▸ Selection : Pad 시킬 도형을 선택한다, 도형 선택은 Specifications Tree를 이용하여 하며, Selection 필드를 활용하려면 마우스를 이 창에 대고 우측 버튼을 누르면 선택할 수 있는 메뉴가 보인다. 이 기능은 다른 Definition Box 에서도 같다. 도형을 직접 Sketch 하려면 Selection Field 우측의 Sketch Icon 을 클릭해서 Sketch Workbench로 들어가 할 수도 있다.

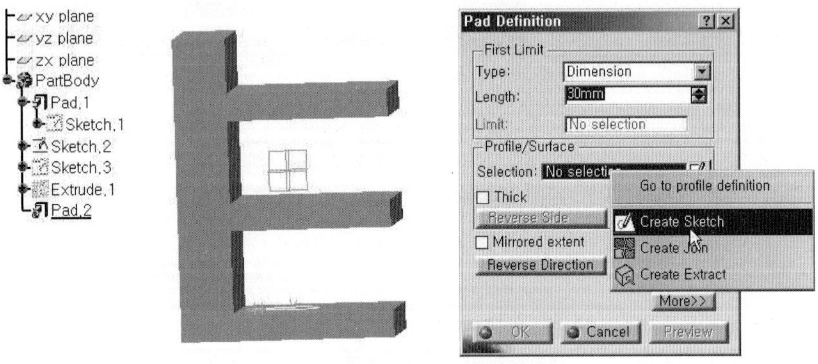

▸ Thick : Thick 옵션은 Sketch 도형을 일정한 두께로 Pad 시키는 기능이다. 예로 다음과 같이 직경 50의 원을 Sketch 하여 이것을 Thick Check Box를 체크하여 보자. Pad Definition Box가 확장된다. 우측 아래쪽의 Thin Pad 부분이 두께를 정의하는 필드로 Thickness1은 점선의 안쪽으로의 두께를 Thickness2는 점선 바깥쪽으로의

두께를 정의하며 그 아래의 Neutral Fiber는 Thickness를 안쪽과 바깥쪽으로 동일한 두께를 부여하는 기능이다.

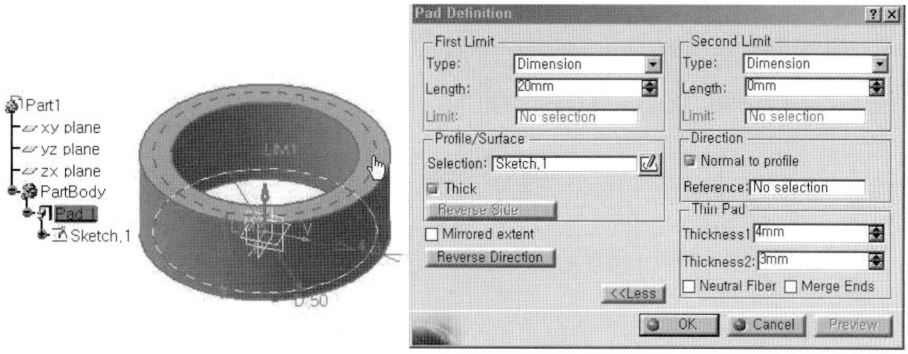

▸ Merge Ends : Pad 도형의 끝을 인접한 도형에 닫아주는 기능이다. 다음의 도형을 비교해 보자. 우측은 Merge Ends를 사용한 경우이다.

▸ Mirrored Extent : Pad를 위 아래로 대칭되게 하여 주는 기능

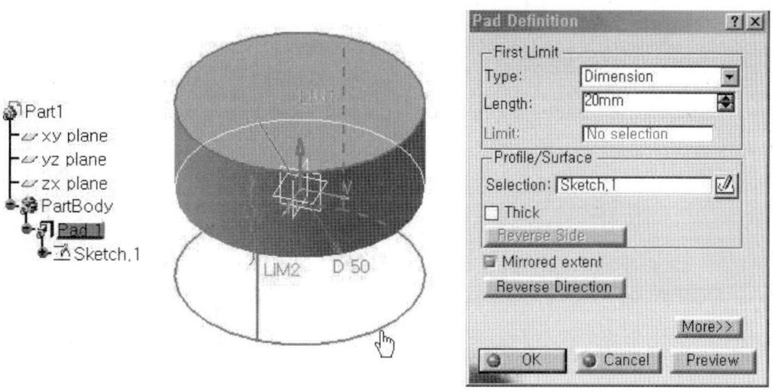

CATIA V5

▸ Reverse Direction : Pad 시키는 방향을 반대방향으로 변경시키는 기능이다. Pad 되는 방향은 Pad 면의 노랑 화살표 방향이다. 이 방향을 바꾸는 방법은 Reverse Direction을 클릭하거나 화살표를 클릭하면 변경된다. 이와 같이 화살표를 클릭해서 방향을 변경시키는 기능은 다른 메뉴에서도 방향 변경에 활용할 수 있다.

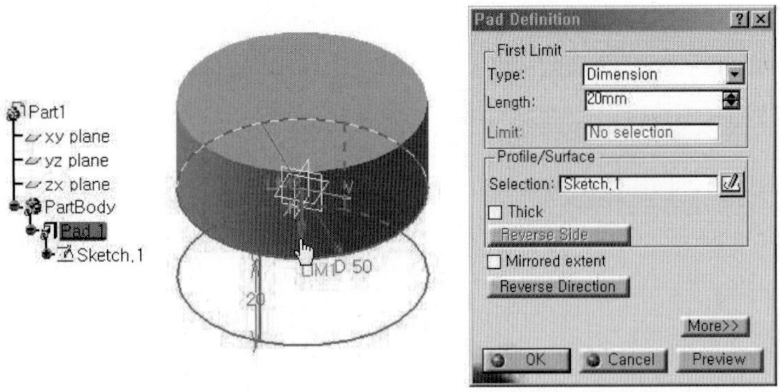

▸ Second Limit : More를 클릭하면 Pad Definition Box가 확장되며 위에 Second Limit Field가 보인다. 이것은 Sketch Line을 기준으로 위쪽이 Limit1 이고 아래측이 Limit2 이다. Length Field에 치수를 입력하면 도형의 아래쪽에 LIM2가 만들어지고 아래쪽으로 Pad 된다.

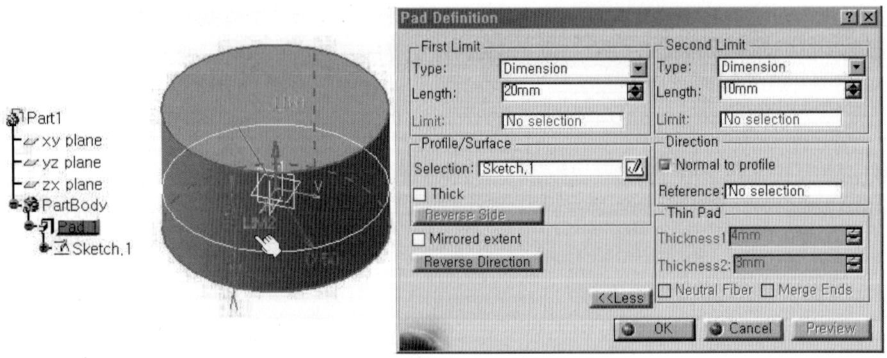

▸ Direction : Pad 방향을 정의하는 Field로 기본 방향은 수직방향이다.

Pad Icon 을 클릭하고 More를 클릭해 Pad Definition Box를 확장시킨다. Direction 항에서 Normal to profile Field 체크를 해제하고 Reference Field가 파란색이 된 상태에서 Line을 선택하면 Reference에 선택된 도형이 표시된다. 그러면 Preview 또는 Ok하여 완성한다.

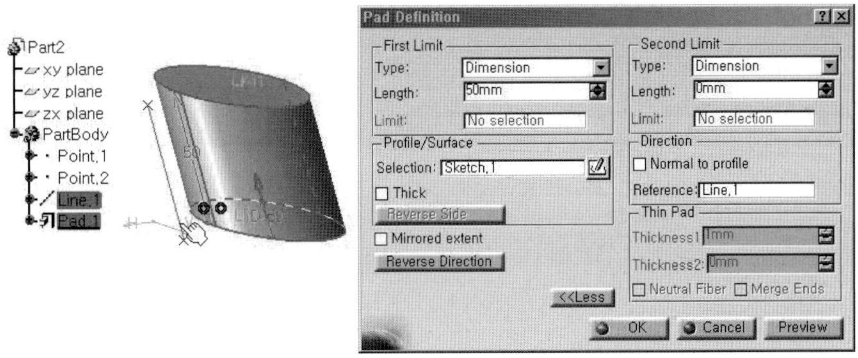

Direction의 정의는 꼭 직선이나 좌표축이 되어야하는 것은 아니다. Pad 시키려는 도형과 이웃한 물체의 모서리 등을 선택해도 모서리의 방향으로 Pad 시켜 경사진 Solid Model을 만들 수 있다.

Drafted Filleted Pad

Pad를 시행하는 방향으로 일정한 각도를 부여하여 Draft 시키고 또 모서리에 일정한 라운드를 주어서 Pad 시키는 기능을 말한다.

1 xy 평면을 선택하여 Sketch Workbench로 들어가 가로 세로가 100, 50인 직사각형을 Sketch한다.

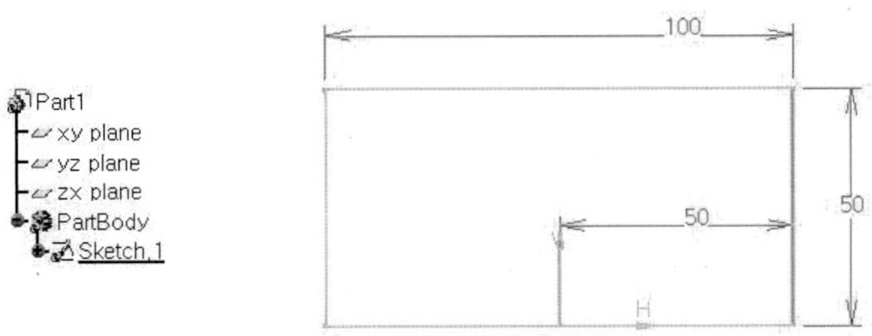

2 Exit Workbench Icon을 클릭해서 Part Design Workbench로 들어와 Drafted Filleted Pad 를 클릭한다. Drafted Filleted Pad Definition Box가 열린다.

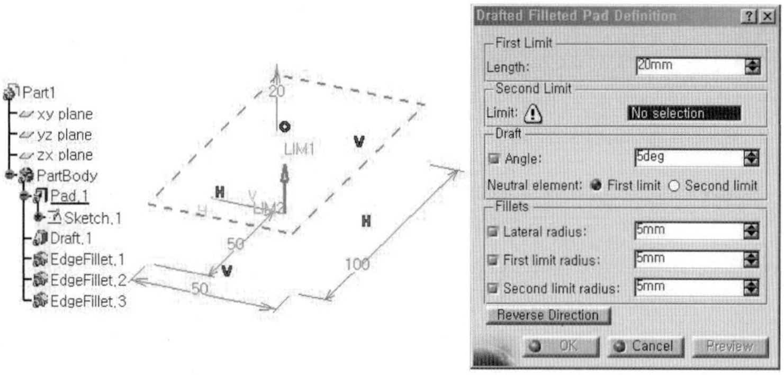

3 First Limit는 Pad의 First Limit와 같은 길이 지정필드이고 Second Limit에는 평면을 지정해 주어야한다. 여기서는 xy 평면에 Sketch하였으므로 xy 평면을 선택한다. Draft-Angle은 기준면(Neutral element)에 대하여 Draft하는 각도를 입력한다. Fillets는 모서리에 Coner하는 반경으로 Lateral radius 는 Limit 면에 수직한 모서리의 라운드 반경을 First Limit, Second Limit radius에는 각 Limit 면에 Coner할 반경을 입력한다.

예로 Length에 40, Second Limit에 xy 평면, Angle에 15, Neutral Element에 First limit, Lateral radius에 10, First limit radius에 5를 입력하고 미리보기 한다. 여기서는 Second Limit가 xy 평면이므로 Second Limit Radius는 표시되지 않는다.

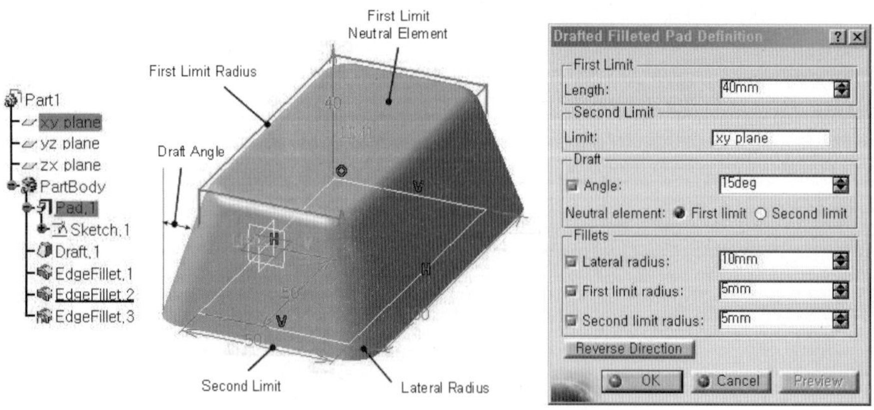

Multi Pad

한 번에 여러 개체의 Pad 작업을 시행하는 Icon으로 이 때 사용하는 Profile 들은 동일한 Sketch 작업에서 생성된 것이어야 한다.

1 Part Design Workbench에서 xy 평면을 선택하고 Sketch Workbench로 들어가 다음처럼 Sketch 하자. Specifications Tree에 Sketch.1이 생성되었다.

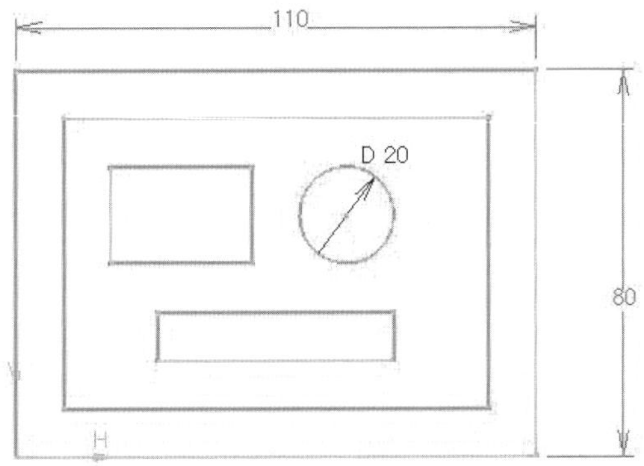

2 Exit Workbench 하여 Part Design Workbench로 들어와 Multi Pad Icon을 클릭한다. Multi-Pad Definition Box가 열린다.

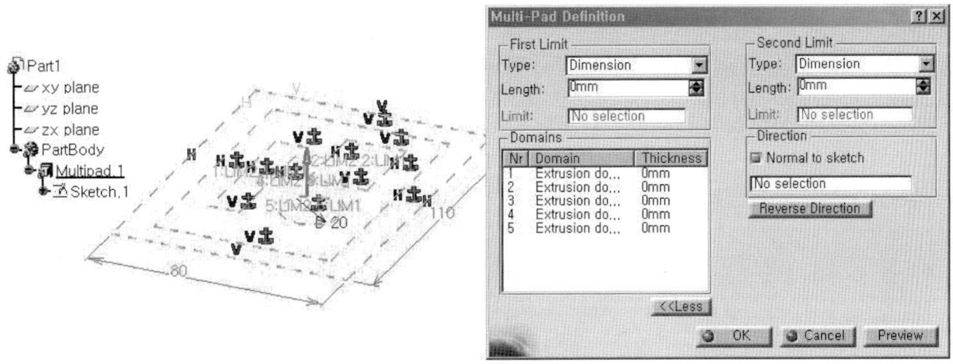

3 Definition Box의 First Limit, Second Limit, Direction 항목은 앞에서 설명한 내용과 동일하다. Domains 항이 새로운 항으로 여기에는 Sketch Profile 5개가 모두 목록으로 나와 있다. 각각의 라인을 또는 Ctrl 버튼을 누른 상태에서 몇 개의 라인을 동시에 선택하여 First Limit, Second Limit, Direction 값을 정의 할 수 있다.

4 외곽선만 선택하여 First Limit 30, Second Limit 20 한 경우

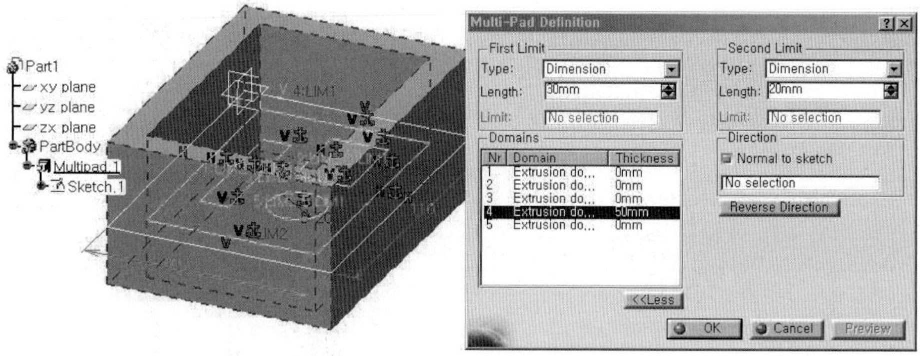

5 외곽에서 2번째 Domain 3를 선택하여 Pad 시킨 경우

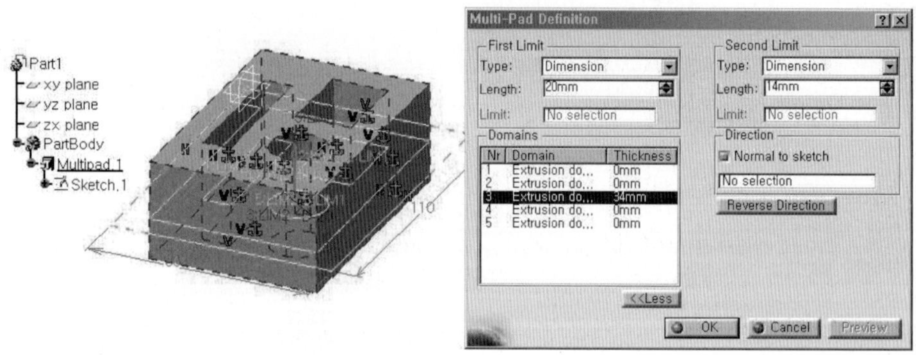

6 개개의 Domain을 Pad 시킨 경우

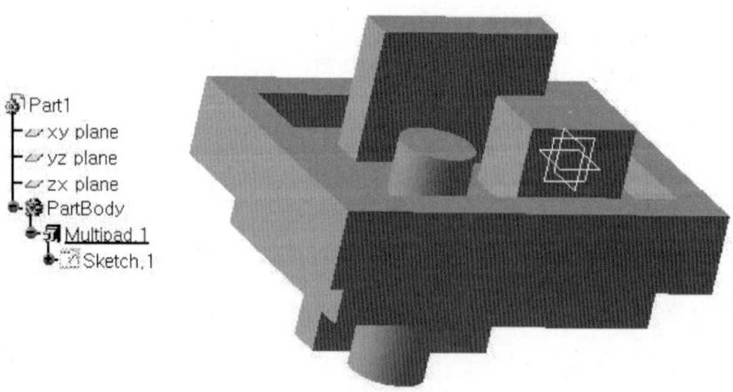

(2) Pockets

Pad와는 정반대 개념의 Tool Bar로 기존의 Solid Model에서 Sketch 된 도형을 제거 작업을 실시하는 Tool Bar이다. 구멍 뚫기, 파내기, 등의 작업이 가능하며 여기에는 Pocket, Drafted Filleted Pocket, Multi Pocket의 세부 기능이 있다.

Pocket

기존 Solid Model에서 구멍 뚫기, 잘라내기 등의 작업을 행하는 Icon으로 다음처럼 따라해 보자.

■ 구멍 뚫기

1 Pad 작업으로 가로 100, 세로 60, 높이 50의 직육면체를 만들자.

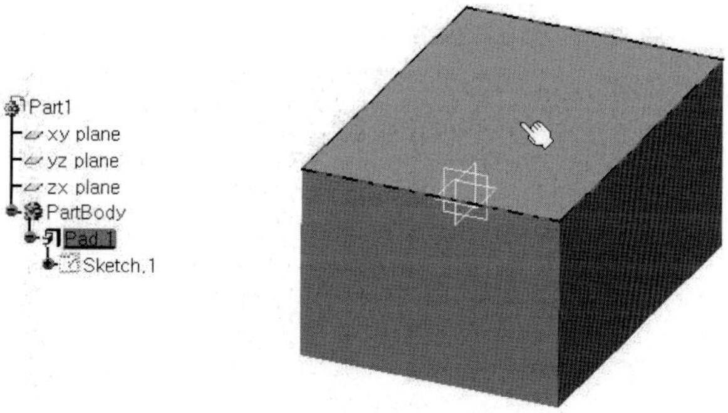

2 육면체의 윗면을 선택하고 Sketch Icon 을 클릭해서 Sketch Workbench로 들어가서 으로 직경 20의 원을 Sketch 한다.

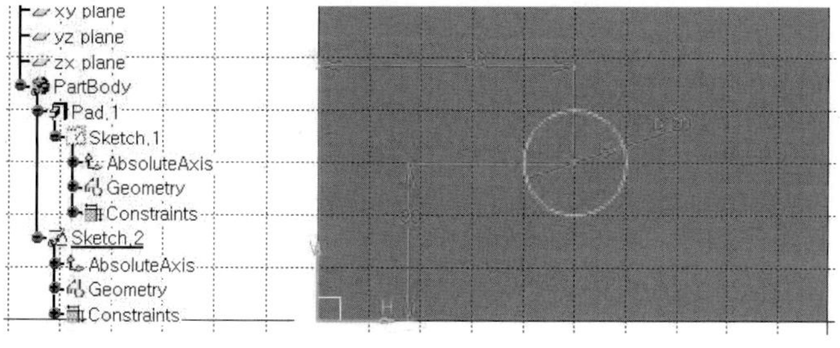

3 Exit Workbench Icon 을 클릭하고 Pocket Icon 을 클릭한다.

4 Pocket Definition Box가 열린다. First Limit항의 Length Field에 50을 입력하고 Preview를 클릭한다. 육면체에 직경 20, 깊이 50의 원형 구멍이 만들어진다. Type, Profile/Surface, Thick, Mirrored Extent, Second Limit, Direction, Thin pocket는 앞서의 Pad에서의 기능과 같다.

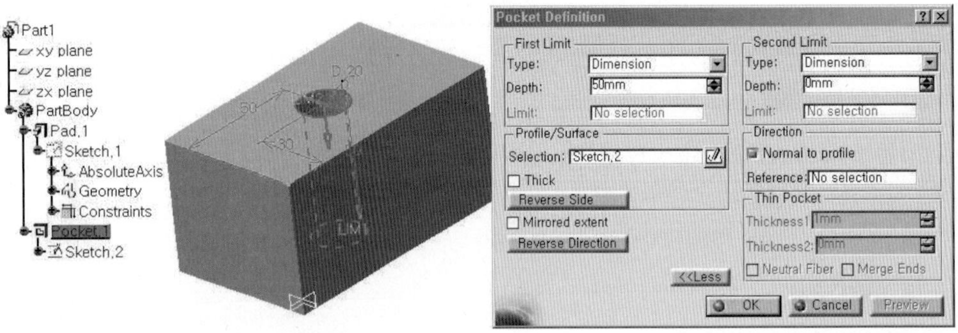

5 이번에는 Sketch Workbench에서 미리 원을 Sketch 하지 않고 육면체가 있는 Part Design Workbench에서 Pocket Icon을 클릭하자. Profile/Surface 항이 No selection으로 파란 색이다.

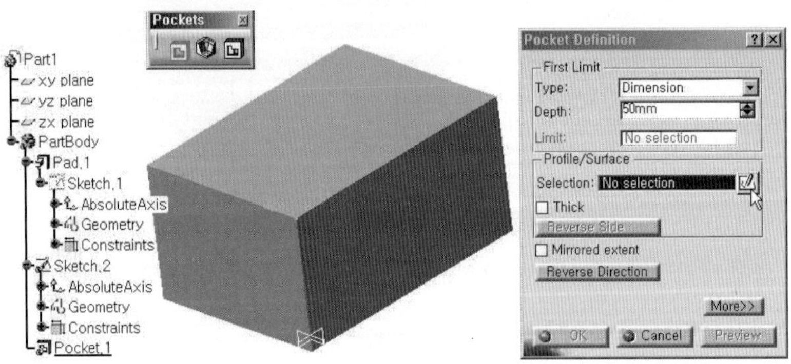

6 Selection Field의 우측의 Sketch Icon 을 클릭하면 Running Command Window가 열린다. 이때 육면체의 윗면을 더블클릭하면 Sketch Workbench로 들어간다.

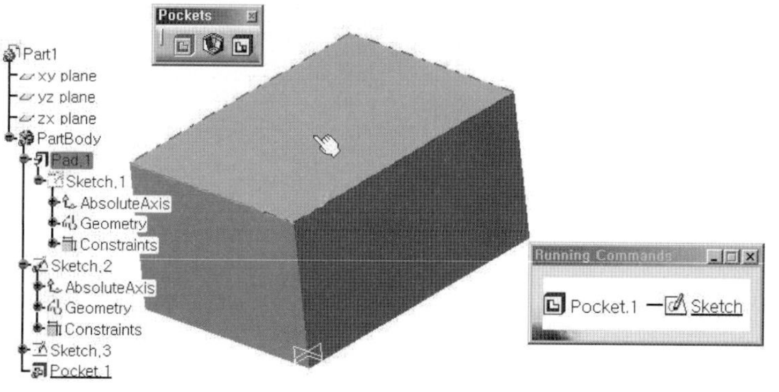

7 Circle Icon 으로서 육면체 중앙에 직경 20의 원을 생성하고 Exit Workbench Icon 을 클릭하여 Part Design Workbench로 들어온다.

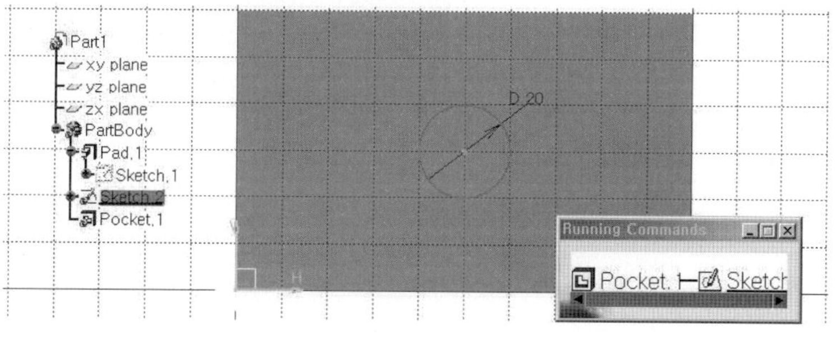

8 이전에 실행하였던 Pocket Icon이 실행되어 Pocket Definition 창이 열려있고 Profile/Surface의 Selection Field에는 방금 생성한 원이 Sketch.2로 기록되어 있다.

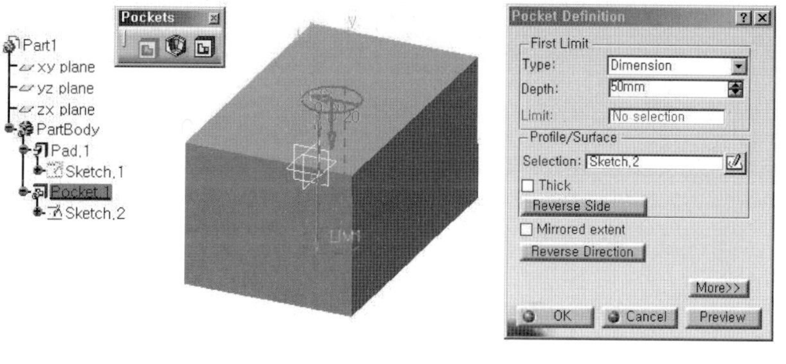

CATIA V5

9 Preview 또는 Ok를 클릭하면 Pocket이 완성된 도형을 확인 할 수 있다.

■ 수직으로 잘라내기

1 Pad 작업으로 가로 100, 세로 60, 높이 50의 직육면체를 만들자.

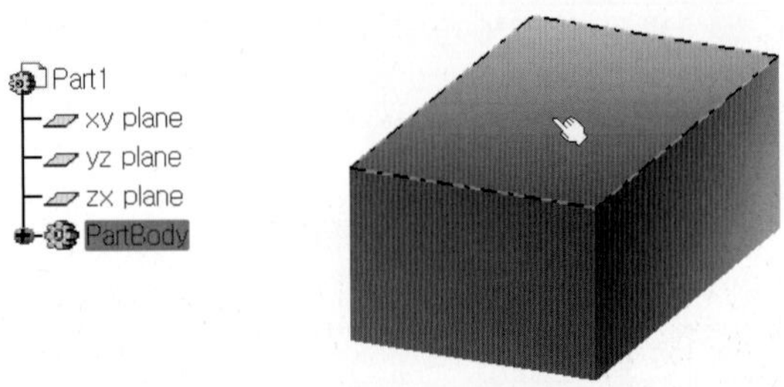

2 육면체의 윗면을 선택하고 Sketch Icon 을 클릭해서 Sketch Workbench로 들어가서 대각선 방향의 직선을 Sketch 한다.

3 Exit Workbench Icon 을 클릭하여 Part Design Workbench로 들어와 Pocket Icon을 클릭한다. 한쪽 면이 잘려나감을 알 수 있다. 화살표를 클릭하면 방향이 바뀐다.

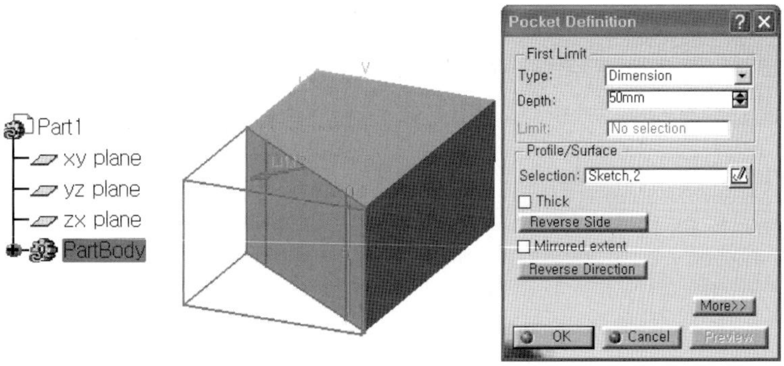

4 이번에는 Thick 옵션을 체크하고 Thickness1에 5를 입력하고 Preview 해보자. Sketch한 직선이 폭 5로 Pocket가 만들어짐을 확인 할 수 있다.

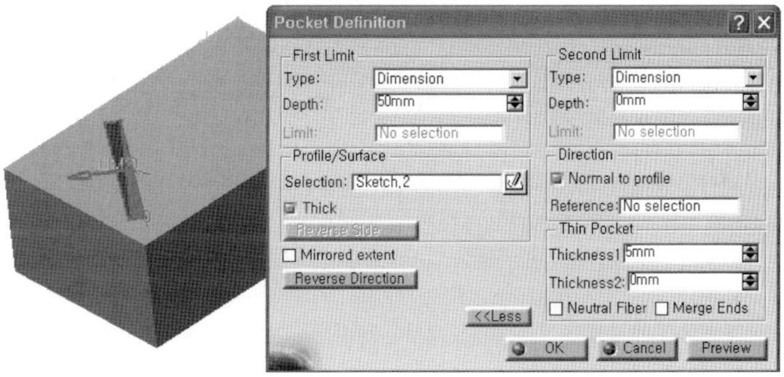

■ 경사지게 잘라내기

1 이번에는 육면체의 측면을 선택하여 대각선 방향의 직선을 긋자. Sketch.2는 윗면의 직선이고 측면의 직선은 Sketch.3이다.

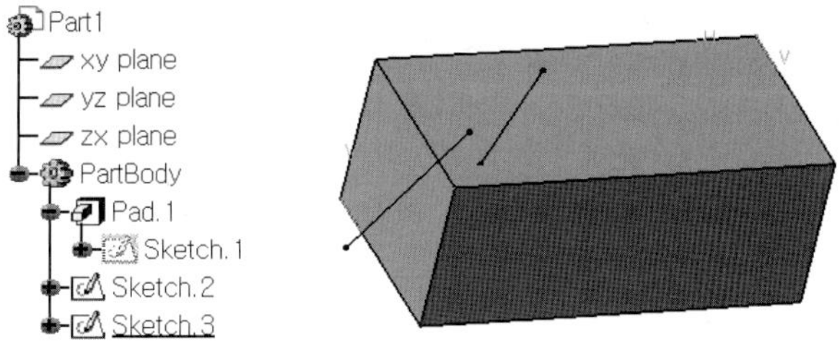

2 Exit Workbench 하여 Pocket Icon을 실행하자. 그리고 Profile/Surface Select항에 Sketch.2, 윗면의 직선을 선택하고, Direction 항의 Normal to profile 항의 체크를 풀고 Reference 항에 측면의 직선 Sketch.3를 선택한다.

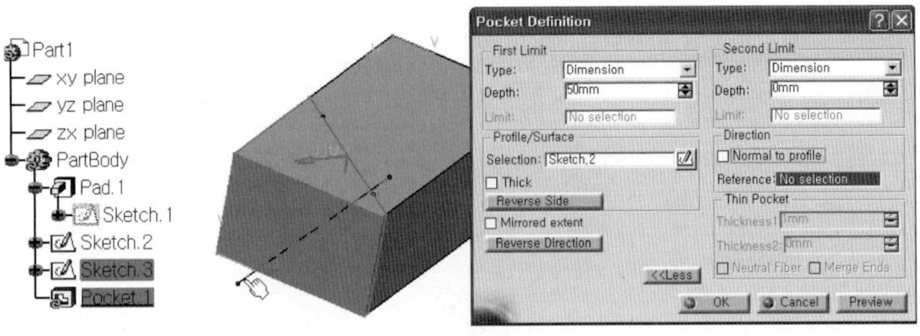

3 Preview하면 육면체의 모서리가 경사지게 잘려나간 것을 확인 할 수 있다. 이와 같이 Pocket은 여러 가지 방법으로 활용이 가능한 메뉴이다.

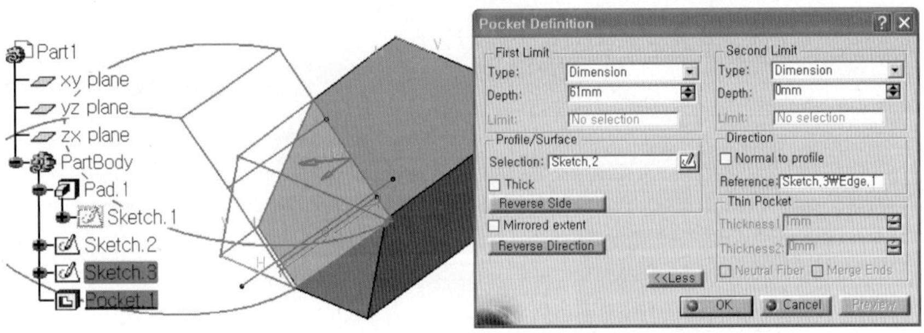

■ 경사진 구멍 뚫기

1 모서리가 잘린 Solid Model의 윗면에 원을 Sketch하고 Exit Workbench로 Part Design Workbench로 나온다.

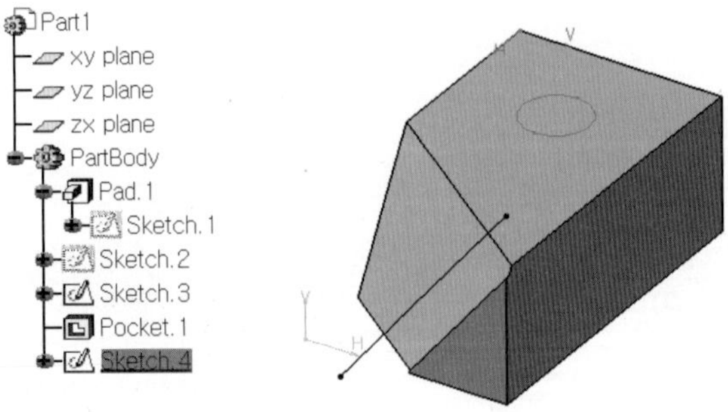

CATIA V5

2 Pocket Icon을 실행하고 Direction 항의 Normal to profile 체크를 풀고 Reference 항에 잘라낸 모서리 선을 선택하고 Preview를 실행한다.

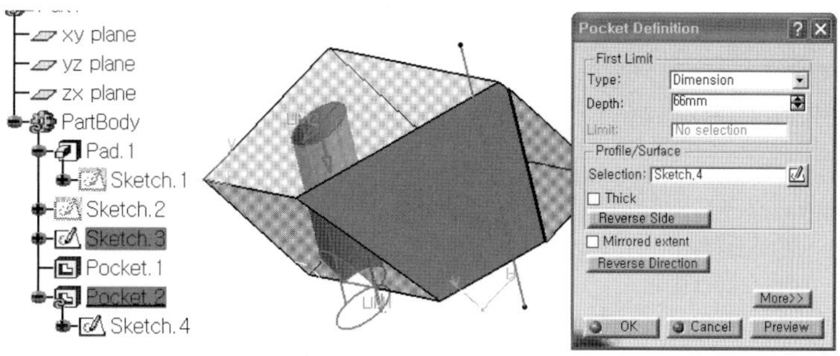

▸ Drafted Filleted Pocket, Multi Pocket Icon은 Pad Icon 기능과 같으므로 여기서 다시 소개하지는 않는다.

(3) Shaft

중심축을 기준으로 회전물체를 생성하는 기능을 Shaft라 한다.

다음과 같은 고리를 만들어 보자.

1 Sketch Workbench에서 다음과 같이 V축 좌측에 로 원을 만들자.

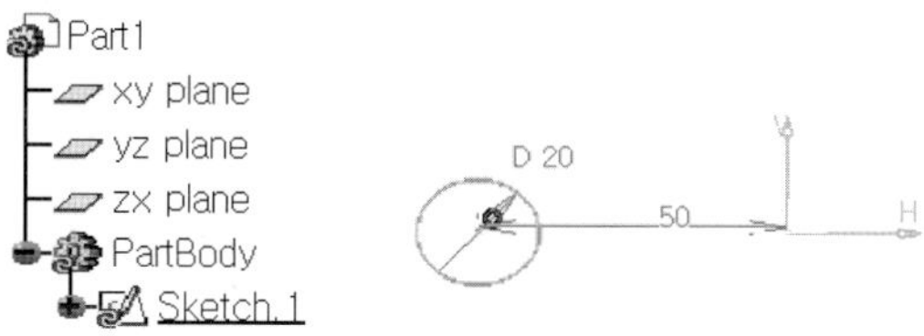

2 Exit Workbench 로 빠져나가 Shaft Icon 을 클릭한다. Specifications Tree에는 Shaft.1이라는 가지가 만들어졌다. 수정할 때에는 이것을 클릭하여 할 수 있다.

3 회전축을 선택하자 Axis 항의 Selection이 청색인 상태에서 도형속의 V축을 선택한다.

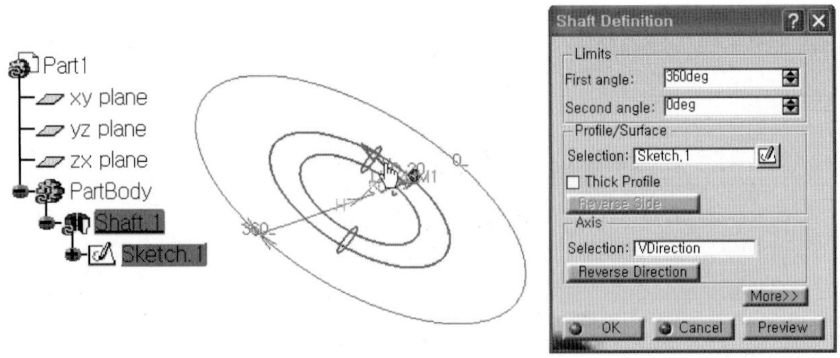

4 미리보기를 클릭해 보자. 도형이 완성되었다.

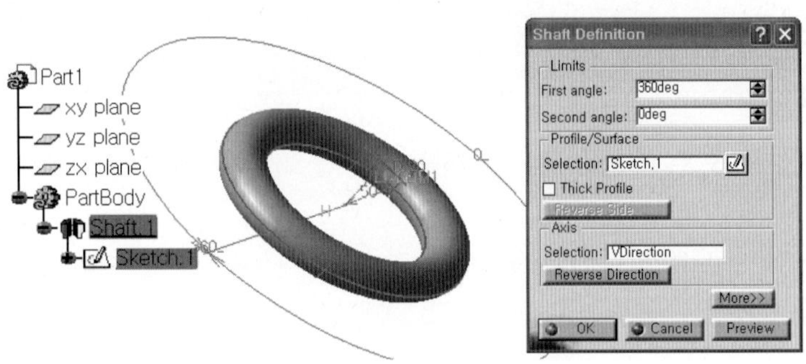

Shaft Definition

- Limits : First Angle, Second Angle 란은 회전 각도를 반시계방향과 시계 방향으로 나누어 각각 First Angle, Second Angle로 칭한다. 다음은 First Angle 90, Second 50으로 적용한 도형이다.

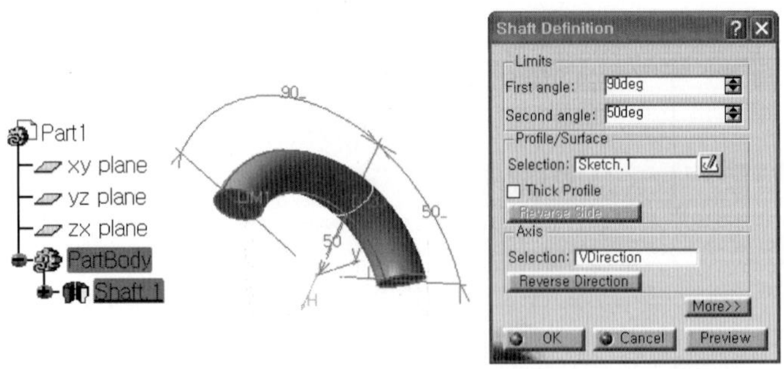

• Thick Profile : Profile에 내측과 외측으로 두께를 주어서 회전물체를 생성하는 기능이다. Thick Profile을 체크하면 Box가 확장된다. Thin Shaft의 Thickness1에 2, Thickness2에 1을 입력하자. 주황색 선에서 보는 바와 같이 점선 기준으로 내측이 Thickness1, 외측의 두께가 Thickness2를 나타낸다.

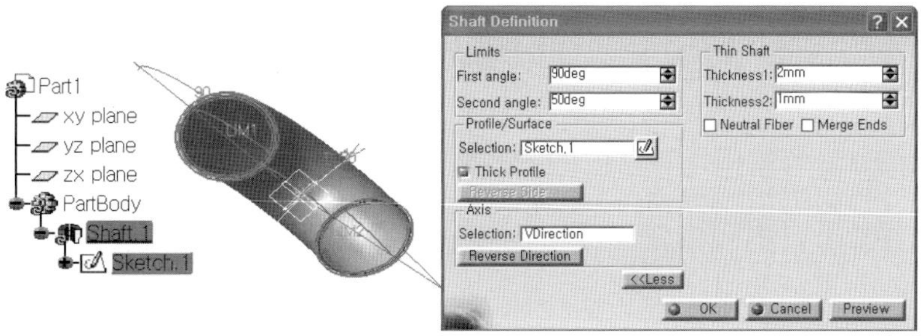

두께 3의 튜브가 만들어 졌다. 기타 Neutral Fiber, Merge Ends는 Pad에서와 같은 기능이다. Part Design에서 만드는 물체는 기본적으로 속이 채워진 물체이다. 그러나 앞에서 본바와 같이 Thick 옵션은 속이 빈 물체를 만드는 기능을 제공한다.

• Axis : 회전축을 선정하는 란으로 Selection Field가 청색이면 아직 축이 선정되지 않았음을 표시하는 것이다. 만일, 축 선택이 잘못되면 다음과 같은 에러 메시지 창이 보인다.

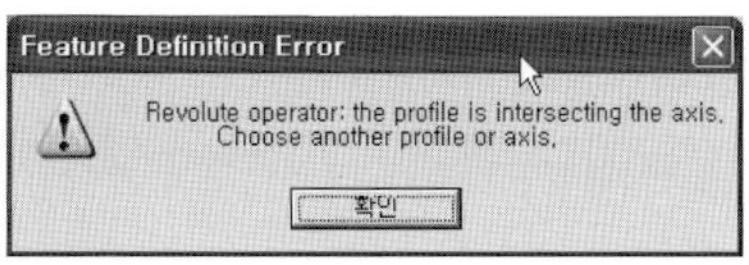

• 좌표축이나 Compass를 이용하는 방법 : Selection 난이 파란 상태에서 마우스 우측 버튼을 눌러 표시되는 항목 중에서 선택한다.

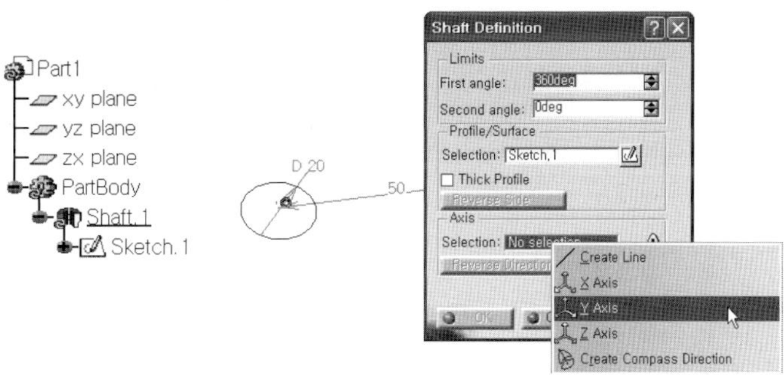

- 임의 직선이나 도형의 모서리를 선택하는 방법 : 앞에서와 같이 도형의 수직축, V축을 직접 도형에서 선택하는 방법이 있고 또는 다음처럼 Sketch Workbench에서 직선을 그려 사용하는 경우도 있다.

- xy 평면에서 원이 그려진 상태에서 다시 xy 평면을 선택하고 Sketch Workbench로 들어가면 Spec Tree에 Sketch2 가지가 새로 만들어 진다. 여기서 그림처럼 직선을 하나 생성한다.

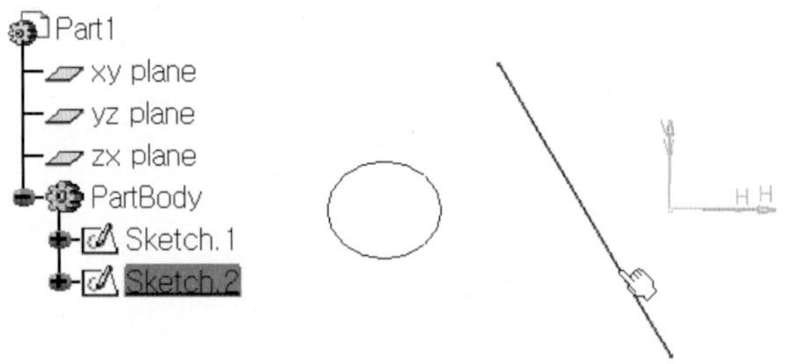

- Exit Workbench Icon 을 누르고 빠져나와 Shaft Icon 을 클릭하자. Shaft Definition Box에서 Profile/Surface 란에 원(Sketch.1)을 선택하고 Axis Selection란에 직선(Sketch.2)를 선택하고 미리보기를 해 보자. 방금 생성한 축을 중심으로 고리가 만들어 졌음을 알 수 있다.

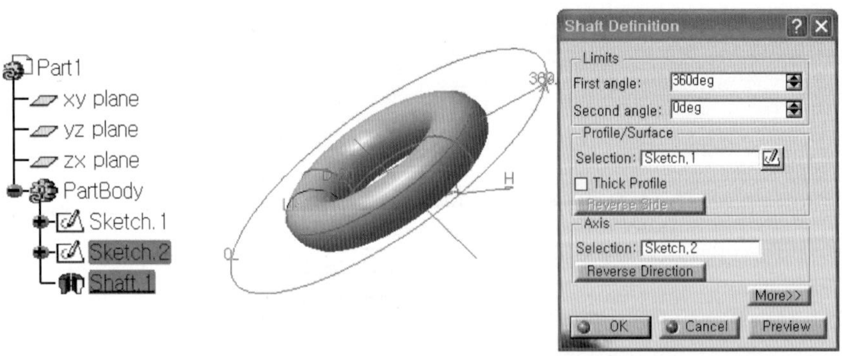

(4) Groove

Shaft와는 정반대의 기능으로 Solid Model에서 회전축을 중심으로 홈을 만드는 기능이다.

다음의 도형을 만들어 보자.

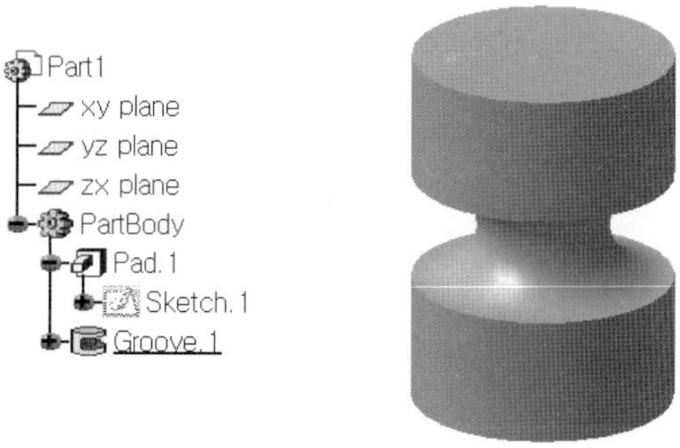

1 원통을 Pad 또는 Shaft를 이용하여 먼저 만든다.

2 yz 평면을 선택하여 Sketch Workbench로 들어가서 Groove할 모양의 Profile을 Circle 로 Sketch 한다.

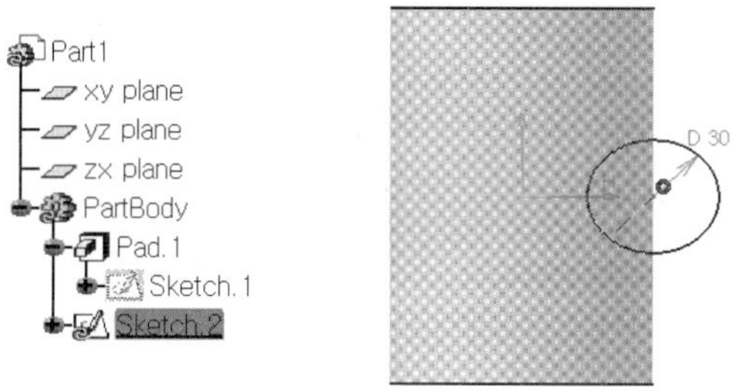

3 Sketch Workbench를 빠져나가 Groove 를 실행하면 Groove Definition 창이 열린다. 아직 축이 선택되지 않은 상태로 마우스를 원통 쪽으로 가져가면 원통 중심을 지나는 축이 나타난다. 마우스로 원통의 중심축을 선택한다.

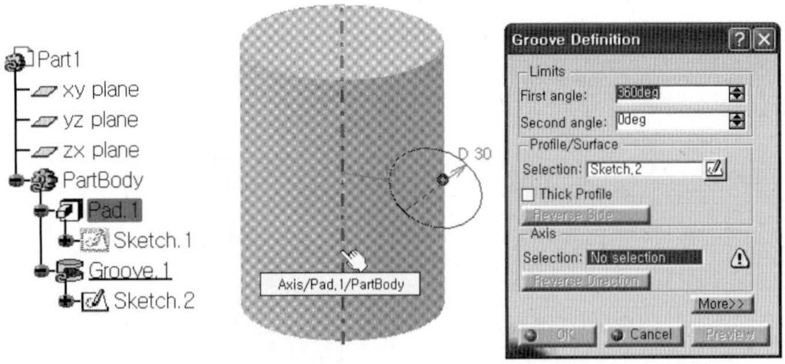

4 중심축이 선택되면 미리보기를 클릭한다.

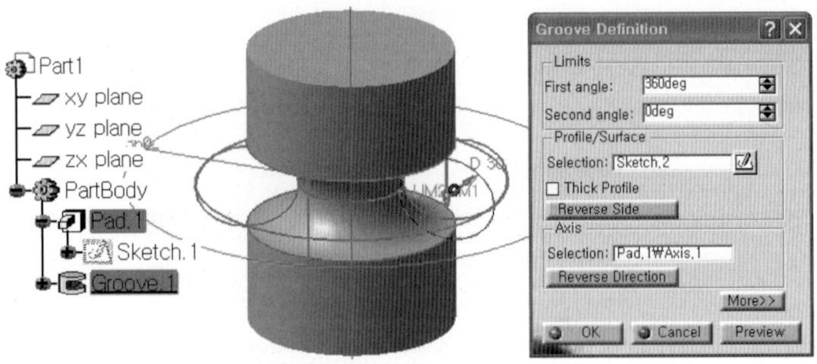

5 Profile/Surface 항의 Reverse Side를 클릭해 보자. 외곽 부분은 모두 삭제되고 원의 내부 부분만 남아서 고리를 형성한다.

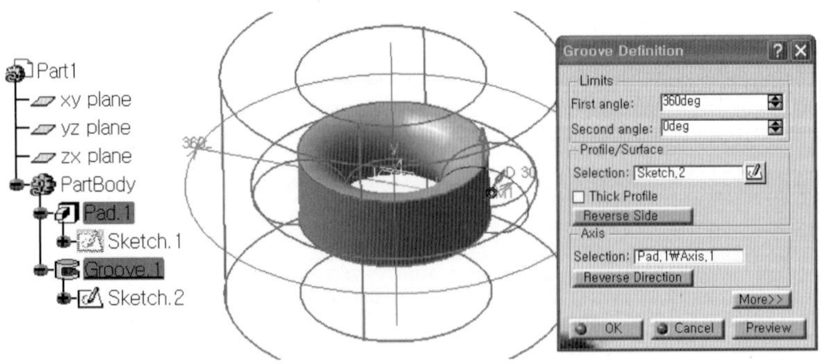

Groove Definition

- Limits : Limits 항은 Shaft의 Limits와 동일하다. Shaft가 회전하여 Solid를 생성한다면 Groove는 회전하여 제거하는 각도를 정의 한다.
- Thick Profile : 체크하면 Box가 확장된다. Groove Profile을 기준으로 Thickness1은 내측의 두께를 Thickness2는 외곽 측의 두께를 정의한다.

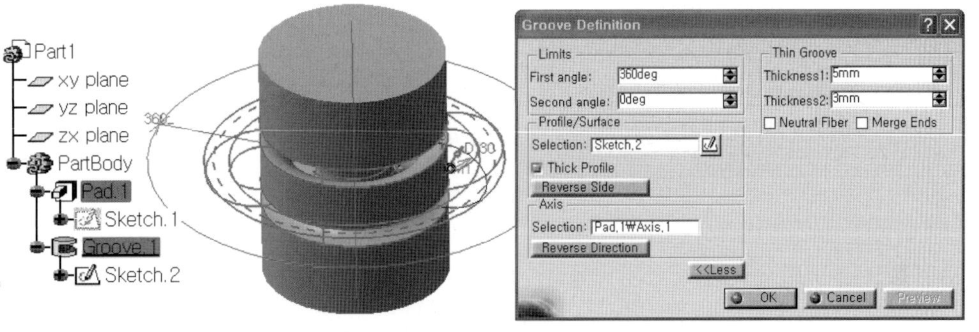

(5) Hole

Hole은 원형 구멍을 뚫는 기능을 가지고 있다. Pocket과의 차이점은 나사산이나 너트를 만들 수 있는 기능이 있다는 것이다.

1 Hole 실습을 위한 가로 100, 세로 100, 높이 50의 직육면체를 먼저 만든다.

2 Hole Icon 을 클릭하고 구멍을 뚫을 육면체의 위 표면을 선택한다. Hole Definition Box가 열린다. Diameter에 원의 직경을 20으로 입력하고 깊이 30을 입력한다.

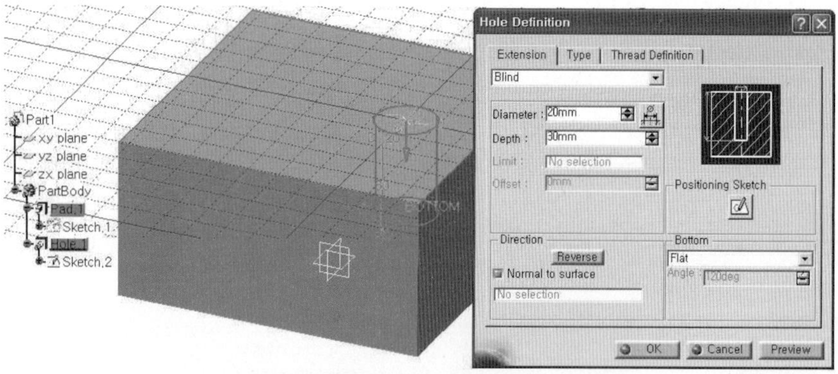

3 Positioning Sketch 아이콘을 클릭해서 원의 중심 위치를 지정하자.

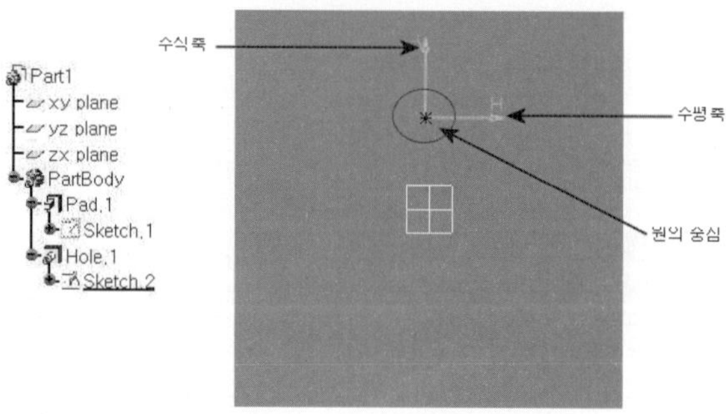

4 수평, 수직축 화살표는 중심 표시와 분리된다. 중심위치를 정하기 위해서 차례로 중심점과 가로와 세로 모서리를 Ctrl 키를 누른 상태에서 동시에 선택하고 Constraint 로 거리를 부여한다.

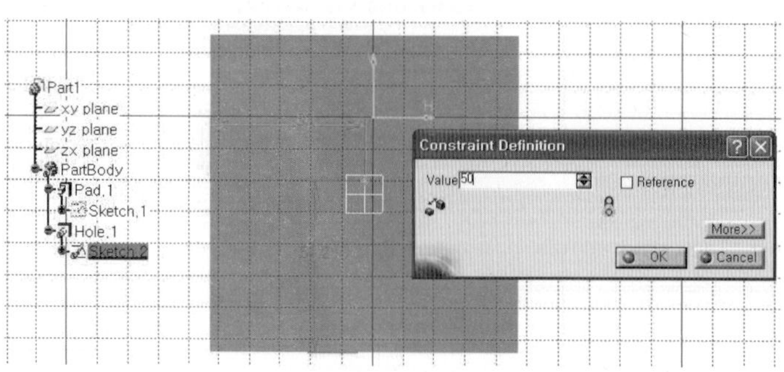

5 Exit Workbench Icon 으로 빠져나간다. 미리보기를 클릭하면 육면체의 중앙에 직경 20 깊이 30의 단순 원 구멍이 뚫려 졌음을 확인 할 수가 있다.

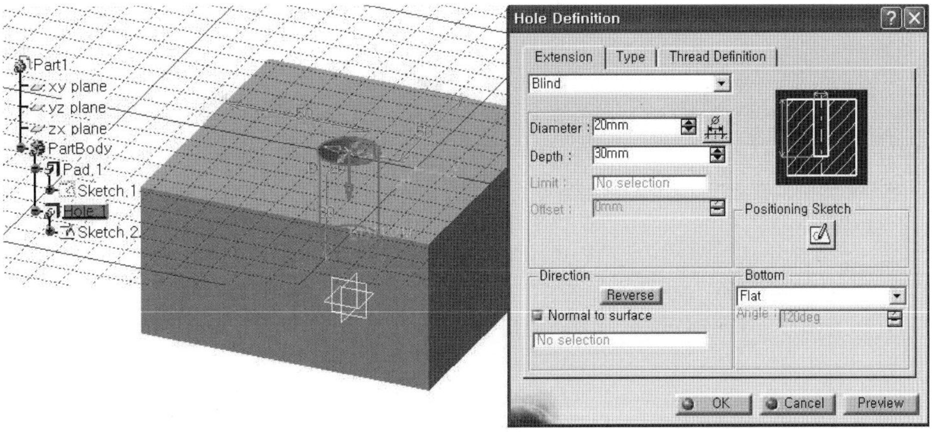

Hole Definition

- Extension : Blind, Up to Next, Up to Last, Up to Plane, Up to Surface의 Option이 포함되어 있다. 이것은 앞서의 Pad와 같은 의미로 그림으로 보면 쉽게 이해 할 수 있다.

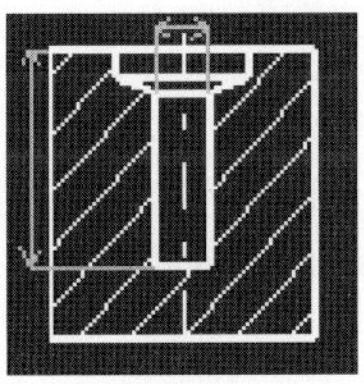	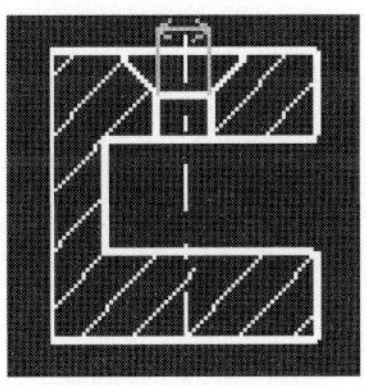	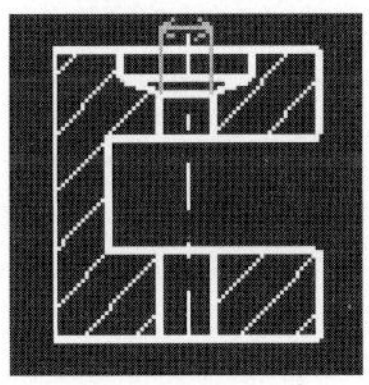	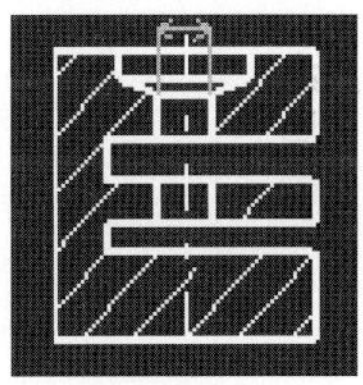
Blind	Up to Next	Up to Last	Up to Plane Up to Surface
깊이를 정의하여 구멍을 생성한다.	현재의 면만 구멍 내기	마지막 면까지 구멍 내기	지정하는 면까지 구멍 내기

- Direction : Normal to Surface가 기본이며 필요에 따라서 모서리 또는 다른 직선 등을 선택하여 설정 할 수 있다.

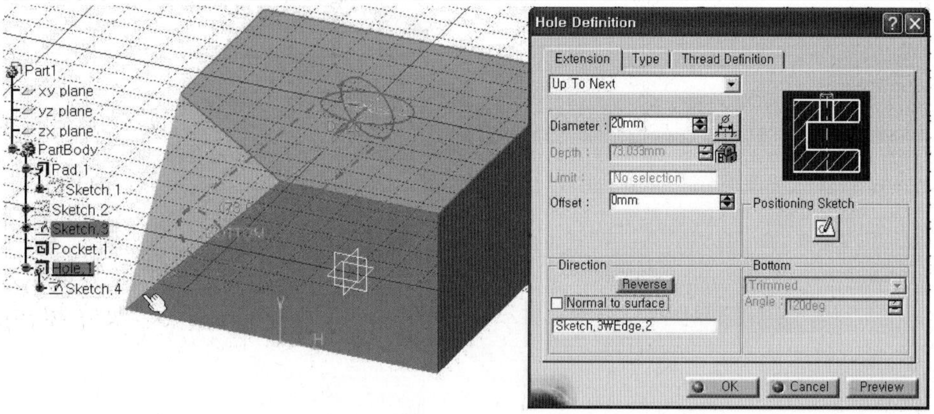

- Bottom : 구멍 밑의 모양으로 Extension에 따라서 달라진다.
- Blind : Flat, V-Bottom 두 가지 선택이 가능하며 Flat은 평평한 구멍을 V-Bottom은 V자형 Bottom으로 각도 부여가 가능하다.

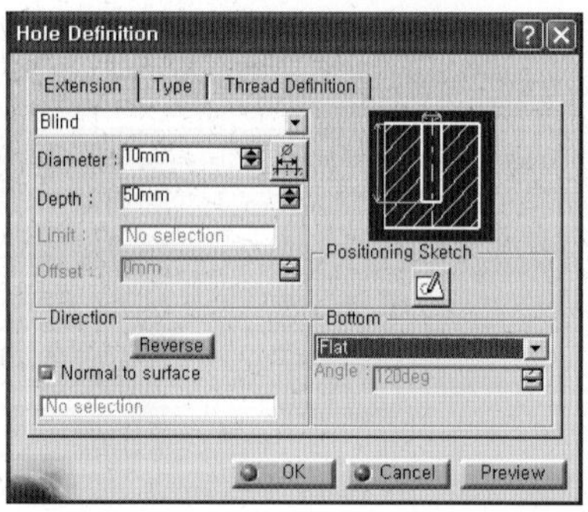

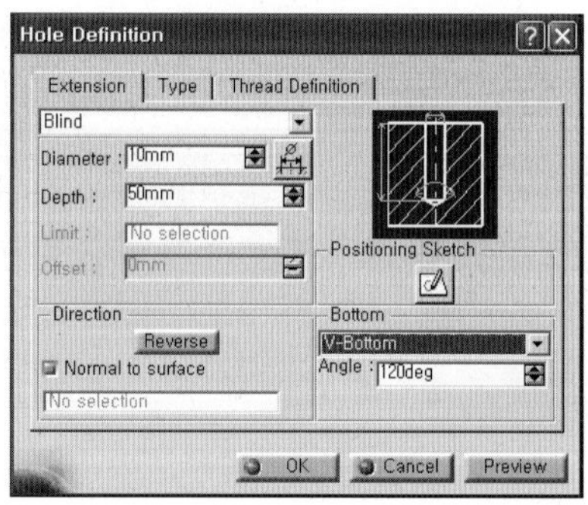

- Up to Plane, Up to Surface : Flat, V-Bottom, Trimmed 3가지 선택이 있다. Trimmed는 선택되는 Plane나 Surface의 면에 따라 구멍의 형태가 변형되는 것을 의미한다. 아래 그림은 Pad 도형에 투명도를 주어서 확인 한 것이다.

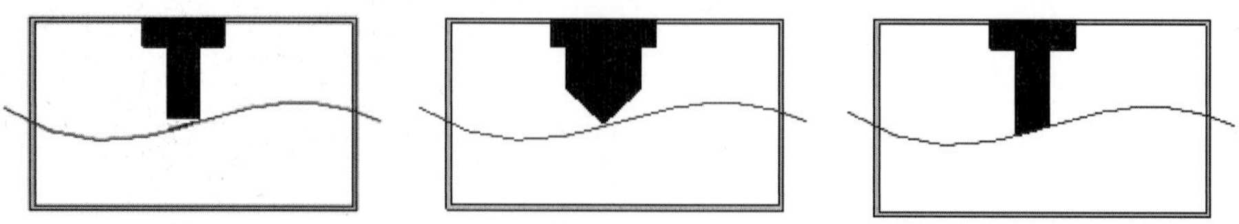

Flat V-Bottom Trimmed

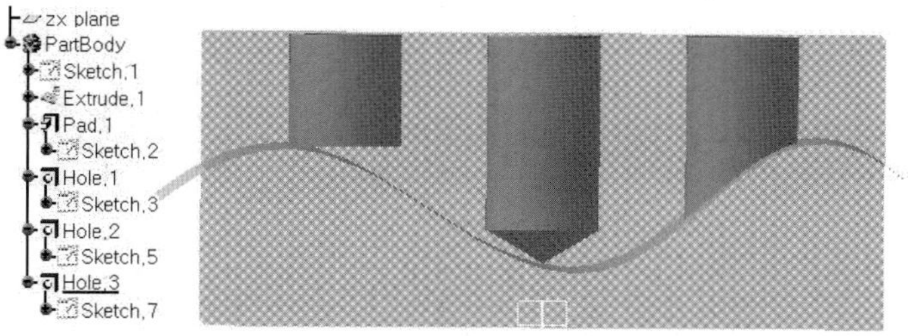

• Type : 구멍을 내는 형식을 선택하는 Tab으로 여기에는 모두 5가지의 Type이 있다.

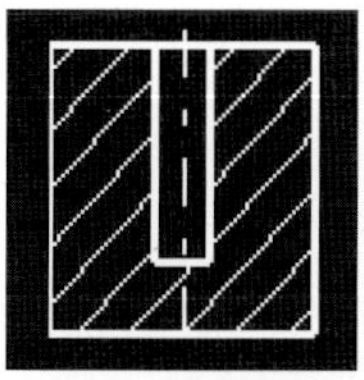	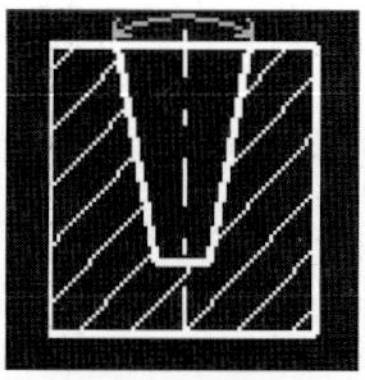	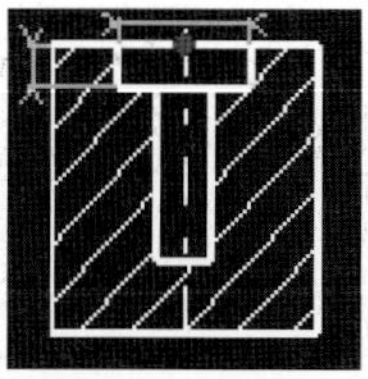	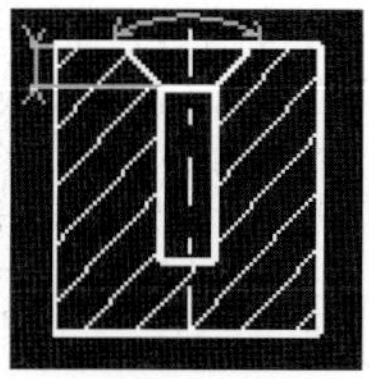	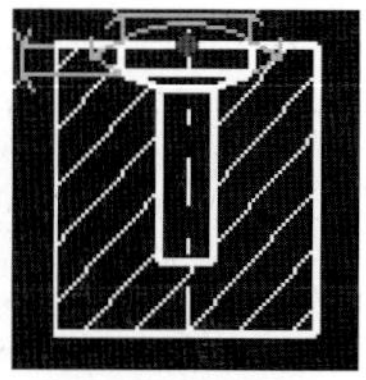
Simple	Tapered	Counterbore	Countersunk	Counterdrilled

• Simple : 단순 원형 구멍을 의미하는 것으로 특별한 선택이 없으며 Extension Tab에서 구멍의 직경, 깊이와 Bottom의 형태만 정의 해주면 구멍이 만들어 진다.

• Tapered : 경사진 구멍을 뚫는 기능으로 Extension에서 부여된 직경은 Bottom 측의 직경이며 각도는 홀 경사 각도를 의미한다.

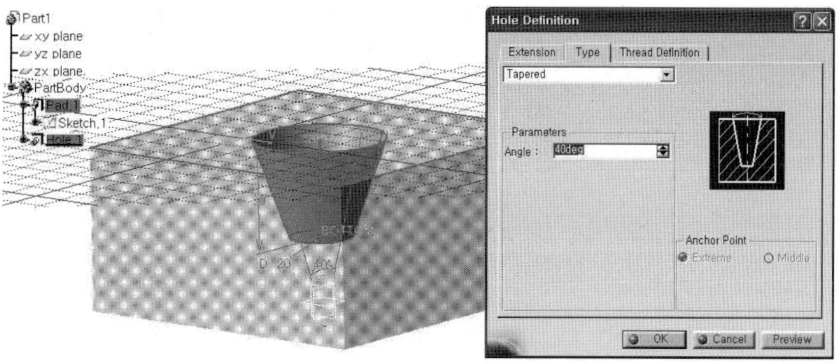

• Counterbored : 나사의 머리 부분을 수직원통으로 만든 구멍으로 Parameter의 Diameter는 머리 부분의 직경을 Depth는 머리의 깊이를 설정하며 Anchor Point의 Extreme은 표면 기준으로 머리를 파내는 것이며 Middle은 머리의 밑 부분이 표면이 되도록 하는 설정이다.

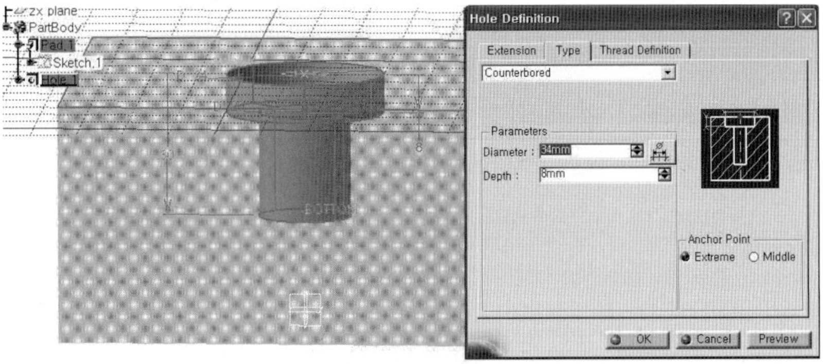

• Countersunk : 나사의 머리를 접시 모양으로 파내는 기능으로 Mode 항에는 Depth &Angle, Depth&Diameter, Angle&Diameter의 3가지 선택이 있다.

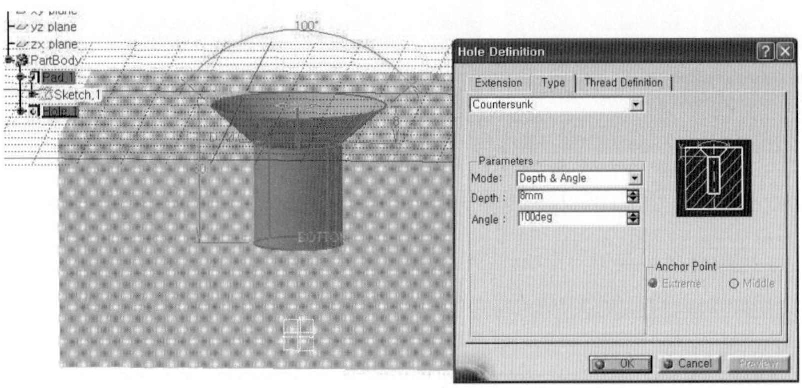

• Counterdrilled : 나사머리의 위는 원통형 아래 부분은 접시가 합해진 형태로 Diameter는 위 원통의 직경이고 Depth는 원통의 깊이 Angle은 아래 접시 부위의 경사 각도이다.

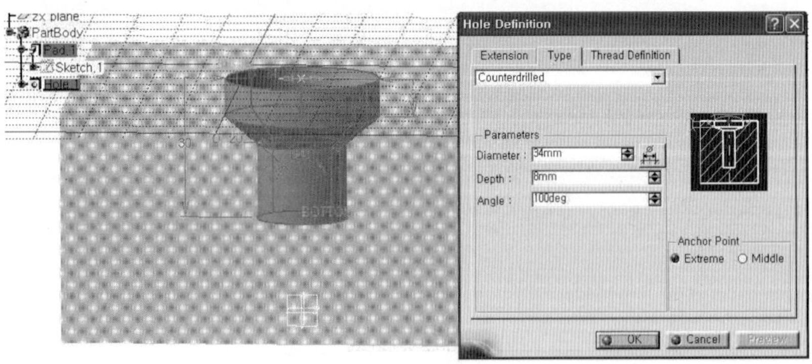

- Thread Definition : Threaded를 체크해야 나사설계가 가능하다. Threaded를 체크하고 세부 Option을 부여하자.

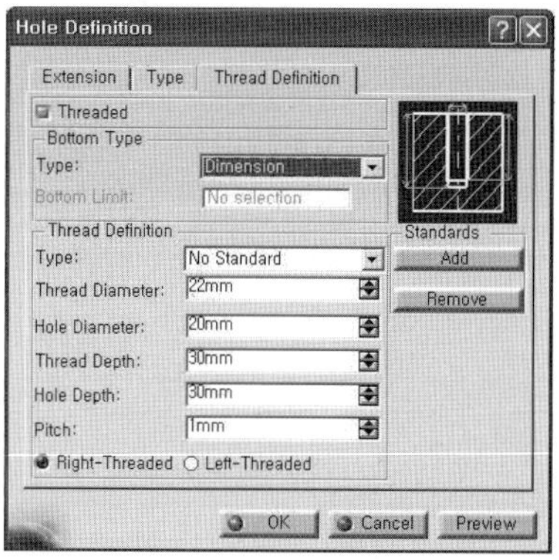

- Bottom Type : 나사 끝의 형태로 Dimension은 주어진 치수에 따라서 Thread Depth를 설정하지만 Support Depth나 Up to Plane은 조건에 따라 Thread Depth가 자동 결정된다.
- Type : 나사의 규격을 선택하는 창으로 Metric Thin Pitch, Metric Thick Pitch, No Standard 3가지 Option이 있다. No Standard는 규격에 없는 것으로 스스로 만들어서 사용하는 구격이다. 규격을 작성하여 Add, Remove에서 등록, 삭제 할 수 있다.
- Thread Diameter : Metric Thin Pitch, Metric Thick Pitch를 선택하면 ISO 규격에 따른 나사 호칭에 따라서 선택이 가능하다. 예로 M8, M14 등의 호칭이다.
- Hole Diameter : Metric Thin Pitch, Metric Thick Pitch를 선택하고 Thread Diameter가 선정되면 ISO 규격에 따라서 구멍 치수가 정해진다. Extension에서 설정한 Diameter는 무시된다.
- Thread Depth : 나사를 생성하는 부분의 깊이로 우측 작은 그림을 참조하면 쉽게 알 수 있다.
- Hole Depth : 구멍 전체의 깊이로 Extension에서 정의한 깊이로 우측 작은 그림을 참조하자.
- Pitch : Metric Thin Pitch, Metric Thick Pitch를 선택하면 ISO 규격에 따라 치수가 결정된다. Pitch는 화면상에는 나타나지 않는다. 표현하기에는 너무 많은 컴퓨터 자원을 사용하기 때문이다.

Metric Thin Pitch : ISO standard

Nominaldiam	Pitch	Minordiam
8.0	1.0	6.917
10.0	1.0	8.917
10.0	1.25	8.647
12.0	1.25	10.647
12.0	1.5	10.376
14.0	1.5	12.376
16.0	1.5	14.376
18.0	1.5	16.376
18.0	2.0	15.835
20.0	1.5	18.376
22.0	1.5	20.376
22.0	2.0	19.835
24.0	2.0	21.835
27.0	2.0	24.835
30.0	2.0	27.835
33.0	2.0	30.835
36.0	3.0	32.752
39.0	3.0	35.752
42.0	3.0	38.752
45.0	3.0	41.752
48.0	3.0	44.752
52.0	4.0	47.67
56.0	4.0	51.67
60.0	4.0	55.67
64.0	4.0	59.67

Metric Thick Pitch : ISO standard

Nominaldiam	Pitch	Minordiam
1	0.25	0.729
1.2	0.25	0.929
1.4	0.3	1.075
1.6	0.35	1.221
1.8	0.35	1.421
2.0	0.4	1.567
2.5	0.45	2.013
3.0	0.5	2.459
3.5	0.6	2.850
4.0	0.7	3.242
5.0	0.8	4.134
6.0	1.0	4.917
7.0	1.0	5.917
8.0	1.25	6.647
10.0	1.5	8.376
12.0	1.75	10.106
14.0	2.0	11.835
16.0	2.0	13.835
18.0	2.5	15.294
20.0	2.5	17.294
22.0	2.5	19.294
24.0	3.0	20.752
27.0	3.0	23.752
30.0	3.5	26.211
33.0	3.5	29.211
36.0	4.0	31.670
39.0	4.0	34.670
42.0	4.5	37.129
45.0	4.5	40.129
48.0	5.0	42.587
52.0	5.0	46.587
56.0	5.5	50.046
60.0	5.5	54.046
64.0	6.0	57.505

(6) Rib

기본 Profile과 Center Curve로 만드는 Solid Model로 여기에는 도형의 외형을 만드는 Profile과 이것과 수직으로 Sketch된 Center Curve가 준비되어야 한다.

다음과 같은 도형을 만들어 보자.

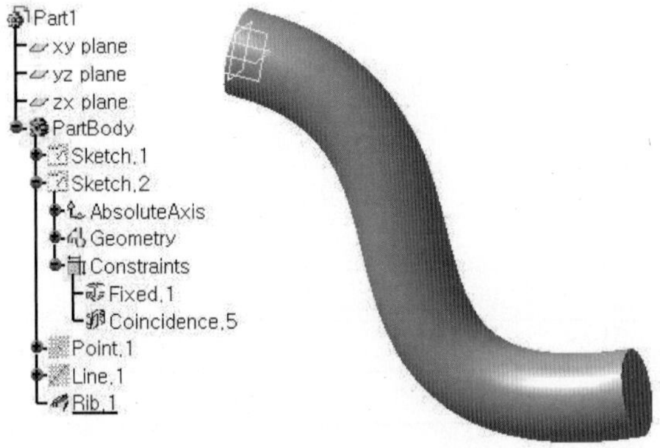

1 xy 평면에서 Sketch 작업으로 중심에 직경 30의 원을 그린다.

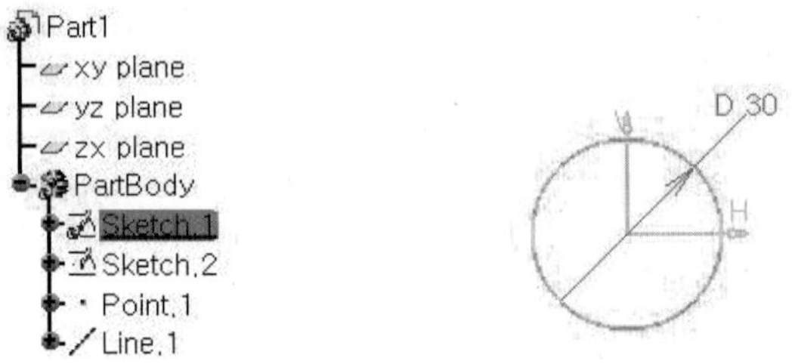

2 Exit Workbench 하고 이번에는 yz 평면을 선택하고 Sketch Workbench로 들어가 원점에서 Center Curve를 Spline 으로 Sketch 한다. Tree에 Sketch.2가 생성된다.

3 Exit Workbench Icon 하여 Rib Icon 을 클릭하면 Rib Definition Box가 열린다. Profile 란에 Sketch.1을 Center Curve에 Sketch.2를 선택하고 Preview를 한다.

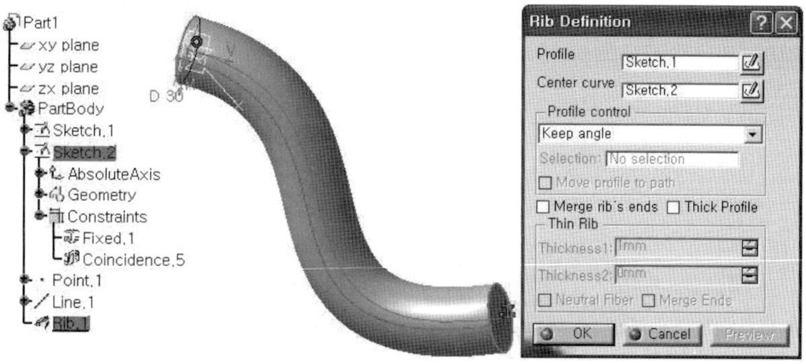

Rib Definition

- Profile : Sketch 작업으로 만들어진 도형으로 Sketch Icon 으로 직접 Sketch 할 수도 있다.
- Center Curve : Rib의 뼈대가 되는 선 또는 모서리 등이며 Sketch Icon 을 클릭하여 직접 Sketch할 수도 있다.
- Keep Angle : Profile과 Center Curve의 접선이 90도를 유지한다. 즉 Profile이 항상 Center Curve와 각점의 단면에서 수직이 된다.
- Pulling Direction : 잡아당기는 방향을 지정해 준다. 아래는 Pulling Direction으로 Line1을 지정한 결과다. Pulling Direction을 지정하면 Profile과 Center Curve가 90도가 되지 않게 되므로 도형이 찌그러지게 된다.

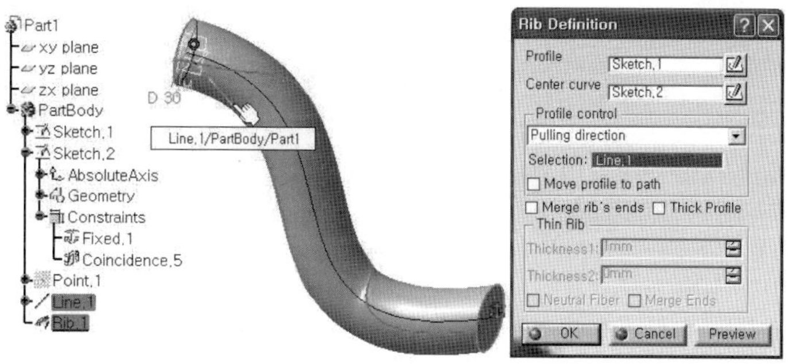

- Move profile to path : Profile과 Center Curve가 떨어져 있는 경우 Pulling Direction 또는 Reference Option을 선택하면 Move profile to path 가 활성화 된다. 이것을 선택하면 Profile의 원점이 Center Curve로 이동하여 Rib 된다. 다음은 xy Plane에 Profile로 Sketch.1을, Center Curve로 xy plane에 2개의 원을 Sketch.2로 그리고 Pulling Direction으로 xy plane을 선택하여 Rib한 것이다.

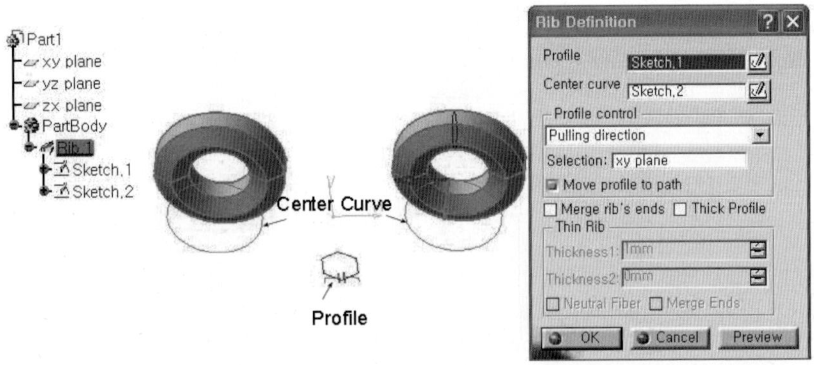

- Reference Surface : Reference Surface를 지정하는 경우로 Center Curve는 Reference Surface에 포함되어 있어야한다. Rib는 Reference Surface를 따라서 생성 된다.

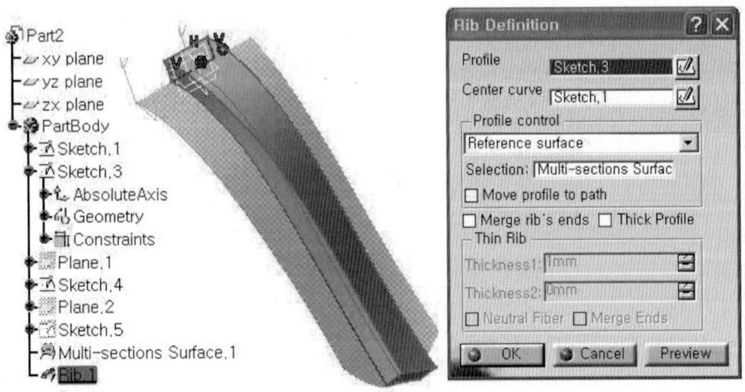

- Merge Rib's End : Rib End를 처음 만나는 도형에 의해서 Rib의 끝을 닫아주는 기능이다. 다음과 같이 3개의 판과 만나는 Rib를 만들어서 Merge Rib's Ends 기능을 부과하였을 경우와 하지 않았을 경우를 비교하여 보자.

1 아래 그림과 같이 3개의 판 사이에 원을 Sketch하고(Sketch.2) 중심을 지나는 Center Curve을(Sketch.3) 수직면에 Sketch 하자.

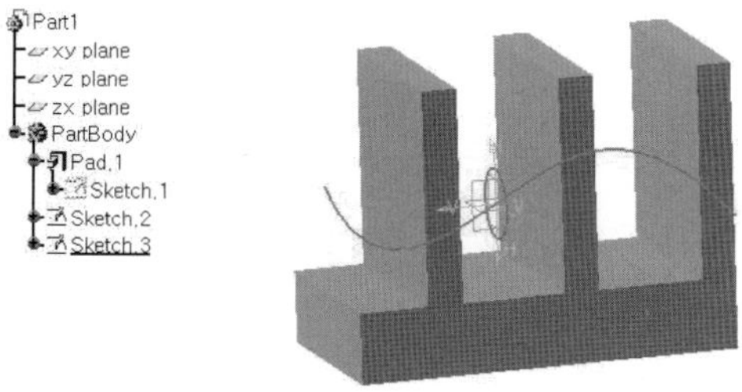

2 Part Design Workbench에서 Rib 를 시행하고 원(Sketch.2)를 Profile로 Center Curve에 Sketch.3를 선택한다.

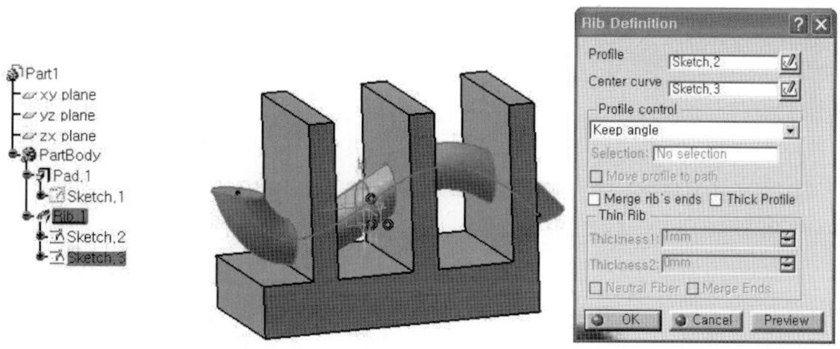

3 Merge Rib's Ends를 Check 한다.

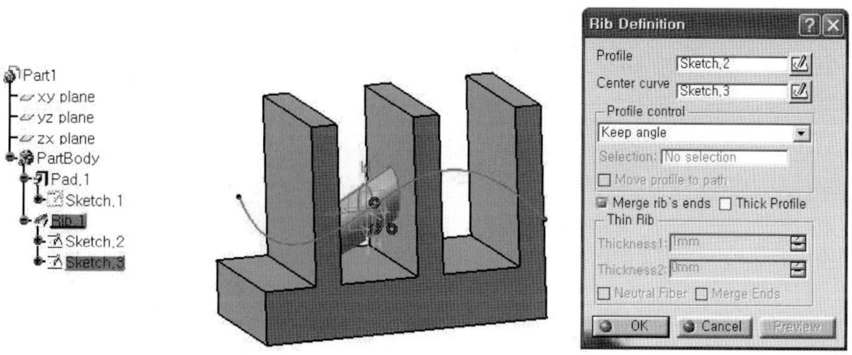

▸ Thick Profile : 두께를 부여한 관을 생성하게 된다. Thin Rib 항의 Thickness1은 Profile의 안쪽으로의 두께를 정의하며 Thickness2는 바깥쪽으로의 두께를 정의한다. Neutral은 Pad에서 설명과 같이 Profile을 중심으로 양쪽으로 동일한 두께를 정의한다.

(7) Slot

Profile이 Center Curve를 따라서 Solid에 홈을 생성하는 기능이 있다.

다음과 같이 직육면체에 4각형 홈을 생성하여 보자.

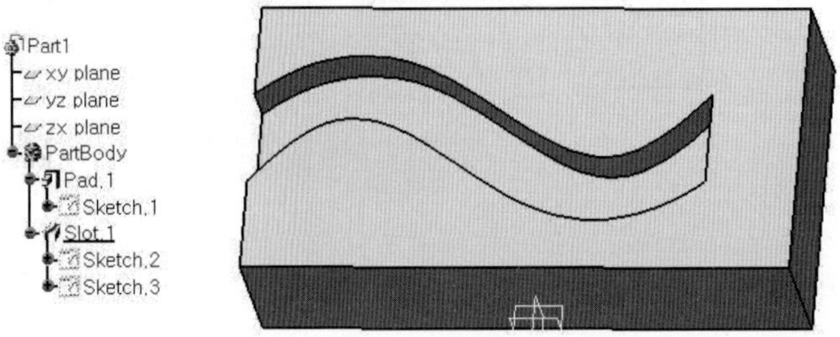

1 가로 120, 세로 60, 높이 30의 직육면체를 만든다.

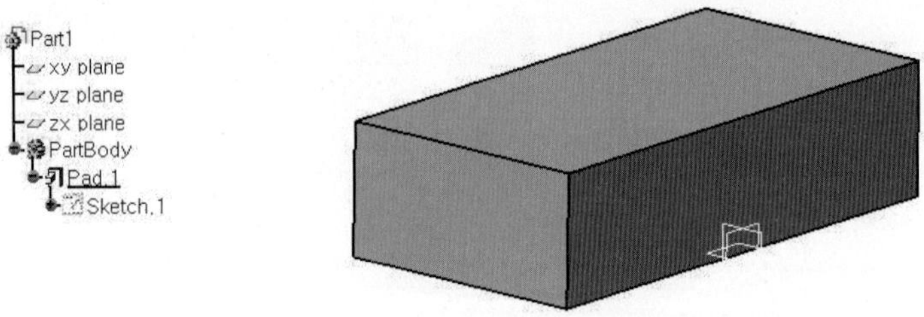

2 직육면체의 측면을 선택하고 Sketch 를 클릭하여 Sketch Workbench로 들어가 그림처럼 4각형 Profile을 Sketch 한다.

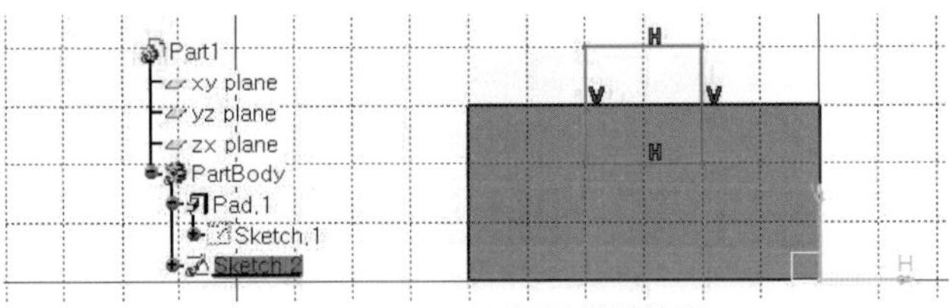

3 Exit Workbench Icon 를 클릭하여 빠져 나간다. 이번에는 육면체의 위 면을 선택하고 Sketch 를 클릭하여 Sketch Workbench로 들어간다. Profile의 중심점에서 다음처럼 Center Curve를 Sketch하고 Exit Workbench Icon 을 클릭하여 빠져 나간다.

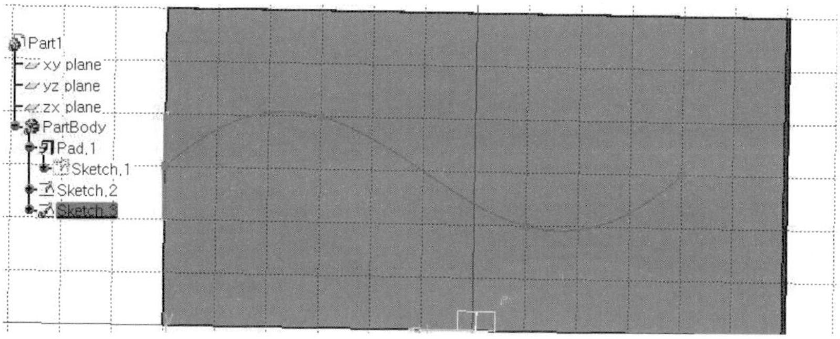

4 Sloit 을 클릭하면 Slot Definition Box가 열린다. Profile 란에 Sketch.2 사각형 Profile을 선택하고 Center Curve 란에는 Sketch.3 선분을 선택한 후 미리보기를 하면 도형이 완성된다.

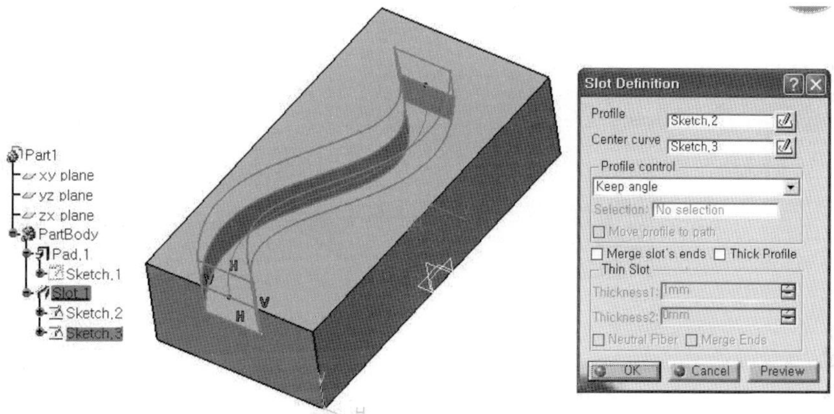

Slot Definition

- Profile : 홈 파기하는 모형 도형으로 을 클릭하여 직접 Sketch 할 수도 있다.
- Center Curve : Profile을 리드하는 도형으로 을 클릭하여 직접 Sketch 할 수도 있다.
- Profile Control 항은 Keep Angle, Pulling Direction, Reference Surface Option으로 Rib와 동일하다.
- Merge Slot's End : Slot의 끝을 가까운 면까지 연장하여 닫아주는 기능으로 위 Slot에 Merge Slot's End를 부여하여 보자.

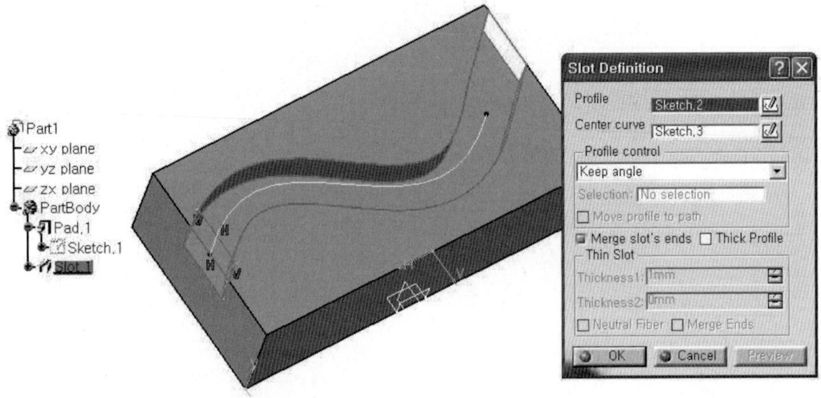

• Thick Profile : 두께를 부여하여 Slot 시키는 기능

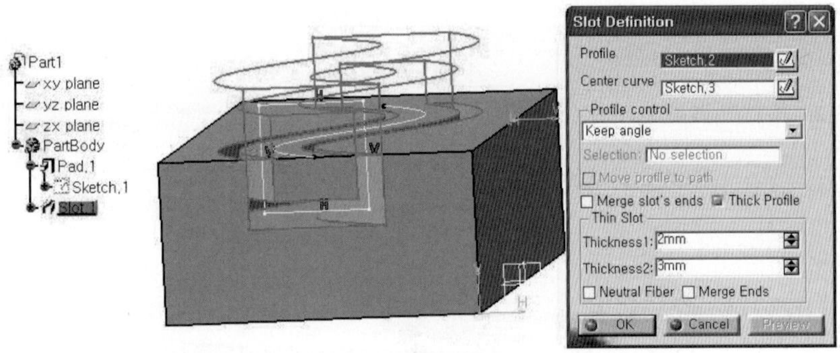

• Merge Ends : Open Profile의 경우 Profile의 끝 부분이 기존 Solid와 나란하게 닫힌다. Merge Ends를 사용하기 전과 후의 결과를 비교하자.

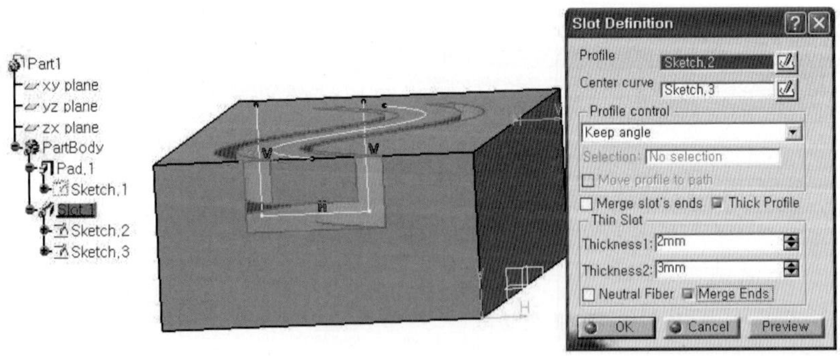

(8) Stiffener

Stiffener는 보강재를 의미하는 것으로 수평면과 수직면 사이의 지지를 위해서 삼각형 보강재를 두어서 지지력을 보완해 주는 역할을 한다.

다음과 같은 단순 Stiffener을 만들어 보자.

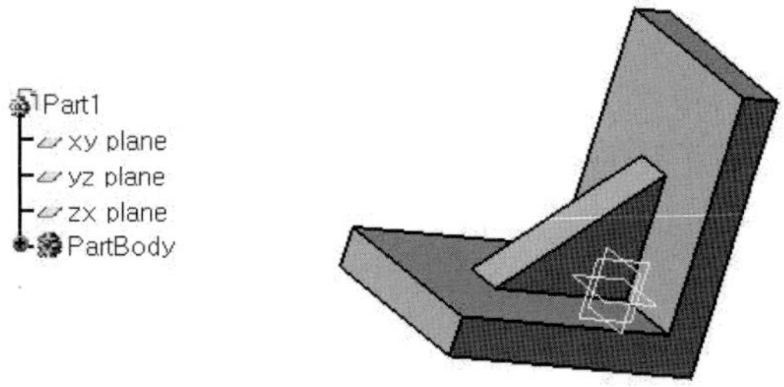

1 보강재를 생성할 수직, 수평 평판을 생성한다.

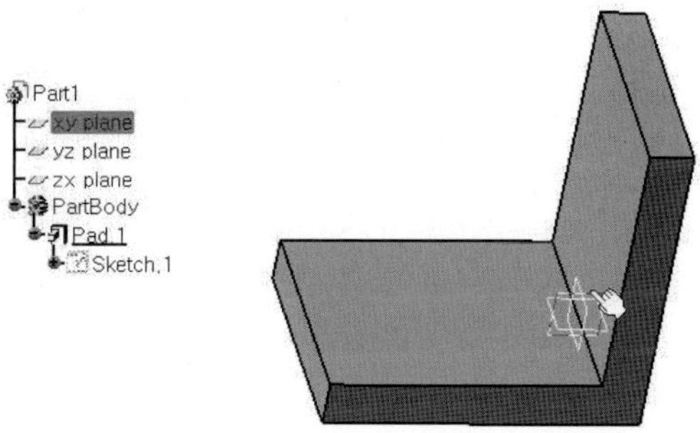

2 xy 평면을 선택하여 로 Sketch Workbench로 들어가 Open Profile을 Sketch 한다. 양끝이 반드시 면과 맞닿거나 길어야한다.

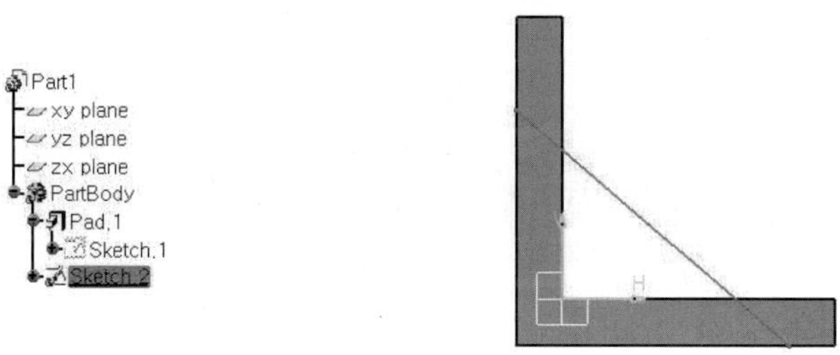

3 Part Design Workbench로 돌아와 Stiffener 를 클릭하고 Thickness를 설정한다.

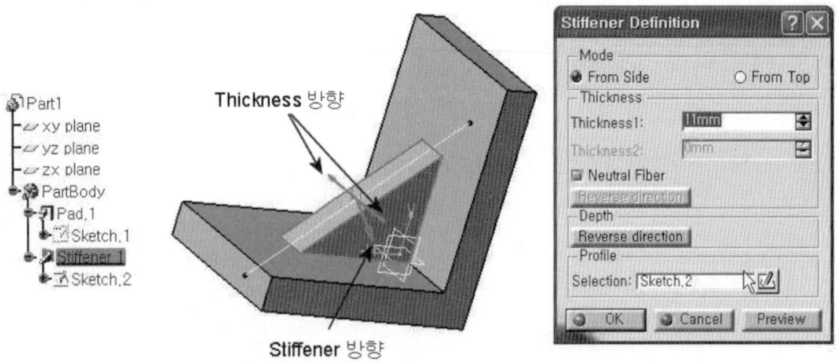

▸ From Side : Default Option으로 Stiffener가 양쪽 지지할 면, 측면 쪽으로 생성된다.

▸ From Top : 위에서 아래쪽으로 Stiffener가 생성된다.

1 다음처럼 Thickness 상자의 Top 면에 적당한 직선을 그어 보자.

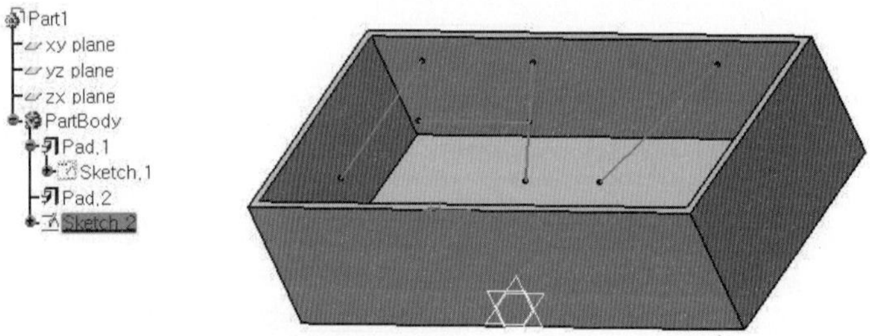

2 Part Design Workbench로 들어가서 Stiffener를 실행 하여 보자. 양쪽 끝이 자동으로 Merge 되고 From Top Stiffener가 생성되었다.

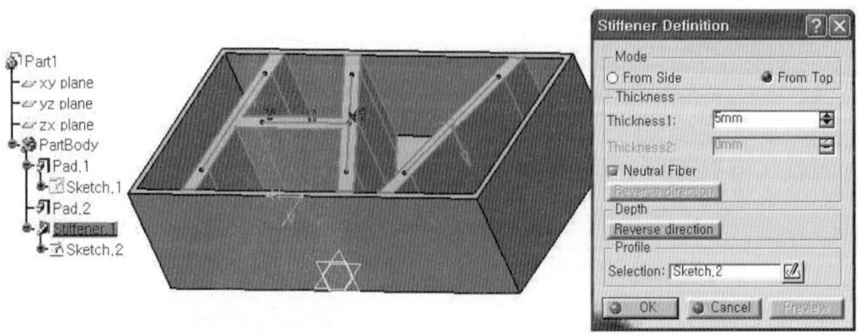

(9) Solid Combine

두 개 이상의 닫힌 Profile을 이용하여 Solid를 생성 해내는 Icon이다.

1 다음과 같이 아래쪽 사각형은 xy 평면에서 수직 사각형은 yz 평면에서 그리고 직선 역시 yz 평면에서 각각 Sketch.1, Sketch.2, Sketch.3 로 생성한다.

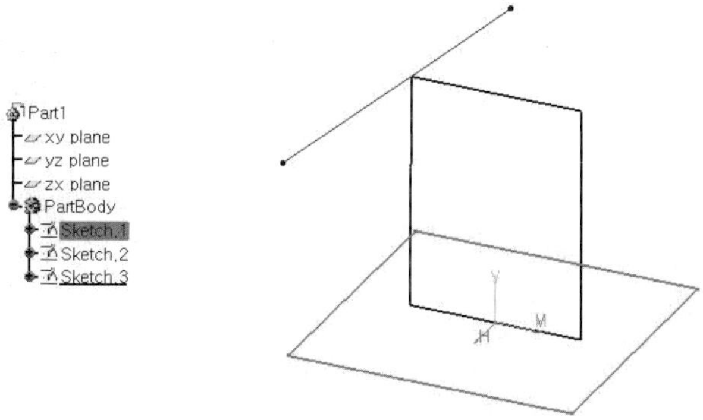

2 Part Design Workbench에서 Solid Combine 을 클릭하면 Solid Combine Definition Box가 열린다. First Component Profile에 Sketch.1, Second Component Profile에 Sketch.2를 선택하고 미리보기를 한다.

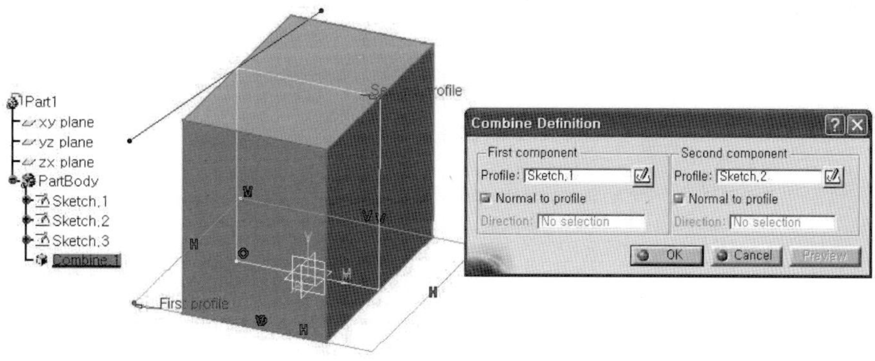

3 First Component 항의 Normal to Profile 체크를 풀고 Direction에 Sketch.3을 선택하고 미리보기 하여 보자. Solid 생성 방향이 수직방향에서 직선의 경사방향으로 바뀐 것을 확인 할 수 있다.

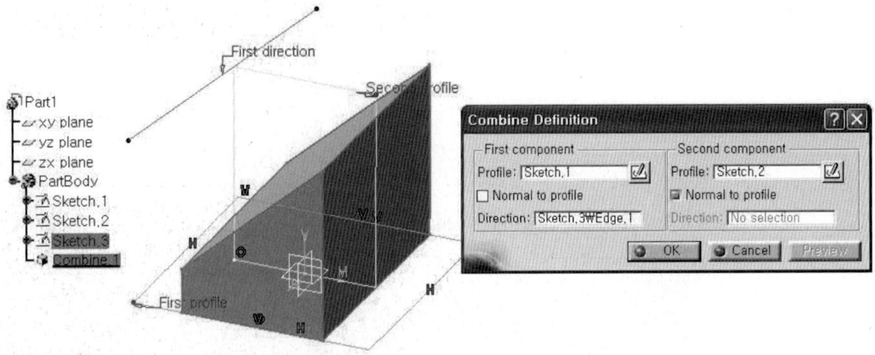

(10) Multi-Sections Solid

여러 개의 평면 도형을 Spine 또는 Guide Curve을 따라서 조합하여 하나의 Solid를 만드는 Icon이다. 평면 도형은 서로 평하지 않아도 되지만 꼭 닫혀 있어야한다.

다음과 같은 도형을 만들어 보자.

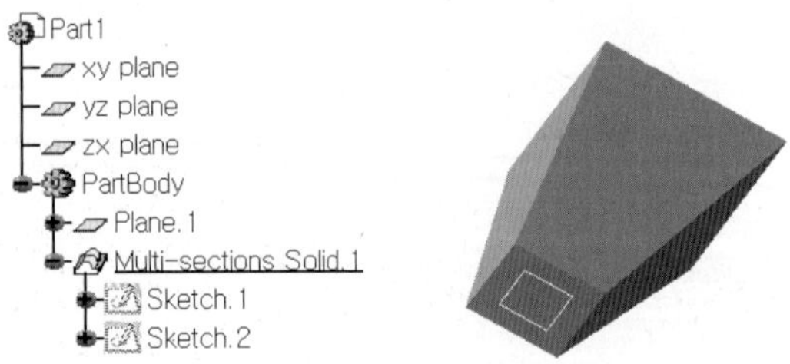

1 Profile을 Sketch할 xy 평면과 나란한 평면 만들기부터 하자. Part Design Workbench의 Reference Tool Bar 에서 Plane Icon 을 클릭하자. 만일 Reference Tool Bar가 보이지 않는다면 앞의 Part Design Icon 불러오기를 참조하여 불러 오면 된다.

2 Plane Definition Box에서 Plane Type에 xy 평면과 나란한 평면 만들기 이므로 Offset from plane을 선택하고 Reference 선택 Field에 Specifications Tree에서 xy Plane을 클릭한다. Offset에는 100을 입력하고 Ok한다.

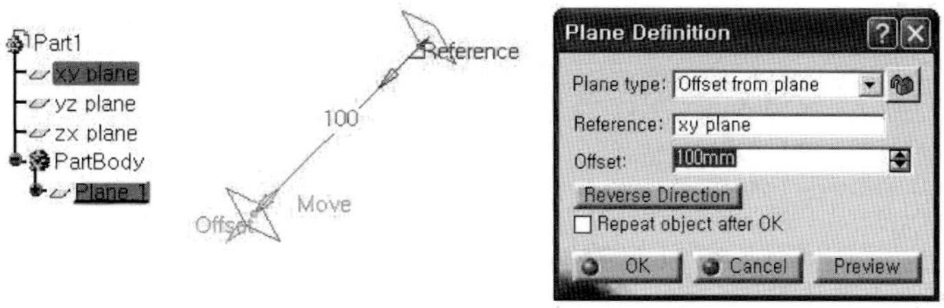

3 xy plane을 선택해서 Sketch Workbench로 들어가 다음처럼 60x60 사각형 Profile을 Sketch하자. 그리고 Workbench Icon 을 클릭해 빠져나간다.

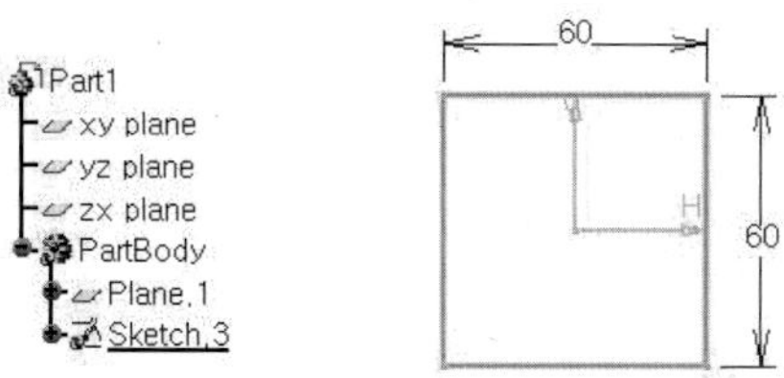

4 이번에는 Plane.1을 선택하여 Sketch Workbench로 들어가 다음과 같이 30x30의 사각형 Profile을 Sketch 한다. Spec Tree에는 Sketch.1, Sketch.2가 생성된다.

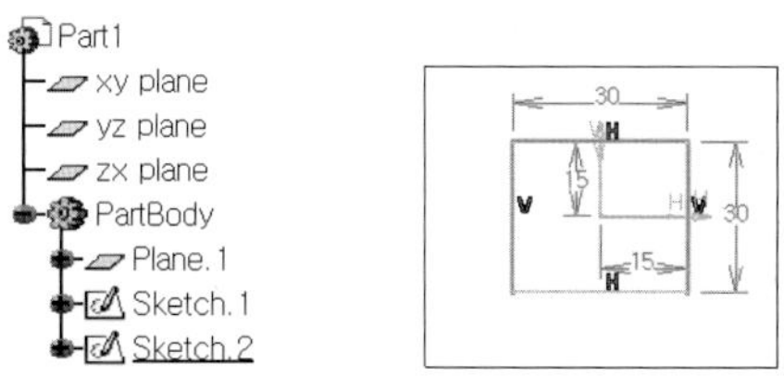

5 Part Design Workbench에서 Multi-Sections Solid Icon 을 클릭하면 Multi-sections Solid Definition Box가 열린다. Sketch.1, Sketch.2를 차례로 클릭해서 선택하고 Preview한다.

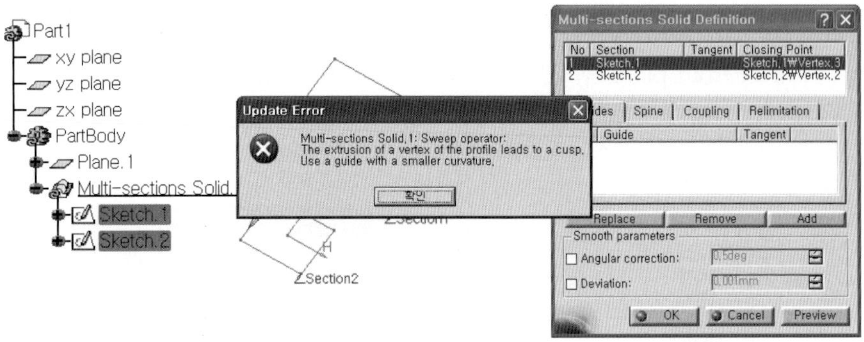

6 Error의 원인은 두 Profile의 각각의 대응점이 꼬여있기 때문이다. 해결 방법은 꼬인 대응점을 서로 변경해 주어야한다.

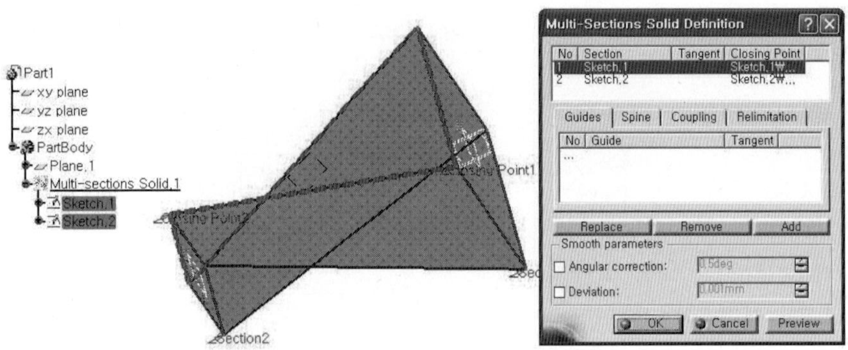

7 Error의 원인은 두 가지 경우로 하나는 각 Profile의 Closing Point의 위치가 일치하지 않을 때이고 또 다른 하나는 화살표의 방향, 즉 회전방향이 잘못되었을 경우에 나타나는 현상이다. 먼저 Closing Point 위치를 변경하자. 다른 Profile과 Closing Point가 다른 점 위에 마우스를 대고 우측 버튼을 클릭하면 Replace라는 메뉴가 보인다. 여기서 이것을 선택하자.

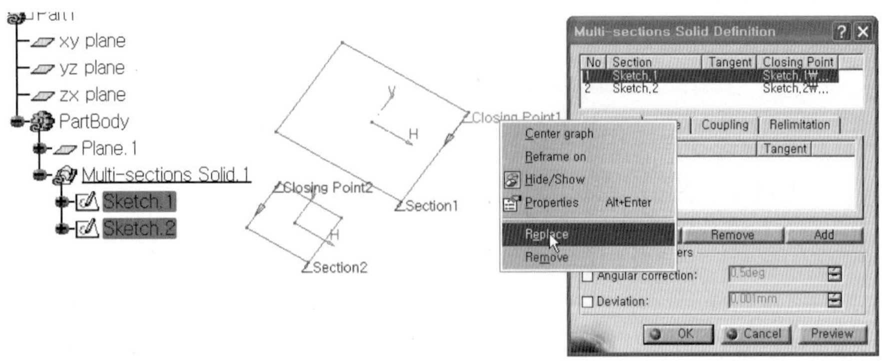

CATIA V5

8 Closing Point가 있어야하는 점 위에 마우스를 대고 클릭하면 Closing Point 위치가 변경된다.

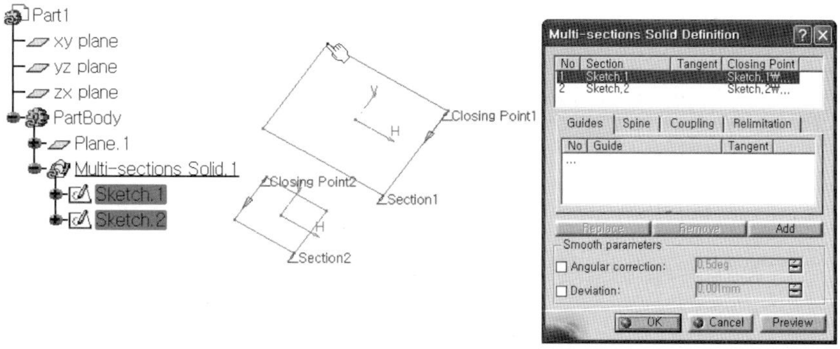

9 이번에는 Closing Point의 화살표 방향이 다른 Closing Point와 다를 경우는 화살표에 마우스를 대고 클릭해 주면 방향이 변경된다. 준비가 다 되었다.

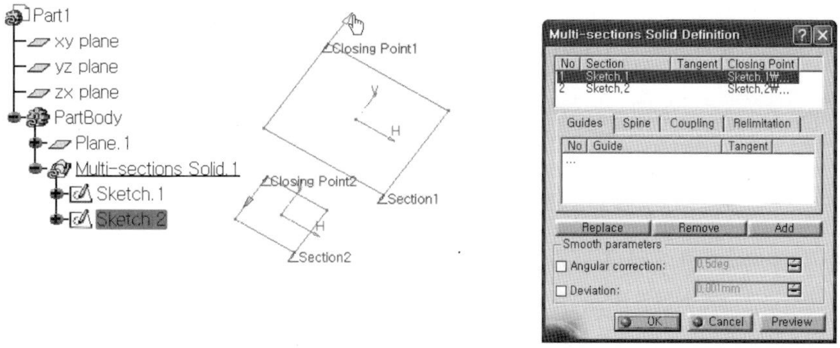

10 Preview를 실행하자. 정상적인 결과가 나왔다.

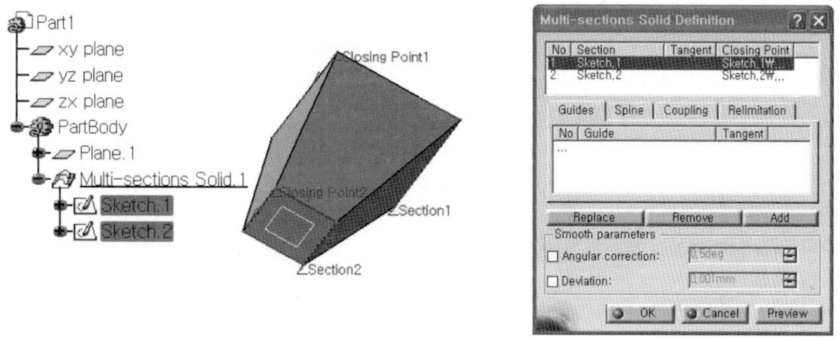

Multi-sections Solids Definition

- Guides : 각각의 Profile의 대응점을 이어주어서 원하는 모양으로 Loft 시키는데 Guide로 사용되는 선을 활용 하는 것으로 Guide Line을 생성하여 보자.

1 Part Design Workbench에서 Reference Tool Bar 의 Line을 클릭한다. Line Definition Box가 열린다. Line Type 항이 Point to Point 에서 Point1에 Sketch.1의 한쪽 모서리 꼭지점을 택하고 Point2에 Sketch.2의 이에 대응시키려는 모서리의 꼭지점을 선택하고 Ok한다.

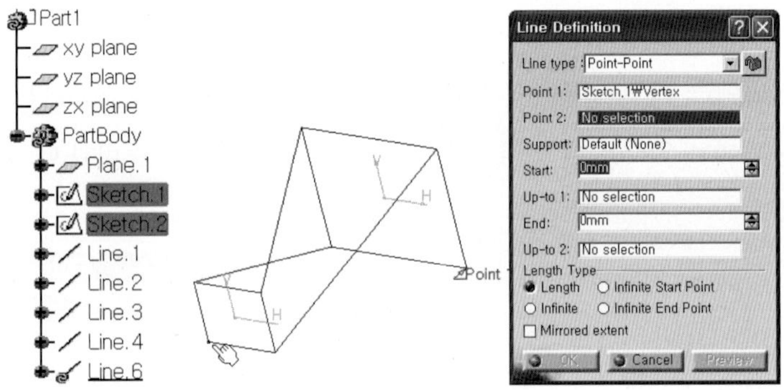

2 Multi-sections Solid 를 클릭하고 Sketch.1, Sketch.2를 선택하고 Guides Tab을 누른 상태에서 Line.1, Line.2, Line.3, Line.4를 선택하고 Preview를 눌러 확인하자. 이때는 Closing Point의 위치에 관계없이 Guide Line에 따라서 형상이 만들어진다.

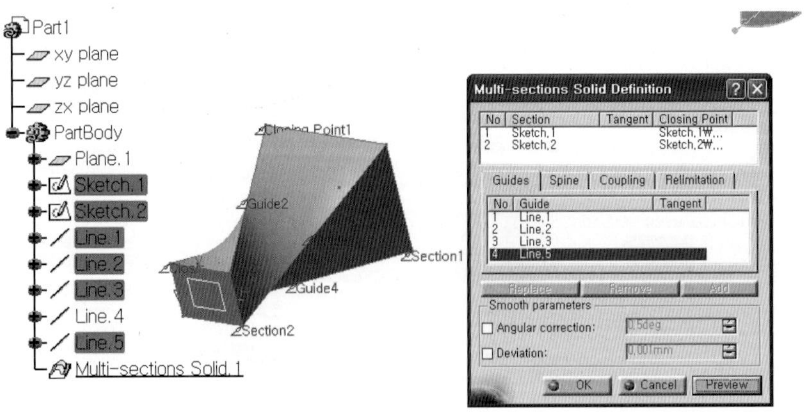

- Guide Line 활용

Multi-sections Solid 작업이 2개의 Section만 가지고 Guide Line을 생성하여 실행하는 경우는 위에 언급한 것처럼 작업하지만 3개 이상의 Section을 연결하여 작업하는 경우는 좀 다르다. 여기서는 3개 이상의 Section으로 Guide Line을 만드는 작업을 소개한다.

1 Section Profile을 Sketch할 3개의 Plane을, 하나는 xy plane을 이용하고 나머지 두 개는 xy plane과 나란한 Plane을 을 이용하여 Offset from plane Option으로 만든다.

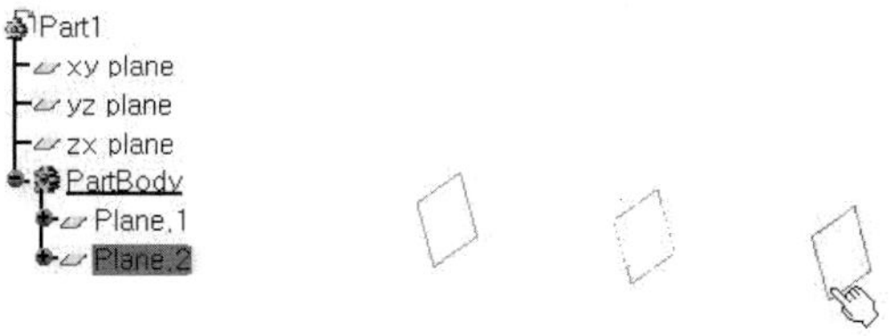

2 각 Plane에 한 변이 20, 50, 40의 정사각형을 Sketch한다.

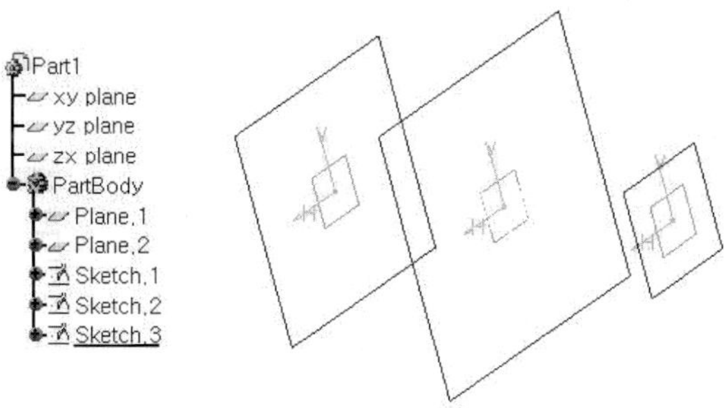

3 Part Design Workbench에서 Reference Tool Bar 의 Line을 클릭한다. Line Definition Box가 열린다. Line Type 항이 Point to Point에서 Point1에 Sketch.1의 한쪽 모서리 꼭지점을 택하고 Point2에 Sketch.2의 이에 대응시키려는 모서리의 꼭지점을 선택하고 Ok한다. 모두 8개의 Line이 만들어진다.

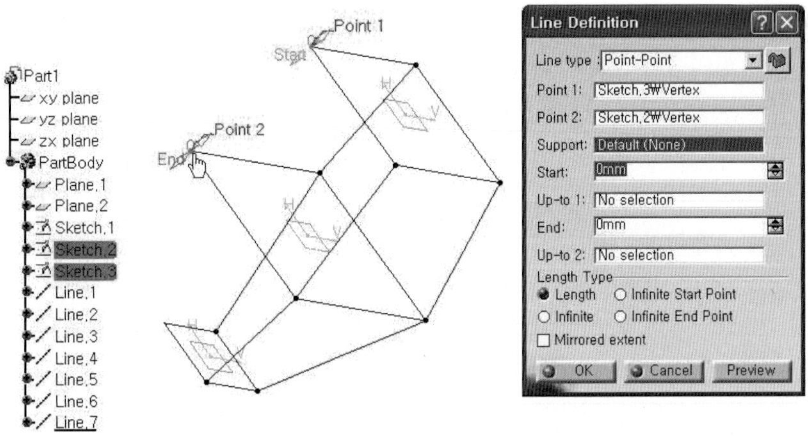

4 여기서 만든 Line들은 각 Section을 개별로 연결한 선이므로 Guide Line으로 사용할 수가 없다. 그래서 이번에는 3개의 Section을 하나의 선으로 묶는 작업을 해야 한다. 이것은 Section1과 Section2의 Line.1과 Section2와 Section3를 연결한 Line.2를 하나로 묶고, 또 Line.3과 Line.4, Line.5와 Line.6, Line.7과 Line.8을 각각 하나로 묶는 것으로 Wireframe and Surface Design Workbench의 Join 을 이용한다.

Wireframe and Surface Design Workbench로 들어간다. Join 을 클릭하면 Join Definition Box가 열린다. 여기에 Join할 Line.1과 Line.2를 선택하고 OK하면 Specifications Tree에 Join.1이 만들어진다. 이렇게 작업하면 모두 4개의 Join이 만들어진다.

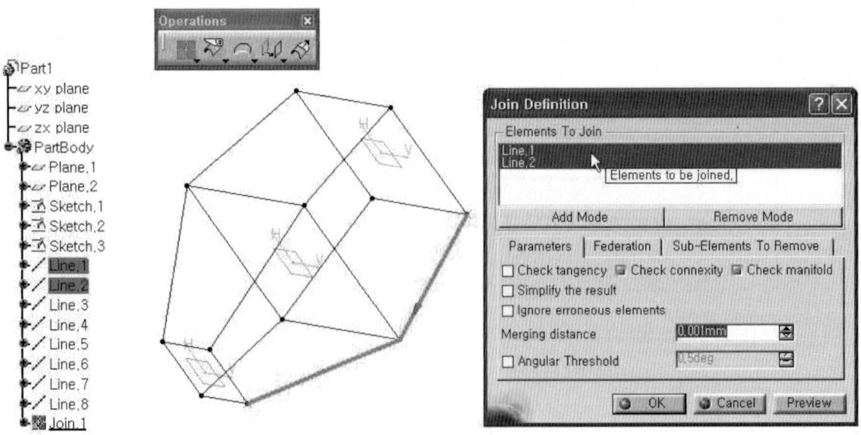

5 Part Design Workbench에서 Multi-sections Solid 를 클릭하여 Sketch.1, Sketch.2, Sketch.3를 선택한다. 그리고 Guides Tab을 누르고 여기에 Join.1, Join.2, Join.3, Join.4를 선택하면 Guide Line이 적용되어 Loft된 도형을 얻을 수 있다.

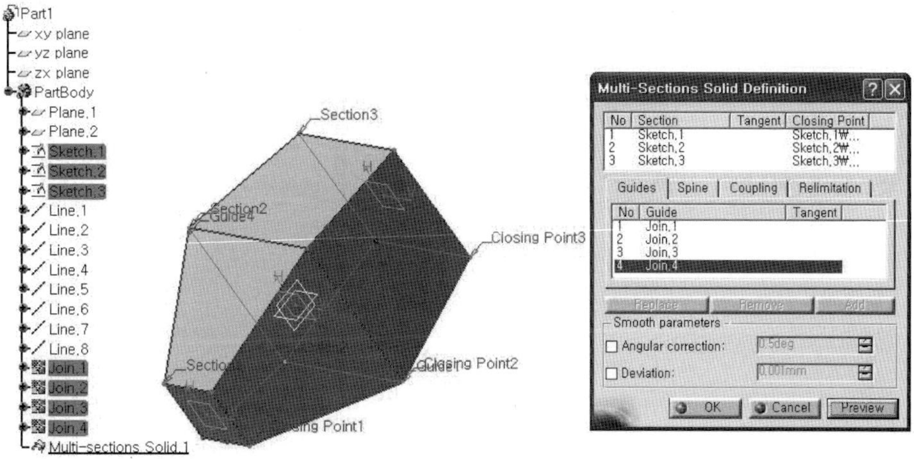

• Spine : Spine은 척추의 의미로 Loft 시키는 척추 라인을 따라서 loft 시키는 메뉴이다.

1 Spine 효과를 보기 위해 Sketch.1, Sketch.2가 Sketch 된 상태에서 이 선분들과 수직관계에 있는 yz plane을 선택하여 Sketch 를 클릭하고 Spline Icon 으로 다음처럼 Sketch 한다. Specifications Tree에 Sketch.3로 등록된다.

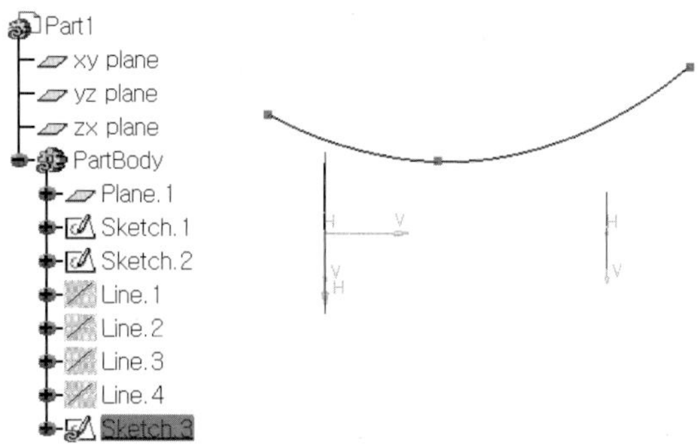

CATIA V5

2 Part Design Workbench로 들어가 Multi-sections Solid 를 클릭하여 Sketch.1, Sketch.2를 선택한다. Spine Tab을 누르고 Spine 항에 새로 Sketch한 Sketch.3를 선택하여 미리보기를 한다. Loft가 Spine을 따라 만들어졌다.

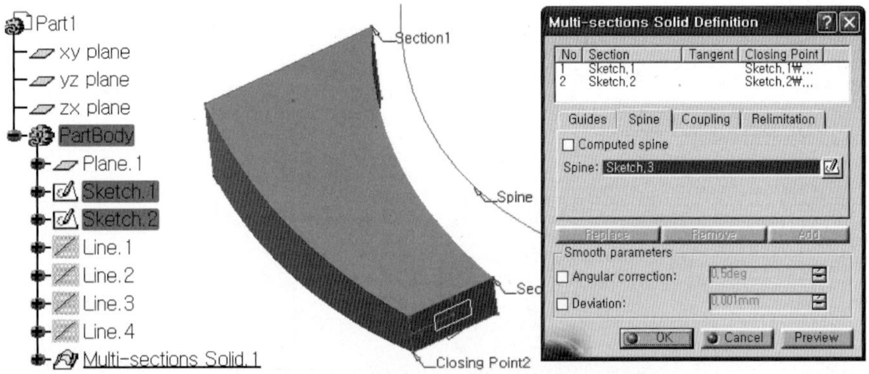

3 Computed spine은 Spine을 선택하지 않고 컴퓨터가 계산하여 만든 Spine을 따라서 작성하는 것으로 Default Option이다.

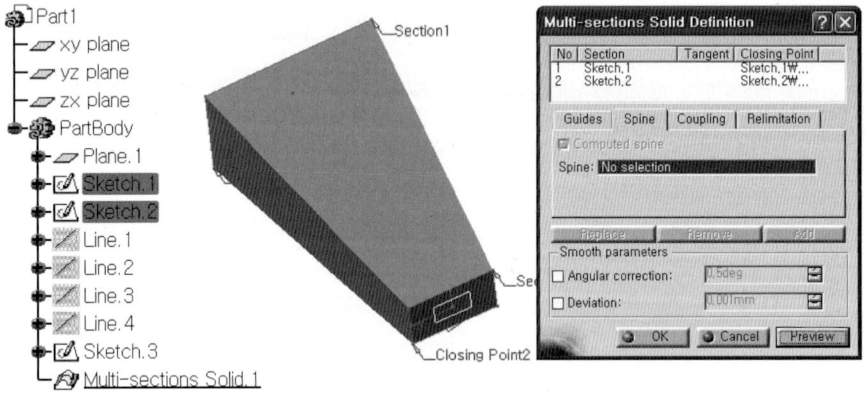

- Coupling : Sketch.1, Sketch.2, Sketch.3 Profile의 대응점을 연결하여 Loft 시키는 기능으로 아래의 Option은 컴퓨터가 스스로 대응점을 찾아 연결시켜 주는 것이다. 다음의 예를 보자.
  - ▸ Ratio : Curve가 가로축의 비율에 따라서 Coupling을 만드는 Option으로 대응점 의 수가 다른 도형을 Loft 시킬 수 있다.

1 삼각형과 사각형 Profile과 Coupling에 Ratio Option 선택할 경우

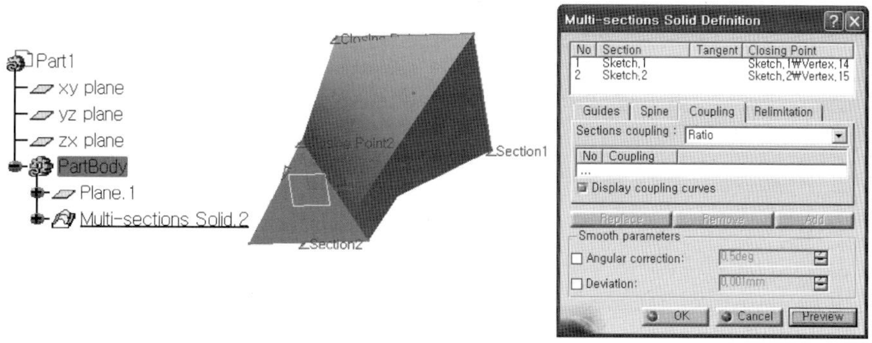

2 두 개의 사각형 Profile과 Coupling에 Ratio Option 선택할 경우

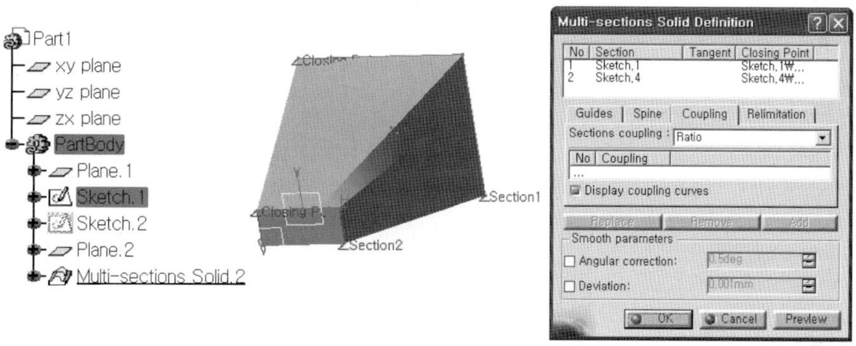

▸ Tangency then curvature : 불연속점의 곡률을 따라서 Curve를 만드는 Option으로 대응점의 수가 같아야한다.

1 삼각형과 사각형 Profile을 Tangency then curvature Option을 선택하고 미리보기하면 다음과 같은 Error 창이 열린다.

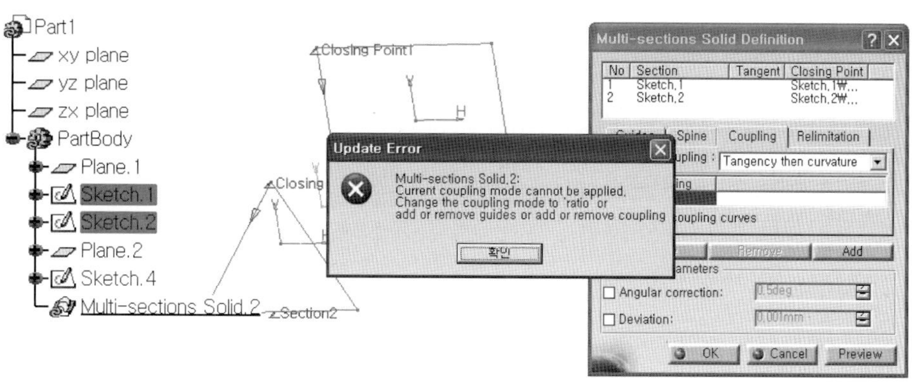

대응점의 수가 다르므로 점을 연결한 Curve를 만들 수가 없다.

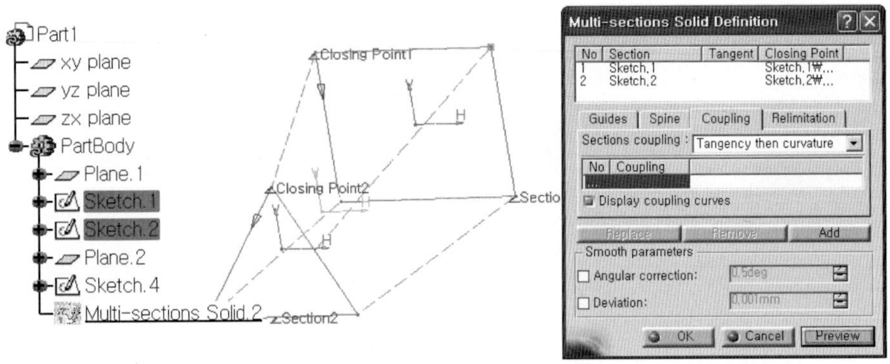

2 두 개의 사각형 Profile과 Coupling에 Tangency then curvature Option 선택할 경우

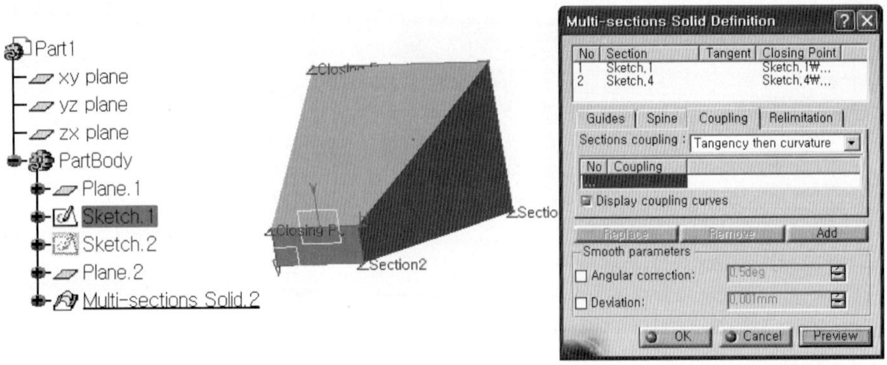

- Tangency : 불연속점의 접선방향으로 조합되어 Curve를 만드는 Option으로 대응점의 수가 같아야한다.
- Vertices : 꼭지점에 따라서 Coupling 되는 Option으로 대응점의 수가 같아야 한다.
- Option과 무관하게 직접 Coupling을 만드는 방법

1 Coupling Field을 누르고 Add를 클릭한다.

2 Sketch.1, Sketch.2의 대응점을 차례로 선택하면 Coupling1이 만들어진다. 같은 방법으로 Coupling2, Coupling3, Coupling4를 생성한다.

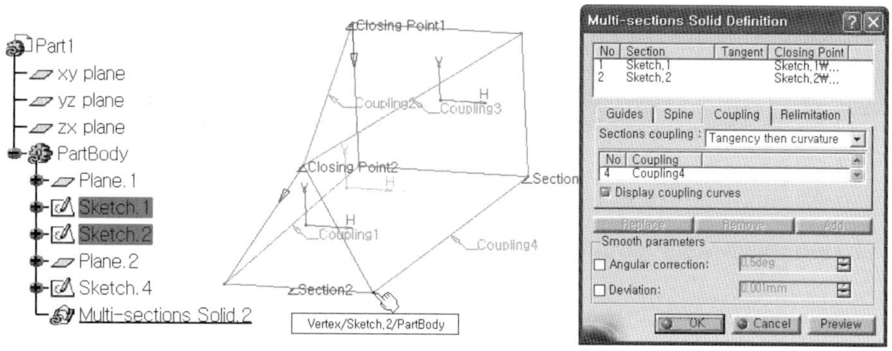

3 미리보기를 한다. Coupling 기능을 이용하면 대응점의 수가 같은 도형은 물론 다른 도형의 Loft가 가능하다.

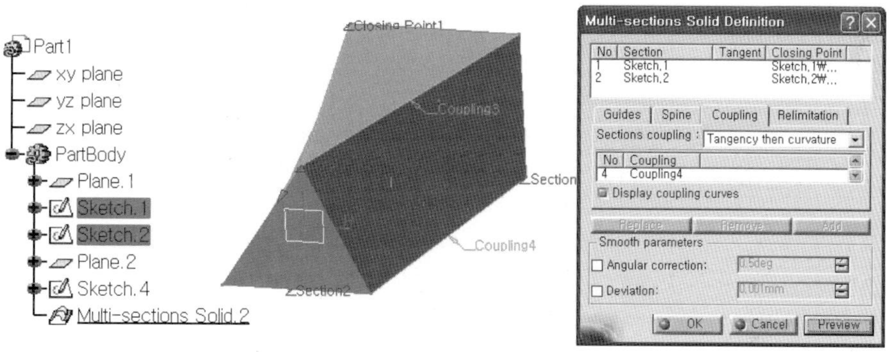

- Relimitation : Spine 또는 Guide가 Multi-Section 보다 길게 또는 짧은 경우 Multi-Section의 끝과 동일하게 또는 Spine 또는 Guide와 같게 Loft하는 Option이다. 다음은 Relimited on start section 과 Relimited on end section이 모두 해제 경우로 Spine 끝까지 연장되어 Loft 된다.

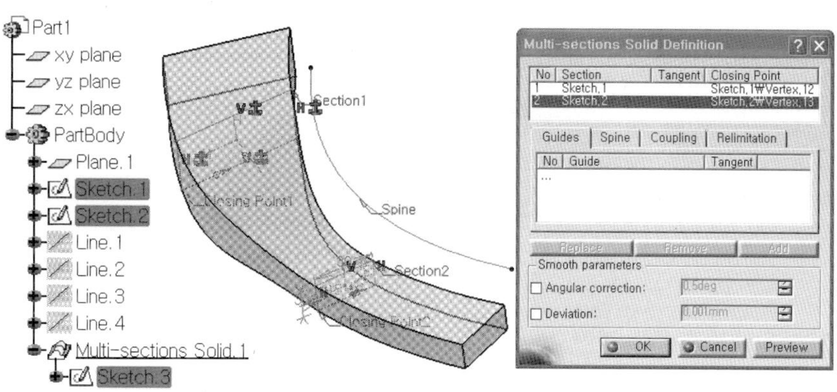

▸ Angular Correction : Lofting을 부드럽게 해 주는 옵션으로 안내선을 0.6도에서 5도 사이에서만 수정해 준다.

▸ Deviation : Lofting을 안내선에 대하여 표준편차를 주어서 부드럽게 하는 Option.

(11) Removed Multi-sections Solid

Solid에서 여러 형태의 단면을 조합하여 만든 Loft를 제거하는 기능으로 명령은 Multi-Sections Solid와 동일 하지만 Loft를 제거 할 수 있는 Solid가 있어야 하는 것이 다르다.

다음의 도형을 만들어 보자.

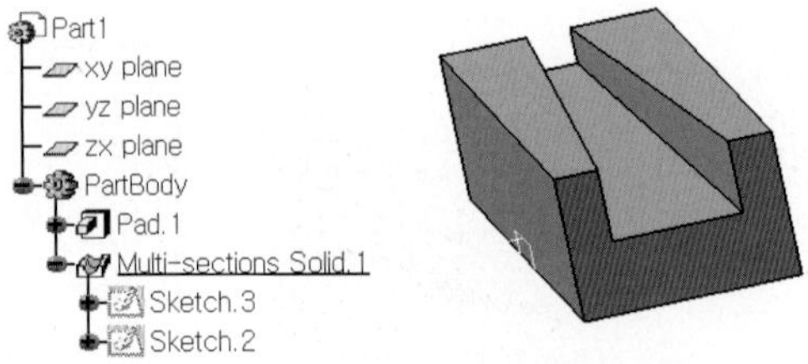

1 먼저 Loft를 삭제할 직육면체를 만든다.

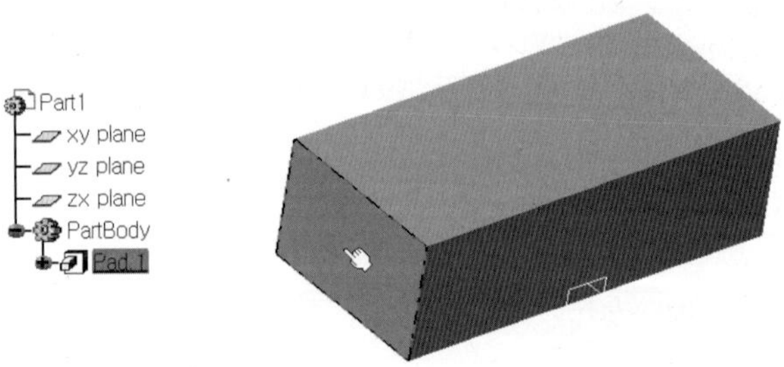

2 육면체의 한쪽 측면을 선택하고 Sketch workbench 로 들어가 사각형을 Sketch한다. 그리고 Exit Workbench Icon 을 클릭한다.

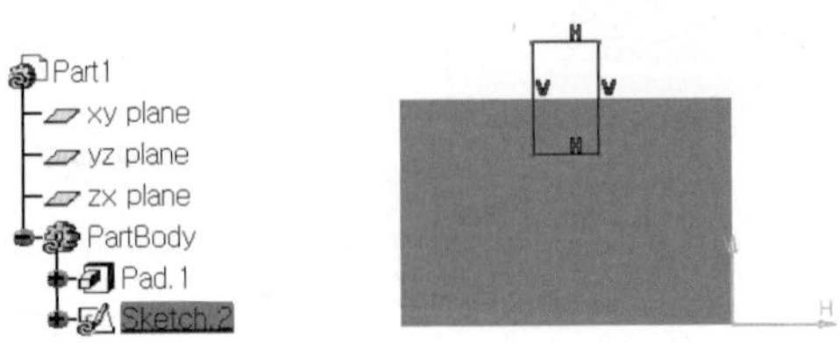

3 이번에는 반대쪽 육면체의 측면을 선택하고 Sketch Workbench로 들어간다. 그리고 다음과 같은 사각형을 Sketch하고 Part Design Workbench로 나간다.

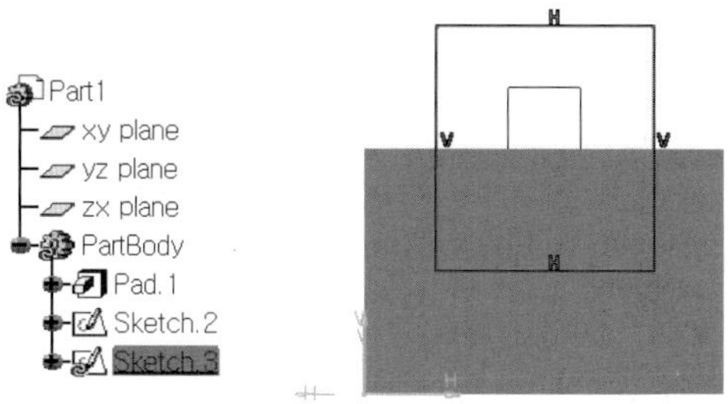

4 Part Design Workbench로 들어와 Removed Multi-sections Solid 를 클릭하면 Definition Box가 열린다. Sketch.2, Sketch.3를 차례로 선택한다.

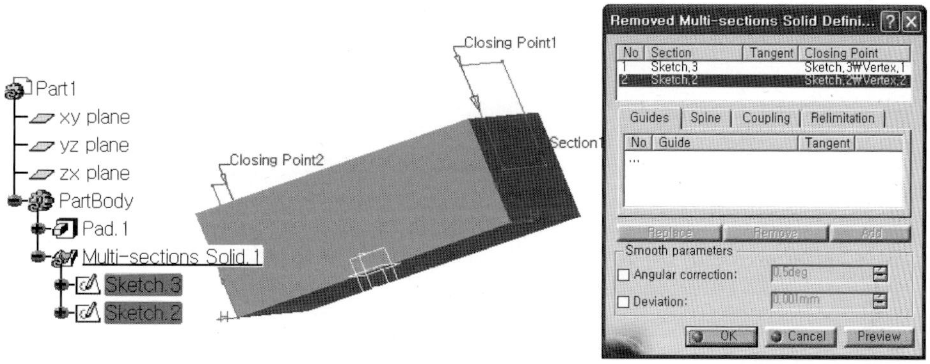

5 Closing Point 위치와 벡터 방향을 수정한다.

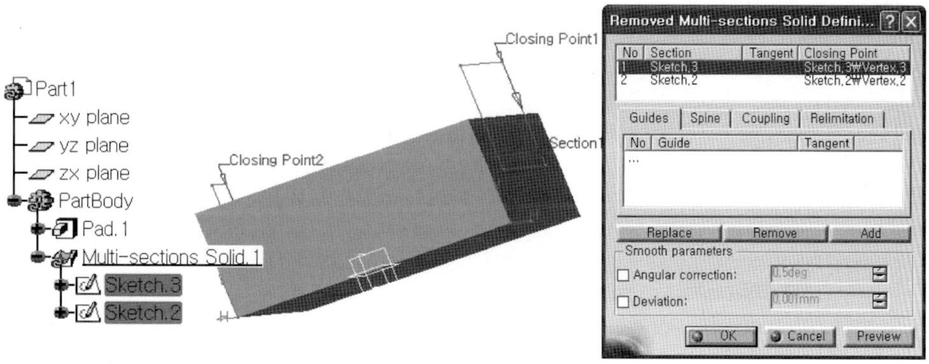

6 Closing Point, 화살표 방향을 맞추었으니 Ok하여 확인하자.

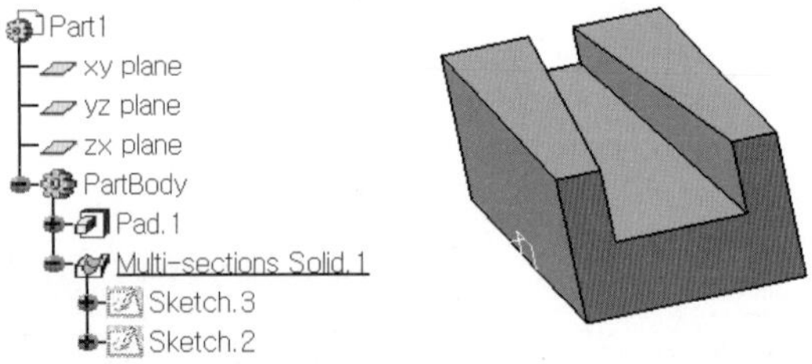

Removed Multi-sections Solids Definition

- Spine

1 직육면체의 윗면을 선택하여 Sketch Workbench로 들어가 다음과 같은 Spline을 Sketch 하자.

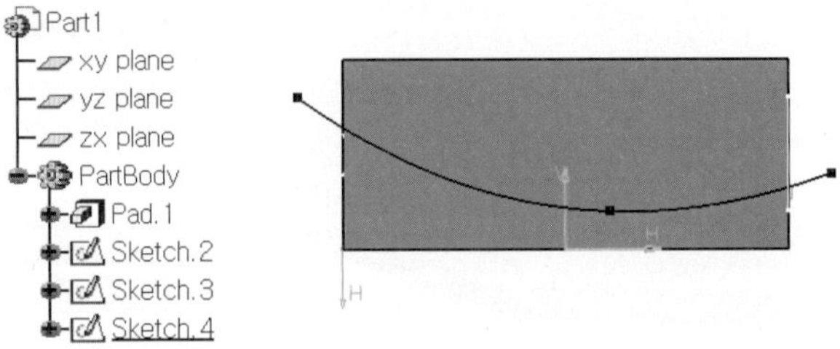

2 Part Design Workbench로 들어와 Removed Multi-sections Solid 를 클릭하면 Definition Box가 열린다. Sketch.2, Sketch.3를 차례로 선택한다. Spine Tab을 클릭하고 Spine에 Sketch.4를 선택한다.

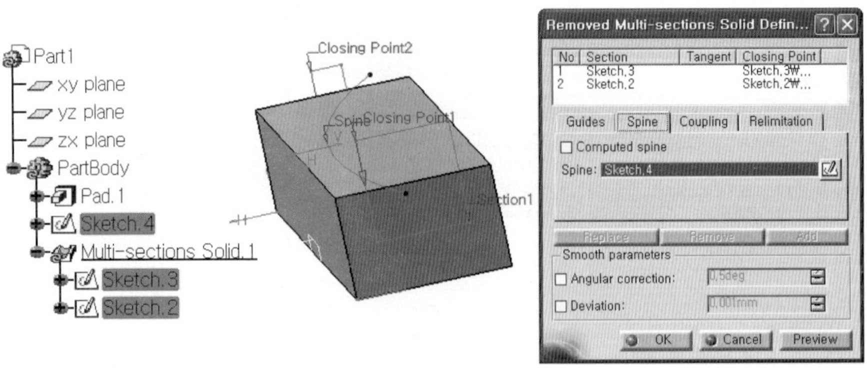

CATIA V5

3 Closing Point, Vector 방향을 맞추어주고 Ok 한다. Spine을 따라 Removed Loft 되었다.

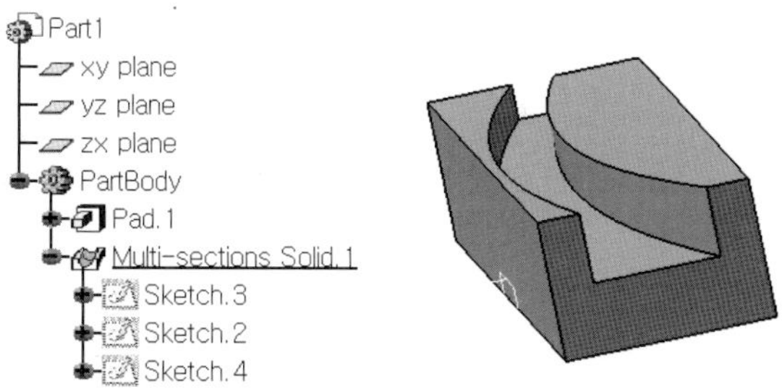

- Removed Multi-sections Solid Option은 모두 Multi-sections Solid Option과 동일하므로 여기서는 생략한다.

3.5 Dress-Up Features

만들어진 Solid Model에 모깍기, 라운딩 등의 명령을 부여하여 마무리 다듬기 작업을 행하는 Tool Bar가 Dress-Up Features Tool Bar의 기능이다. 여기에는 Edge Fillet, Chamfer, Draft, Shell, Thickness, Thread/Tap, Remove Face의 세부 기능이 포함되어있다.

(1) Fillets

Fillet의 여러 가지 방법을 포함한 Tool Bar이다. 여기에는 Edge Fillet, Various Radius Fillet, Chordal Fillet, Face-Face Fillet, Tritangent Fillet의 세부 Fillet 기능이 포함되어 있다.

Edge Fillet

가장 일반적인 Fillet 기능으로 원하는 모서리를 둥글게 하는 기능을 가지고 있다.

1 Edge Fillet을 하기위해서 아래와 같은 도형을 준비한다.

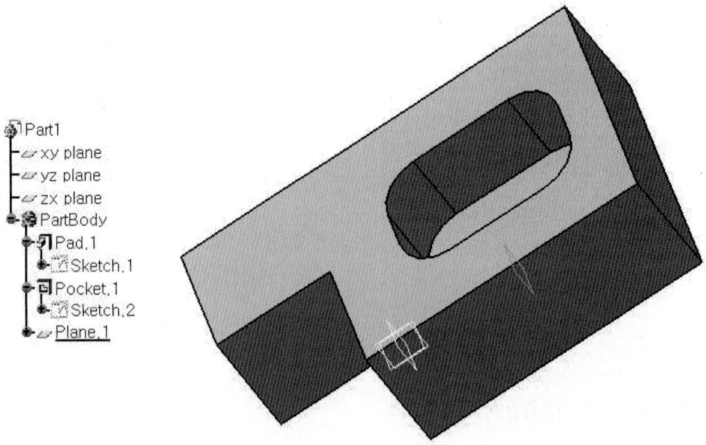

2 Edge Fillet 을 클릭하면 Edge Fillet Definition Box가 열린다. Fillet 시킬 반경을 Radius에 입력한다. Object to Fillet에는 Fillet 시킬 모서리를 선택해 준다. Object to Fillet 항의 Icon을 클릭하면 Fillet Objects Box가 열린다. 여기에는 Fillet 시키려는 Element 목록이 표시되며 이것을 삭제, 조정할 수 있다.

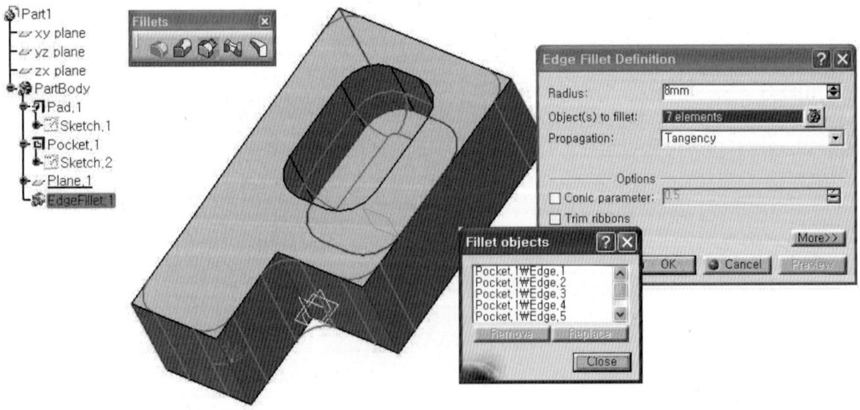

3 선택된 모서리가 라운드 된 결과를 볼 수 있다.

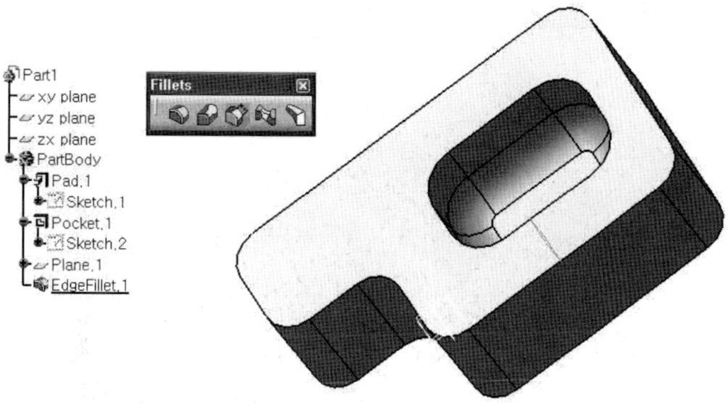

Edge Fillet Definition

- Propagation : Tangency와 Minimal의 두 개의 Option이 있다.

1 Tangency는 한쪽 모서리만 선택해도 선택된 모서리에 접선으로 연결되는 내부 전체의 모서리가 Fillet 되는 Option이다. 다음은 Pocket 내부의 한쪽 모서리를 선택한 결과로 내부의 모든 모서리가 Fillet 되었다.

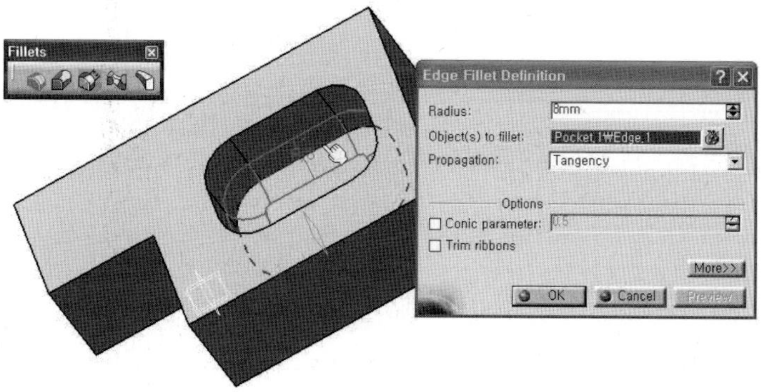

2 Minimal은 선택된 모서리만 Fillet하는 기능으로, Minimal Option을 선택하고 Pock 내부의 한쪽 모서리를 선택하고 Preview해 보자. 선택된 모서리만 Fillet 됨을 확인 할 수 있다.

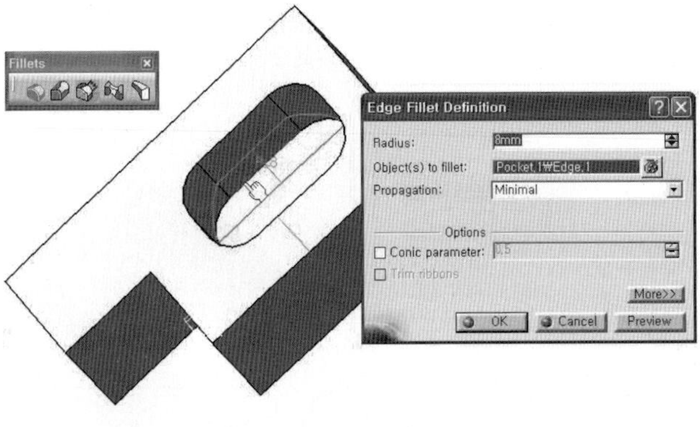

• Conic Parameter : 이 Option은 Fillet을 포물선이나 쌍곡선 등의 형태로 실시할 때 사용하는 Option이다.

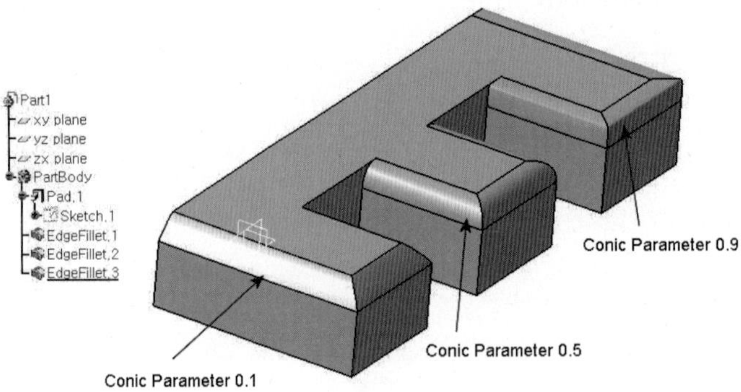

• Trim Ribbons : Tangency Propagation mode에서 Fillet 할 때 서로 겹치는 부분의 Fillet을 조정하여 Fillet 시켜주는 Option이다.

1 다음과 같이 인접한 두 개의 도형을 밑면과 Fillet 시켜보자. 반경을 10으로 설정하고 Propagation은 Tangency를 선택하고 두 도형의 아래 모서리를 선택한다.

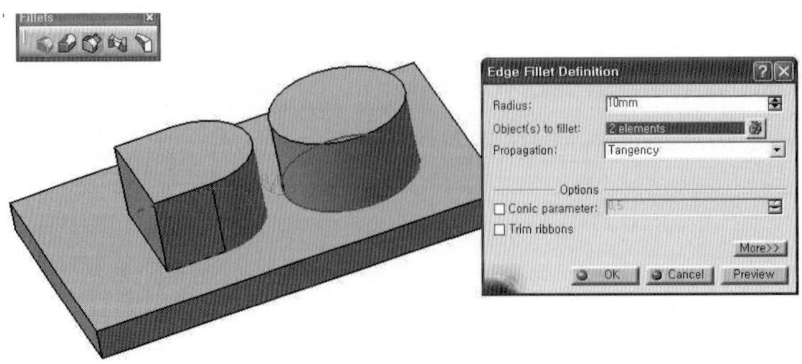

2 미리보기하면 두 Fille이 겹치는 것을 볼 수 있다.

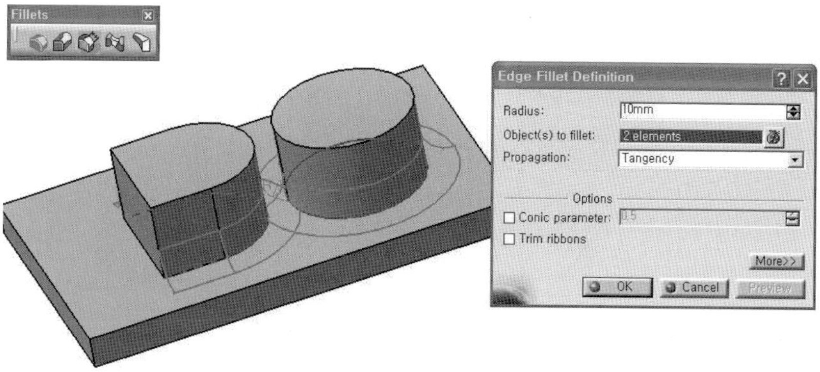

3 OK를 클릭하면 Fillet 할 수 없다는 Error가 보인다.

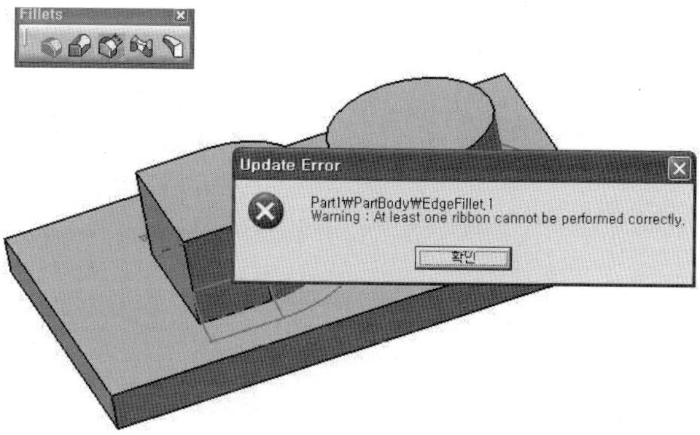

4 Trim Ribbons를 체크하고 OK하면 스스로 겹치는 부분을 삭제하여 완성한다.

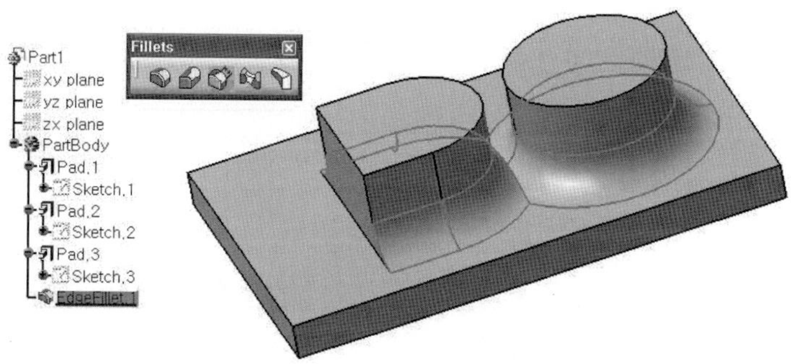

5 이 기능은 3개의 모서리가 만나는 곳에서도 적용 할 수 있다. 다음은 모서리 Fillet에 Trim Ribbons를 적용하지 않은 경우이다.

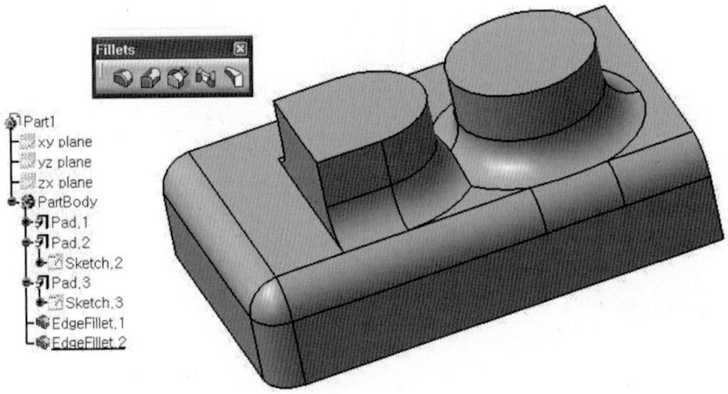

6 다음은 육면체의 모서리에 Trim Ribbons를 적용한 경우이다.

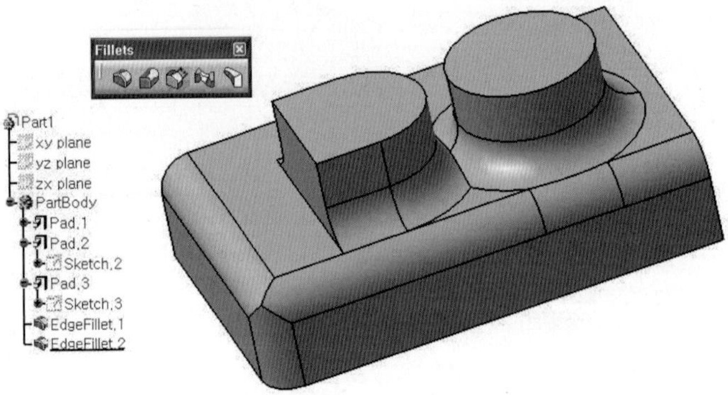

- Edge to Keep : 다음은 평판위에 높이 10의 원통이 Pad 되어 있다. 원통의 밑면 모서리에 반경 15의 Fille을 시키면 어떻게 될까?

1 Fillet의 반경이 원통의 높이보다 높게 되므로 문제가 생긴다.

2 More를 클릭하면 Definition Box가 확장된다. Edge to Keep에 원통 위쪽의 모서리를 선택한다. 모서리의 색이 보라색으로 바뀔 것이다.

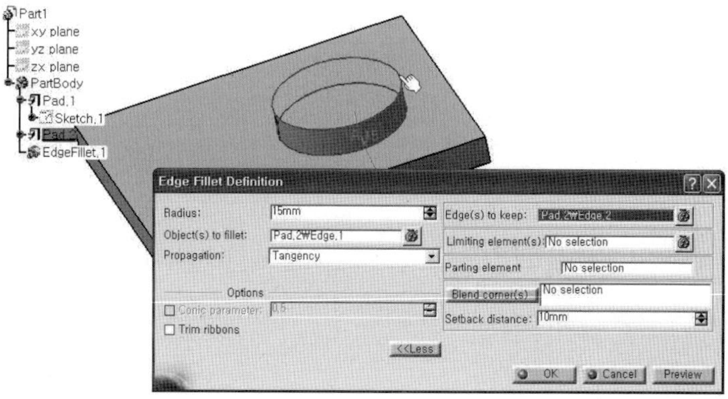

3 OK하면 원통 윗면이 그대로 유지된 체로 Fillet 된 결과를 볼 수 있다.

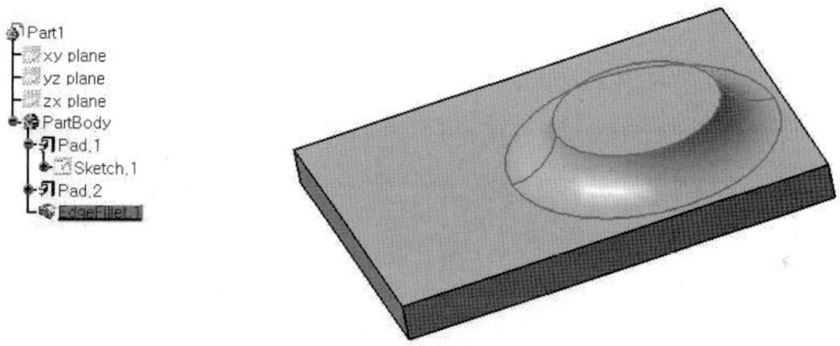

- Limiting Elements : Fillet을 지정한 Element까지만 만들어지게 하는 Option이다.

1 다음과 같이 육면체의 측면과 나란한 Plane을 Reference Plane 을 이용하여 만들어준다.

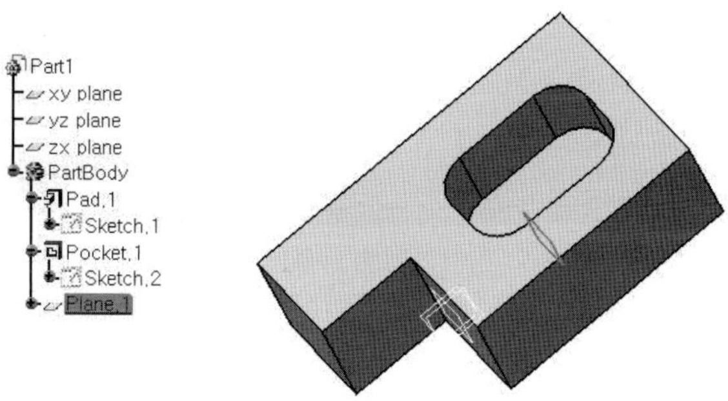

2 Edge Fillet 을 클릭하고 Definition Box의 Radius에 적당한 값을 입력하고 Object to Filet에는 위쪽 평면 또는 모서리를 선택한다. More를 펼쳐서 Limiting Element에 새로만 든 Plane.1을 선택한다. Plane에 화살표가 만들어진다. 화살표의 방향은 Fillet 되는 방향으로 화살표를 클릭해주면 방향이 바뀐다.

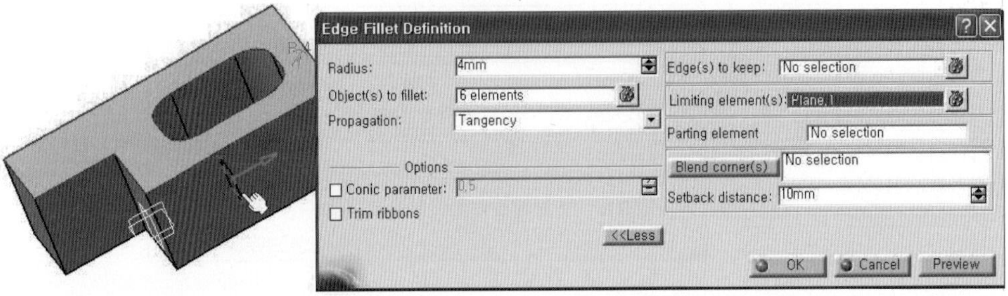

3 OK하여 확인해 보자. Pocket 안쪽이나 바깥쪽 모두 지정한 Plane.1 까지만 Fillet 되었다.

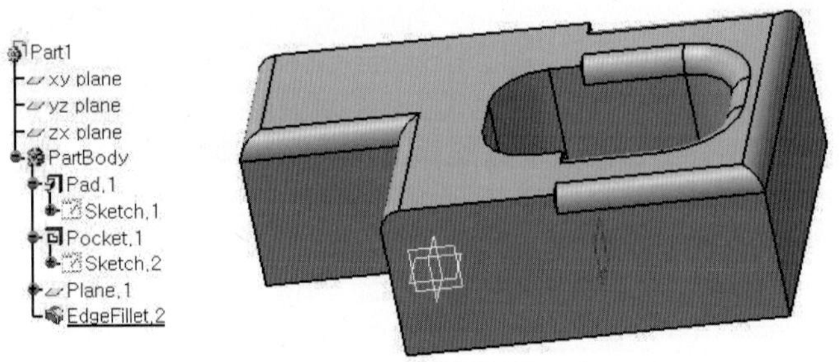

- Parting Element : 지정한 Element를 따라서 Fillet이 분할되어 실시된다. 다음은 Plane.1을 Parting Element로 지정하여 Fillet한 예이다. 위의 결과와 비교해보자.

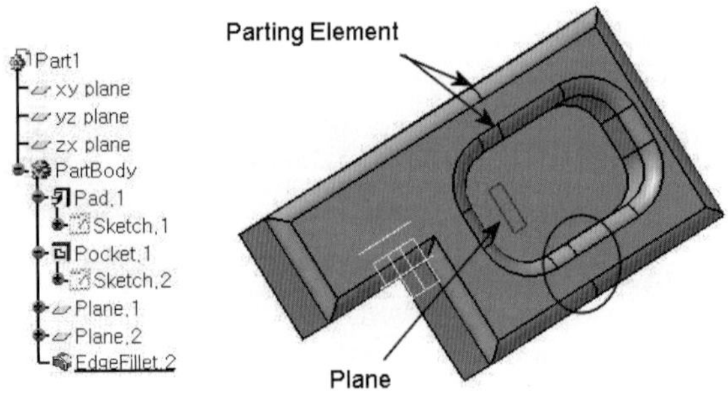

• Blend Coner : 복잡한 형상의 코너에서 Fillet을 하게 되면 만족스럽지 못한 결과를 얻을 수 있다. Blend Coner 기능은 이런 경우 사용자가 원하는 형태의 Fillet을 만드는 Option이다.

1 다음과 같은 Stiffener 도형의 모서리에 Fillet을 시켜보자.

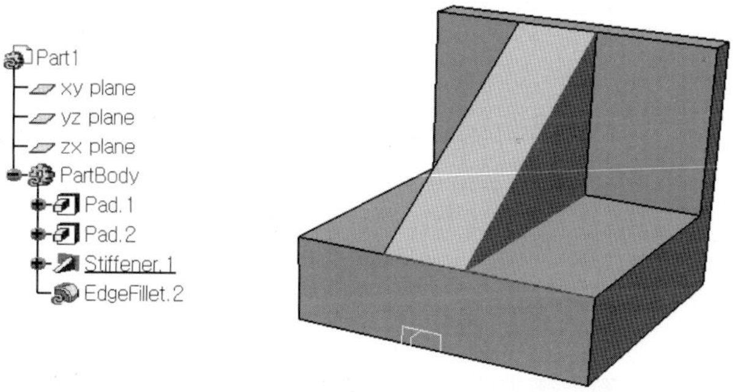

2 복잡한 형상 때문에 결과는 만족스럽지 못하다

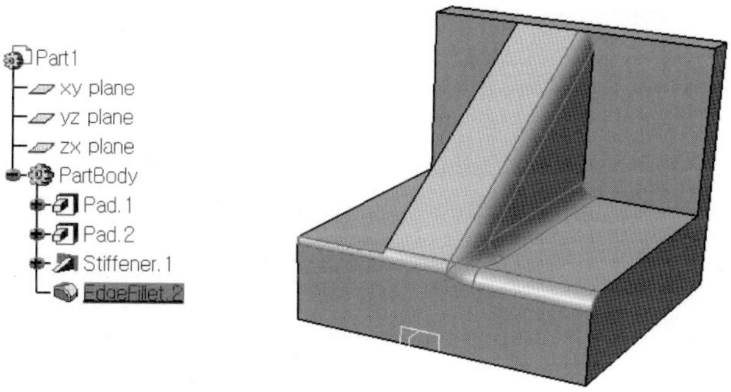

3 Definition Box에서 More를 클릭하고 모서리가 선택된 상태에서 Blend Coner Field를 클릭하고 Blend Coner 단추를 클릭하면 빈 필드에 Coner1이 선택되고 도형에 Coner1이란 표식이 만들어 진다. Setback Distance는 Coner 점으로부터 Fillet 형상이 서로 간섭하지 않도록 조절하는 거리로, Setback Distance를 변경하여주며 미리보기를 한다.

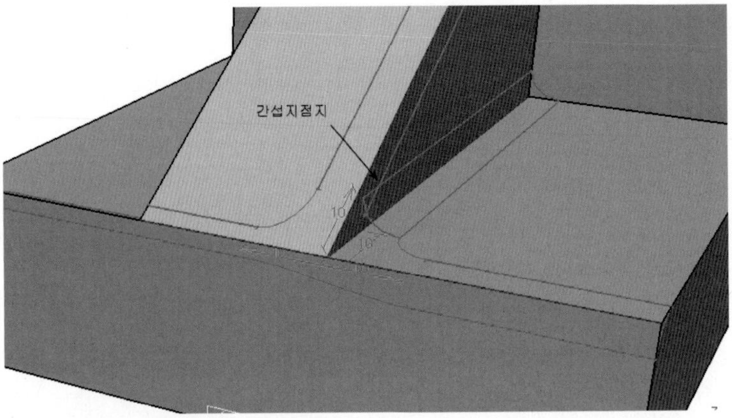

4 Setback Distance 17일 때 간섭점에 일치하여서 OK하였다. 전보다 매끄러운 Fillet이 완성되었다.

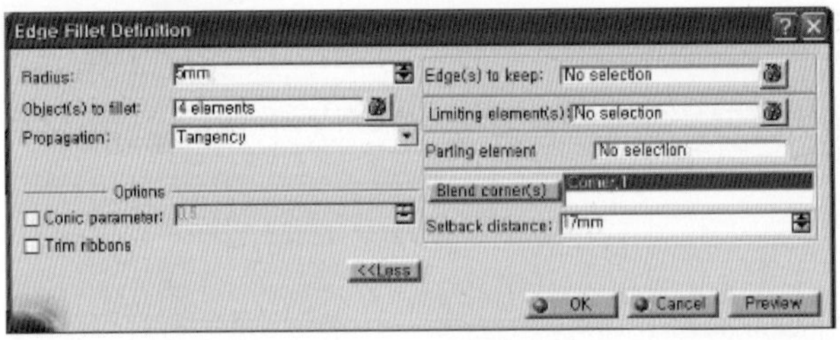

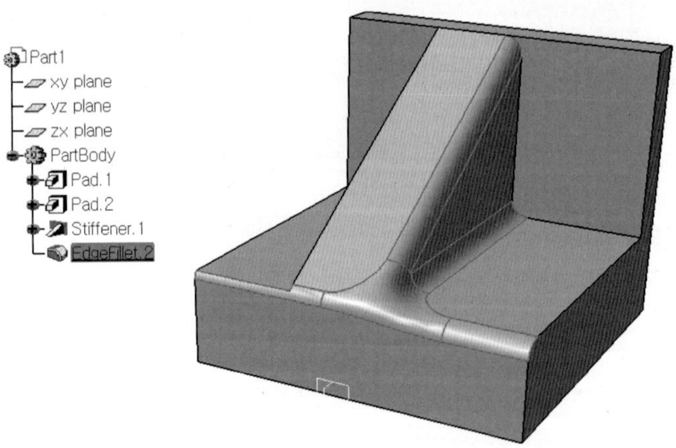

• Edge Fillet의 Option을 적용한 보기를 모아서 비교하여 보았다.

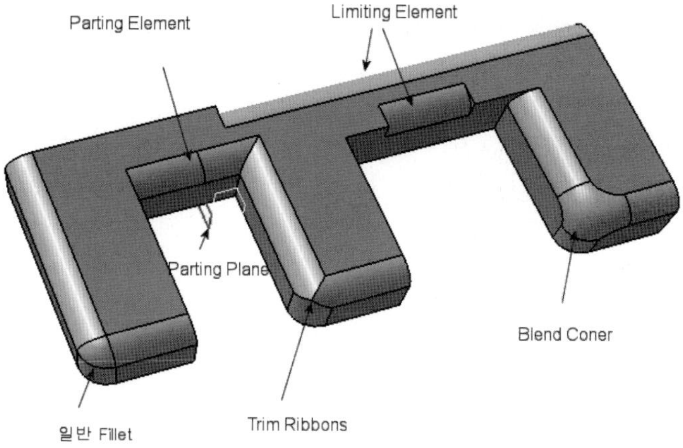

Variable Radius Fillet

하나의 모서리에 서로 다른 반경으로 Fillet을 시행하는 기능을 가진 Icon이다.

1 다음과 같은 육면체를 준비하고 Variable Radius Fillet 을 클릭하자. Variable Radius Fillet Definition Box가 열린다. Fillet 시키려는 육면체의 한쪽 모서리를 선택한다.

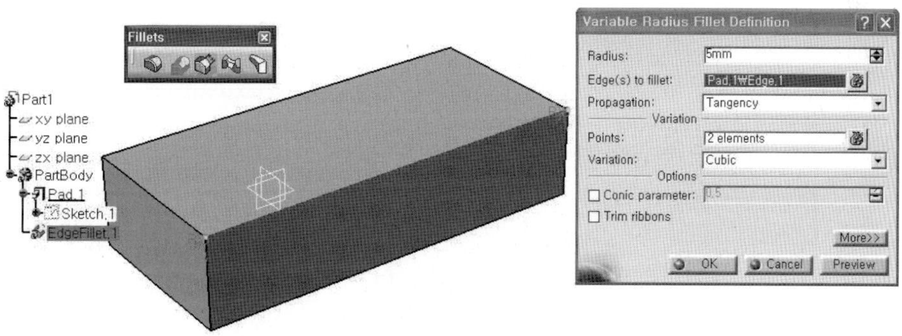

2 Variable Radius Fillet 이므로 각각의 반경을 입력해보자. 선택한 모서리의 양쪽 끝점이 초록색으로 빛나고 반경 치수가 부여되어 있다. 먼저 우측 끝점의 반경을 클릭하고 Radius 창에 반경을 입력한다. 다음에는 좌측 끝점의 반경을 클릭하고 Radius 창에 다른 값의 반경을 입력한다.

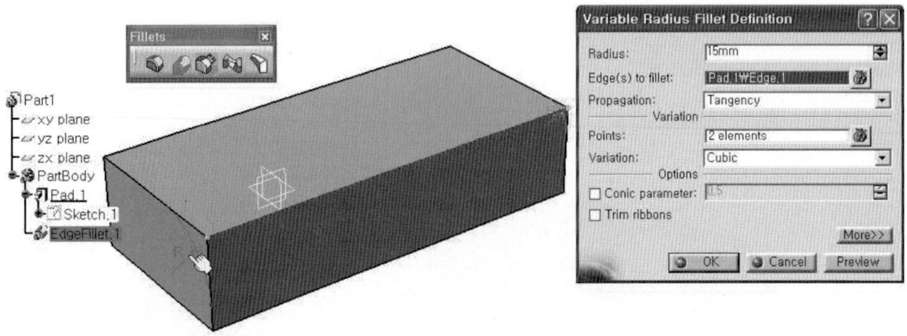

3 결과를 확인해 보자.

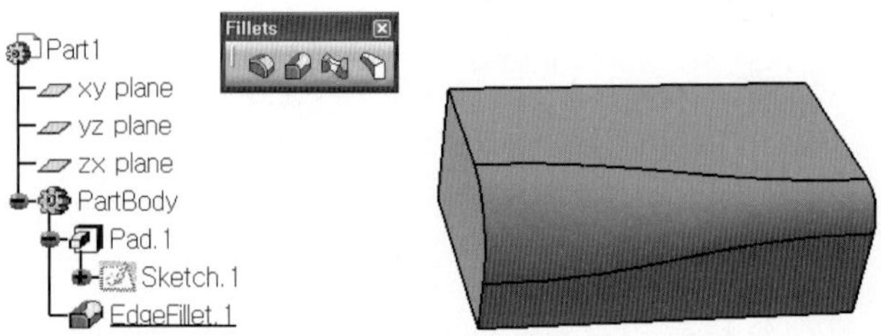

- Edge to Fillet : Fillet 시킬 모서리가 선택되면 Points 항에 선택한 모서리의 양 끝점이 추가되고 점에는 반경이 부여된다. 선택된 모서리를 삭제하려면 선택된 모서리를 클릭하면 삭제된다.
- Points : 창이 파란 상태에서 선택된 모서리의 임의의 점을 클릭하면 점이 만들어진다. 이 때 Radius를 입력하면 그 점의 반경이 입력된다. 선택된 점을 다시 클릭하면 삭제된다.

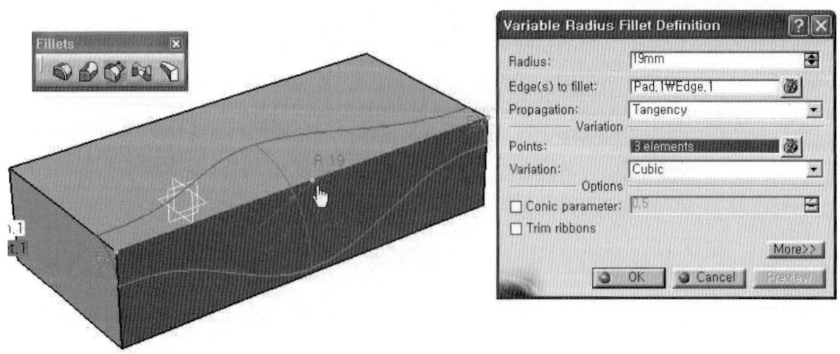

- Variation : Cubic이 기본 Mode 이다. 다음은 위와 같은 조건의 Linear Mode로 Linear Mode에서는 반경이 직선으로 연결된다.

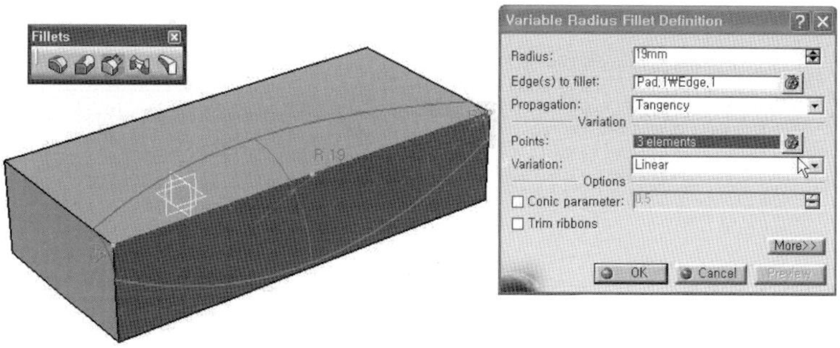

- Circle Fillet : Spine에 따라서 Fillet의 형태가 달라지는 Option이다.

1 다음은 정상적인 Fillet이다.

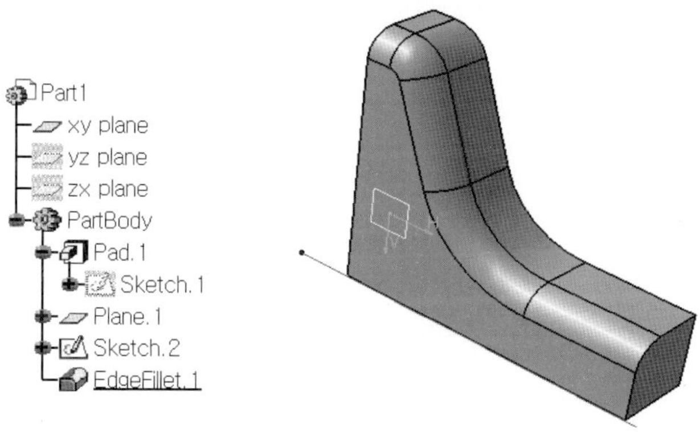

2 다음은 측면과 나란한 직선을 Spine으로 선택한 결과이다.

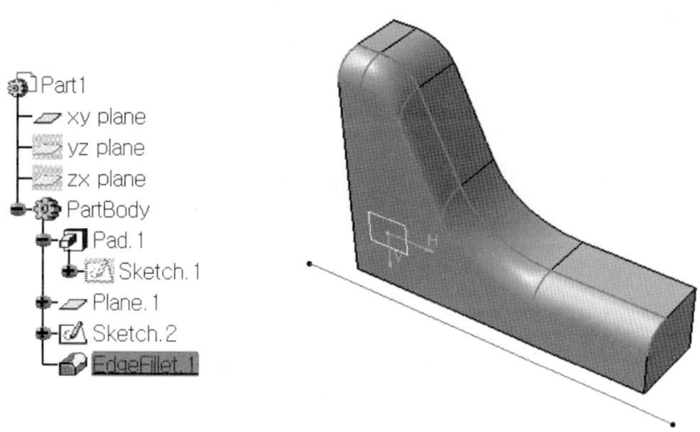

- No internal Sharp Edge : 복잡한 도형의 Fillet을 하다보면 접선으로 부드럽게 연결되어야할 부분이 날카롭게 Fillet이 되는 경우가 있다. 이때 사용할 수 있는 Option 이다.
- Limiting Element : 다음은 모서리에 두 개의 점을 만들어 그 사이를 Fillet 시키는 경우로 Fillet의 방향은 화살표의 방향을 클릭해서 변경한다. 점을 만드는 방법은 Limiting Element 항이 파란색일 때 마우스 우측버튼을 눌러 Create Point를 선택하고 만들고자하는 모서리 선택하여 위치를 지정하면 된다.

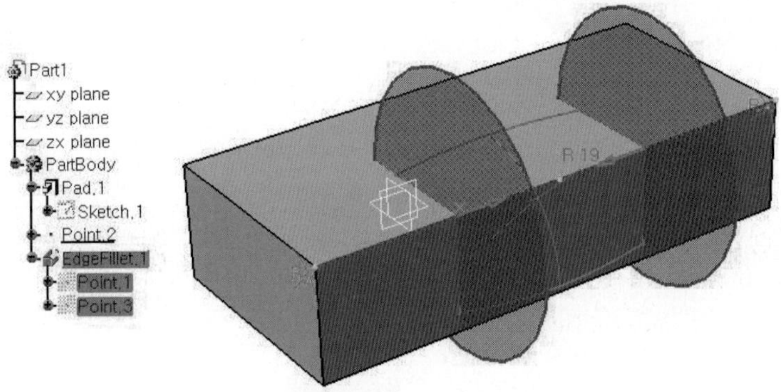

- Trim Ribbons, Edge to Keep, Blend Coner는 이전에 설명하였으므로 생략한다.

Chordal Fillet

Chordal Fillet은 모서리에 반경을 입력하여 Fillet하는 것이 아니라 모서리를 있는 선분 즉 현의 길이를 입력하는 방법이다.

- Definition Box에 모서리를 선택하면 모서리 양 끝에 파란 점이 생성된다. 생성된 점에 각각 Chordal Length를 입력하여준다.

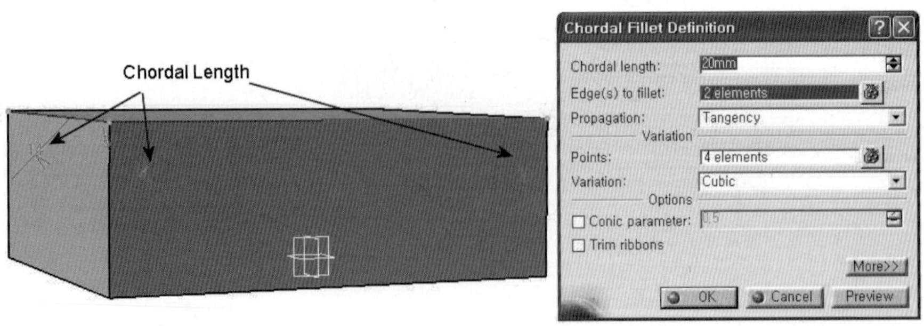

• 다음은 Variable Chordal Length 와 Limiting Element를 적용한 예이다.

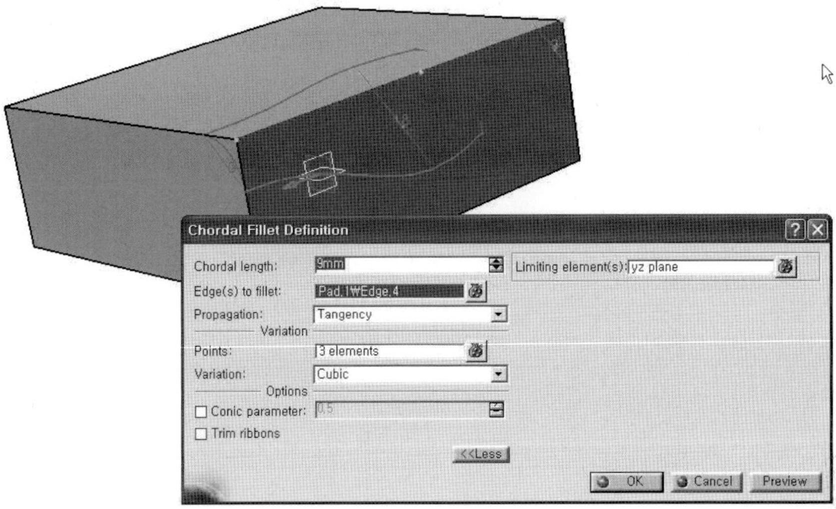

Face to Face Fillet

면과 면 사이에 Fillet을 생성하는 기능이다.

• 다음처럼 서로 맞보는 모델을 준비하고 Face to Face 를 클릭하면 Definition Box 가 열린다. 여기에 서로 맞보는 면을 선택하고 Radius를 입력하면 두 면 사이에 반경이 표시된다. 미리보기하면 반경이 만족스럽지 못할 경우 Error 창이 열린다.

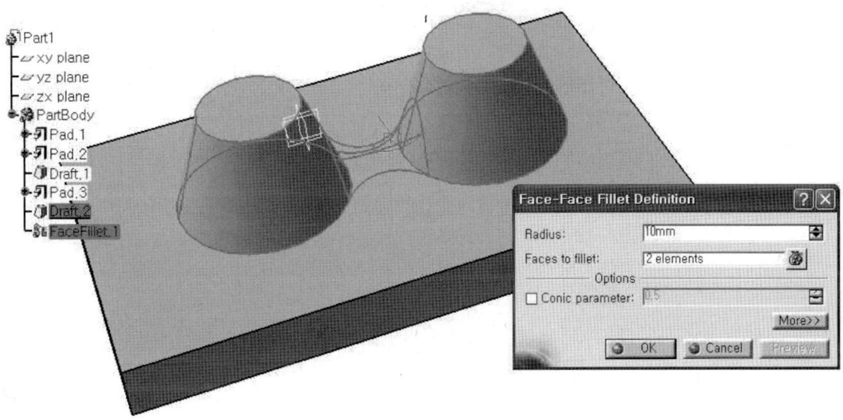

• 다음은 두 면 사이에 Plane.1을 만들어 Limiting Element Option을 활용한 경우이다.

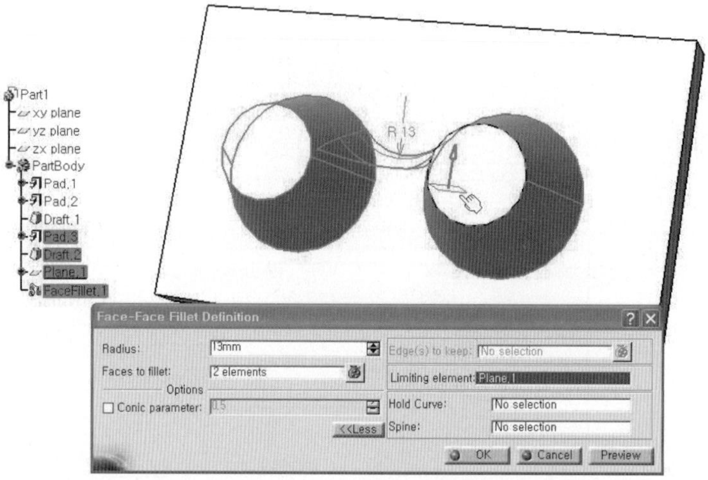

Tritangent Fillet

두 면과 그 사이에 놓인 면에 Fillet을 부여하는 기능이다.

1 Tritangent Fillet 을 클릭하면 Definition Box가 열린다. 여기에 서로 마주보는 두 면을 Face to Fillet에 선택한다.

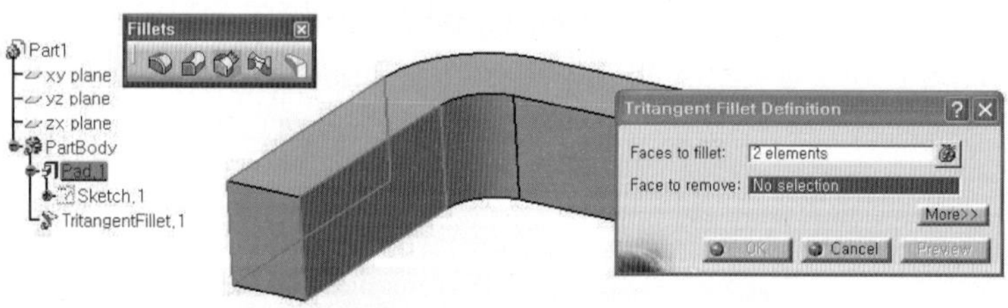

2 Face to Remove에는 Face to Fillet에서 선택한 사이에 있는 면을 선택한다. 선택되면 붉은 색으로 변한다.

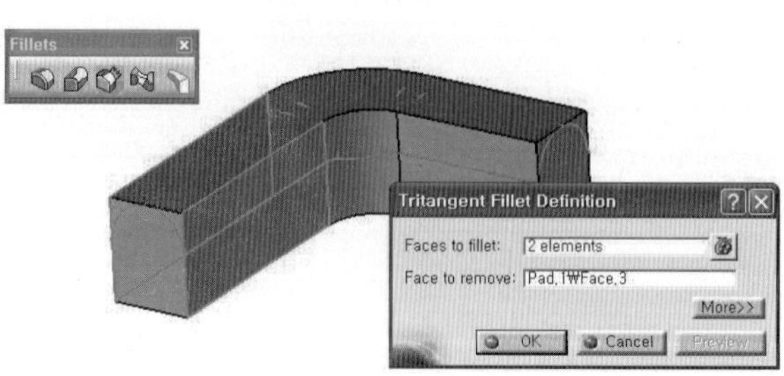

3 결과를 확인한다.

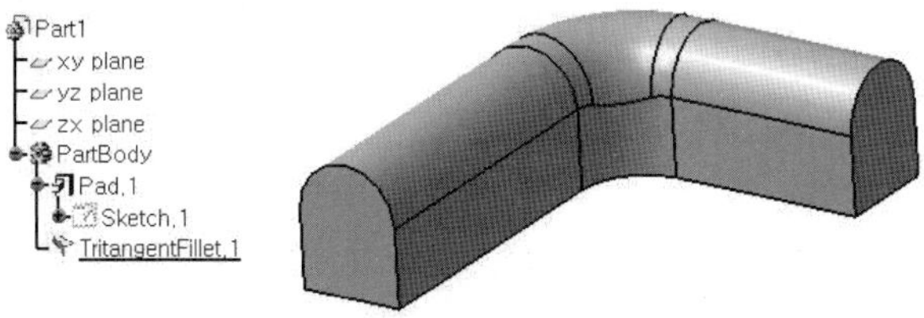

4 Limiting Element Option을 이용하여 Fillet 할 수도 있다.

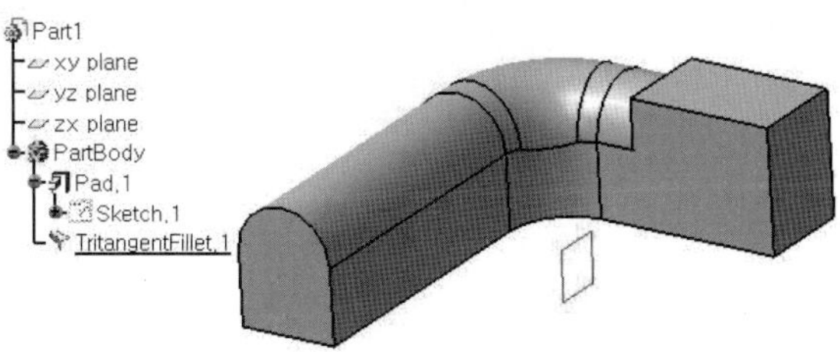

(2) Chamfer

Chamfer는 모따기 기능으로 모따기 하려는 모서리를 선택해서 모서리의 길이를 입력하는 방법과 한쪽 모서리와 모따기 각도를 입력하는 방법이 있다. Chamfer 를 클릭하면 Definition Box가 열린다.

- Length/Angle Mode : Chamfer의 기본설정이다.

1 Length에 모서리로부터 모따기 할 길이를 입력한다.

2 Angle에 모따기 각도를 입력한다.

3 Object to Chamfer에 해당 모서리를 선택한다.

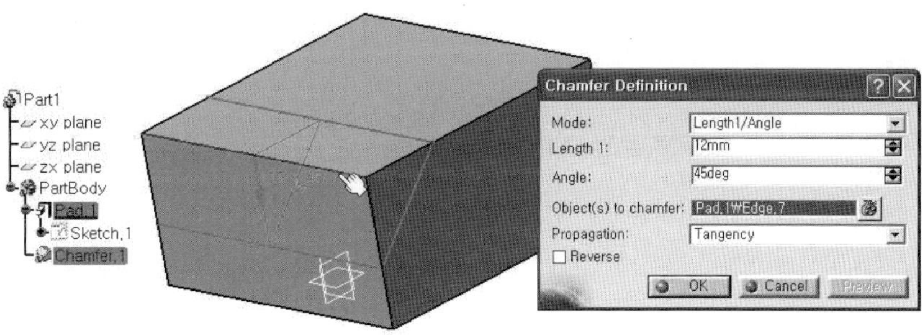

- Length1/Length2 Mode : 모서리로부터 각각의 모따기 거리를 입력하는 방법.

1 Length1, Length2에 모따기 거리를 각각 입력한다.

2 Object to Chamfer에 해당 모서리를 선택한다.

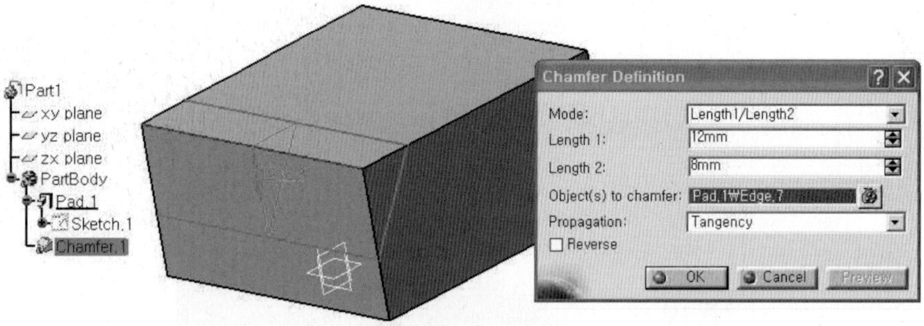

- Propagation Option은 Tangency, Minimal로 Fillet과 동일하며 모따기 결과는 다음과 같다.

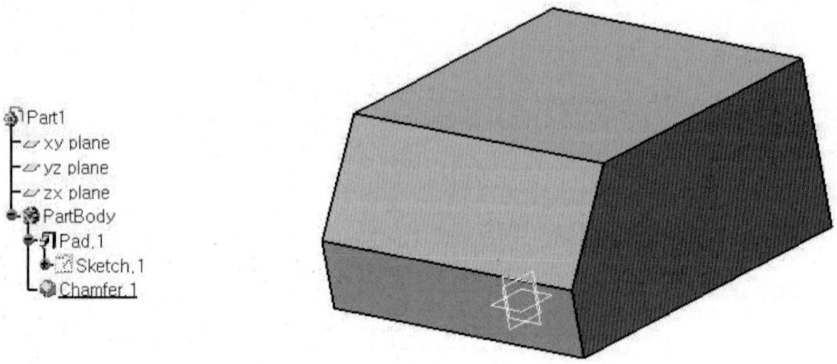

(3) Drafts

Draft는 측면에 경사 각도를 부여하여 측면을 테이퍼지게 만드는 기능을 말한다. 여기에는 Draft Angle, Draft Reflect Line, Variable Angle Draft의 세부 기능이 포함되어있다.

Draft Angle

기준면을 중심으로 각도를 부여하여 경사진 면을 생성하는 기능이다.

다음과 같은 기본 Draft 도형으로 좌우로 15도의 경사진 도형을 만들어보자.

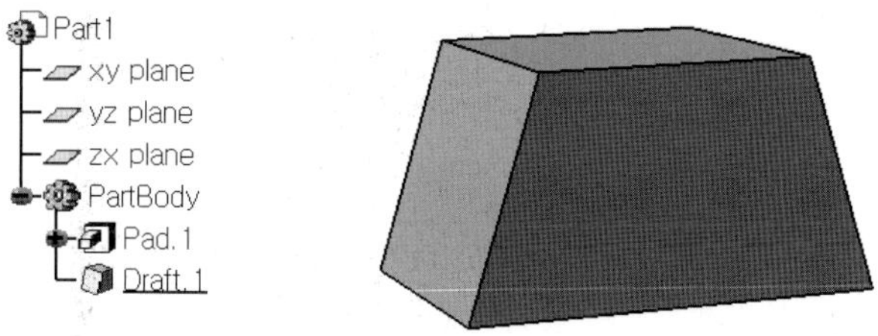

1 직육면체를 준비하고 Draft Angle 을 클릭하면 Draft Definition Box가 열린다.

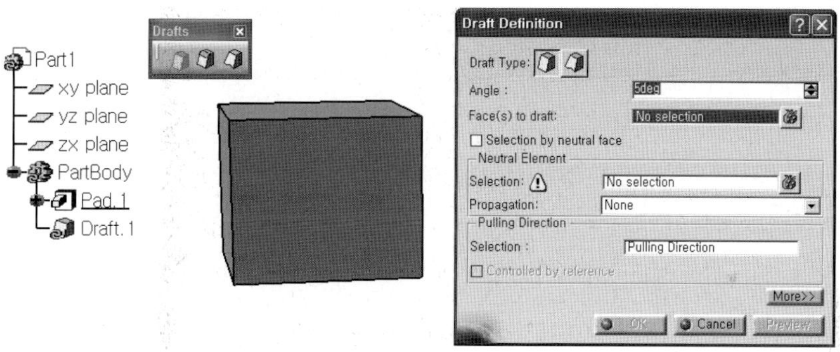

2 Angle에 Draft할 각도 15를 입력하고 Face to Draft에 Draft할 양쪽 측면을 선택한다. 선택된 측면은 주황색으로 변한다. Neutral Element에 육면체 윗면을 선택한다. 선택된 면은 청색으로 변하고 Neutral Line이 분홍색으로 변한다.

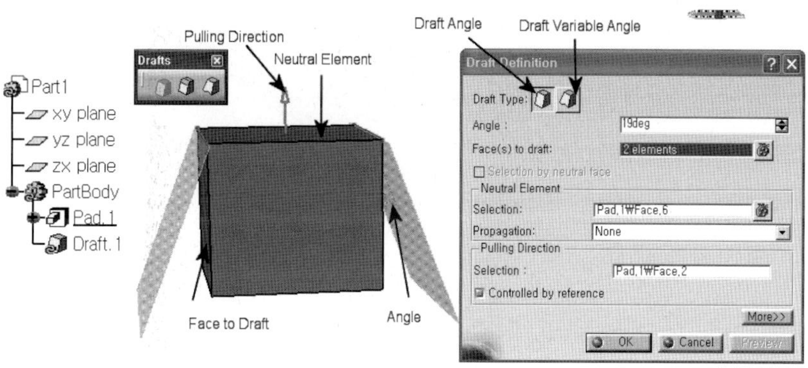

3 결과를 확인하자.

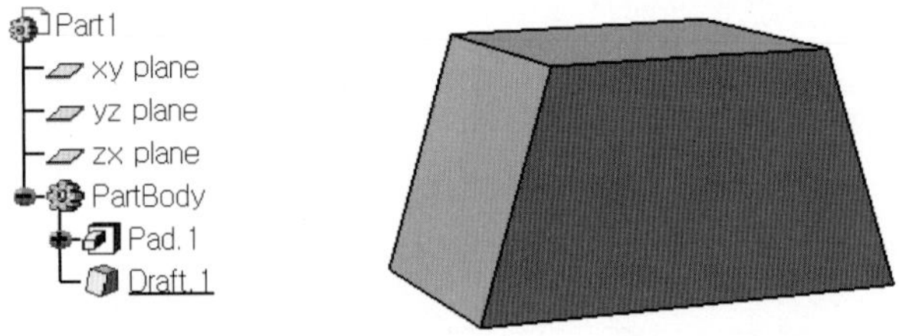

Draft Definition

- Face to Draft :경사지게 만들 측면으로, 원하는 면을 모두 선택한다. 만일 Neutral Element 주위의 모든 면을 선택하려면 Selection By Neutral Face를 체크하면 된다.
- Neutral Element : Draft 기준이 되는 중립면으로 변하지 않는 면이다. 육면체의 한 면을 선택할 수도 있고 xy, yz, zx 면 등 임의의 면을 선택할 수도 있다.
- Propagation : None, Smooth 두 가지 Option이 있다. Smooth Option을 선택하면 Neutral Element로 선택된 면에 접하는 모든 면이 Neutral Element로 선택된다.
- Parting Element : Parting Element를 기준으로 Draft 한다.

1 xy plane에 Sketch한 사각형을 Mirror Pad한 육면체를 준비한다. Mirror Pad 하였으므로 육면체 중간에 xy plane이 존재한다.

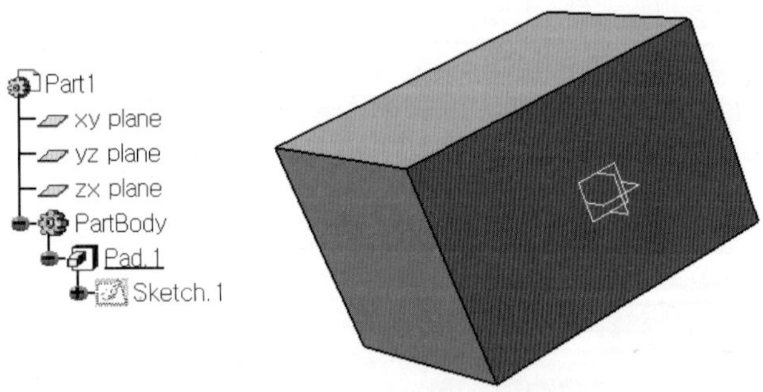

2 Draft Angle 을 클릭한다. Angle에 10을 Face to Draft에 측면의 4개 면을 모두 선택한다. Neutral Element에 xy plane을 선택한다. More를 클릭하여 Box를 확장하자. Parting=Neutral과 Draft Both Sides를 체크한다.

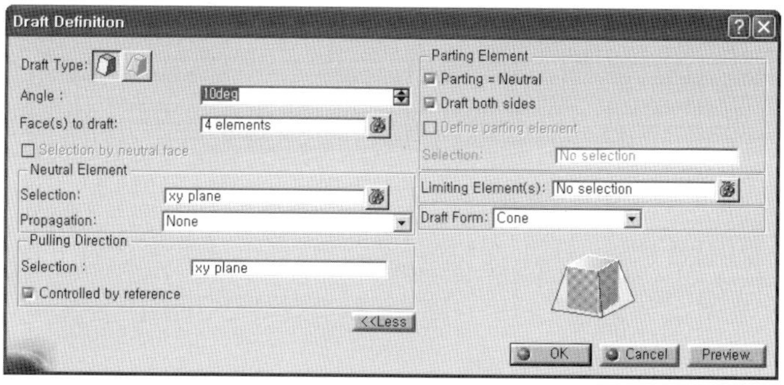

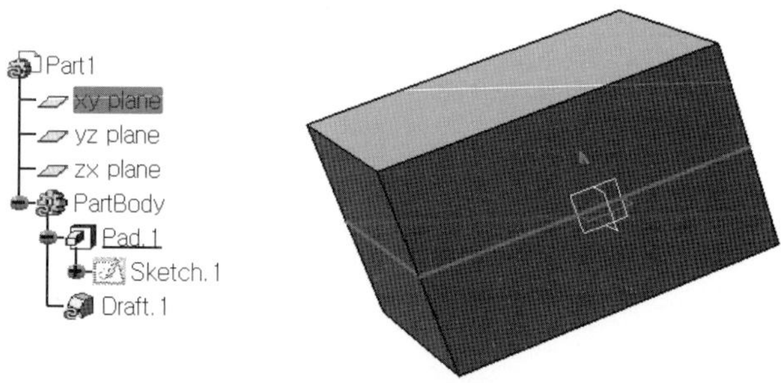

3 결과를 확인하자. Parting Element를 기준으로 상하 양쪽 Draft가 되었다.

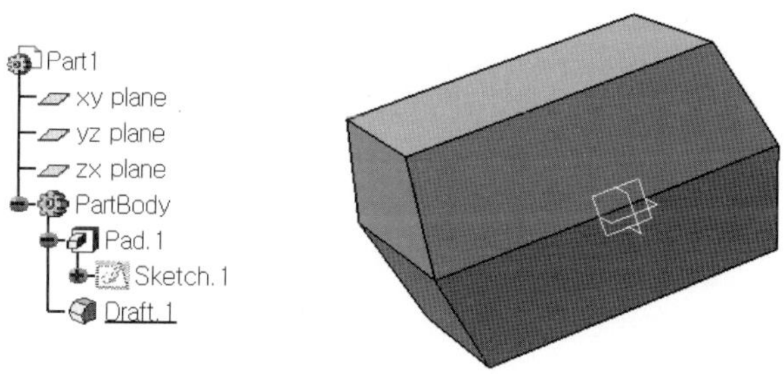

4 Draft Both Side를 체크하지 않았으면 한쪽으로만 Draft 된다.

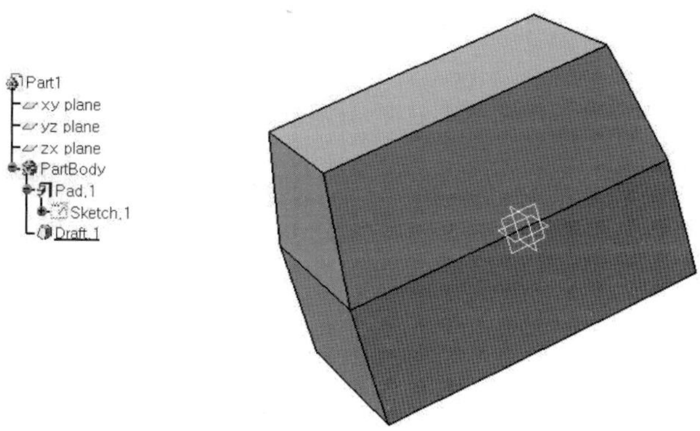

• Limiting Element : Limiting Element를 기준으로 좌우로 Draft가 제한된다.

1 Draft 시킬 육면체를 준비한다. 육면체의 측면과 나란하게 두 개의 Plane을 생성한다.

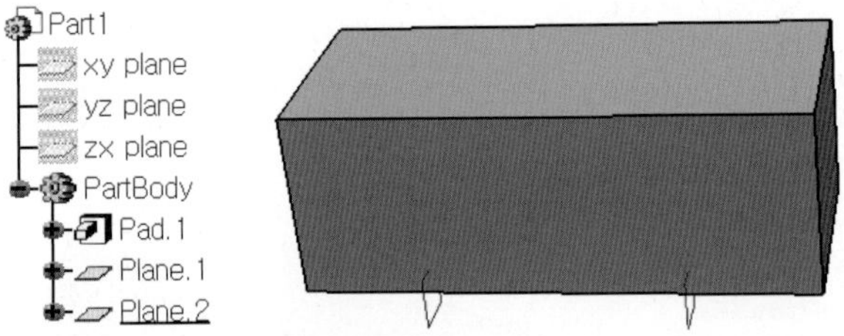

2 Draft Angle 을 클릭한다. Angle에 10을 Face to Draft에 전면을 선택한다. Neutral Element에 윗면을 선택한다. More를 클릭하여 Box를 확장하자. Limiting Element에 Plane.1, Plane.2를 선택하고 Plane.1, Plane.2의 화살표 방향을 중앙으로 향하도록 조정한다. 가운데 Draft 될 부분이 분홍색으로 변하였다.

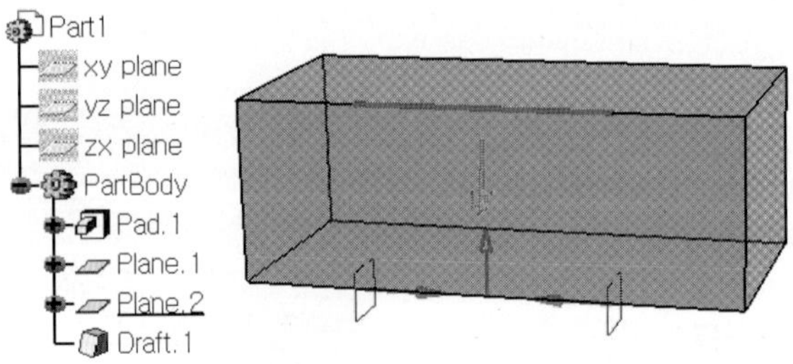

3 결과를 확인하자.

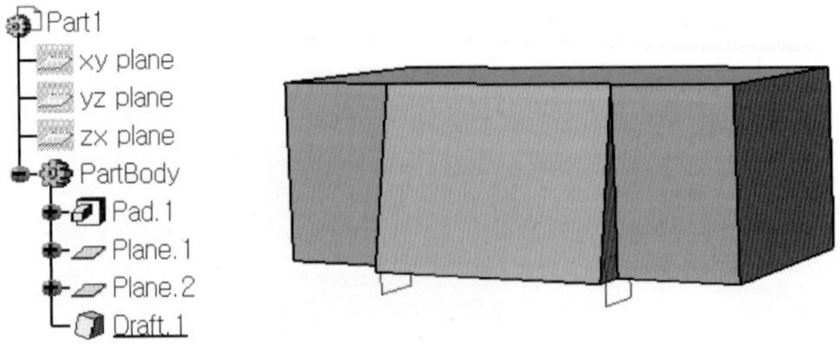

• Draft Form : Draft 형태를 선택하는 Option으로 Cone이 기본이다. Neutral Line이 Draft Plane과 수직인 경우는 두 Option에 차이가 없다.

1 Draft Form을 Cone으로 설정한 경우이다.

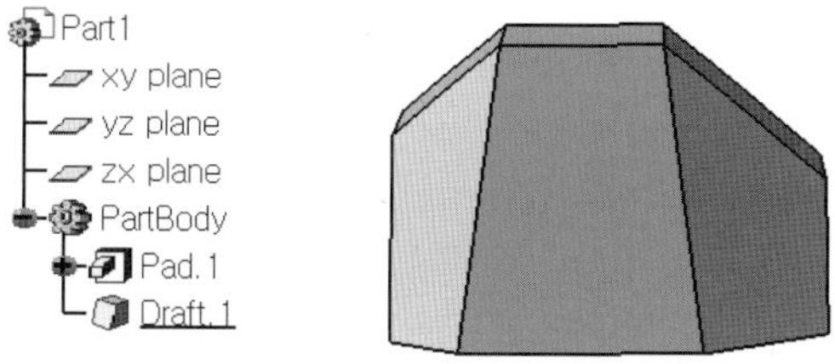

2 다음은 Draft Form으로 Square로 설정한 경우이다.

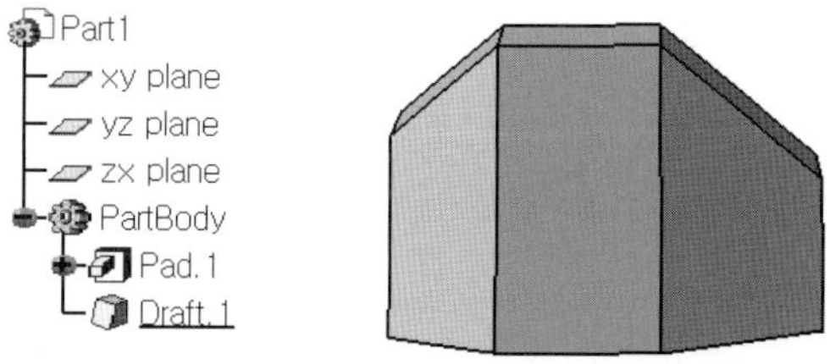

- Pulling Direction : Neutral Element에 수직방향이 기본 설정이다. Selection Field의 Contextual 메뉴를 이용하여 다른 축이나 직선을 지정할 수도 있다. Controled by reference가 체크되어 있으면 화살표를 클릭하여 방향을 변경 할 수 있다.

1 Neutral Element가 여럿일 경우 맨 처음 선택된 면이 Pulling Direction으로 결정된다. 다음은 우측면이 맨 처음 Neutral Element로 설정된 경우이다.

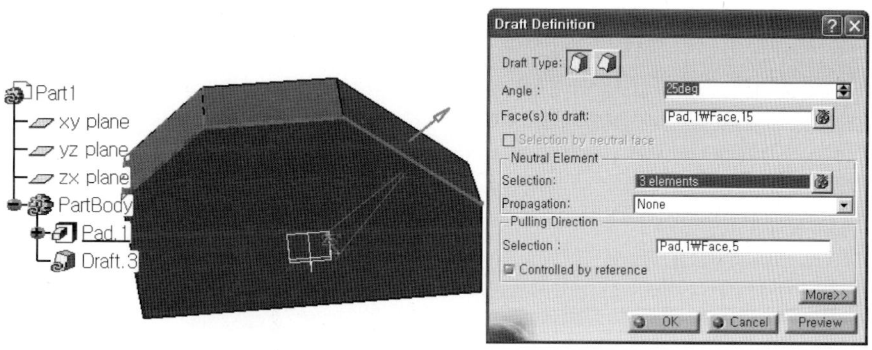

Draft Reflect Line

3D 모델을 수직 평면에 투사하여 형성되는 윤곽선을 따라서 Draft 시키는 기능이다.

1 다음처럼 원통을 xy plane과 평행한 면에 생성한다.

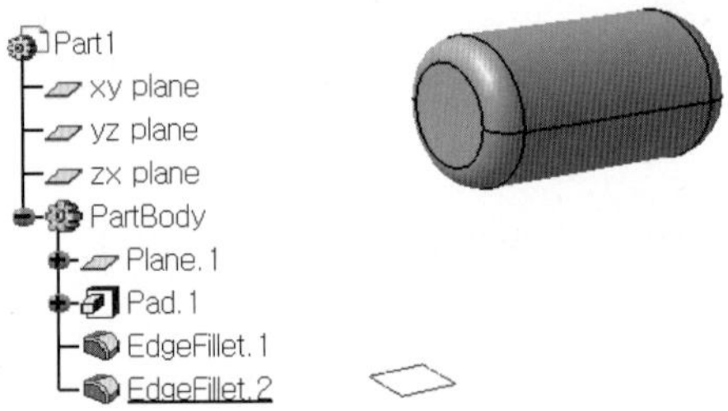

2 Draft Reflect Line 을 클릭한다. Angle에 5도 그리고 Face to Draft에 원통 측면을 선택한다. 원통 주위에 Draft될 분홍색 Line이 만들어진다. Pulling Direction은 원통 아래의 평면 xy plane을 선택한다.

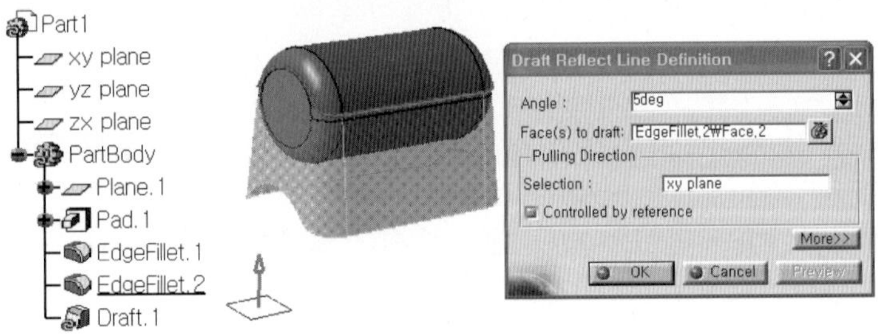

3 결과를 확인하면 Error가 난다. 그 이유는 Draft되는 한계가 설정되지 않았기 때문이다. More를 클릭해서 Box를 확장한다. Define Parting Element를 체크하고 Selection에 원통 아래의 xy plane을 선택하고 OK한다.

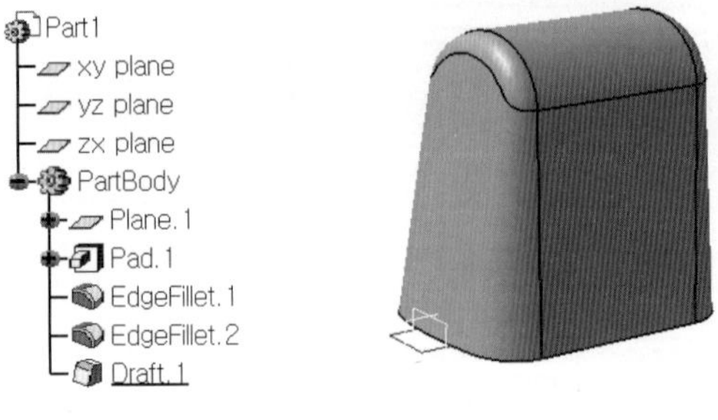

Variable Angle Draft

Angle Draft에서는 전체를 일정한 각도로 Draft 한다. 하지만 모델링 하다보면 서로 다른 각도로 Draft 할 경우가 있다. 이 때 이용할 수 있는 기능이 Variable Angle Draft이다.

1 아래 그림과 같이 직육면체를 만들고 그 밑면과 수직한 Plane을 두 개 준비한다. 아래 그림은 Plane.1과 yz plane이다.

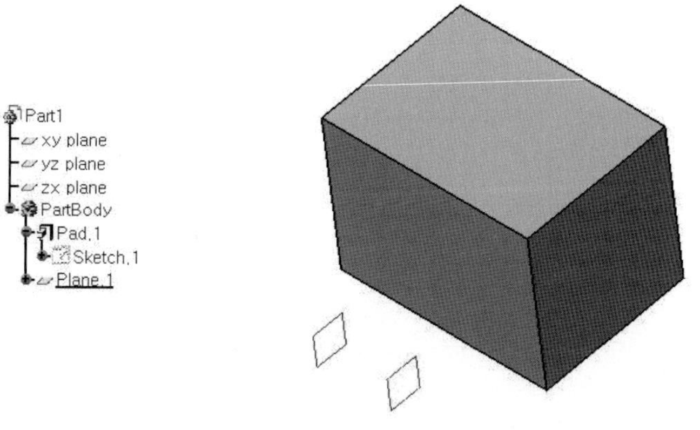

2 Variable Angle Draft 를 클릭하여 Definition Box를 연다.

3 Face to Draft : Draft 할 면으로 정면을 신택한다.

4 Neutral Element : 중립면으로 윗면을 선택한다. Draft 할 면과 접하는 모서리가 분홍색으로 변한다. 분홍색 선의 양 끝에 녹색 점이 만들어지고 각각의 각도가 표시된다. Points 항에는 2개의 점이 입력된다.

5 Angle : 분홍색 모서리가 선택되면 양 끝점의 각도를 서로 다르게 수정한다.

6 Pulling Direction : 중립면과 수직으로 자동적으로 설정된다. 방향을 변경하려면 화살표를 클릭하던지 아니면 Contextual Menu를 불러서 변경한다.

7 Points : 분홍색 모서리에 점을 추가하여 별도의 각도를 부여할 수 있다. 여기서는 미리 준비한 Plane1을 클릭한다. 그리고 Angle Tab을 눌러서 각도를 부여한다. 또 다른 점을 추가하고 싶다면 다른 Plane을 클릭하고 Angle에서 각도를 부여하면 된다. 점을 추가하는 방법은 모서리의 원하는 위치를 직접 클릭해도 되고 Contextual Menu를 불러서 추가할 수도 있다.

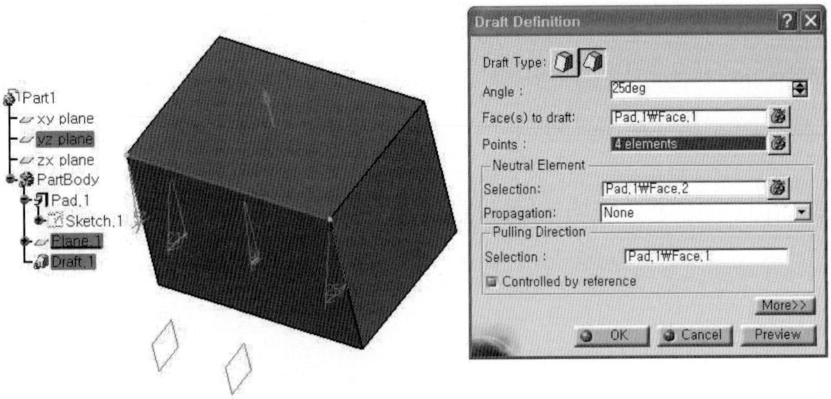

8 미리보기 하자.

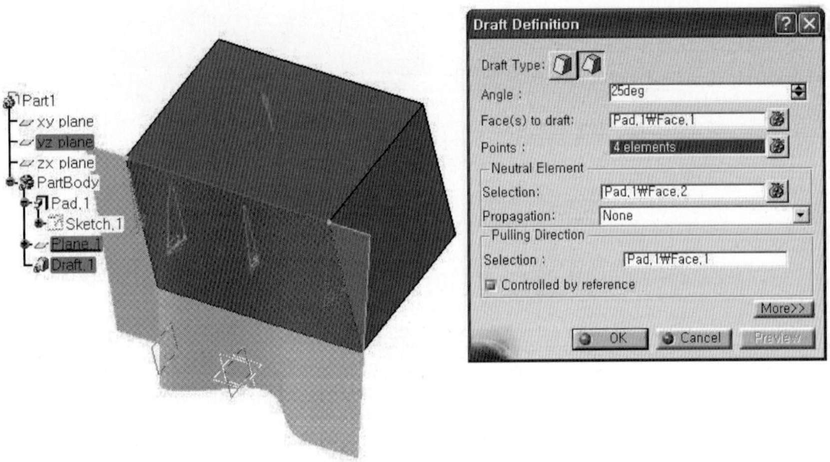

9 완성된 모델이다.

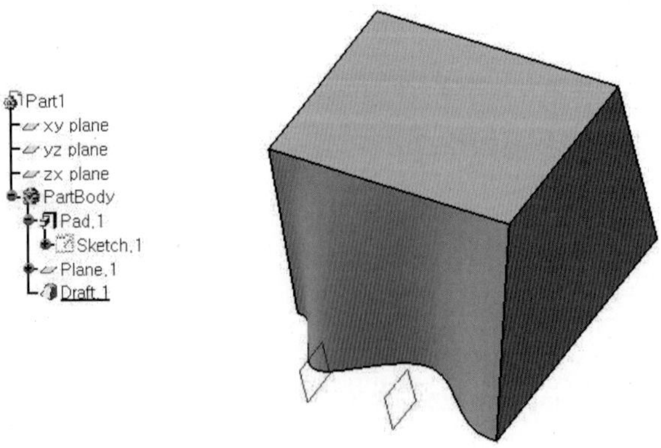

(4) Shell

Part Design Workbench에서 만드는 모델은 기본적으로 내부가 꽉 들어찬 Solid이다. Shell은 Solid의 내부를 파내어서 얇게 만드는 기능이다.

1 다음과 같은 직육면체를 준비하고 Shell을 클릭한다. Definition Box가 열린다. Face to Remove에 제거할 면으로 육면체의 윗면을 선택한다. 색이 붉게 변한다.

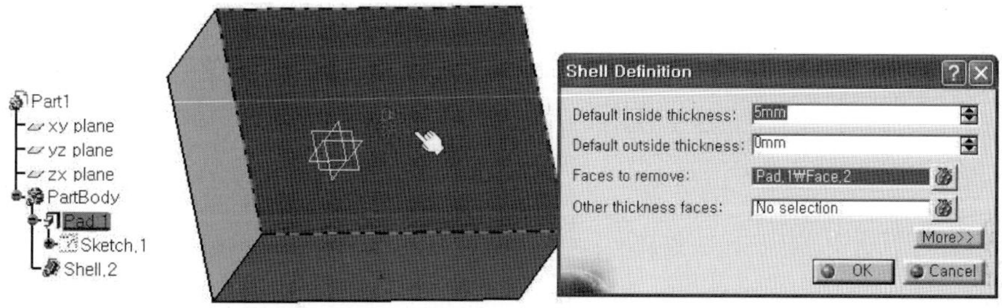

2 Default inside Thickness에 5를 입력하고 OK 한다. Default Outside Thickness는 도형 외측으로 두께를 부여하는 Option으로 외형 치수가 커진다.

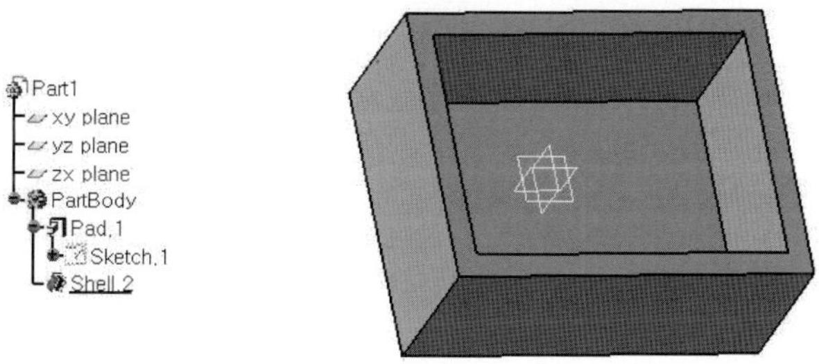

3 윗면이 제거된 두께 5mm의 모형이 만들어졌다. 이번에는 Face to Remove에 측면을 추가하여 선택하자.

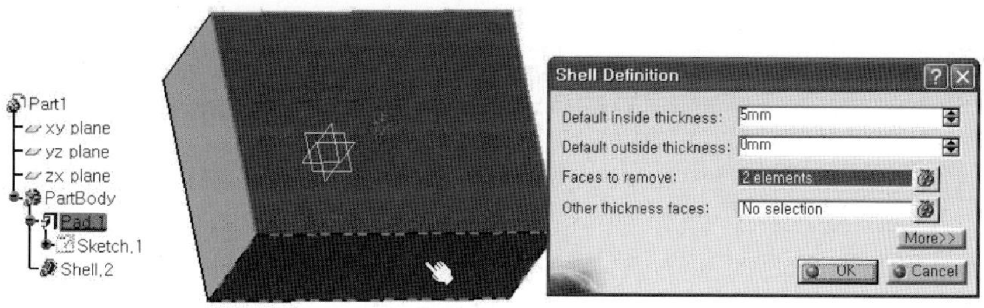

4 결과를 확인하자. 선택된 면이 제거된 모델이 만들어졌다.

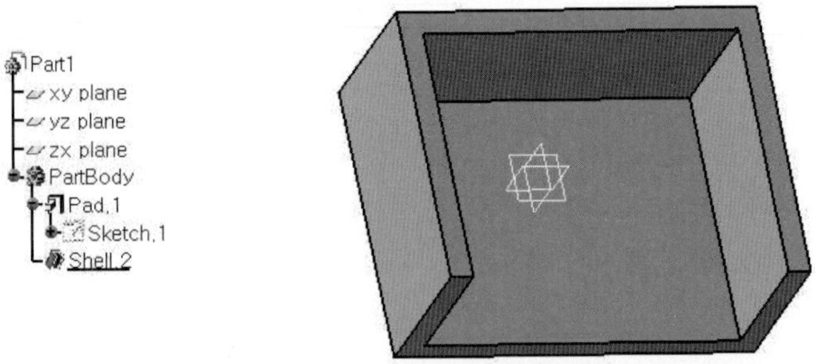

• Other Thickness Faces : 선택 면에 다른 두께를 부여한다.

1 육면체의 측면을 선택하고 Default inside Thickness에 20을 입력한다.

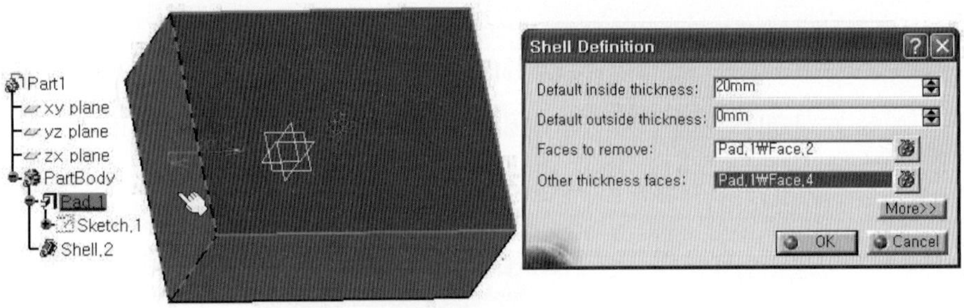

2 결과는 다음과 같다.

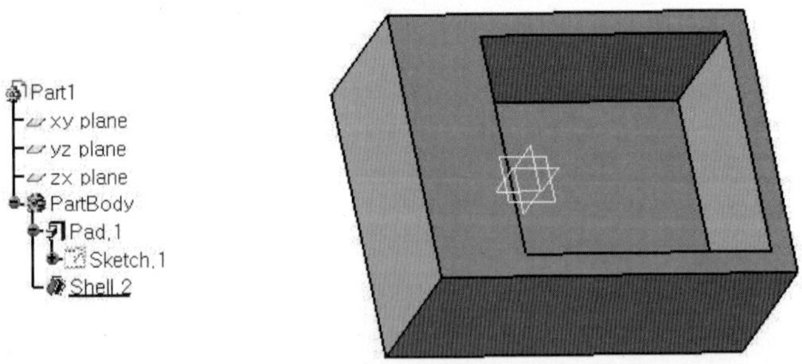

(5) Thickness

Shell의 반대 기능으로 기존 모델에 두께를 부가하는 기능이다. 방법은 Shell과 유사하다.

1 다음과 같은 모델을 준비하고 Thickness 를 클릭하여 Definition Box를 연다.

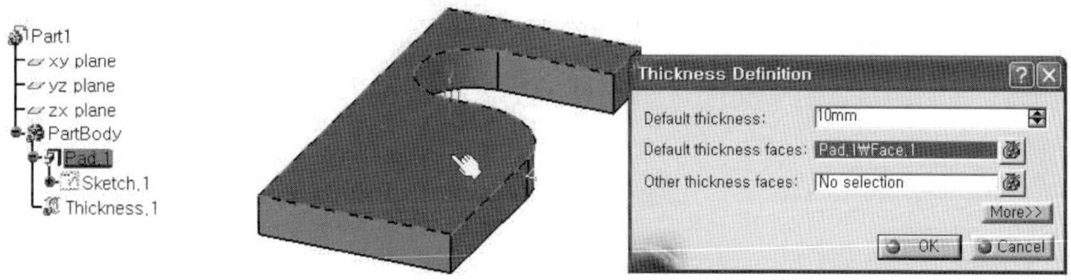

2 Default Thickness Face에 윗면을 선택한다. 선택된 면의 색이 갈색으로 변한다. 그리고 Default Thickness에 10을 입력한다.

3 결과를 확인한다.

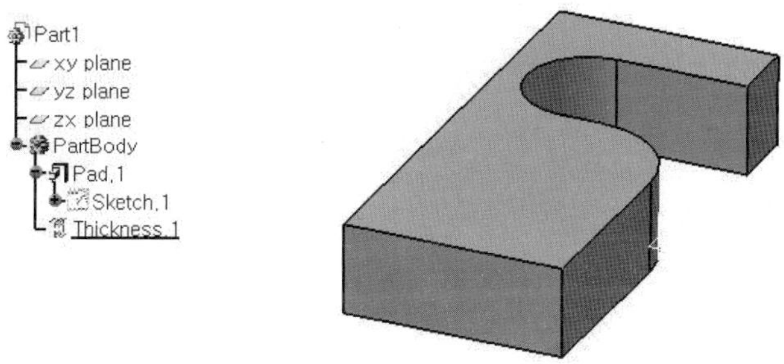

4 모델의 두께가 두꺼워졌다. 만일 특정 면에 두께를 부여하려면 Other Thickness Faces를 클릭하고 원하는 면을 선택하면 녹색으로 변한다. Other Thickness에 원하는 치수를 부여한다.

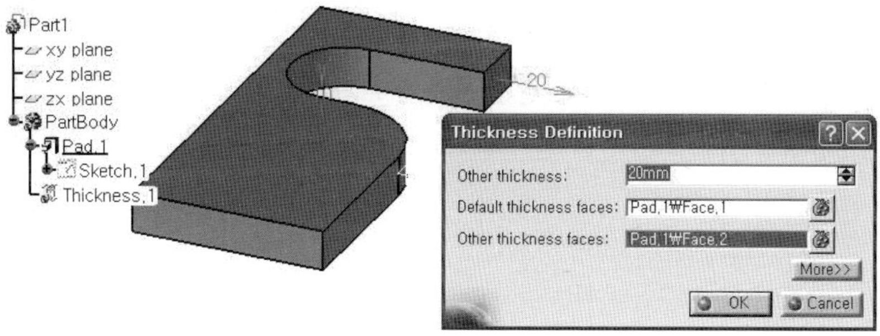

5 결과는 다음과 같이 두께도 두꺼워지고 추가로 선택한 부분이 길어졌다.

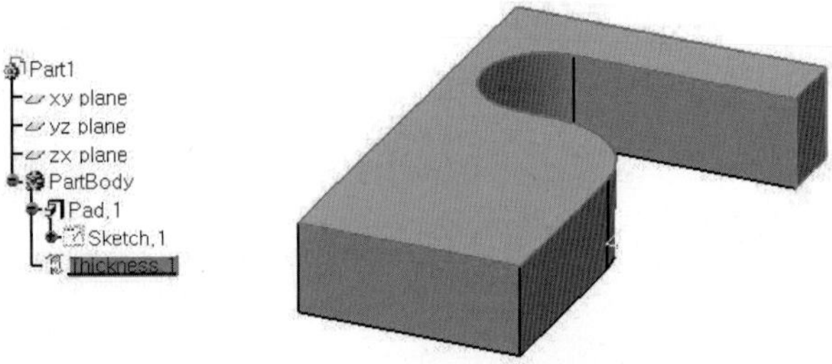

(6) Thread/Tap

원통 등의 Solid에 나사나 탭을 만들어주는 기능을 가지는 명령이다.

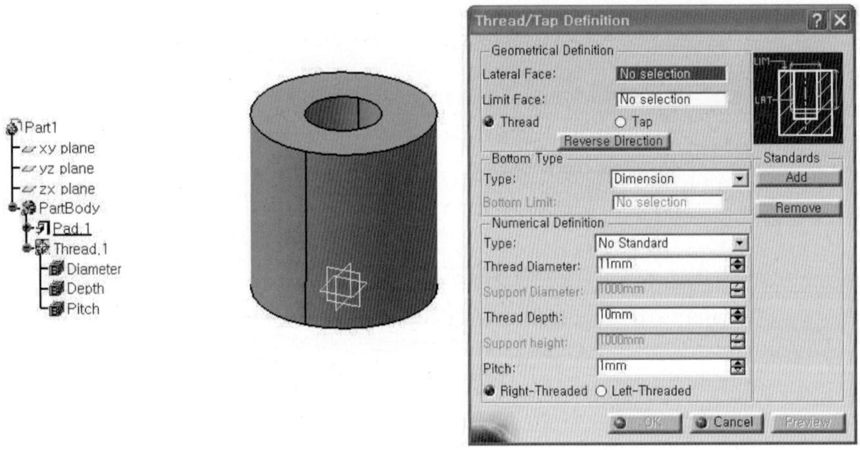

Thread/Tap Definition

- Lateral Face : 나사를 만들 원통의 내부 또는 외부 측면을 선택한다.
- Limit Face : 나사를 만들 기준면을 설정한다. 깊이 방향이라면 윗면이 된다.
- Thread, Tap : 나사를 만들 것인지 탭을 만들 것인지 선택한다.

Bottom Type

나사의 밑 부분 모양으로 앞의 Hole을 참조하자.

- Dimension : Thread Depth를 설정할 수 있다.
- Support Depth : 자동으로 Thread Depth가 설정된다.

- Up-to-Plane : 나사의 깊이가 결정되는 Up-to-Plane을 지정하면 Thread Depth가 자동 결정된다.

Numerical Definition

- Type : 나사의 형식으로 Metric Thin Pitch, Metric Thick Pitch, No Standard의 선택이 가능하다. Metric Thin Pitch, Metric Thick Pitch에 대해서는 앞의 Hole을 참조하고 No Standard는 사용자가 직접 만든 나사 데이터로 Add, Remove 버튼을 이용하여 사용 할 수 있다.
- Thread Depth : 나사가 생성되는 깊이
- Thread Description 등 기타 : 나사 표준에 따라 결정되는 값으로 Hole의 Table을 참조하자.

1 Lateral Face에 원통 측면을 선택하고 Limit Face에 원통 윗면을 선택한다.

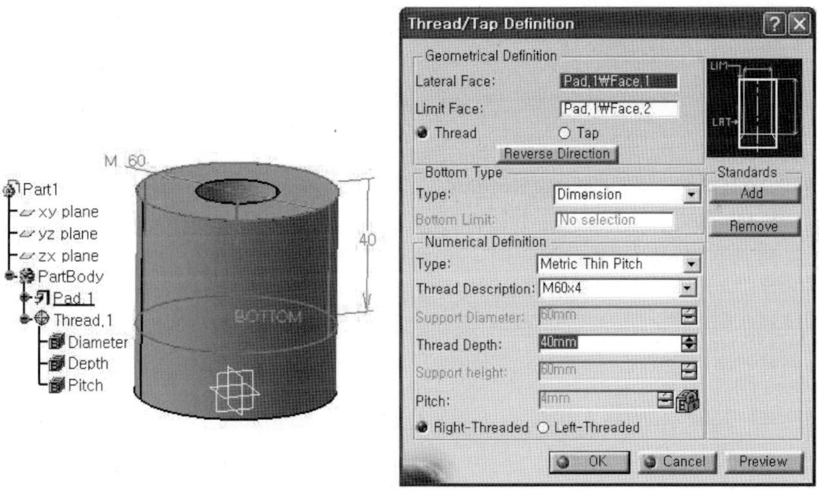

2 Bottom Type을 Dimension을 선택하고 Numerical Definition Type에 Metric Thin Pitch를 Thread Description에 M60X4를 선택하고 Thread Depth에 40을 입력한다. 미리보기를 해보자

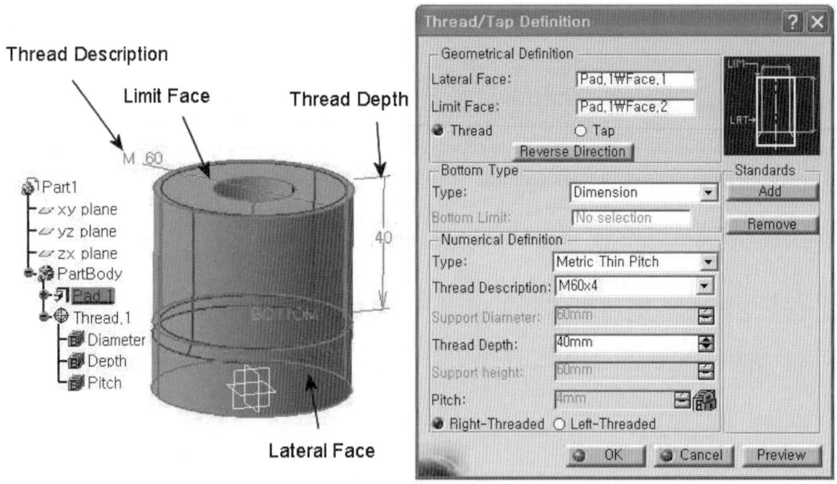

3 OK를 하면 원통에는 나사가 표시되지 않고 Spec Tree에만 Thread 가지가 만들어진다. Right Thread는 오른손 나사를 Left Thread는 왼손 나사를 말한다.

(7) Remove Face

선택한 면을 삭제하여 이전의 상태 또는 일부가 삭제된 상태를 만드는 명령이다.

기준면을 남겨두고 삭제하는 경우

1 다음과 같은 도형을 준비하고 Remove Face를 클릭한다.

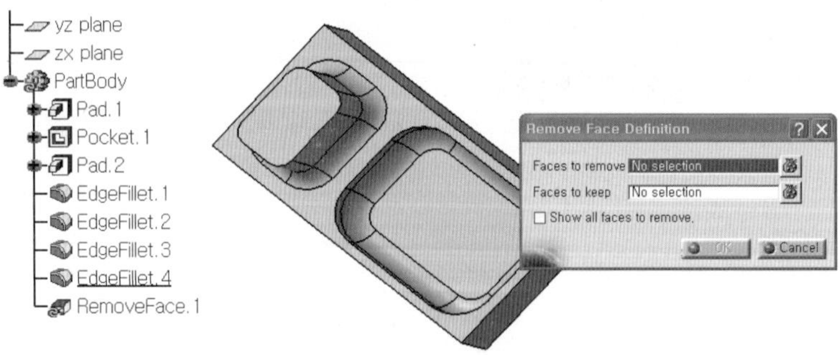

2 Face to Remove에 Solid의 포켓 내부를 선택한다. 선택된 부분이 핑크색으로 변한다. Face to Keep에 Solid 위쪽 평면을 선택한다. 선택된 부분이 초록색으로 변한다. Show all Face to Remove를 체크하면 삭제될 부분이 모두 핑크색으로 변한다. 변하는 부분의 색은 앞으로도 핑크색으로 표현된다.

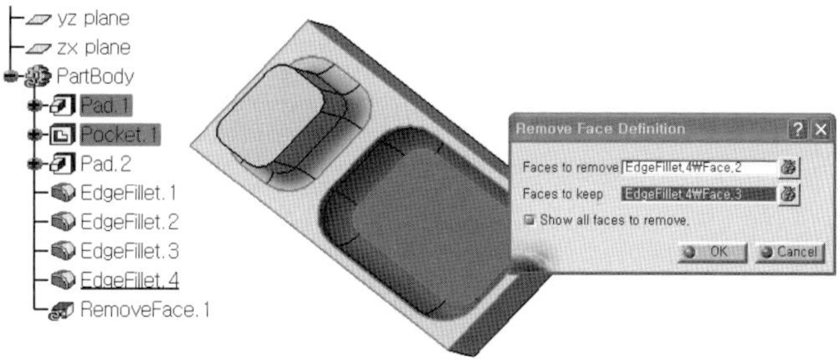

3 OK를 클릭한다. Pocket 되었던 부분이 모두 삭제되었다.

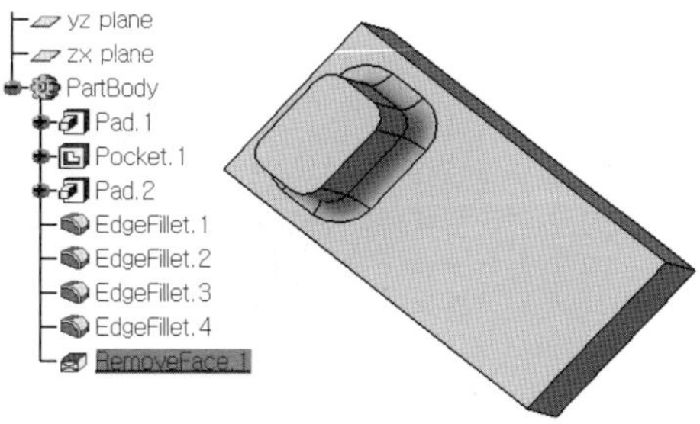

일부분을 삭제하는 경우

1 위 도형에서 Face to Remove에 Coner한 부분 중에서 일부를 선택한다.

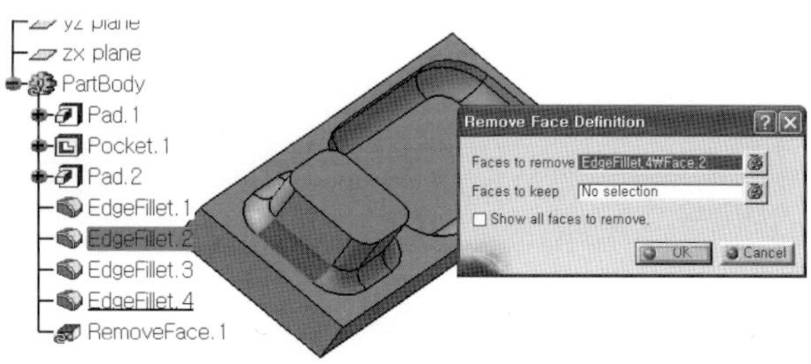

2 OK하여 결과를 확인해 보자. 선택 부분만 삭제되었다. 이 때는 Face to Keep는 선택하지 않는다.

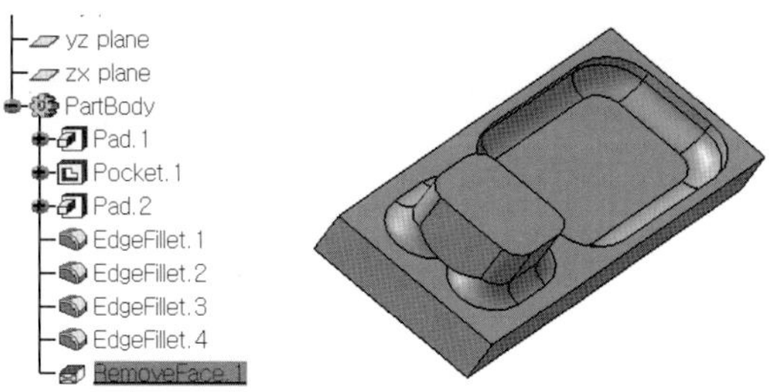

(8) Replace Face

표면의 위치를 기준면에 대하여 위치를 변경 시켜주는 기능이다.

Model 만들기

1 xy plane을 Sketch Workbench로 들어간다. 사각형을 Sketch하고 빠져나와 Pad 시킨다.

2 육면체의 윗면을 선택하고 다시 Sketch Workbench로 들어간다. 그리고 원을 Sketch 하고 역시 Pad 시킨다.

3 다시 육면체 윗면을 선택하고 Sketch Workbench로 들어간다. 그리고 사각형을 Sketch 하고 역시 Pad 시킨다.

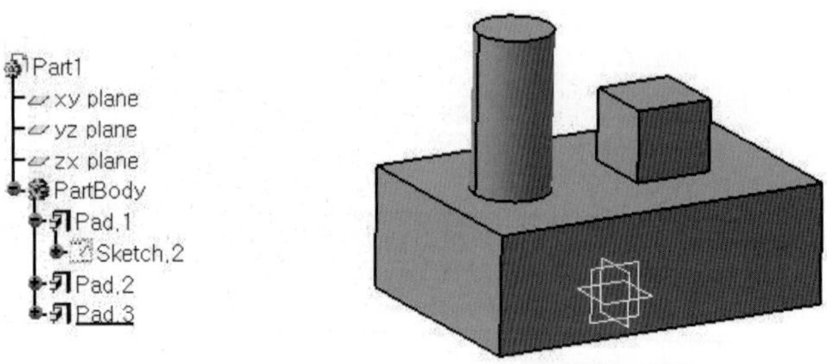

4 육면체 측면을 선택하고 Sketch Workbench로 들어간다. 그리고 Spline을 Sketch 한다.

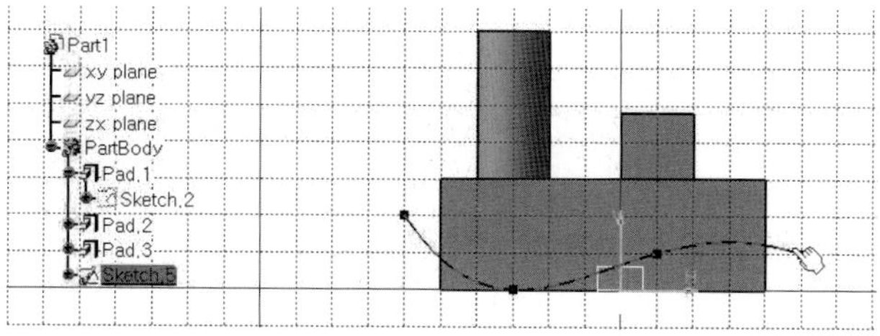

5 Wireframe & Surface Design Workbench로 들어가서 Extrude 를 클릭한다. Extrude Surface Definition Box에 방금 Sketch한 Spline을 Profile로 선택하고 Extrusion Limits를 적절히 설정하여 Surface를 만든다.

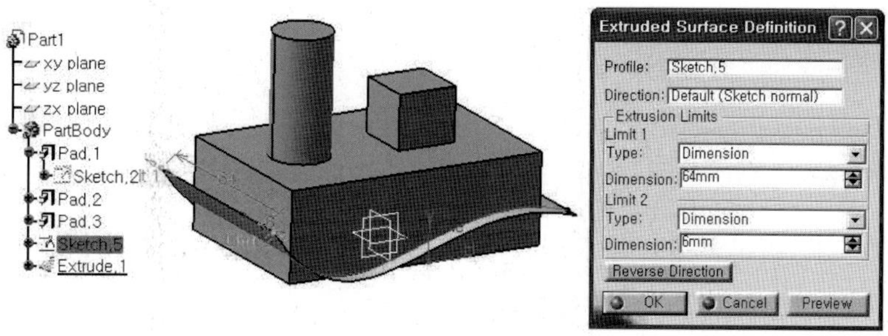

설정된 Surface를 기준으로 삭제하는 기능

1 다음과 같은 Solid를 준비하고 Replace Face 를 클릭한다. Replacing Surface에 Solid 밑 부분을 가로지르는 Surface를 선택한다. Face to Remove에 육면체의 밑 부분을 선택한다. 선택되면 핑크색으로 변한다.

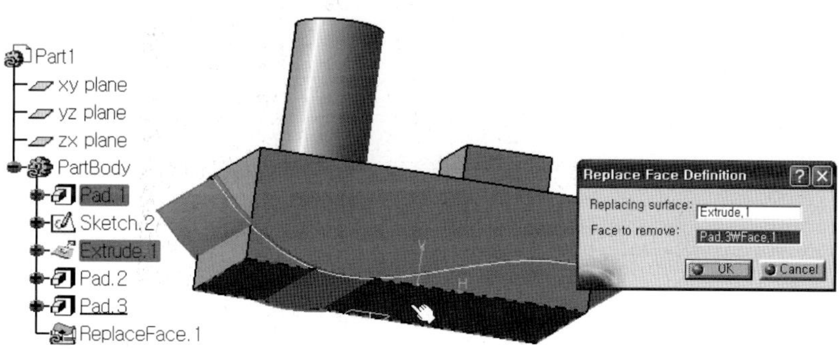

2 결과를 확인하자. 뒤에서 소개할 Split 기능과 같이 아래쪽이 삭제되었다. 실제는 삭제된 것이 아니라 핑크색 표면이 기준 Surface와 같게 낮아진 것이다. Replacing Surface는 여기서와 같이 Surface는 물론 xyz plane, Solid의 표면 등이 될 수 있다.

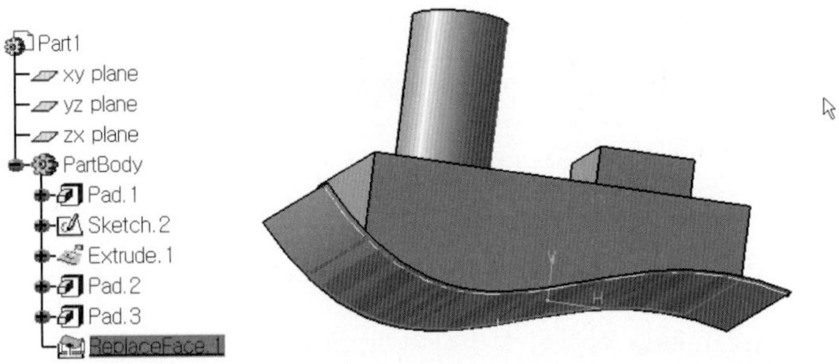

높이를 같게 하는 기능

1 Replacing Surface는 기준면으로 원통의 윗부분을 선택한다. 윗면의 색이 초록색으로 변한다. 또 Replace 되는 방향을 지시하는 화살표가 만들어진다. 방향을 변경하려면 화살표를 클릭해 주면 된다. Face to Remove는 변경되는 표면으로 작은 사각 기둥의 윗면을 선택한다. 윗면의 색이 핑크색으로 변할 것이다.

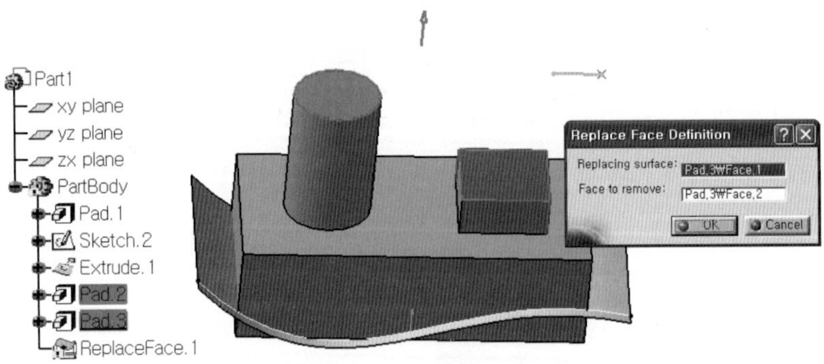

2 OK 한다. Error가 나왔다. Replacing Surface가 Face to Remove 보다 높은데도 화살표의 방향이 바깥 방향이기 때문이다. 화살표의 방향을 반대로 변경하고 다시 OK하자.

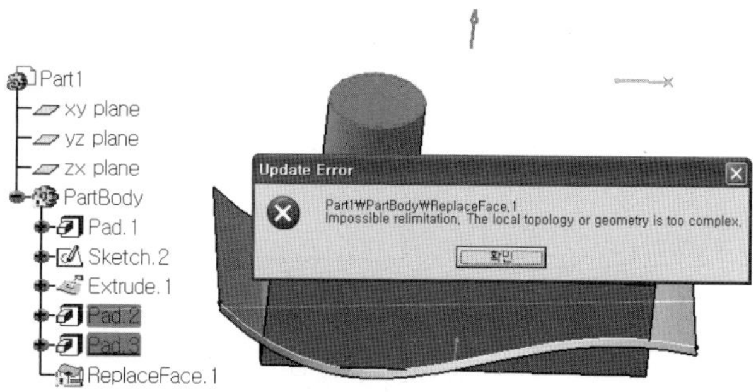

3 결과가 나왔다. 작은 사각기둥의 높이가 원기둥과 같아졌다. 반대로 선택한다면 원기둥의 높이가 사각기둥의 높이와 같게 작아질 것이다.

3.6 Surface-Based Features

Surface를 기준으로 Solid를 생성하는 Tool Bar이다. 여기에는 Split, Thick Surface, Close Surface, Sew Surface의 세부 기능이 포함되어 있다.

(1) Split

Split는 Solid를 쪼개는 명령이다. 이 명령을 사용하기 위해서는 Solid를 쪼개는 기준 Surface 또는 평면이 있어야한다. 기준 평면을 선택하고 화살표의 쪼개는 방향을 설정해 주면 Solid는 둘로 쪼개어진다.

Surface 기준 Split

1 Solid에 포함된 Surface를 선택한다.

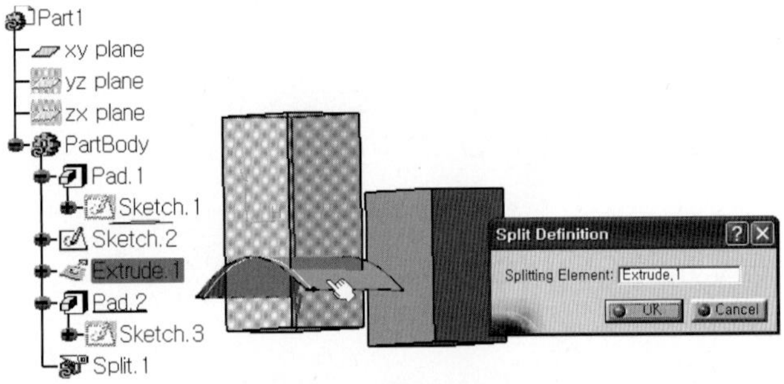

2 OK하여 확인하자. 해당 Solid의 윗부분이 잘려 나갔다.

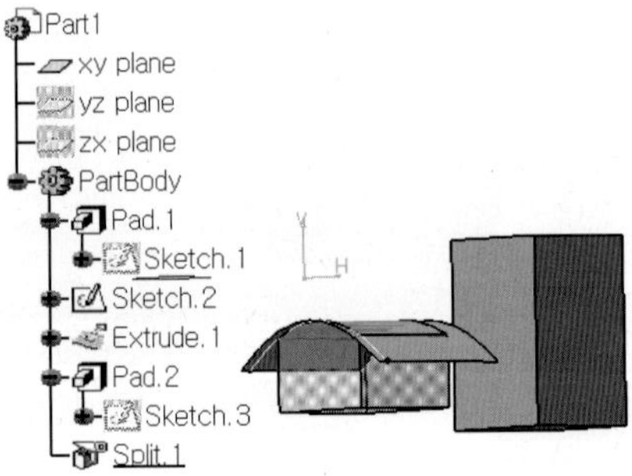

평면 기준 Split

1 다음과 같이 육면체 옆에 위치한 Plane(xy plane)을 선택한다. 그리고 OK한다.

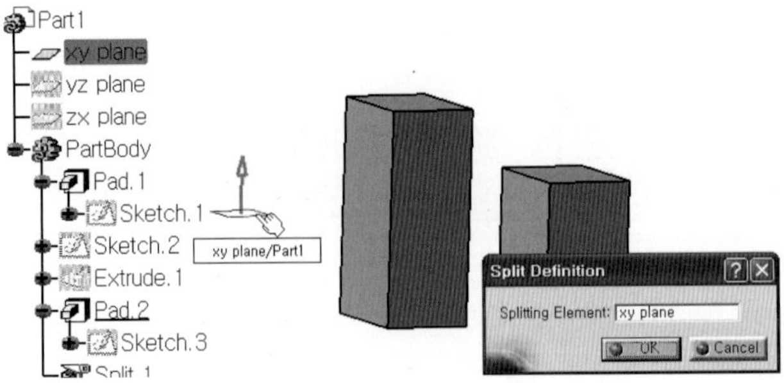

2 결과를 확인하자. 옆 두 물체가 모두 잘려 나갔다. 화살표의 방향을 변경하면 윗 부분이 잘려 나갔을 것이다.

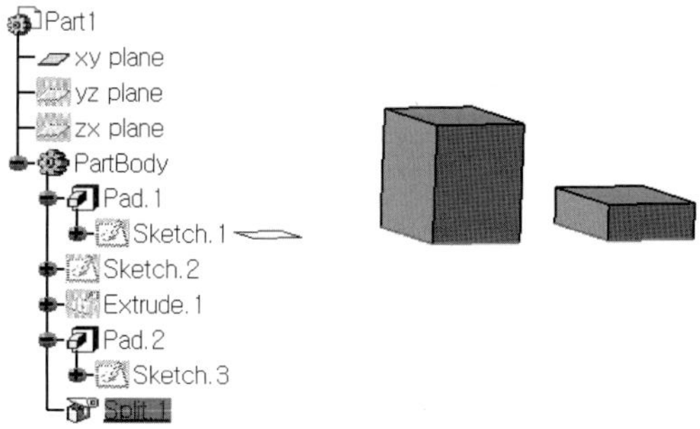

표면 기준 Split

1 이번에는 작은 육면체의 윗면을 선택하자.

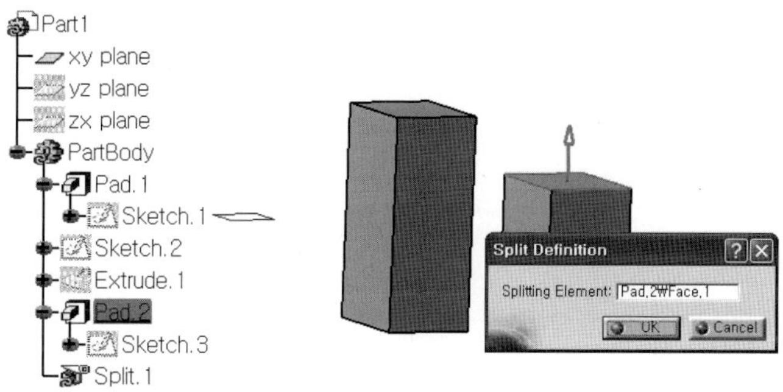

2 결과는 다음과 같다. Plane을 선택한 경우와 같은 결과이다.

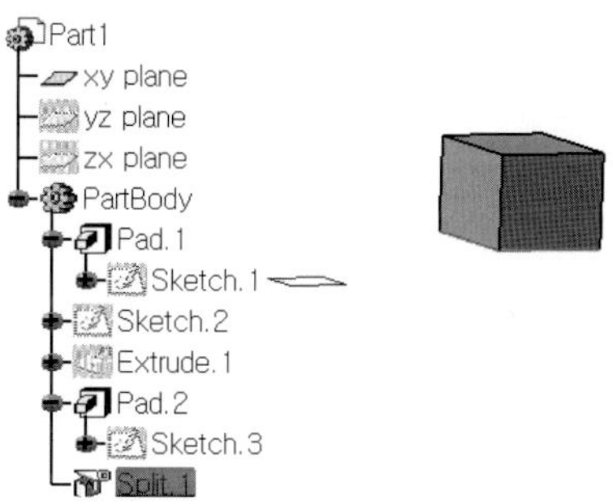

(2) Thick Surface

Solid 모델링 작업 중 서피스에 두께를 부여하는 기능을 가지고 있다. 여기서 서피스는 Wireframe and Surface Design Workbench의 Extrude 명령에 의해서 만들어진 서피스이다.

Part Design에서는 Extrude 명령에 의해서 만들어진 Surface는 Design 보조 Surface로 Solid와 접촉해도 일체로 인식하지 않는다. 따라서 작업 후에 Hide 시키면 Solid 모델에 영향을 남기지 않는다.

1 서피스를 준비하고 Thick Face 를 클릭한다. Thick Surface Definition Box가 열린다.

2 Object to Offset에 Surface 또는 Spec Tree에서 Extrude.1을 선택한다. Surface에 나타나는 화살표의 방향이 First Offset 두께이고 반대쪽이 Second Offset 두께이다. 적당한 값을 입력하고 미리보기하자.

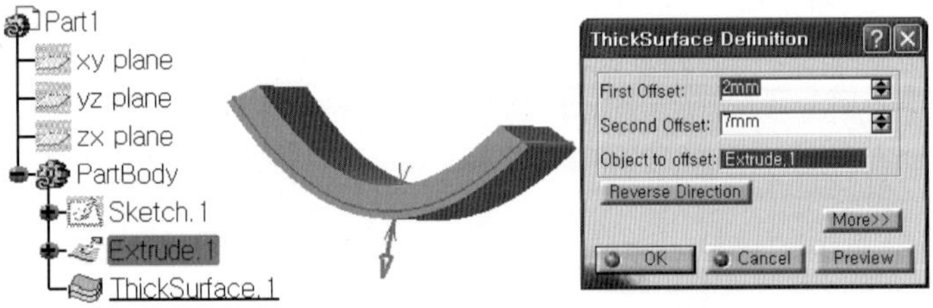

3 결과를 확인하자. 화살표를 클릭하면 방향이 변경된다.

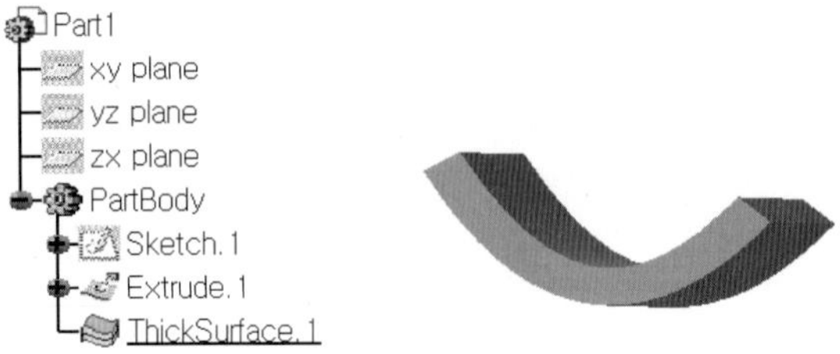

(3) Close Surface

Surface로 둘러싸인 공간을 Solid를 채워서 닫힌 Solid로 만드는 기능이다. 이렇게 Solid를 만드는데 도와준 Surface는 Hide 시켜 감추어주면 된다.

1 다음과 같은 Surface로 닫힌 도형을 채우기 위해 Close Surface 를 클릭한다. Close Surface Definition Box의 Object to Close에 Surface를 선택한다. 그리고 OK해 보자.

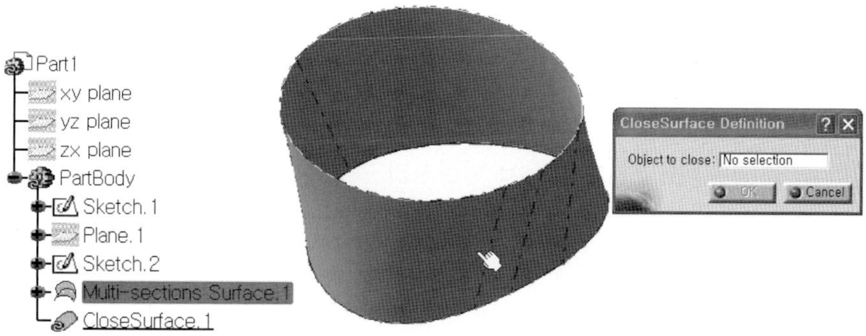

2 Surface로 둘러싸인 내부가 채워져서 Solid가 만들어졌다. Solid 주위의 Surface를 Hide 시키기 위해서 Surface에 해당하는 Specifications Tree의 Multi-Section-Surface를 클릭한 상태에서 우측 마우스 버튼을 눌러 Contextual Menu를 부른다. 여기에서 Hide/Show를 선택한다.

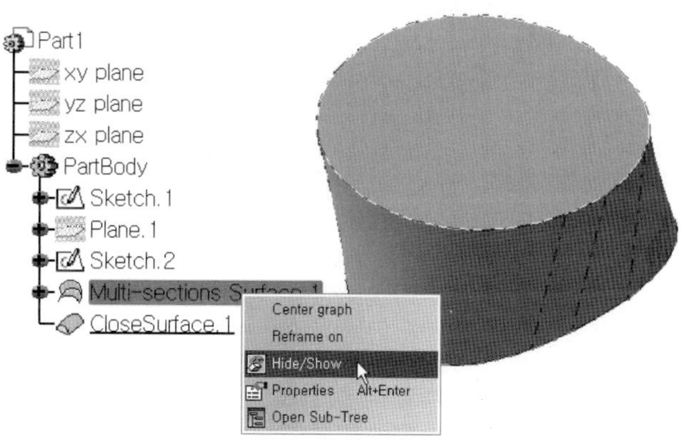

3 바깥쪽의 Surface가 사라졌다.

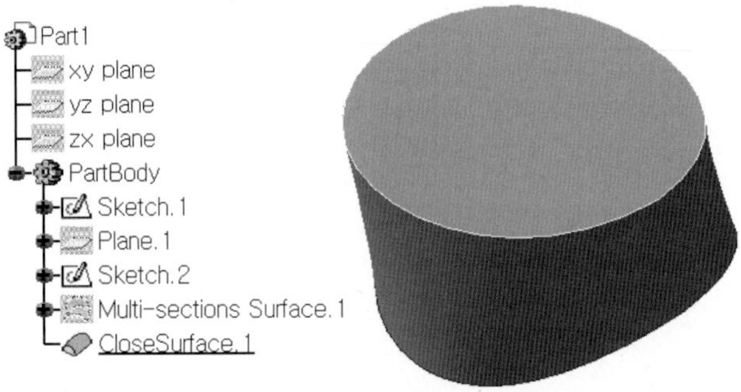

(4) Sew Surface

Surface를 Solid에 병합시켜 Solid를 변형시키거나 Solid에서 제거가 가능한 기능이다.

Surface를 Solid에 병합시키기

1 다음과 같이 Solid에 Surface가 함께하는 모델을 준비하고 Sew Surface 를 클릭한다. Object to Sew에 Surface를 선택하면 Surface 주위에 화살표가 만들어진다. Face to Remove에 가운데 원통을 선택한다. 원통이 주황색으로 변한다.

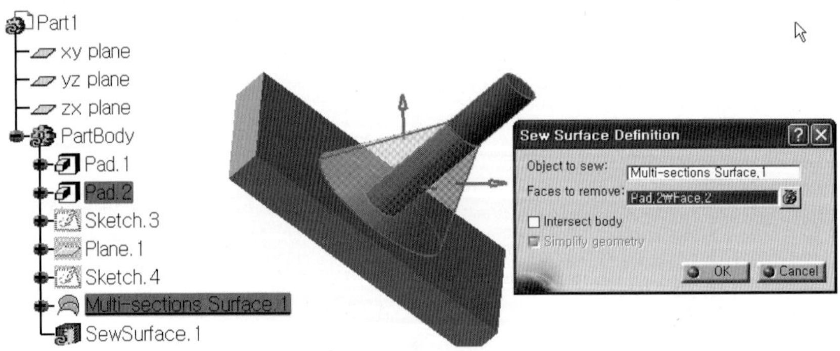

2 OK하여 확인하자. 모두 삭제되고 Surface와 접촉하는 부분만 남아있다. 이것은 화살표의 방향 때문이다. 화살표 방향이 바깥쪽이기 때문에 안쪽으로는 모두 삭제된 것이다. 이것은 원하는 모델이 아니므로 화살표 방향을 변경하여 다시하자.

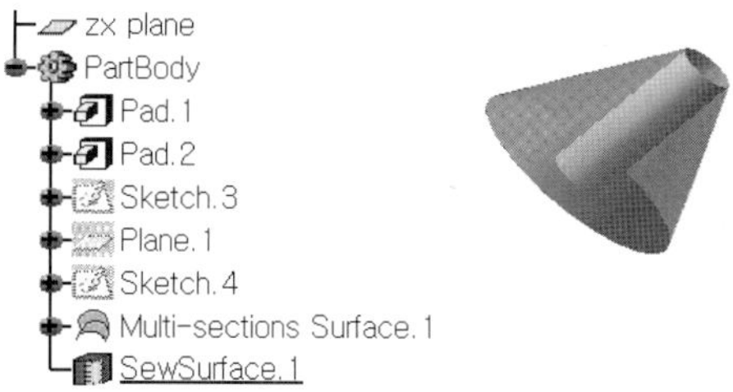

3 화살표를 클릭하여 방향을 안쪽으로 변경하고 확인하자.

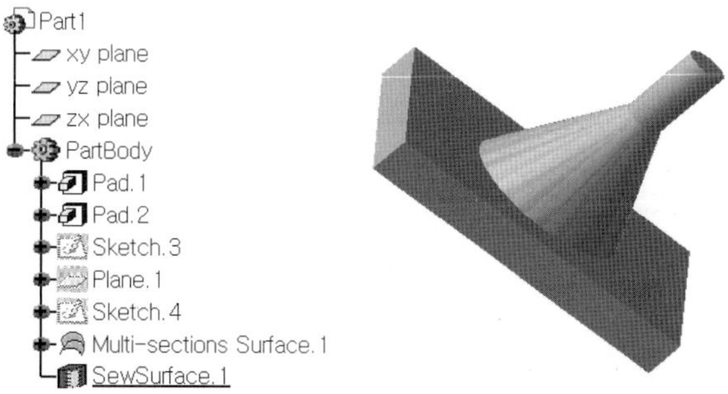

4 Specifications Tree의 외측 Surface에 해당하는 Multi-sections Surface를 Hide 시키면 원하는 Solid가 된다.

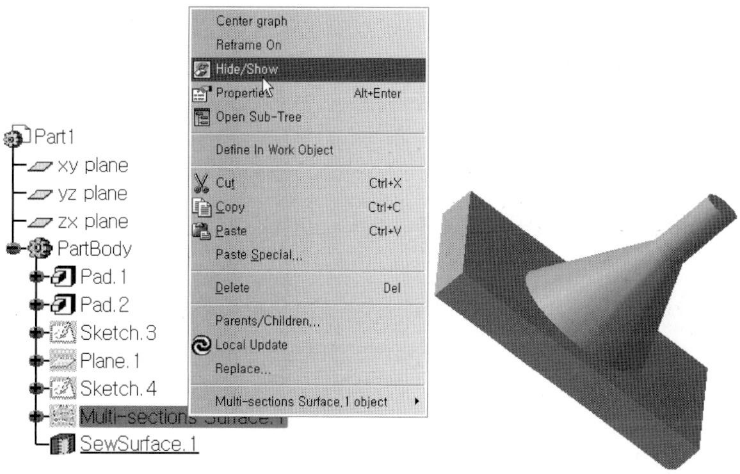

Surface를 Solid에서 삭제, 생성시키기

1 다음과 같이 Solid에 Surface가 함께하는 모델을 준비하고 Sew Surface 를 클릭한다. Object to Sew에 Surface를 선택하면 Surface 주위에 화살표가 만들어진다. 화살표 방향이 아래쪽이어야 한다. Face to Remove에 육면체 윗면을 선택한다. 윗면이 주황색으로 변한다.

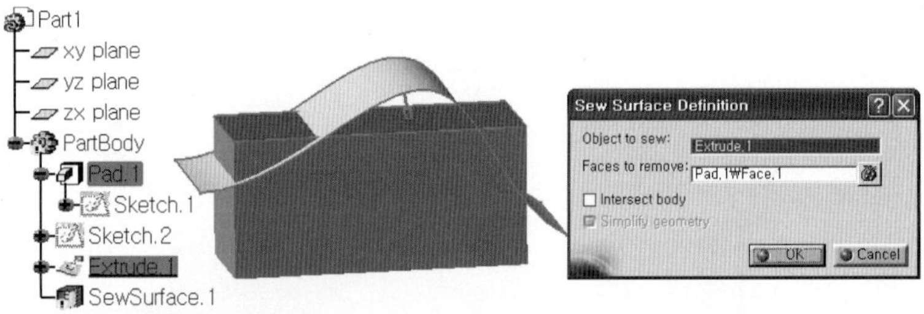

2 결과를 확인하자. Surface 위쪽으로는 삭제되고 아래쪽으로는 Solid가 생성된다.

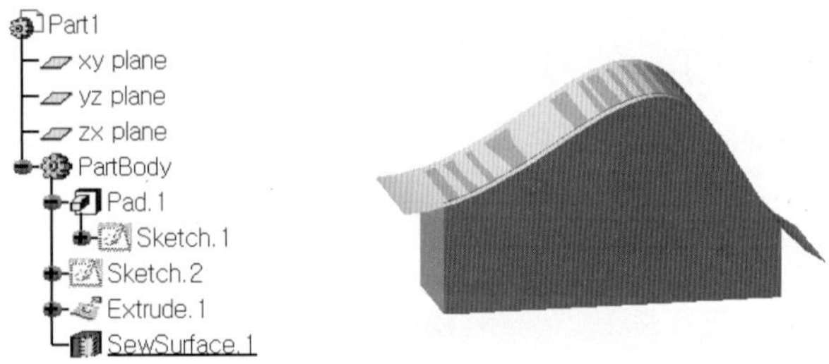

3.7 Transformation Features

Solid의 위치 또는 크기를 변형 시키는 Tool Bar로 이것에는 Transformations, Mirror, Pattern, Scaling 등의 기능이 포함되어 있다.

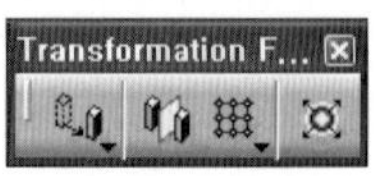

(1) Transformations

Solid의 위치를 변화시키는 Tool Bar로 변화시키는 방법에 따라서 Translation, Rotation, Symmetry, Axis to Axis의 세부 명령이 포함되어 있다.

Translation

Solid를 지정하는 방향으로 위치를 변화 시키는 명령으로 다음처럼 활용한다.

- 이동시키려는 Solid를 선택하고 Translation 를 클릭한다. 다음과 같은 Question 창이 열린다. 계속하려면 "예"한다.

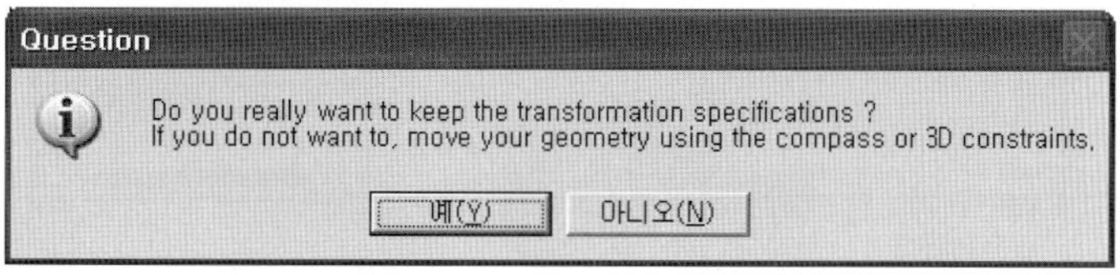

- Vector Definition : 이동시킬 방향을 설정하는 메뉴로 3가지 방법이 있다.
- Direction, distance : 방향과 거리를 입력하는 방법으로 방향을 설정하는 방법은 Contextual Menu를 이용하는 방법과 모델의 모서리, 평면 또는 Specifications Tree를 이용하는 방법 등 다양하다.
- Point to Point : 점과 점을 선택하여 이동방향을 결정하는 방법이다. 이 때 점은 Solid의 꼭지점 등을 선택하여 정하기도 한다.
- Coordinate : 좌표를 이용하여 방향을 설정하는 방법이다.

여기서는 Vector Definition에 Direction, Distance를 선택하고 Direction에 Z축을 그리고 Distance에 30을 입력하였다. 모델에 이동물체의 위치가 적색으로 표시되고 거리가 녹색으로 표시된다.

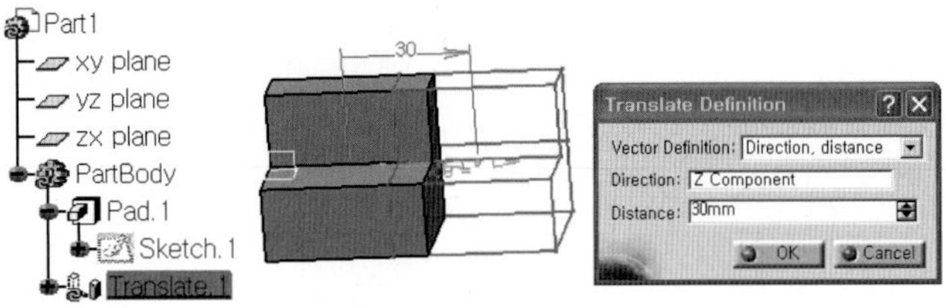

Rotation

Solid를 지정한 축에 따라서 회전 시키는 기능이다.

- 다음과 같은 Solid를 회전시키기 위해서 Rotation 을 클릭한다. Definition Angle에 Axis-Angle을 선택하고 Axis는 Solid의 좌측 모서리를 선택한다. 각도를 45도로 입력하여 보자. 그림처럼 회전된다.

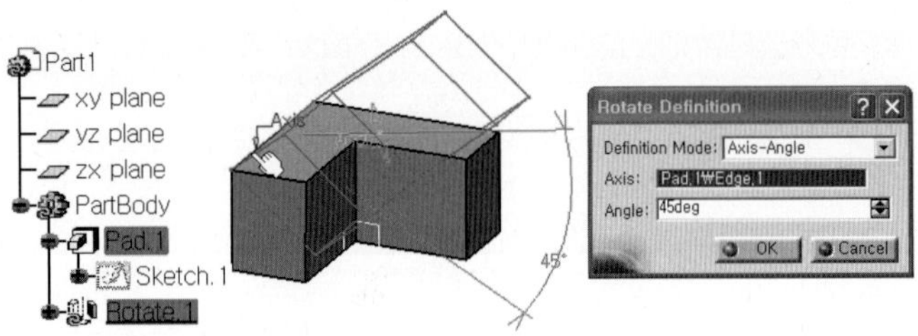

- Definition Mode : 회전축과 각도를 지정하는 방법으로 3가지가 있다.
- Axis-Angle : 회전축을 설정하고 각도를 입력한다. 회전축은 Solid의 모서리, 좌표축 또는 다른 Solid의 모서리 등 다양하다.
- Axis to Element : 회전축을 설정하고 각도를 숫자를 입력하는 대신 Solid의 Element, 점 등을 이용하여 입력한다.

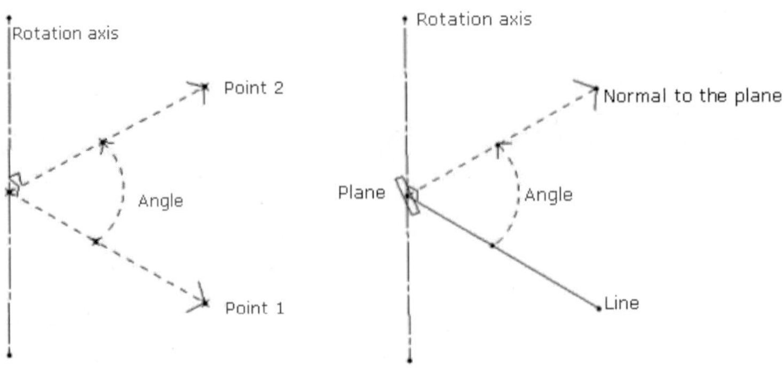

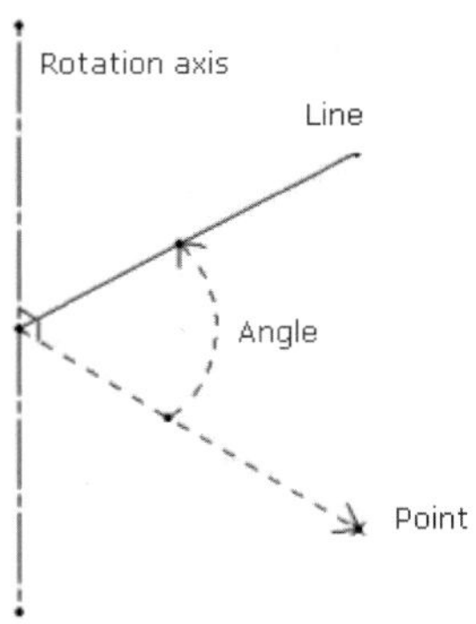

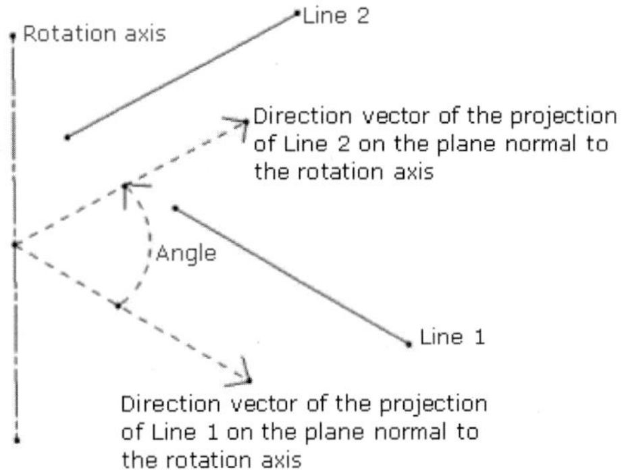

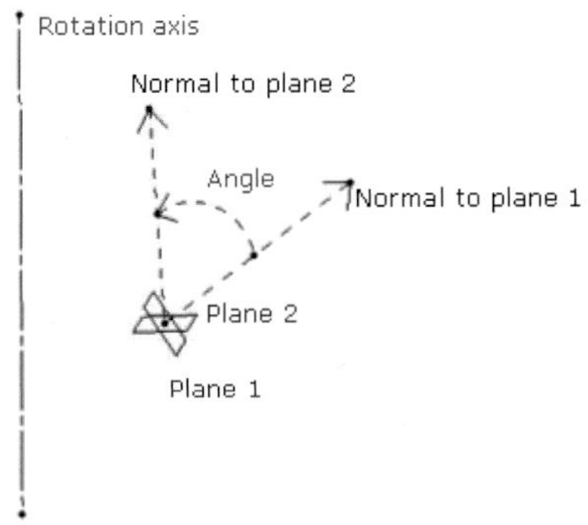

- Three Points : 3점을 설정하여 회전 시키는 기능이다.

1 회전축은 3점에 의해서 만들어지는 평면에 두 번째 점을 지나는 수직한 직선이 되며 회전 각도는 1,3 번째 점에 의해서 만들어진다.

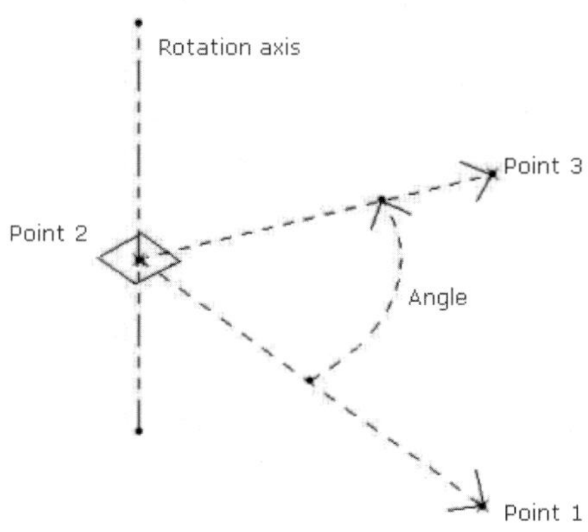

2 3점은 Solid의 꼭지점으로 설정할 수도 있다.

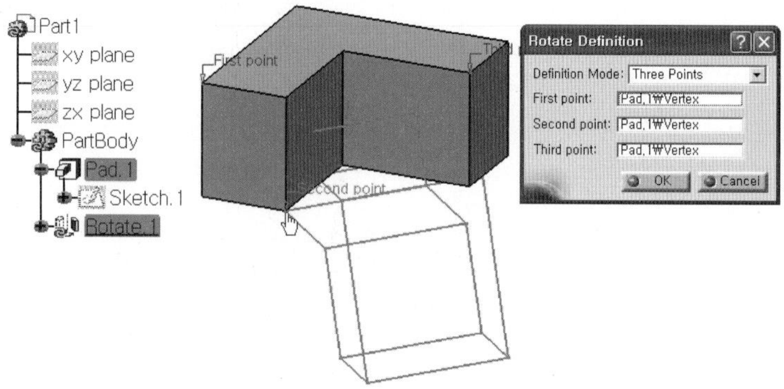

Symmetry

기준요소에 대칭이동 시키는 기능으로 Symmetry 를 클릭하고 Reference에 대칭축 또는 평면을 선택하여 준다. 대칭요소는 직선 또는 평면이어야 하며 Solid의 모서리 또는 평면 그리고 Contextual Menu를 이용하여 설정할 수도 있다. 다음은 yz plane을 대칭 요소로 선택한 경우이다.

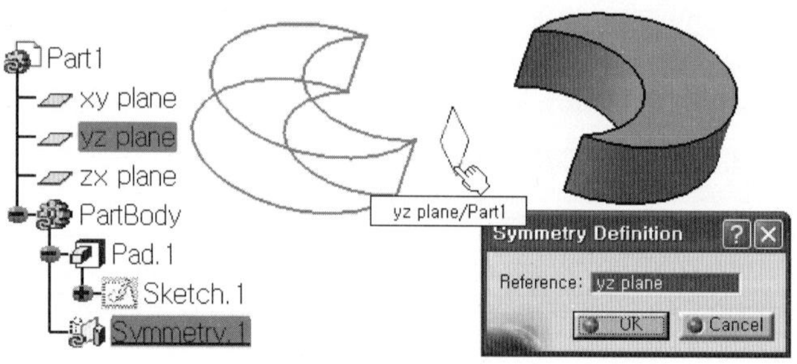

Axis To Axis

하나의 좌표 시스템에서 다른 좌표 시스템으로 이동 시키는 기능이다.

- 좌표 시스템을 생성하자.

Tools Bar에서 Axis System 을 클릭한다. Definition Box가 열린다. Axis System Type에 Standard를 선택한다. Origin에 원점 될 위치로 Solid의 한 꼭지점을 클릭하면 자동으로 그 점을 기준으로 x,y,z축이 설정된다. 만약 축을 변경하려면 아래 항의 X axis, Y axis, Z axis를 차례로 설정해도 된다. 여기서는 Default 값을 그대로 활용하였다. 같은 방법으로 또 다른 점으로 좌표계를 하나 더 만든다.

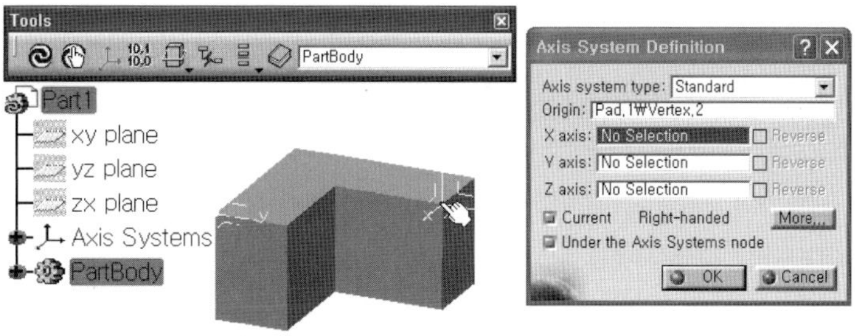

- Solid를 이동시키기 위해서 Axis To Axis 을 클릭하자.

  Reference에 두 개의 좌표시스템 중에서 하나를 선택한다. Target에는 또 다른 좌표 시스템을 선택한다.

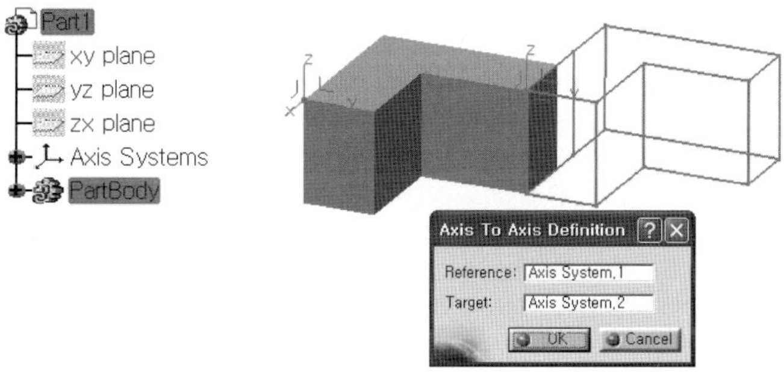

(2) Mirror

Solid 전체를 또는 일부분을 대칭평면을 기준으로 거울처럼 좌우가 반대로 복사해주는 기능이다. Mirror 을 클릭하고 대칭복사하려는 부분을 클릭하면 Definition Box가 열린다. 여기에 대칭평면을 지정해 주거나 또는 Contextual Menu를 열어서 선택 할 수도 있다.

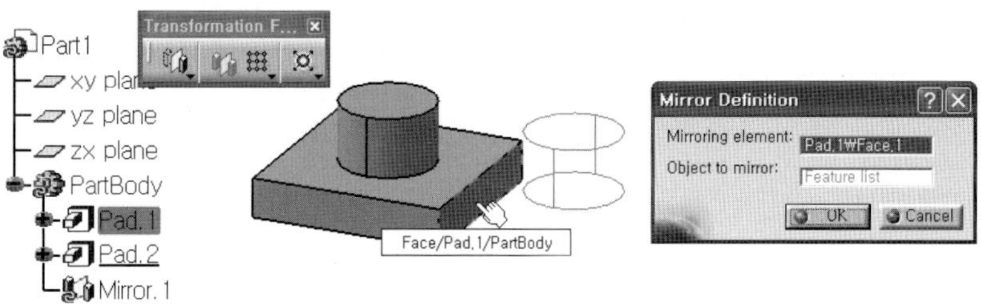

(3) Patterns

사각형배열, 원형배열 그리고 사용자 지정배열의 세부 배열 기능이 포함되어있다.

Rectangular Pattern

1 사각형 배열을 할 요소가 포함된 Solid를 준비하고 Rectangular Pattern 을 클릭하면 Definition Box가 열린다.

First Direction Tab에서 Instance항에 4을 입력하고 Spacing에 20을 입력한다. Instance는 복사할 숫자로 2이상의 값이 되어야 하며 Spacing은 복사하려는 요소 사이의 간격이므로 요소의 크기를 고려하여 설정한다. Reference Direction의 Reference Element 항에 좌측 모서리를 선택한다. 화살표 방향을 보고 반대 방향이면 Reverse를 클릭한다. Object to Pattern의 Object항에 육면체위의 원통을 Tree에서 또는 직접 선택한다. 만일 Current Solid로 두면 전체 Solid가 Pattern대상이된다.

Second Direction Tab을 클릭하여 Instance항에 3을 입력하고 Spacing에 25를 입력 한다. Reference Direction의 Reference Element항에 앞 모서리를 선택한다.

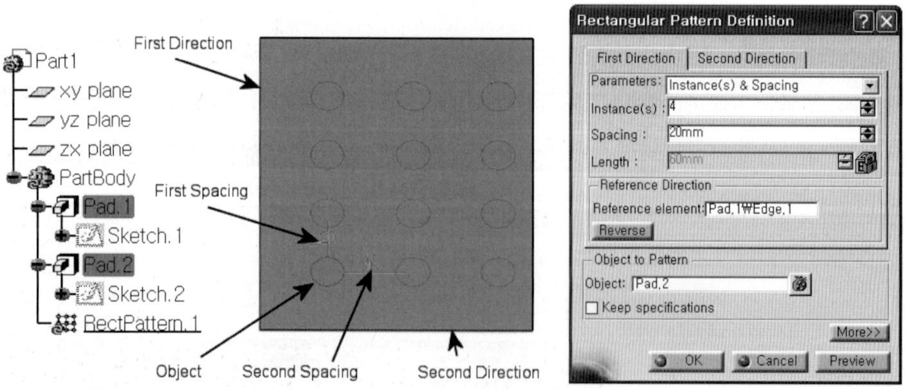

2 결과를 확인하자.

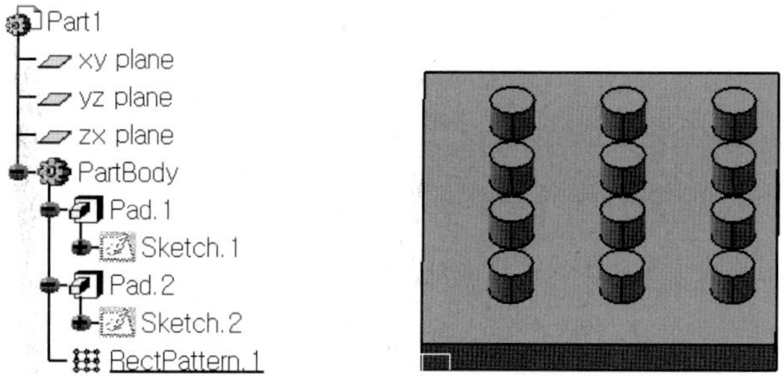

- Parameters : 복사할 요소의 배치 방법을 설정한다.
- Instance & Spacing : 복사할 요소의 수와 요소간의 간격을 설정하는 Option으로 기본옵션이다.
- Instance & Length : 전체 거리를 설정하고 그 사이에 복사할 요소 수를 정한다.
- Spacing & Length : 전체 거리를 설정하고 요소 사이의 거리를 정한다.
- Instance & Unequal Spacing : 요소사이의 간격을 서로 다르게 설정하는 Option이다. 개별 간격의 치수를 더블클릭하면 Parameter Definition Box가 열린다. 여기에 치수를 기입해주어 서로 다른 간격 설정이 가능하다.

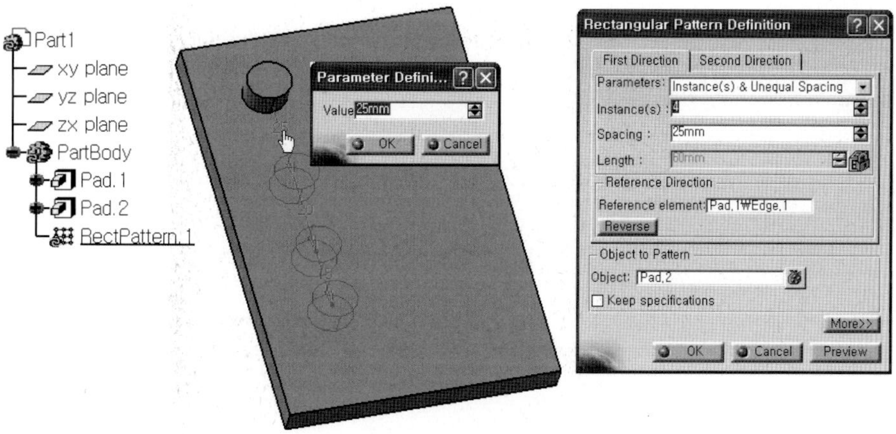

▸ Keep Specification : 원본 요소의 생성 특성을 이어받는 Option이다.

① Keep Specification을 체크하지 않은 경우

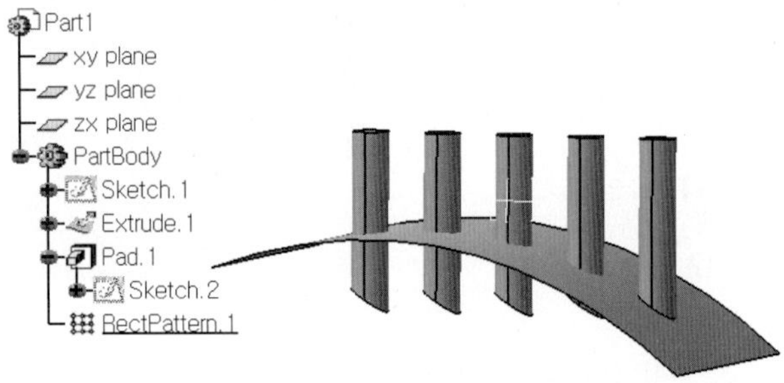

② Keep Specification을 체크한 경우

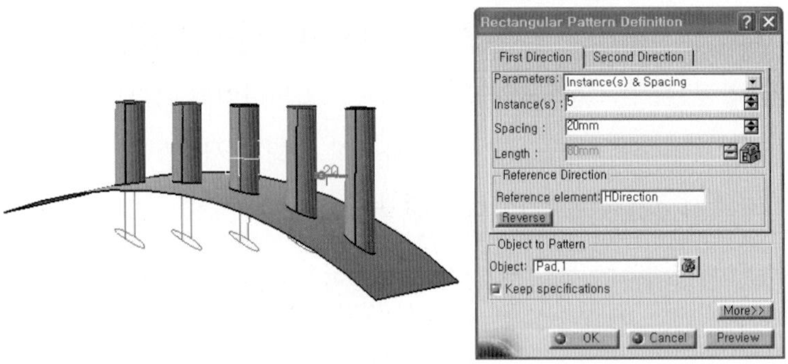

- 임의의 요소 삭제

Pattern에서 원하지 않는 요소는 요소 중앙에 표시되는 주황색 점을 클릭하면 삭제되며 다시 클릭하면 삭제가 취소된다.

▸ 임의 요소 취소 과정

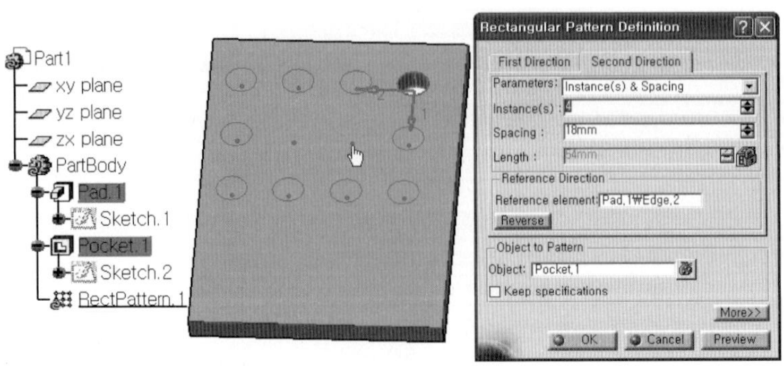

▸ 취소 결과

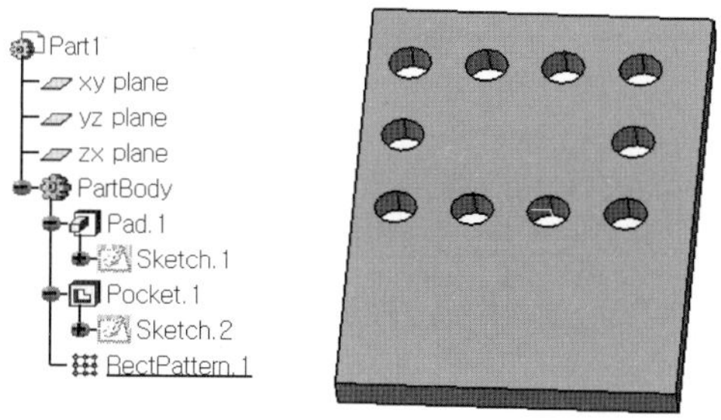

- Position of Objection in Pattern

복사하려는 기준요소(Object)가 평면의 구석에 있지 않고 평면 가운데에 있을 경우 원본요소의 위치를 변경하는 기능

1 그림처럼 First Direction에 Instance 6개 Second Direction에 4개의 요소를 설정하면 기준요소의 위치 때문에 밖으로 퍼져나간다.

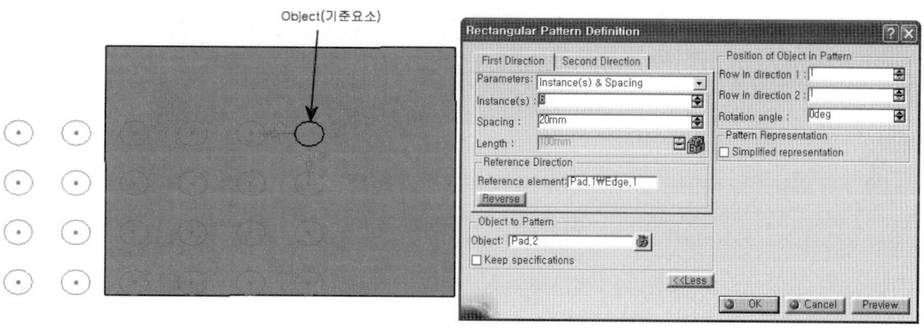

2 More를 클릭하면 Box가 그림처럼 확장된다. Row in Direction1을 3으로 Row in Direction2를 2로 입력한다. 기준요소의 위치가 변화되어 정상 배치가 되었다.

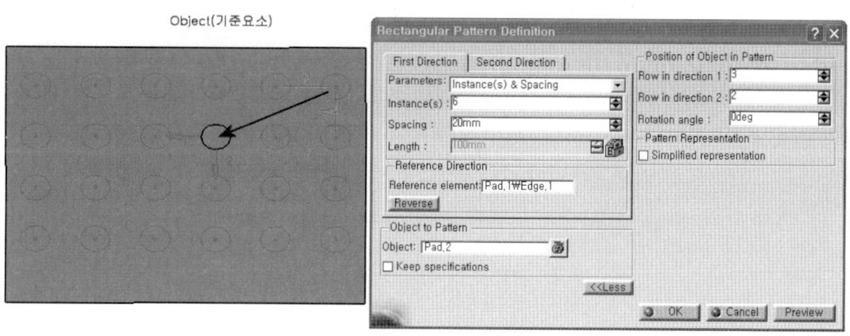

3 Rotation Angle : 변화된 기준요소를 중심으로 회전하여 Pattern을 생성한다.

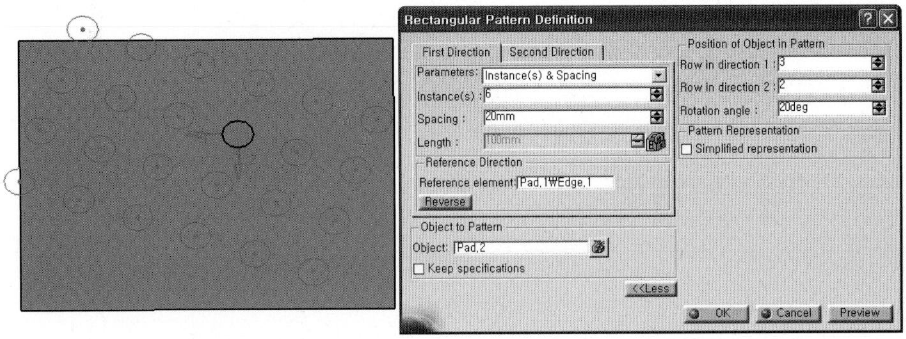

4 결과를 확인하자.

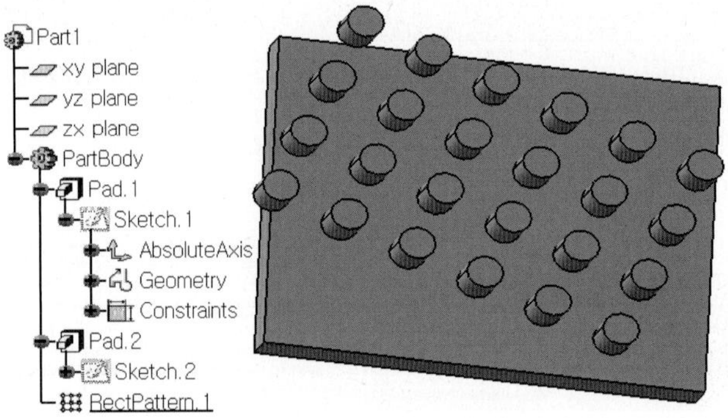

▸ Simplified representation : 컴퓨터의 자원을 줄여주기 위해서 Instance 수가 많을 경우 모든 Instance를 보여주지 않고 4개의 모서리에 4x4개의 Instance만 보여준다.

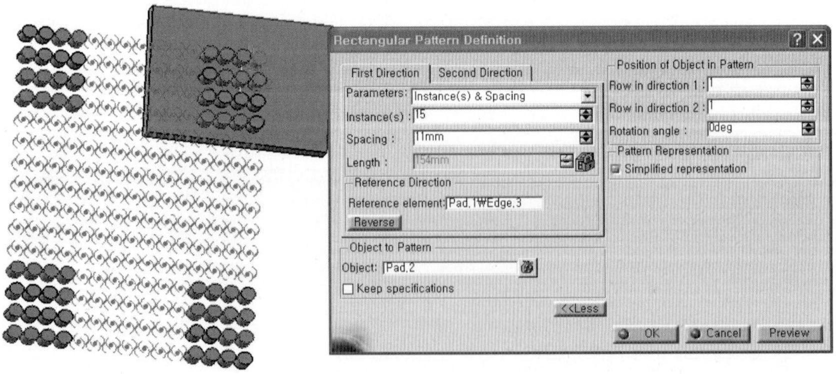

Circular Pattern

기본요소를 원형으로 배열하는 기능을 갖는 명령이다.

1 다음과 같은 Solid에서 원판 위의 원통 5개를 원형으로 45도의 각도로 배열한다. Circular Pattern 을 클릭하면 Definition Box가 열린다.

- Instance에 5, Angular Spacing에 45도를 입력한다.
- Reference Direction : 회전축을 설정하는 항으로 Reference Element항에 Contextual Menu를 불러서 평면에 수직인 Z축을 선택한다.
- Object Pattern : 복사하려는 기본요소로 Object항에 원판위의 원통을 선택한다.

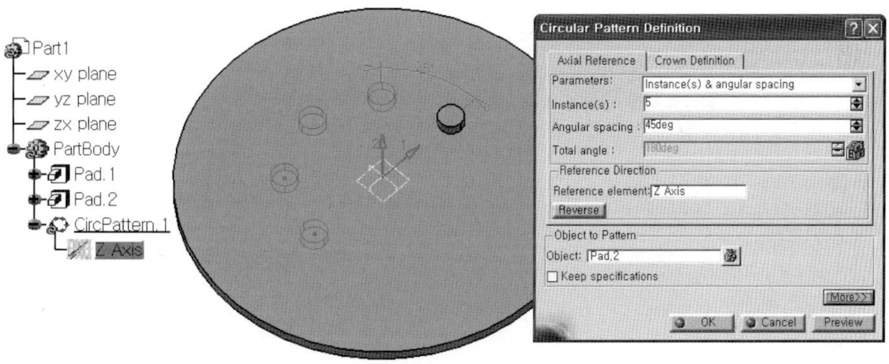

2 Crown Definition Tab을 클릭한다.

- Circle : 기본배열에 외곽으로 원형 배열한다. 여기서 3을 입력한다.
- Circle Spacing : Circle과 Circle의 간격을 설정한다. 16을 설정하자.

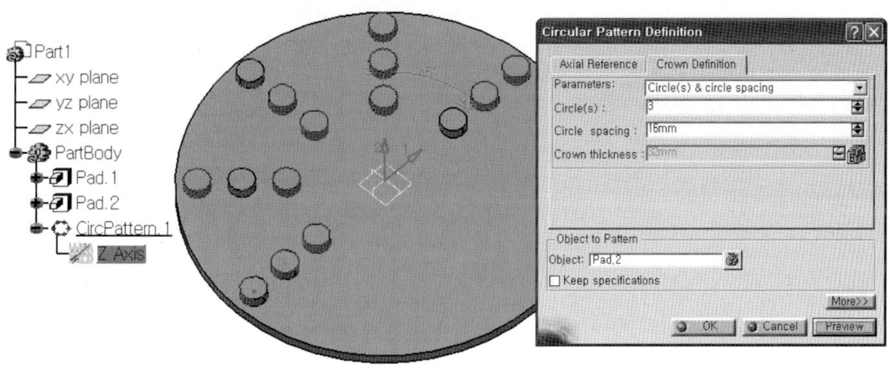

▸ Instance & Total Angle : Instance 수와 Instance가 배열될 전체 각도를 설정

▸ Instance & Angular Spacing : Instance와 Instance 사이의 각도 설정

▸ Angular Spacing & Total Angle : Instance 사이의 각도와 전체 각도 설정

▸ Complete Crown : Total Angle을 자동으로 360도로 설정

▸ Instance & Unequal Angular Spacing : Instance 사이의 각도를 서로 다르게 설정한다.

▸ Circle & Circle Spacing : 외곽 원의 수와 원사이의 간격 설정

▸ Circle Spacing & Crown Thickness : 원사이의 간격과 기본요소의 원과 외곽원의 거리 설정

▸ Circle & Crown Thickness : 외곽원의 수와 기본요소의 원과 외곽원의 거리 설정

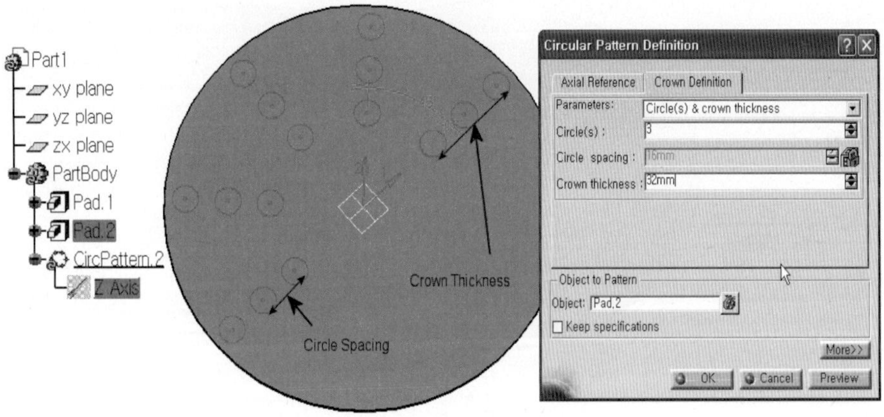

▸ Radial Arrangement of Instance : 복사되는 요소의 방향을 원 중심 방향으로 배열한다.

① Radial Arrangement of Instance가 적용된 사례

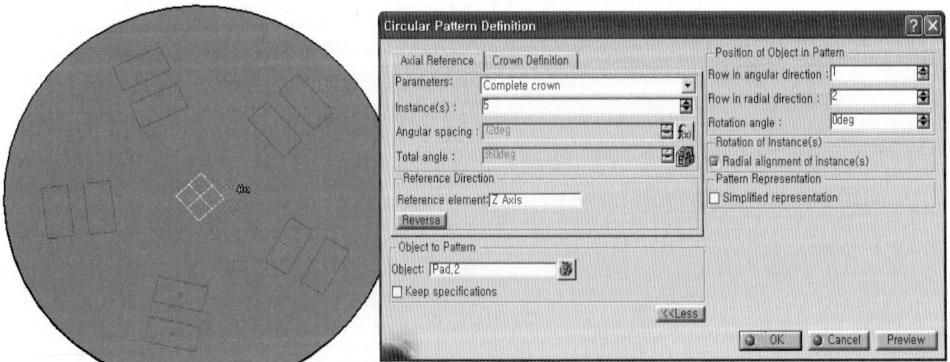

② Radial Arrangement of Instance가 해제된 사례

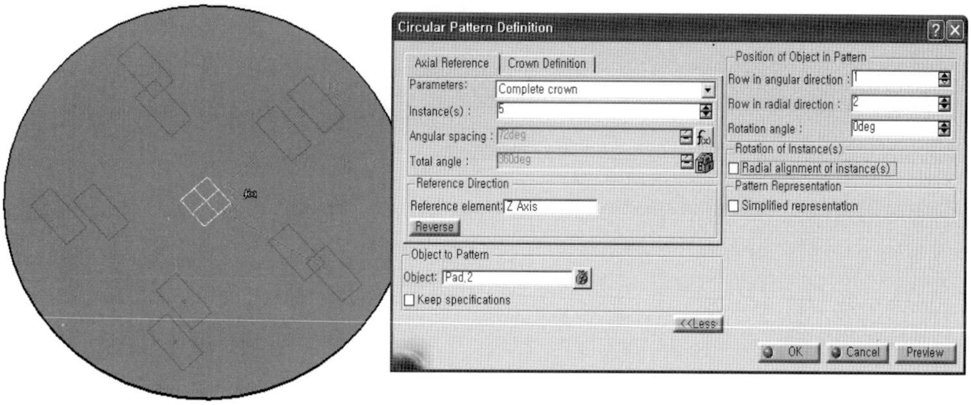

User Pattern

사용자가 원하는 위치에 원하는 수만큼 복사해주는 기능으로 Pattern을 적용하는 기능.

1 평면에 Sketch Workbench에서 User Pattern에 따라 Point 를 Sketch하여 준비한다. Object 항에 복사하려는 원통을 선택한다.

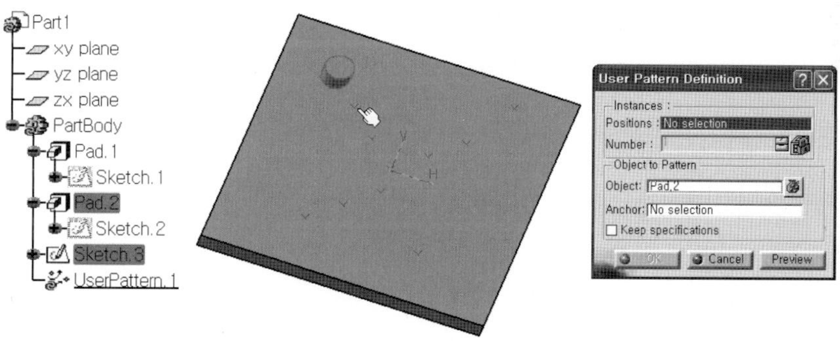

2 Positions항에 Sketch한 Point를 선택하여준다. 여기서는 Sketch.3이다. Number 항에 자동으로 Point 수가 기록된다. Anchor는 기준 점으로 꼭지점 등을 선택해도 된다. 여기서는 선택하지 않았다.

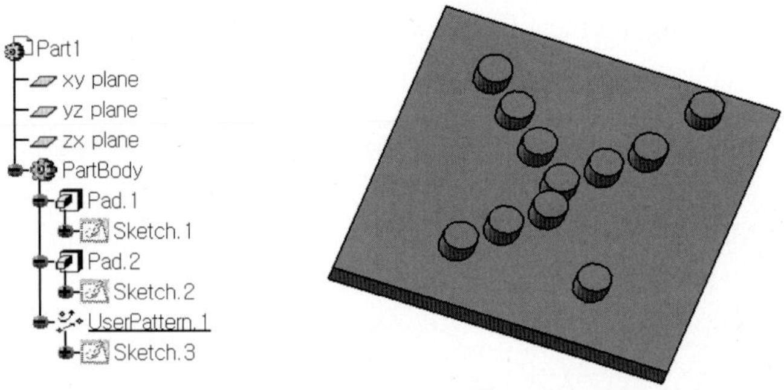

(4) Scale

- 면을 축소 확대하기

선택한 면을 확대하는 기능으로 Scale 을 클릭하고 Reference 항에 원하는 평면을 선택하고 Ratio항에 확대 비율을 입력한다.

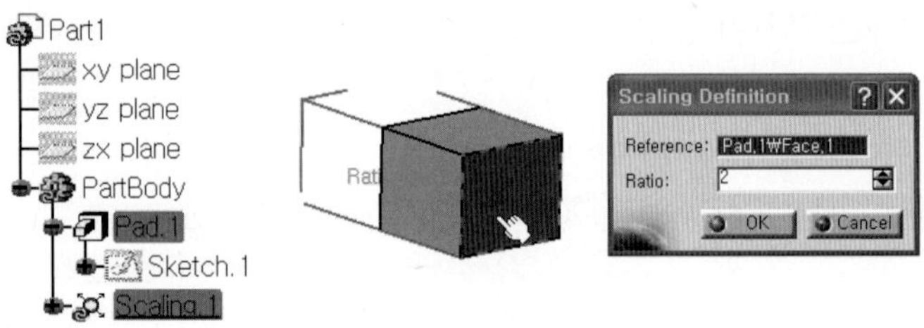

- 전체를 축소 확대하기

다음처럼 입체에 Reference Point를 생성한다. Reference 항에 점을 선택하고 Ratio 값을 입력한다.

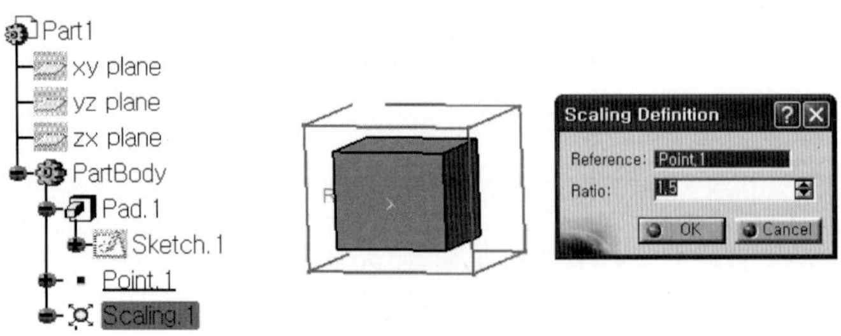

(5) Affinity

xyz 방향을 설정하고 각 방향으로 서로 다른 비율로 축소 확대하는 기능으로 Definition Box가 열리면 Axis System 중에서 Origin, xy Plane , X Axis 중에서 필요한 항만 설정하고 (3개를 모두 설정 할 필요는 없음) 각축의 Ratio를 입력하면 축별로 서로 다른 비율로 축소 확대된다.

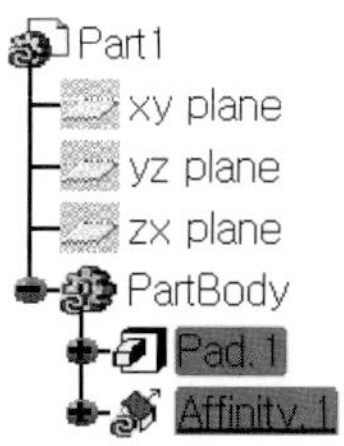

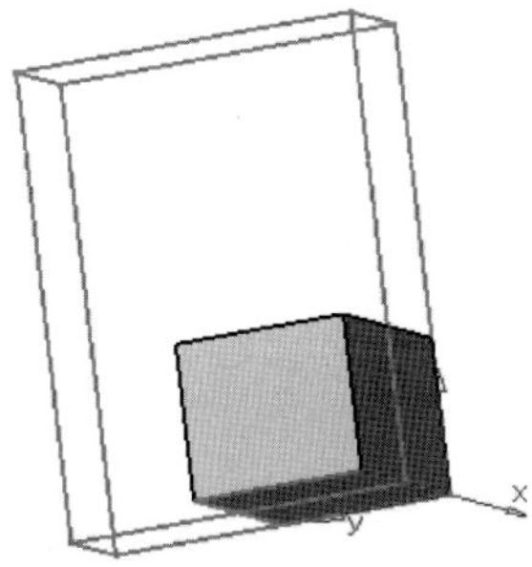

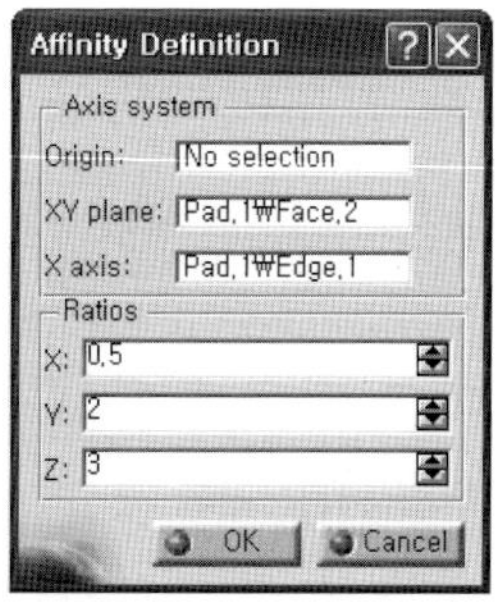

3.8 Insert Body

CATIA V5에서는 Part Design Workbench에서 1개의 Part를 생성한다. Specifications Tree에서 보는 바와 같이 1개의 Part는 PartBody와 여러 개의 Body의 조합으로 만들어진다. 새로운 Body의 생성은 Insert Tool Bar 의 Body 를 클릭하면 Specifica- tions Tree의 아래쪽에 순서에 따라서 만들어진다. 새로운 Body를 활성화 시키려면 해당 Body에 마우스 우측 버튼을 눌러서 Contextual Menu를 불러 Define in Work Object를 선택하면 Body 밑에 라인이 생기고 작업 Body가 된다.

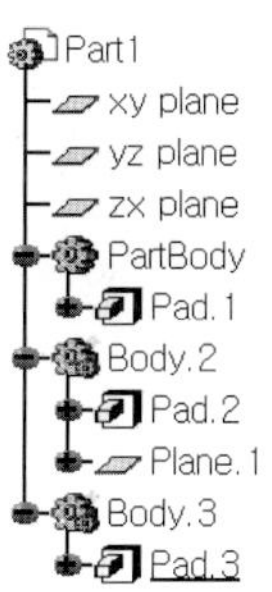

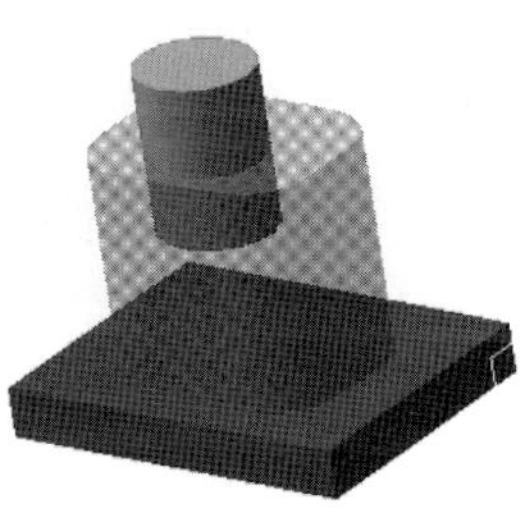

3.9 Boolean Operations

Part 속에 여러 개의 Body가 포함되어 있는 경우 그대로는 Part로서 역할을 할 수가 없다. 각각의 Body를 조합하거나 삭제해서 하나의 Body로 만들어 주어야한다. 이렇게 여러 개의 Body를 합하거나 삭제하는 일을 Boolean Operation이라 한다. 이 작업은 Boolean Operations Tool Bar를 이용하던지 Menu → Insert → Boolean Operations에서도 수행 할 수 있다.

(1) Assemble

두 개의 Body를 선택해서 하나의 Body로 조합하는 작업이다. Assemble 작업이 이루어지면 종속 Body는 주인 Body 아래로 들어오고 Tree에서 삭제된다. 조합된 Body는 Assemble 되기 전의 Body의 속성을 그대로 이어 받는다.

- PartBody는 Pad에 의해서 만들어진 직육면체이고 Body.2는 Pocket 기능을 이용하여 만든 원통이다. PartBody에 Body.2를 Assemble 시켜보자. Assemble 을 클릭하면 Assemble Box가 열린다.

1. Assemble : Body2를 PartBody에 결합 시키므로 여기서는 Body.2가 Assemble에 해당한다. 그림의 원통이다.
2. To : PartBody를 선택한다. 그림의 아래 육면체이다.

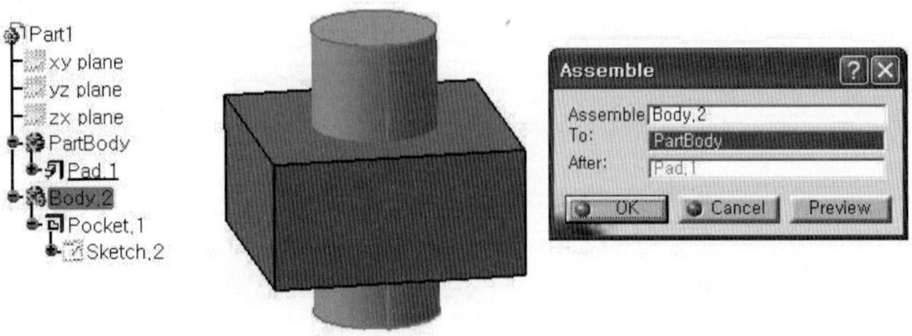

3 결과를 확인하자. Tree의 PartBody 밑에 Assemble1이 만들어지고 그 아래에 Body.2가 옮겨왔다. Body.2가 Pocket에 의해서 만들어진 요소이었으므로 Assemble 된 PartBody에는 Pocket에 의해서 구멍이 뚫렸다. 즉 Body.2의 속성이 그대로 승계된 것이다.

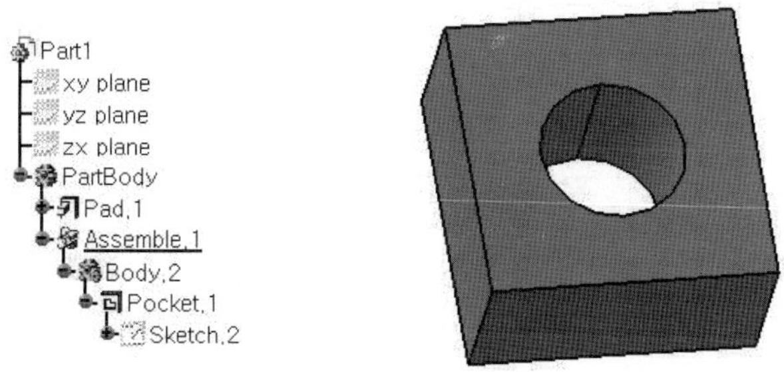

(2) Intersect

Intersect는 두 개의 Body가 겹쳐져 있을 때 겹쳐진 부분을 축출해 내고 나머지는 제거하는 메뉴이다.

- PartBody와 Body.2가 겹쳐져있다. Intersect 를 클릭하면 Intersect Box가 열린다.

1 Intersect : 종속 Body를 선택한다. 여기서는 Body.2를 선택한다.

2 To : 주인 Body를 선택한다. PartBody가 여기에 해당한다.

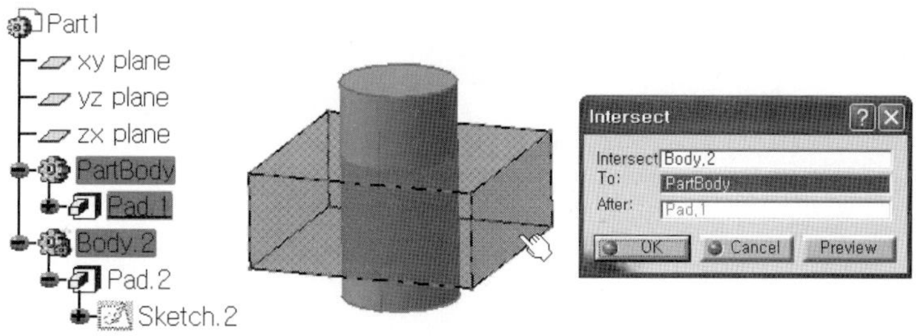

3 결과를 확인하자. Body.2가 PartBody 아래로 옮겨지고 두 물체가 겹치는 부분만 남았다.

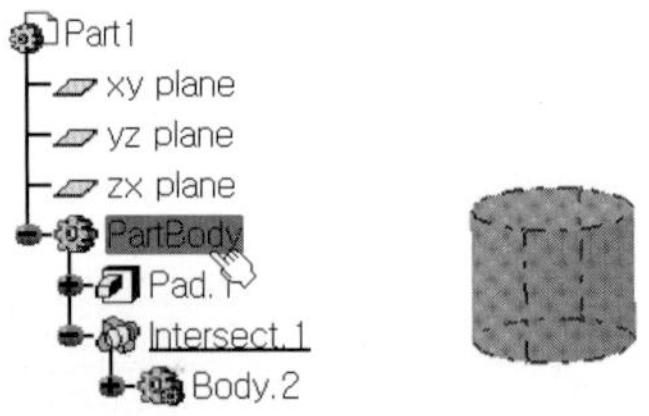

(3) Remove

겹쳐진 두 개의 Body에서 하나의 Body를 제거하는 기능이다. 이것은 속성이 승계되지 않고 보이는 그대로 작업된다.

- Pad 기능으로 만든 육면체 PartBody와 원통 Body.2가 겹쳐져 있다. Remove 를 클릭하면 Remove Box가 열린다.

1 Remove : 여기서 제거 대상인 Body.2를 선택한다.

2 From : PartBody를 선택한다.

3 결과를 확인하자. Body.2가 PartBody 아래로 옮겨왔고 PartBody에는 Body.2가 제거되어 구멍이 뚫렸다.

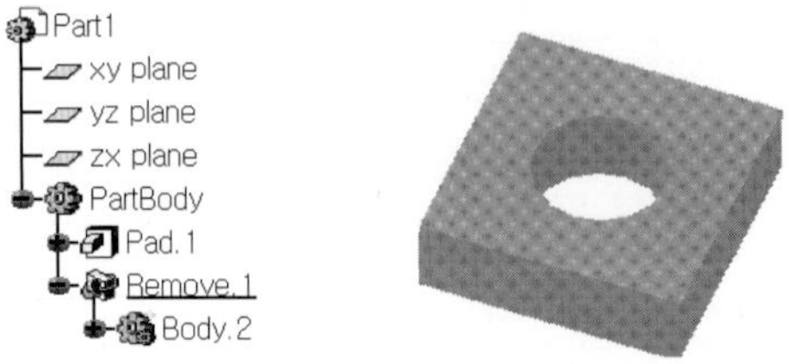

(4) Add

겹쳐진 두 개의 Body에서 하나의 Body로 합하는 기능이다. Assemble과 차이점은 속성이 승계되지 않는다는 것이다. 화면에 보이는 모습 그대로 작업이 이루어진다. 다음의 예는 Assemble의 예에서 사용한 것과 동일한 것으로 PartBody는 Pad 된 육면체이고 Body.2는 Pocket에 의해서 만든 원통이다.

- PartBody와 Body.2가 겹쳐져있다. Add 를 클릭하면 Add Box가 열린다.

1 Add : 합할 Body를 선택한다. 여기서는 Body.2를 선택한다.

2 To : 주인 Body를 선택한다. PartBody가 여기에 해당한다.

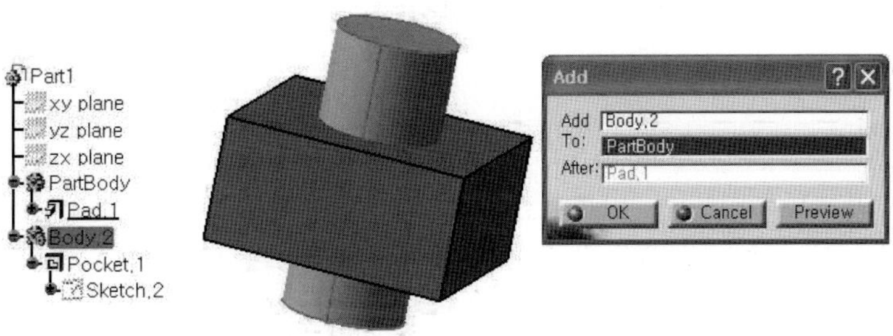

3 결과를 확인하자. Body.2가 PartBody 아래로 옮겨왔고 PartBody에는 Body.2 합해져 하나의 물체가 되었다. 같은 조건이었는데도 Assemble과는 결과가 다르다. 눈에 보이는 데로 육면체와 원통의 결합으로 나왔다.

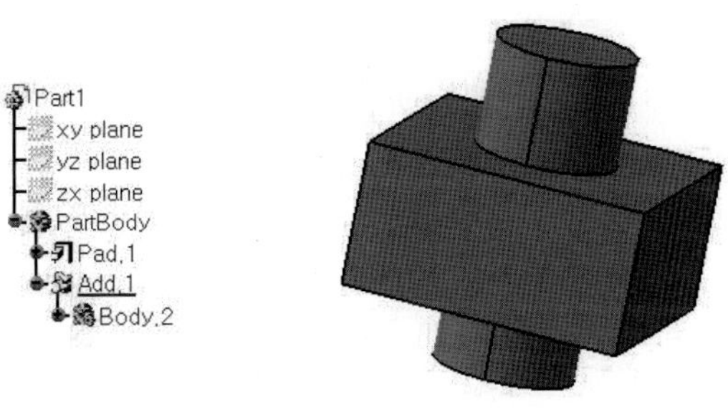

(5) Union Trim

Union Trim은 겹쳐진 여러 개의 Body에서 삭제할 부분, 남겨질 부분을 선택하여 Trim 하는 기능이다.

■ Union Trim 사용법

1 PartBody에 두 개의 육면체로 구성된 Body.2가 겹쳐있는 경우 Body.2를 선택하고 Union Trim 을 클릭한다. 선택된 Body.2가 Trim항에 표시되고 표면이 주황색으로 변하였다.

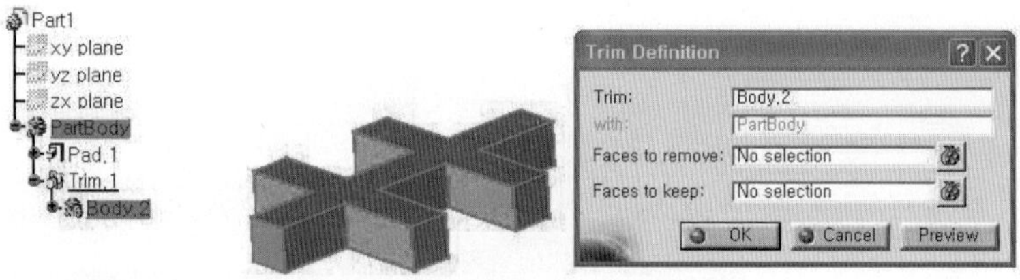

2 Body.2의 4개의 가지 중에서 우측 아래의 하나만 Face to Remove를 선택해 보자. 선택된 가지 표면만 핑크색으로 변한다.

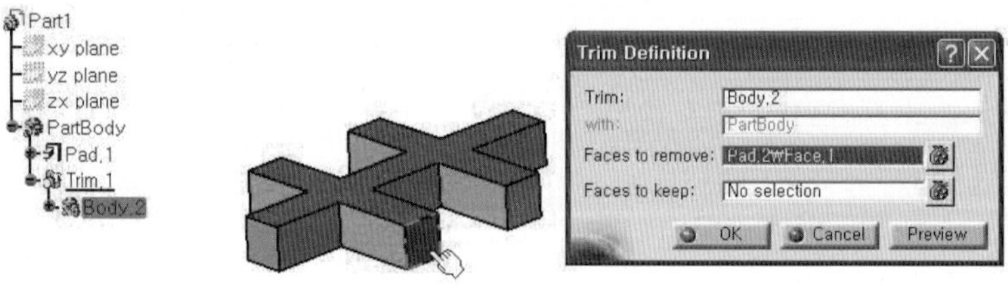

3 결과를 보자. 선택된 가지만 삭제되었다.

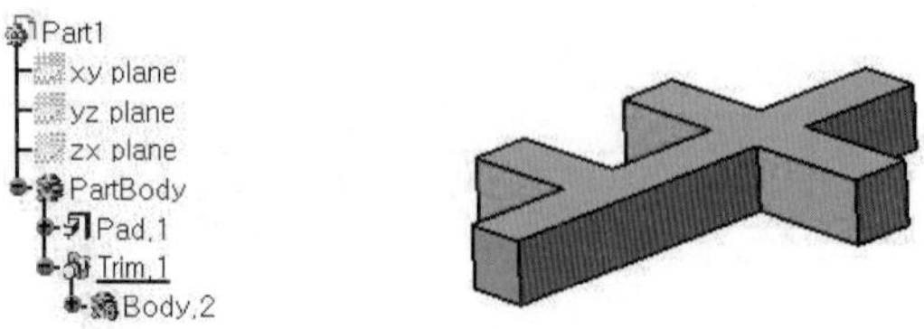

4 이번에는 Face to Remove는 선택하지 않고 Face to Keep를 우측 아래 가지만 선택하여 보자.

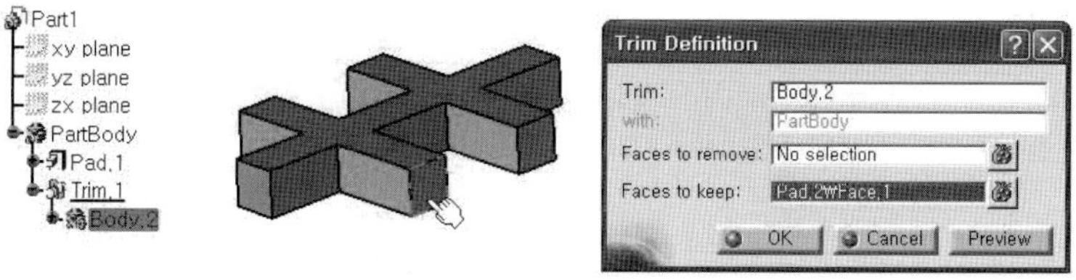

5 결과를 확인하자. 선택된 가지만 남고 나머지 가지는 모두 삭제되었다. 즉 3개의 가지를 Face to Remove를 선택한 결과와 동일하다.

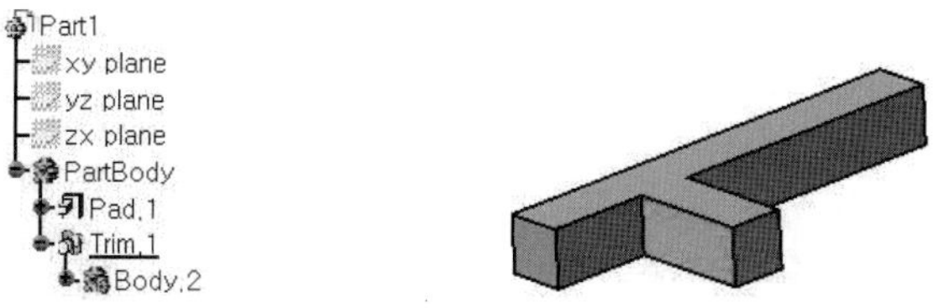

- PartBody와 Body.2가 복잡하게 겹쳐져있는 경우를 보자. Union Trim 를 클릭하면 Command Prompt에 Select the Body to Trim를 요구한다.

1 Select the Body to Trim : 종속 Body를 선택한다. 여기서는 Body.2를 선택한다. Trim Definition Box가 열리고 Trim에 Body.2가 입력되어 있다.

2 Face to Remove : 삭제할 부분을 모두 선택한다. 여기서는 원형 용기의 외측 바닥, 사각형 물체의 겹친 부분을 선택한다. 선택된 부분은 핑크색으로 변한다.

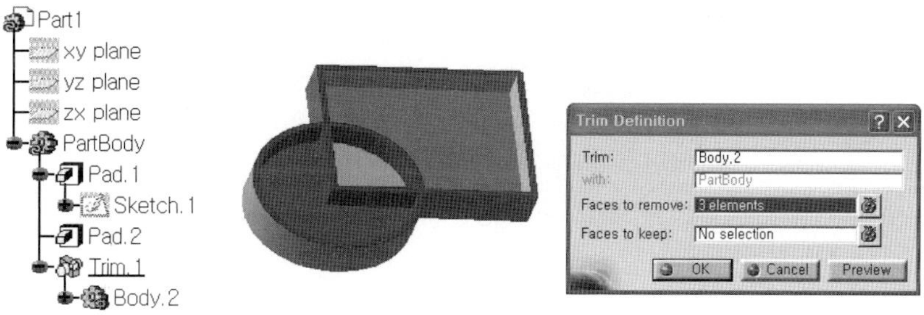

3 결과를 확인하자. Body.2가 PartBody 아래로 옮겨오고 선택된 부분이 삭제되었다.

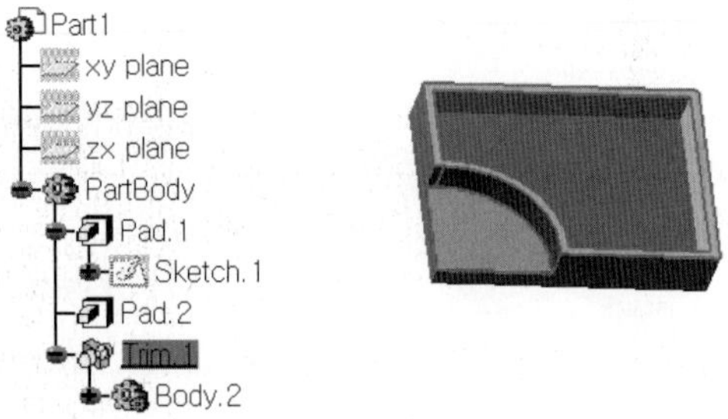

(6) Remove Lump

특정부위를 제거하여 모델의 형태를 수정하는데 사용하는 메뉴로 제거하려는 면을 지정하거나 남겨질 면을 지정하여 작업한다. 특히 부주의로 만들어진 구멍 등을 제거하는데 적당하다.

- 다음 PartBody는 Pad 기능으로 만든 직육면체이고 Body.2는 Shell을 실시한 Drafted-Filleted-Pad로 만든 육면체로 Tree에서 보는 바와 같이 Boolean-Remove 작업으로 육면체 위의 가운데 부분이 제거되지 않고 간격을 두고 떠있다. 가운데 떠있는 물체를 제거해 보자.

1 Remove Lump 을 클릭하고 PartBody를 선택하면 Definition Box가 열린다. Face to Remove 항을 클릭하고 육면체의 가운데 떠있는 면을 선택한다. 핑크색으로 변할 것이다.

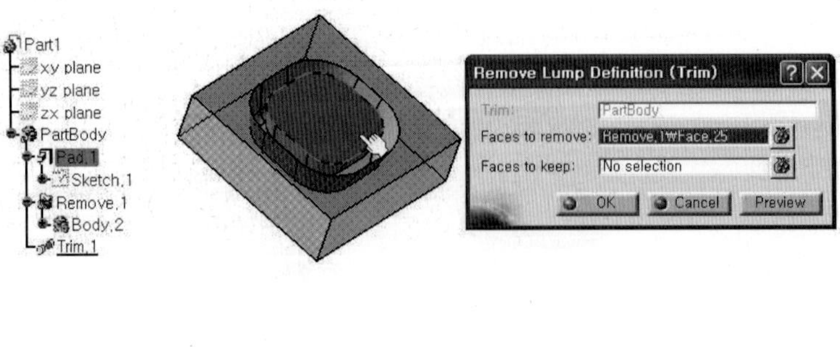

2 결과를 확인해 보자. Specifications Tree에는 Trim 가지가 만들어지고 육면체 내부의 선택 부분이 삭제되었다.

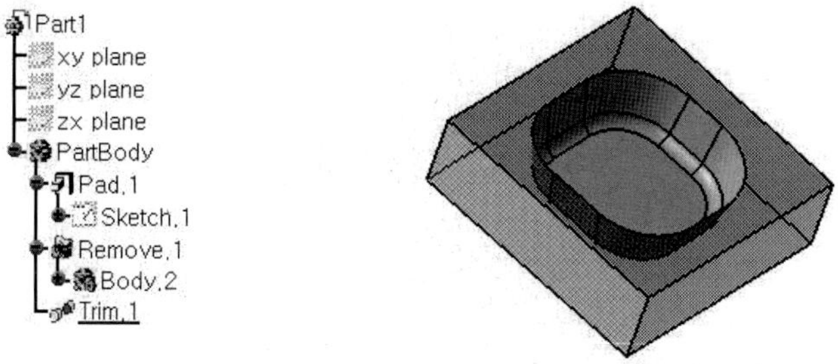

3 이번에는 Face to Keep 항에 육면체의 가운데 부분을 선택해 보자. 선택된 면은 녹색으로 변한다.

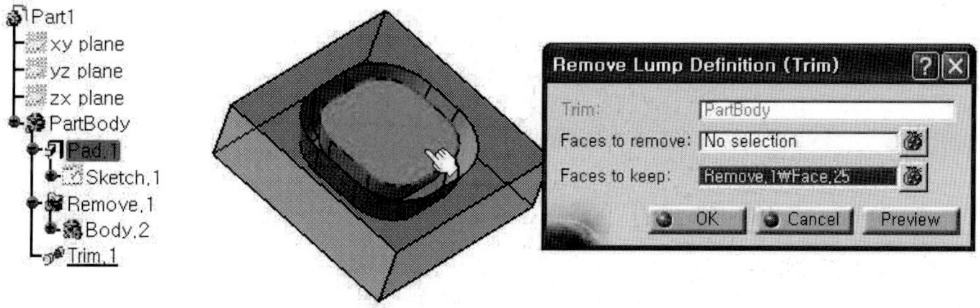

4 결과를 확인하자. 선택된 부분만 남고 나머지는 삭제되었다.

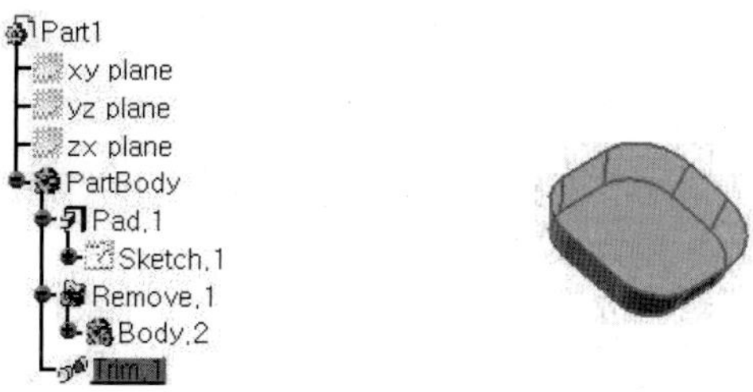

• 다음은 Pad와 Pocket으로 작업한 Solid에 Shell 작업을 실시한 결과 구석에 남아 떠있는 공간을 제거하는 방법을 소개한다.

1 Remove Lump 을 클릭하고 PartBody를 선택하면 Definition Box가 열린다. Face to Keep 항을 클릭하고 육면체의 윗면을 선택한다. 녹색으로 변할 것이다.

2 결과를 확인하자. 위 구석에 떠있던 공간이 사라졌다.

4. Part Design 따라하기

■ 다음 도면의 형상을 모델링 하시오.

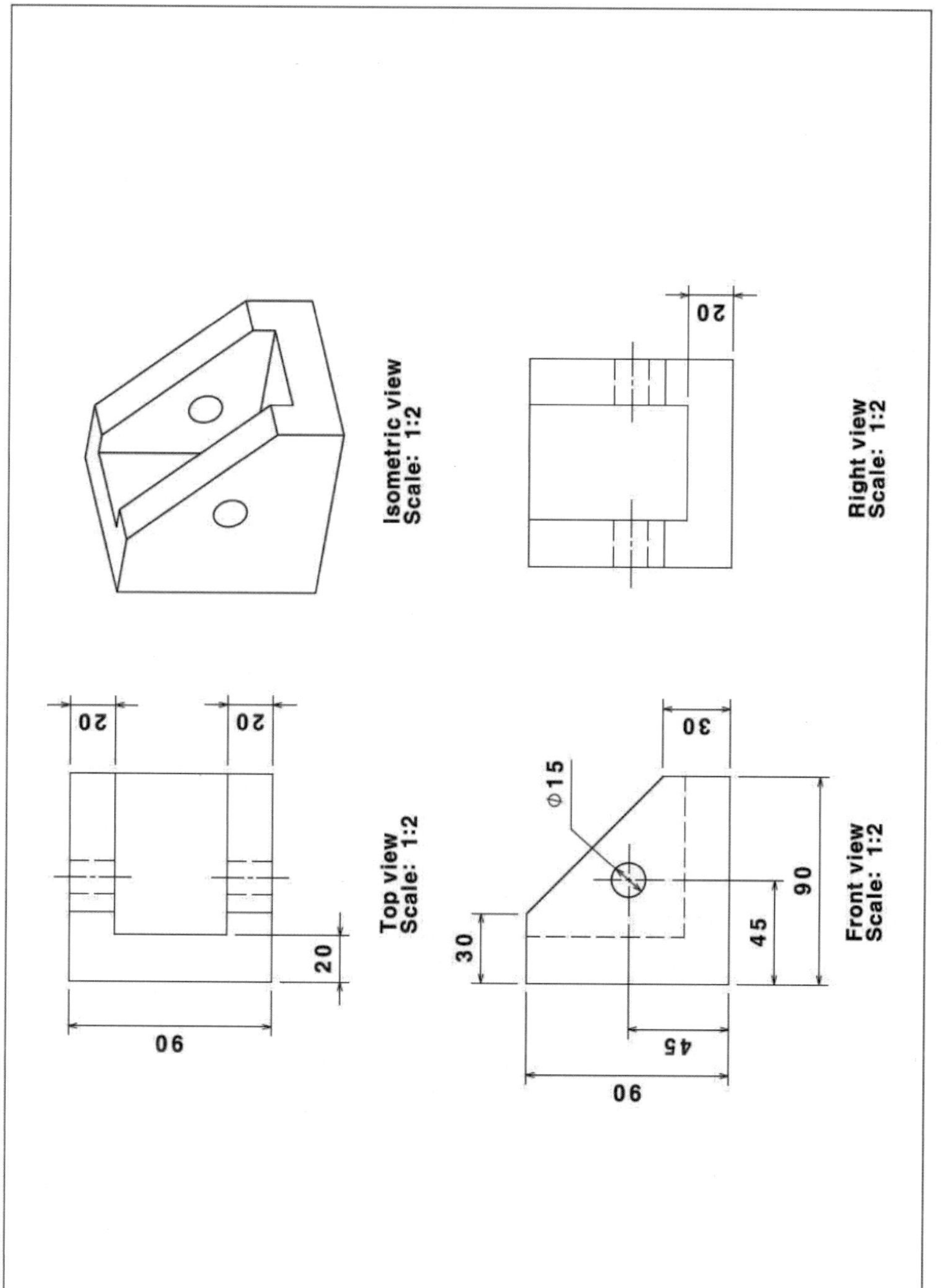

1 Part Design Workbench를 시작한다.

2 xy plane에서 다음과 같은 형상을 Sketch 한다.

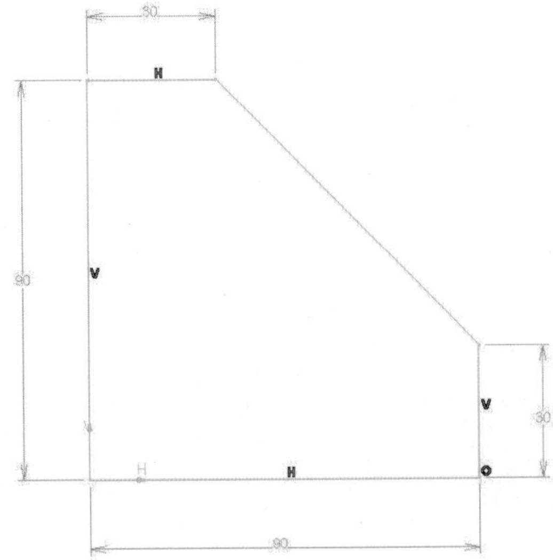

3 Part Design Workbench로 나와서 Pad를 클릭하고 Length 입력 및 Mirrored extent 옵션을 체크한 후 OK 한다.

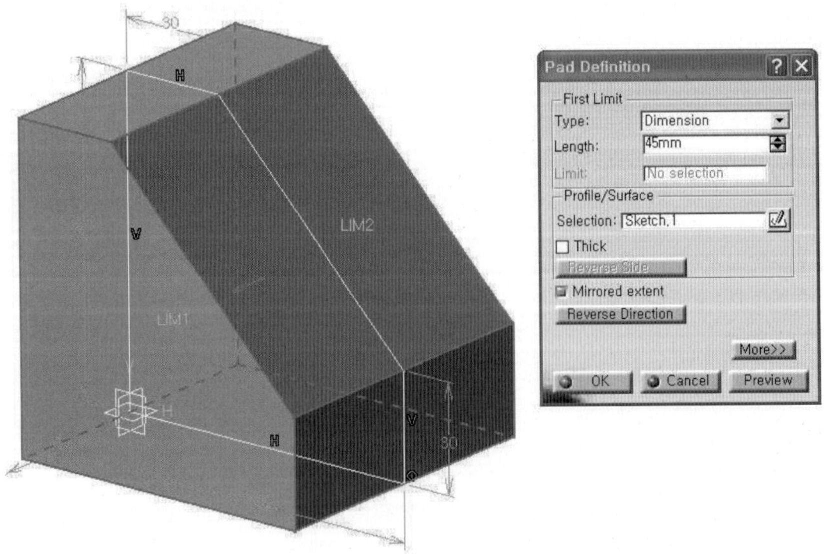

4 내부 제거에 사용될 Profile을 생성하기 위해 형상의 전면을 선택하여 다음처럼 사각형을 Sketch 한다.

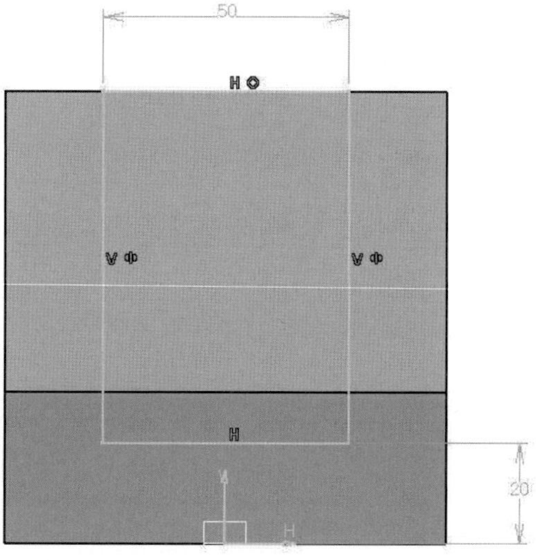

5 Sketcher를 빠져나와 Pocket을 클릭하고 Depth를 입력한 후 OK 한다.

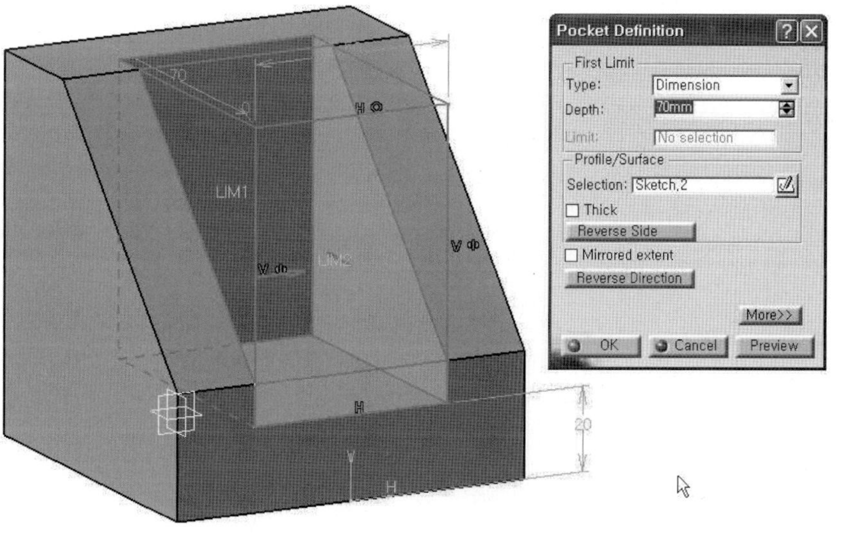

CATIA V5

6 Hole을 클릭하고 형상의 측면을 지정한 후, Hole 대화상자에서 Positioning Sketch를 이용하여 그림처럼 Hole 중심의 위치를 잡아준다.

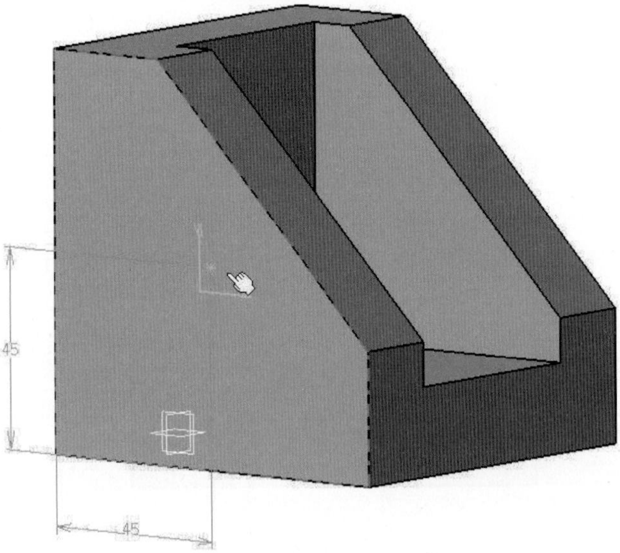

7 Diameter 입력 및 Up to Last를 선택 한 후 OK 한다.

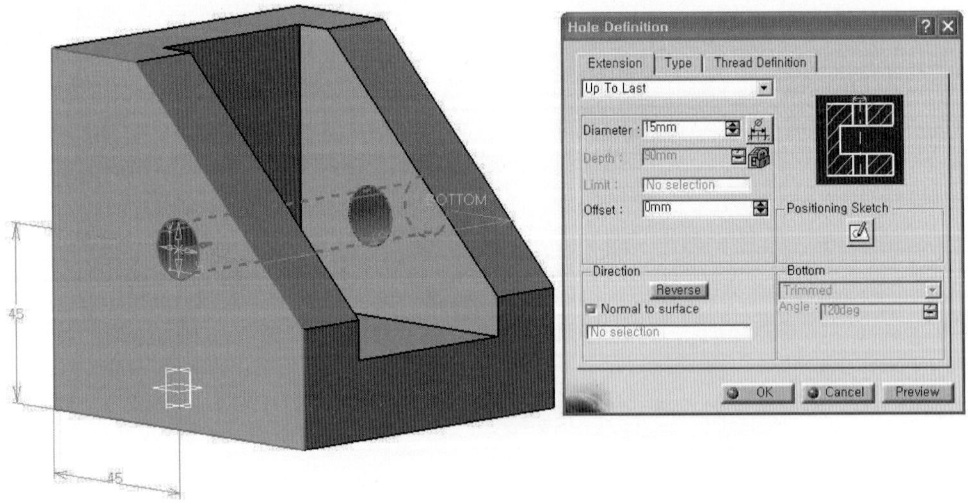

8 다음과 같이 형상이 완성되었다.

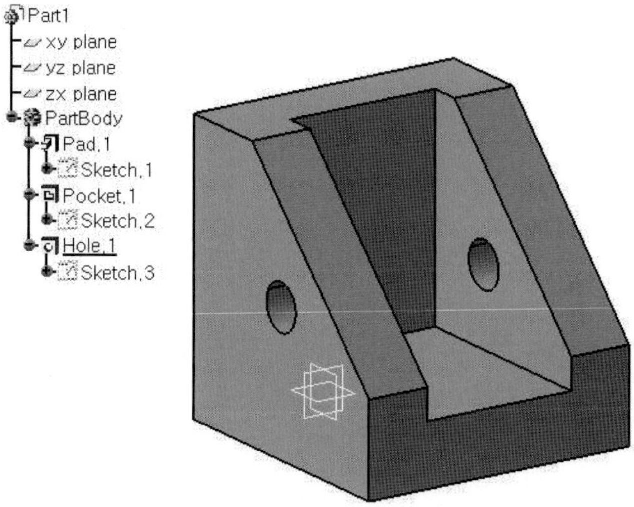

■ 다음 도면의 형상을 모델링 하시오.

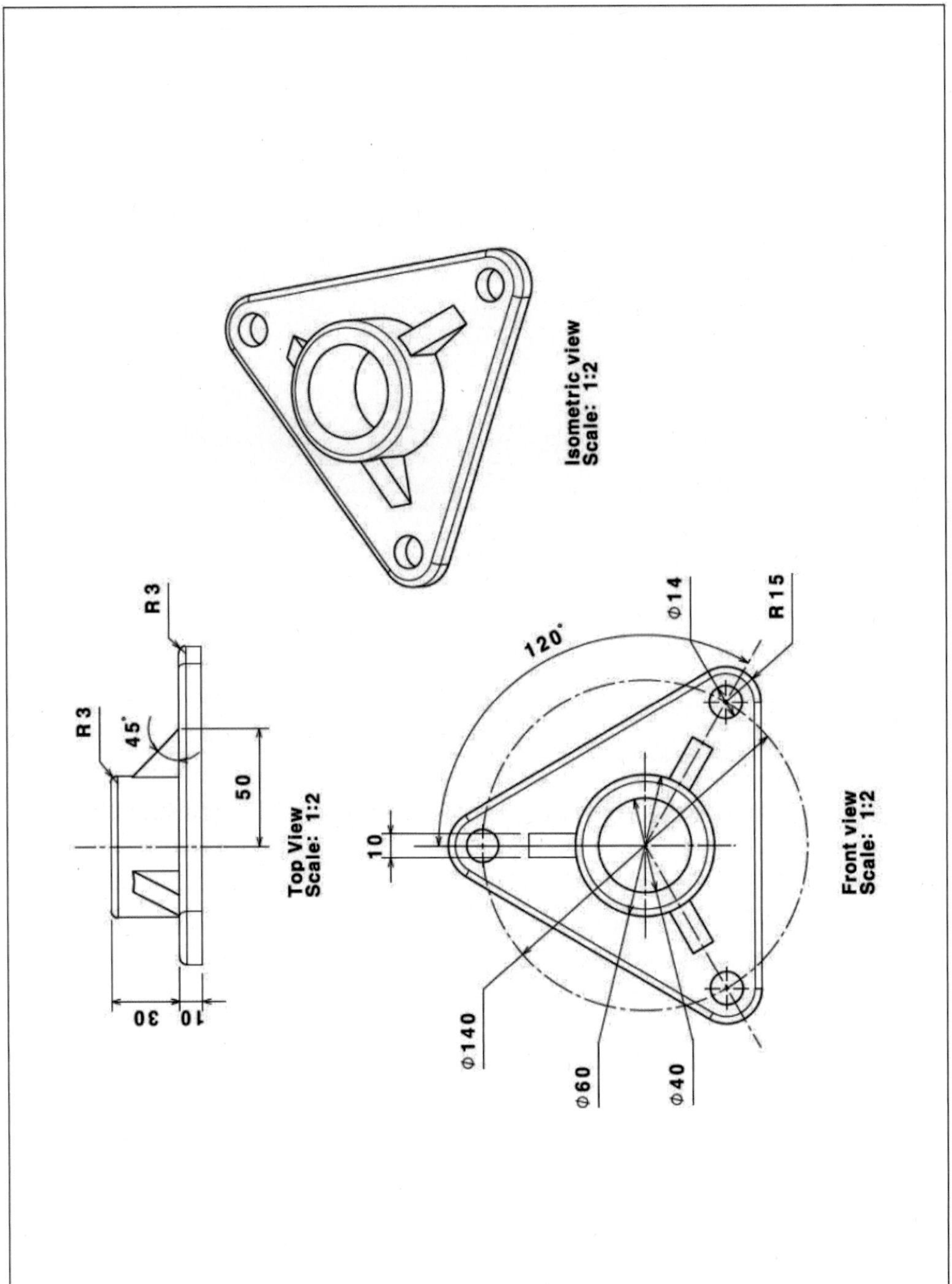

1 Part Design Workbench를 시작한다.

2 xy plane에서 다음과 같이 형상의 밑바닥을 Sketch 한다.

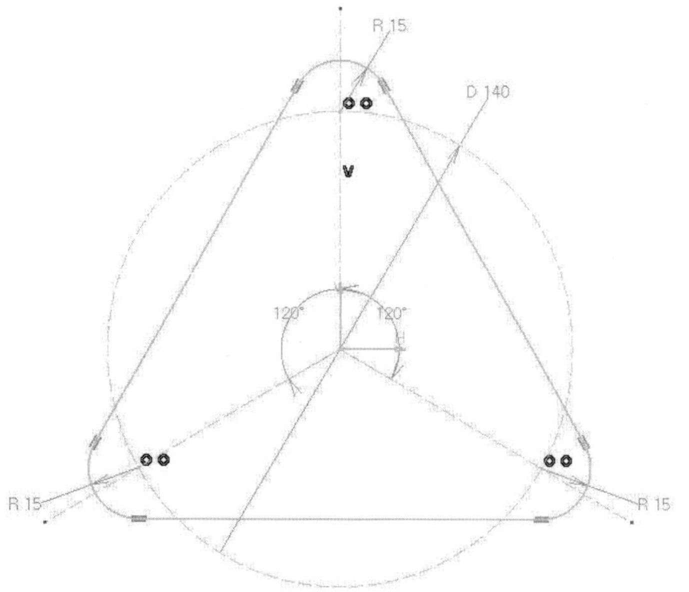

3 Part Design Workbench에서 Pad를 클릭하고 Length를 입력한 후 OK한다.

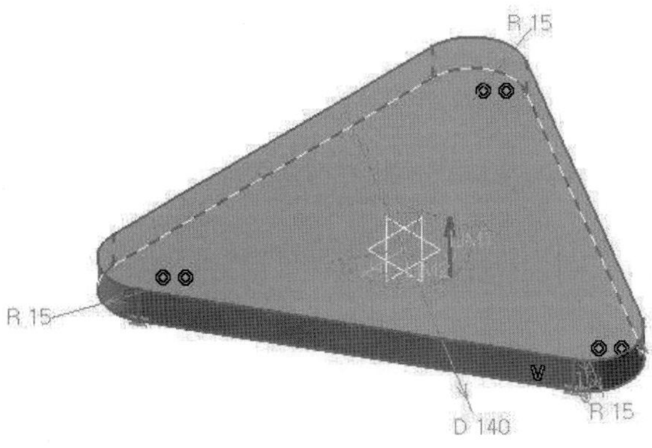

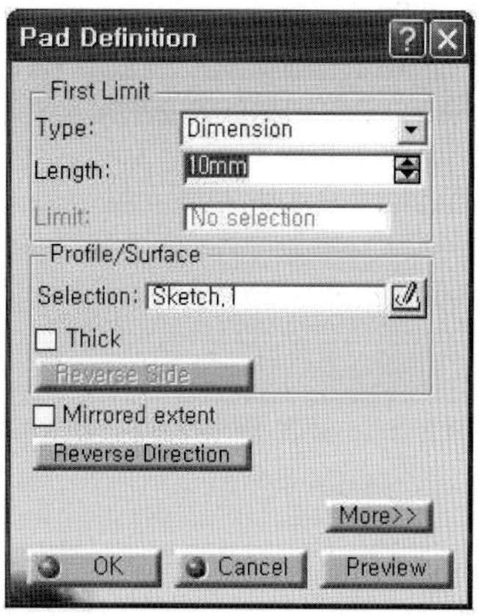

4 삼각 평판의 윗면을 선택하고 Sketch Workbench로 들어가 다음처럼 원을 Sketch 한다.

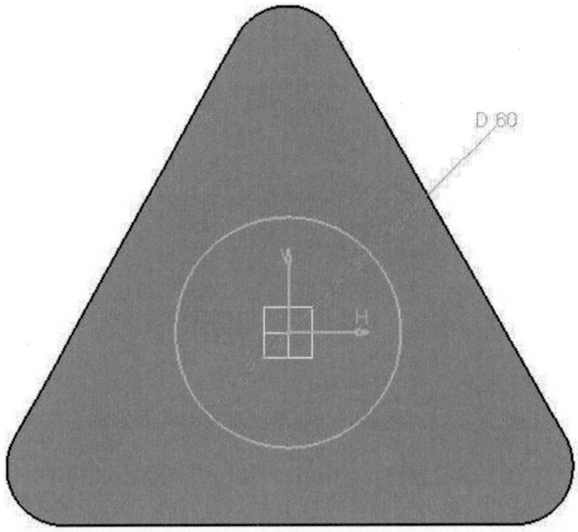

5 Part Design Workbench로 나와서 Pad를 클릭하고, Length를 입력한 후 OK한다.

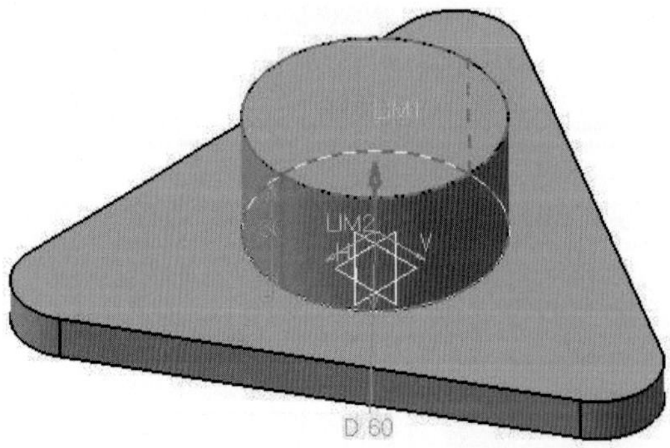

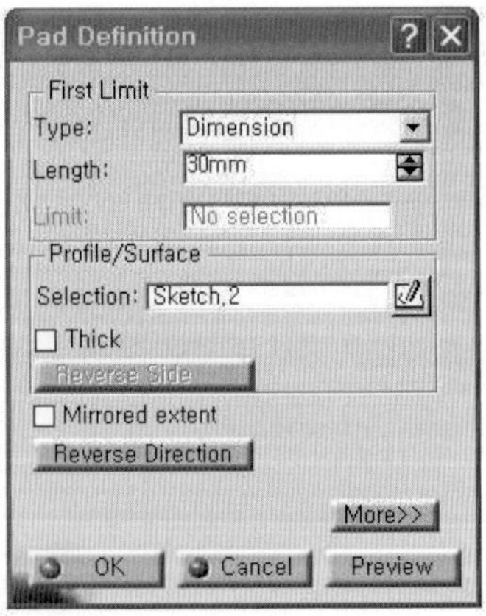

6 Hole을 클릭하고 원통 윗면을 선택한다. 중심점의 위치를 지정하고, 그림처럼 입력하여 Hole을 생성한다.

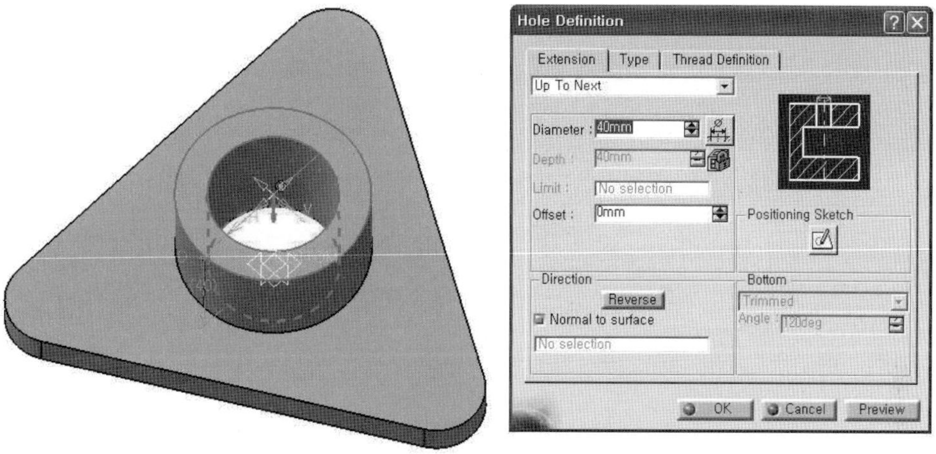

7 6번과 동일한 방식으로 삼각형 한쪽 끝부분에 Hole을 생성한다.

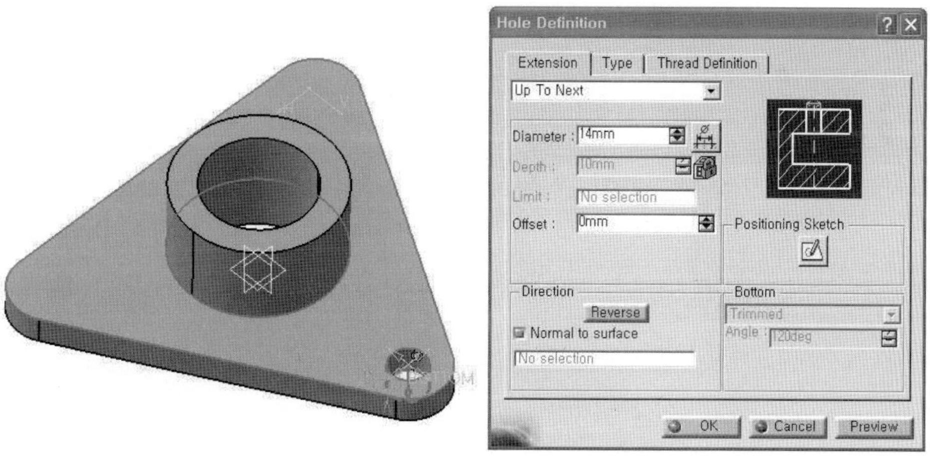

8 Circular Pattern을 선택하고 Complete Crown, Instance 3을 입력하여 나머지 형상을 완성한다. 이때 Reference Element로는 원통의 옆면 또는 Z 축을 입력하고, Object로는 Hole.2를 입력하도록 한다.

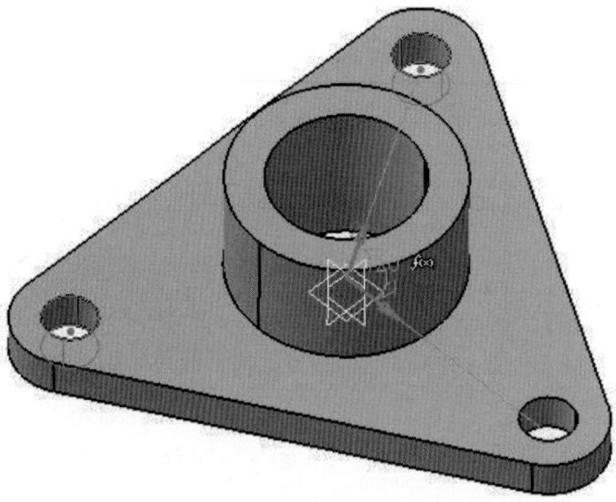

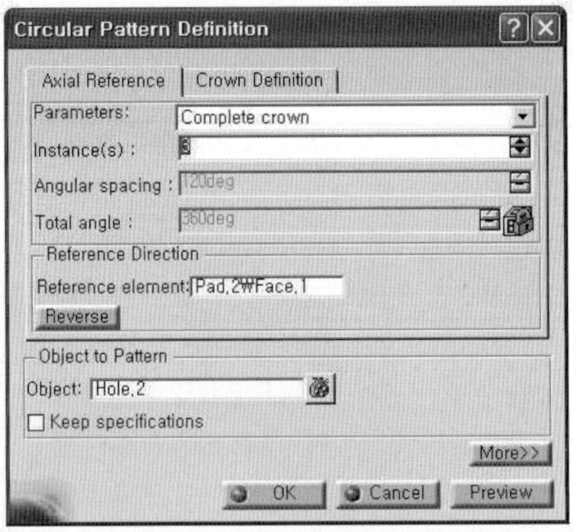

9 yz plane을 선택하여 Sketch Workbench로 들어가 다음처럼 Sketch 한다.

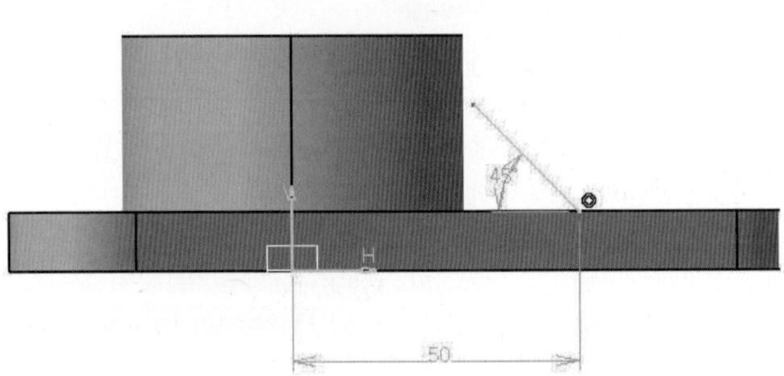

10 Part Design Workbench로 나와서 Stiffener를 선택한 후, 다음처럼 입력하고 OK 한다.

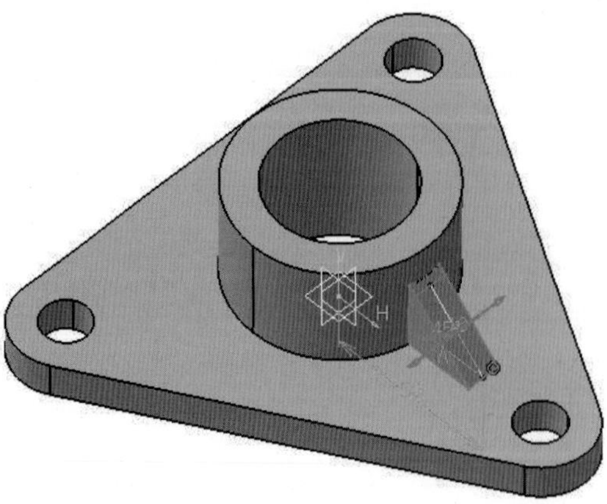

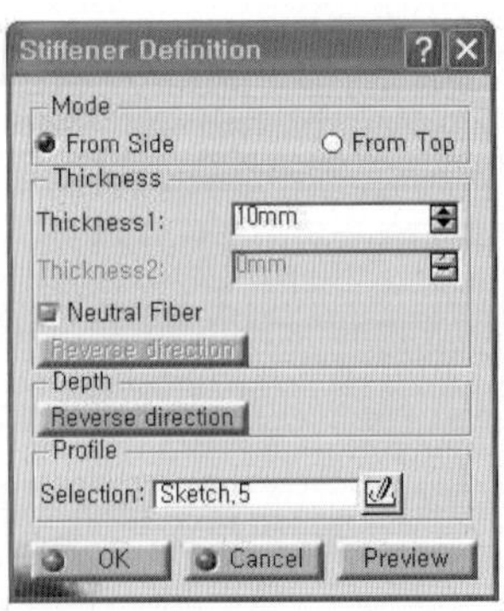

11 전과 동일한 방식으로 Circular Pattern을 이용하여 나머지 형상을 완성한다.

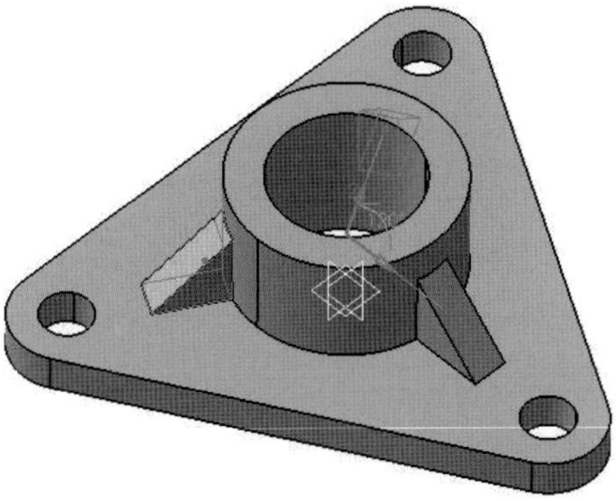

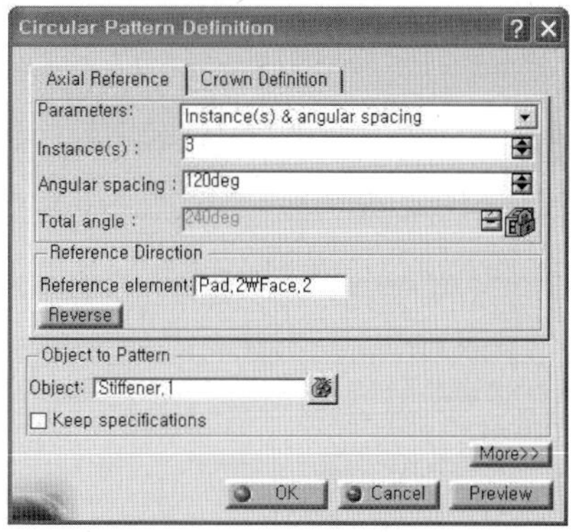

12 마지막으로 Edge Fillet을 이용하여 다음처럼 필요한 모서리에 Fillet 처리를 한다.

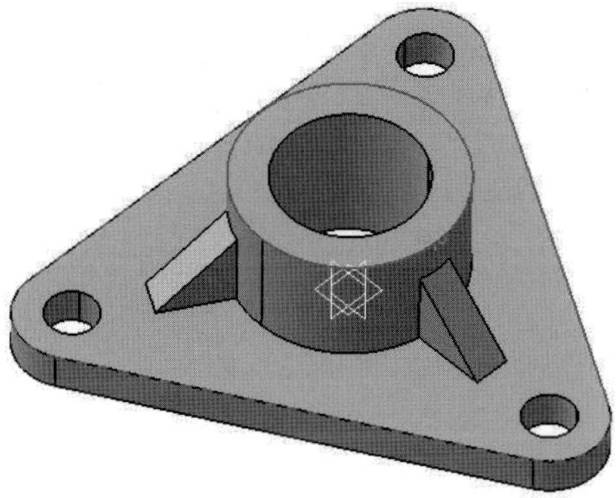

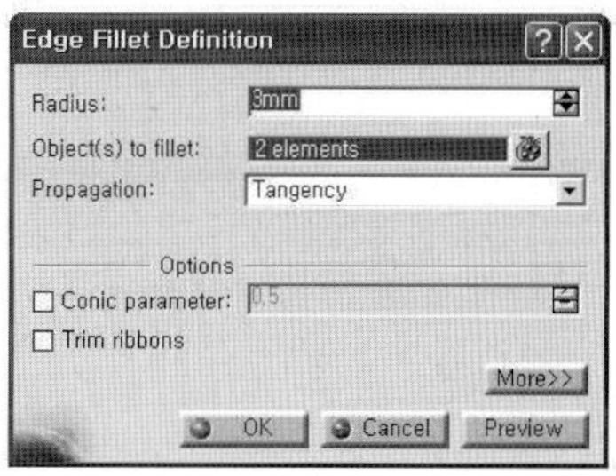

13 다음과 같이 형상이 완성 되었다.

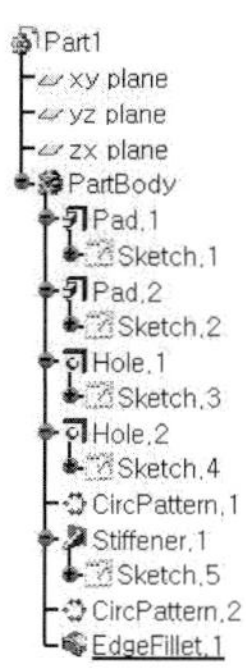

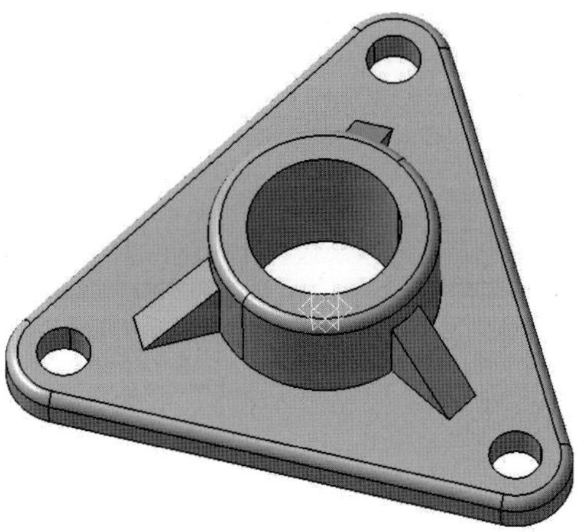

■ 다음 도면의 형상을 모델링 하시오.

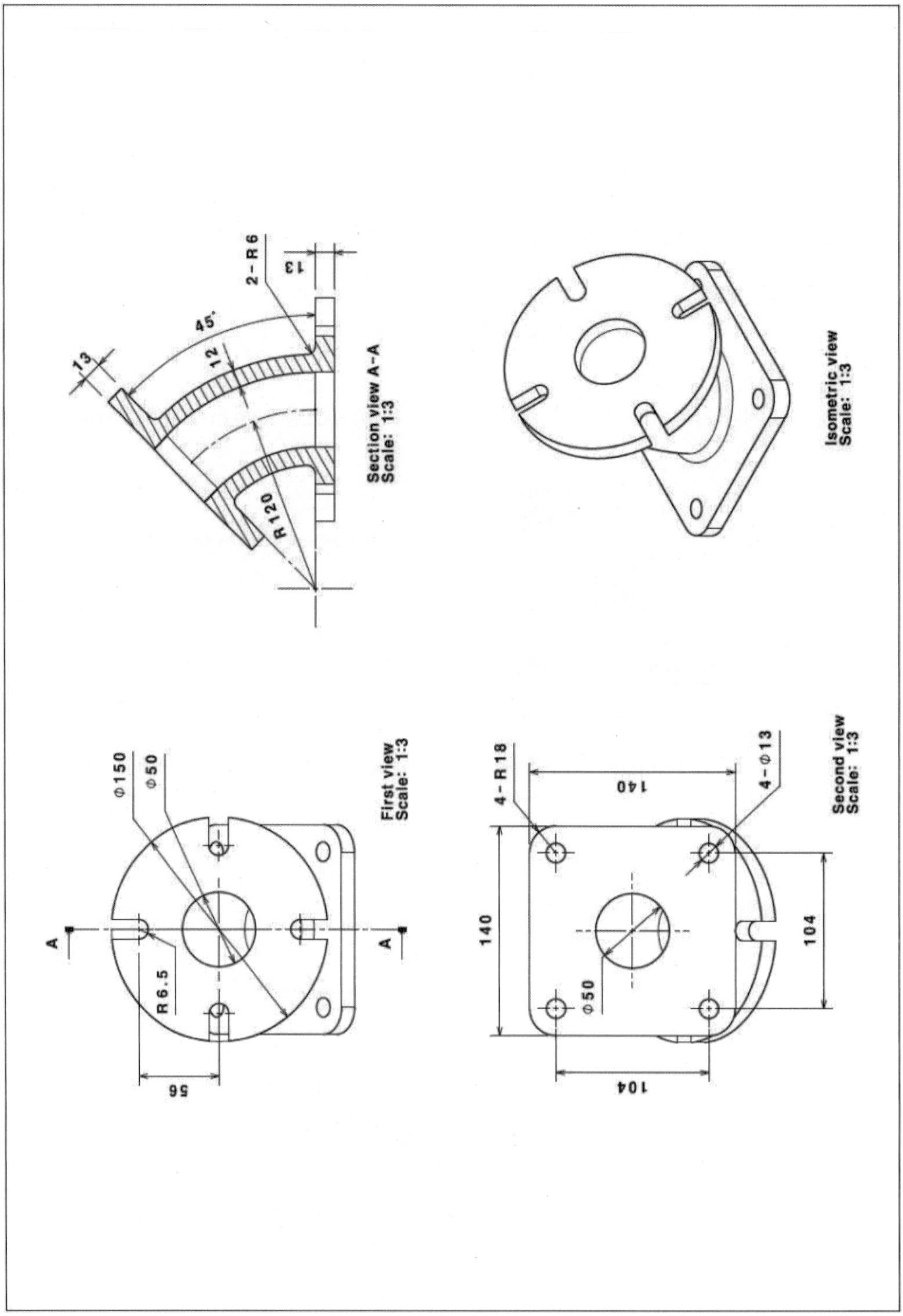

1 Part Design Workbench를 시작한다. 앞의 예제들과 동일하게 이루어지는 부분들은 간단히 설명하고자 한다.

2 xy plane에서 다음과 같이 형상의 밑바닥을 Sketch 한다.

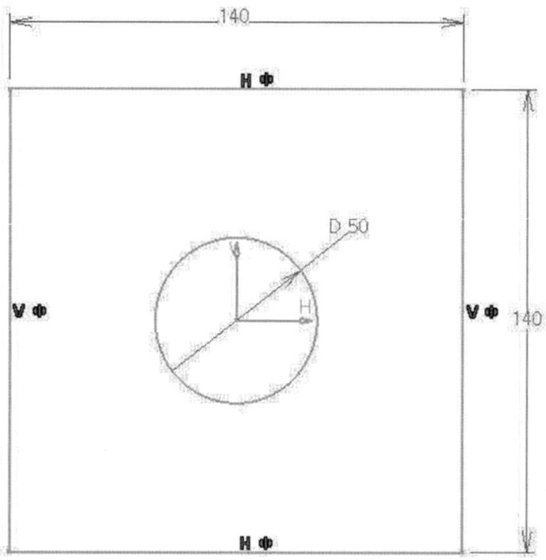

3 Part Design Workbench에서 Pad를 클릭하고 Length를 입력한 후 OK한다.

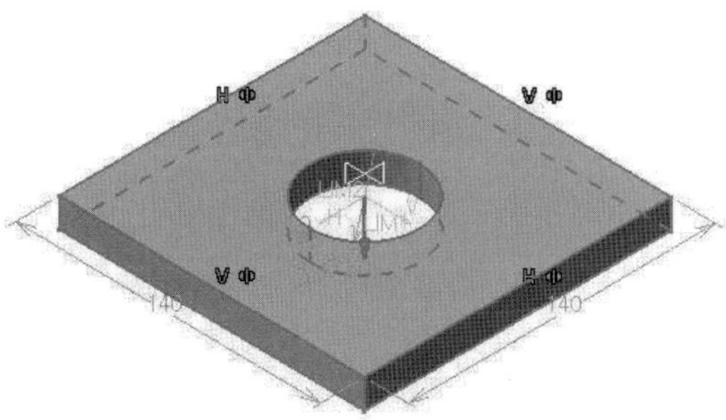

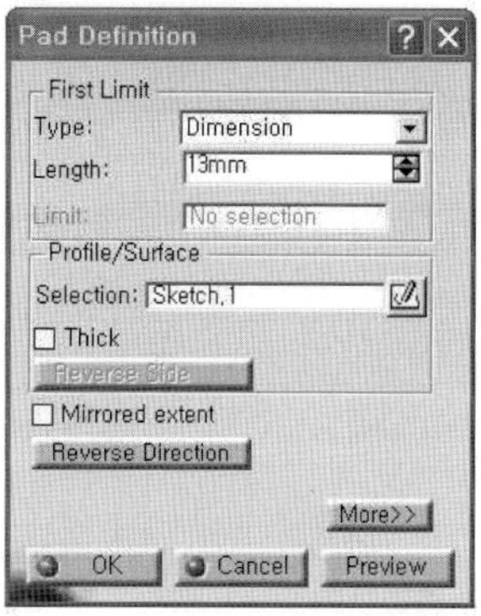

4 사각 평판 한쪽 끝부분에 다음처럼 Hole을 생성한다.

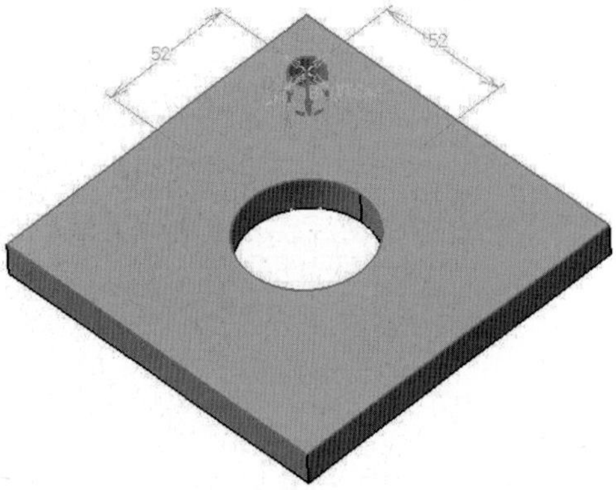

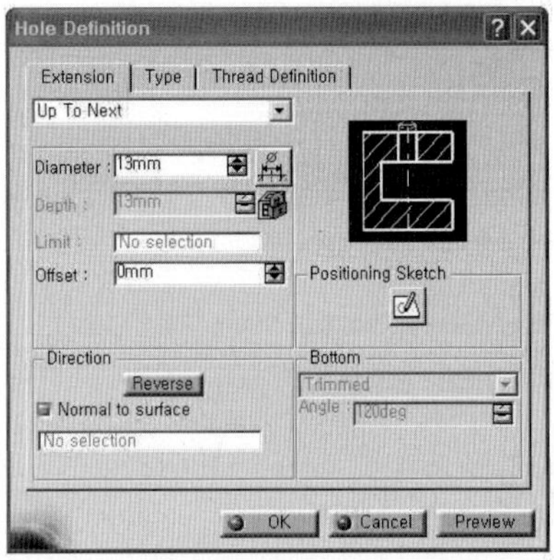

5 Circular Pattern을 이용하여 나머지 Hole 형상들을 완성한다.

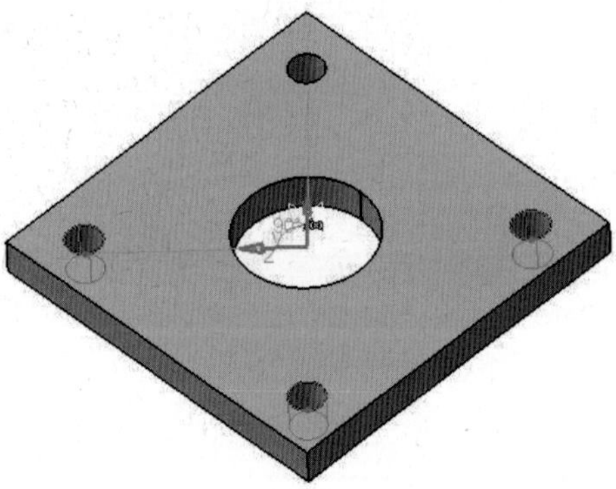

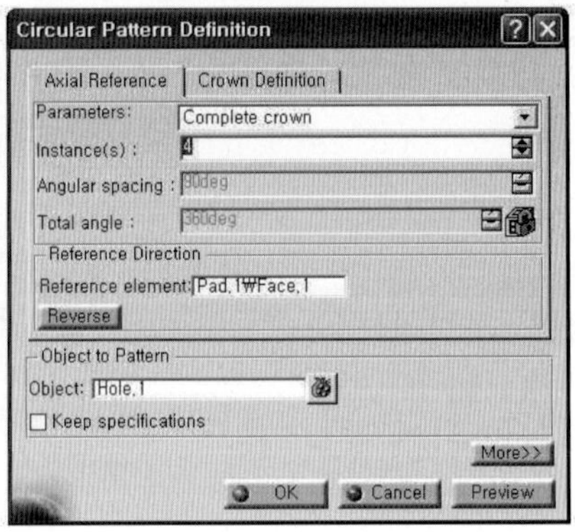

6 사각 평판의 4개의 옆면 모서리에 다음처럼 Fillet 처리를 한다.

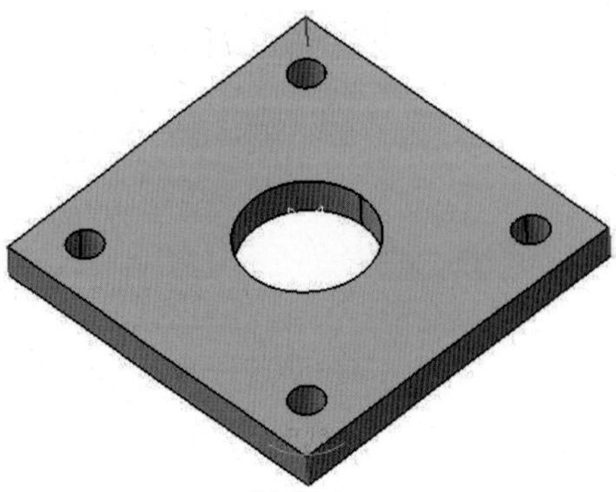

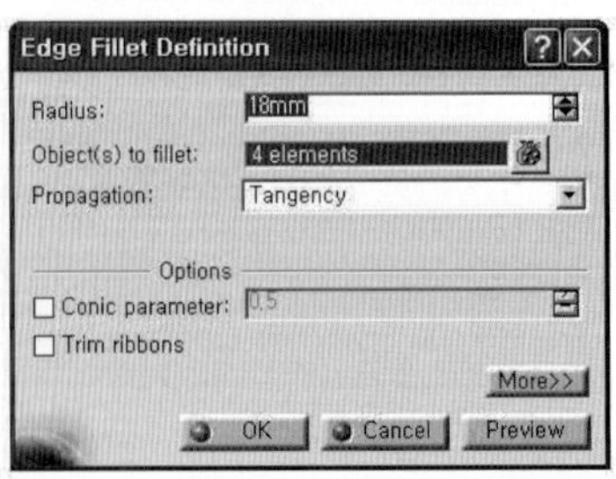

7 전체 형상 중, 아래쪽 사각 평판과 위쪽 원형 평판을 연결하는 형상은 Rib 기능을 이용하기로 한다. 먼저 사각 평판의 윗면에 Rib에서의 Profile로 사용될 Sketch를 한다.

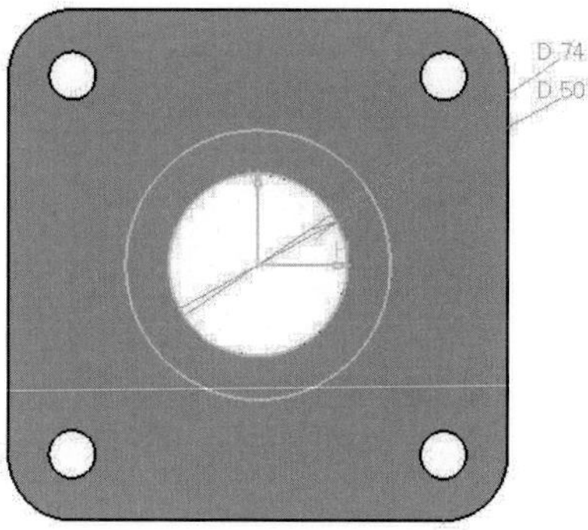

8 다음은 yz plane에 Rib에서의 Center curve에 사용될 Sketch를 한다.

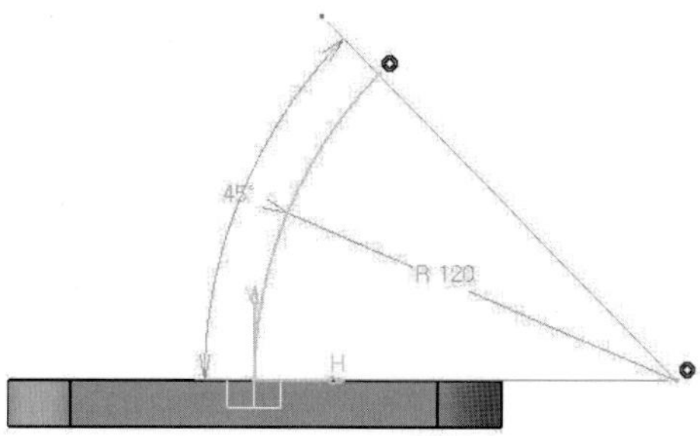

9 Rib 기능을 활용하여 다음과 같이 연결되는 부위를 완성한다.

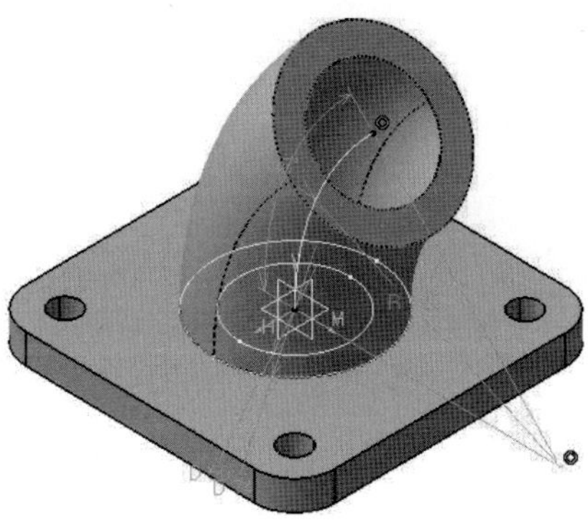

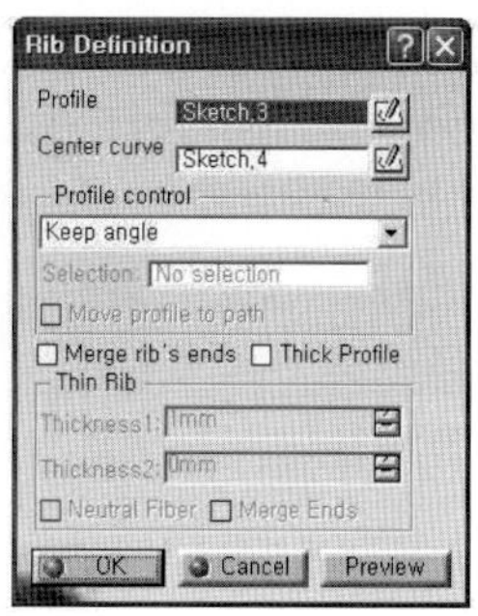

10 원통 형상의 윗면에 다음과 같이 Sketch 한다.

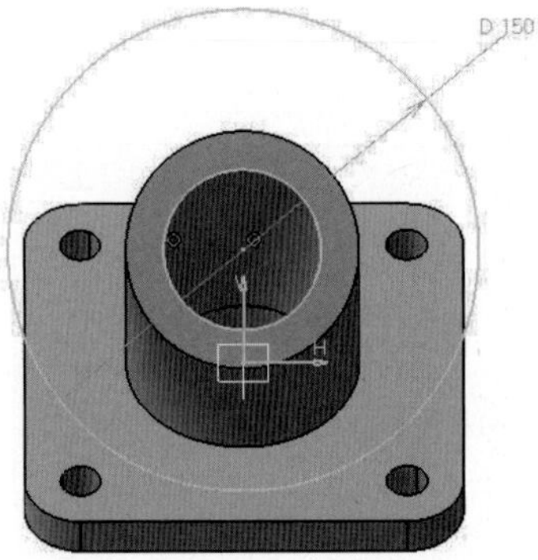

11 Pad를 이용하여 원형 평판을 생성한다.

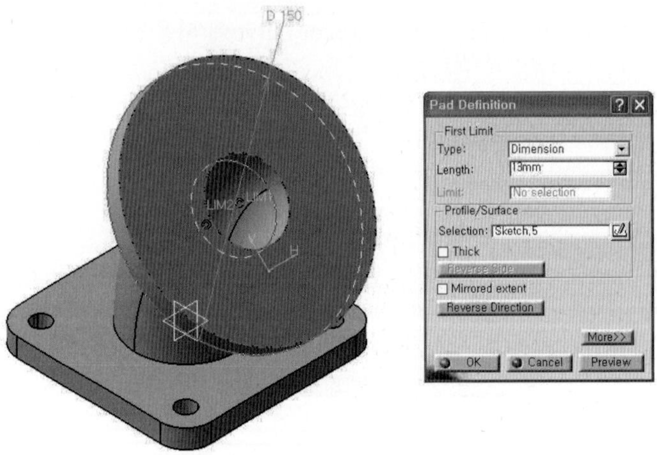

12 원형 평판의 윗면에 Pocket에 이용될 Sketch를 한다.

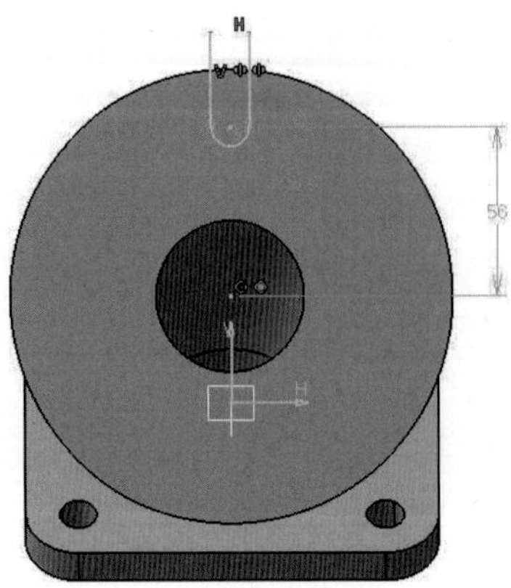

CATIA V5

13 Pocket을 이용하여 다음처럼 제거한다.

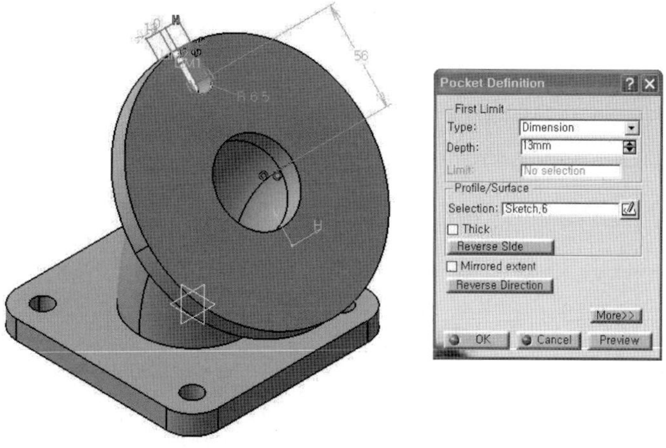

14 Circular Pattern을 이용하여 나머지 부분을 완성한다.

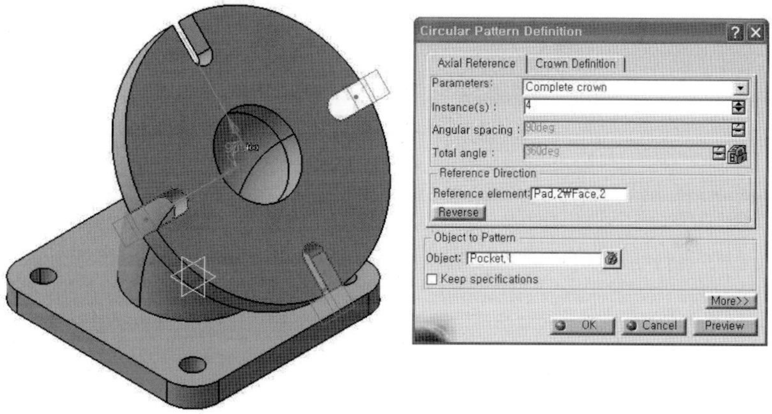

15 마지막으로 원통과 2개의 평판의 접합부에 다음처럼 Fillet 처리를 한다.

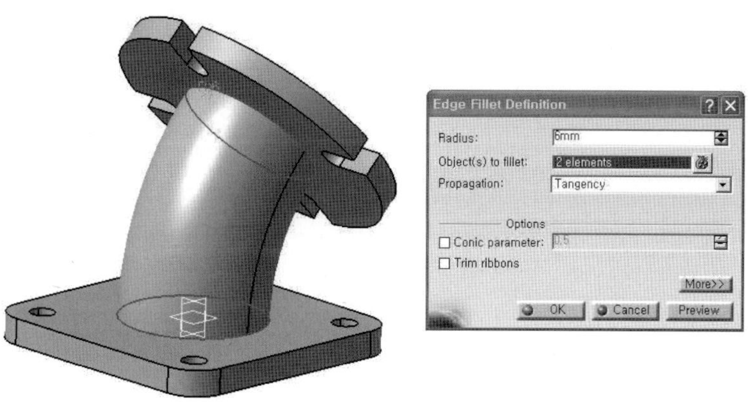

16 다음과 같이 모든 형상이 완성되었다.

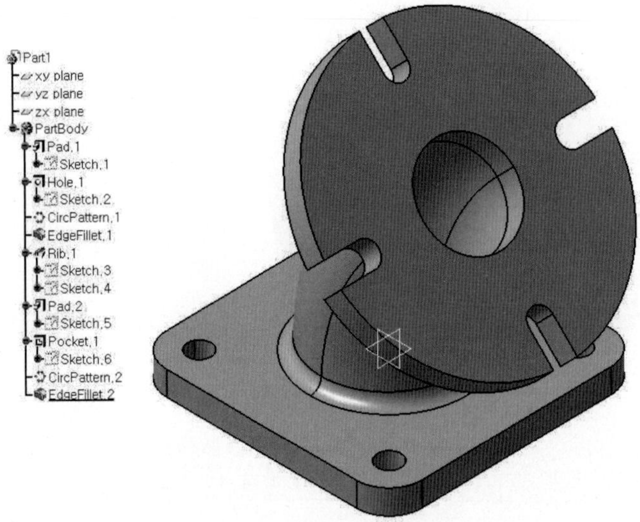

CHAPTER

04 WIREFRAME & SURFACE DESIGN

CONTENTS

1 개요

설계에서 곡면은 중요한 요소로 Wireframe and Surface Design에서는 점과 선 등의 요소를 이용하여 곡면을 생성하는 작업을 한다. Wireframe and Surface Design Workbench에서 만들어진 요소들은 대부분 3차원 Solid 모델링 작업의 보조 요소로 사용된다.

Wireframe 이나 Surface를 생성할 때에는 Hybrid Design을 적용하여 일반적인 Body에서 생성할 수도 있으나, 가능하면 Geometrical Set을 추가하여 사용하는 것을 권장한다.

2 Workbench 시작하기

Sketcher나 Part Design Workbench의 시작 방법과 마찬가지로 Workbench를 시작한다.

2.1 Menu Bar에서 시작

Pull Down Menu Bar에서 다음처럼 시작한다.

- Start → Mechanical Design → Wireframe and Surface Design

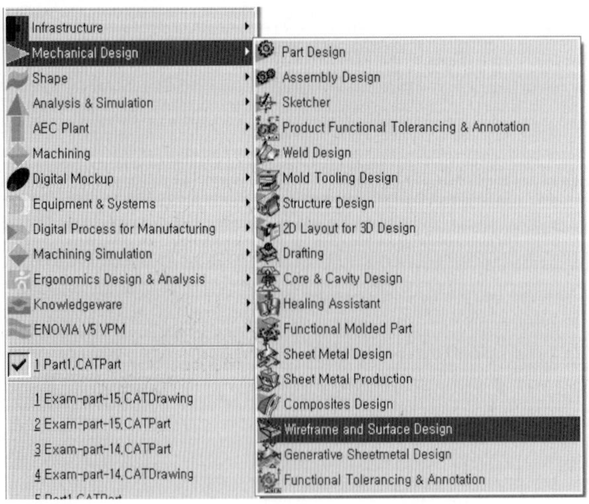

2.2 Workbench에서 시작하기

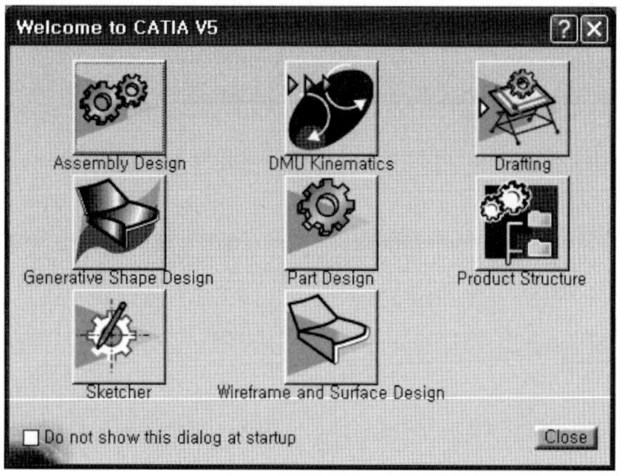

3 Tool Bar 소개

Wireframe and Surface Design Workbench에서 주로 사용하는 Tool Bar는 Wireframe, Surface, Operation Tool Bar로 각각의 기능을 살펴보자.

3.1 Wireframe

3차원 공간에서 Surface나 Solid를 생성하는데 필요한 점, 선 등을 생성하는 기능을 가지고 있는 Tool Bar이다.

(1) Point, Line, Plane

Point, Line, Plane 생성 기능은 Part Design 부분에서 설명하였으므로 참조하기 바란다.

(2) Circle

공간상에 원을 생성하는 명령으로 Sketcher의 원 생성 방법과 비슷하나 3차원 공간상의 원이라는 것에 차이가 있다. Circle 을 클릭하면 Circle Definition Box가 열린다.

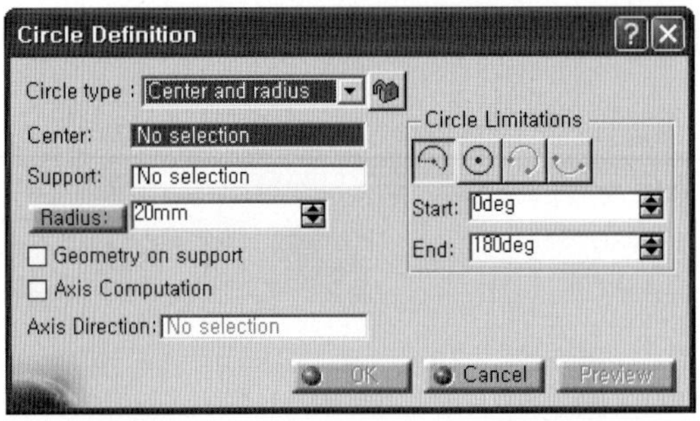

Circle Type

- Center and Radius : 중심점을 지정하고 반경을 부여하여 원을 생성한다.

1 중심점을 설정한다. 3차원 공간에서 원을 생성하므로 중심점은 기존 물체의 모서리나 또는 미리 생성한 점을 선택할 수 있고 아니면 Center 항에 마우스 우측 버튼을 눌러 Contextual Menu를 불러 만들어서 지정할 수도 있다.

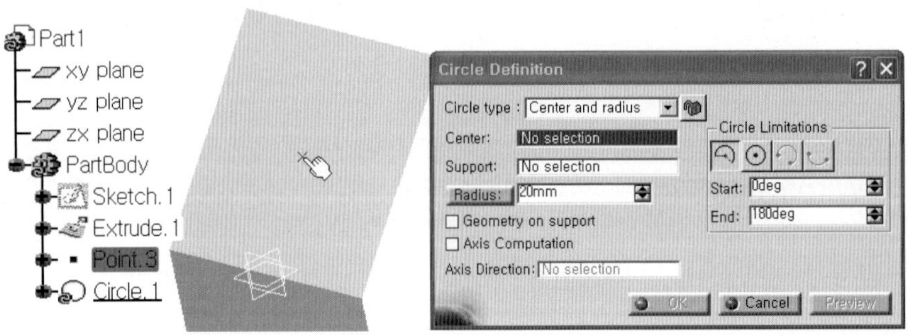

2 Support는 원을 생성할 평면을 지정한다. 여기서 평면은 기존 물체의 평면, xyz의 평면 또는 원을 그리기 위해서 새롭게 생성한 평면을 지정해준다. 또 Contextual Menu를 불러서 지정할 수도 있다.

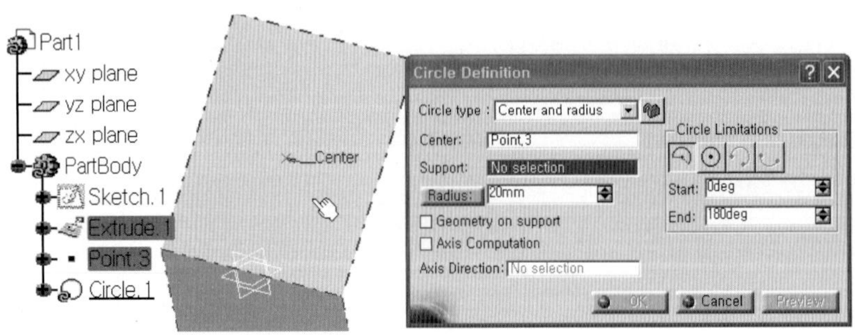

3 반경을 입력한다.

4 Circle의 형태에 따라서 Circle Limitations를 선택하면 완성된다.

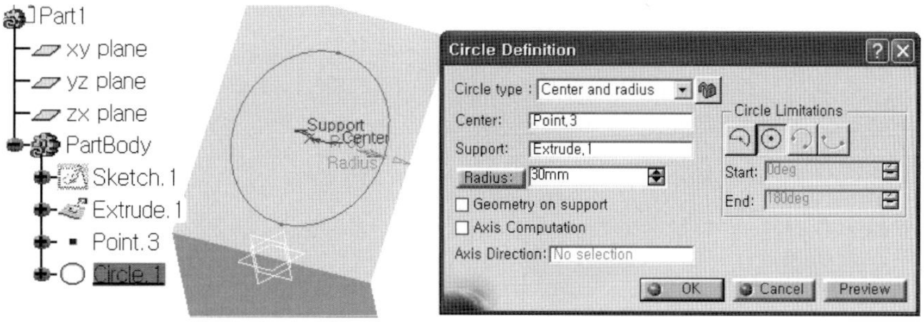

• Center and Point : 중심점을 부여하고 반경에 해당하는 한 점을 설정한다. Support는 두 점이 존재하는 평면 즉 원이 생성될 평면이어야 한다.

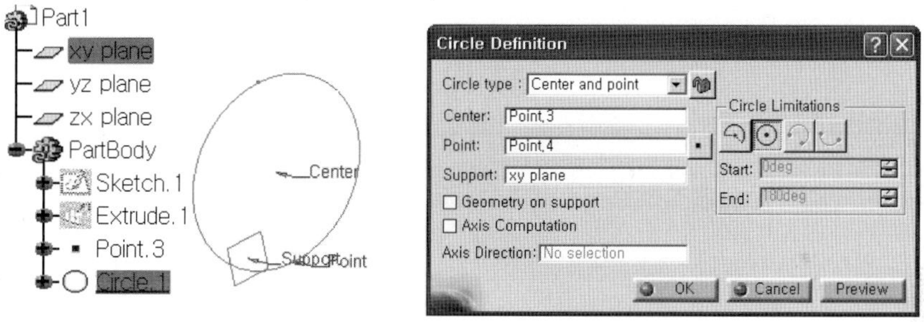

• Two Points and Radius : 두 점과 반지름을 정의하여 원 또는 원호를 생성한다. 생성된 두 개의 원 중에서 하나를 선택한다.

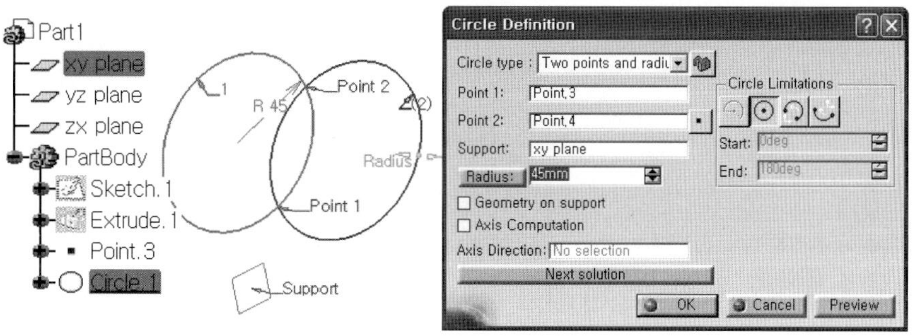

- Three Points : 3점을 정의하여 원을 생성한다.

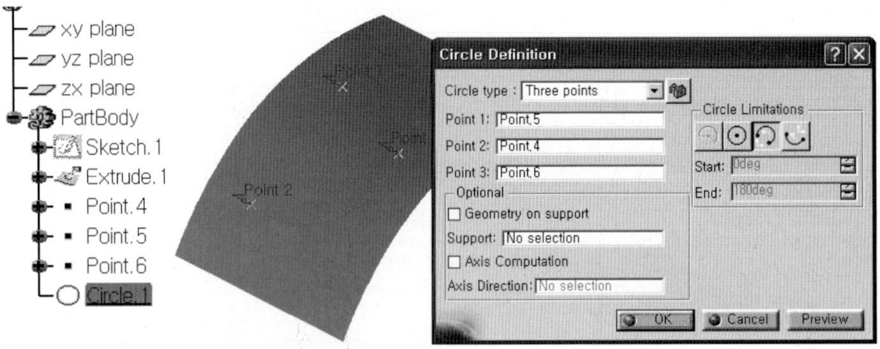

- Center and Axis : 중심점과 축을 정의하여 원을 생성한다. 이 때 축은 어떤 직선이어도 상관 없다.

1 Project Point on Axis/Line : 원의 중심이 축으로 생성됨

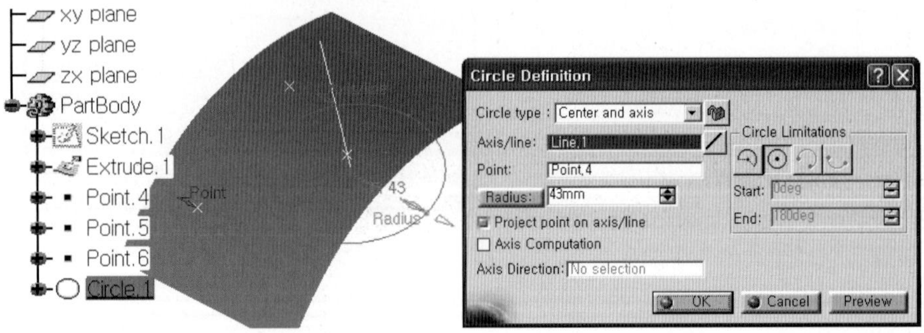

2 Project Point on Axis/Line이 체크되지 않은 경우는 원의 중심이 정의된 점에 있음.

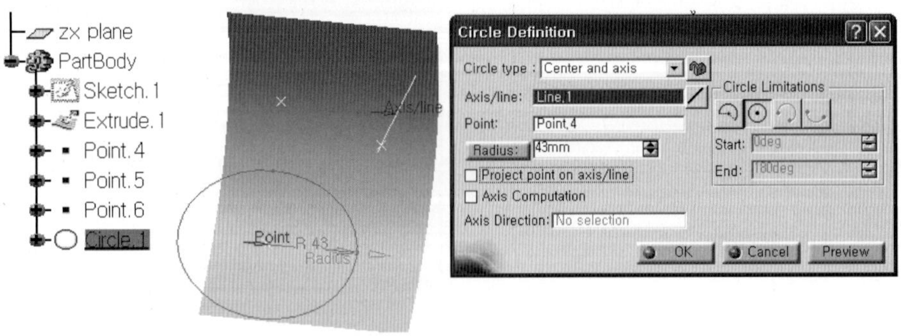

- Bitangent and Radius : 평면상의 두 요소를 지정하여 접하는 원을 생성한다.

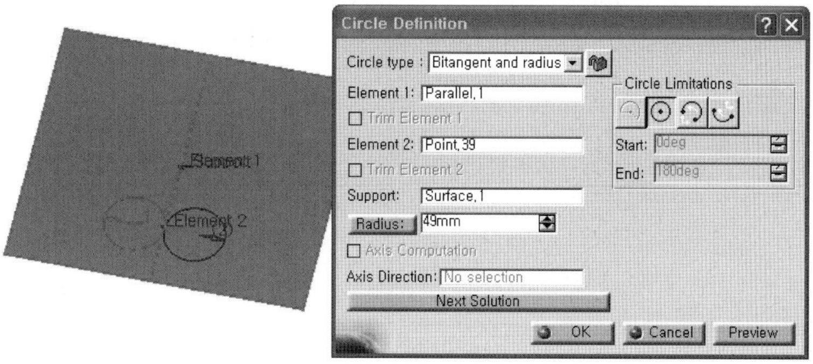

- Bitangent and Point : 동일 평면상의 Curve와 점을 정의하여 두 Curve에 접하는 원을 생성한다.

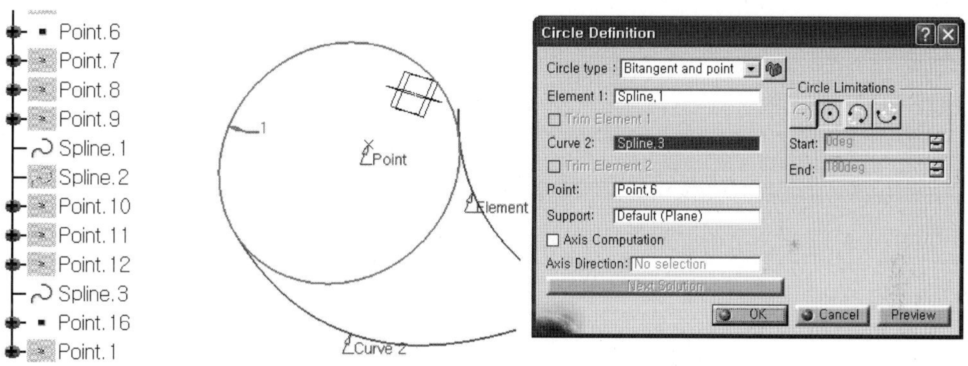

- Tritangent : 3개의 요소에 접하는 원을 생성한다. 여기서 요소는 Curve 또는 Point가 될 수 있다.

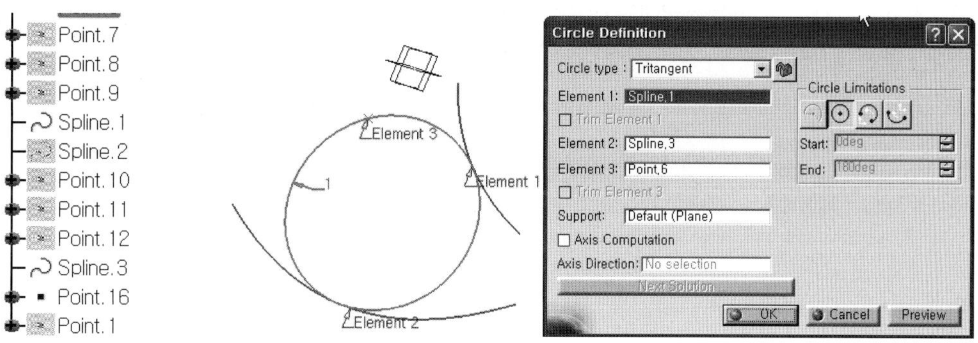

• Center and Tangent : 중심이 되는 요소와 접하는 요소를 설정하여 원을 생성한다.

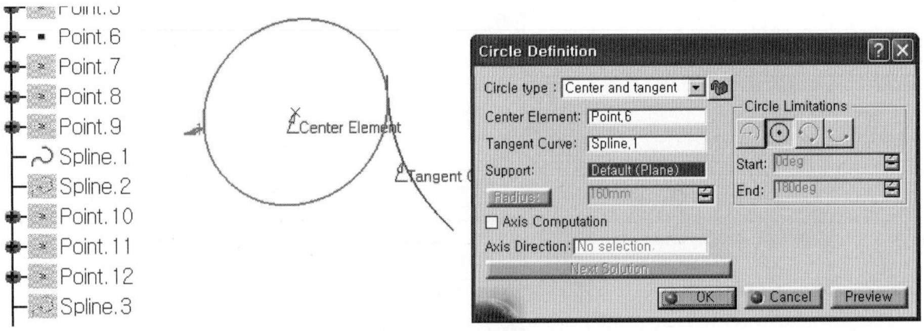

(3) Coner

동일 평면상에 존재하는 두 개의 Curve 또는 점과 Curve 사이의 연결을 부드럽게 하는 기능으로 Sketcher의 Coner와 비슷하다.

두 개의 Curve가 교차하는 경우

1 Coner On Vertex의 선택을 해제한다.

2 Element1, Element2에 서로 만나는 Curve를 선택한다.

3 Radius를 입력한다.

4 4개의 코너 중에 하나를 선택한다.

5 Trim Element1, Trim Element2는 선택한 Curve의 나머지 부분을 제거할 때 체크한다.

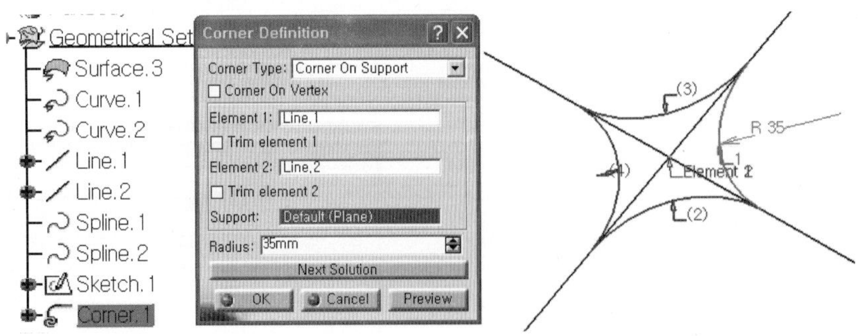

Coner On Vertex를 체크한 경우

하나의 요소에 하나 또는 여러 개의 Coner를 부여하는 기능으로 해당 모서리만을 Coner 시킬 경우는 해당하는 모서리를 선택하고, 모든 모서리를 Coner 시킬 경우는 요소를 선택하면 자동 Coner가 실시된다.

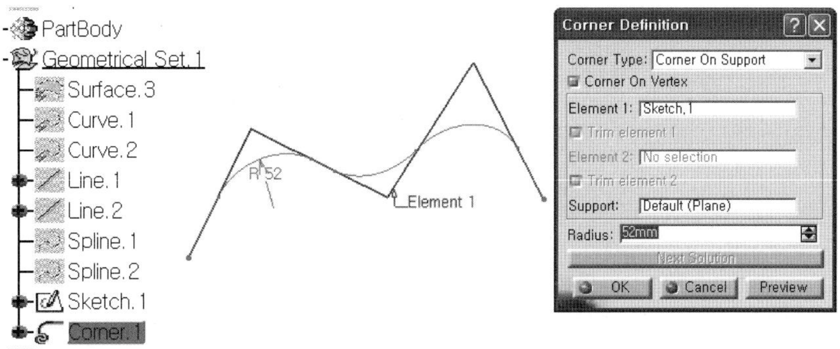

(4) Connect Curve

두 개의 Curve를 연결해 주는 기능으로 부여하는 Continuity나 Tension에 따라 모양이 변한다.

1 첫 번째 커브의 연결 지점과 Curve를 선택한다.

2 두 번째 커브의 연결 지점과 Curve를 선택한다.

3 Tension을 부여한다.

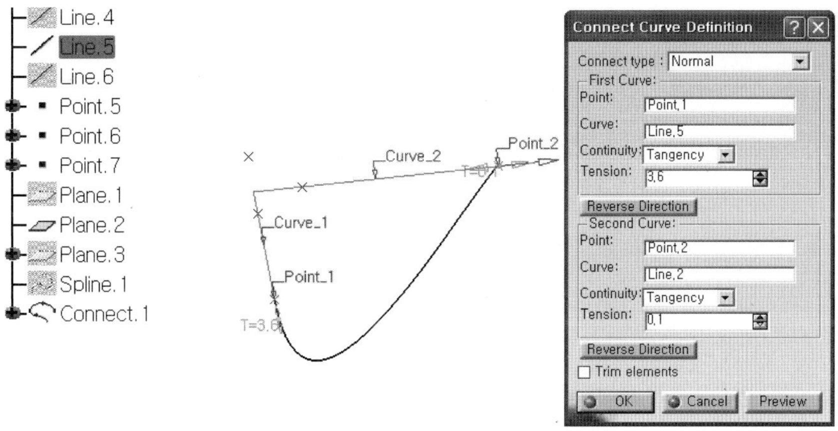

(5) Spline

공간상에서 점들을 연결하여 Spline을 만든다. 이 때 선택하는 점의 순서가 곡선의 형태를 결정한다.

1. Spline 를 클릭하면 Spline Definition Box가 열린다.
2. 만들어진 점들을 곡선의 형태에 따라 순차적으로 선택한다.
3. Add Point After : 선택된 점의 뒤에 새로운 점을 추가한다.

   Add Point Before : 선택된 점의 앞에 점을 추가한다.

   Replace Point : 점의 위치를 변경한다.
4. Geometry on Support : Surface 상에 Spline을 투영한다.
5. Close Spline : 닫혀진 Spline을 생성한다.

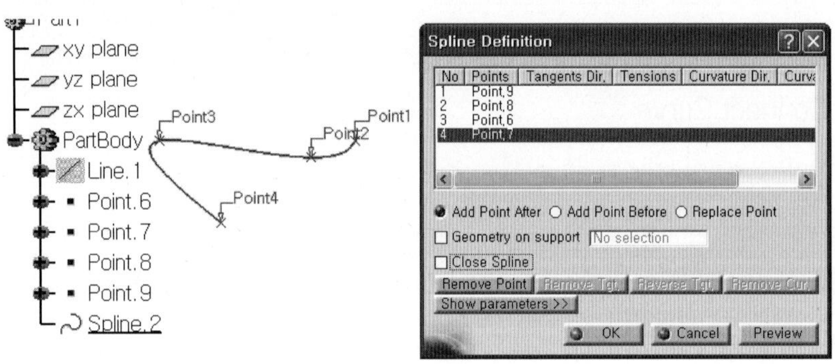

(6) Helix

코일과 스프링 등의 Helix Curve를 생성하는 기능으로 Helix Definition Box에 다음처럼 입력한다.

1. Starting Point : 코일이 시작하는 점을 만든다.

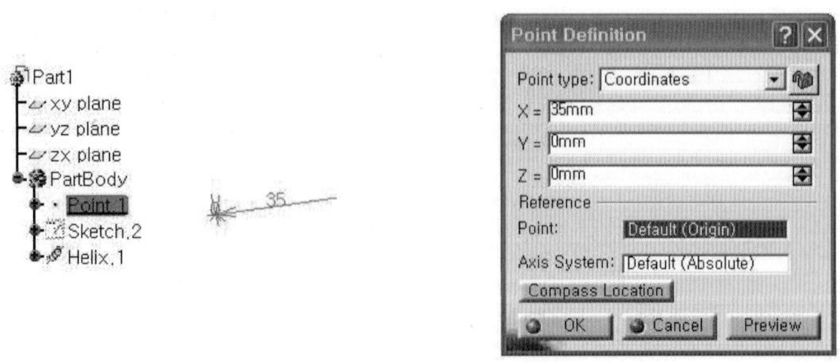

2 Axis : 코일의 회전축으로 기존 축이나 직선 등을 선택한다.

3 Pitch : 코일 산 간격을 입력한다.

4 Height : 코일 전체 높이를 입력한다.

5 Orientation : 회전방향 Clockwise → 시계방향, Counterclockwise → 반시계방향

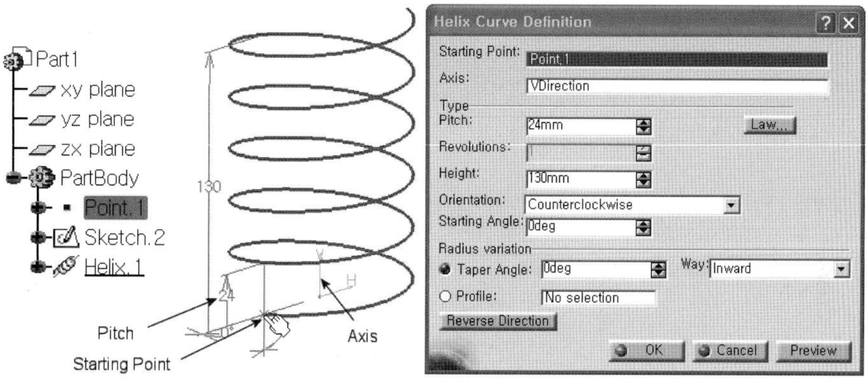

6 Starting Angle : Starting Point로부터 코일이 시작하는 각도

7 Taper Angle : Taper Coil을 만들 경우 각도 부여한다.

Way : Taper 방향을 지시한다.

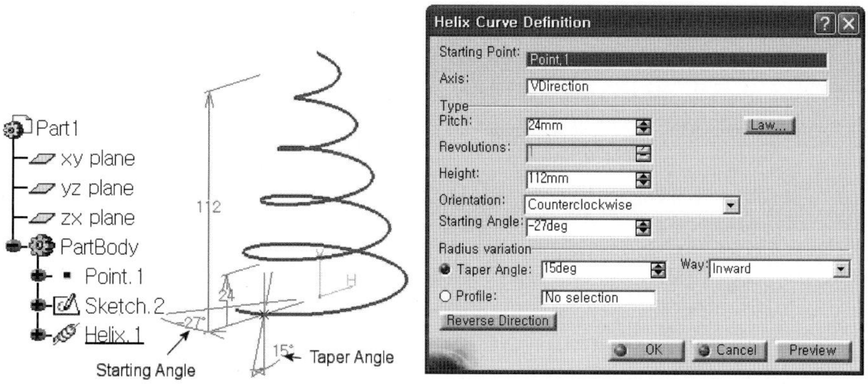

8 Profile : 코일을 원하는 모양으로 생성하는 기준 곡선으로 Starting Point와 같은 점에서부터 만들어져야한다. Sketch.2로 인해 만들어진다.

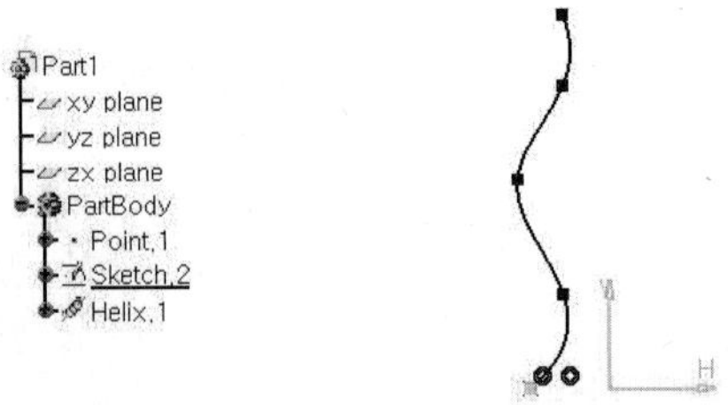

9 Profile에 Sketch.2를 선택하고 미리보기 한다.

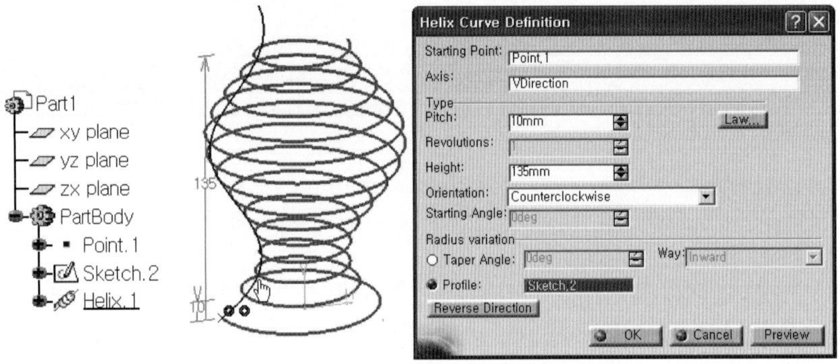

(7) Projection

공간상의 요소를 임의의 Surface에 투영하는 기능으로 다음의 원을 임의의 Surface에 투영시켜 보자.

1 Projected : 투영하려는 요소, 원을 선택한다.

2 Support : 투영하는 Surface를 선택한다. 수직방향의 투영이 이루어진다.

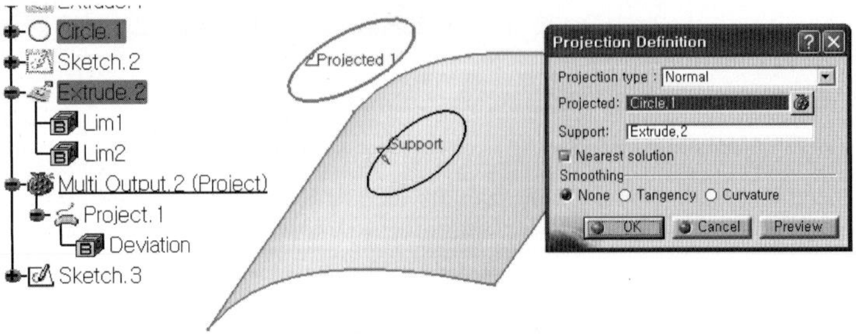

3 Projection Type : Along a Direction 일 경우는 투영방향을 지정해야한다. 방향 지정은 축이나 직선을 설정한다.

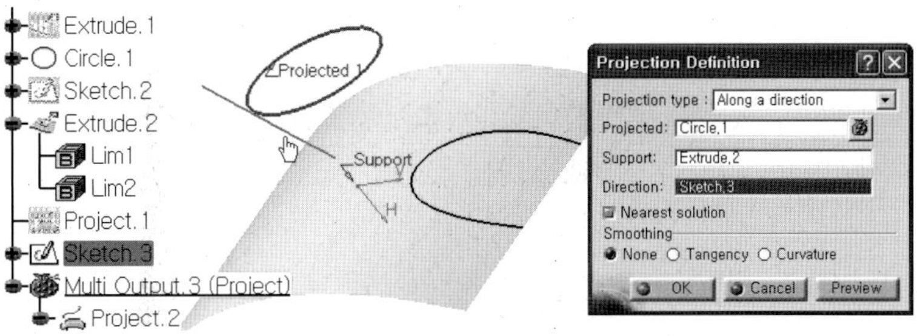

(8) Intersection

공간상에서 Surface와 Surface가 만나는 교차선, 선과 면, Solid와 Surface, 선과 선 등의 교차선을 축출해내는 기능이다.

Surface to Surface

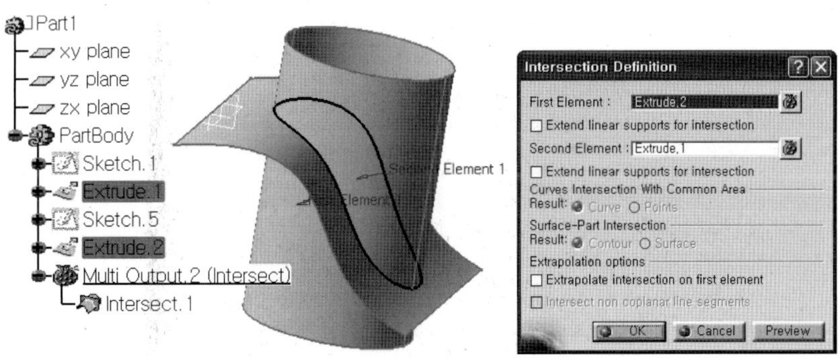

Solid to Surface

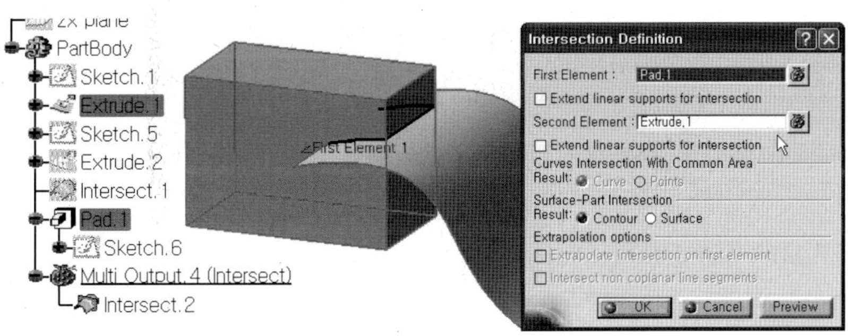

3.2 Surfaces

Wireframe and Surface Workbench의 주 기능인 Surface를 생성하는 기능을 포함하고 있는 Tool Bar이다.

(1) Extrude

2차원 Sketcher 또는 다른 방법으로 생성한 Profile을 돌출시켜 Surface를 만드는 기능이다.

1 Sketch Workbench에서 Profile로 사용할 Curve를 xy 평면에서 Sketch하고 빠져나간다. Sketch.1로 가지가 만들어진다.

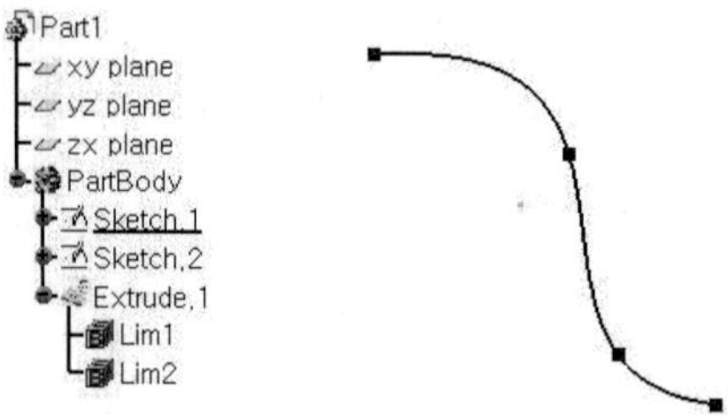

2 Profile을 돌출시키는 방향은 일반적으로 Sketch를 활용할 때에는 자동적으로 Sketch 한 plane의 수직 방향이 입력된다. 또는 기존 형상의 일직선의 모서리나 축, 평면, Contextual Menu를 불러서 설정할 수 있다. 하지만 여기서는 Sketch.1에 수직하게 yz 평면에서 Sketch 하기로 한다. Sketch.2로 생성된다.

3 Wireframe & Surface Workbench에서 Extrude 를 클릭한다. Definition Box가 열린다.

4 Profile : Sketcher에서 작성한 Spline인 Sketch.1을 선택한다.

5 Direction : 자동으로 Sketch 평면이 선택된다. 하지만 새로운 방향을 설정하고 싶다면 새로 Sketch한 Sketch.2 직선을 선택한다.

6 Extrusion Limit항에 Limit1, Limit2를 입력하면 Profile 양 방향으로 Surface가 만들어진다.

7 Limit에 Up to Element를 사용하려면 한계요소를 설정해주면 된다.

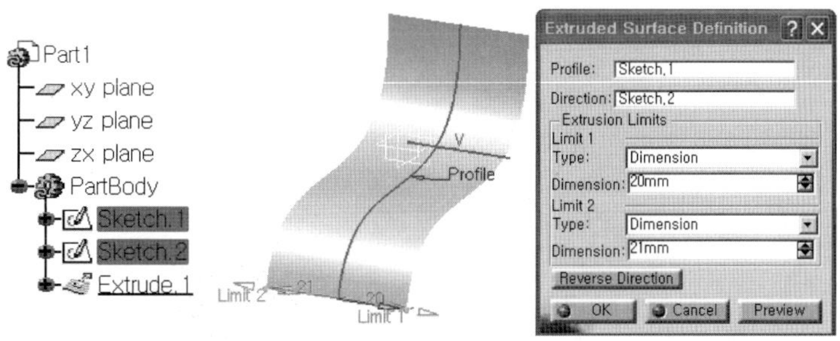

(2) Revolve

회전 곡면을 생성하는 기능이다. 회전 곡면을 생성하려면 회전축과 Profile이 있어야한다.

1 Revolve에 이용할 Profile을 생성할 때 Sketch를 이용한다면 가능하면 동일 Sketch 내에서 Axis를 이용하여 축을 설정해 사용하는 것이 편하다. 하지만 여기에서는 다음의 방식으로 하기로 한다.

Sketch Workbench에서 다음처럼 xy 평면에서 Sketch.1로 Profile을 Sketch하고 또 xy 평면에서 축으로 사용할 Sketch.2를 준비한다.

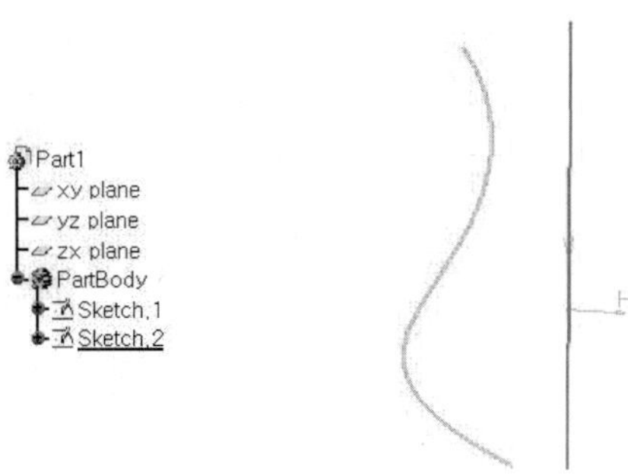

2 Wireframe & Surface Workbench로 들어가 Revolve 를 클릭한다.

3 Definition Box에 Profile에 Sketch.1을 선택하고 Revolution Axis에 Sketch.2 또는 Contextual Menu를 불러서 만들거나 수직축을 선택한다.

4 Angular Limits에 회전 각도를 입력하면 완성된다.

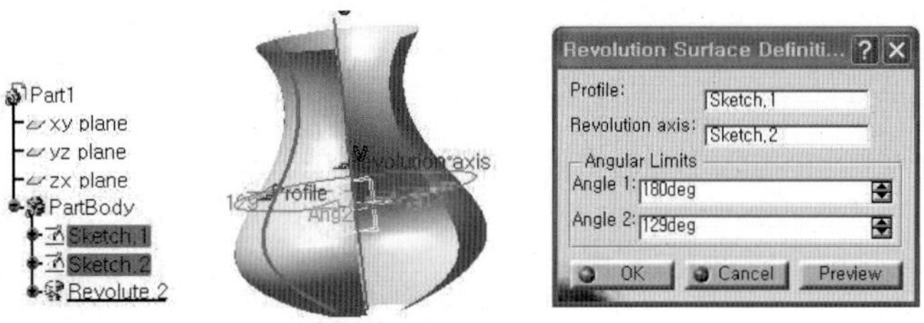

(3) Sphere

점과 반경으로 구를 생성하는 기능이다.

1 Sphere 를 클릭하면 Definition Box가 열린다.

2 Center에 구의 중심을 만들거나 또는 만들어진 점을 선택한다.

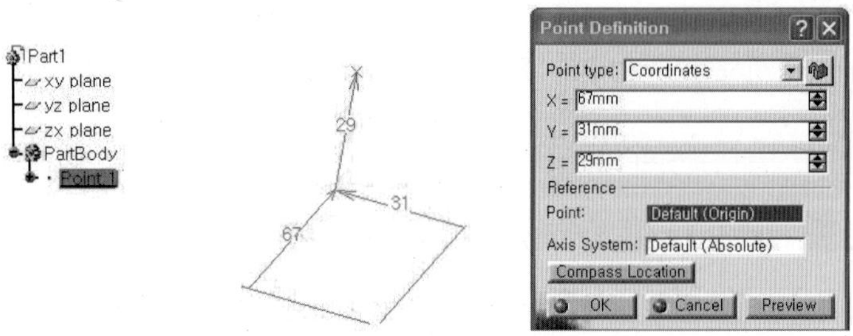

3 Sphere Radius에 구의 반경을 입력한다.

4 완전한 구가 아닐 경우는 Parallel Start Angle, End Angle에 구의 위 아래쪽 각도를 입력하고 Meridian Start Angle, Meridian End Angle에 구의 회전 각도를 입력한다.

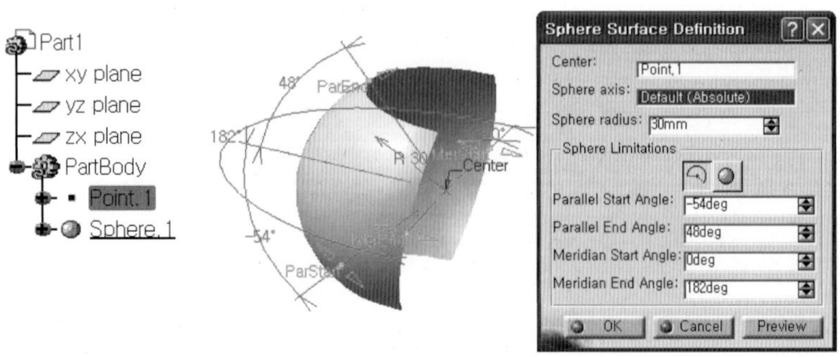

5 Sphere Limitations에서 구를 선택하면 구가 만들어진다.

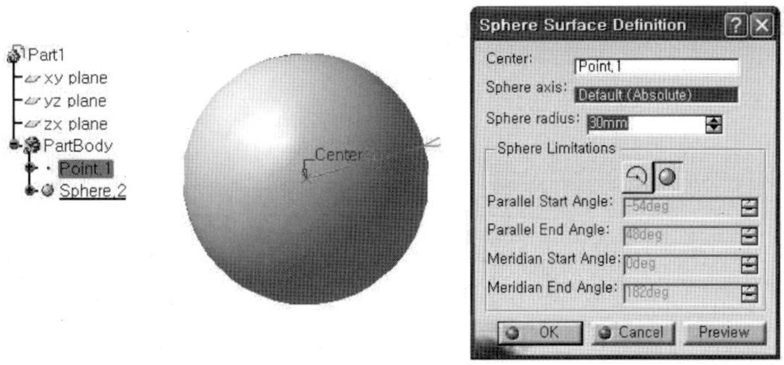

(4) Cylinder

중심점과 방향을 설정하여 원통을 생성하는 기능.

1 그림처럼 점과 직선을 Sketch하고 Wireframe & Surface Workbench로 들어와 Cylinder 를 클릭한다.

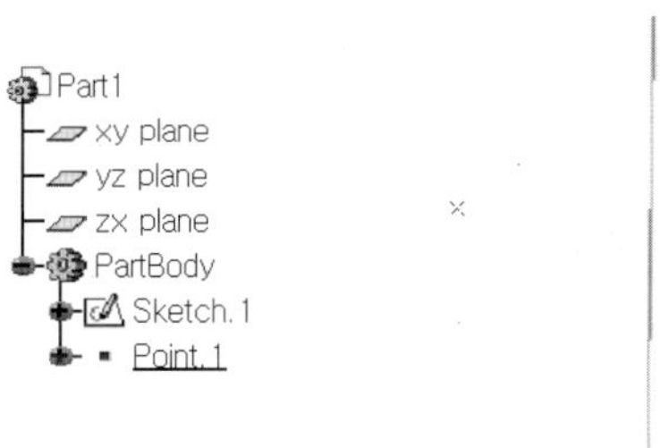

2 Definition Box의 Point에 Point.1을 선택한다.

3 Direction : 직선을 선택한다.

4 Radius : 원통 반지름 입력

5 Length1, Length2 : 원통 높이를 입력한다.

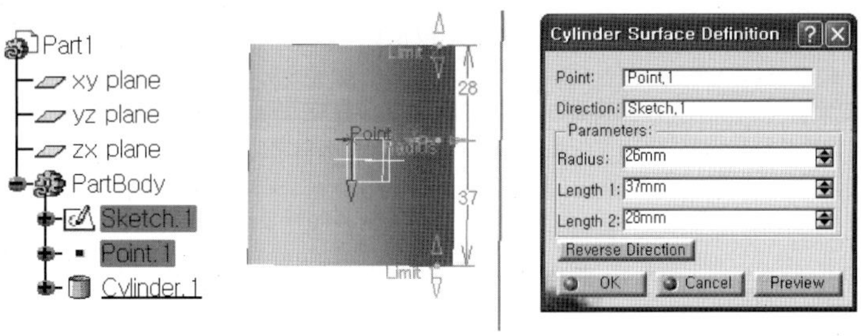

(5) Offset

일정 간격을 두고 Surface를 복사하는 기능으로 Offset 를 클릭하면 Definition Box가 열린다.

1 Surface : Offset 시키려는 Surface를 선택한다.

2 Offset : 거리 띄우기 하려는 거리를 입력한다.

3 Both Direction : 양쪽으로 Offset 시켜준다.

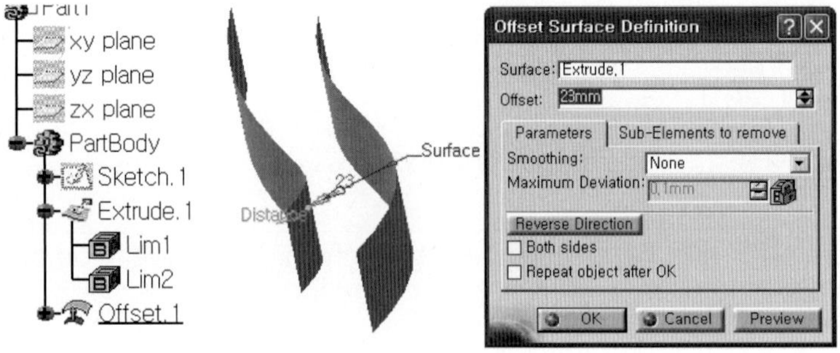

(6) Fill

Curve로 둘러싸인 경계를 이용하여 Surface를 만드는 기능으로 Fill 을 클릭하면 Definition Box가 열린다.

1 Boundary 란에 경계 Curve를 차례로 선택하여 준다. 경계 Curve는 꼭 서로 닫혀 있어야 한다.

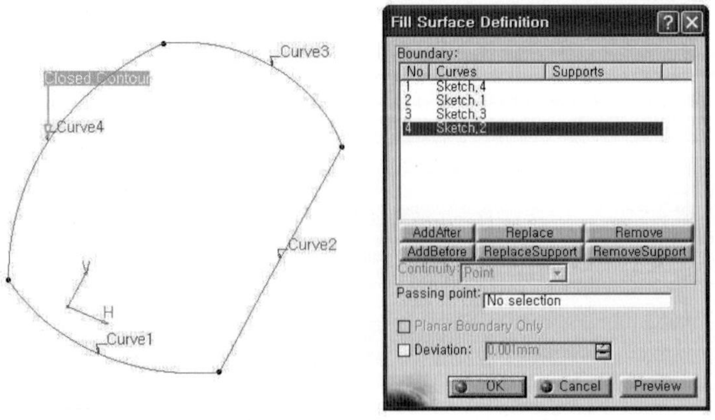

2 OK 하면 완성된 Surface를 얻게 된다.

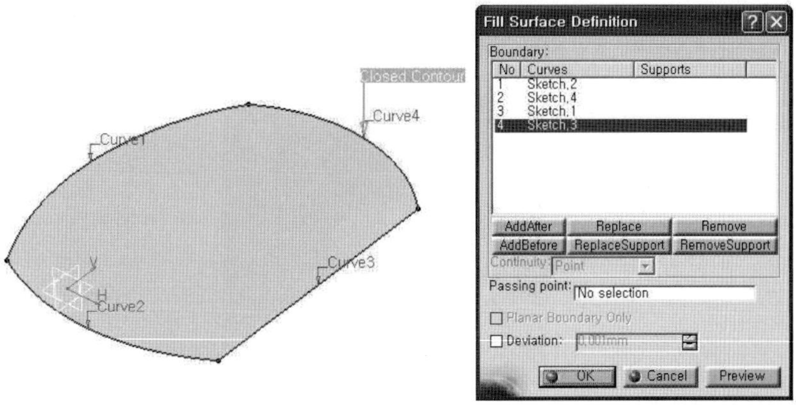

(7) Sweep

Profile을 Guide Curve를 따라서 Surface를 만드는 기능으로 Part Design의 Rib 기능과 유사하다. Sweep 를 클릭하면 Definition Box가 열린다.

Profile Type : Explicit

- Profile과 하나의 Guide Curve를 사용하는 경우

1 Profile과 Guide Curve를 Sketch한다. Profile과 Guide Curve는 같은 위치에서 시작해야한다.

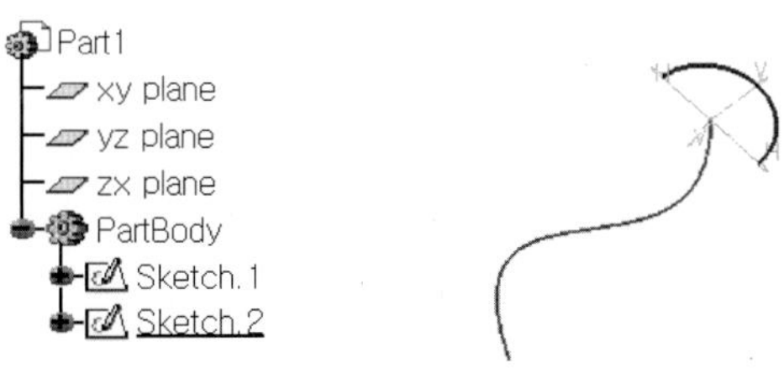

2 Subtype : With reference Surface

3 Profile : Sketch.1을 선택한다.

4 Guide Curve : Sketch.2를 선택한다.

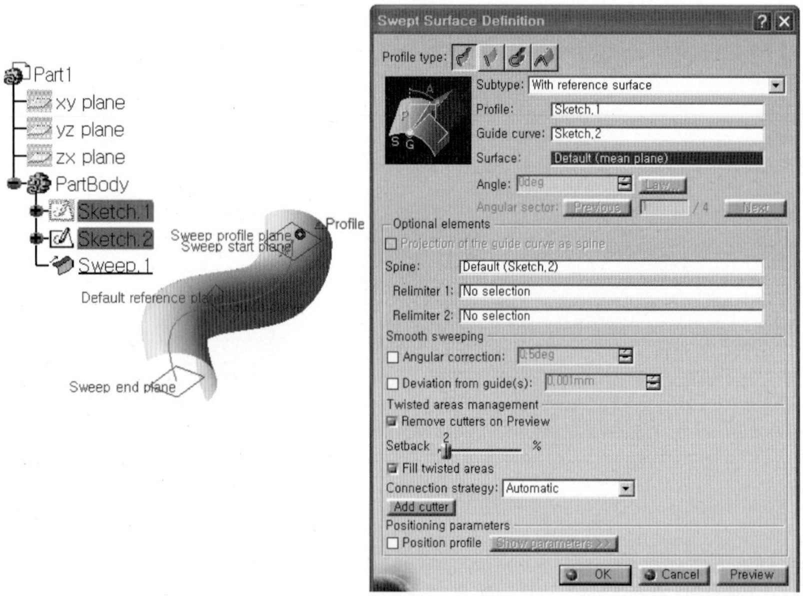

- Profile과 두 개의 Guide Curve를 사용하는 경우

1 Profile과 두 개의 Guide Curve를 Sketch.1, Sketch.2, Sketch.3로 준비한다.

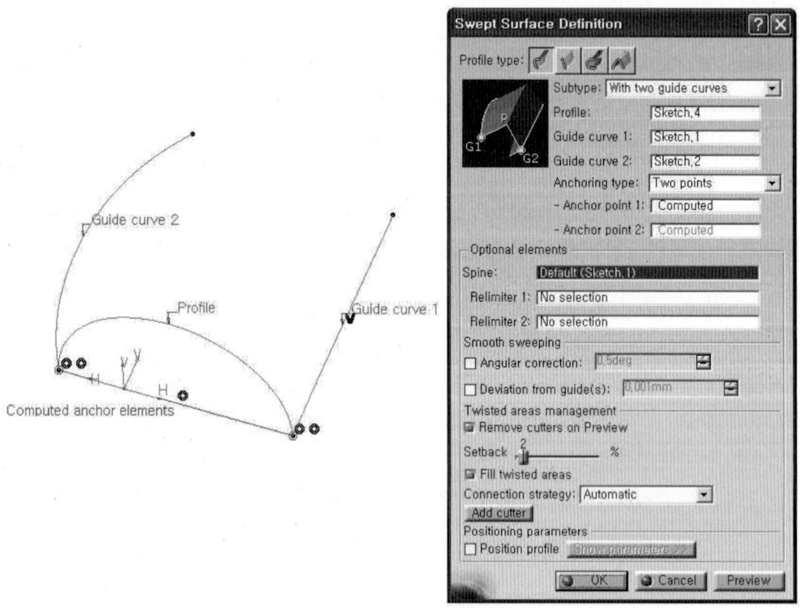

2 Subtype : With two Guide Curves

3 Profile, Guide1, Guide2를 차례로 선택한다.

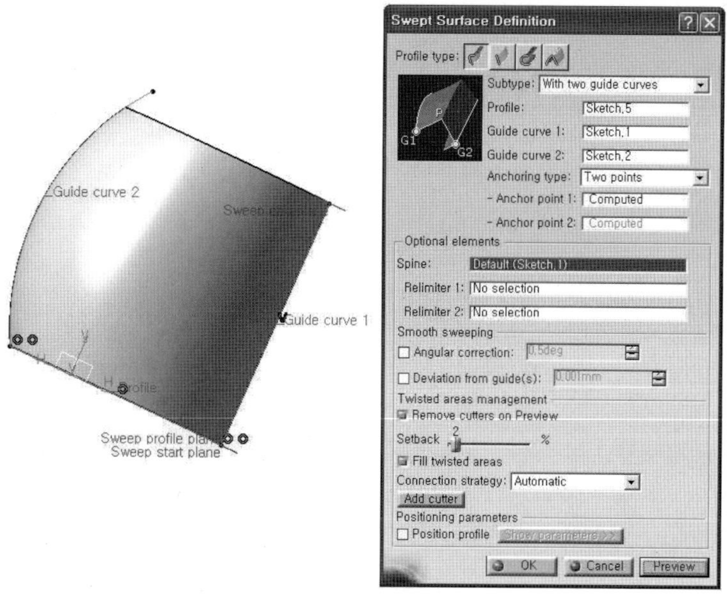

- Profile과 한 개의 Guide Curve와 Pulling Direction

1 Subtype : With Pulling Direction

2 Profile : Sketch.1을 선택한다.

3 Guide Curve : Guide Curve를 선택한다.

4 Direction : yz Plane을 선택한다. Sketch 평면에 따라 달라진다.

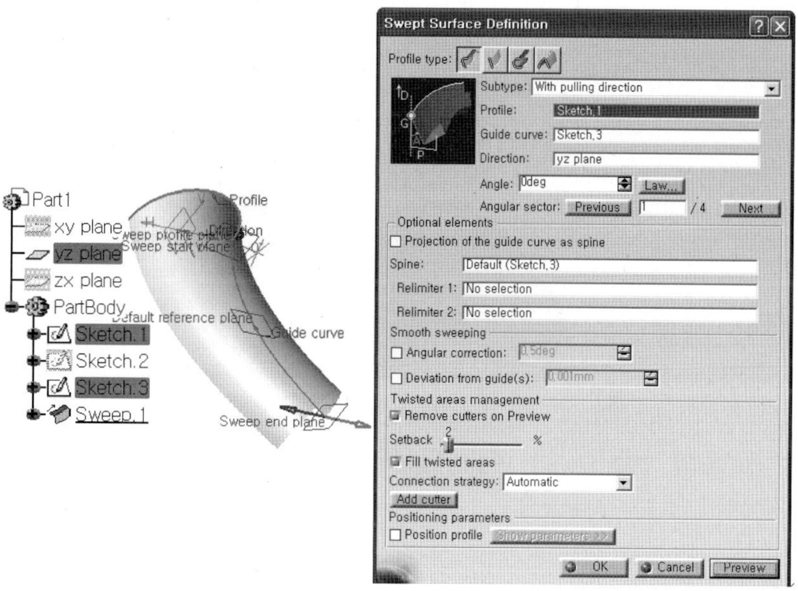

Profile Type : Line

- 두 개의 Limit를 이용한 직선 Profile Sweep

1 Guide가 될 2개의 Curve를 준비한다.

2 Subtype : Two Limits

3 Guide Curve1, 2에 Guide Curve를 각각 선택한다.

4 Length1, 2에 Guide로부터 확장되는 거리, Limit를 설정한다.

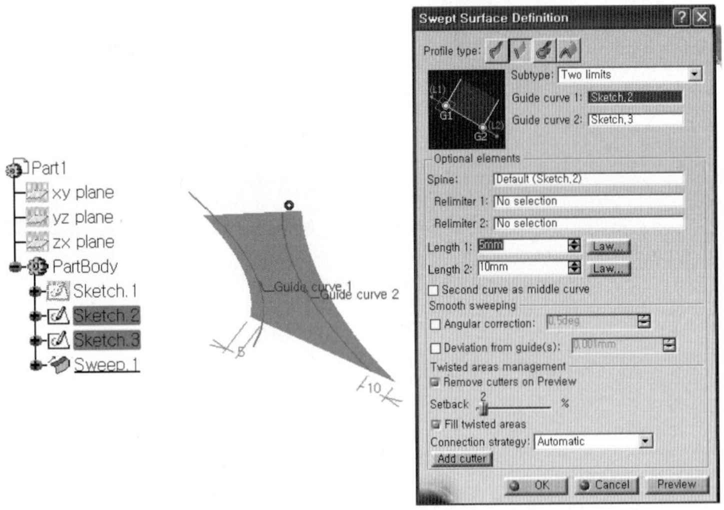

Profile Type : Circle

- 두 개의 Guide를 이용한 원형 Profile Sweep

1 두 개의 Guide Curve를 준비한다.

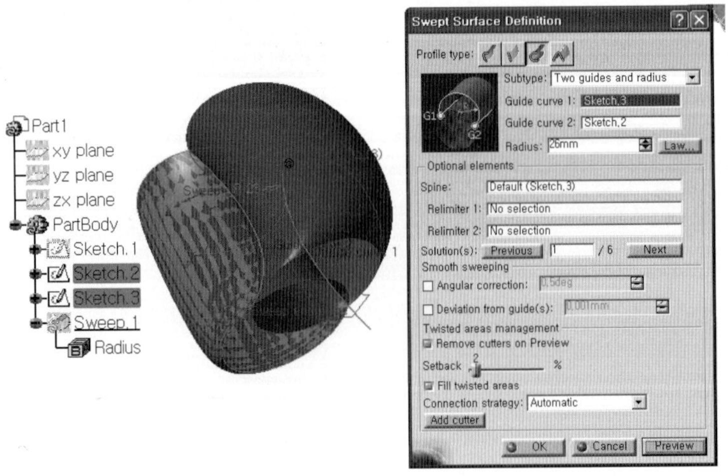

2 Subtype : Two Guides and Radius 선택

3 Guide1, Guide2에 Guide Curve를 선택한다.

4 Radius : 반경을 입력한다.

5 3개의 원형 Surface 중에서 하나를 선택한다.

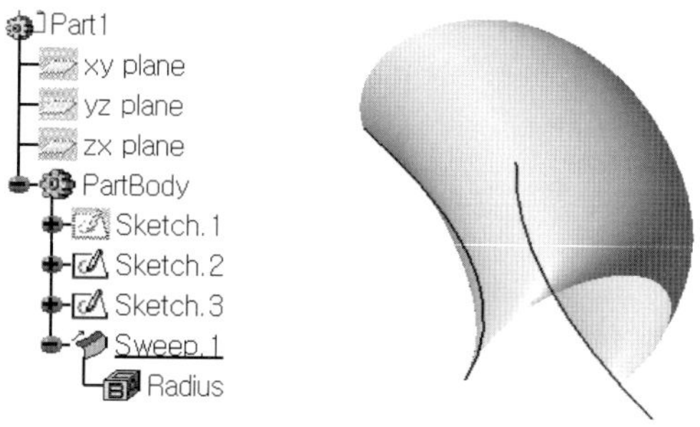

■ 3개의 Guide를 이용한 원형 Sweep

1 3개의 Guide Curve를 각각의 평면에 Sketch한다.

2 Subtype : Three Guides 선택

3 Guide Curve1, 2, 3을 차례로 선택

4 Spine을 Option으로 선택할 수 있음

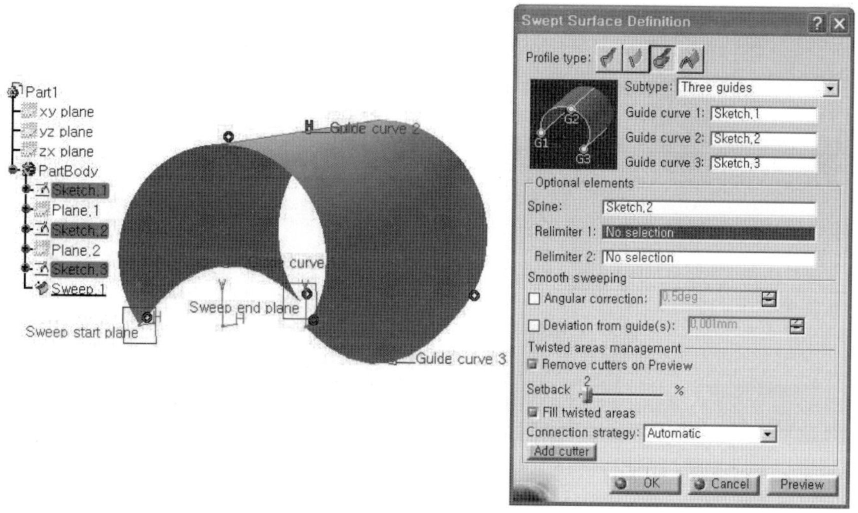

■ 중심선과 외곽선을 이용한 원형 Sweep

1. Center Curve와 원통의 외곽선으로 사용할 Reference Curve를 Sketch한다.
2. Subtype : Center and Two Angles
3. Center Curve : Sketch.1 선택
4. Reference : 외곽선 선택, Sketch.2
5. Angle1, Angle2 : 회전 각도 입력

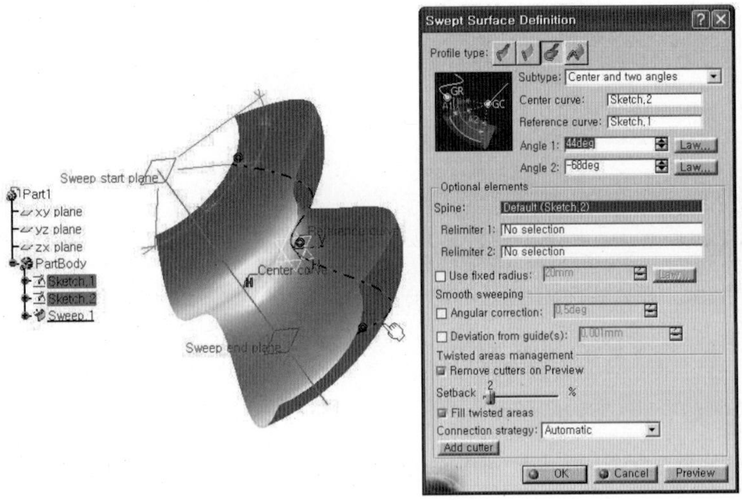

■ 중심선과 반경을 이용한 원형 Sweep

1. 중심선을 Sketch 한다.
2. Subtype : Center and Radius 선택
3. Radius : 반경을 입력한다.

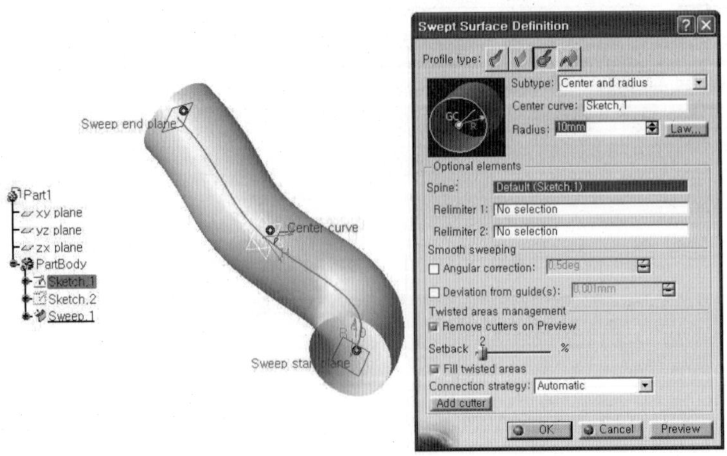

Profile Type : Conic

두 개의 Guide Curve를 이용한 Conic Sweep

1. 두 개의 Guide Curve를 각각의 평면에서 Sketch한다. 여기서는 Sketch.1은 xy plane에 하였으며 Sketch.2는 Plane.1에 Sketch 하였다.
2. Subtype : Two Guide Curves 선택
3. Guide Curve1 : Sketch.1을 선택한다.
4. Tangency : xy Plane 선택
5. Last Guide Curve : Sketch.2 선택
6. Tangency : Plane.1 선택
7. Angle : 적당한 각도를 입력한다. 0도이면 두 평면이 평행이므로 Error가 난다.

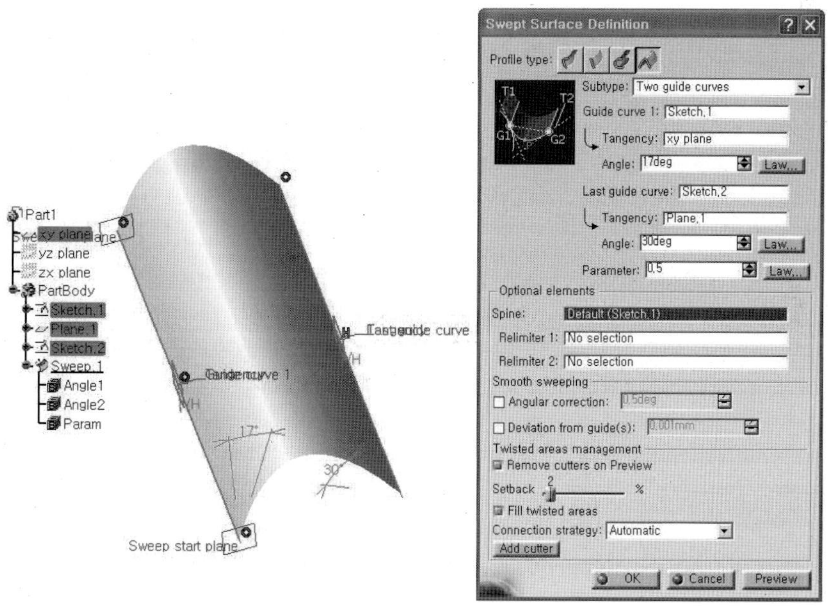

(8) Multi-Sections Surface

여러 개의 Profile과 Guide Curve, Spine 등으로 Surface를 생성하는 기능으로 Part Design의 Multi-Sections Solid와 같다.

■ Profile로 만드는 Multi-Sections Surface

1 xy plane에 Profile을 하나 만든다. Sketch.1

2 xy plane과 평행한 Plane.1 생성한다.

3 Plane.1에 두 번째 Profile Sketch한다. Sketch.2

4 Multi-Sections Surface 를 클릭한다.

5 Definition Box에 Sketch.1, Sketch.2를 선택하고 Closing Point 위치와 화살표 방향을 수정하고 미리보기 한다.

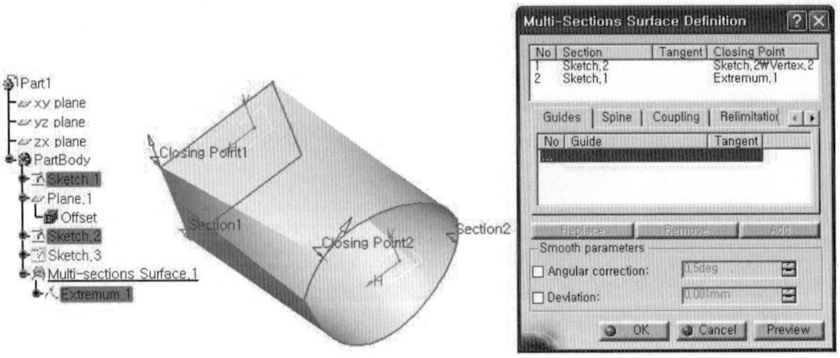

■ Profile과 Spine으로 만드는 Multi-Sections Surface

1 xy plane에 Profile을 하나 만든다. Sketch.1

2 xy plane과 평행한 Plane.1 생성한다.

3 Plane.1에 Profile.2 Sketch한다. Sketch.2

4 xz plane에 Spine을 Sketch한다. Sketch.3

5 Multi-Sections Surface 를 클릭한다.

6 Definition Box에 Sketch.1, Sketch.2를 선택하고 Closing Point 위치와 화살표 방향을 수정한다.

7 Spine Tab을 클릭하고 Spine 란에 Sketch.3을 선택하고 미리보기 한다.

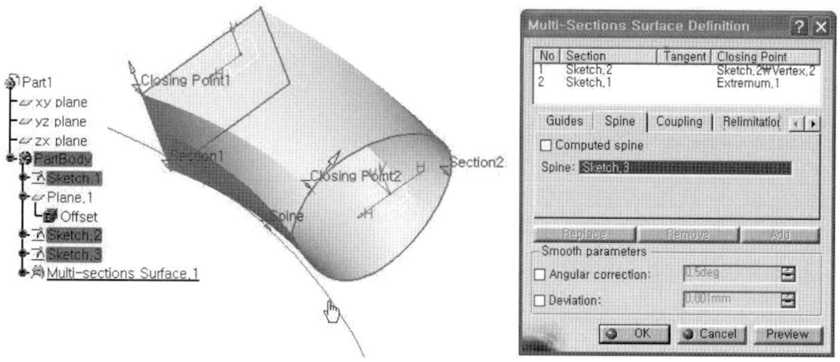

■ Profile과 Guide Curve로 만드는 Multi-Sections Surface

1 공간상에 Profile과 Guide Curve를 준비한다. Guide Curve는 Profile과 접촉해야 한다.

2 Wireframe & Surface Workbench에서 Multi-Sections Surface 를 클릭한다.

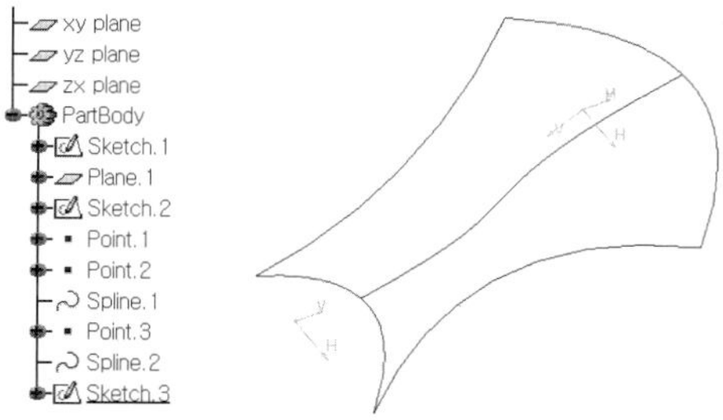

3 Profile을 선택하고 화살표 방향을 맞추어 준다.

4 Guide항에 Guide Curve를 차례로 선택하고 미리보기 한다.

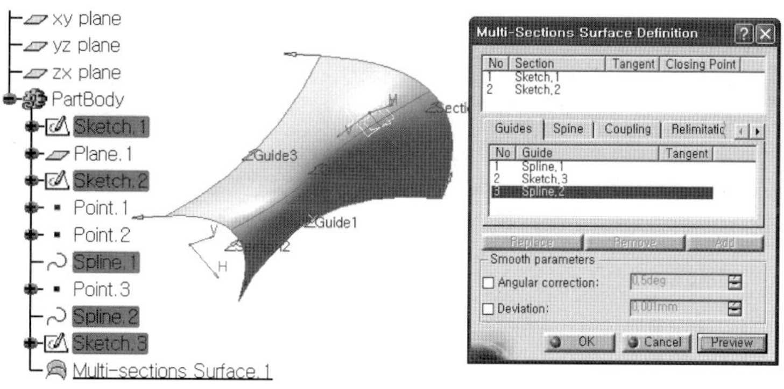

(9) Blend

두 개의 불연속적인 면을 연결하여 새로운 곡면을 생성하는 기능으로 연결되는 Curve는 모서리나 평면 또는 Surface 내의 Curve 등이 이용될 수 있다.

■ Surface 모서리를 연결하는 경우

1 다음과 같이 두 개의 Surface가 떨어져 있다. 두 Surface를 연결하여 보자. 먼저 Blend 를 클릭하여 Definition Box를 연다.

2 First Curve : 위 Surface의 앞쪽 모서리를 선택한다.

3 First Support : First Curve가 속해있는 Surface를 선택한다.

4 Second Curve : 아래쪽 Surface의 연결될 모서리를 선택한다.

5 Second Support : Second Curve가 속해있는 Surface를 선택한다.

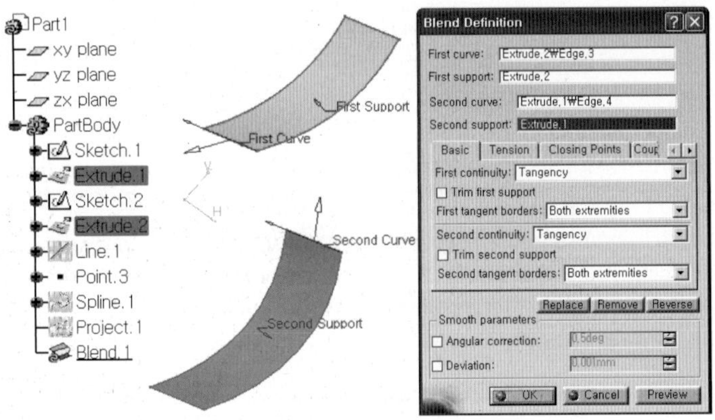

6 결과를 확인하자. 화살표를 클릭해서 방향을 바꾸어주면 생성 곡면도 달라진다.

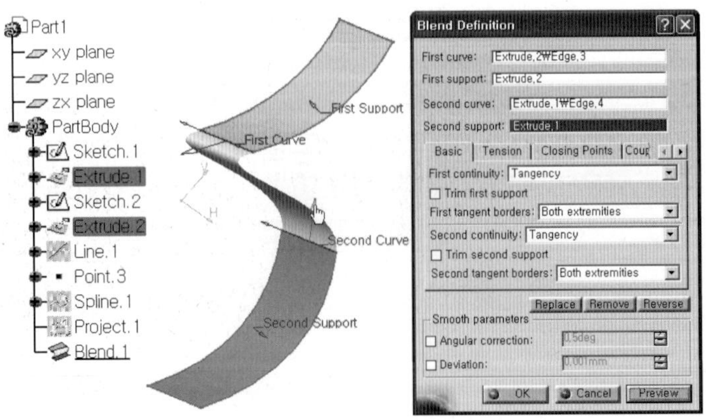

7 First, Second Continuity : 연결부위의 연결 형태로 접선방향을 따르는 Tangency, 양 끝점을 따르는 Point, 연결부위의 곡률을 따르는 Curvature의 선택이 가능하다.

■ Surface 내부의 Curve를 이용하는 경우

1 First Curve : 위 Surface에 속한 Curve를 선택한다.

2 First Support : First Curve가 속해있는 Surface를 선택한다.

3 Second Curve : 아래쪽 Surface에 속한 Curve를 선택한다.

4 Second Support : Second Curve가 속해있는 Surface를 선택한다.

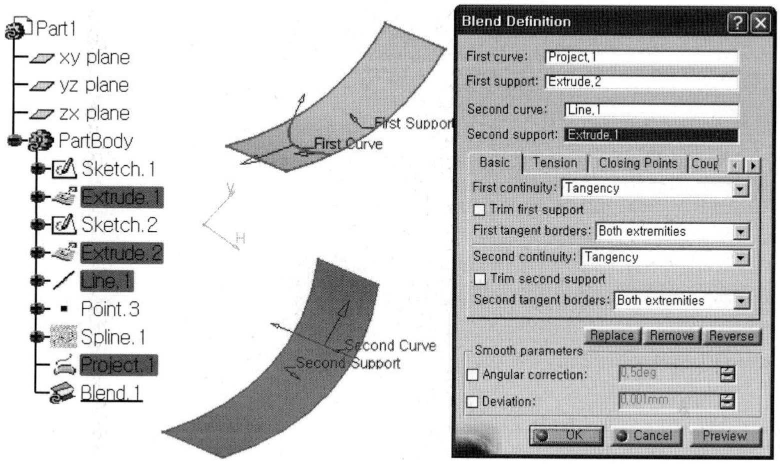

5 결과를 확인하자.

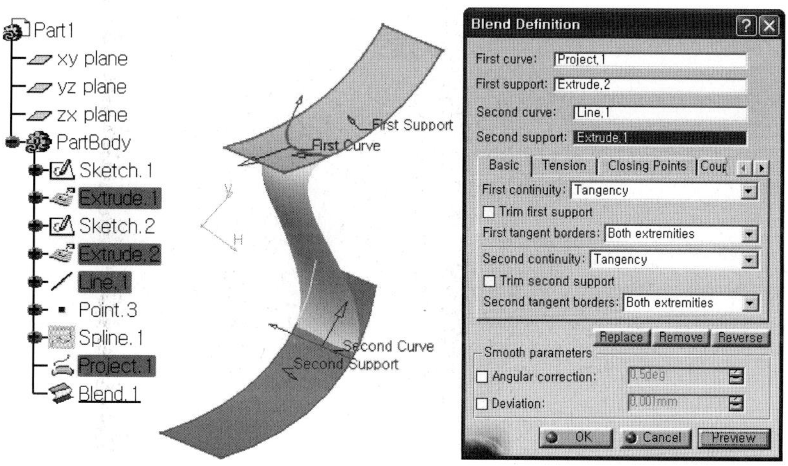

6 여분의 모서리를 삭제하려면 Trim First Support, Trim Second Support를 체크해 주면 삭제된다.

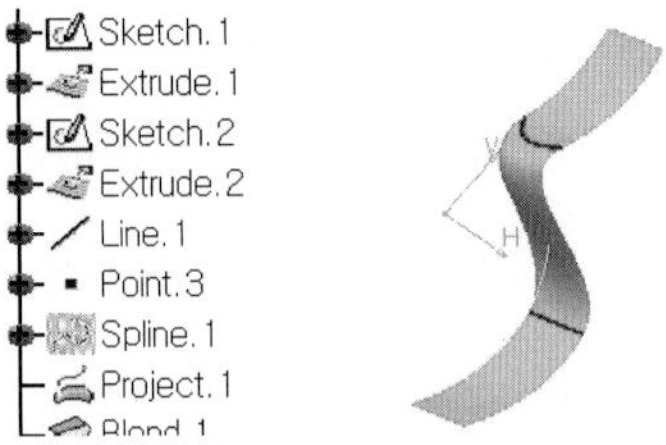

3.3 Operations

Wireframe and Surface 작업을 하다보면 필요 없는 부분을 자르거나 조합하고 변형해야할 일이 많다. Operations Tool Bar는 이런 작업을 가능하게 하는 기능을 포함하고 있는 Tool Bar이다.

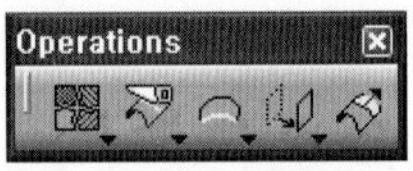

(1) Join

Curve나 Surface 등을 서로 결합하는 기능을 가지고 있는 명령이다. 결합하려는 Element는 서로 개별 요소로 인식되지만 Join이 이루어지면 하나의 Element로 인식된다.

- Join 을 클릭하면 Definition Box가 열린다. Elements to Join항에 Join하려는 요소를 모두 선택한다. Specifications Tree에는 Join 이라는 항목이 만들어진다.

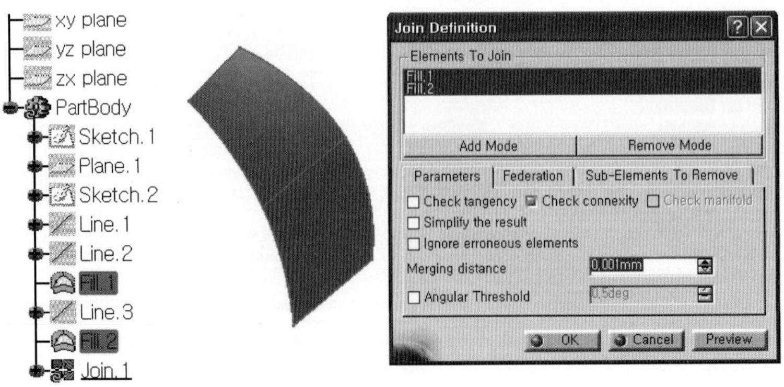

CATIA V5

- Check Tangency : 두 요소가 접선방향으로 연결되었는지 여부를 검사한다. Tangency가 되지 않으면 Error창이 열린다.
- Check Connexity : 두 요소의 연결 상태를 검사한다. 불연속점을 체크해 준다.

(2) Healing

틈새가 있는 Surface를 메우는데 이용하는 명령이다.

1 Definition Box가 열리면 틈새를 메우려는 Surface를 선택한다.

2 Merging Distance : 치료하려는 요소의 틈새 값보다 작은 값을 입력한다.

3 Distance Objective : 치료된 요소의 최대 틈새 값으로 0.001보다 큰 값을 입력한다.

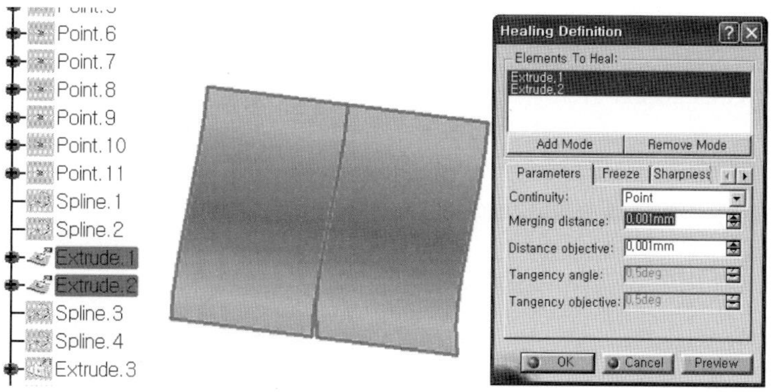

(3) Untrim

Split이나 Trim에 의해서 잘려나간 Surface나 Curve를 원상태로 복구하는 기능이다.

1 Definition Box에 Untrim할 개체를 선택하면 다음과 같은 경고창이 열린다. 확인을 눌러준다.

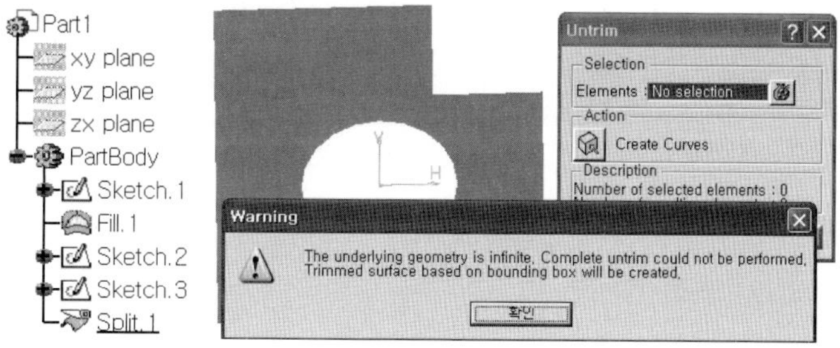

2 Split 한 부분이 원래로 되었다.

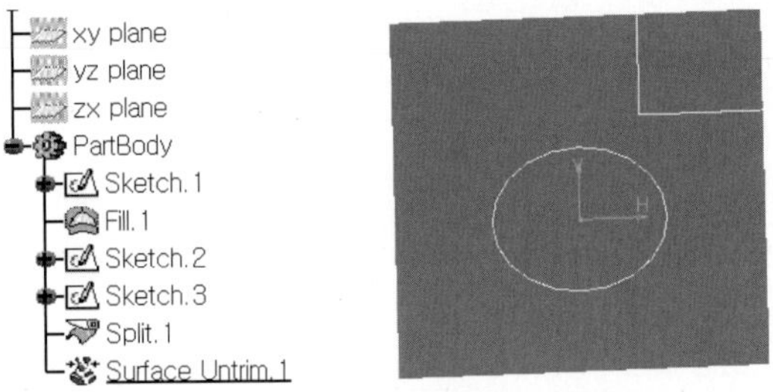

(4) Disassemble

하나의 개체로 인식되는 요소를 여러 개의 개별 요소로 분리해주는 기능이다.

1 Disassemble 을 클릭하면 Disassemble Box가 열린다.

2 Specifications Tree에서 Disassemble 시키려는 개체를 선택하면 Box에 분해되는 요소의 수가 표시된다.

3 OK하면 Specifications Tree에 분해된 요소들이 표시된다.

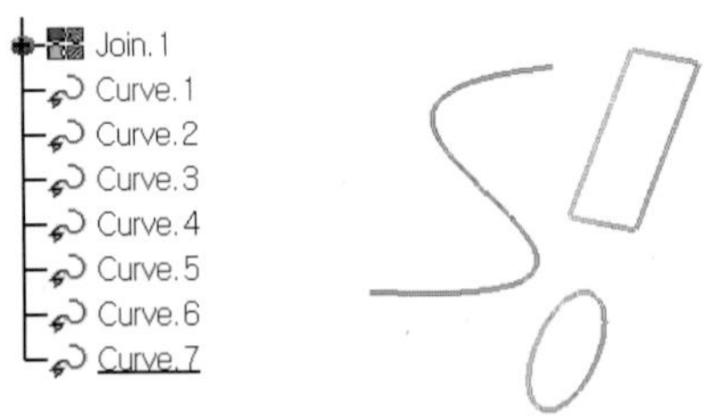

- All Cells : 모든 요소들을 분리해준다.
- Domains Only : 일부 개체만을 분리한다.

(5) Split

형상 요소를 Surface, Plane, Curve 등 여러 가지 요소를 사용하여 분할하는 기능이다.

1. Element to Cut : Split 즉, 분할 당하는 요소이다.
2. Cutting Elements : 자르는 칼에 해당하는 요소이다.

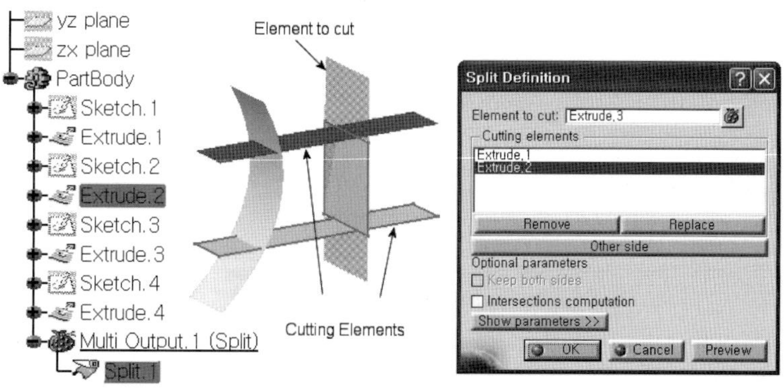

3. Other side : 자르는 쪽을 변경할 수 있다.
4. 결과

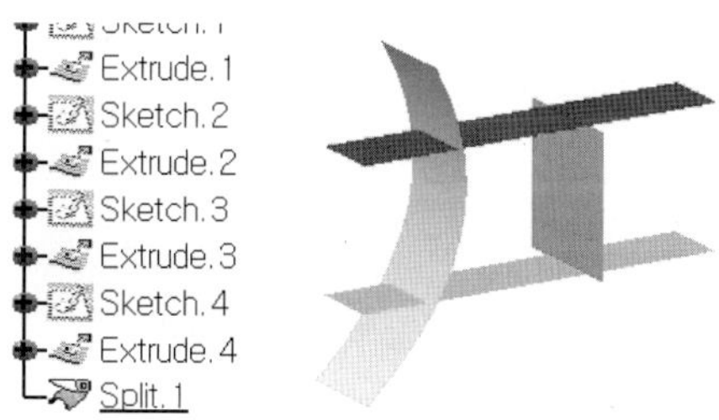

(6) Trim

Trim은 일반적으로 교차하는 두 요소 중, 양쪽 모두 제거할 필요가 있을 때 주로 사용된다.

Standard

1. Trim 을 클릭하면 Trim Definition Box가 열린다.
2. Trim 하려는 요소를 모두 선택한다.

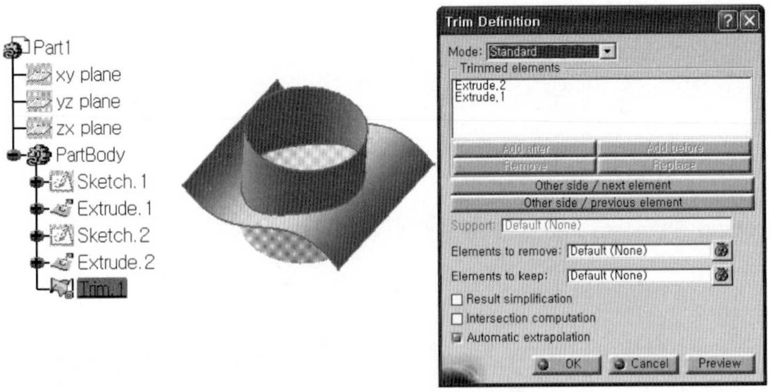

3 Other Side/Next Element, Previous element : Trim 방향을 변경한다.

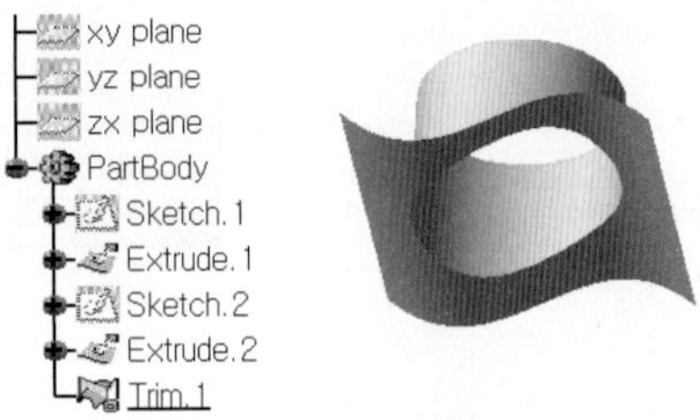

4 다음은 같은 물체를 Split시킨 것이다. Trim과 비교해보자

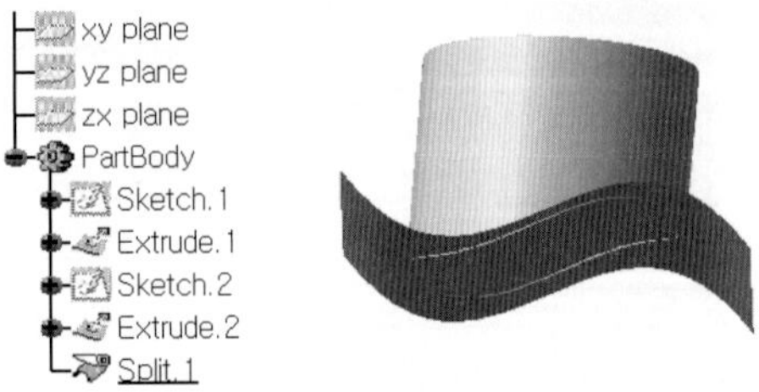

Pieces

1 Mode에 Pieces를 선택한다.

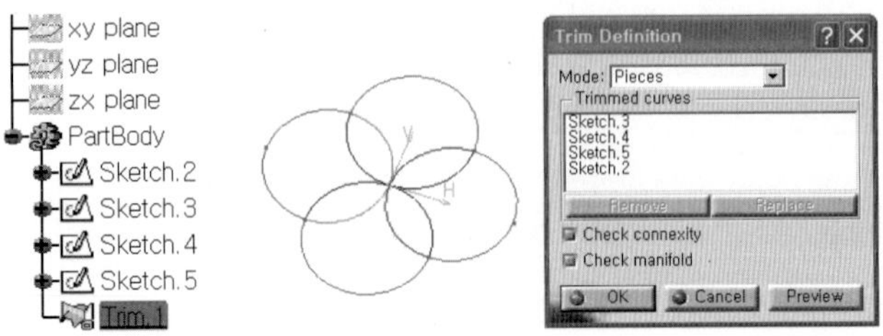

2 각 개체의 남기려는 쪽을 순서에 따라 선택한다. 여기서는 바깥쪽을 선택한다.

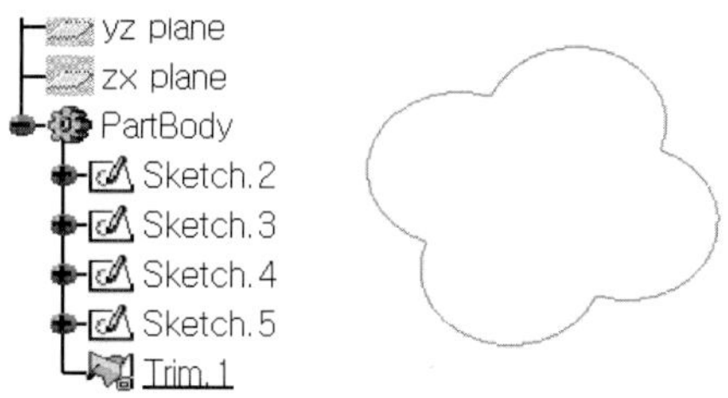

(7) Boundary

Surface의 경계 Curve를 축출해 내는 기능

1 경계선을 축출할 Surface를 준비하고 Boundary 를 클릭하면 Definition Box가 열린다.

2 Surface Edge : 경계선을 축출할 Surface의 모서리를 선택한다.

3 Limit1, Limit2 : 경계선의 영역 설정으로 화살표의 방향 변경을 통해 반대 영역으로 변경할 수 있다.

4 초록색으로 표시되는 선이 축출되는 선이다.

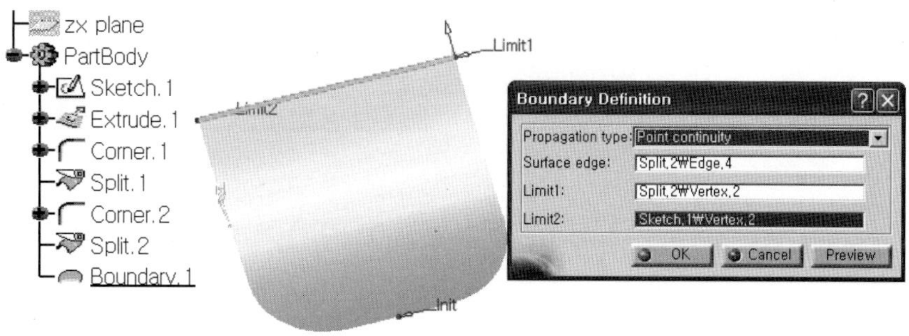

- Propagation : 외곽선 선택방법
  - ▸ Point Continuity : 점으로 연결되는 외곽선이 선택된다.
  - ▸ Tangent Continuity : 접선으로 연결되는 외곽선이 선택된다.
  - ▸ No Propagation : 선택된 선분만 선택된다.
  - ▸ Complete Boundary : Surface에 존재하는 모든 외곽선을 선택한다.

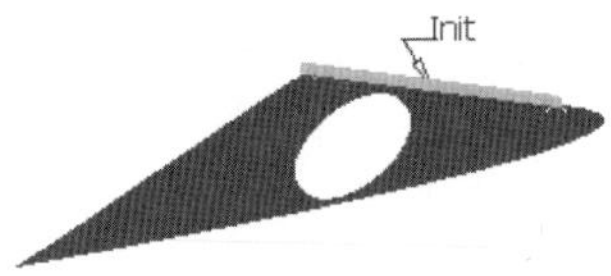

No Propagation

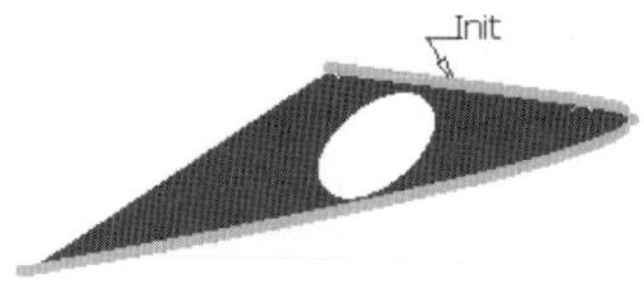

Tangent Continuity

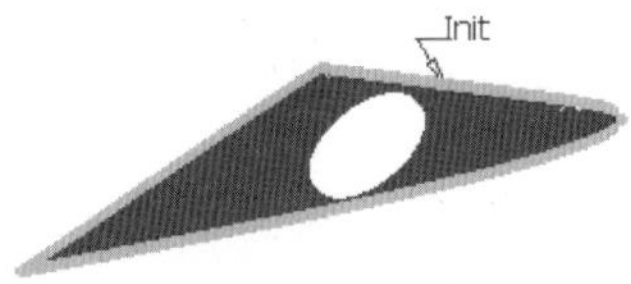

Point Continuity

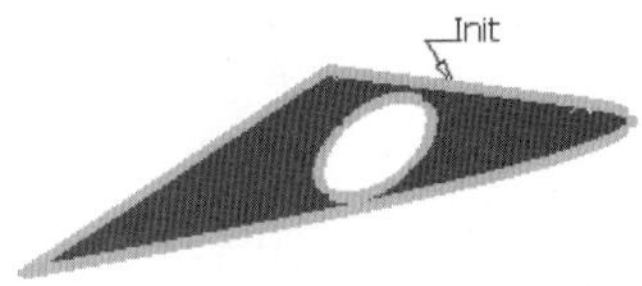

Complete Boundary

(8) Extract

기존의 개체로부터 Surface 또는 모서리의 외곽선을 추출해내는 기능으로 Solid의 모서리나 면을 선택하여 Surface 또는 외곽선을 만들어낸다.

1 Extract Definition Box의 Element to Extract에 Solid의 모서리를 선택한다.

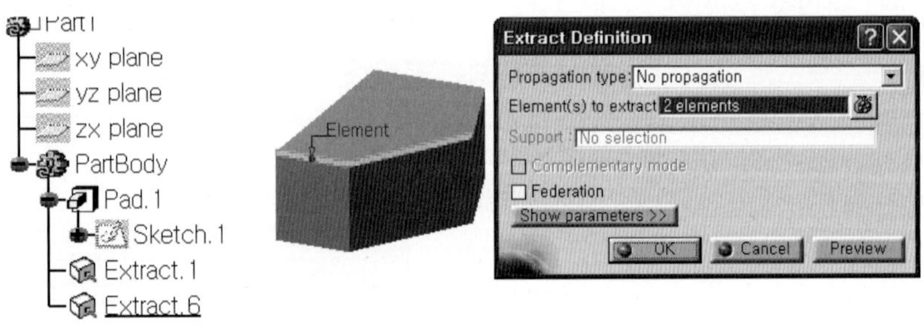

2 Surface를 추출하기 위해서 이번에는 원하는 면을 선택하면 선택된 면이 녹색으로 변한다.

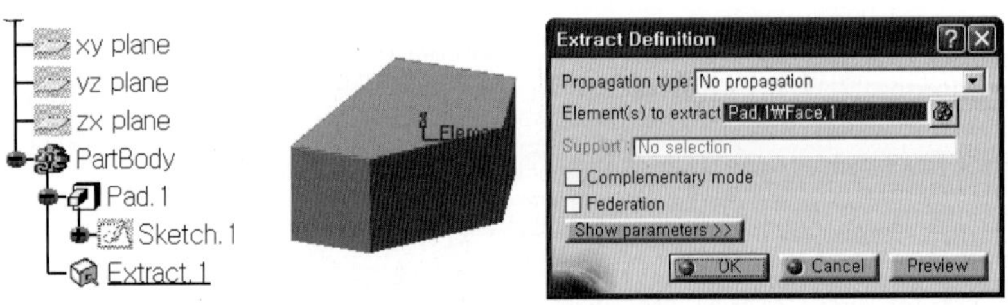

(9) Rotate

Wireframe & Surface 개체를 축을 중심으로 회전 시키는 기능

1 Rotate 를 클릭한다.

2 Definition Mode : Part Design의 Rotation 설명참조

3 Element : 회전 시키려는 요소를 선택한다.

4 Axis : 회전축을 설정한다. 모서리 등을 선택해 줄 수 있으며 Contextual Menu도 사용 가능하다.

5 Angle : 회전 각도를 설정한다.

6 Repeat Object after OK : OK 후 여러 개의 개체를 동시에 회전 복사할 수 있다.

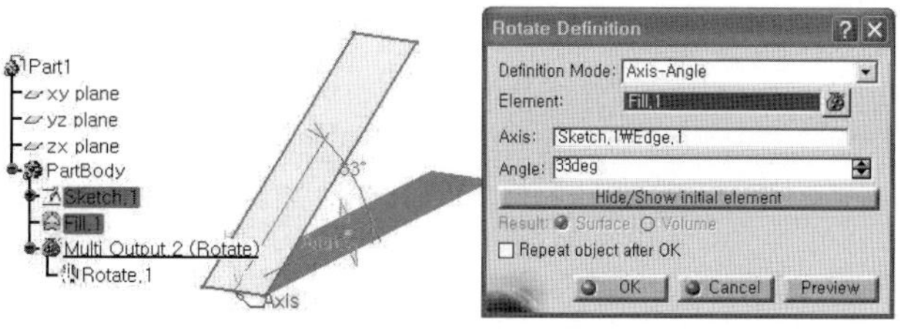

(10) Translate

Wireframe & Surface 개체를 이동 복사시키는 기능

- Vector Definition : 이동 기준점과 거리를 지정하는 방법
  - ▸ Direction, Distance : 방향과 거리를 설정한다.
  - ▸ Point to Point : 시작점과 끝점을 설정하여 이동 위치를 지정한다.
  - ▸ Coordinates : 좌표를 설정하여 이동 위치를 지정한다.

- Element : 이동 복사하려는 개체를 선택한다.

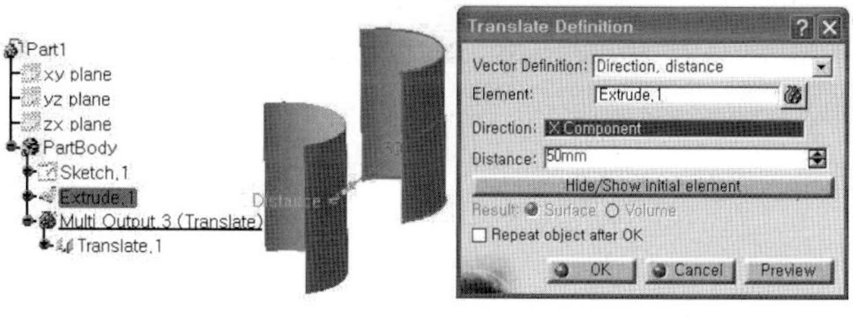

(11) Symmetry

Wireframe & Surface 개체를 대칭 복사하는 기능

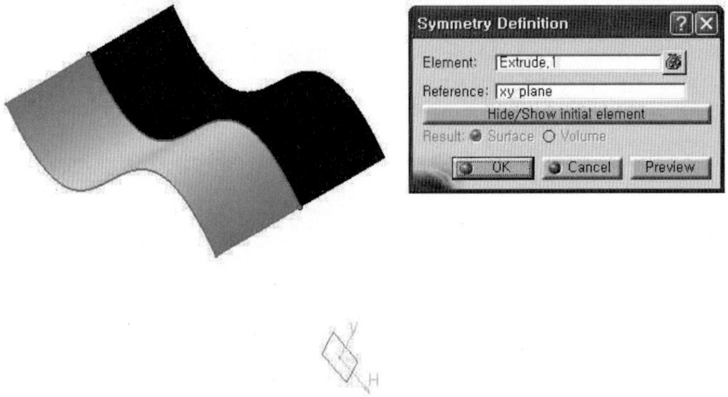

(12) Scaling

개체를 축소 확대하는 기능으로 Reference의 선택에 따라 확대 모양이 달라진다.

• Reference로 모서리 점을 선택한 경우

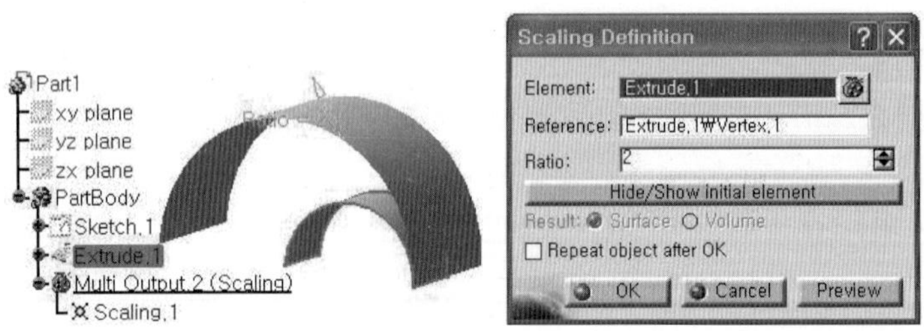

• Reference로 가운데 평면을 선택한 경우

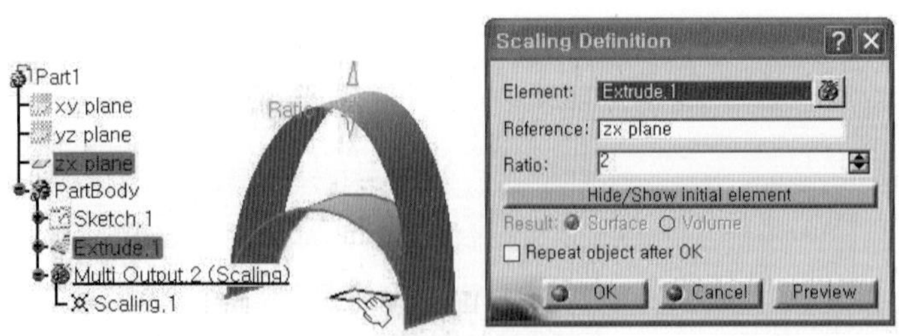

(13) Affinity

개체를 xyz 각 방향으로 서로 다른 비율로 확대 축소하는 기능으로 좌표 시스템을 설정하고 각 방향으로 서로 다른 배율로 변화시킨다.

1 Element : 확대 축소하려는 개체를 선택한다.

2 Origin : 원점을 정한다. 여기서는 Surface의 우측 꼭지점으로 설정하였다.

3 xy plane : xy plane을 정의한다. 여기서는 개체 아래의 zx plane을 선택하였다.

4 x axis : x 축을 정의한다. 여기서는 개체의 양끝 모서리를 연결하는 직선을 선택하였다.

5 x : 0.5, y : 3, z : 2 배로 입력하였다.

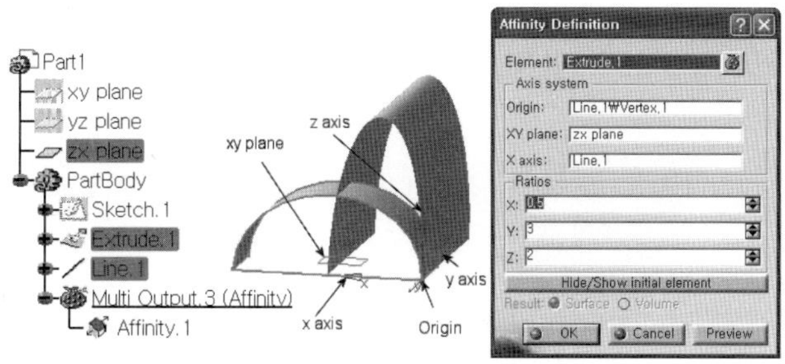

(14) Axis to Axis

개체를 좌표시스템을 정의하여 이동 복사시키는 명령이다.

1 Reference : 기준이 되는 좌표시스템으로 모델의 한쪽 꼭지점을 선택하여 설정하였다.

2 개체를 xyz 각 방향으로 서로 다른Target : Reference가 이동 복사할 새로운 좌표 시스템으로, 좌표시스템의 정의는 Contextual Menu를 이용하여 만드는 방법 또는 Tools Bar를 이용하는 방법 등이 있다.

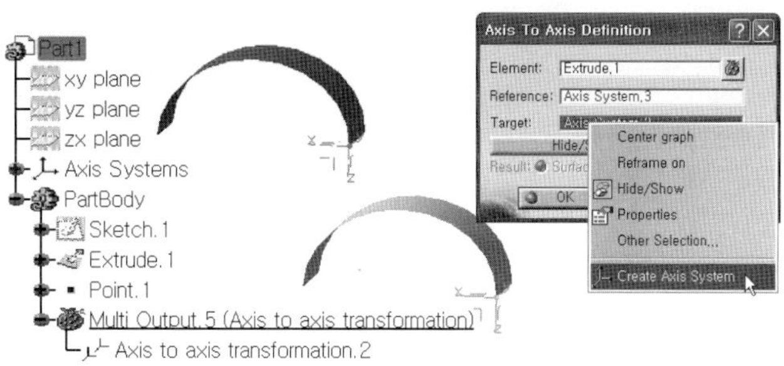

CATIA V5

(15) Extrapolate

Surface 또는 Curve를 연장하는 기능이다.

Extrapolate Definition(Surface 연장)

- Boundary : 연장하려는 모서리를 선택한다.
- Extrapolated : Boundary가 속해있는 Surface를 선택한다.
- Limit : 연장하려는 길이를 입력한다.
- Continuity : 연장되는 방향을 지정한다.

1 Tangency : 접선 방향으로 계속 연장한다.

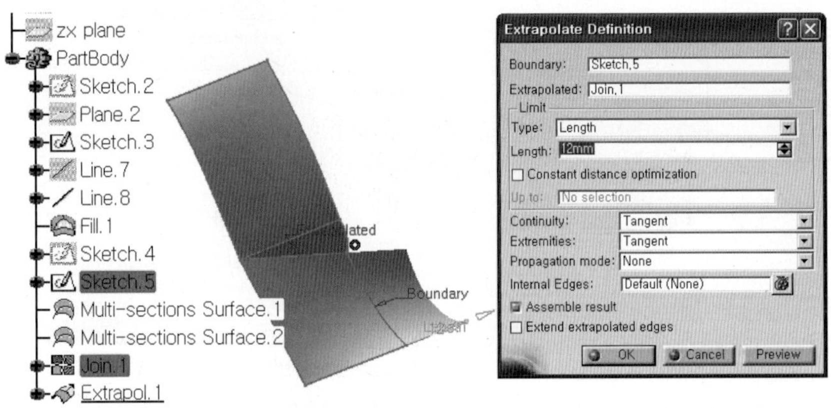

2 Curvature : Boundary 모서리 곡선을 따라 연장된다.

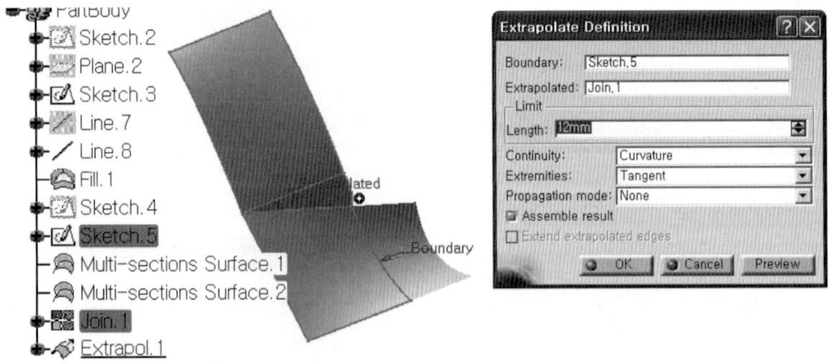

- Extremities : 연장 면과 기존 면과의 관계

1 Tangent : 연장되는 부분이 경계 모서리와 접한다.

2 Normal : 연장되는 부분이 경계 모서리와 수직이 된다.

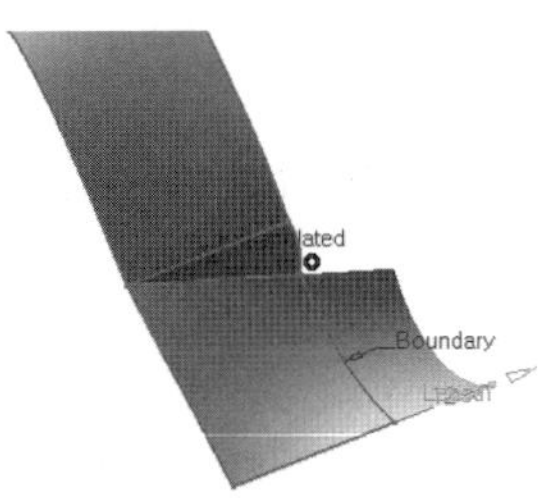

Tangent(Tangent continuity)

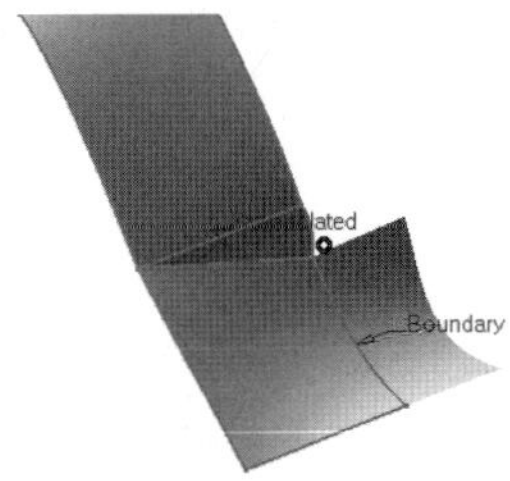

Normal (Curvature continuity)

Curve 연장

- Boundary : 연장할 선분의 끝점을 선택한다.
- Extrapolated : 연장 선분을 선택한다.

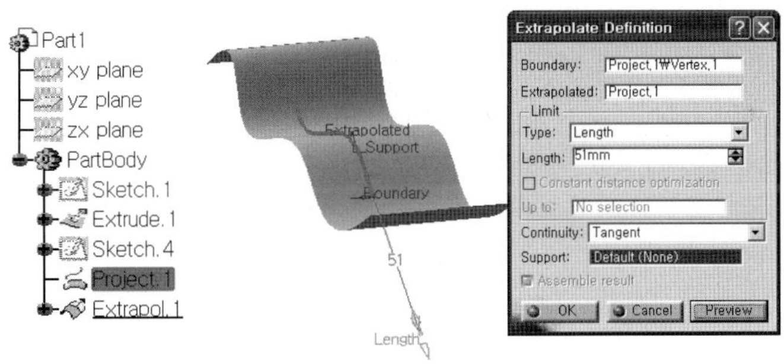

- Support : 해당 Surface를 선택하면 Surface를 따라서 연장된다.

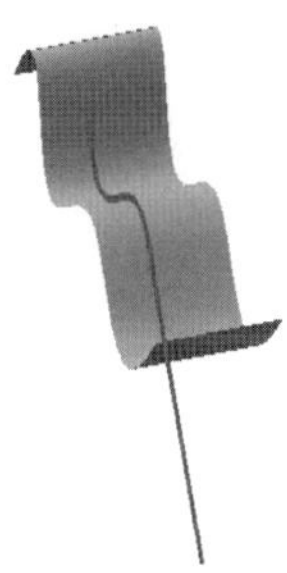

Support-Default

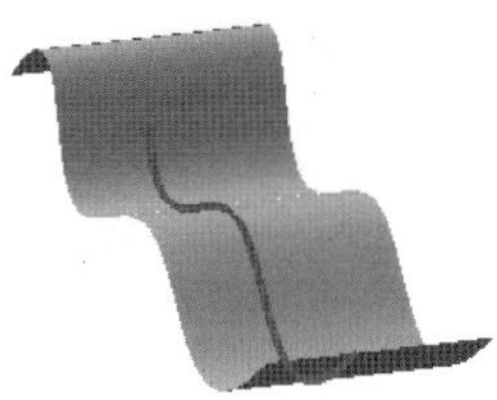

Support-Surface(Extrude1)

4 Surface 모델을 Solid Model로 변경하기

Wireframe 또는 Surface 모델은 대부분 Solid 모델링의 보조 작업으로 이용된다. 따라서 Wireframe, Surface 모델링 작업을 Solid 모델로 변경하는 작업은 Part Design 작업에서 필수적인 것이다.

이러한 작업은 이미 Part Design Workbench을 공부할 때 이미 배운 내용으로 여기서는 그 메뉴만을 안내하기로 한다.

4.1 Workbench의 전환

CATIA에서의 작업은 여러 가지의 Workbench를 이용하여 하나의 부품 또는 단품을 만들어내고 만들어진 단품을 조립하여 완성된 부품을 만드는 것이다. 따라서 하나의 부품이나 단품을 만들기 위해서는 여러 종류의 Workbench를 사용할 수가 있다.

지금까지 Wireframe & Surface Design Workbench에서 작업한 Surface Model을 Solid Model로 변경하기위해서는 Part Design Workbench로 전환해야 한다. 전환 방법은

Start → Mechanical Design → Part Design 또는 Workbench에서 Part Design 아이콘 을 클릭하면 Part Design Workbench로 전환된다.

4.2 Tool Bar

Part Design Workbench에는 Surface Based Features Tool Bar가 있다. 이 Tool Bar는 앞의 Part Design에서 설명한 바와 같이 Wireframe & Surface Design Workbench에서 작업한 모델을 이용하여 Solid 모델로 변경하는 Tool Bar로 Split, Thick Surface, Close Surface, Sew Surface의 세부 기능이 있다. 자세한 사용방법은 Part Design Chapter를 참조하기 바란다.

5 Wireframe & Surface Design 따라하기

■ 다음 형상을 Surface Model로 생성한 후, Solid Model로 변환하시오.

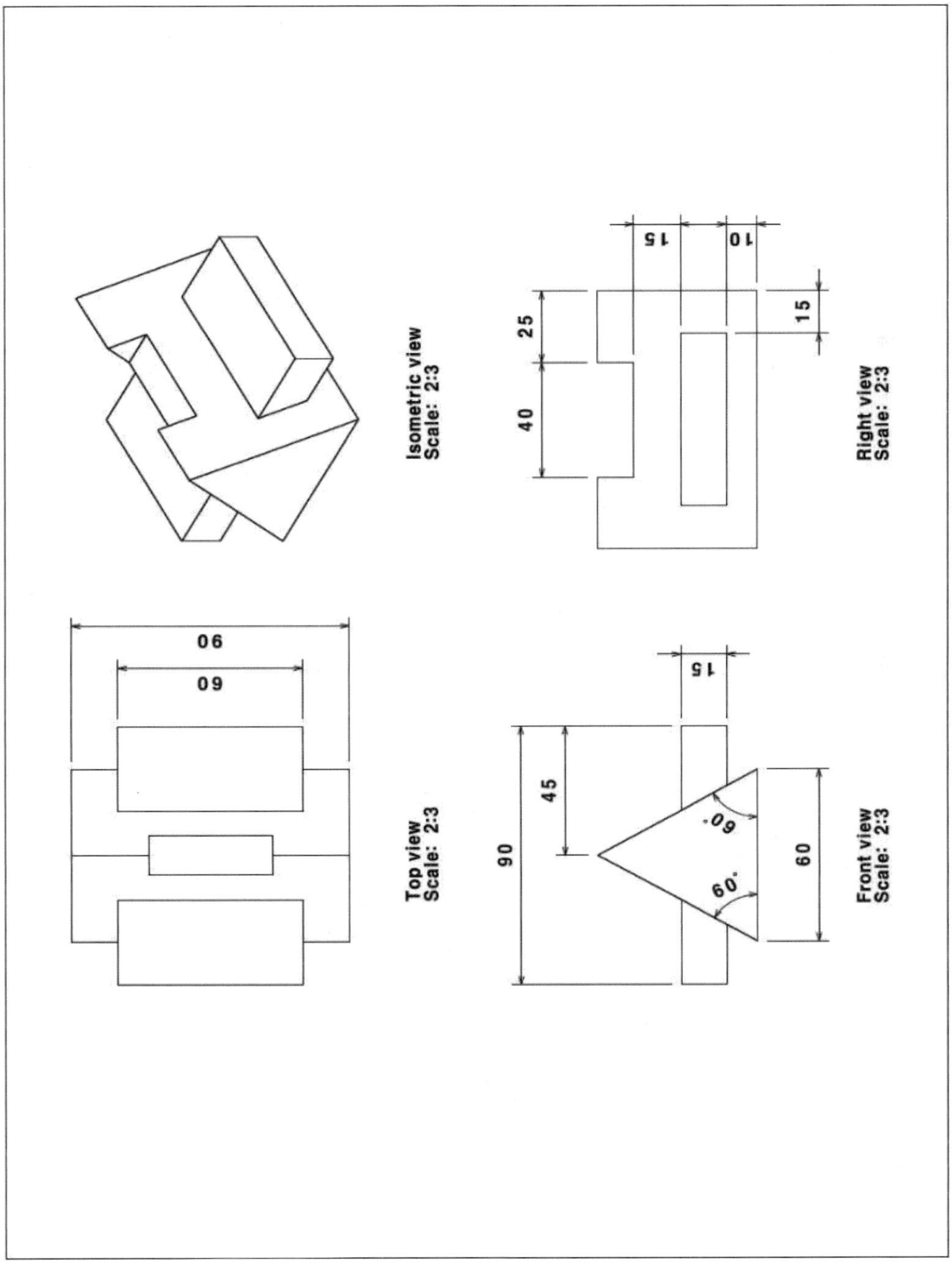

1 Start → Mechanical Design → Wireframe and Surface Design Workbench로 시작한다.

2 Pull Down Menu의 Insert 내에 있는 Geometrical Set을 선택하여 Specifications Tree에 다음처럼 추가한다.

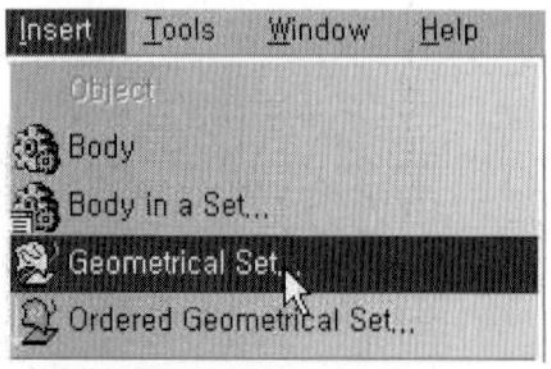

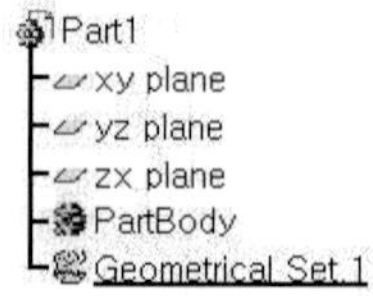

3 중앙부의 삼각 형상을 생성하기 위해 yz plane에 다음처럼 Sketch 한다. (Sketch.1)

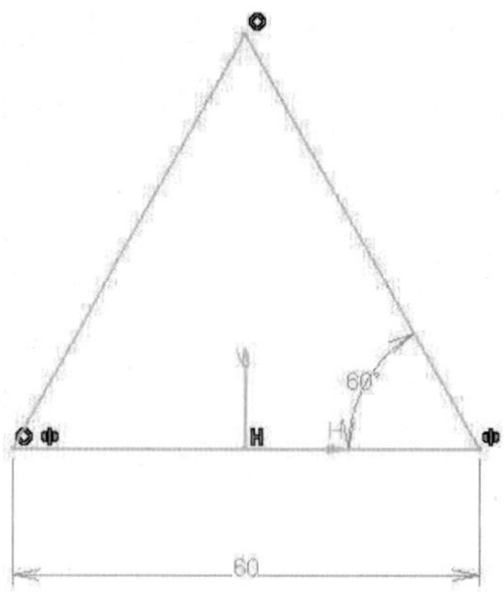

4 Extrude 기능을 이용하여 다음처럼 Surface를 생성한다. (Extrude.1)

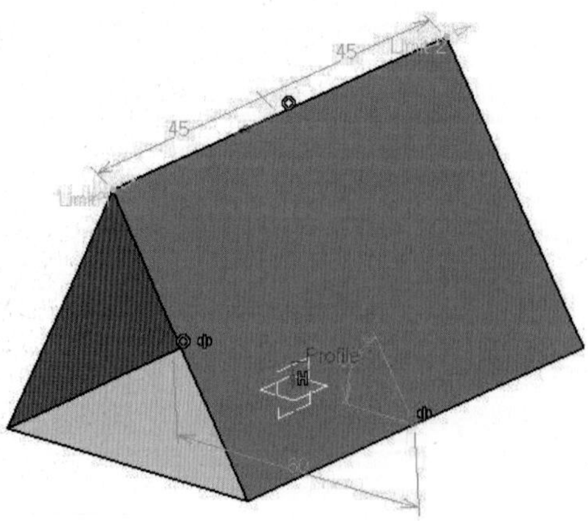

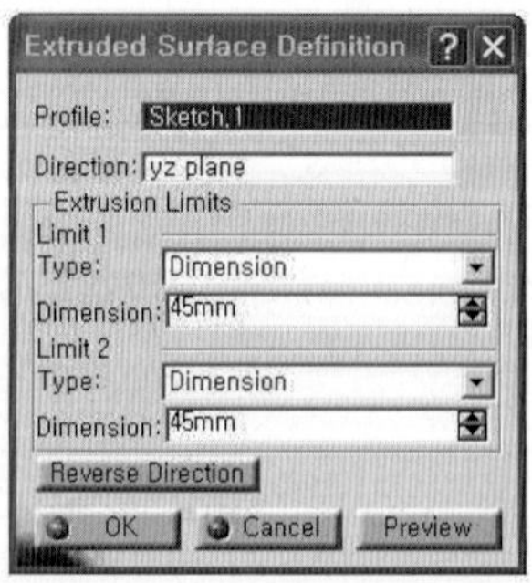

5 사각 모양의 바 형상을 생성하기 위해 zx plane을 선택하여 다음처럼 Sketch 한다.(Sketch.2)

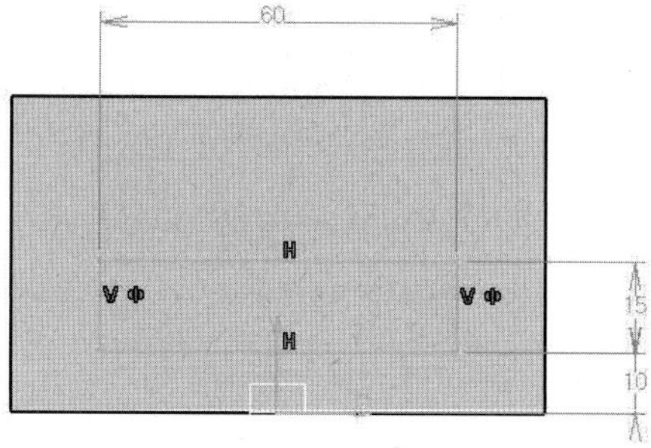

6 Extrude 기능을 이용하여 다음처럼 Surface를 생성한다. (Extrude.2)

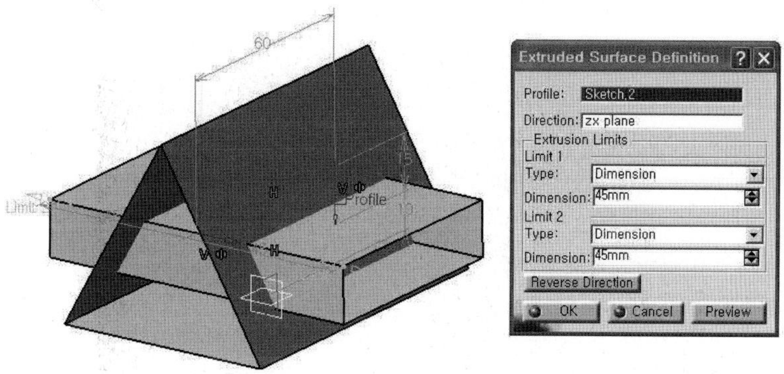

7 Trim 기능을 이용하여 Extrude.1과 Extrude.2의 불필요한 부위를 제거한다.(Trim.1)

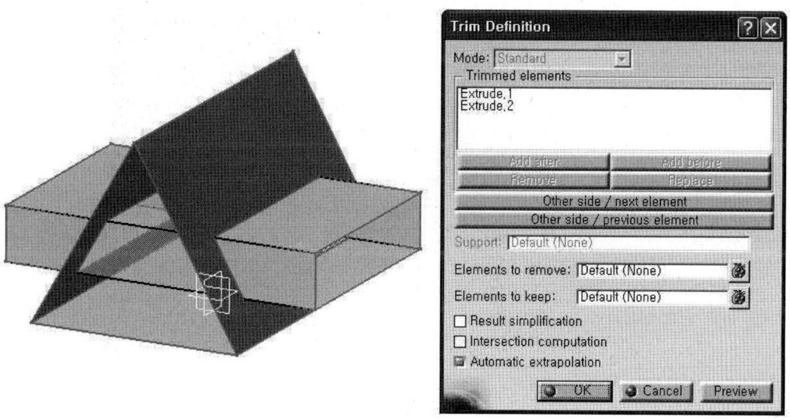

8 삼각 형상의 윗 부분을 처리하기 위해 zx plane을 선택하여 다음처럼 Sketch 한다.(Sketch.3)

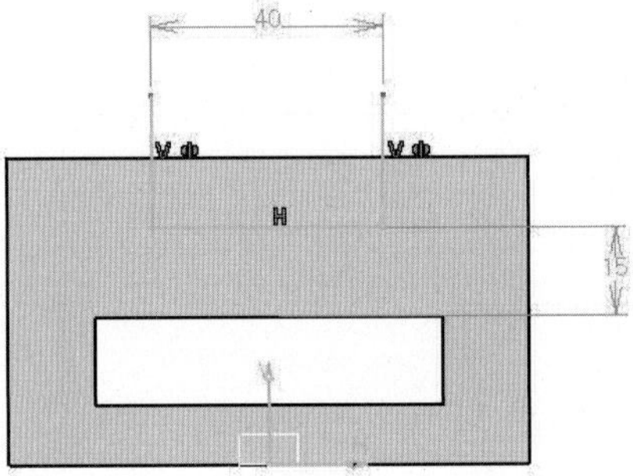

9 Extrude 기능을 이용하여 다음처럼 Surface를 생성한다. (Extrude.3)

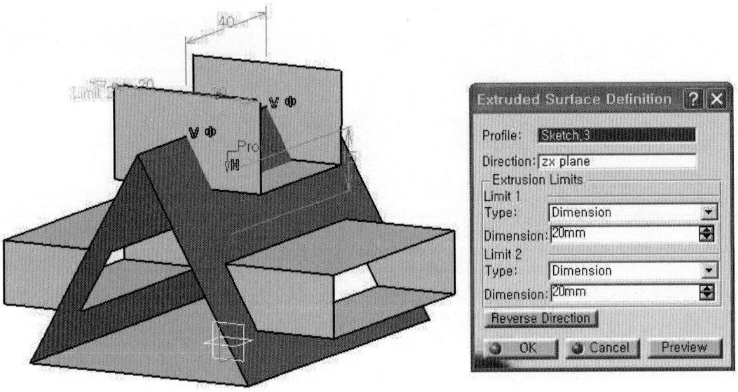

10 Trim 기능을 이용하여 Trim.1과 Extrude.3의 불필요한 부위를 제거한다.(Trim.2)

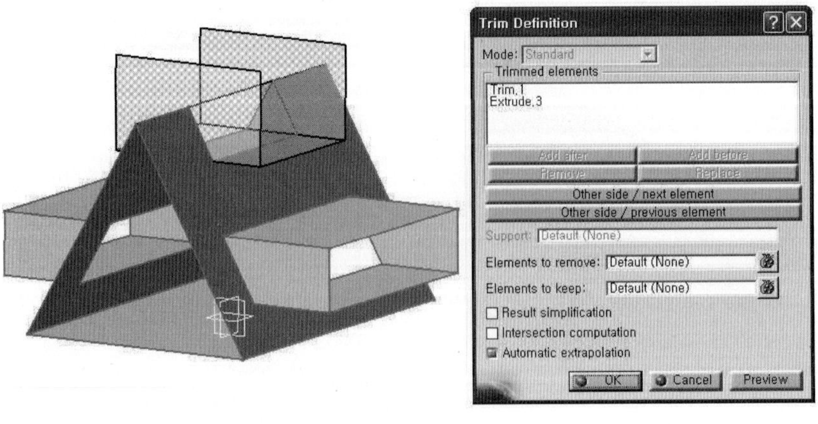

11 Fill 기능을 이용하여 삼각 형상의 앞면을 생성한다. (Fill.1)
뒷면도 동일한 방식으로 진행하도록 한다. (Fill.2)

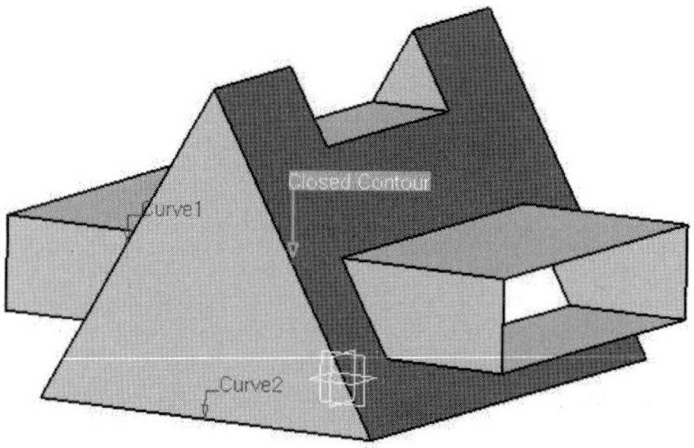

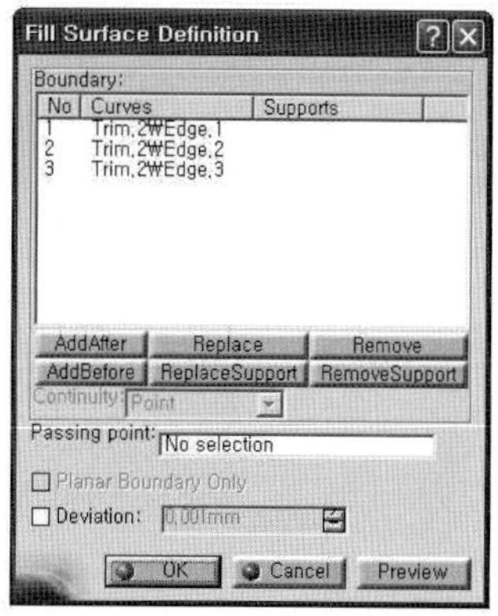

12 Fill 기능을 이용하여 사각 바 형상의 오른쪽 면을 생성한다. (Fill.3)
반대 쪽 부분도 동일한 방식으로 진행하도록 한다. (Fill.4)

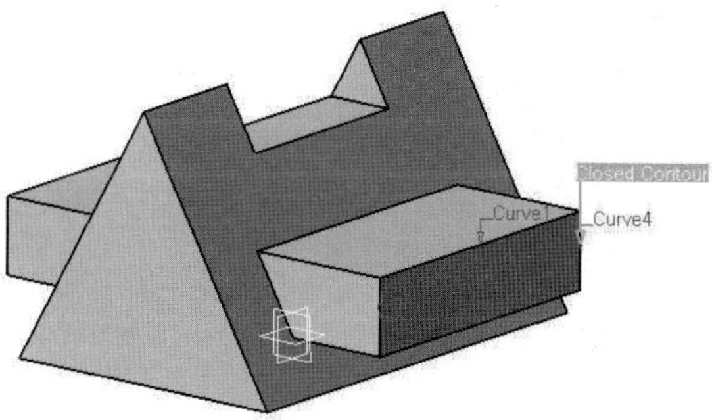

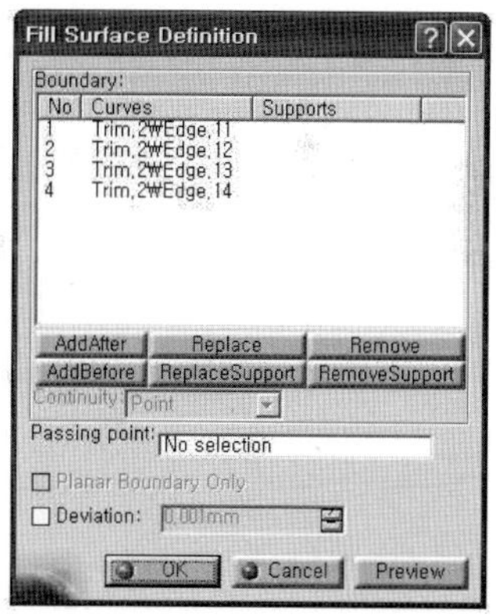

13 Join 기능을 이용하여 다음처럼 5개의 Surface를 하나로 만들어준다. Join.1 Surface를 생성하기 위해 사용되어진 나머지 요소들을 전부 Hide 시키도록 한다.(Join.1)

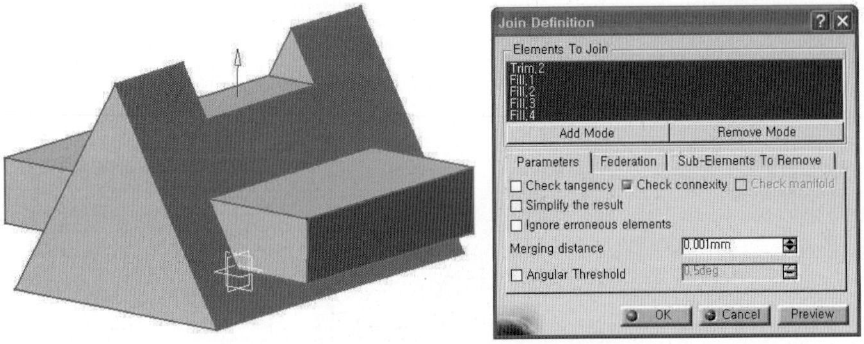

14 Surface Model을 활용하여 Solid Model을 생성하기 위해 Start → Mechanical Design → Part Design Workbench로 이동한다. 그리고 다음처럼 PartBody로 작업위치를 변경해준다.

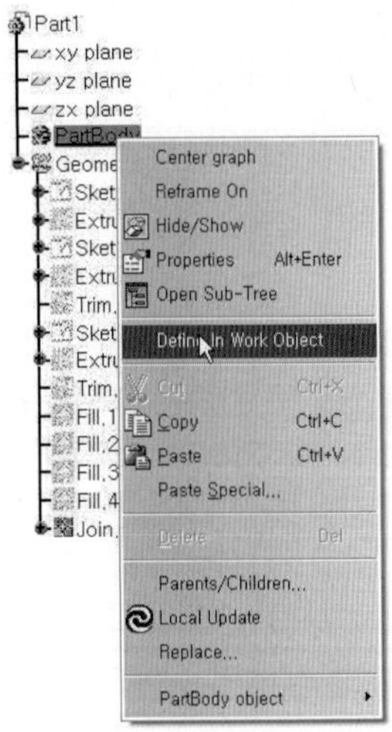

15 Close Surface 를 이용하여 다음처럼 Solid Model을 생성한다.

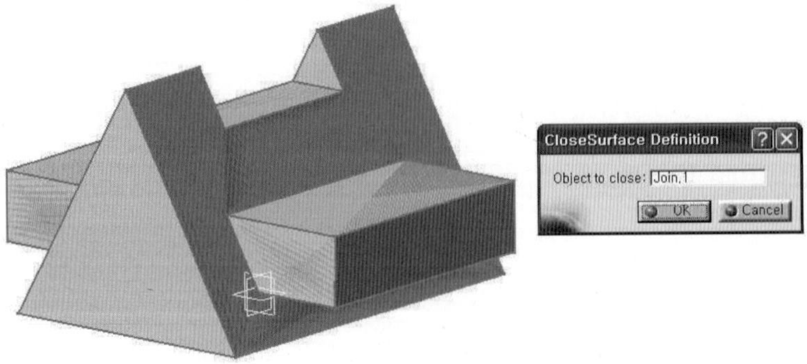

16 Geometrical Set.1을 다음처럼 Hide 시킨다.

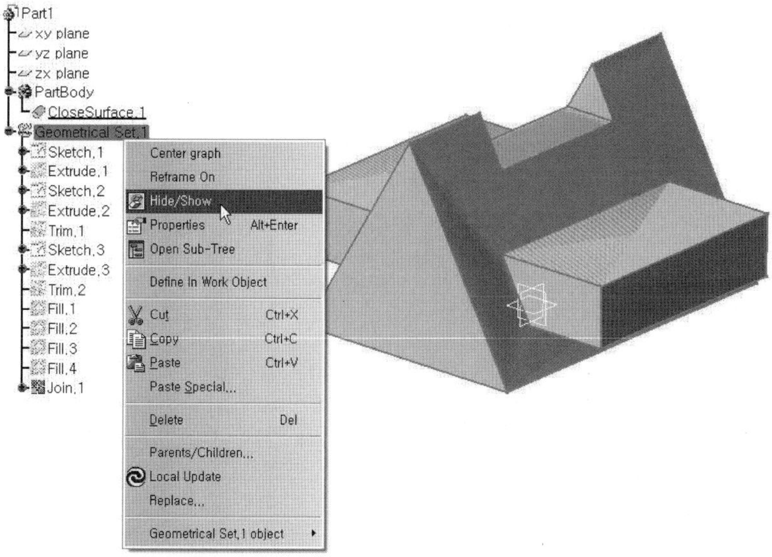

17 다음과 같이 완성되었다.

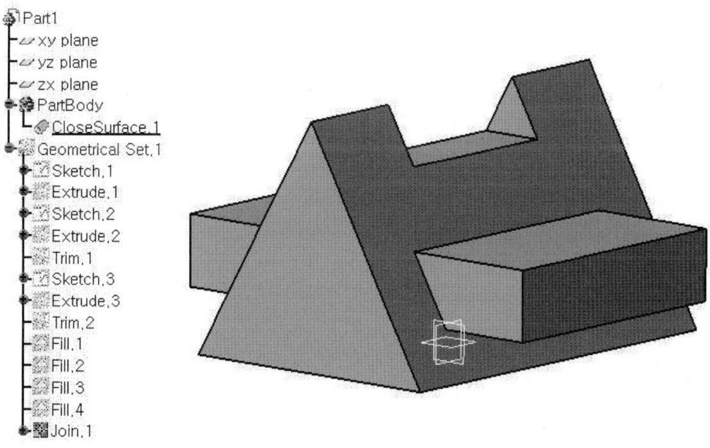

■ 다음 형상을 Surface Model로 생성하시오.

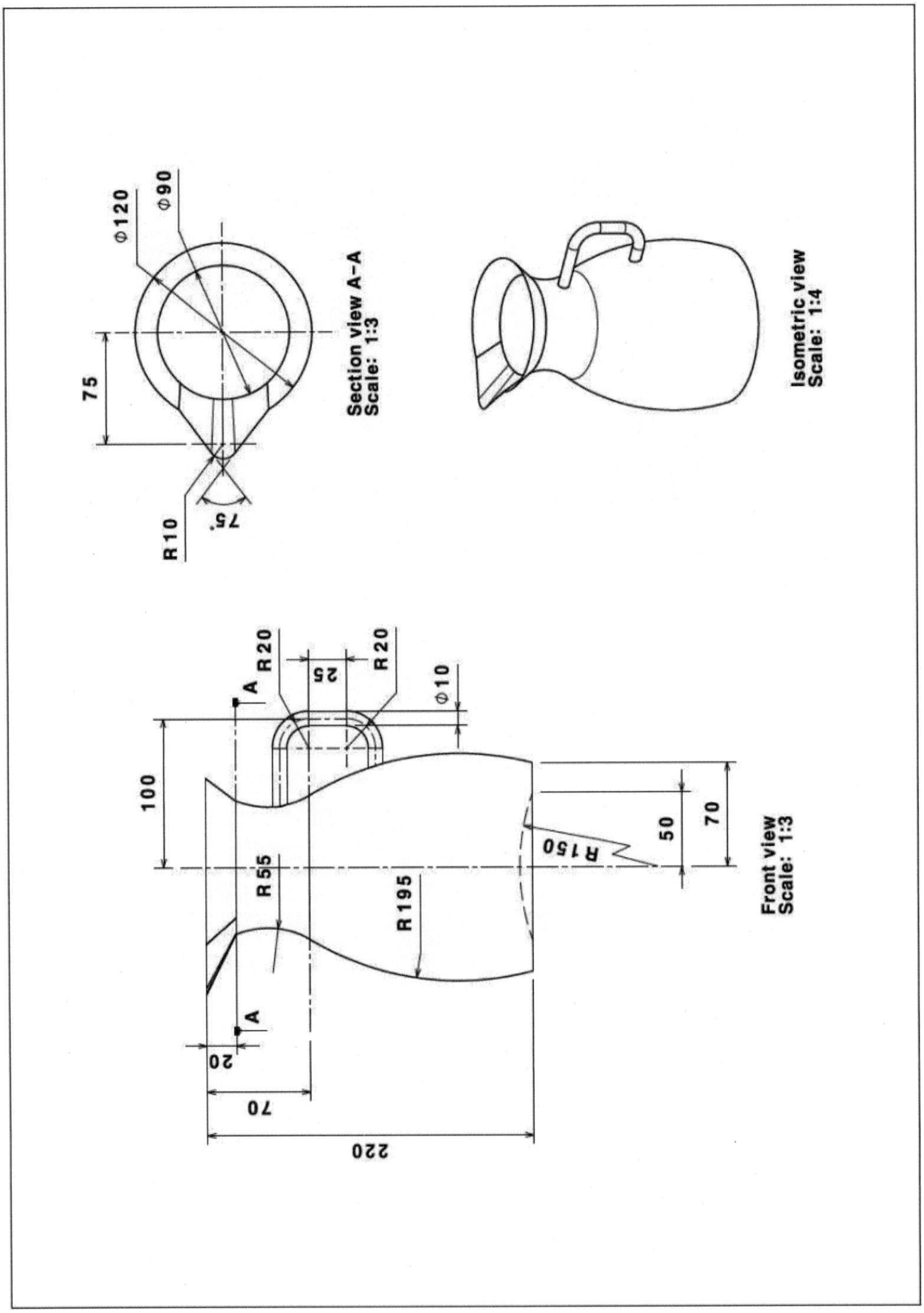

1 Start → Mechanical Design → Wireframe and Surface Design Workbench로 시작한다.

2 Pull Down Menu의 Insert 내에 있는 Geometrical Set을 선택하여 Specifications Tree에 다음처럼 추가한다.

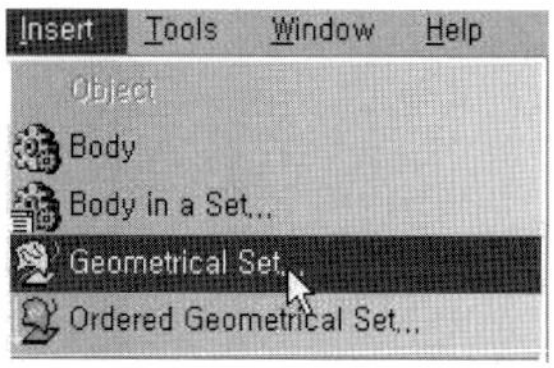

3 Plane 을 이용하여 형상의 가장 윗부분에 해당하는 Plane을 다음처럼 생성한다.(Plane.1)

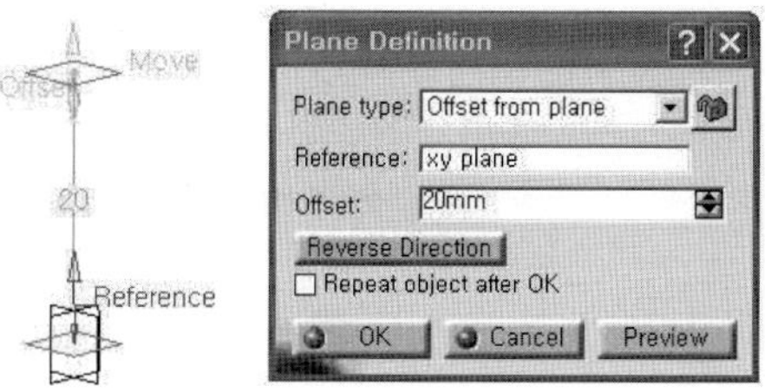

4 생성된 Plane.1에 다음과 같이 Sketch를 한다. (Sketch.1)

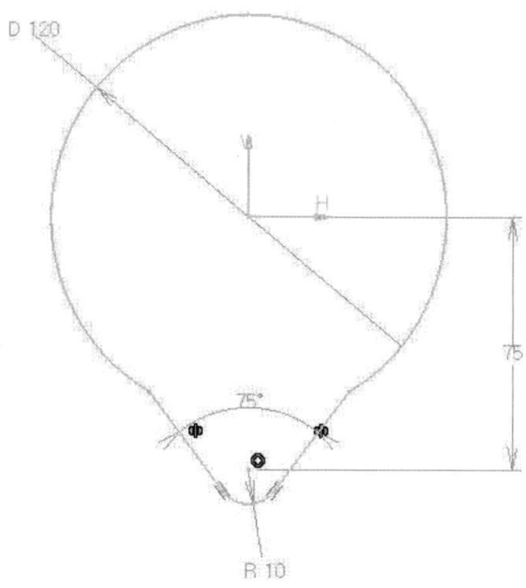

5 이번엔 xy plane을 선택하여 다음처럼 Sketch 한다. (Sketch.2)

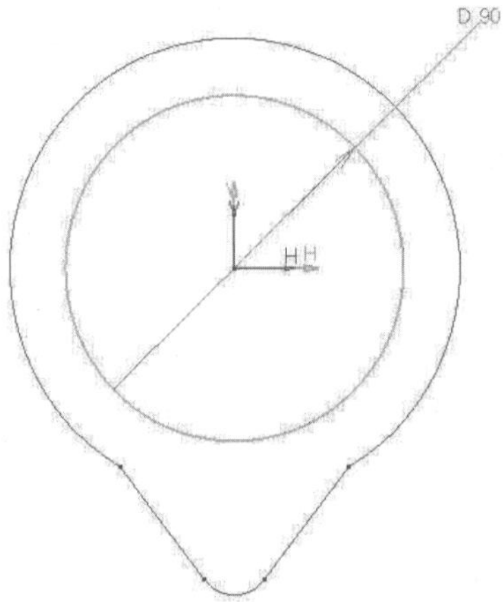

6 Intersection [icon] 을 이용하여 Sketch.1과 yz plane을 Intersection 한다.(Intersection.1)

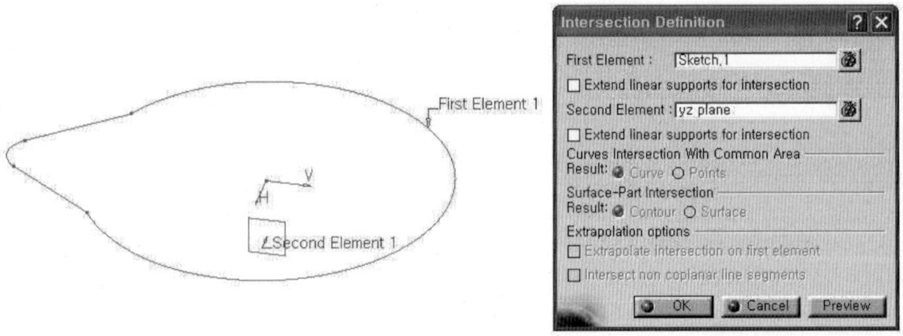

7 Intersection 시, 2개 이상의 결과물이 나오게 되면 다음과 같은 Multi-Result Management 대화상자가 나오게 된다. 이때 첫 번째 Near 옵션을 체크하고 OK 한다.

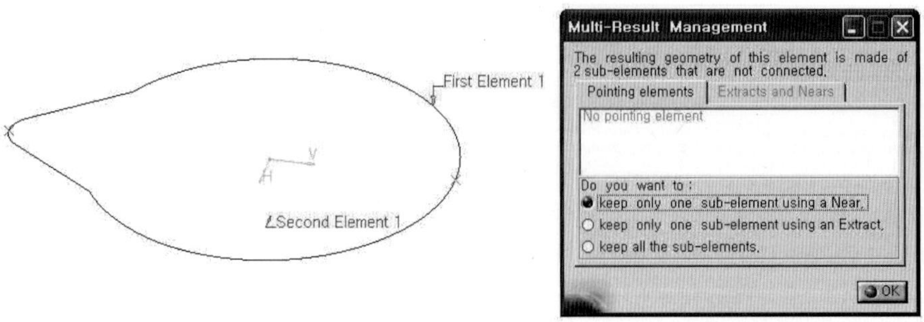

8 두 개의 Point 중, 왼쪽 끝부분에 있는 Point를 선택하기위해 다음처럼 Reference Element를 지정하고 OK 한다.

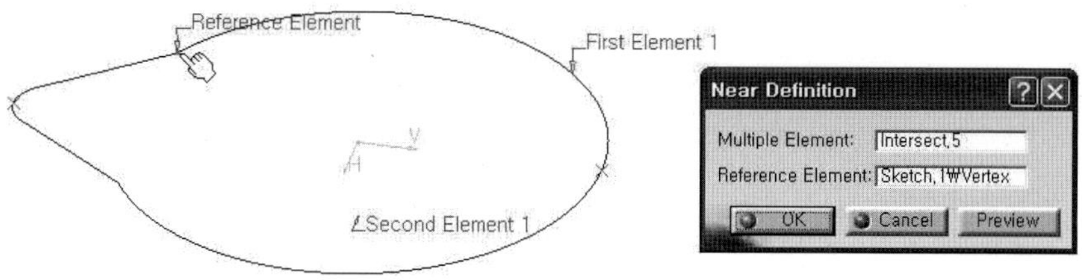

9 다음처럼 Intersection Point가 생성된다. (Near.1)

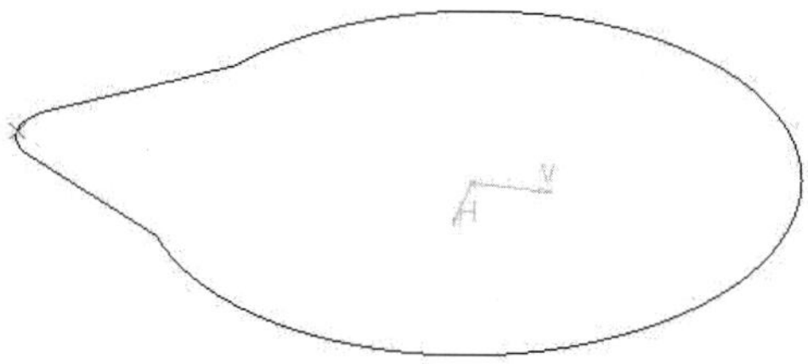

10 동일한 방식으로 Sketch.2에도 그림처럼 Intersection Point를 생성한다. (Near.2)

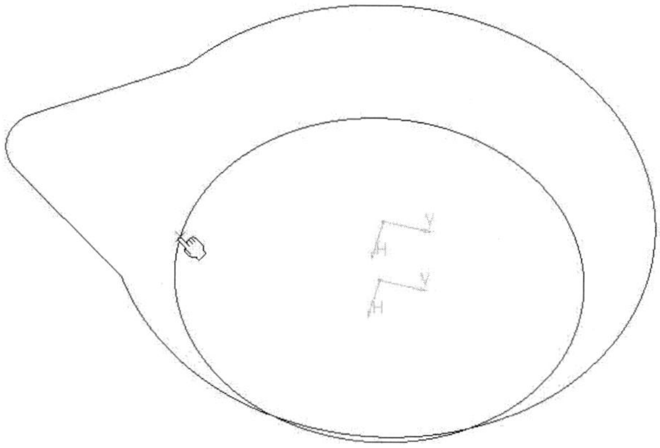

11 Multi-Sections Surface 를 이용하여 그림과 같은 Surface를 생성한다. 이때 Closing Point의 위치와 방향에 주의한다. (Multi-Sections Surface.1)

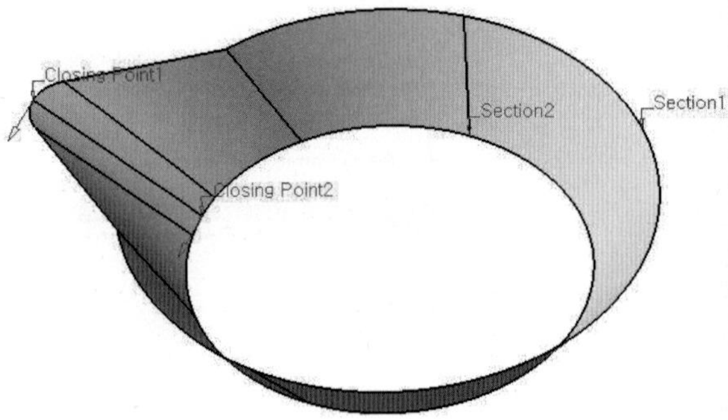

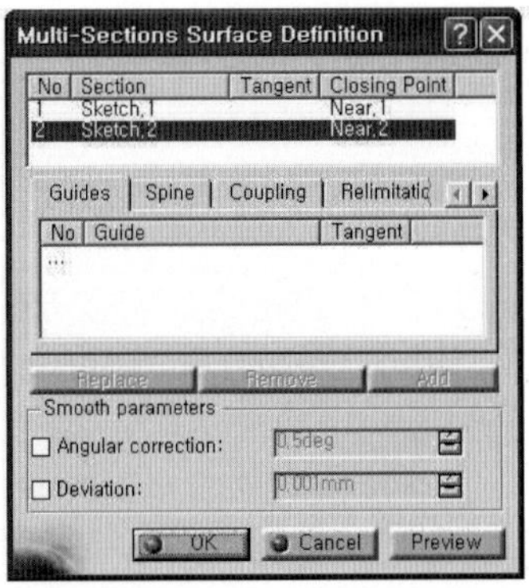

12 yz plane를 선택하고 다음과 같이 Sketch 한다. (Sketch.3)

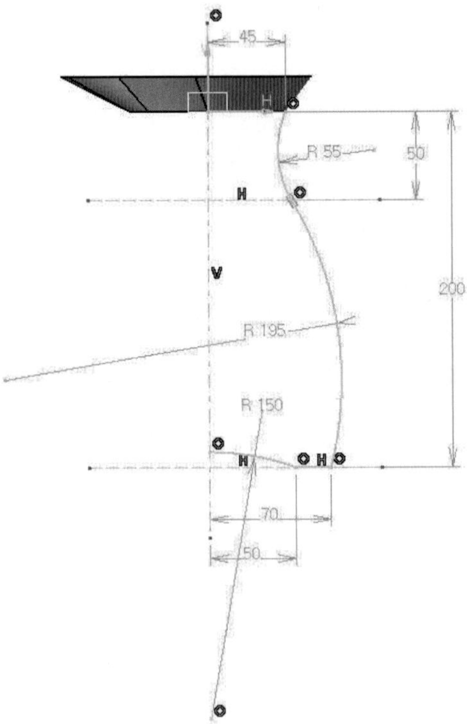

13 Revolve 를 이용하여 다음과 같은 Surface를 생성한다. (Revolute.1)

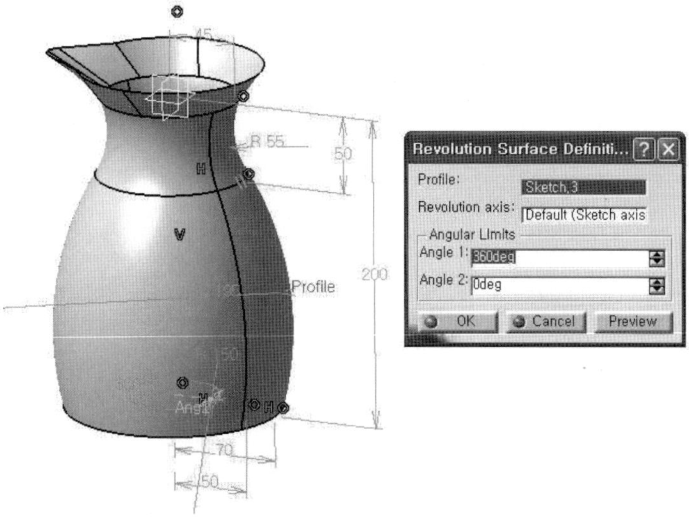

14 yz plane을 선택하여 다음과 같이 Sketch 한다. (Sketch.4)

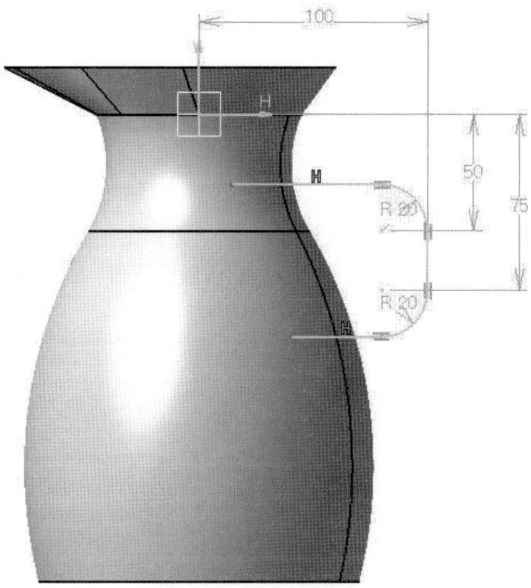

15 Sweep 의 Profile type : Circle, Subtype : Center and Radius를 이용하여 다음처럼 손잡이 부분을 완성한다. (Sweep.1)

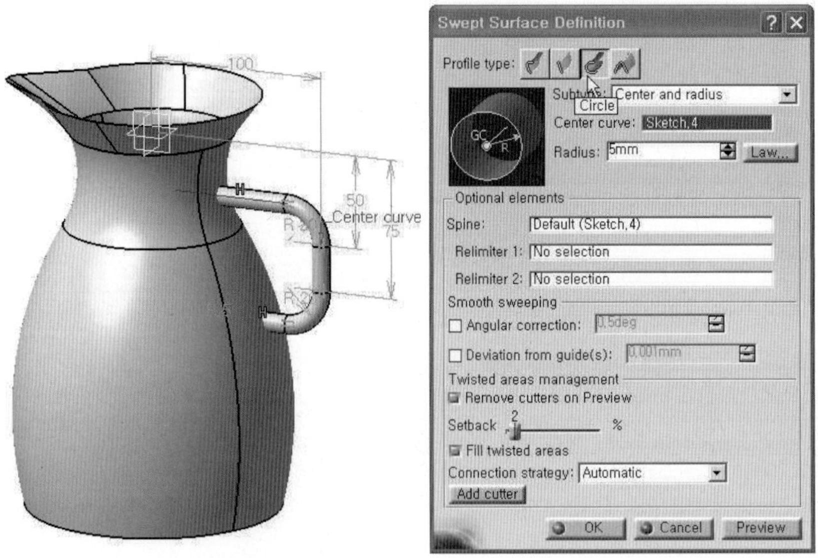

16 Trim 을 이용하여 Revolute.1과 Sweep.1의 불필요한 부위를 제거한다.(Trim.1)

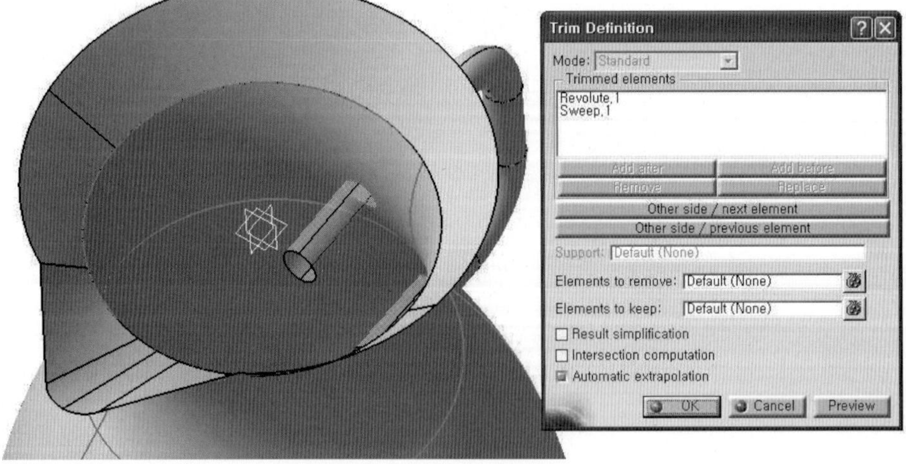

17 마지막으로 Join 을 이용하여 Multi-Sections Surface.1과 Trim.1을 하나로 합해준다. Join.1 Surface를 생성하기 위해 사용되어진 나머지 요소들을 전부 Hide 시키도록 한다.(Join.1)

18 다음과 같이 완성되었다.

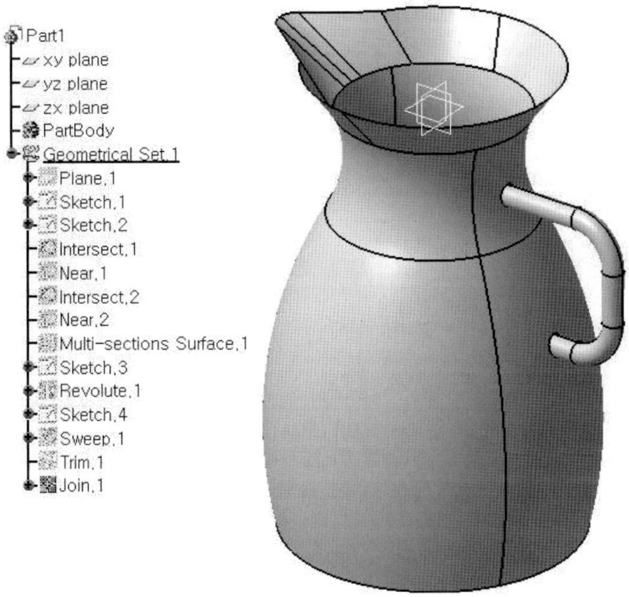

■ 다음 형상을 Surface Model로 생성하시오.

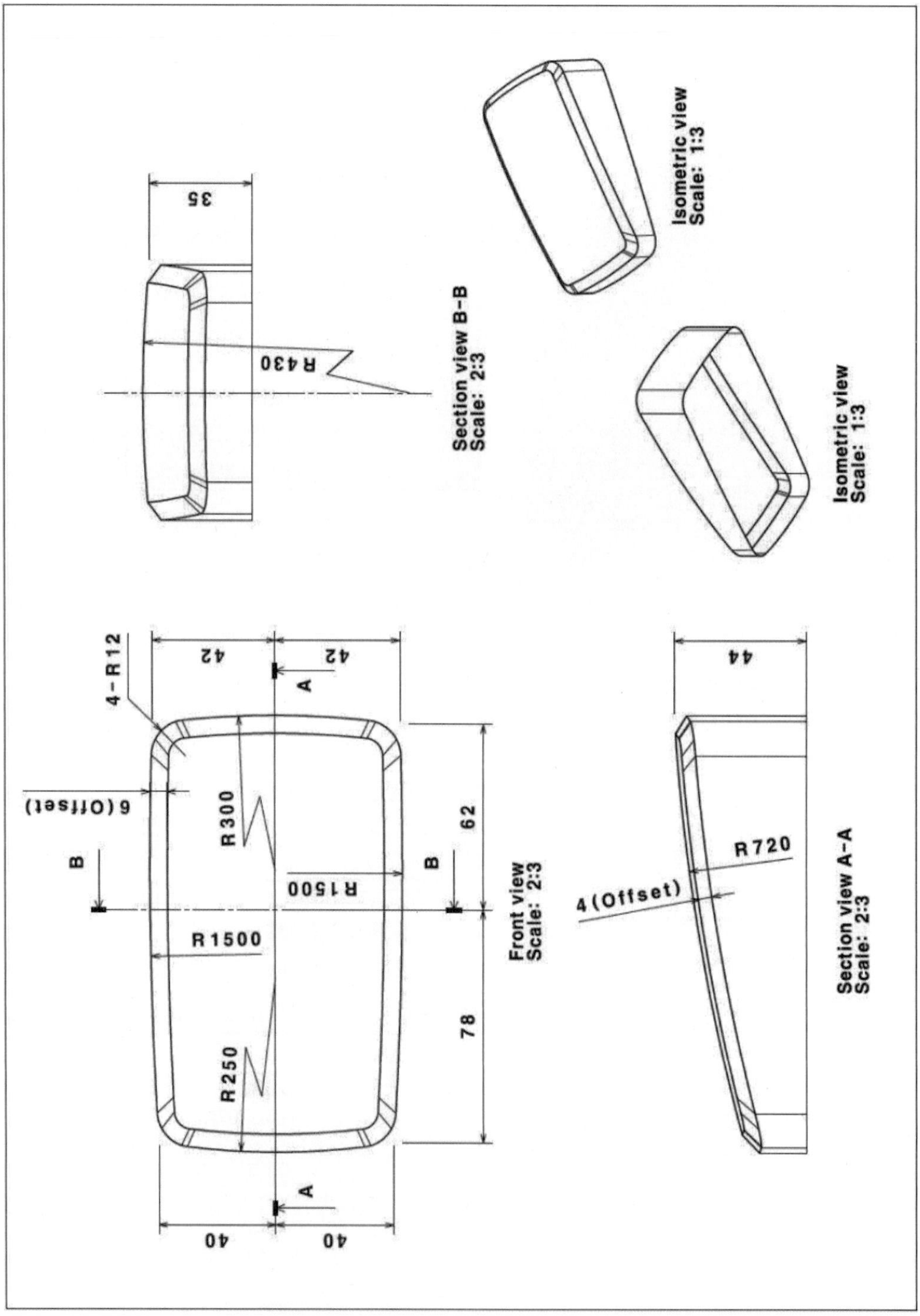

1 Start → Mechanical Design → Wireframe and Surface Design Workbench로 시작한다.

2 Pull Down Menu의 Insert 내에 있는 Geometrical Set을 선택하여 Specifications Tree에 다음처럼 추가한다.

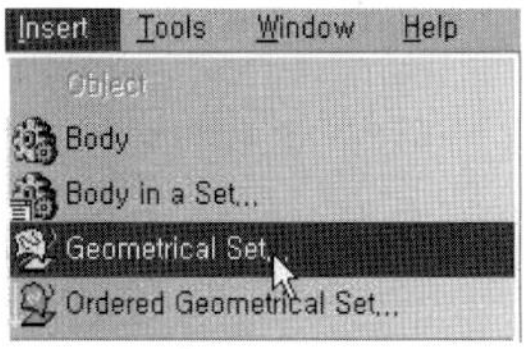

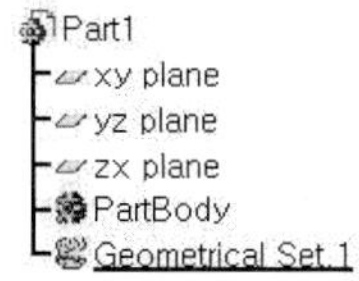

3 xy plane을 선택하여 다음과 같이 Sketch 한다. (Sketch.1)

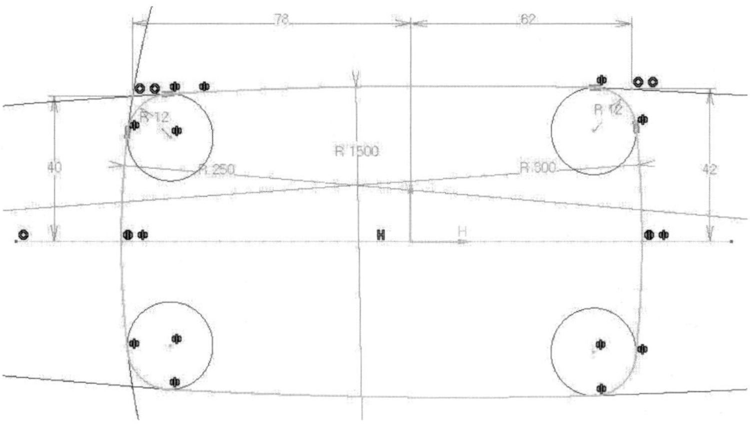

4 zx plane을 선택하여 다음과 같이 Sketch 한다. Intersect 3D Elements 를 이용하면 그림 아래쪽에 보이는 Sketch.1과 zx plane의 교차점을 얻을 수 있고, 각 교차점에서 수직선을 생성한 후 Construction/Standard Element 를 이용하면 Construction Line으로 변경시킬 수 있다. (Sketch.2)

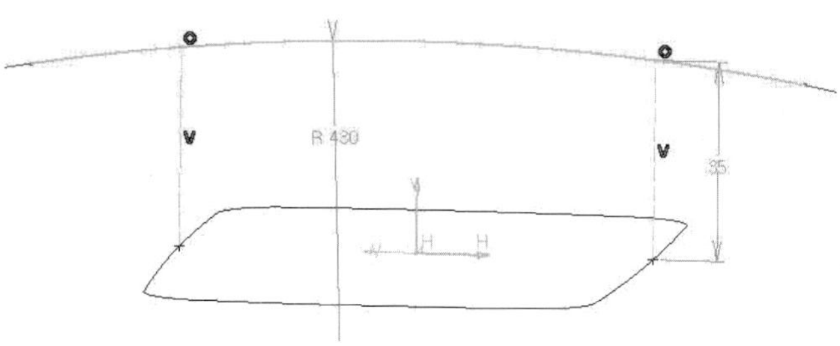

5 yz plane을 선택하여 다음처럼 Sketch 한다. 방식은 4번의 방식과 동일하다. (Sketch.3)

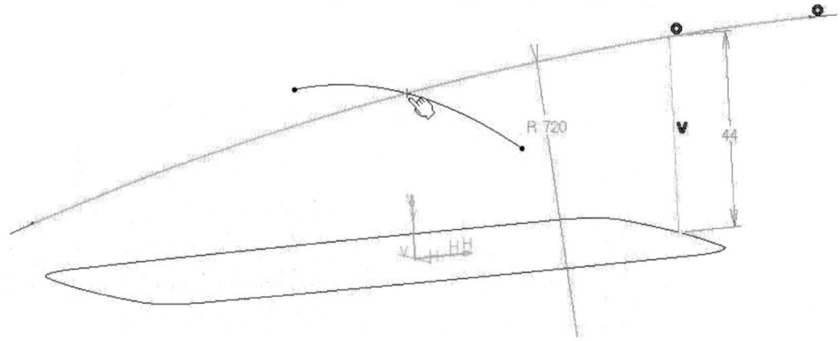

6 Sweep 의 Profile type : Explicit, Subtype : With reference surface를 이용하여 다음처럼 가장 윗면에 해당하는 Surface를 생성한다.(Sweep.1)

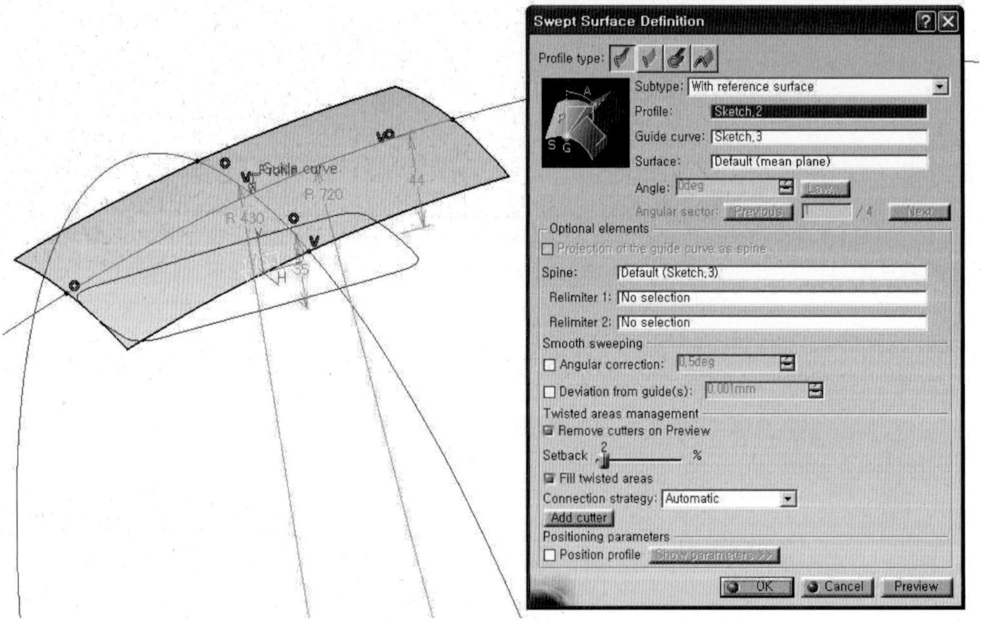

7 Sketch.1을 Copy(복사)하여 PartBody에 Paste(붙여넣기) 한다. 붙여넣기 한 Sketch.4를 더블클릭하여 Sketcher Workbench로 들어간 후 Offset 기능을 이용하여 그림의 내측 부분을 생성한다. 그 후 Offset에 사용된 외측은 Construction Element로 변경한다. (Sketch.4)

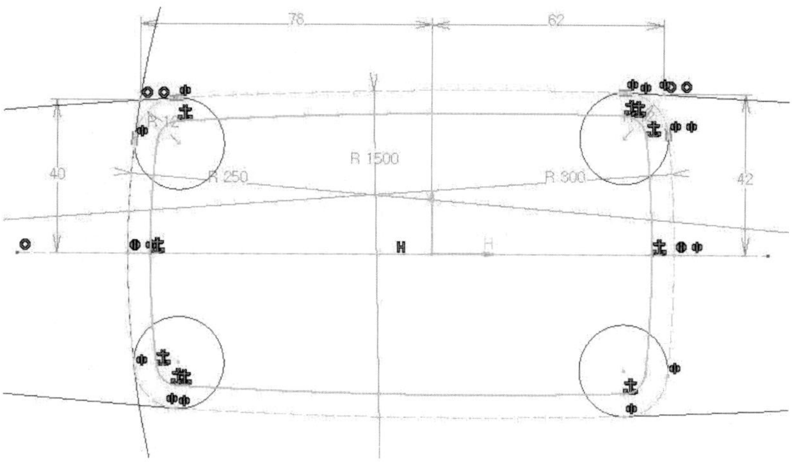

8 Projection 기능을 이용하여 Sketch.4를 Sweep.1에 투영시킨다. 이때 Projection type : Along a direction, Direction : Z Component에 유의하자.(Project.1)

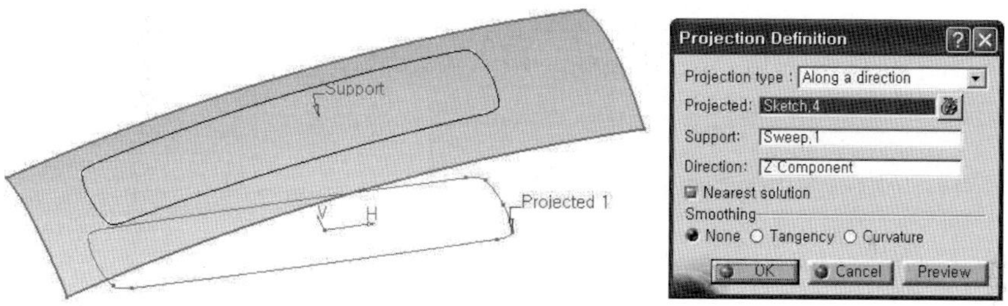

9 Offset 기능을 이용하여 Sweep.1을 아랫방향으로 4 mm 만큼 Offset 시킨다.(Offset.1)

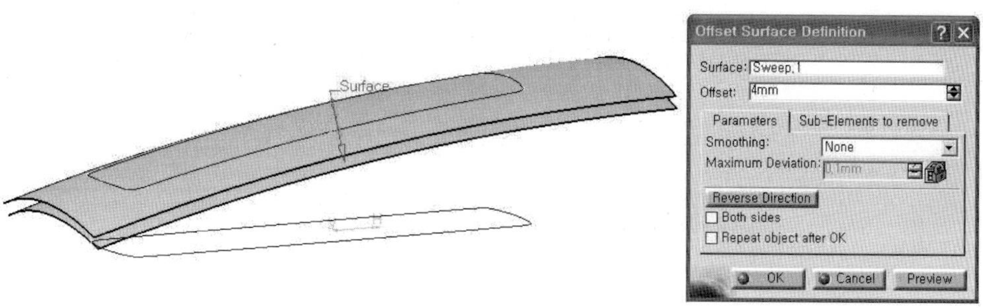

10 Split 기능을 이용하여 가장 윗면에 해당하는 Sweep.1을 투영된 곡선인 Project.1로 다음처럼 잘라낸다. (Split.1)

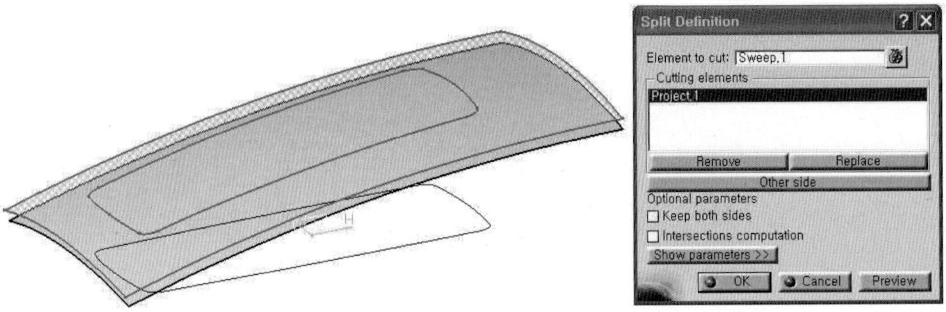

11 Extrude 를 이용하여 전체 형상의 옆면에 해당하는 Surface를 생성한다. 이때 Limit.1의 Type은 Up-to element를 사용함에 유의하자. (Extrude.1)

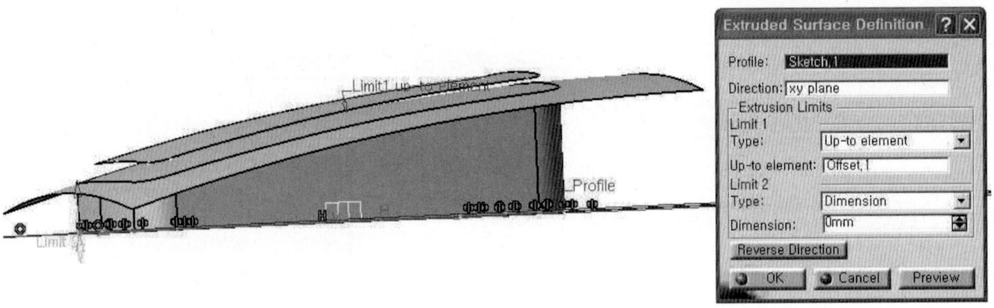

12 Boundary 기능을 이용하여 그림과 같이 필요한 경계 곡선을 생성한다. (Boundary.1)

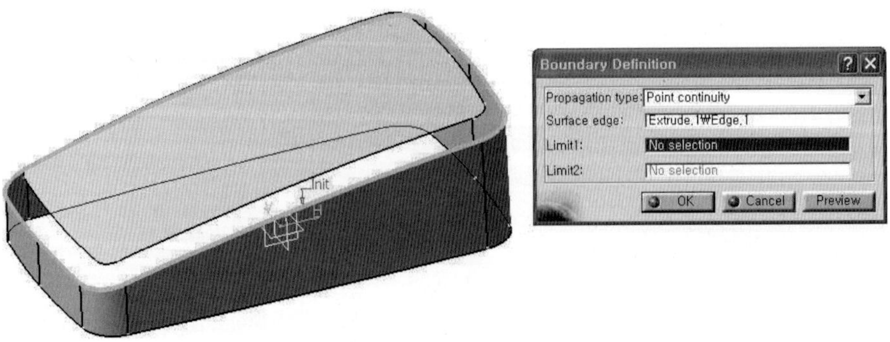

13 Intersection 기능을 이용하여 다음처럼 교차점을 생성한다. 사용방법은 2번째 예제에서 설명하였으니 참고하기 바란다. (Near.1, Near.2)

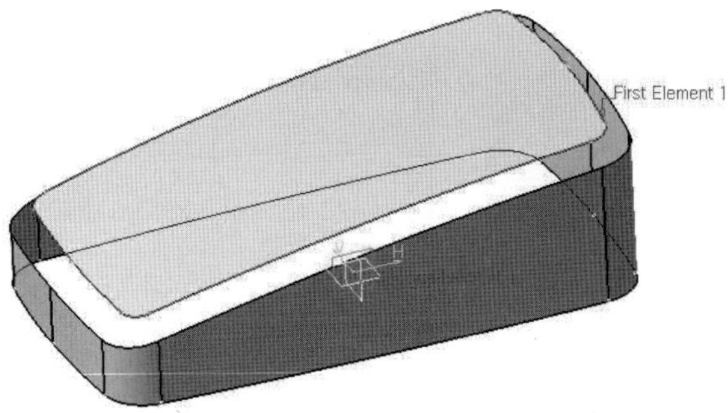

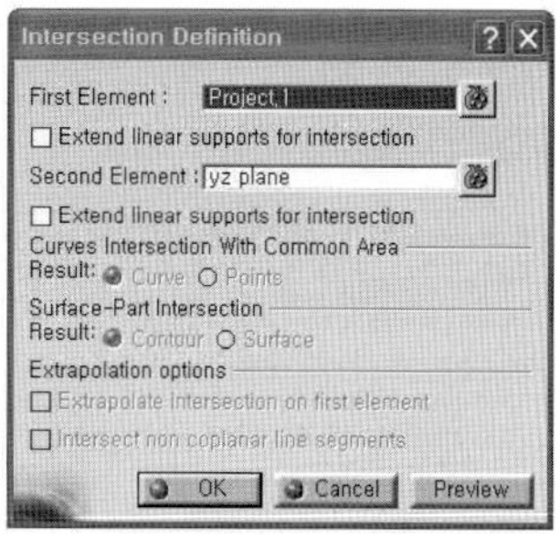

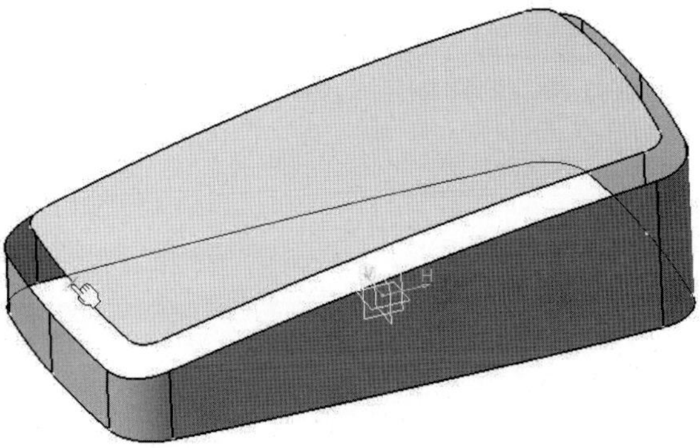

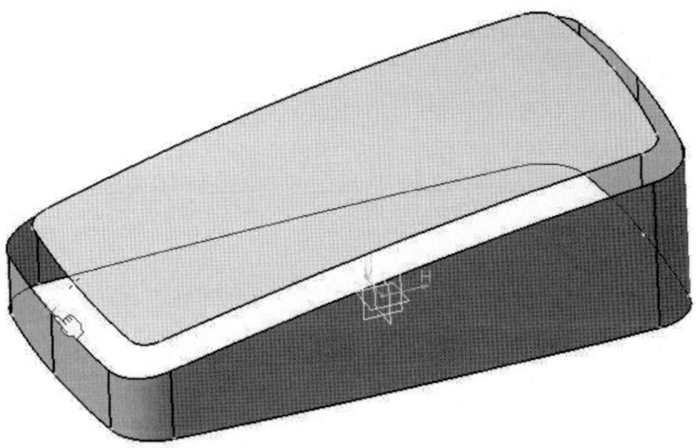

14 Multi-Sections Surface 를 이용하여 그림과 같은 Surface를 생성한다. 이때 Closing Point의 위치와 방향에 주의한다. (Multi-Sections Surface.1)

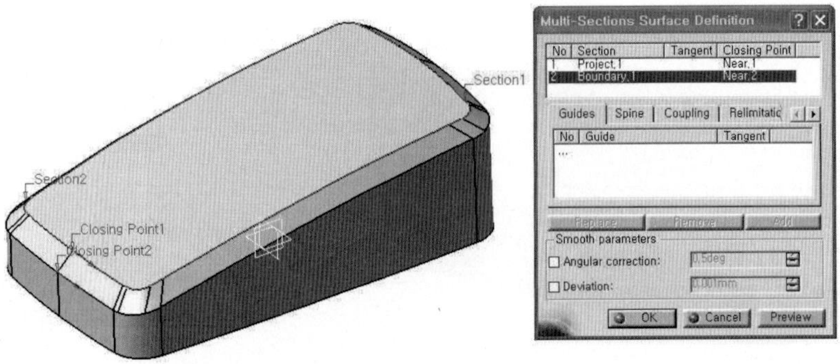

15 마지막으로 Join 을 이용하여 Split.1, Extrude.1, Multi-Sections Surface.1을 하나로 합해준다. Join.1 Surface를 생성하기 위해 사용되어진 나머지 요소들을 전부 Hide 시키도록 한다.(Join.1)

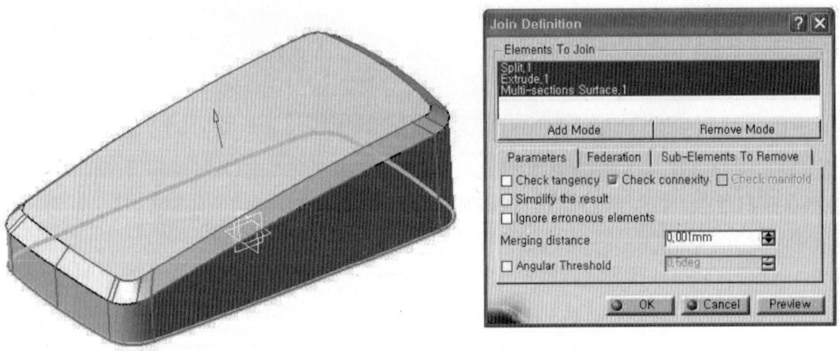

16 다음처럼 완성되었다.

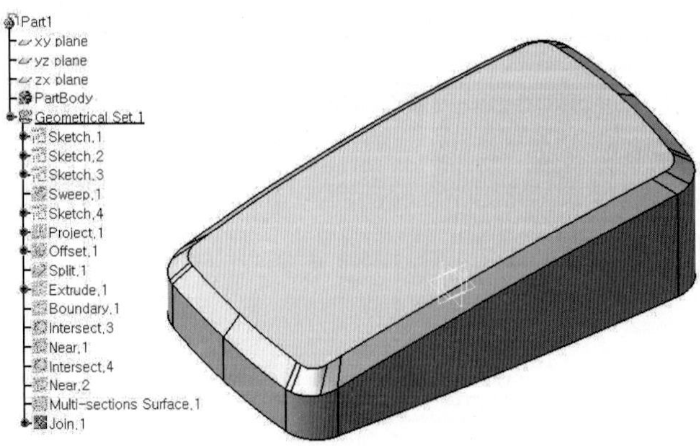

CHAPTER

05 ASSEMBLY DESIGN

CONTENTS

1 개요

Assembly Design은 여러 개의 부품 또는 단품을 조립하여 하나의 제품으로 완성하는 Workbench이다. Assembly 방식에는 두 가지의 방식이 있다. 하나는 미리 디자인한 부품들을 직접 조립만하는 Bottom Up 방식과 Assembly Workbench에서 부품을 설계하면서 조립하는 Top Down 방식이 있다. 이것은 직접적인 디자인 조립방식으로 미리 부품을 하나하나 설계할 필요가 없다.

CATIA V5의 Assembly Design Workbench에서 생성되는 파일은 Product라는 확장자를 가지며 조립 제품 간의 충돌 및 간극 해석 기능을 제공하고, 구성 성분을 작성하는 기능과 조립 구속 조건을 해석하여 볼 수 있는 기능이 있다.

2 Assembly Design 시작하기

Assembly Design Workbench의 시작도 앞서의 Sketcher, Part Design, Wireframe and Surface Design Workbench의 시작과 마찬가지로 여러 가지 방법이 있다.

Pull Down Menu에서의 시작은 Start → Mechanical Design → Assembly Design으로 시작하며, Pull Down Menu에서 New를 클릭하여 시작할 때는 New Window가 열리면 여기서 Product 항목을 선택하여 시작해야 한다.

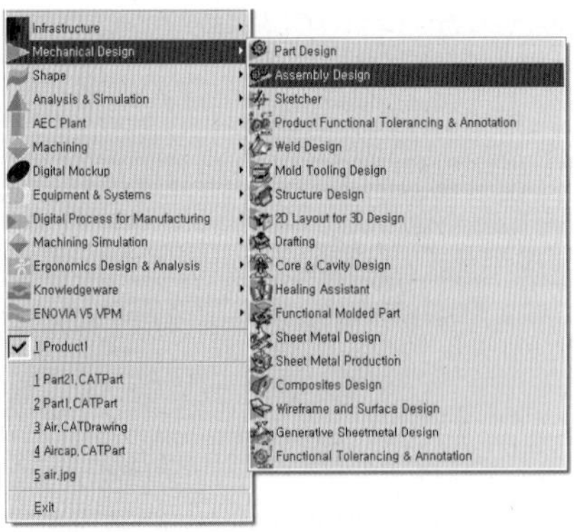

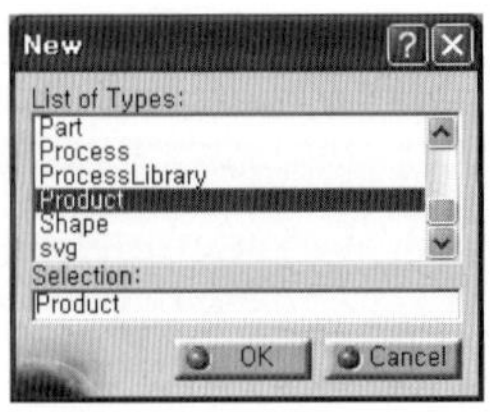

Workbench를 시작하면 Specifications Tree에 Product1이 생성되고 그 아래에 Applications라는 가지가 만들어진다.

3 Assembly Design Tool Bar

Assembly Design Workbench에서 사용하는 Tool Bar에는 Product Structure Tools, Move, Constraints, Assembly Features, Constraint Creation, Update, Annotations, Space Analysis 등이 있다. 이 Tool Bar들의 기능은 명칭에서 볼 수 있듯이 부품을 Workbench로 불러들이고, 이동시켜서 위치를 맞추고, 구속하여 제품을 완성하는 것이다.

3.1 Product Structure Tools

Product Structure Tools Tool Bar는 미리 완성한 부품들을 불러오고 제거, 교체하며 정의하는 등의 기능을 가진 Tool Bar이다.

(1) New Component

새로운 개체를 생성하는 아이콘으로 클릭하면 Specifications Tree에 Product2가 만들어진다.

(2) New Product

새로운 Product를 생성하는 아이콘이다. 클릭하면 New Component와 마찬가지로 Product2라는 Tree가 만들어진다. Product2에 Part를 만들면 이것은 Product1에서 조립이 가능하며 저장하게 되면 Product2로 자동 저장되어 Part를 분리 관리할 수 있다.

(3) New Part

이 아이콘을 클릭하면 Specifications Tree에 새로운 Part가 만들어진다. 즉 Top Down 방식의 Assembly Design에서 부품을 하나하나 만들면서 조립해가는 방식에 필요한 아이콘이다. Product2에 New Part를 생성하면 Product1에서 이용가능하며 저장은 Product1, Product1로 개별로 저장된다. 그러나 Product1에 New Part를 생성하면 이때는 새로 만든 부품을 분리해서 관리할 수 없다.

(4) Existing Component

이것은 Bottom Up 방식의 Assembly Design을 준비하는 기능을 가지는 것으로 미리 준비한 부품들을 불러오는 아이콘이다.

1 아이콘을 클릭하거나 Insert → Existing Component를 클릭하고 Specifications Tree에서 Product1을 클릭하면 File Selection Box가 나타난다. 여기에서 Part 파일이 저장된 폴더로 찾아가 해당 파일들을 선택하고 열기하면 불러 들여온다. 여기서 동시에 여러 파일들을 선택하려면 마우스와 Ctrl 또는 Shift 키를 동시에 눌러서 선택하면 된다.

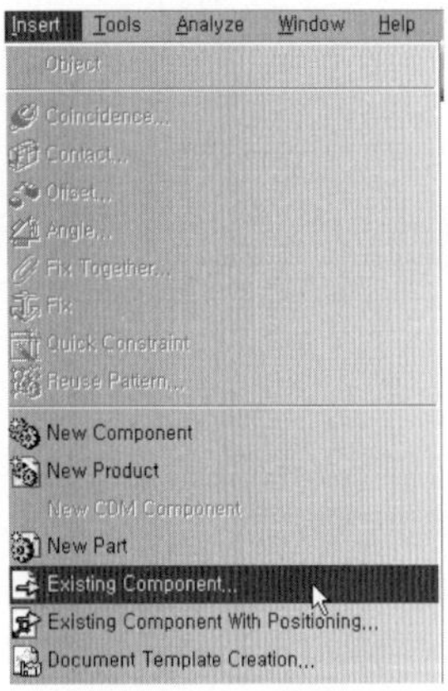

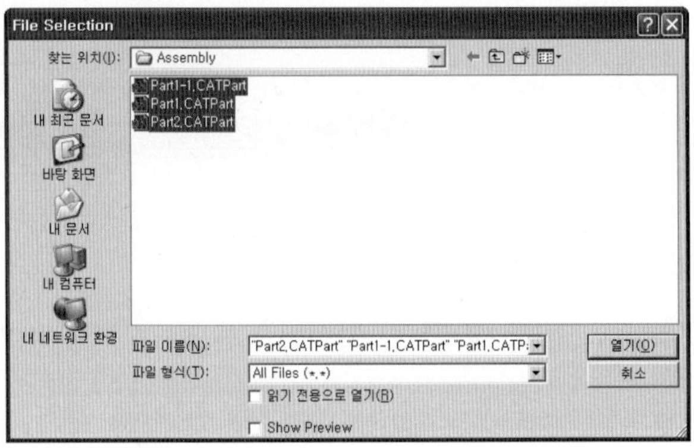

2 파일을 선택하여 열기하면 다음과 같은 Part Number Conflict 창이 열리는 경우도 있다 이것은 기존 파일의 Part 번호와 서로 충돌이 일어나는 경우로 Part number가 모두 Part1으로 되어있기 때문이다. 실제 파일 이름은 다를지라도 Part Design, 또는 Surface Design 시에 두 부품 모두 Part1이라는 Part 번호를 부여하여 이런 현상이 발생한다.

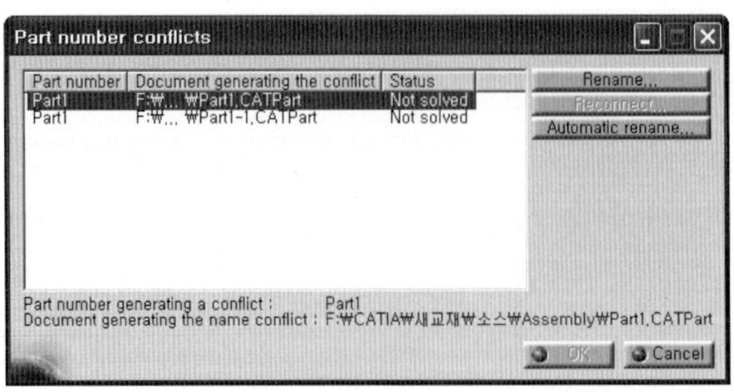

3 Rename을 클릭하면 Part Number를 새로 입력하라는 창이 열린다. 여기에 충돌하지 않는 번호나 이름을 입력해도 되고 Automatic rename을 클릭하면 자동으로 Part1.1, Part1.2 과같이 변경하여 불러온다.

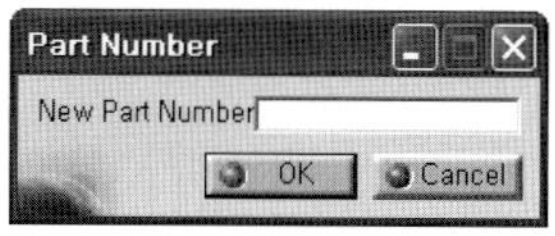

4 다음은 Automatic Rename을 클릭하여 새로운 Part 파일을 불러온 결과이다. Specifications Tree에 같은 이름의 파일은 Part1.1, Part1.2로 변경되어 불러들여졌다.

5 아래의 그림은 Rename 창을 열어서 Base, Shaft, Washer의 이름을 입력하여 불러온 결과이다. 작업의 효율성과 편의성을 생각한다면 Part Number를 부품 명칭에 맞게 입력하는 것이 좋을 것으로 생각한다. 또 만일 같은 부품을 여러 개 필요로 한다면 해당 부품을 복사하여 붙이기를 하여주면 된다.
여러 개의 부품을 불러오면 위치가 서로 겹쳐서 그대로 작업하기는 어렵다. 이것을 해결하는 방법은 다음에 설명한다.

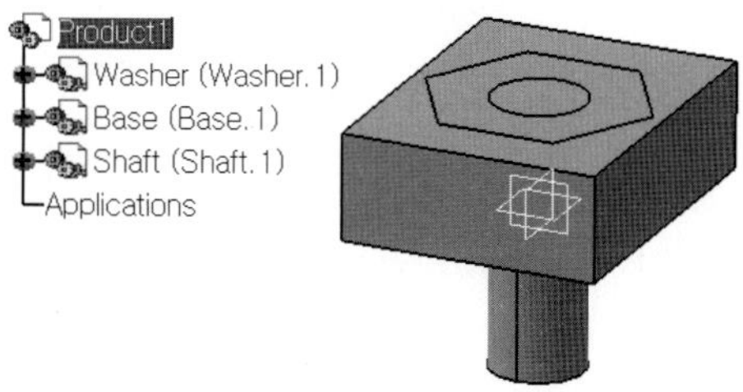

(5) Existing Component with Positioning

Existing Component 아이콘을 이용하여 기존의 디자인된 부품을 불러오면 서로 위치가 겹쳐 서로 구별하기가 힘들다. Existing Component with Positioning 은 부품의 위치를 확인하고 옮겨가며 불러오는 메뉴이다.

1 Existing Component with Positioning 을 클릭하고 Product1을 선택하여 파일을 열기한다.

2 파일이 불려오며 Smart Move 창이 같이 열린다. Smart Move 창에서 부품을 선택하여 원하는 위치로 옮겨준다.

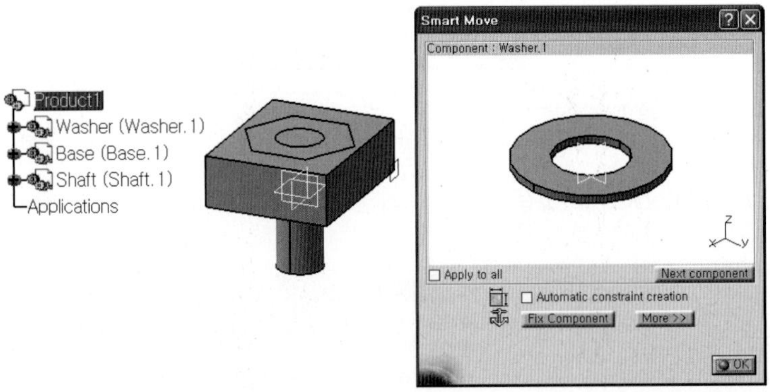

3 또 다른 파일의 위치를 옮기려면 Smart Move 창의 Next Component를 클릭한다. 그리고 원하는 위치로 이동시킨다.

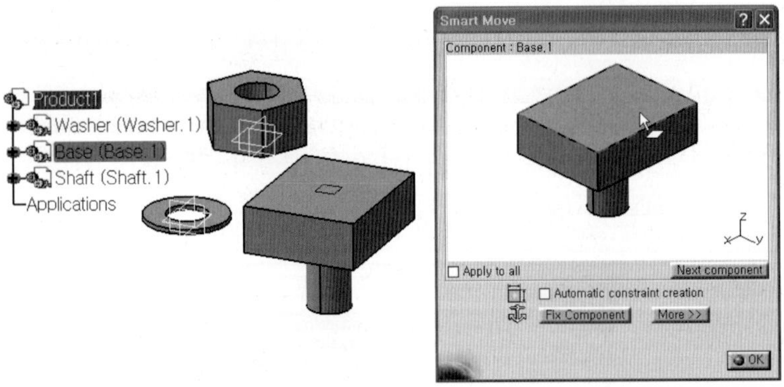

4 모든 파일의 위치가 변경되었으면 OK 한다. 이제는 부품이 하나하나 구별된다.

(6) Replace Component

파일 불러오기에서 원하는 부품이 아니라 다른 부품을 잘못 불러들여왔을 경우 해당 부품을 원하는 부품으로 바꾸어주는 아이콘이다.

1 Replace Component 아이콘을 클릭하고 바꾸려는 부품을 직접 또는 Specifications Tree에서 선택한다.

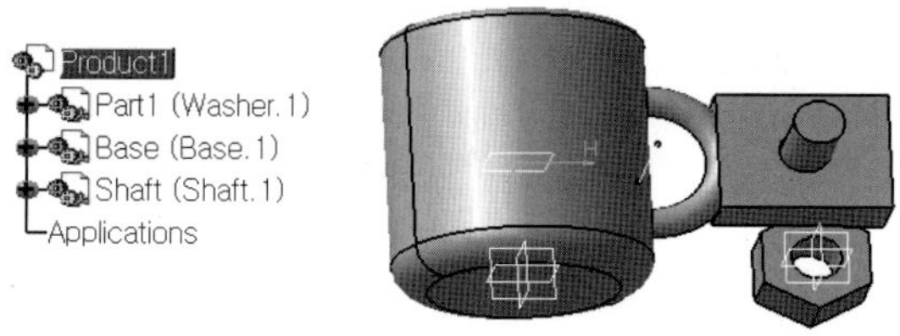

2 Browse 창과 File Selection 창이 열린다. 만일 File Selection 창이 열리지 않는다면 Browse 창에서 File을 클릭하면 창이 열린다. 이 창에서 원하는 파일을 찾아 바꾸어주면 된다.

(7) Graph Tree Reordering

Specifications Tree에서의 부품의 위치를 변경해주는 아이콘으로 해당 아이콘을 클릭하고 Product1을 클릭하면 Graph tree reordering Box가 열린다.

1 해당 부품의 이름을 선택하고 첫째 두 번째 화살표를 클릭하면 선정된 부품의 이름이 위아래로 이동한다.

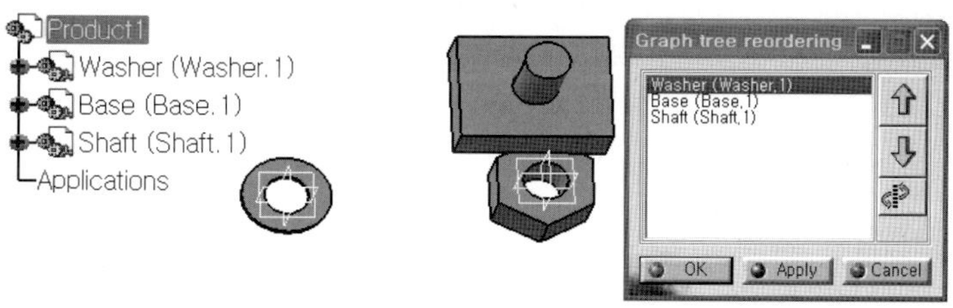

2 세 번째 화살표는 처음 선택한 파일의 위치를 다음 선택한 파일의 다음 위치로 바꾸는 기능으로, 그림에서 Wash를 선택하고 세 번째 화살표를 클릭하고 Shaft를 차례로 선택하면 다음처럼 Wash가 Shaft 다음으로 변경된다.

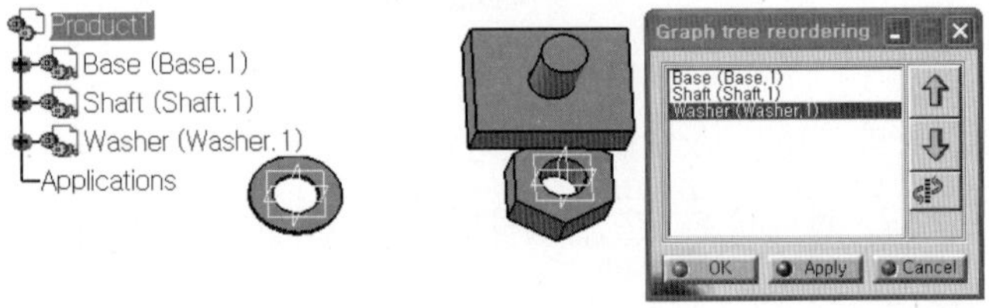

(8) Generate Numbering

1 아이콘을 클릭하고 Specifications Tree의 product를 선택하면 Generate Numbering Box가 열린다.

2 Mode에서 원하는 Numbering 방법을 선택하고 OK 하면 외면상의 변화는 없지만 각각의 부품에는 번호가 부여된다.

3 여기서 부여된 번호는 조립도 Drafting에서 부품에 부여되는 번호가 된다.

4 번호 부여가 끝났으면 Pull Down Menu → Analysis → Bill of Material을 실행하여 준다.

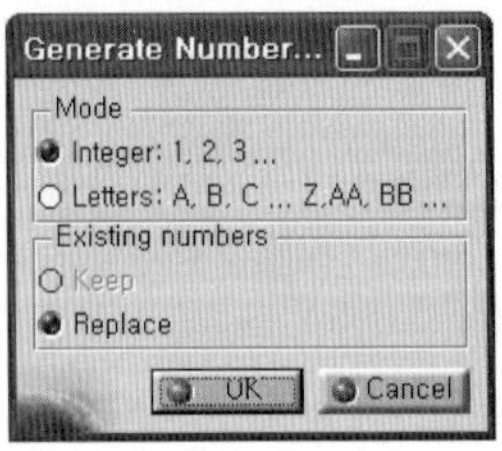

(9) Selective Load

조립된 Product에서 일부 부품을 로딩 시키는 기능으로 해당 부품의 도형을 컴퓨터의 메모리에 불러오는 역할을 한다.

(10) Manage Representations

부품을 관리하는 아이콘으로 이름을 변경하거나 관련된 다른 부품을 불러오고 링크의 변경 등을 가능하게 하는 기능을 가지고 있다.

1 아이콘을 클릭하고 해당 부품을 선택하면 Definition Box가 열린다.

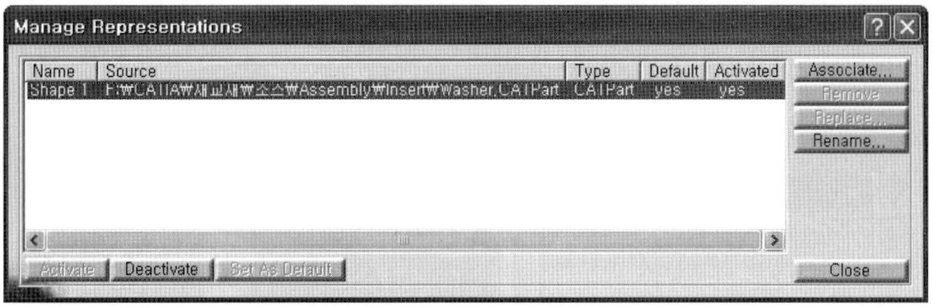

2 Associate : 버튼을 클릭하여 새로운 파일을 추가로 불러올 수 있도록 File Selection 창이 열린다.

3 Rename : 선택한 파일의 이름을 변경 할 수 있다.

4 Activate, Deactivate : 버튼을 클릭하여 선택한 파일의 활성화, 비활성화가 가능하다.

(11) Define Multi-Instantiation

이 아이콘은 선택한 부품을 필요한 수만큼 원하는 방향으로 복사하는 기능을 가지고 있다.

1 복사하려는 부품을 선택하고 Define Multi-Instantiation 을 클릭하면 Definition Box가 열린다.

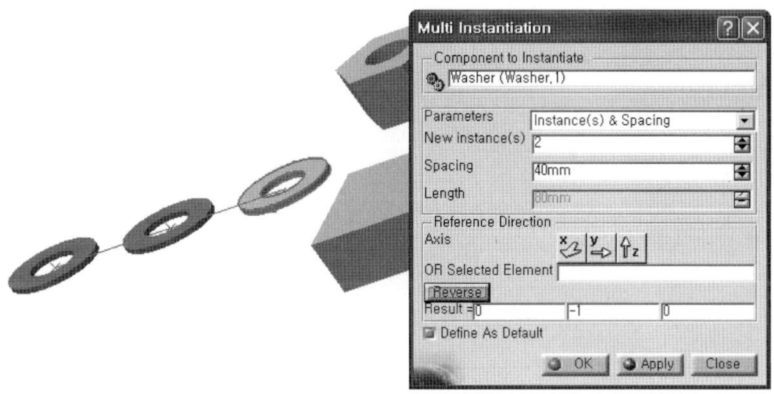

2 Component to Instantiate : 복사하려는 개체 선택

CATIA V5

3 Parameters : 복사하는 개체간의 거리, 간격 지정방법 선택

Instances & Spacing : 개체수와 개체간의 간격지정

Instances & Length : 복사할 공간의 전체길이와 개체 수 지정

Spacing & Length : 복사할 공간의 전체길이와 개체의 간격지정

4 New Instance : 복사하려는 개체 수

5 Axis : 복사하는 방향지정

X : Assembly Design 화면에서의 x 방향으로 배열

Y : Assembly Design 화면에서의 y 방향으로 배열

Z : Assembly Design 화면에서의 z 방향으로 배열

OR Selected Element : 그 밖에 인접 부품의 모서리 방향 등을 지정한다.

Reverse : 역방향으로 변경한다.

6 Define as Default : 위 내용을 기본 사양으로 정의한다.

이것은 Fast Multi-Instantiation 기능 사용 시 그대로 승계된다.

(12) Fast Multi-Instantiation

선택한 부품을 복사하는 아이콘으로 앞의 Define Multi-Instantiation 에서 정의한 내용으로 복사한다. 따라서 이 기능을 사용하려면 먼저 Define Multi-Instantiation에서 먼저 정의해 주어야 한다.

3.2 Move

조립하려는 부품들을 원하는 방향으로 이동, 회전하는 기능을 가진 Tool Bar.

(1) Manipulation

부품을 이동하고 회전시키는 작업을 수행하는 기능을 가지고 있는 아이콘이다.

1 Manipulation 아이콘을 클릭하면 Manipulation Parameter Box가 열린다.

2 원하는 방향으로 이동할 아이콘을 클릭하고 부품을 선택하여 이동시키는 순서로 이용한다.

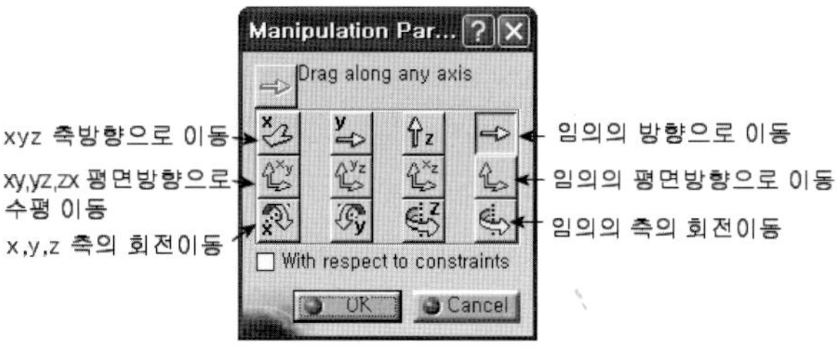

다음과 같이 겹쳐있는 부품을 Manipulation 을 이용하여 이동을 시켜보자.

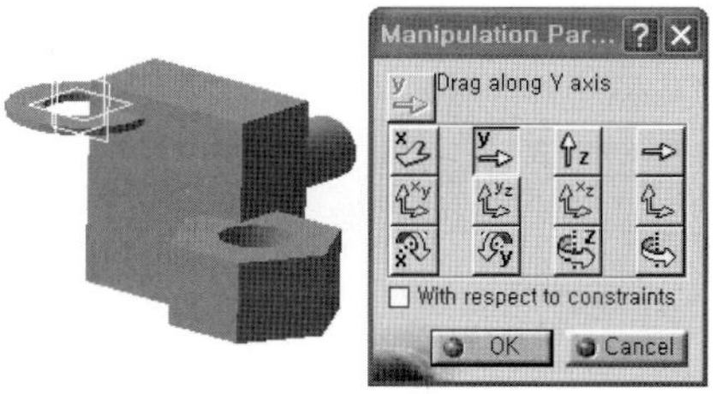

1 washer를 x 축방향으로 이동시킨다.

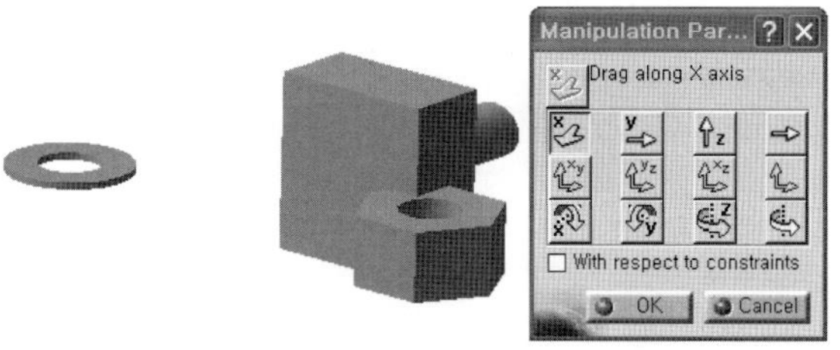

2 Nut를 z축 방향으로 이동시킨다.

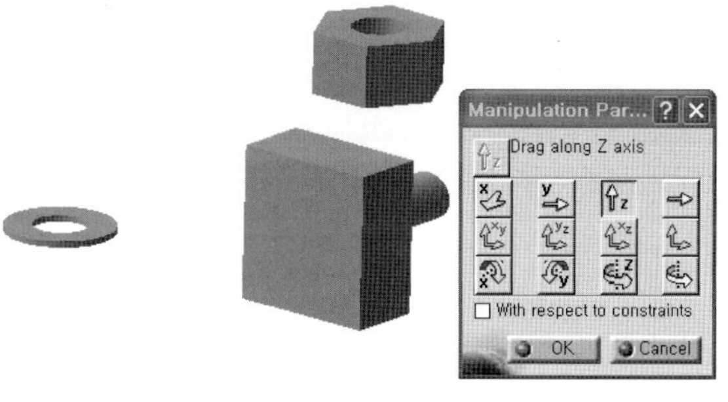

CATIA V5

3 Base를 y축을 회전축으로 회전시킨다.

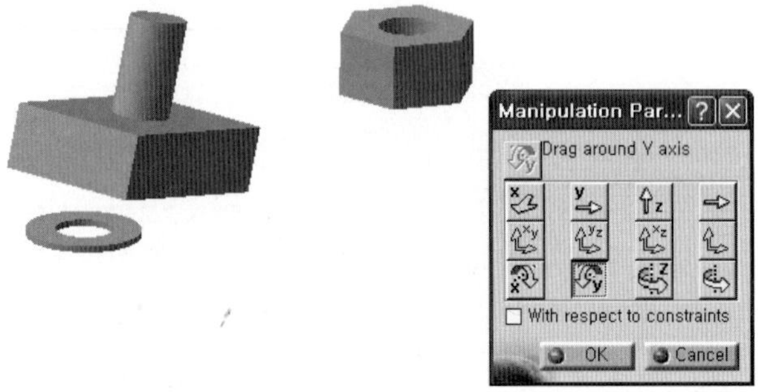

4 washer를 Base의 모서리 방향으로 이동시킨다.

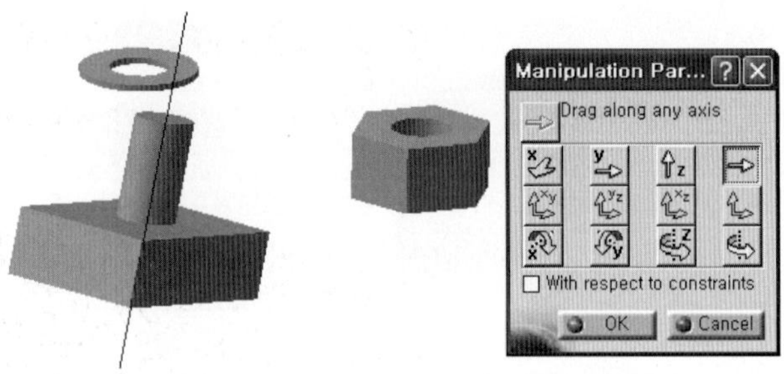

5 xz 평면에 수평이동 시킨다.

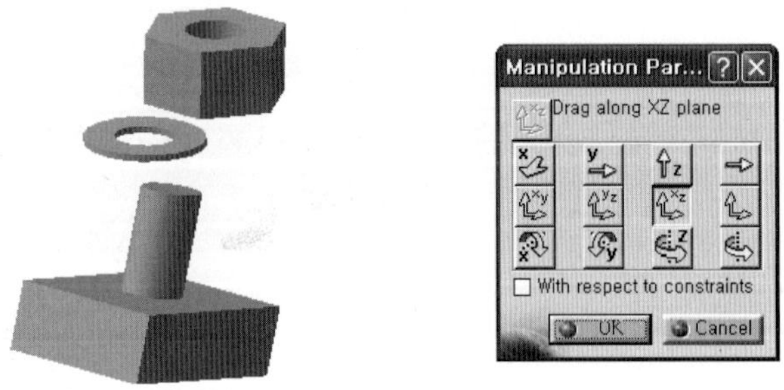

(2) Snap

부품을 서로 대응하는 축으로 정렬시키는데 또는 대응하는 면을 향하여 정렬시키는데 사용하는 아이콘이다.

Base의 Shaft 축과 Washer의 구멍축을 서로 일치시켜 정렬하여 보자.

1. Snap 을 클릭한다.
2. Base의 Shaft를 선택한다. 축이 만들어진다.

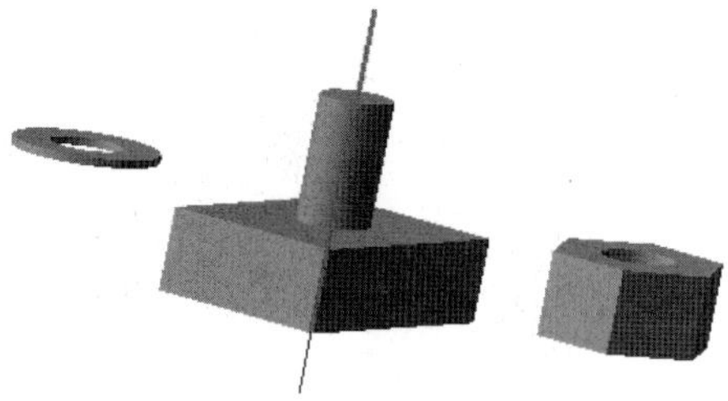

3. Washer의 구멍을 선택한다.

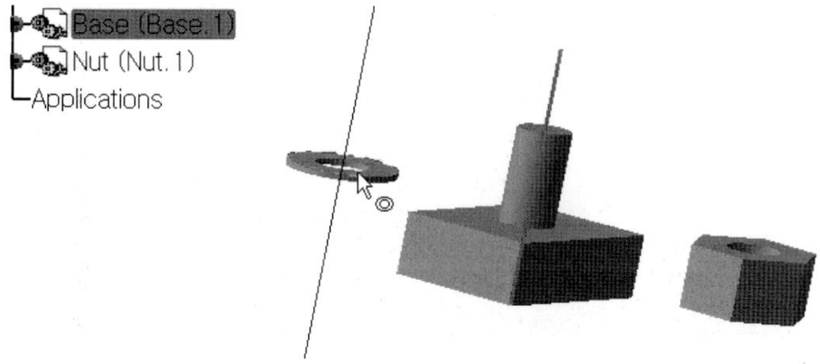

4. Base가 Washer로 이동하여 축 방향으로 정렬되고 녹색 화살표가 만들어졌다.

5. 녹색 화살표를 클릭하면 Base가 역방향으로 회전된다. 다시 녹색 화살표를 클릭하면 원래로 돌아온다.

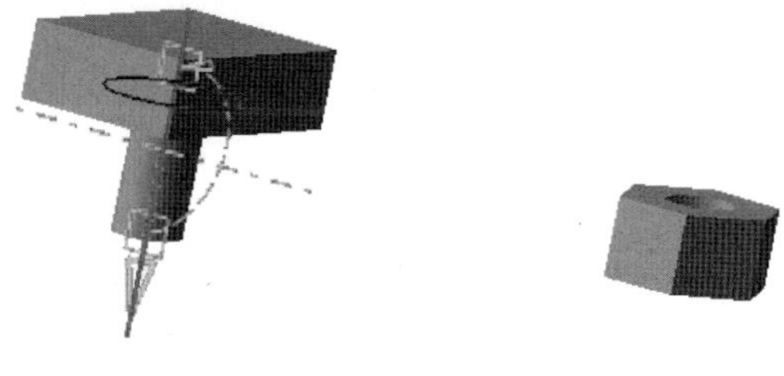

Base의 윗면과 대응하는 Nut의 면에 대하여 정렬하여 보자.

1 Snap 을 클릭한다.

2 Nut의 면을 선택한다.

3 Nut 면에 대응하는 Base의 위쪽 면을 선택한다. Nut가 Base의 대응 면과 나란하게 회전하고 녹색 화살표가 만들어진다.

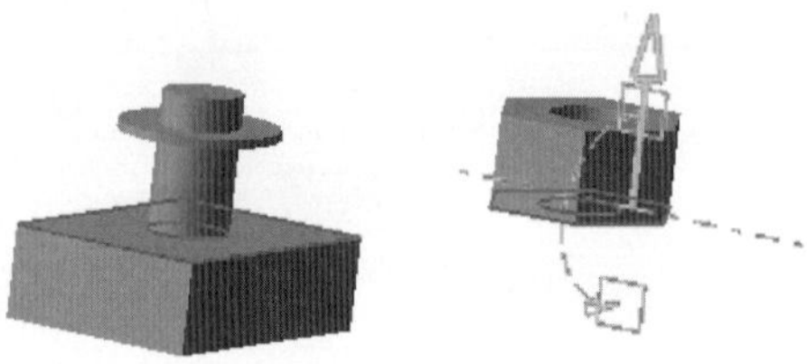

4 녹색 화살표를 클릭하면 방향이 반대로 바뀐다. 다시 클릭하여 원래로 되돌리자.

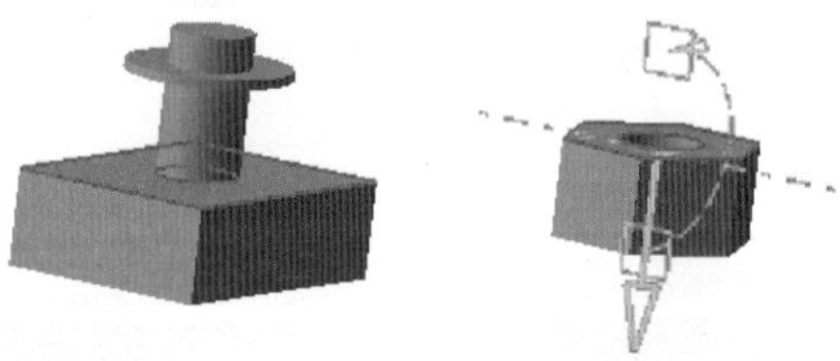

(3) Smart Move

이 아이콘은 부품의 회전, 이동은 물론 조립하여 구속까지도 가능한 매우 편리한 아이콘이다. 구속이라는 것은 앞에서 우리가 배운 것처럼 대응하는 개체를 서로 조립하고 이것이 변하지 않도록 고정하는 기능을 부여하는 것으로 다음에서 다룰 것이다.

Base와 Washer를 조립하여 보자.

1 Smart Move 을 클릭하면 Smart Move Box가 열린다. More를 클릭하면 다음 처럼 확장된다.

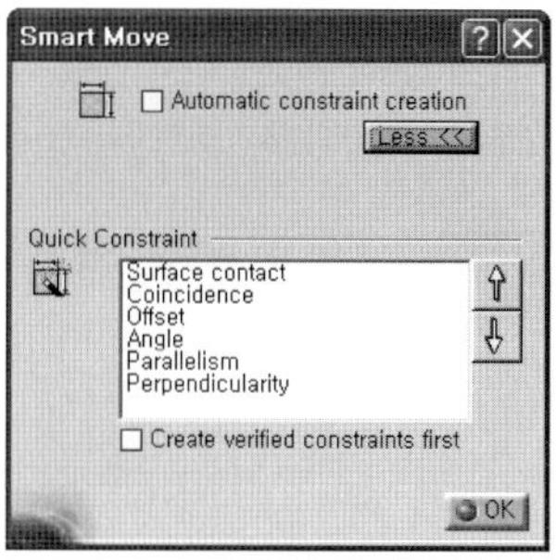

2 마우스를 Washer로 가져가 중심축이 나타나면 클릭하고

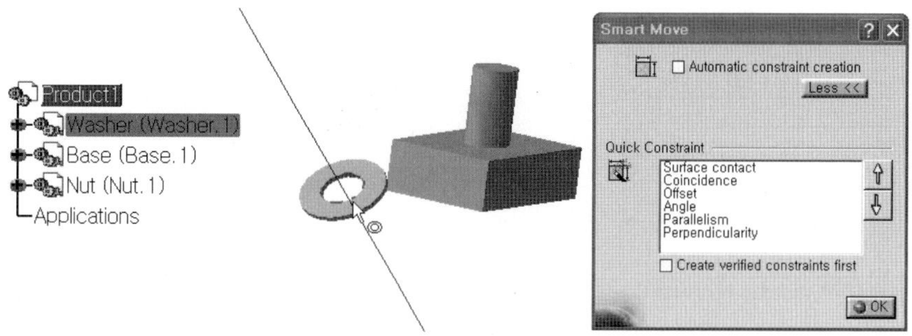

3 Base의 Shaft 부근으로 마우스를 가져가 축이 나타나면 클릭한다. Washer와 Base Shaft가 일부 조립되었다. OK 하자.

4 이번에는 Washer의 접촉면과 Base의 윗면이 서로 접촉하도록 접촉면을 선택하여 이동 시키자. 화면을 확대하여 Base 윗면을 선택하고 Washer의 아랫면을 선택한다. Washer가 Base와 접촉하고 녹색 화살표가 생성되었다. OK 하자.

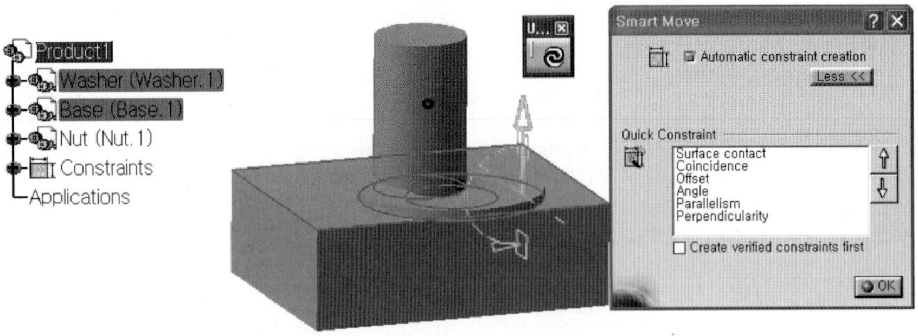

5 구속 조건을 반영시키기 위하여 Update 를 클릭한다.

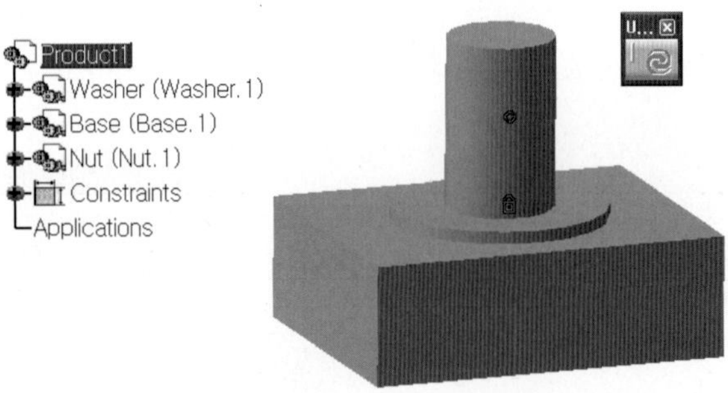

6 조립이 완성되었다. 그리고 Specifications Tree에 만들어진 Constraints와 부품의 녹색 원형 마크는 Smart Move Box에 Automatic Constraint Creation이 체크되어 있기 때문에 만들어진 것이다. 만약 이것이 체크되어있지 않다면 Specifications Tree에 만들어지지 않고 단지 조립만 된다.

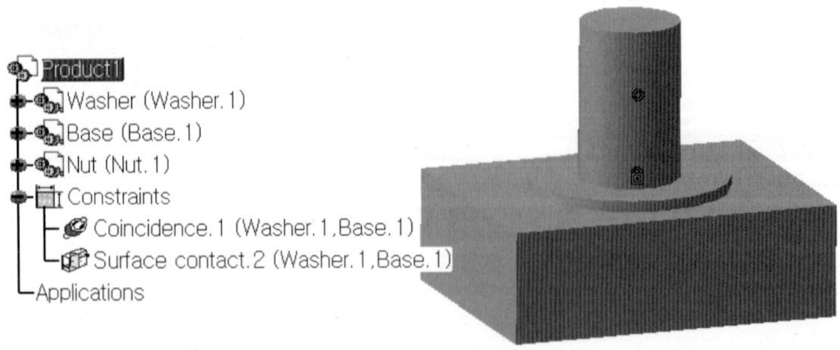

7 Tree의 Constraints를 확장하여보면 위 그림처럼

Coincidence - 동심구속 (동일 축 구속),

Surface contact - 면 접촉 구속이 만들어져 있음을 알 수 있다.

- Smart Move View 사용하기

1 조립하려는 부품을 모두 선택하고 Smart Move 를 클릭하면 다음처럼 Smart Move View화면이 열린다.

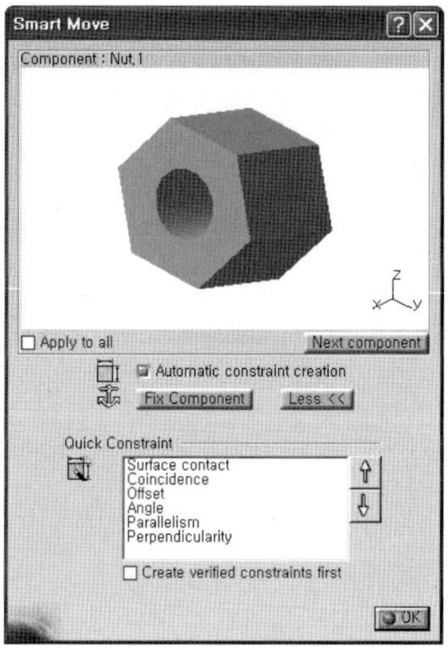

2 화면에서 부품을 보면서 원하는 축을 선택하여 동심 구속을 할 수도 있고, 부품을 이동 시킬 수도 있다. View는 많은 부품을 조립할 때 편리하다.

3 Fix Component : 부품 조립 시에 부품이 흐트러지지 않도록 고정시키는 구속이다. Specifications Tree의 Fix3, Fix4와 조립품의 녹색 Anchor가 Fix 구속 결과를 보여준다.

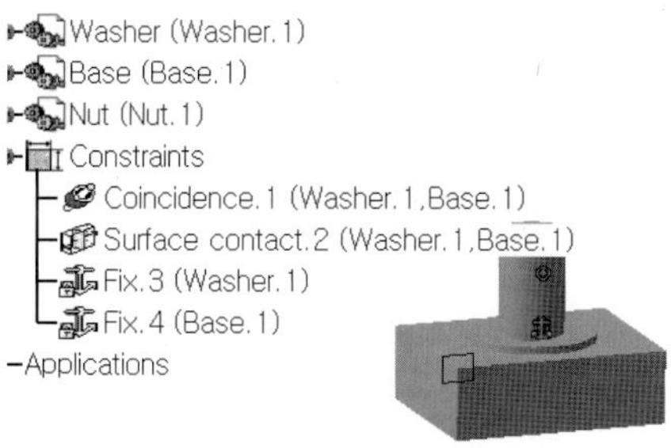

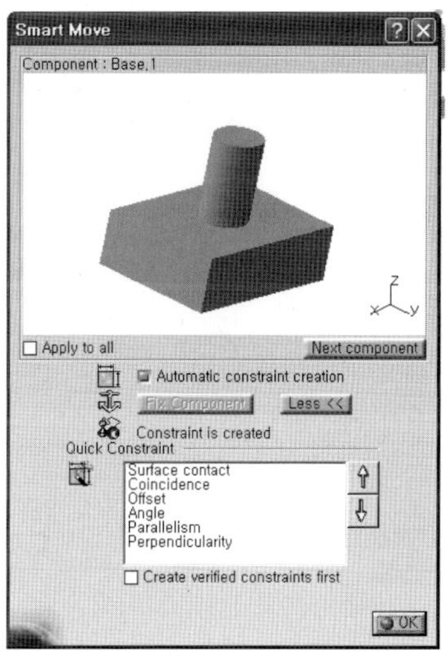

CATIA V5

(4) Explode

많은 부품으로 조립된 Assembly Product의 부품 상호간의 관계를 확인하기위하여 부품들을 분산시키는 기능이다. 전체 조립품을 모두 분산시키거나 일부만을 분산 시킬 수 있다. 분산 후 Update 시키면 원래의 조립상태로 돌아온다.

- Explode Box
  - ▸ Depth : 분산 정도를 정의한다.
    - ① All Levels : 모든 부품을 분산시킨다.
    - ② First Level : Sub-Product를 제외한 부품을 분산시킨다.
  - ▸ Selection : 분신대상 Product 숫자
  - ▸ Type : 분산형태를 정의한다.

다음의 조립된 피스톤을 분산 시켜보자.

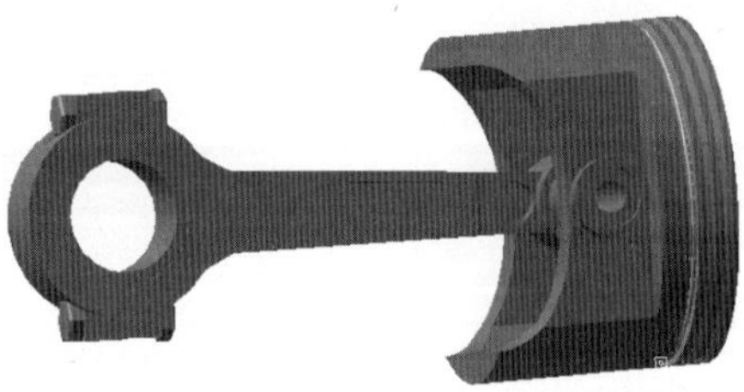

1 3D : 공간상에 분산 정렬한다.

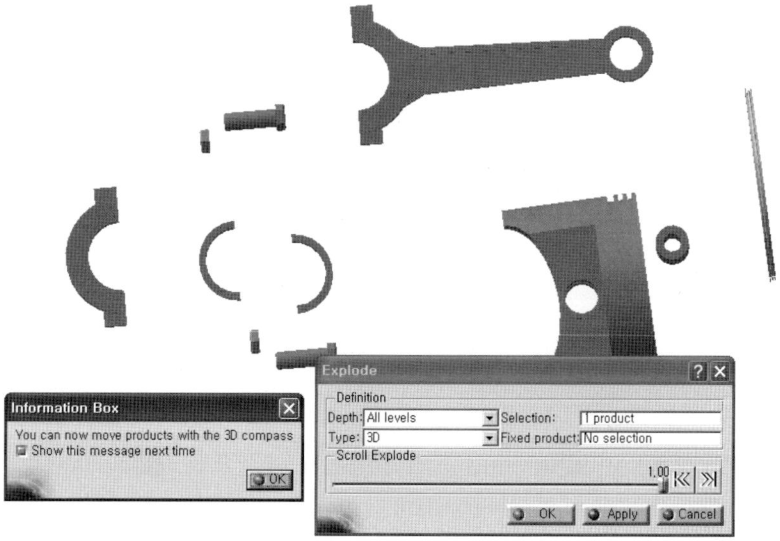

2 2D : 부품들을 평면상에 분산 정렬한다.

3 Constrained : 구속된 형상으로 정렬한다.

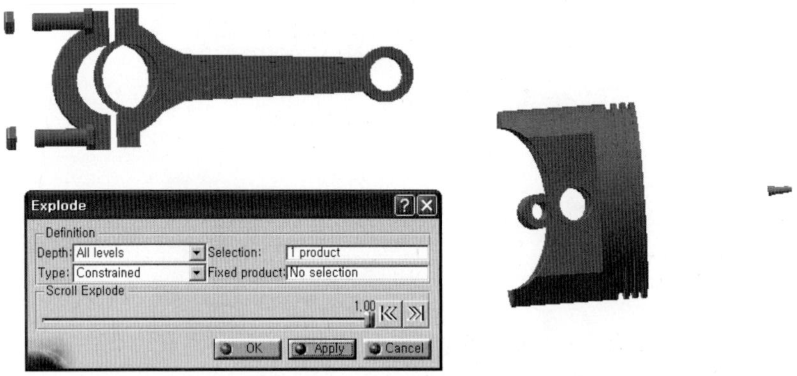

- Fixed Product : 고정할 Product를 정의한다.
- Scroll Explode : 분산되는 과정을 비율로 보여준다. 적당한 상태에서 멈출 수 있다.
- Apply, OK하면 분산이 완료된다.

(5) Compass를 이용한 이동

Workbench의 우측 상단에 있는 Compass를 이용하여 부품을 이동 및 회전 시킬 수 있다.

1 마우스를 Compass의 빨간색 사각형에 가져가면 이동형태의 커서로 바뀐다. 마우스 좌측 버튼을 누른 상태에서 이동 또는 회전 시키려는 부품의 한쪽 면에 가져가 마우스 버튼을 풀어준다.

2 이동 커서가 빨간 사각형으로 바뀌고 Compass도 녹색으로 변하였다. 이 상태에서 Compass의 축이나 곡선을 클릭하여 마우스 커서가 주먹인 상태에서 이동 회전하면 해당 부품도 함께 이동하거나 회전한다.

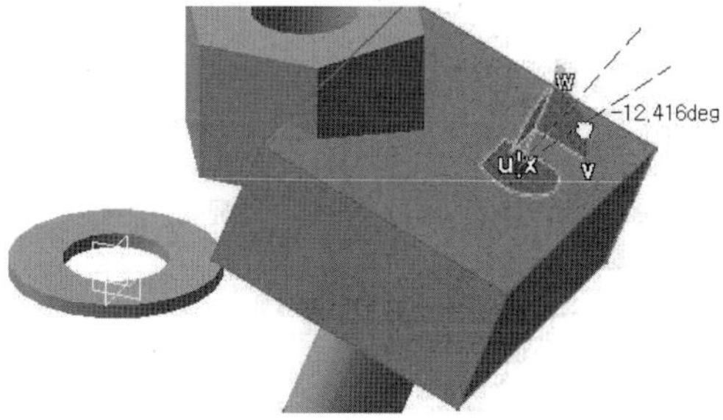

3 작업이 끝나면 Compass를 다시 원래의 위치로 가져다 놓는다. Compass의 빨간색 사각형을 클릭하고 끌어서 화면 우측 상단에 나타나는 검은색 점에 일치시킨다.

3.3 Constraints

조립 작업을 하려면 여러 가지 구속 조건이 필요하다. 회전 부품의 경우는 축을 일치시켜야하고 접촉면을 설정해야하며 면 접촉 부품은 접촉면의 설정과 접촉 각도 등 다양한 구속이 이루어져야 한다. Constraints Toolbar는 이런 기능을 제공하는 Toolbar이다.

Constraint 조건을 부여한 후에는 그것을 조립부품에 적용하기 위해서 꼭 Update 을 실행 시켜줘야 한다. 그렇지 않으면 구속 조건만 생성되고 실행되지는 않는다.

(1) Coincidence Constraint

서로 동일한 축을 공유하는 부품을 조립하기 위해서 구속하는 아이콘이다.

1 Coincidence Constraint 을 클릭하면 처음이면 다음과 같은 안내 창이 열린다. 다음부터 열 필요 없다면 Do not prompt in the future를 체크하고 Close한다.

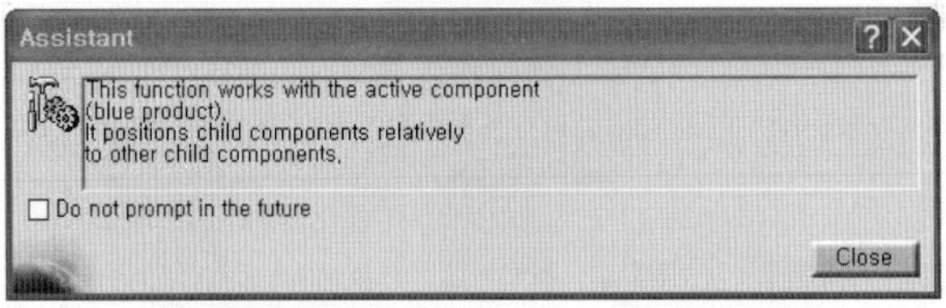

2 조립하려는 부품의 가까이에 마우스를 가져가면 축이 나타난다. 이때 축을 선택하여 준다.

3 선택이 끝나면 두 부품사이에 연결선이 만들어지고 Specifications Tree에는 Constraints 항에 Coincidence1 이라는 가지가 만들어진다.

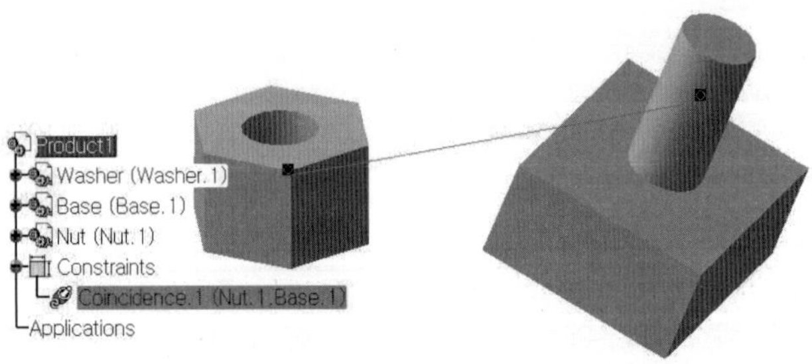

4 동심 구속이 끝났어도 부품의 위치에는 변화가 일어나지 않는다. 구속조건에 따라서 부품을 이동 시키려면 Update 를 클릭하여 적용해야 한다.

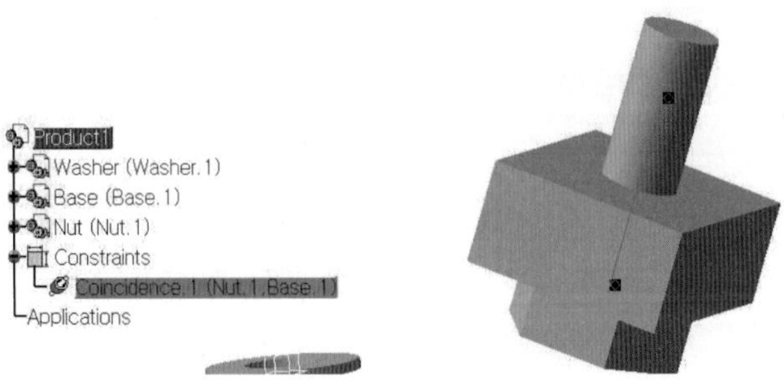

5 동심축 구속이 이루어졌지만 결과는 만족스럽지 못하다. 그 이유는 두 부품을 축만 일치시켰기 때문이다. 다음에 접촉면과 Offset 구속 방법을 배우면 해결된다.

(2) Contact Constraint

조립하는 두 부품의 서로 접촉하는 면을 정의하여 구속하는 아이콘이다.

1 두 부품의 서로 접촉할 면을 차례로 선택한다. 두 부품 간에 연결선이 만들어지고 사각형 표식이 만들어진다. 또 Specifications Tree에는 Surface contact이라는 가지가 만들어진다.

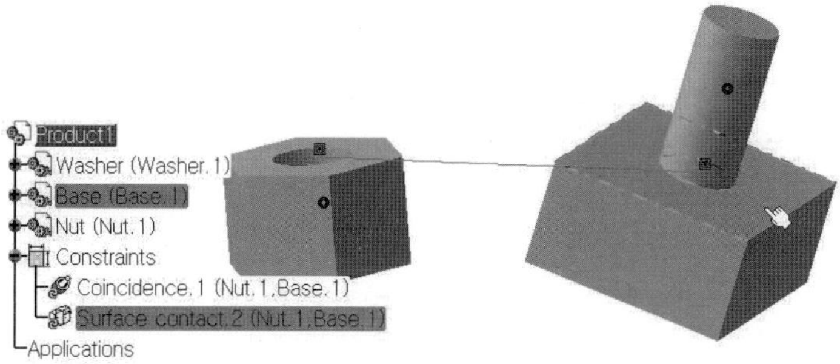

2 Update 시켜 보자. 앞서의 동심축 구속과 접촉면 구속이 동시에 적용되어 Nut가 Base에 조립되었다.

(3) Offset Constraint

면 사이의 거리를 정의하여 구속하는 아이콘이다.

1. Offset Constraint 을 클릭하고 구속하려는 두 개의 면을 선택하면 다음처럼 부품에는 화살표가 만들어지고 Constraint Properties Box가 열린다.

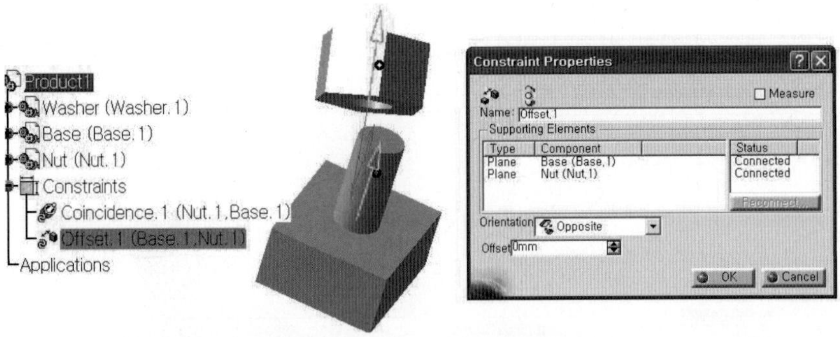

2. Orientation : 녹색화살표의 방향으로 Opposite, Same, Undefined의 선택이 가능하다. 또는 화살표를 클릭하면 방향이 변경된다.

3. Offset : 두 면사이의 거리를 정의한다. 만일 두 면사이의 거리를 20으로 설정하고 OK하면 Specifications Tree에 Offset 가지가 만들어지고 Update 시키면 두 면 사이에 결합이 이루어진다. 만일 거리를 수정하려면 Specifications Tree의 Offset 가지를 클릭하여 수정할 수 있다.

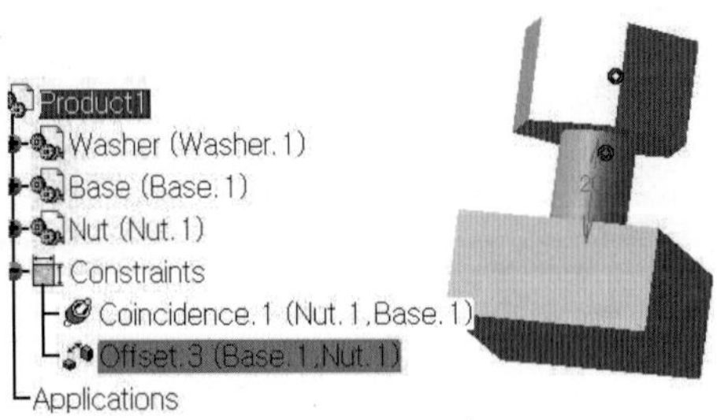

4 Specifications Tree의 Offset 가지를 클릭하면 창이 열리고 More를 클릭하여 확장하면 다음과 같다. 여기서 거리와 방향의 수정이 가능하다.

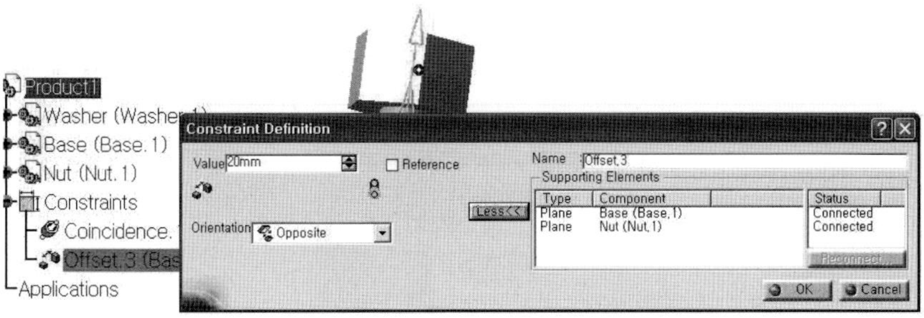

5 이들 창에는 현재 상황을 표시하는 아이콘이 있다 이것들의 의미는 다음과 같다.

 verified.  impossible.

 not updated.  broken.

(4) Angle Constraint

부품의 두 요소 사이의 각도를 정의하여 구속한다.

1 Angle Constraint 을 클릭하고 구속하려는 두 요소를 차례로 선택한다.

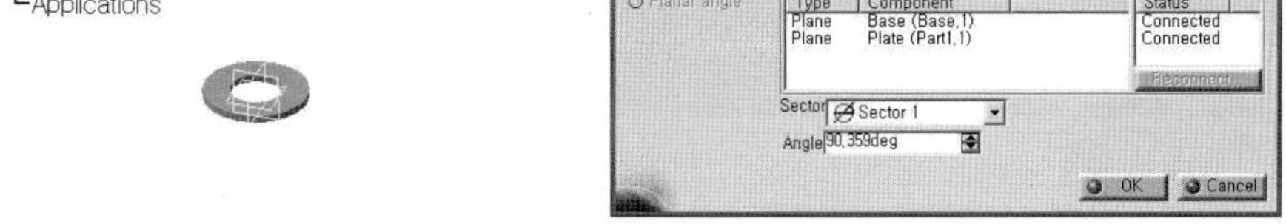

2 Perpendicular, Parallelism, Angle을 선택한다.

3 Angle에 각도를 입력한다. 여기서는 120도를 입력하자.

4 Sector : 각도의 표현영역을 선택한다.

Direct Angle	Angle + 180 deg
180 deg - Angle	360 deg - Angle

5 Update 시켜 결과를 확인하자.

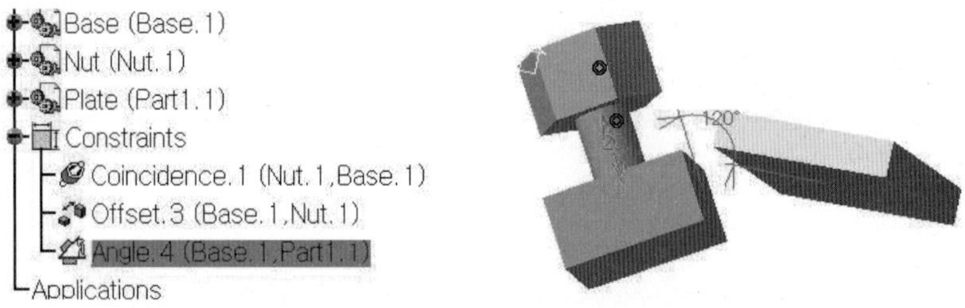

(5) Fix Component

조립을 하다보면 부품이 이동하고 움직여야만 작업이 이루어진다. 그러나 많은 부품을 조립할 때 모든 부품이 조립 작업 시 마다 이동한다면 혼란스러워 작업하기가 어렵다. 이런 경우 부품을 공간에 고정하는 역할을 하는 아이콘이 Fix Component 이다. 따라서 조립작업의 기준이 되는 부품을 Fix Component 시키면 작업에 매우 편리하다. 고정하는 방법에는 절대 좌표에 의한 고정으로 Fix in Space와 상대 좌표계에 의한 고정으로 Fix가 있다. Default 값은 Fix in Space이다.

1 Fix Component 를 클릭하고 고정하려는 부품을 선택한다.

2 Base를 선택하였더니 녹색 Anchor가 만들어졌다. 구속이 이루어진 것이다.

3 Compass를 이용하여 Base를 회전 시켜보자.

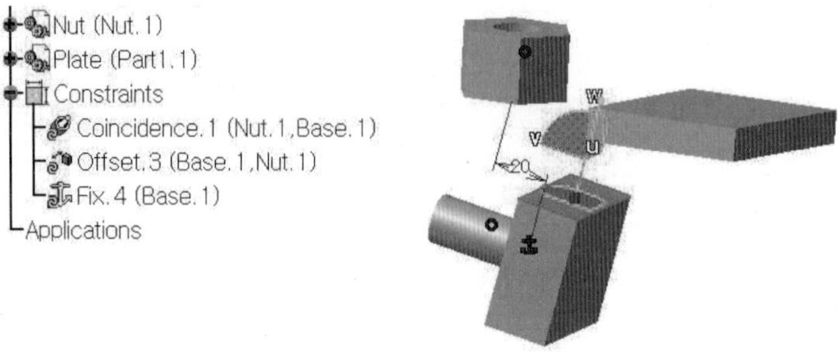

4 Update 시켜 결과를 확인하자.

Base는 다시 원래의 고정된 좌표로 되돌아온다.

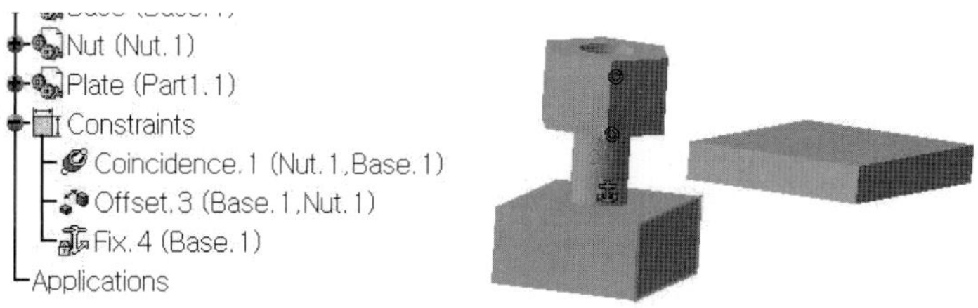

5 Specifications Tree의 Fix를 더블클릭하고 More를 클릭해서 창을 확장하자. Fix in Space가 기본으로 체크 되어있다. 좌표를 수정하고 싶다면 여기서 수정하면 된다.

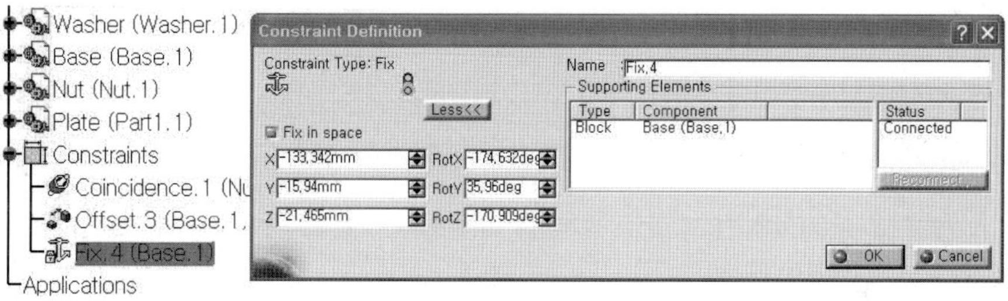

(6) Fix Together

부품을 상대적으로 구속하는 것으로 조립된 여러 개의 부품을 서로 흐트러지지 않도록 묶어두는 역할을 한다.

1 Fix Together 을 클릭하면 Fix Together 창이 열린다. 여기에 서로 묶어두려는 부품을 Specifications Tree나 직접 부품을 클릭하여 하나하나 선택하면 된다.

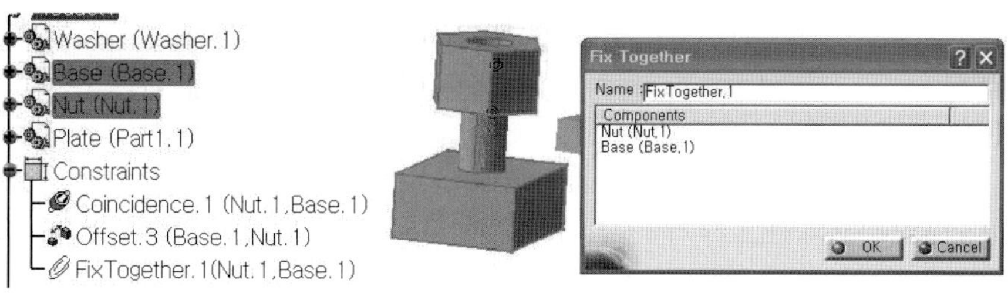

2 Fix Together된 Nut를 Compass를 이용하여 옮기고 Update 시켜 보자.

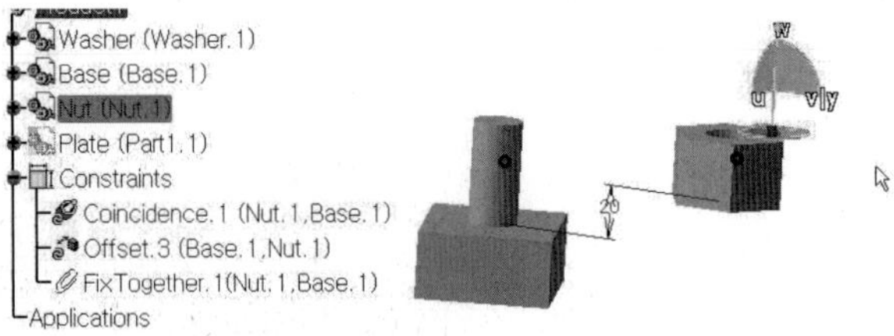

3 이들은 다시 합해진다. Fix Together되었기 때문이다.

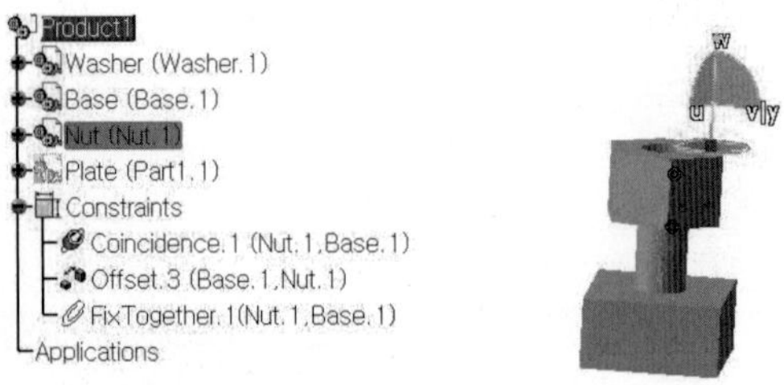

(7) Quick Constraint

조립작업 중 부품사이의 구속을 빠르게 부여하는 기능을 갖는 아이콘으로 구속 조건의 우선순위는 Menu → Tools → Options → Mechanical Design → Assembly → Constraints 창에서 조절이 가능하다.

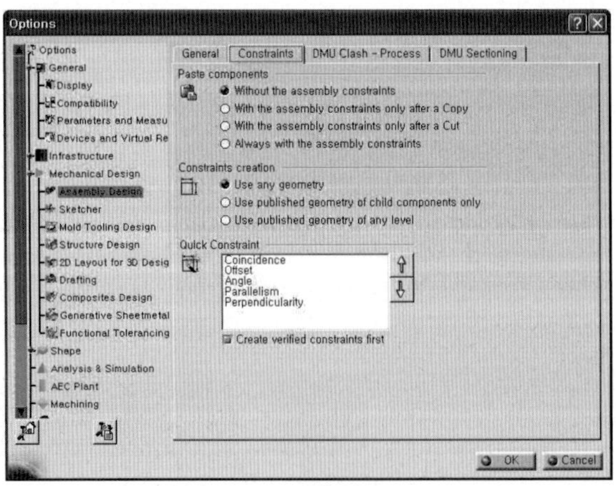

Quick Constraint 을 클릭하고 두 개의 부품을 선택하면 선택 조건에 따라서 두 개체에 가장 적합한 조건을 우선순위에 따라서 구속한다.

1 Quick Constraint 을 클릭하고 Nut의 측면과 Base의 Shaft 축을 선택해 보자.

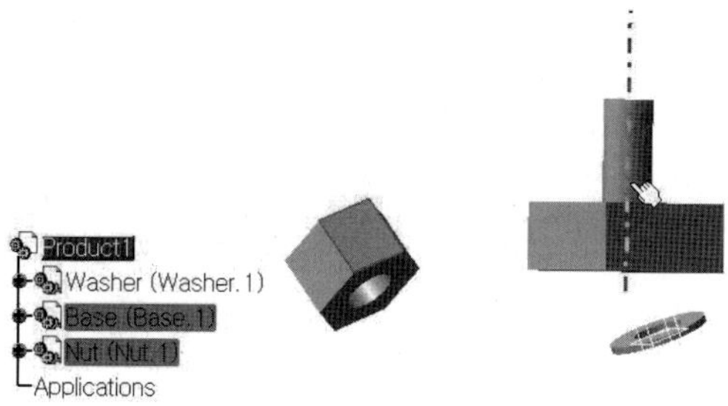

2 결과는 Coincidence Constraint가 만들어 진다.

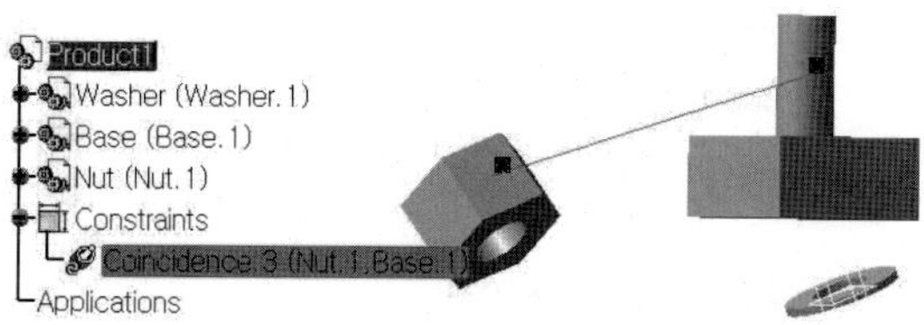

3 이번에는 두 부품의 측면을 각각 선택해 보자. Surface Contact이 만들어진다.

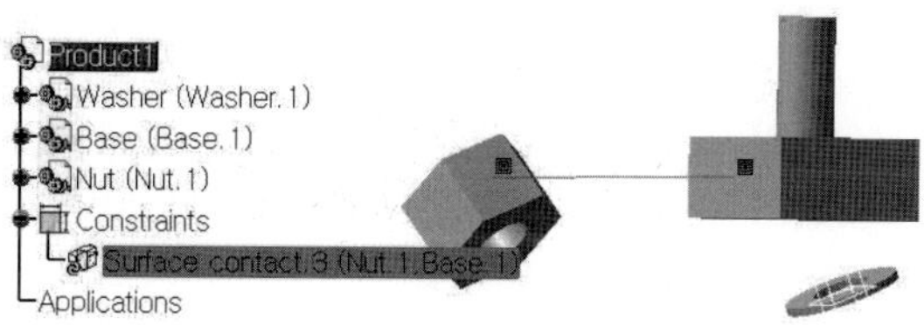

(8) Change Constraint

기존의 구속 조건을 다른 조건으로 변경하고자할 때에 사용하는 아이콘이다.

1 변경하려는 구속조건을 Specificatons Tree에서 선택한 후에 Change Constraint 을 클릭하면 Possible Constraints Box가 열린다.

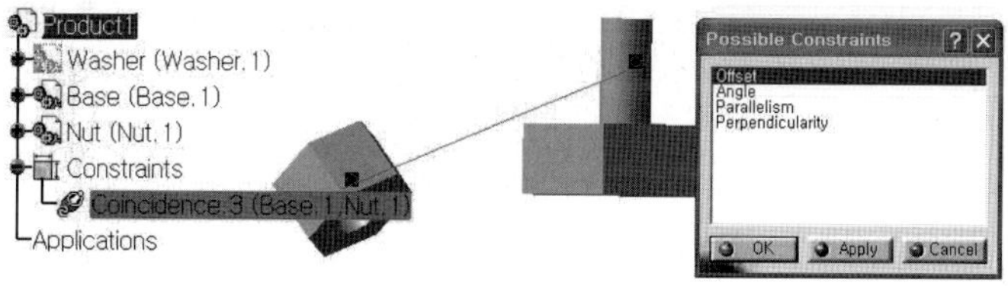

2 Offset를 선택한 후 Apply, OK 하여 보자, Offset으로 변경된다.

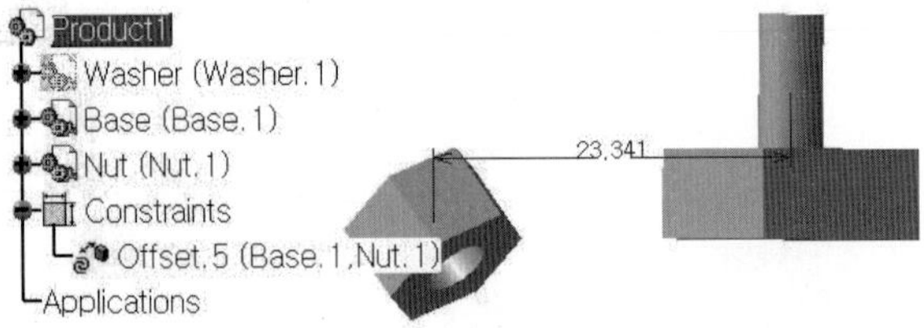

(9) Reuse Pattern

일정 간격으로 볼트 구멍이 있는 사각형 플레이트에 볼트를 여러 개 조립하는 경우를 생각해 보자. 같은 작업을 여러 번 한다는 것은 귀찮은 일이다. 이런 같은 작업을 반복해서 하지 않고 구멍을 생성할 때 사용하였던 Pattern 정보를 사용하여 한 번에 조립하는 기능이 Reuse Pattern이다.

다음과 같이 6개의 구멍이 일정한 Pattern으로 뚫려 있는 Plate에 Pin을 조립하여 보자.

- 처음 한 개의 Pin은 직접 조립한다.

1 Plate를 Fix 구속으로 고정시킨다.

2 Coincidence 구속으로 구멍과 Pin의 축을 구속한다.

3 Plate의 윗면과 Pin 머리의 접촉면을 선택하여 Contact 구속을 한다.

4 Update 한다.

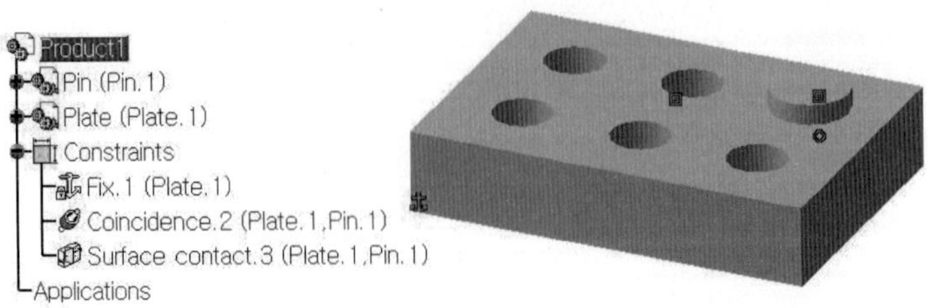

- Reuse Pattern 을 사용한다.

1 Reuse Pattern 을 클릭한다.

2 다음과 같은 Instantiation on a Pattern Box가 열린다.

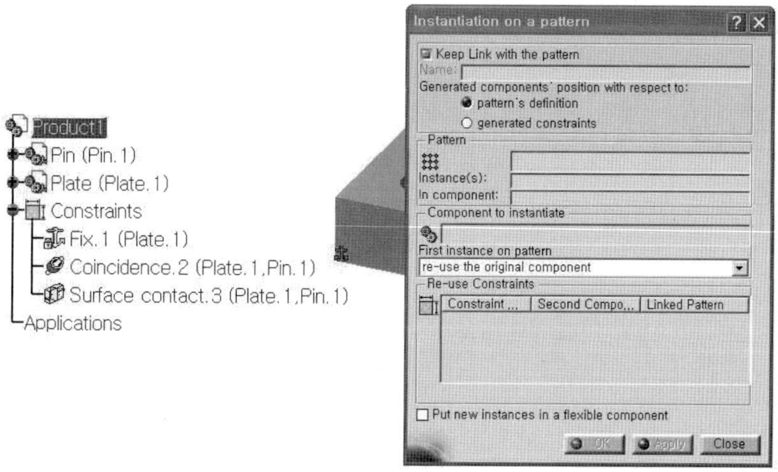

3 Component to Instantiate에는 Pin을 Pattern에는 Pin 파트를 모델링할 때 사용했었던 RectPattern.1을 입력시킨다.

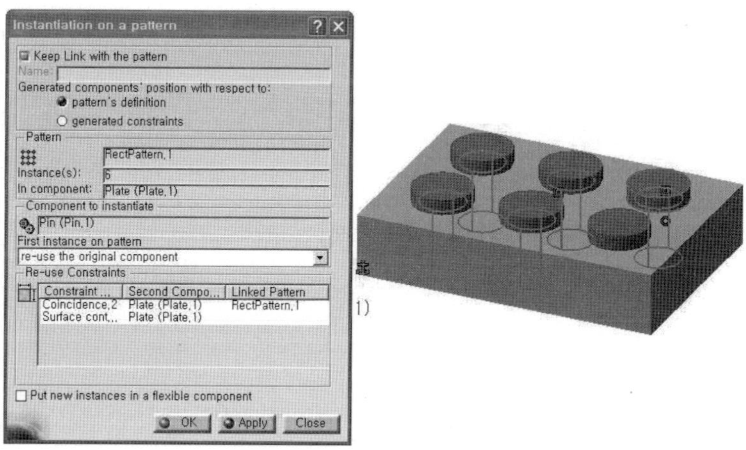

4 OK 하여 보자, Specifications Tree에는 6개의 Pin이 만들어져있다.

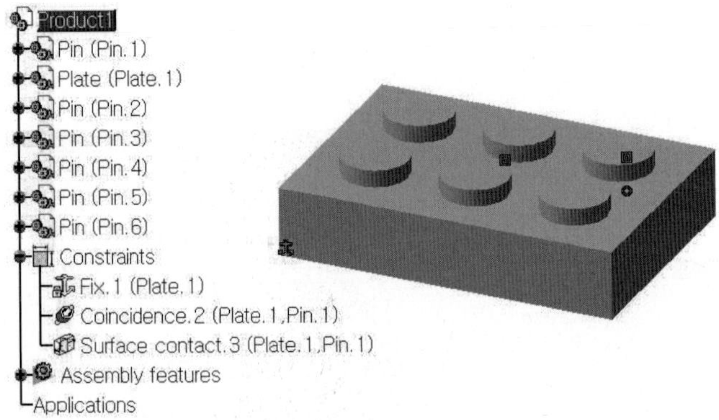

▸ Instantiation on a Pattern Box

① Keep link with the pattern

On 일 때에는 부품의 형상에 따른 Pattern을 서로 연계할 수 있다.

Off 일 때에는 부품의 형상에 따른 Pattern이 서로 연계 되지 않는다.

② Pattern's Definition, Generated Constraints : 필요할 경우 조립 개체에 대하여 Pattern에 연계성을 둘 것인지 구속조건에 연계성을 둘 것 인지를 설정한다. 이 것은 수정 후 Update에 관계한다.

③ First Instance on Pattern

reuse the original component: 원래의 개체를 그 위치에 그대로 존속시킨다.

create a new instance: 원래의 개체를 그대로 존속시키고 그 자리에 새로운 개체를 생성한다. 즉 개체가 겹치게 된다.

cut & paste the original component: 원래의 개체를 삭제하고 새로운 개체를 모두 생성하여 배치한다.

3.4 Space Analysis

조립한 제품의 조립정확도 간섭 및 간격 등을 확인 해석하는 Tool Bar.

CATIA V5

(1) Crash

Assembly 작업을 한 후에는 작업 결과를 확인해 볼 필요가 있다. Crash 아이콘은 부품 간의 간섭이나 간극을 체크하는 기능을 가지고 있다.

1 Crash 를 클릭하면 Check Clash 창이 열린다.

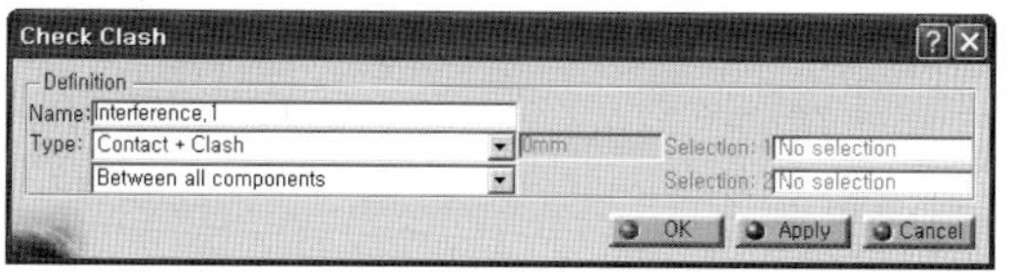

▸ Type : Analysis 작업 종류를 선택하는 창이다.

① Contact + Clash : 접촉 여부를 해석한다.

② Clearance + Contact + Clash : 정의된 간극과, 부품 간의 접촉 여부를 해석한다.

③ Authorized penetration : 두 부품이 Clash 없이 접촉 할 수 있는 Margin을 설정하여 해석한다.

④ Clash rule : Clash가 발생할 원인을 정의하여 해석한다.

2 Between All Components를 선택하고 Apply 버튼을 클릭한다.

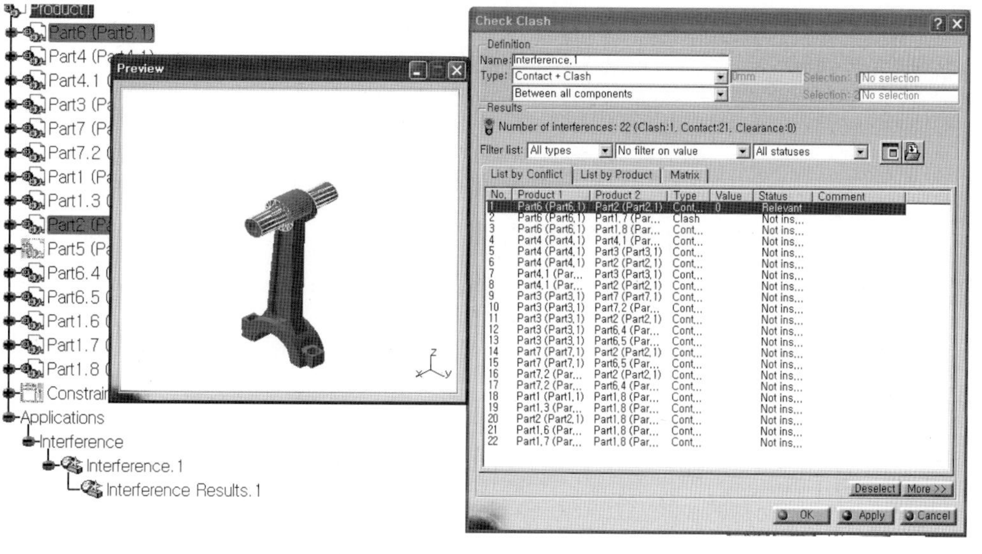

3 Preview 와 Check Clash 창이 열린다. Preview 창에는 현재 접촉이 일어나고 있는 부품의 위치와 상태가 보인다.

4 Check Clash 창에는 접촉이 이루어지고 있는 부품의 목록이 보인다. 원하는 부품의 이름을 클릭하면 Preview 창에 그 부품의 상태가 Display 된다.

5 Specifications Tree에는 Applications 가지 아래에 Interference 가지가 만들어진다.

(2) Sectioning

조립한 제품의 단면을 잘라서 부품의 조립 상태를 확인할 수 있는 아이콘이다.

1 아이콘을 클릭하면 Main 화면의 창이 단면을 자르는 형태로 변경되고 단면 도형을 보여주는 Section View 창과 Sectioning Definition Box가 열린다.

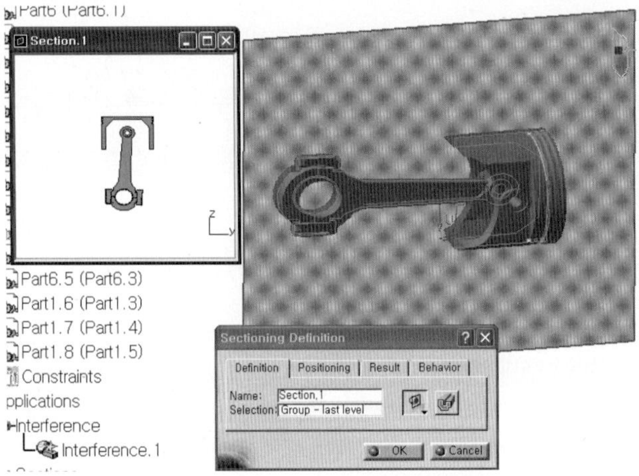

2 Sectioning Definition Box의 Definition Tab에서 단면의 형태를 Section Plane, Section Slice, Section Box의 Option을 선택할 수 있다. 또 Volume Cut을 클릭하면 주화면의 단면이 파단 되어 표시된다.

3 Positioning Tab에서는 단면을 x,y,z축에 따라서 하도록 위치를 변경 또는 편집할 수 있다. 다음은 Positioning이 y축을 그리고 Volume Cut이 설정된 결과이다.

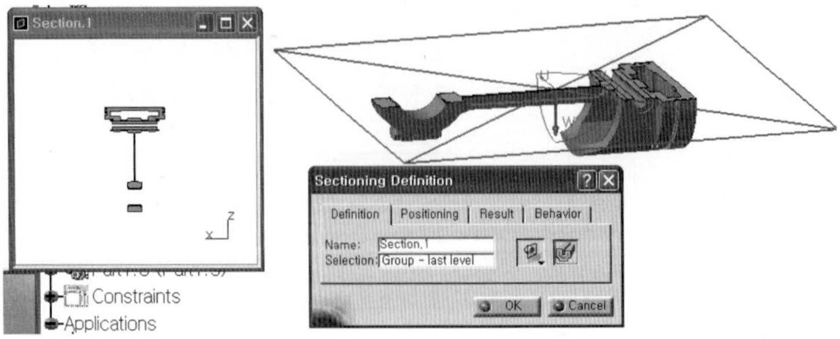

4 Result Tab에서는 단면도의 저장, Clash위치 표시, 그리드 표시 등이 가능하다. 다음은 Clash Detection과 Section Fill Option이 체크된 결과를 보여주는 것이다.

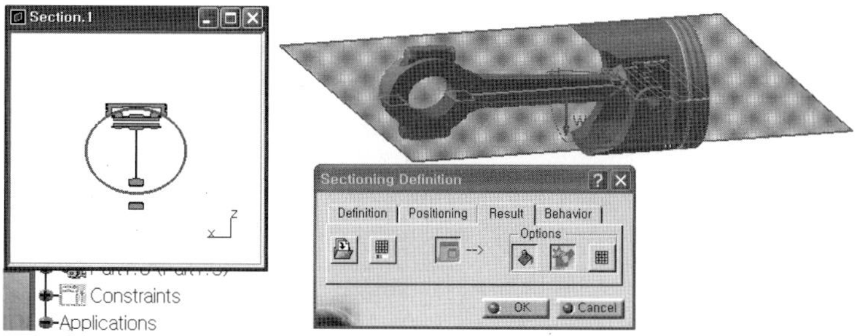

5 Behavior Tab을 클릭해서는 Update의 방법 등을 선택한다.

(3) Distance and Band Analysis

조립 부품의 부품간의 간격을 측정하는 아이콘이다.

1 Distance and Band Analysis 을 클릭하면 Edit Distance and Band Analysis 창이 열린다.

2 Type의 첫 번째 Pull Down Menu에서 Minimum을 선택하고 Selection1에 Piston Pin을 선택한다.

3 Type의 첫 번째 Pull Down Menu에서 Between Two Selections를 선택하고 Selection2에 Connecting Rod Bearing Cap을 선택하고 Apply 한다.

4 Preview Window가 열리고 거리가 표시된다. 또 Edit Distance and Band Analysis 창도 확장되어 해석 결과가 표시된다.

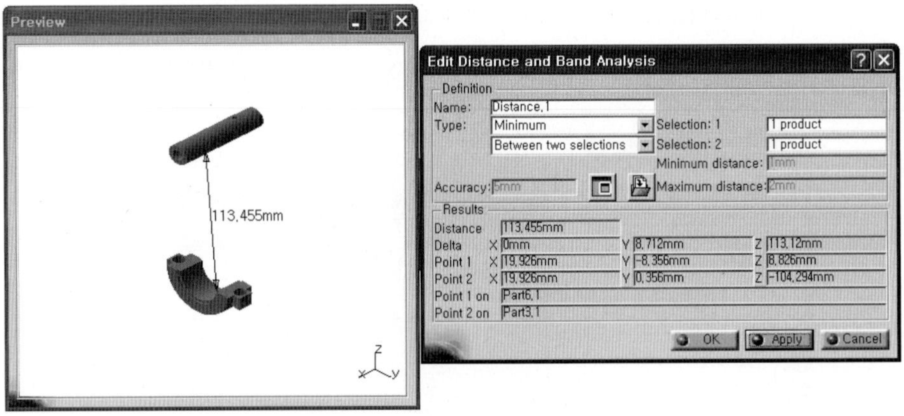

3.5 Assembly Design 작업 시의 도움말

Assembly 작업은 여러 개의 부품을 화면에 불러놓고 작업하는 경우가 대부분으로 모든 부품을 화면에 표시할 필요는 없다 따라서 Hide/Show 기능을 적절히 사용하여서 작업에 지장을 주는 부품은 숨기고, 또 구별에 지장을 주는 요소들 예로 Constraint 표식 같은 것들도 감추어 작업을 편하게 할 필요가 있다. 또 이미 완료된 부분은 Deactivate시켜서 컴퓨터의 속도에 영향을 적게 할 필요도 있다.

4 Assembly Design 따라하기

■ 다음 부품을 모델링 한 후, 조립하시오.

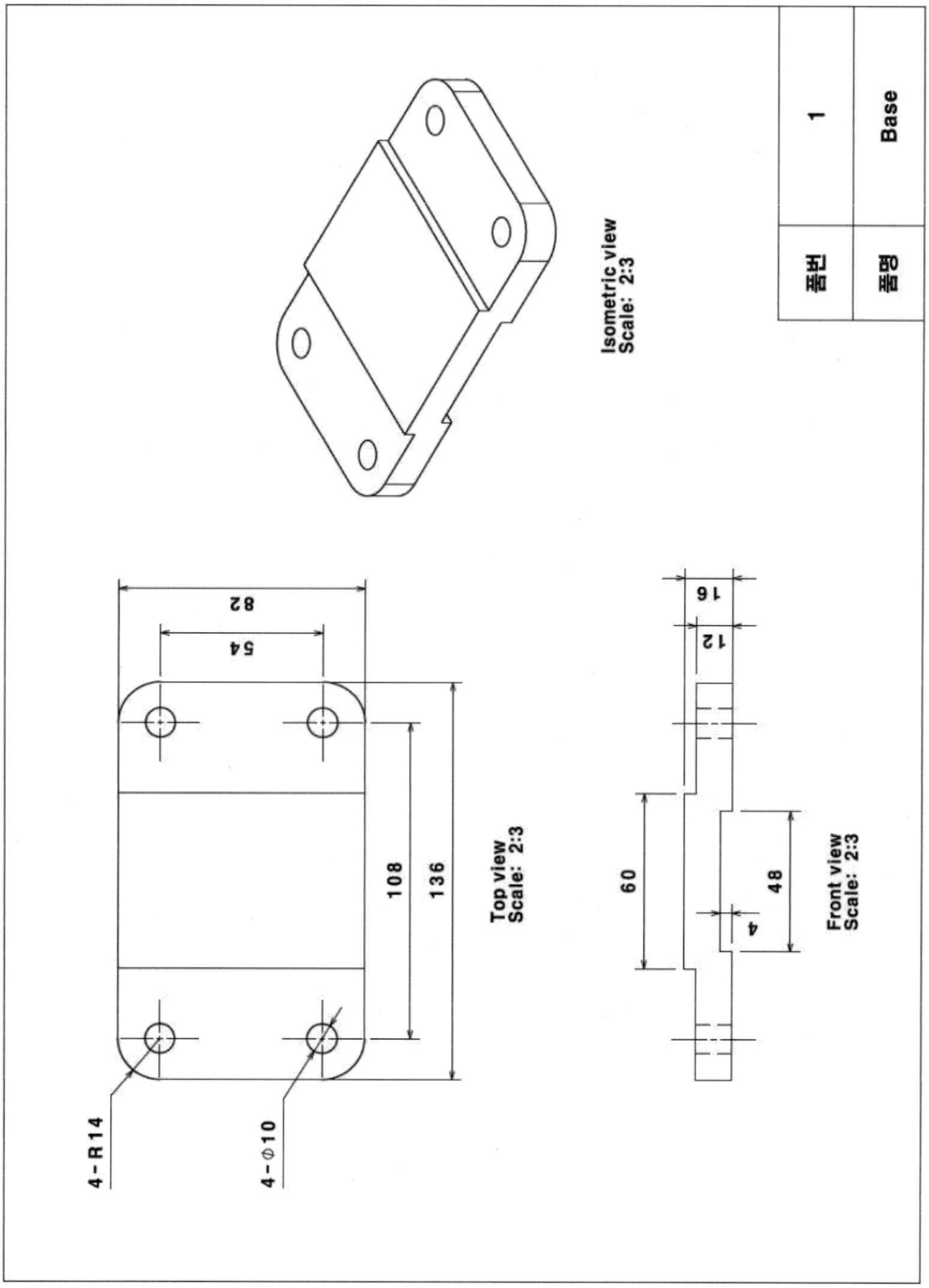

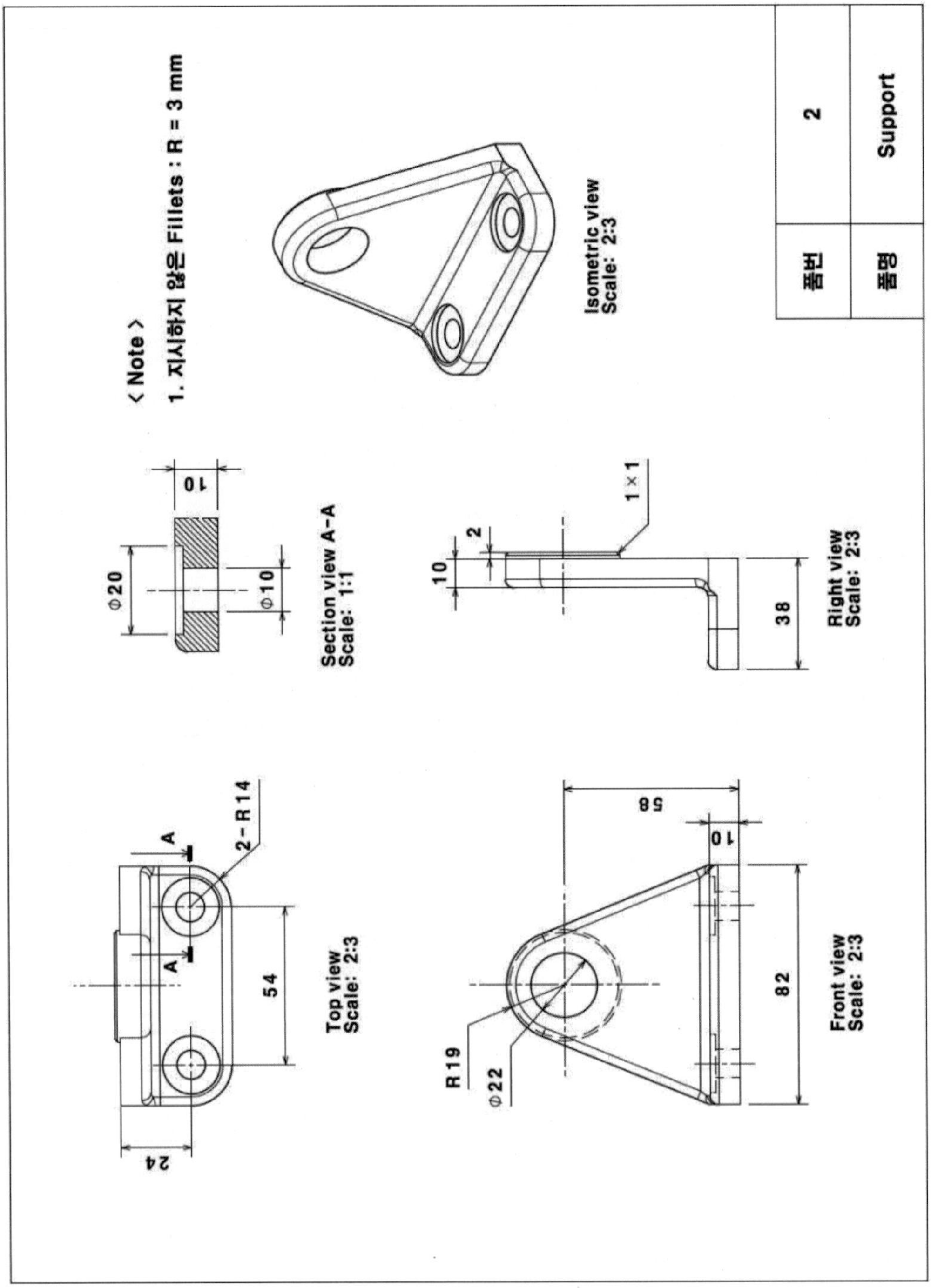
< Note >
1. 지시하지 않은 Fillets : R = 3 mm
A
A
2-R14
24
54
Top view
Scale: 2:3
Φ20
Φ10
10
Section view A-A
Scale: 1:1
Isometric view
Scale: 2:3
R19
Φ22
58
10
82
Front view
Scale: 2:3
10
2
1×1
38
Right view
Scale: 2:3
품번
2
품명
Support

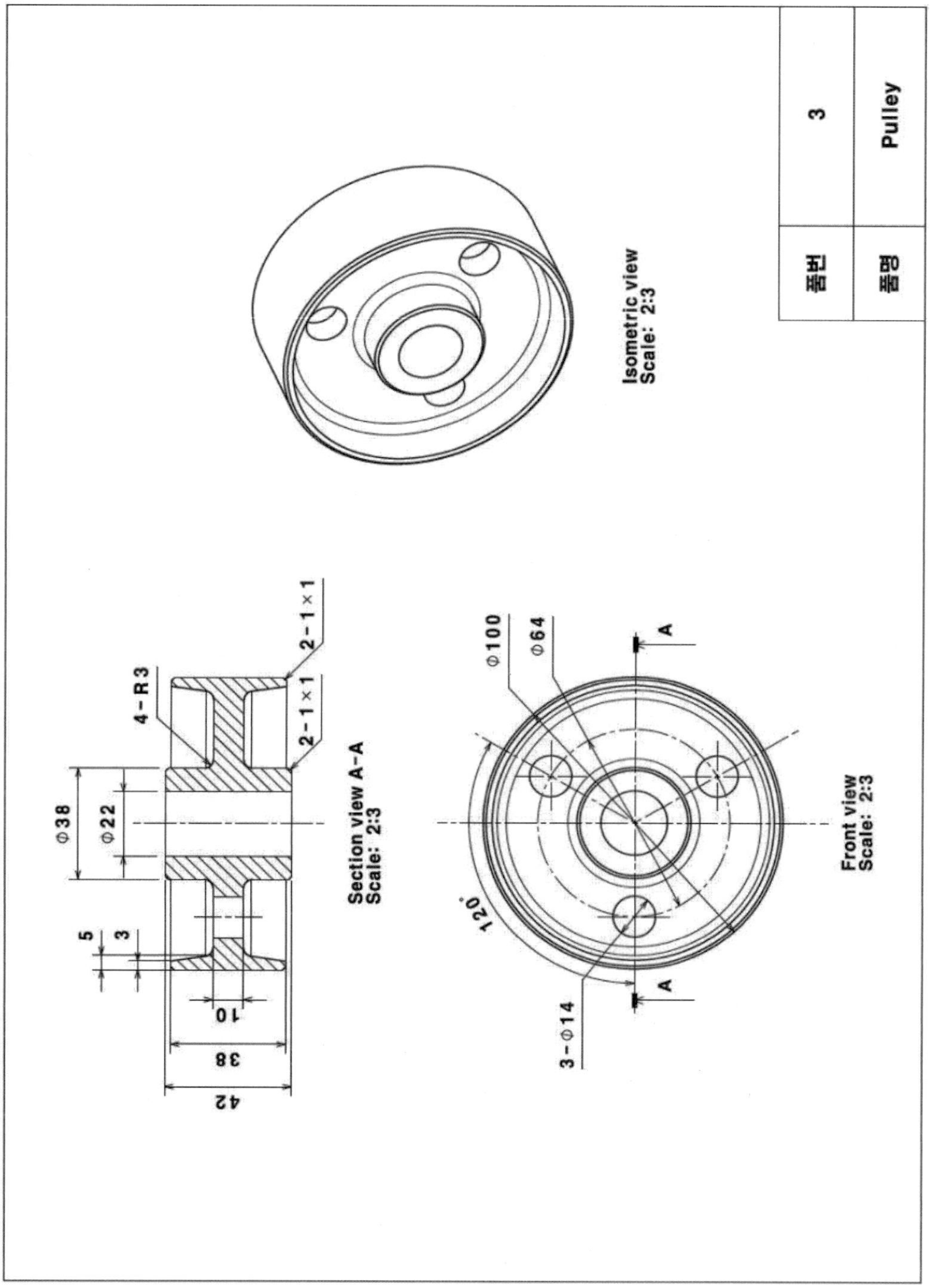

Section view A-A
Scale: 2:3
Front view
Scale: 2:3
Isometric view
Scale: 2:3
Φ38
Φ22
5
3
10
38
42
4-R3
2-1×1
2-1×1
Φ100
Φ64
120°
3-Φ14
A
A
품번
3
품명
Pulley

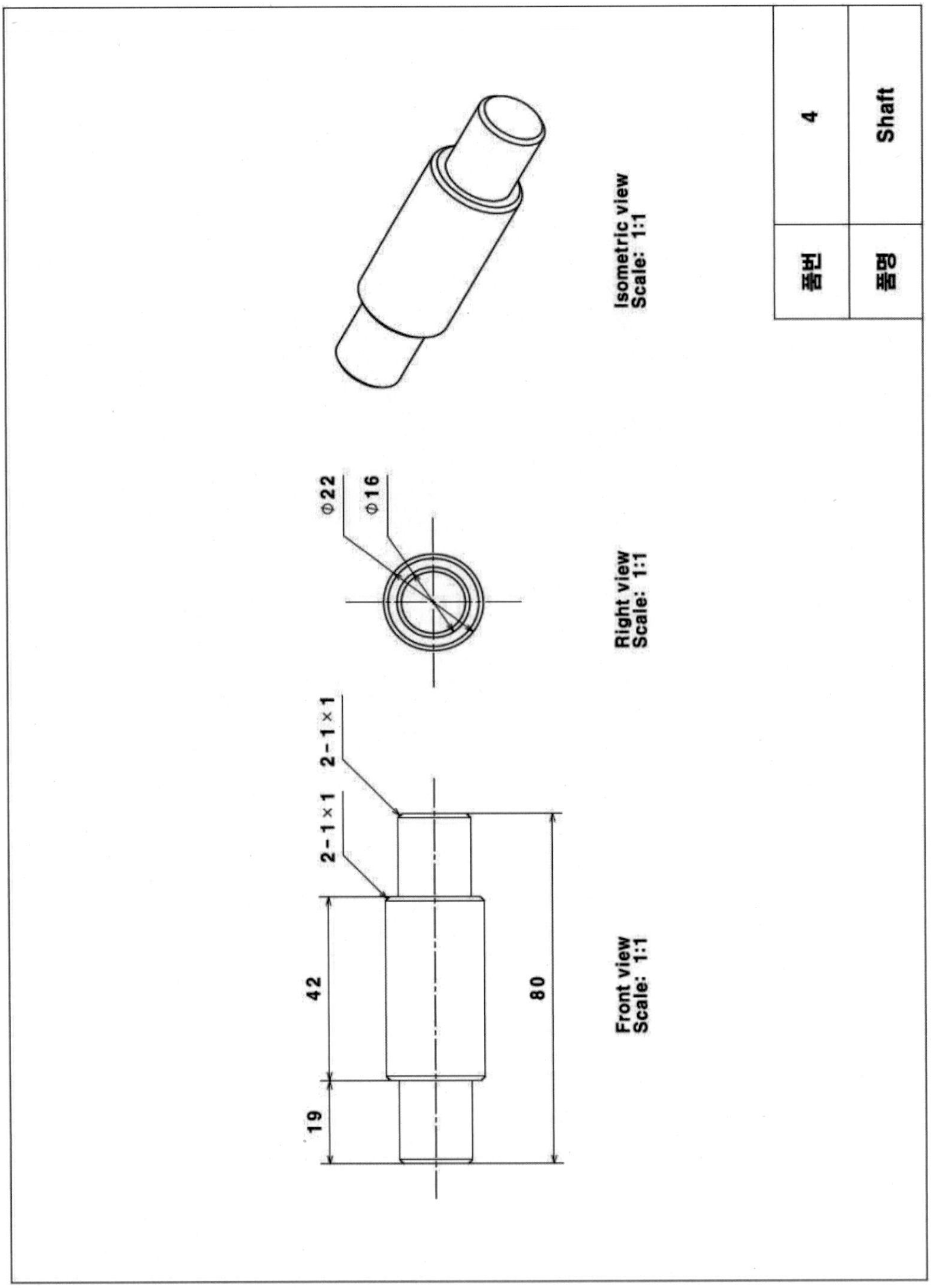
품번
4
품명
Shaft
Isometric view
Scale: 1:1
Φ22
Φ16
Right view
Scale: 1:1
2-1×1
2-1×1
42
19
80
Front view
Scale: 1:1

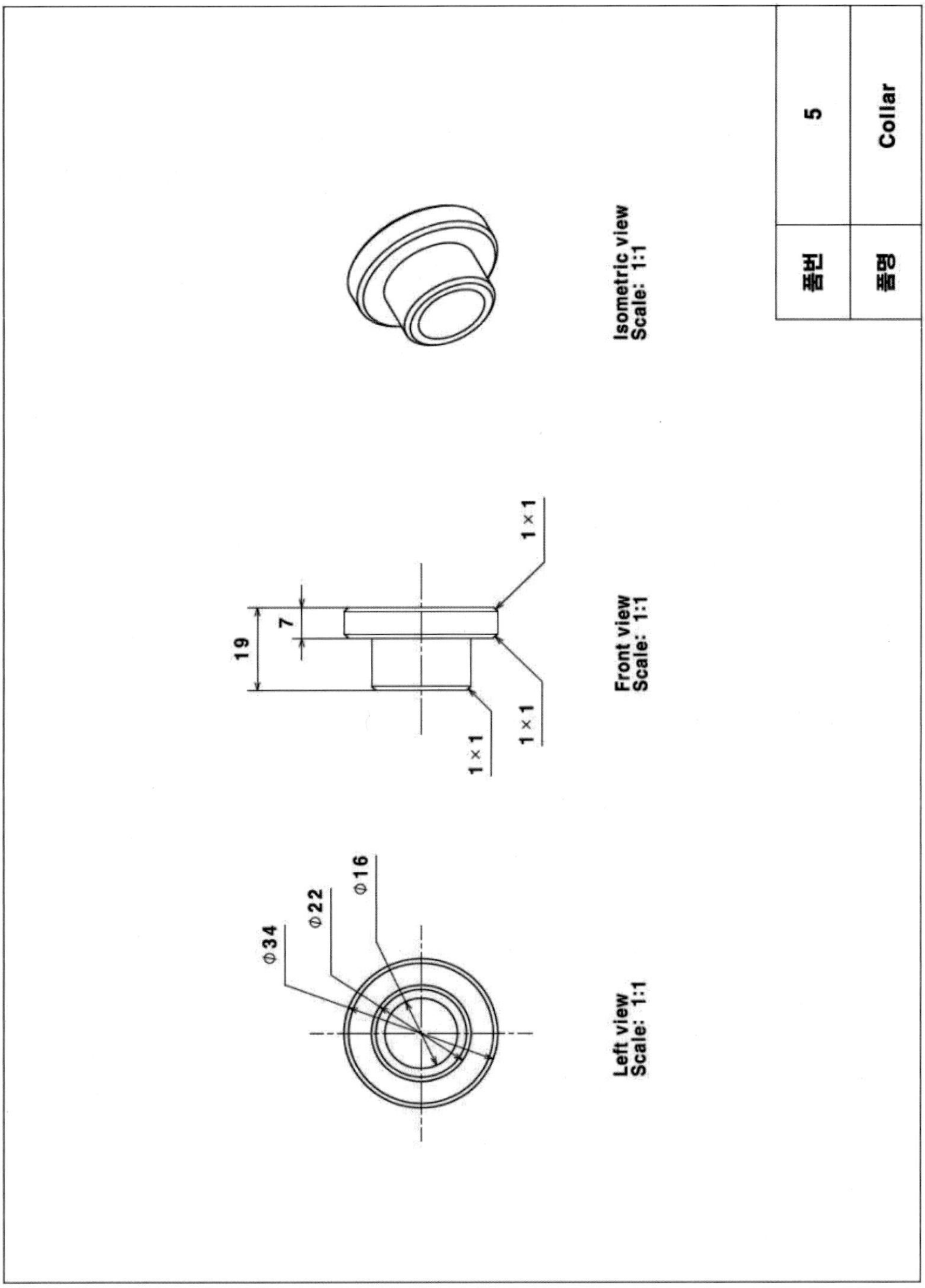

Φ34
Φ22
Φ16
Left view
Scale: 1:1
19
7
1×1
1×1
1×1
Front view
Scale: 1:1
Isometric view
Scale: 1:1
품번
5
품명
Collar

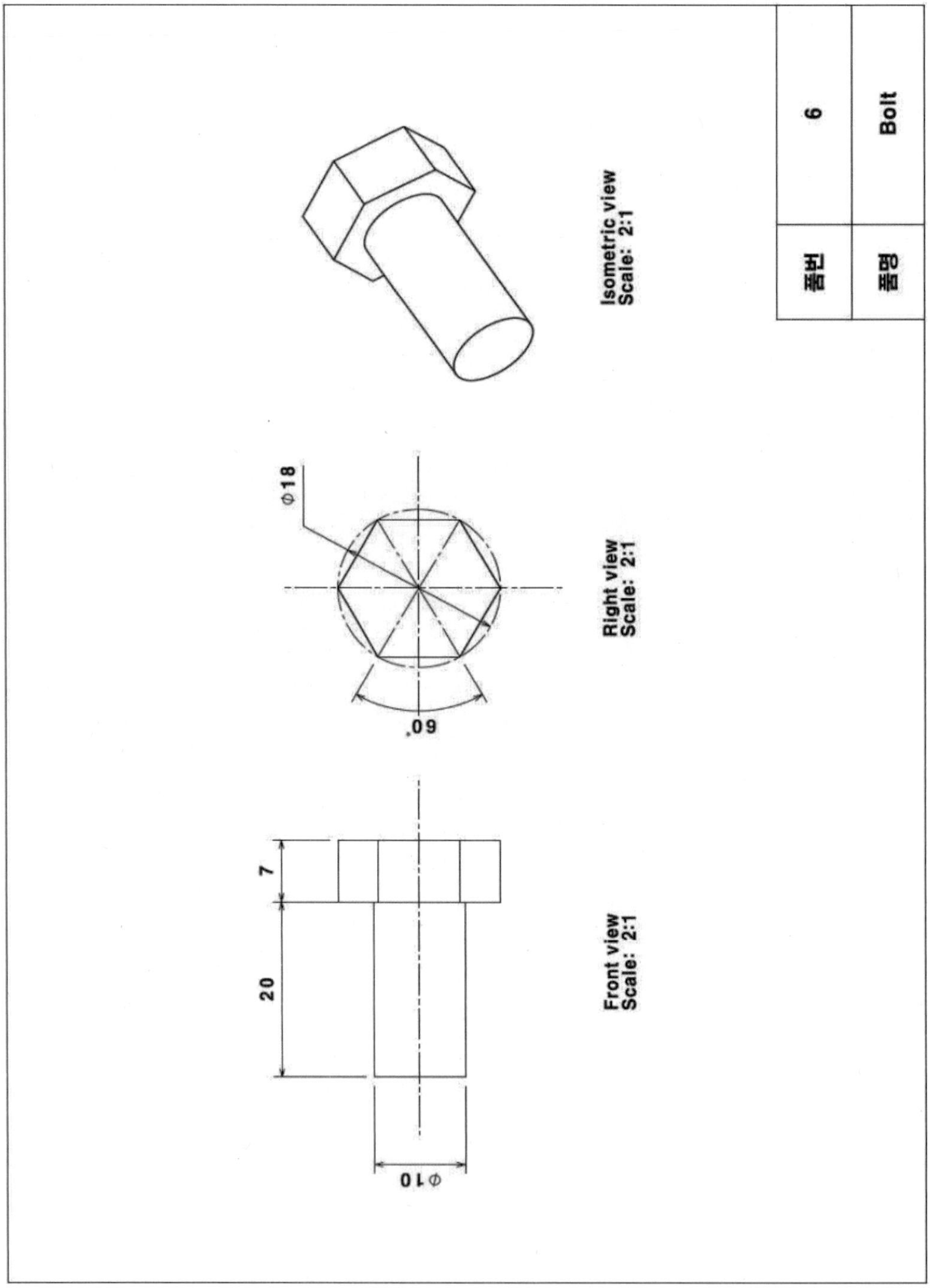
품번 6
품명 Bolt
Isometric view
Scale: 2:1
Φ18
60°
Right view
Scale: 2:1
7
20
Φ10
Front view
Scale: 2:1

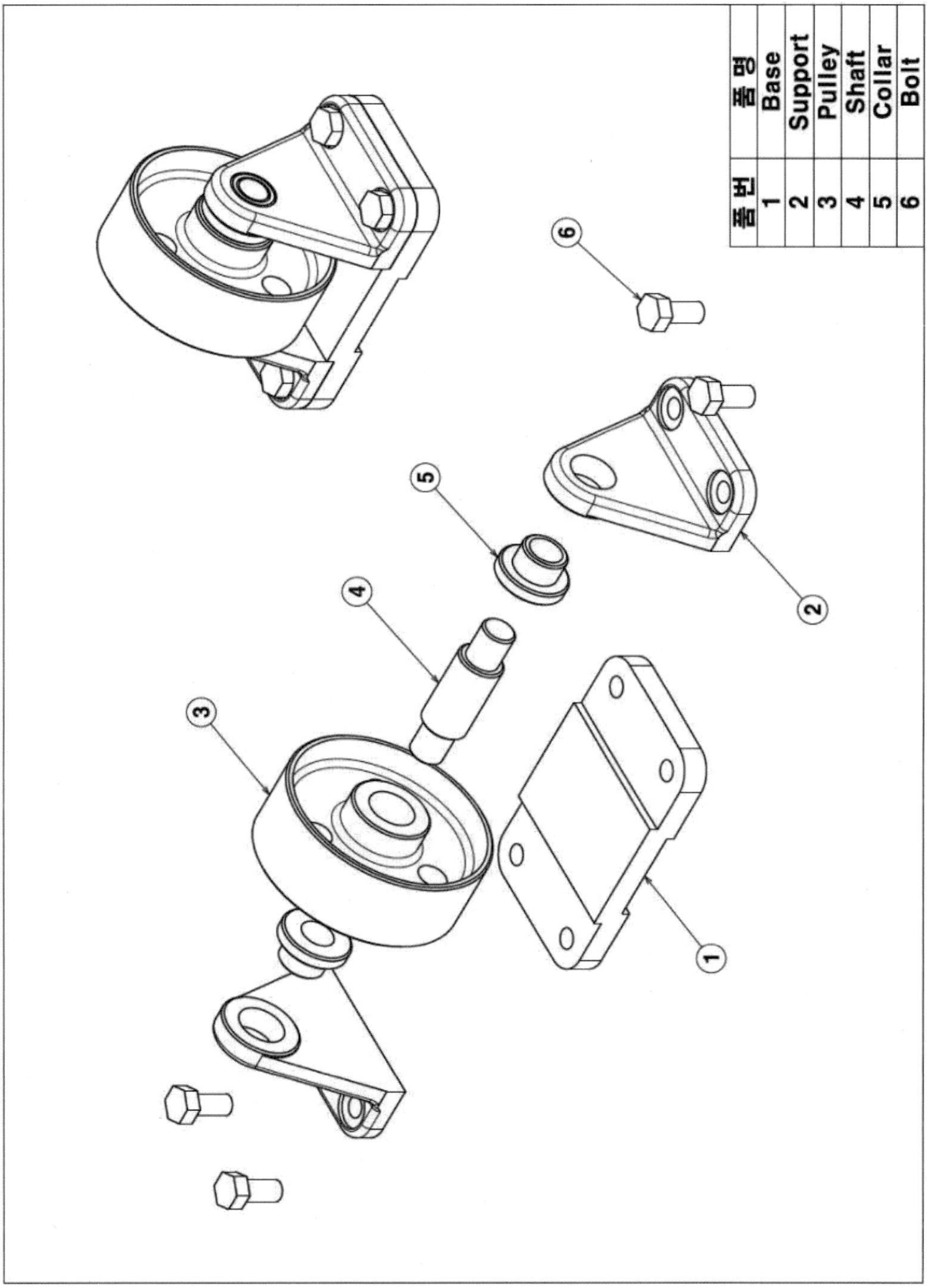

품번	품명
1	Base
2	Support
3	Pulley
4	Shaft
5	Collar
6	Bolt

1 Part Design Workbench에서 각각의 부품을 생성하고 저장한다. 이때 각각의 Part Number는 품명으로 변경해주고, Geometry는 Hide 시키도록 한다.

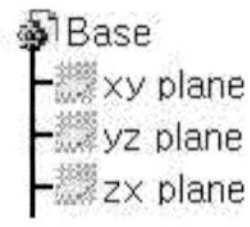

2 Start → Mechanical Design → Assembly Design의 경로로 Workbench를 시작한다. Existing Component 를 클릭하고 Specifications Tree의 Product1을 선택하거나 다음과 같은 경로를 통해 필요한 Part들을 불러온다.

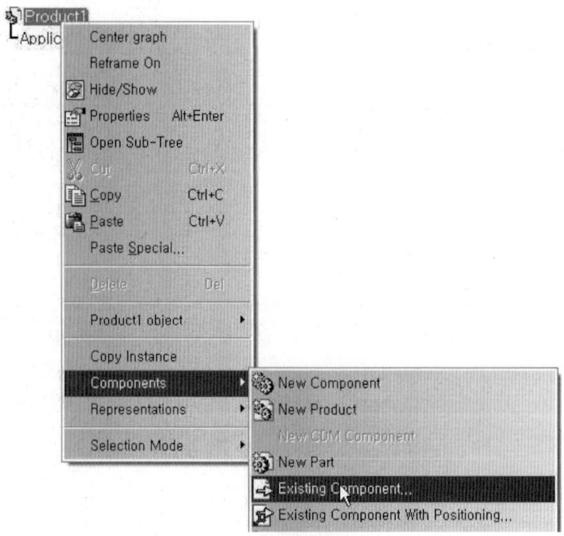

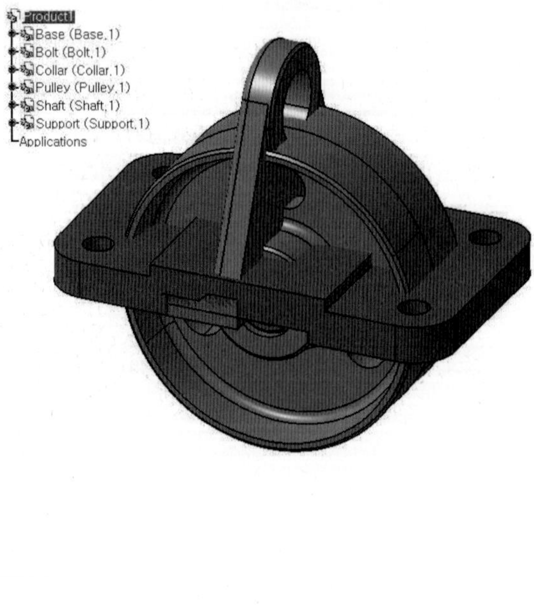

3 Explode 기능을 이용하여 다음처럼 Part들을 분산시킨다. 대화상자 내의 Fixed product를 활용하면 하나의 Part를 기준으로 하여 분산시킬 수 있고, Scroll Explode를 활용하면 분산시키는 정도를 조절할 수 있다.

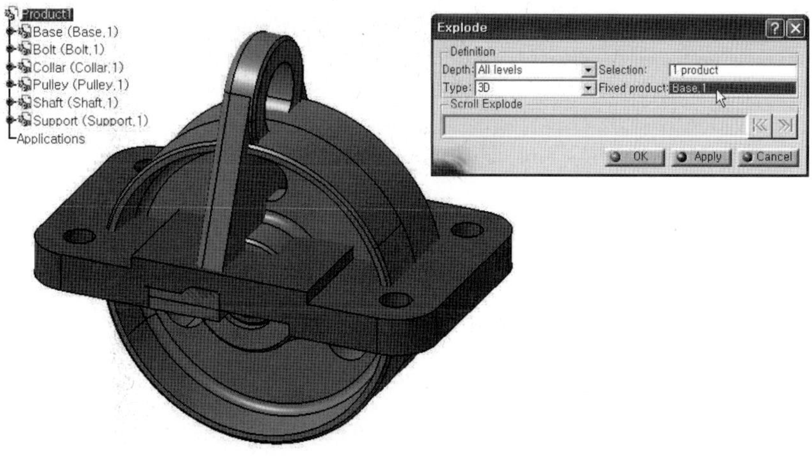

4 Fix Component 를 이용하여 Base를 전체 조립의 기준 부품으로 정해준다. Specifications Tree에 Constraints 항목이 생성되고 구속된 조건이 기록된다. (Move Tool Bar에 있는 기능들은 Specifications Tree에 기록이 남지 않지만, Constraints Tool Bar에 있는 기능들은 실제 구속 조건들이 생성되기 때문에 기록으로 남게 되어 차후에 이를 활용할 수 있다.)

5 이제 구속을 부여하면서 각각의 Part들을 조립하도록 한다. 화면상에 여러 개의 Part들이 보이고 있으면 조립에 불편할 수 있으니 곧바로 조립되는 Part들을 제외한 나머지들은 Hide 시켜놓고 작업하도록 하겠다.

6 Coincidence Constraint 을 이용하여 Base의 앞쪽 구멍 축과 Support의 앞쪽 구멍 축을 일치 구속시키고 Update 한다.

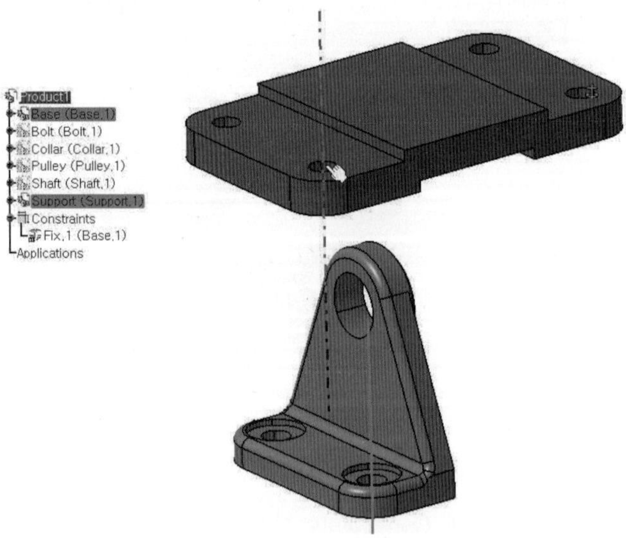

7 Coincidence Constraint 을 이용하여 Base의 뒤쪽 구멍 축과 Support의 뒤쪽 구멍 축을 일치 구속시킨다. (Update 는 Part의 위치 변경이 필요하지 않을 때에는 활성화되지 않는다.)

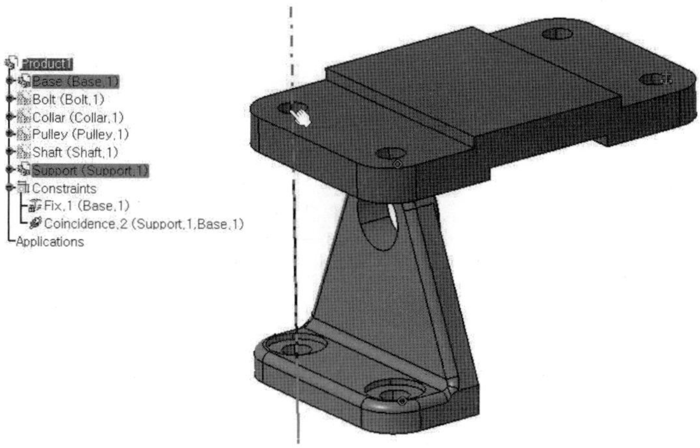

8 Contact Constraint 을 이용하여 Base의 왼쪽 상단 면과 Support의 밑면을 접촉 구속시키고 Update 한다.

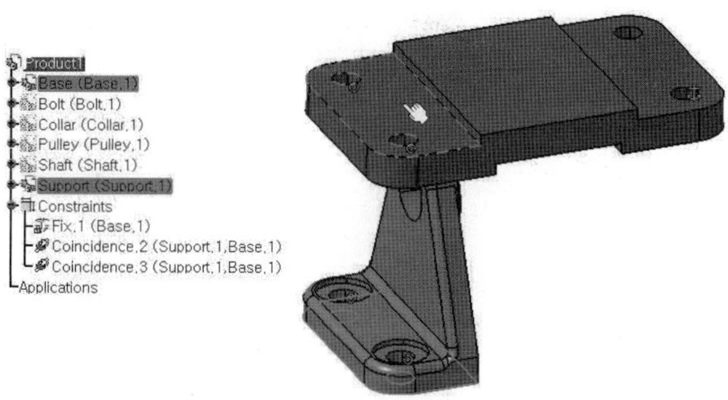

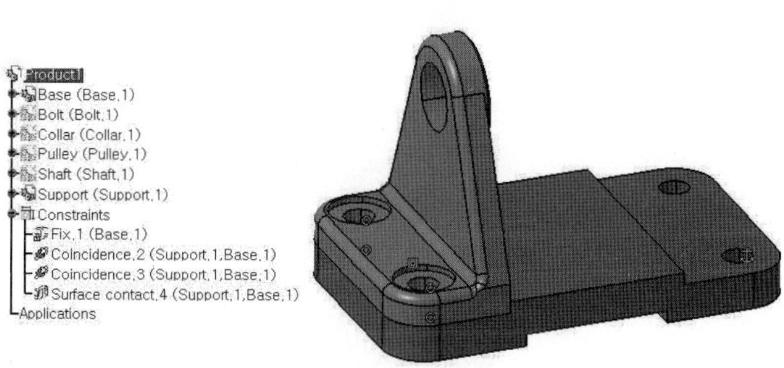

9 Collar를 Show 시키고 보기 좋게 Manipulation을 활용하여 적절한 위치로 이동시킨 후, Coincidence Constraint 을 이용하여 Support의 축과 Collar의 구멍 축을 일치 구속시키고 Update 한다.

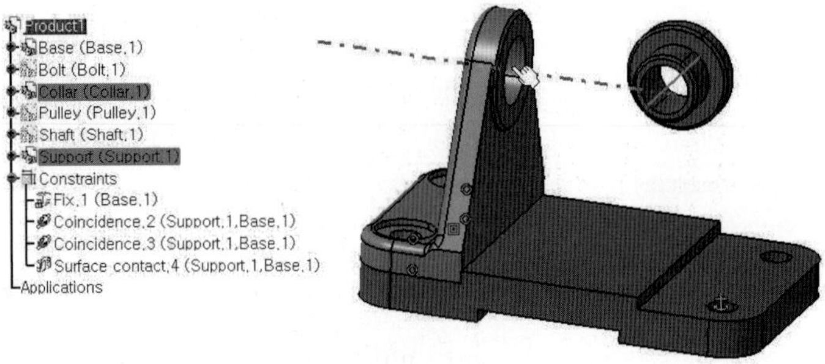

10 Offset Constraint 을 이용하여 그림과 같이 Support의 면과 Collar 면을 접촉 (Offset : 0) 구속시키고 Update 한다. (면 접촉 시 방향을 반대로 할 때에는 화면상에 보이는 화살표를 클릭 또는 대화상자 내의 Orientation을 활용하면 된다.)

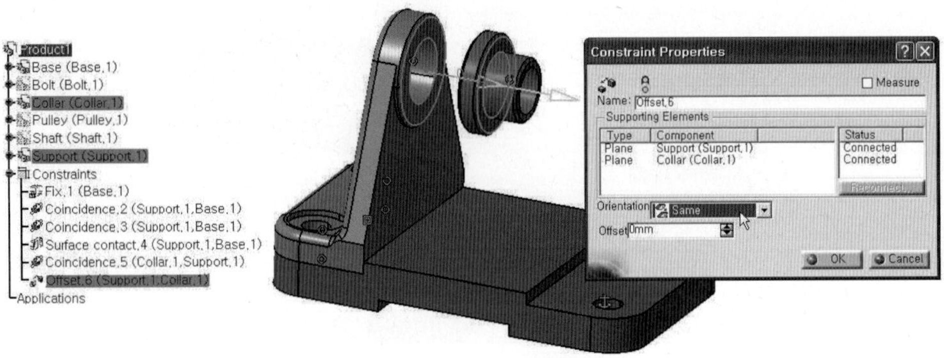

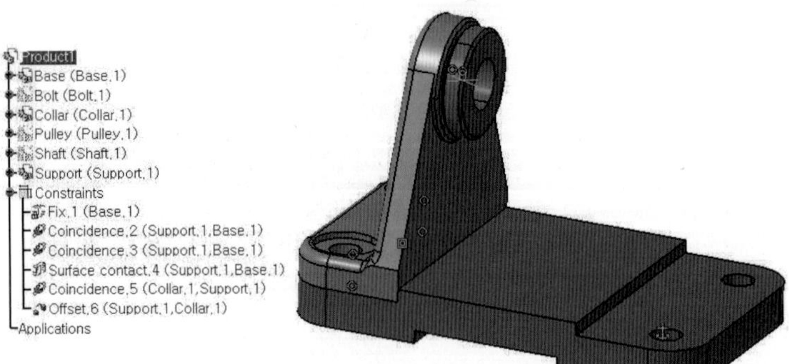

11 9번, 10번에서의 방식과 동일하게 Shaft와 Pulley의 조립을 실시한다.

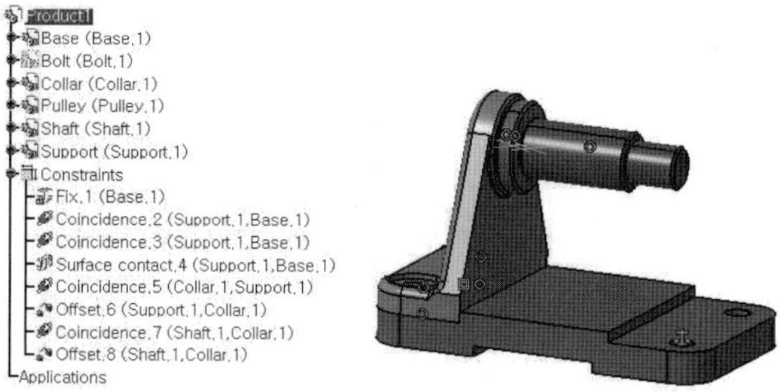

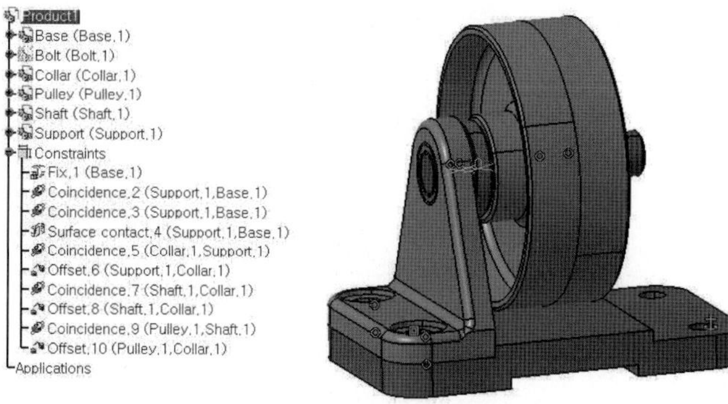

12 Support와 Collar의 거울을 보듯 동일한 반대쪽 부위는 Assembly Features Tool Bar Assembly ... 의 Symmetry 기능을 사용해 보자. 먼저 Base Part 내의 zx plane을 Show 시킨다.

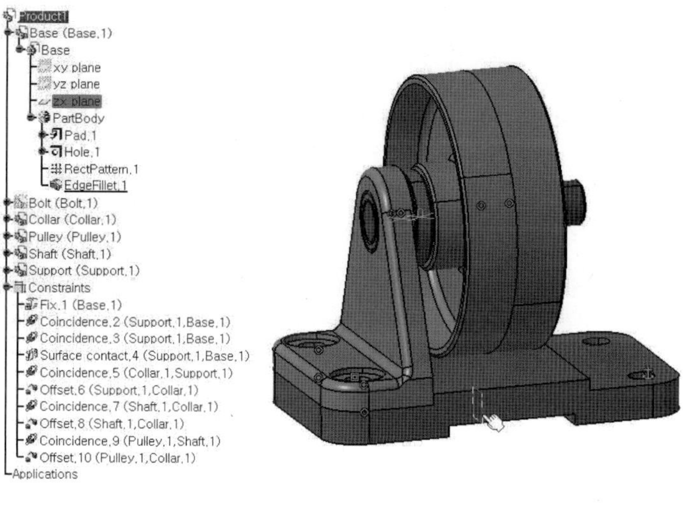

13 Symmetry 를 클릭하면 Assembly Symmetry Wizard 대화상자가 나온다.
첫 번째로 Show 시켰던 Base Part 내의 zx plane을 선택한다.
두 번째로는 대칭 복사 시킬 Support를 지정한다.

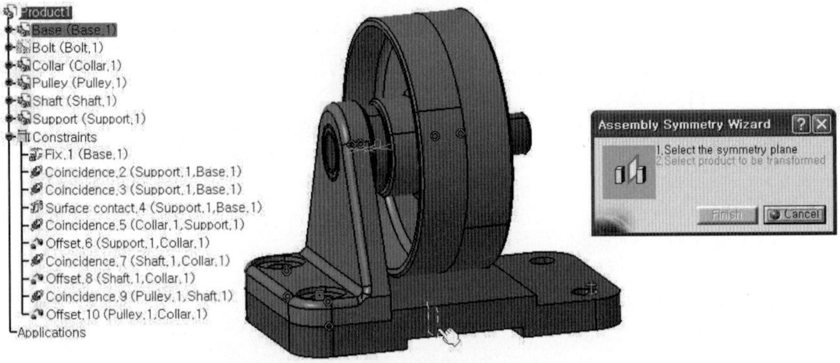

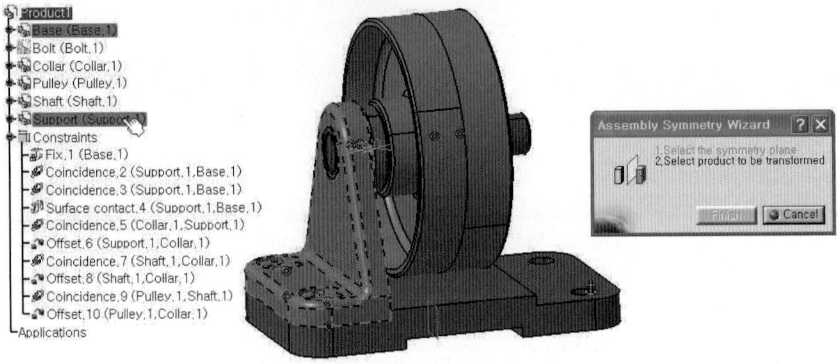

14 대화상자가 확장되면서 대칭 복사되는 Part가 보이기 시작한다. Finish 버튼을 누르면 간단하게 Symmetry 결과를 보여주며, Close 버튼을 누르고 Update 한다. Specifications Tree에 Assembly Features라는 항목이 추가되고 Symmetry가 기록된다. 저장하게 되면 해당 폴더 내에 Symmetry of Support라는 명칭으로 CATPart 파일이 추가되어 있을 것이다.

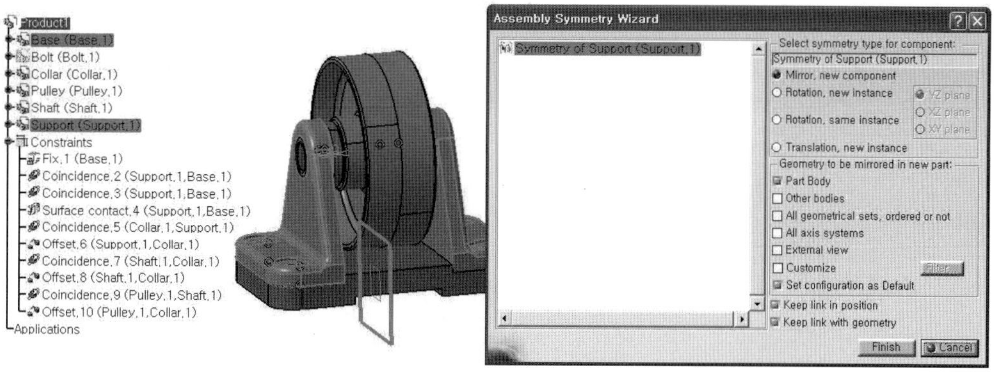
Product1
Base (Base.1)
Bolt (Bolt.1)
Collar (Collar.1)
Pulley (Pulley.1)
Shaft (Shaft.1)
Support (Support.1)
Constraints
Fix.1 (Base.1)
Coincidence.2 (Support.1,Base.1)
Coincidence.3 (Support.1,Base.1)
Surface contact.4 (Support.1,Base.1)
Coincidence.5 (Collar.1,Support.1)
Offset.6 (Support.1,Collar.1)
Coincidence.7 (Shaft.1,Collar.1)
Offset.8 (Shaft.1,Collar.1)
Coincidence.9 (Pulley.1,Shaft.1)
Offset.10 (Pulley.1,Collar.1)
Applications
Assembly Symmetry Wizard
Symmetry of Support (Support.1)
Select symmetry type for component:
Symmetry of Support (Support.1)
Mirror, new component
Rotation, new instance
Rotation, same instance
YZ plane
XZ plane
XY plane
Translation, new instance
Geometry to be mirrored in new part:
Part Body
Other bodies
All geometrical sets, ordered or not
All axis systems
External view
Customize
Filter...
Set configuration as Default
Keep link in position
Keep link with geometry
Finish
Cancel

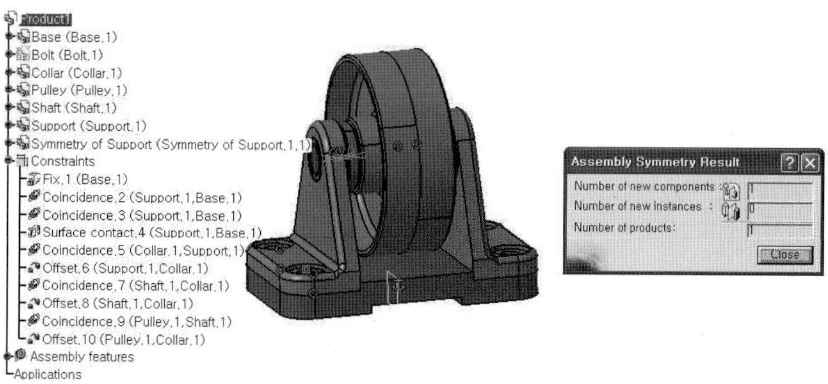
Product1
Base (Base.1)
Bolt (Bolt.1)
Collar (Collar.1)
Pulley (Pulley.1)
Shaft (Shaft.1)
Support (Support.1)
Symmetry of Support (Symmetry of Support.1.1)
Constraints
Fix.1 (Base.1)
Coincidence.2 (Support.1,Base.1)
Coincidence.3 (Support.1,Base.1)
Surface contact.4 (Support.1,Base.1)
Coincidence.5 (Collar.1,Support.1)
Offset.6 (Support.1,Collar.1)
Coincidence.7 (Shaft.1,Collar.1)
Offset.8 (Shaft.1,Collar.1)
Coincidence.9 (Pulley.1,Shaft.1)
Offset.10 (Pulley.1,Collar.1)
Assembly features
Applications
Assembly Symmetry Result
Number of new components : 1
Number of new instances : 0
Number of products: 1
Close

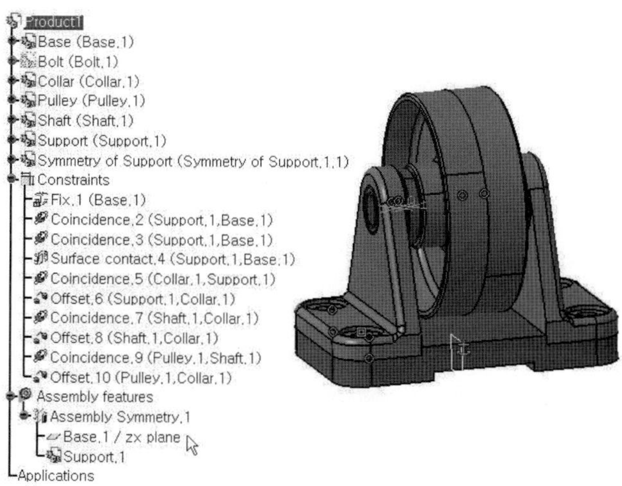
Product1
Base (Base.1)
Bolt (Bolt.1)
Collar (Collar.1)
Pulley (Pulley.1)
Shaft (Shaft.1)
Support (Support.1)
Symmetry of Support (Symmetry of Support.1.1)
Constraints
Fix.1 (Base.1)
Coincidence.2 (Support.1,Base.1)
Coincidence.3 (Support.1,Base.1)
Surface contact.4 (Support.1,Base.1)
Coincidence.5 (Collar.1,Support.1)
Offset.6 (Support.1,Collar.1)
Coincidence.7 (Shaft.1,Collar.1)
Offset.8 (Shaft.1,Collar.1)
Coincidence.9 (Pulley.1,Shaft.1)
Offset.10 (Pulley.1,Collar.1)
Assembly features
Assembly Symmetry.1
Base.1 / zx plane
Support.1
Applications

15 Support와 동일한 방식으로 Collar 또한 Symmetry 기능을 이용하여 대칭 복사 한다.

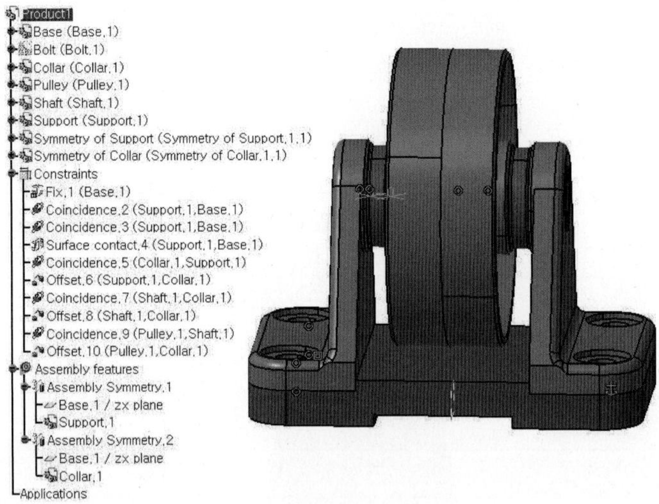

16 Bolt를 Show 시키고 보기 좋게 Manipulation을 활용하여 적절한 위치로 이동시킨다. Base Part에서 4개의 구멍 중 Pattern으로 생성된 복사본이 아닌 원본 부위를 찾아 본다.

17 Coincidence Constraint 기능을 이용하여 Bolt의 축과 Base 구멍의 축을 일치 구속 시키고 Update 한다.

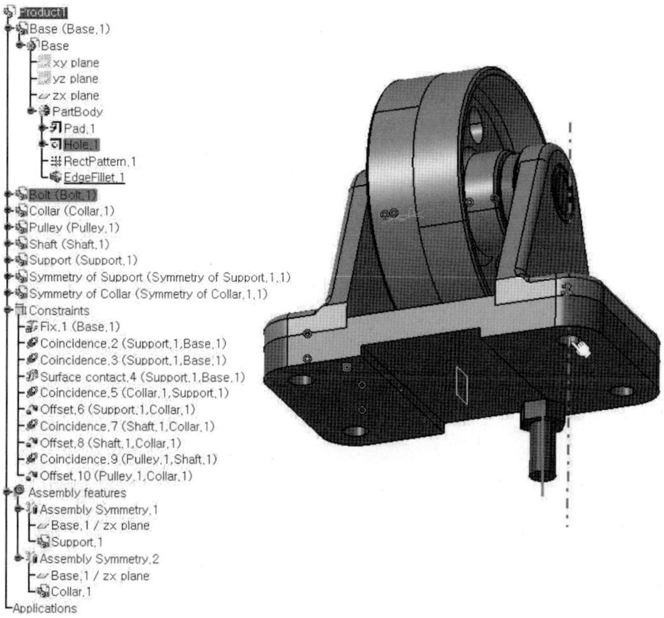

18 Coincidence Constraint 기능을 이용하여 Bolt의 밑면과 Base의 밑면을 접촉 구속 시키고 Update 한다.

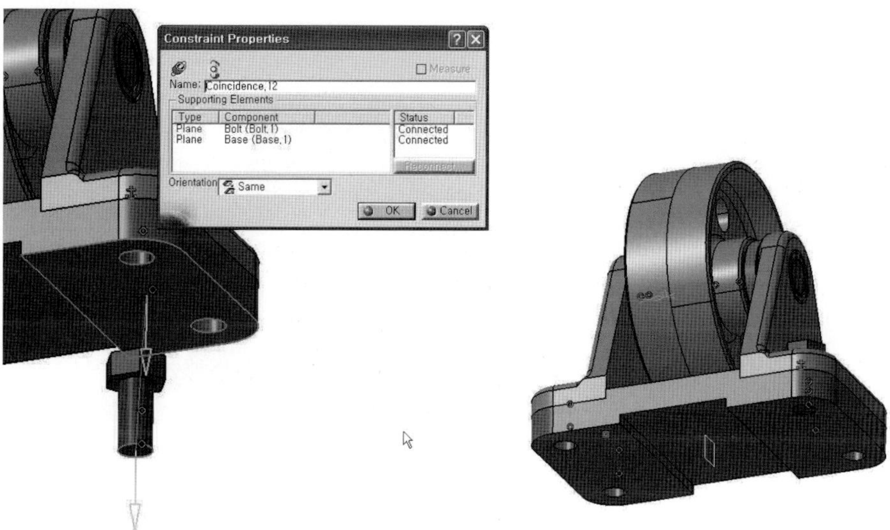

CATIA V5

19 Reuse Pattern 을 이용하여 다음처럼 복사하도록 한다. 이때 Component to Instantiate에는 Bolt를 Pattern에는 Base Part 내에 있는 RectPattern.1을 입력한다. Specifications Tree에 Reuse Pattern에 대한 기록이 남게 될 것이다.

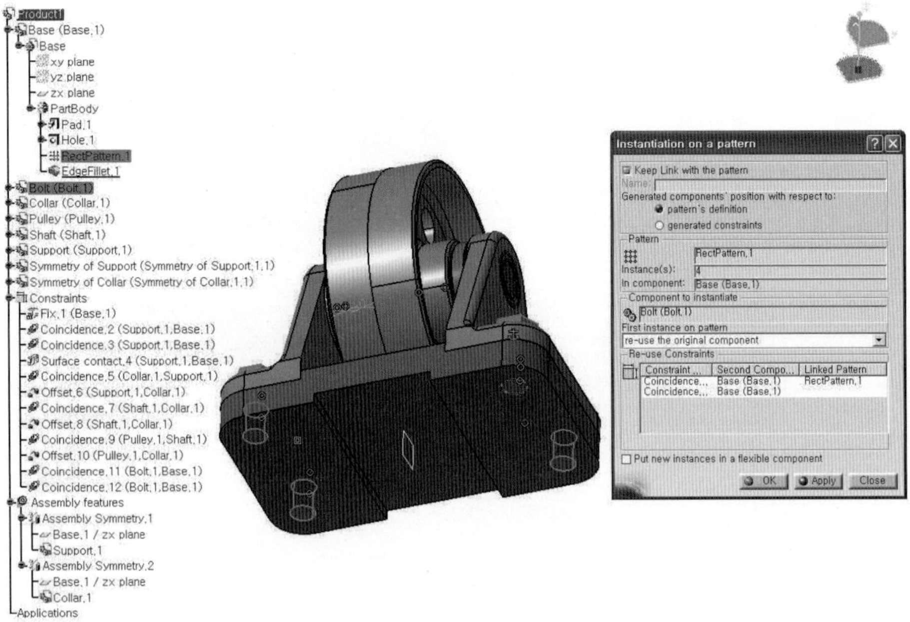

20 다음처럼 완성되었다.

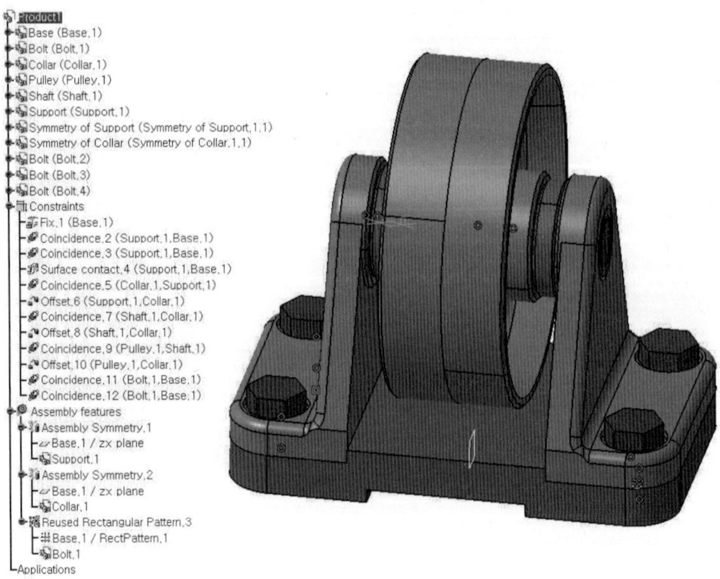

5 Assembly Design 실습 예제

■ 다음 부품을 모델링 한 후, 조립하시오.

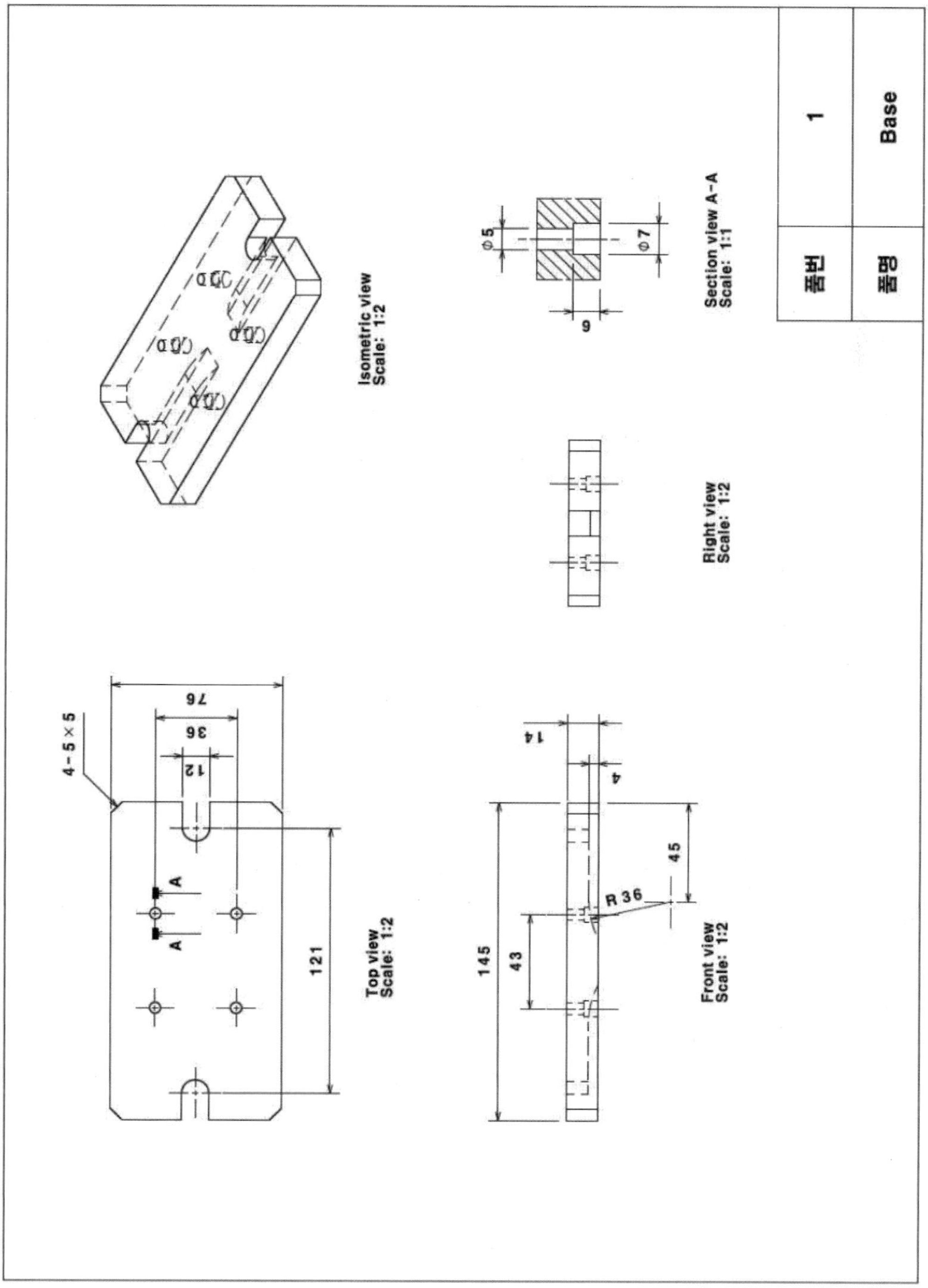

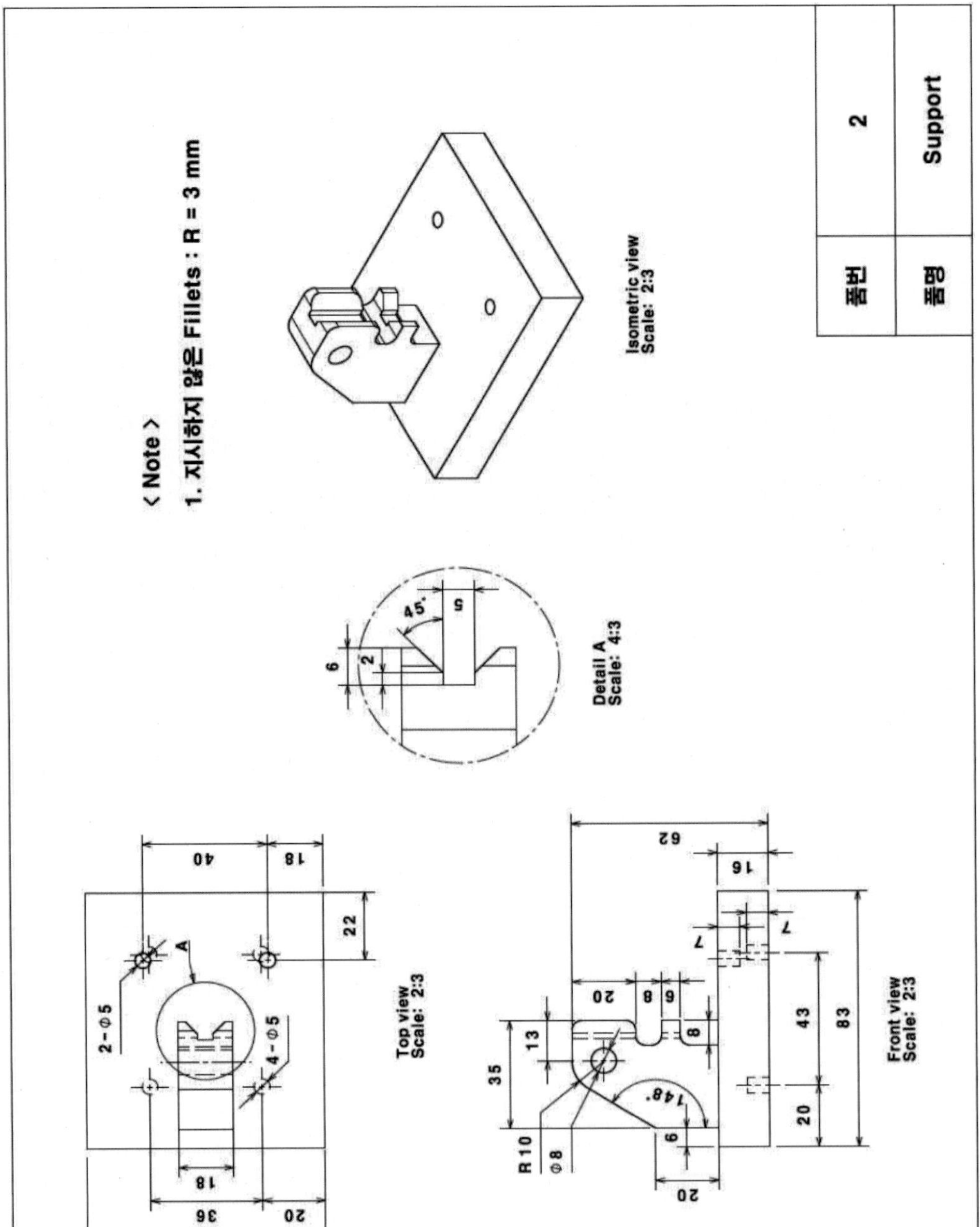
〈 Note 〉
1. 지시하지 않은 Fillets : R = 3 mm
품번 2
품명 Support
Isometric view
Scale: 2:3
Detail A
Scale: 4:3
Top view
Scale: 2:3
Front view
Scale: 2:3
2-Φ5
4-Φ5
R10
Φ8
148°
45°

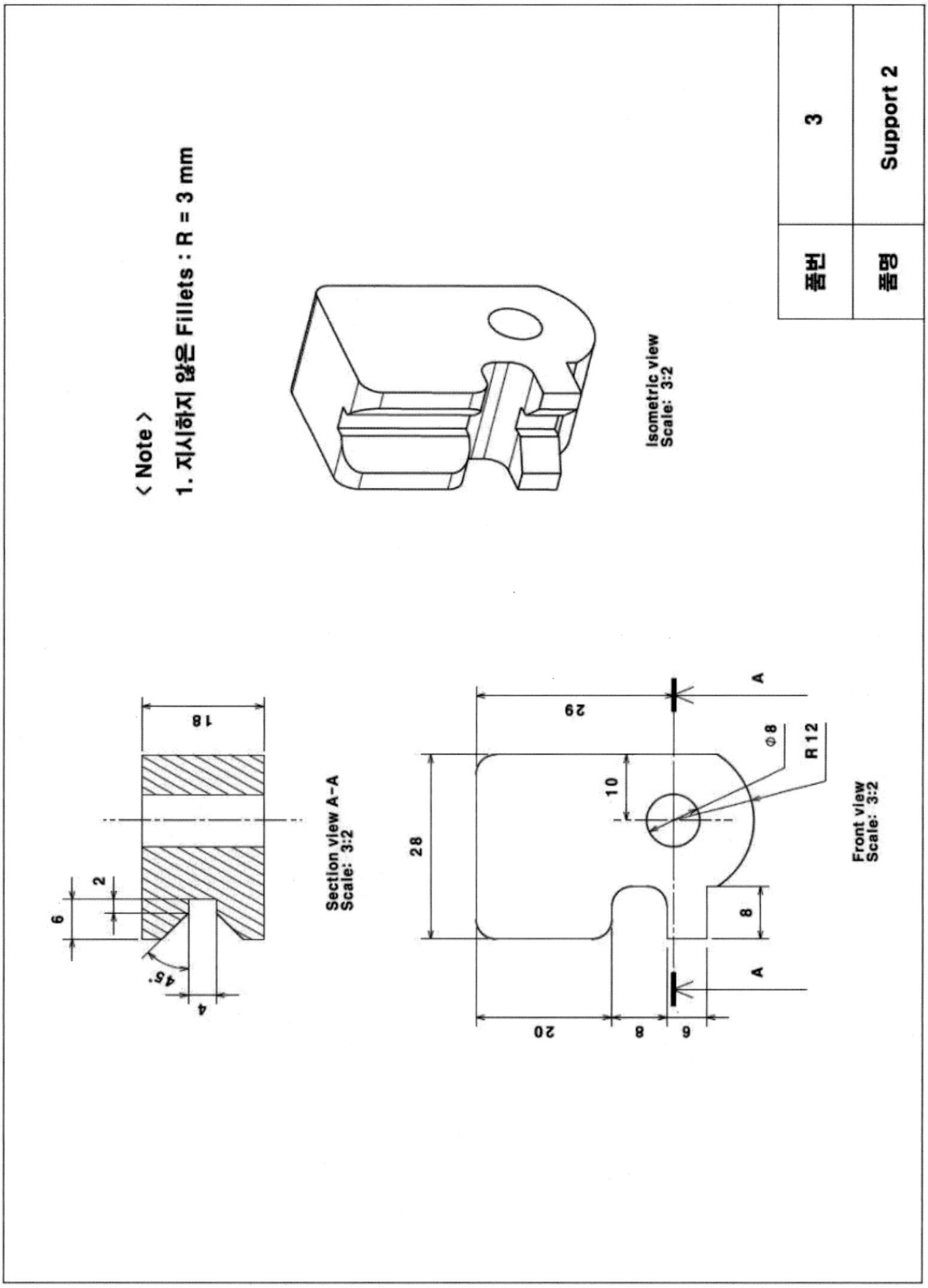
< Note >
1. 지시하지 않은 Fillets : R = 3 mm
Isometric view
Scale: 3:2
Section view A-A
Scale: 3:2
Front view
Scale: 3:2
A
A
Φ8
R12
품번
3
품명
Support 2

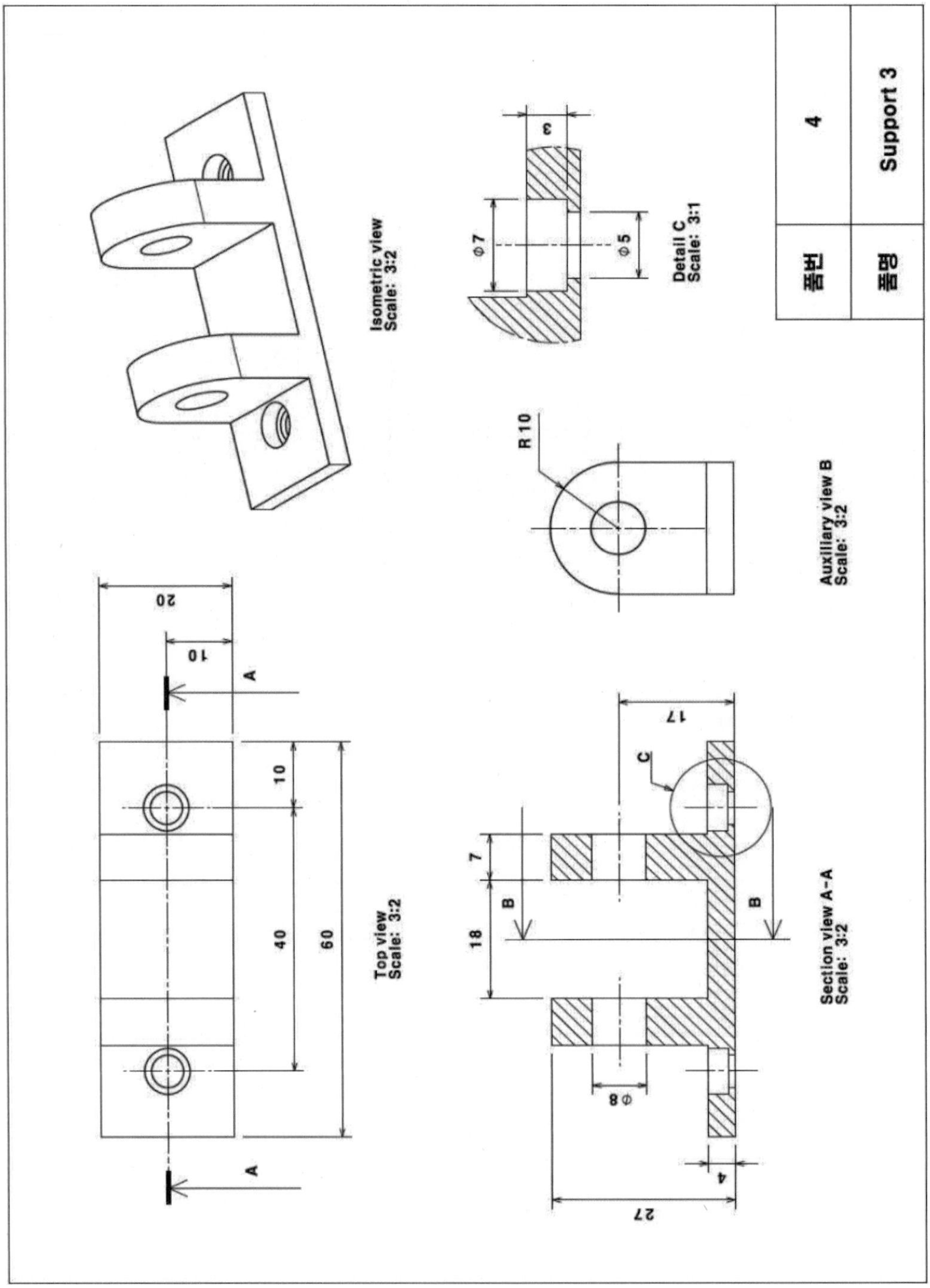
Isometric view
Scale: 3:2
Top view
Scale: 3:2
Section view A-A
Scale: 3:2
Auxiliary view B
Scale: 3:2
Detail C
Scale: 3:1
품번
4
품명
Support 3

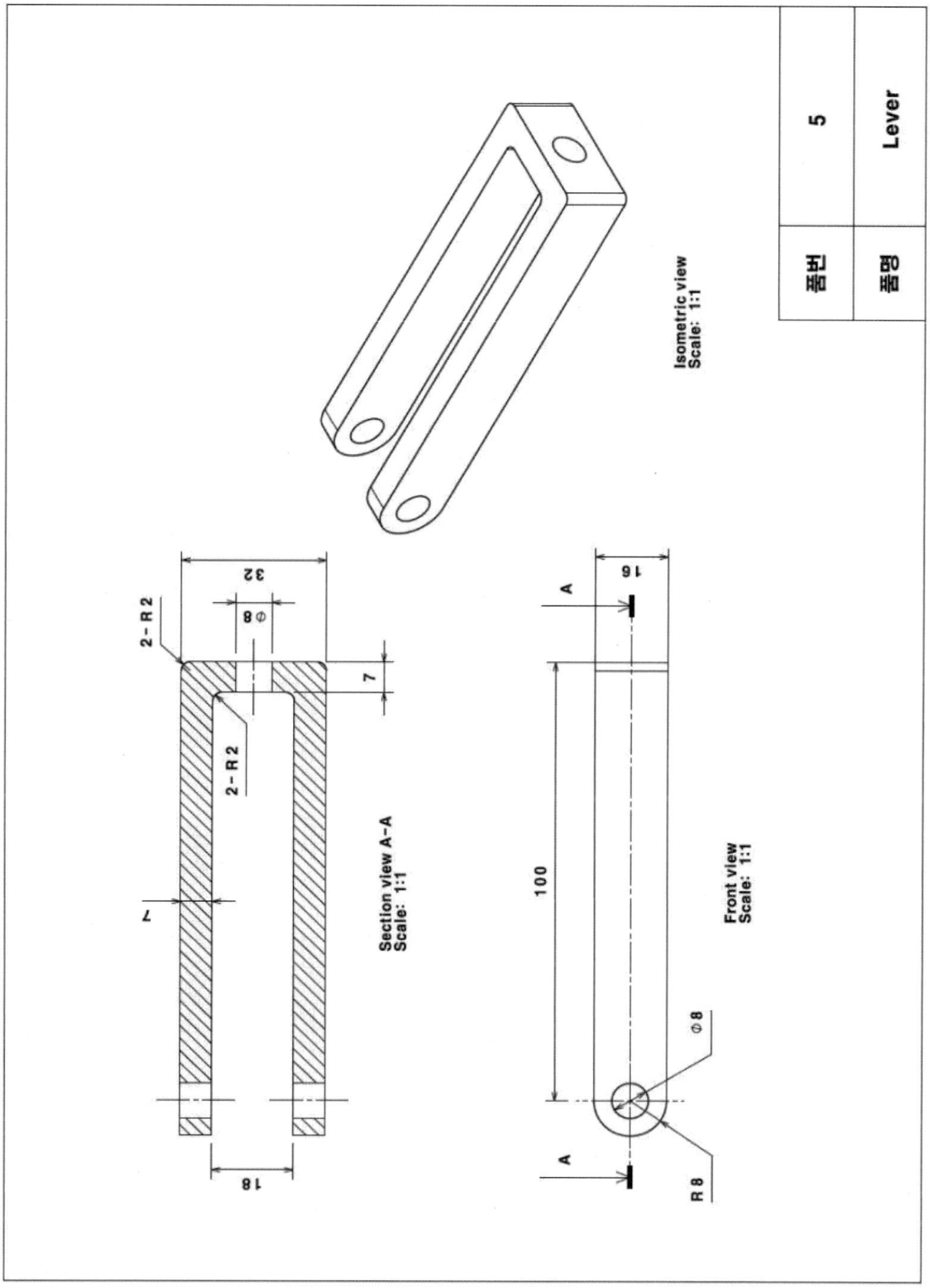
품번 5
품명 Lever
Isometric view
Scale: 1:1
Section view A-A
Scale: 1:1
Front view
Scale: 1:1
2-R2
2-R2
32
Φ8
7
7
18
100
16
Φ8
R8
A
A

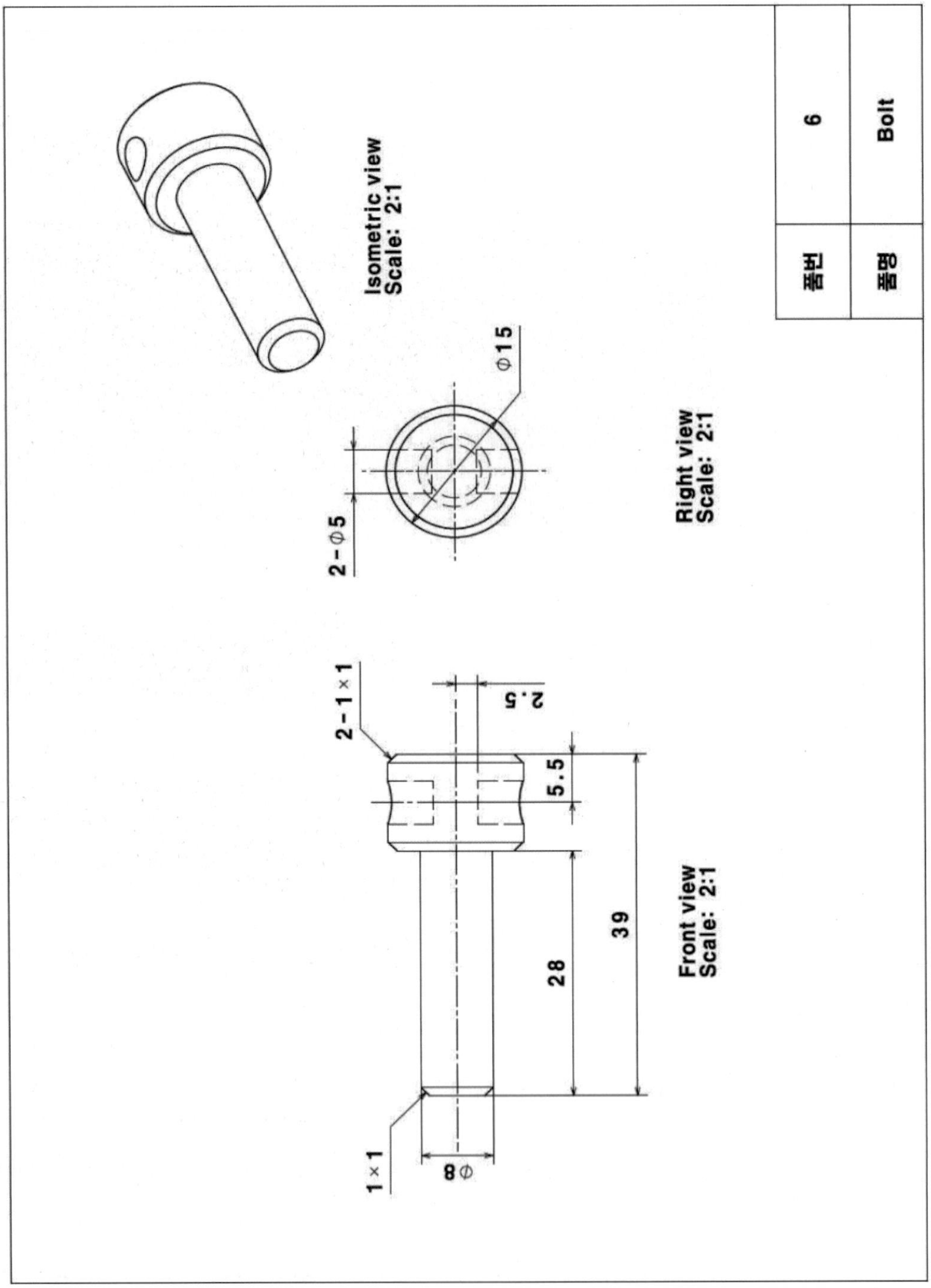
Isometric view
Scale: 2:1
Right view
Scale: 2:1
Front view
Scale: 2:1
2-Φ5
Φ15
2-1×1
2.5
5.5
28
39
1×1
Φ8
품번
6
품명
Bolt

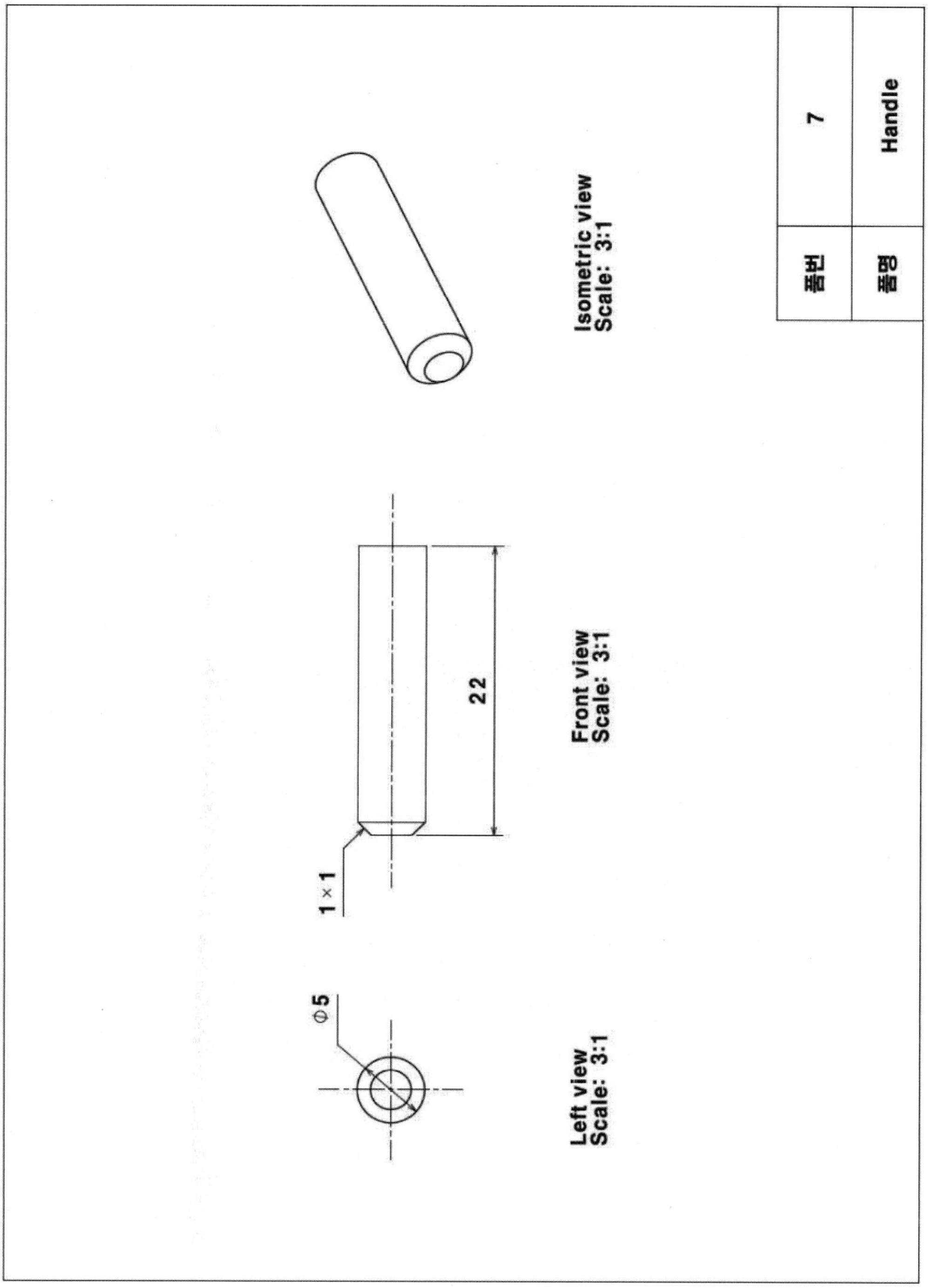

Isometric view
Scale: 3:1
Front view
Scale: 3:1
Left view
Scale: 3:1
22
1×1
Φ5
품번
7
품명
Handle

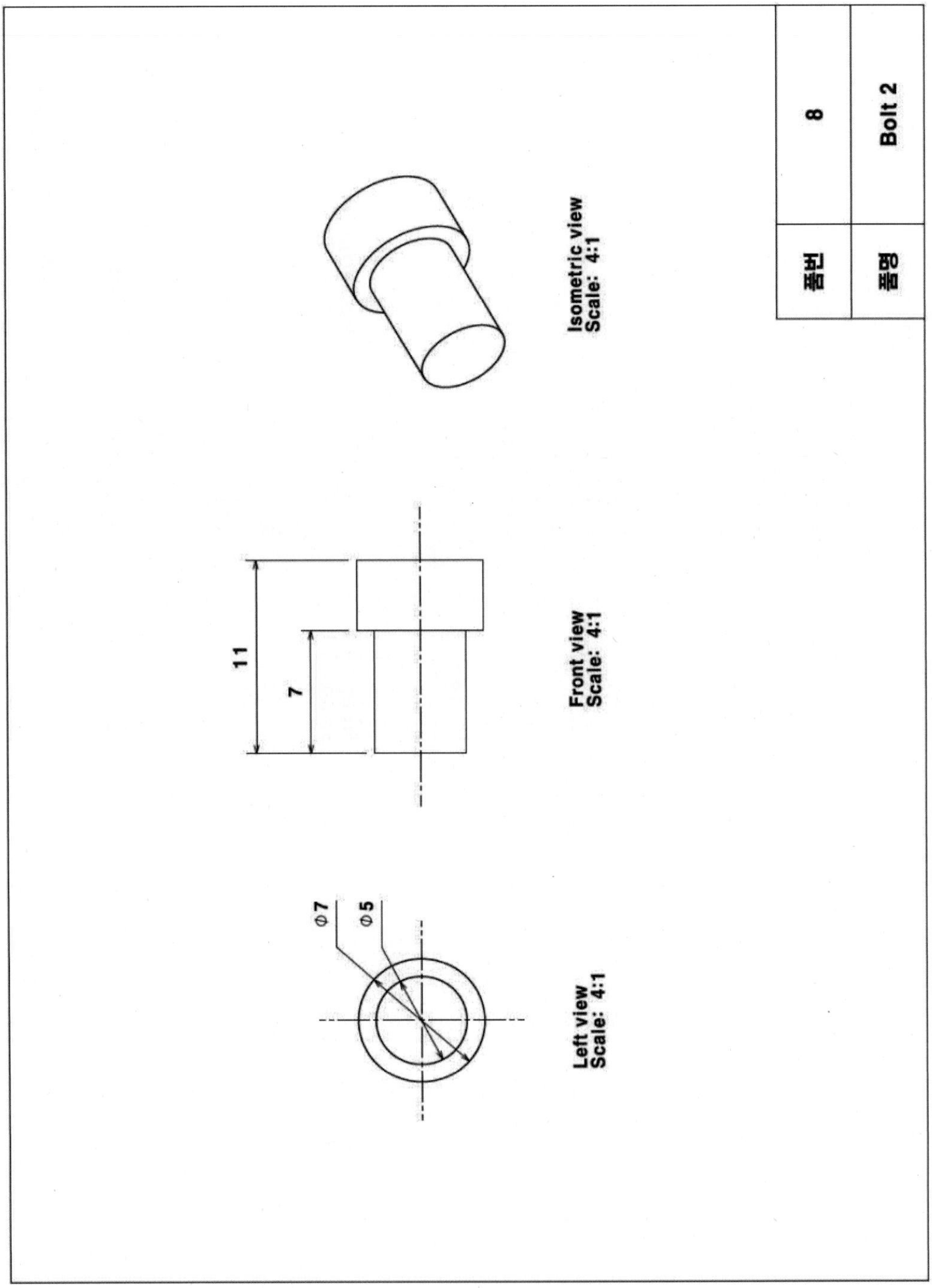
품번
8
품명
Bolt 2
Isometric view
Scale: 4:1
11
7
Front view
Scale: 4:1
Φ7
Φ5
Left view
Scale: 4:1

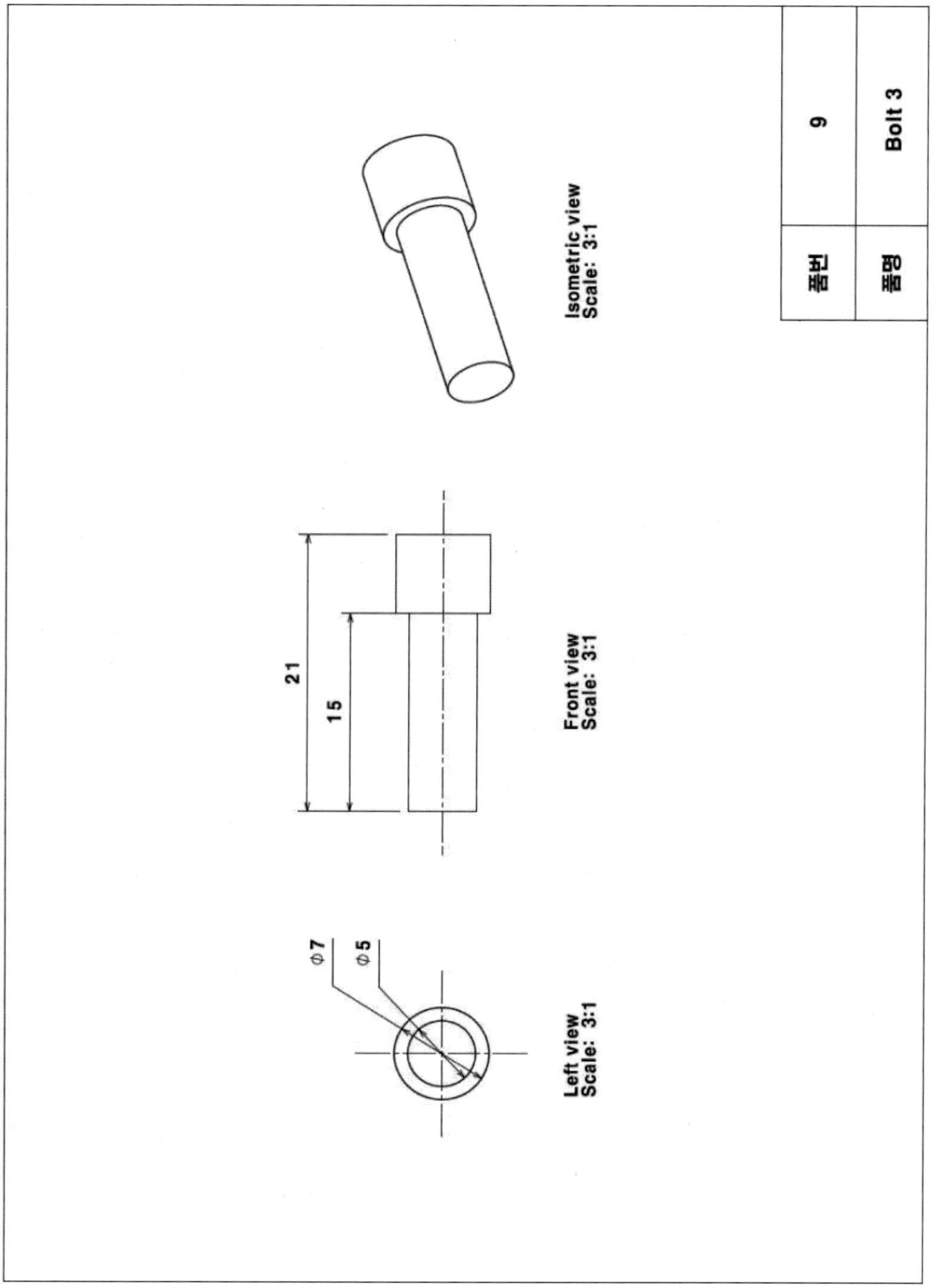

Left view
Scale: 3:1
φ7
φ5
Front view
Scale: 3:1
21
15
Isometric view
Scale: 3:1
품번
9
품명
Bolt 3

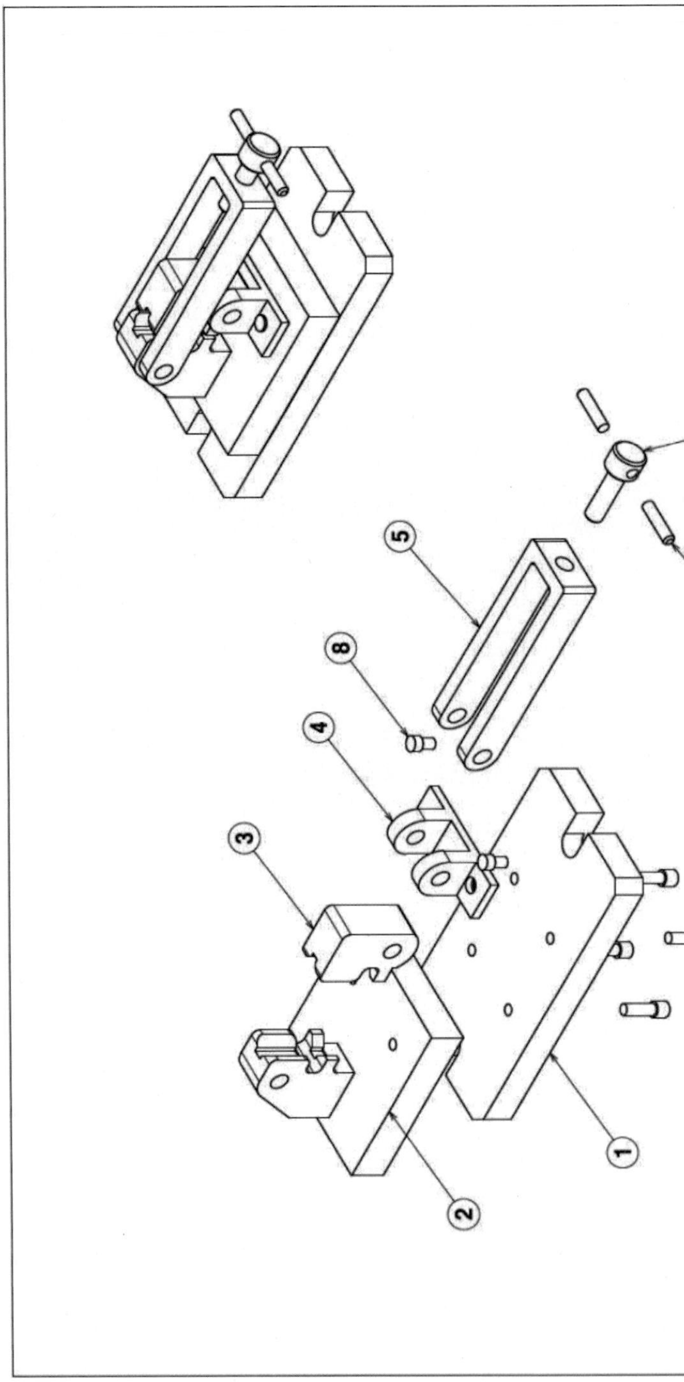

품번	품명
1	Base
2	Support
3	Support 2
4	Support 3
5	Lever
6	Bolt
7	Handle
8	Bolt 2
9	Bolt 3

CHAPTER

06 DRAFTING

CONTENTS

1 개요

CATIA V5는 두 가지의 Drafting 기능을 제공한다. 3D 모델이 없는 상태에서 2D 도면을 사용자가 직접 Sketch 하는 2D 기반의 Interactive Drafting과 3D 모델을 이용하여 CATIA가 스스로 도면을 생성하여 제공하는 Generative Drafting 기능이 있다.

이 책에서는 3D 모델링을 기반으로 하였으므로 Generative Drafting을 기본으로 취급하였다.

2 Generative Drafting

공장 등 실제 작업 현장에서는 2차원으로 작성된 도면을 필요로 한다. Generative Drafting에서는 앞서 생성한 Solid Model을 기반으로 2차원 도면을 생성하는 방법을 알아보기로 한다.

2.1 Generative Drafting 시작하기

1 Generative Drafting Workbench는 앞서의 다른 작업과 마찬가지로 여러 가지 방법으로 시작할 수 있다. 가장 일반적인 방법은 Pulldown Menu를 이용하여 시작하는 것이다. 단 현재 3D Model이 로드되어 있는 상태여야 한다.

▸ Start → Mechanical Design → Drafting 또는 File → New

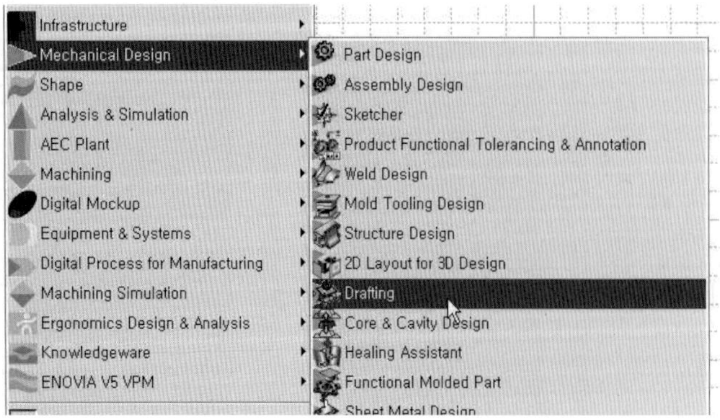

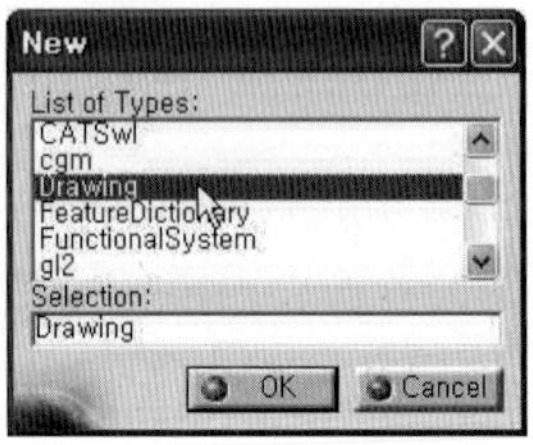

2 Drafting Workbench를 시작하면 도면 용지를 선택하는 창이 열린다.

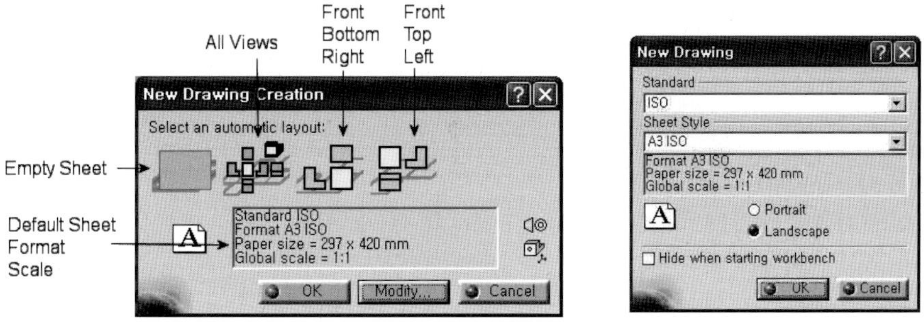

3 Select an Automatic Layout : 새로운 Sheet에 배치할 투상도의 종류를 선택한다.

4 Modify를 클릭하면 도면 용지를 선택하는 창이 열린다.

- Standard : 도면의 표준 규격으로 여기에는 ISO, JIS, ANSI, ASME 등의 규격이 있다.
- Sheet Style : 용지 종류로 A0, A1, A2 등 국제 규격에 맞는 용지를 선택한다.
- Portrait, Landscape는 용지의 방향을 설정한다.

5 Front Bottom Right Sheet를 선택하고 OK 한다. Sheet에 정면, 배면, 우측면도가 펼쳐지고 Drawing1 → Sheet1 의 Specifications Tree가 만들어진다. 그 밑에는 Front, Bottom, Right 가지가 생성된다.

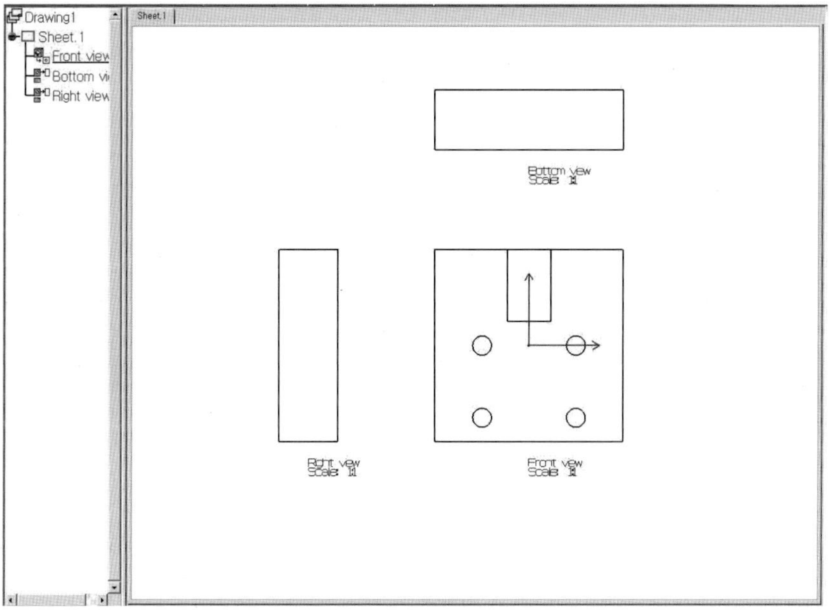

6 All Views 선택한다. 이 Option을 선택하면 전면도, 우측, 좌측면도, 평면도, 배면도, 등각도 등 모든 투상도가 배치된 Sheet가 만들어진다. 다른 선택도 같은 방법으로 생성된다.

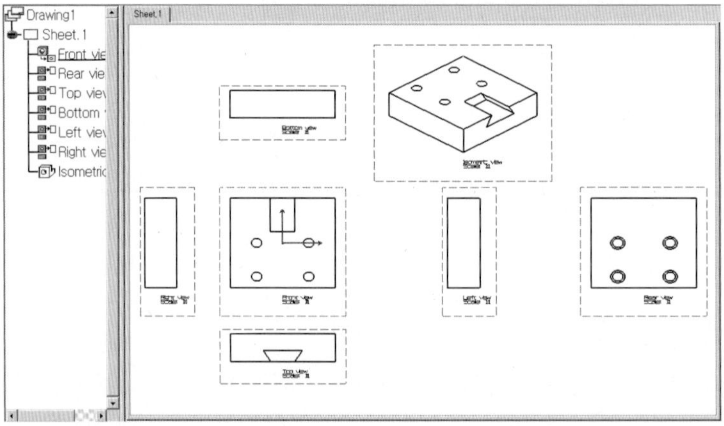

7 투상 방법을 설정하자. CATIA는 기본적으로 1 각법이 설정되어 있다. 3 각법으로 변경하기 위해서는 Drawing → Sheet에 마우스를 놓고 Pop Up Menu를 열어 Properties를 선택하여 준다. Properties Box가 열리면 Projection Method 항에서 Third Angle Standard를 선택하면 변경된다. 이 창에서는 그밖에도 도면의 이름, 축척, 축의 좌표 등도 변경이 가능하다.

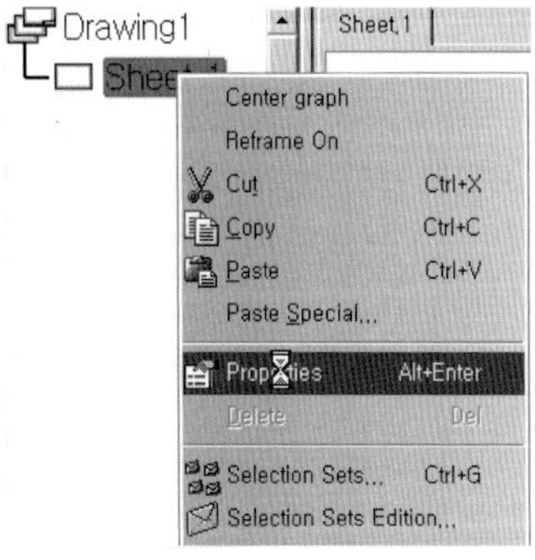

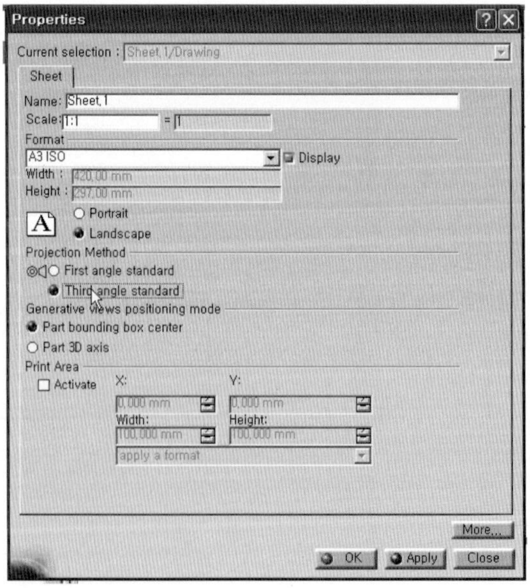

3 Empty Sheet Drafting

Empty Sheet를 선택하여 시작하자. 빈 작업용지로 Drafting을 실시하는 기능으로 사용자가 직접 필요한 도면을 생성하게 된다. CATIA에서는 기준 투상도를 만들고 차례로 필요한 투영도를 만들게 된다. Sheet의 검은 테두리는 용지의 크기를 표시한다. 또 Properties Contextual Menu를 열어서 투상법은 3 각법으로 설정하였다.

3.1 Window 준비

Empty Sheet로 Solid Model과 Drawing Sheet를 연동하며 작업을 하기 위해서는 같은 화면에 창을 배열하여야한다.

1 Pull Down Menu의 Window를 선택하여 보자. 여기에는 3가지의 선택이 있다.

- Tile Horizontally : 두 개의 창을 위아래에 수평으로 열어준다.
- Tile Vertically : 두 개의 창을 수직으로 좌우에 열어준다.
- Cascade : 두 개의 창을 층으로 열어준다.

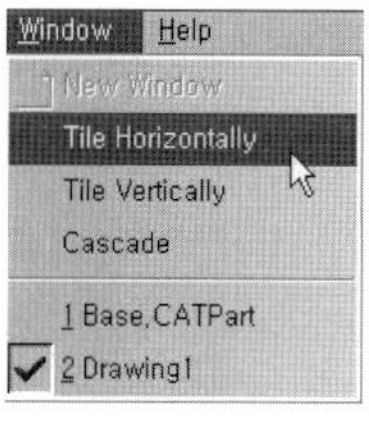

2 여기서는 Tile Horizontally을 선택하여 창을 열어주었다. 작업창을 변경하기 위해서는 각각의 창을 클릭하면 활성창이 바뀌면서 사용 Tool Bar들도 변경된다.

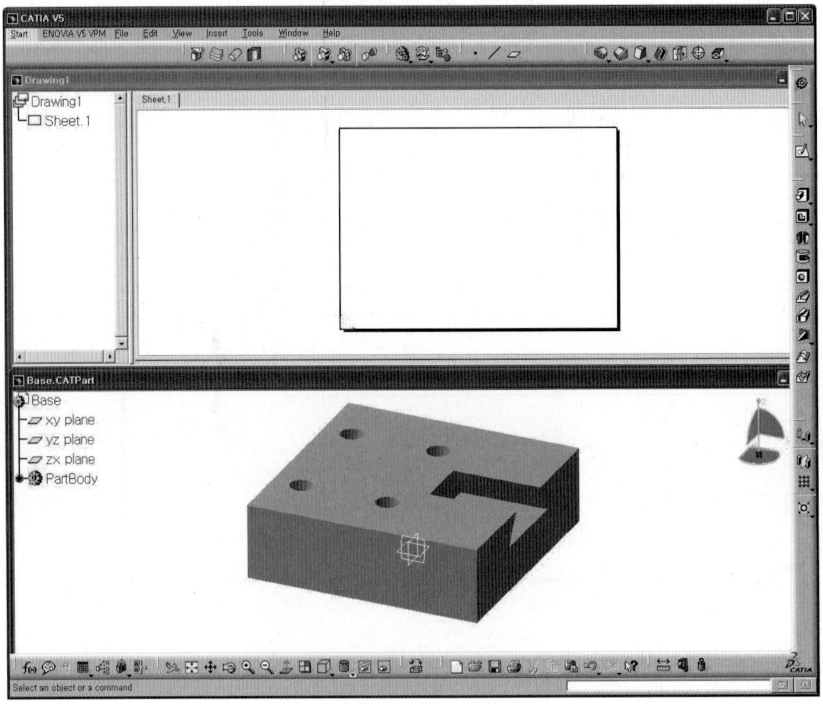

3.2 Views

정면도, 측면도는 물론 상세도 등각도등의 투상 도면을 생성하는 Tool Bar이다. 여기에는 Projections View, Sections View, Details View, Clippings View, Break View Tool Bar가 포함되어 있다.

(1) Projections

Solid의 투영도를 생성하는 아이콘이다.

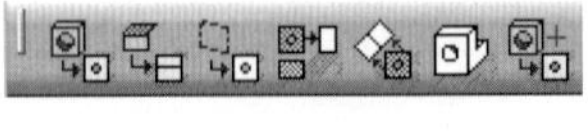

Front View

Solid Model에서 정면 투상도를 생성하는 아이콘이다.

1. Drawing 창에서 Front View 를 클릭하고
2. Solid Model의 정면도로 취할 면을 선택하여 클릭한다.
3. Drawing 창에 정면도가 생성된다. 그리고 옆에 파란 버튼이 만들어진다.

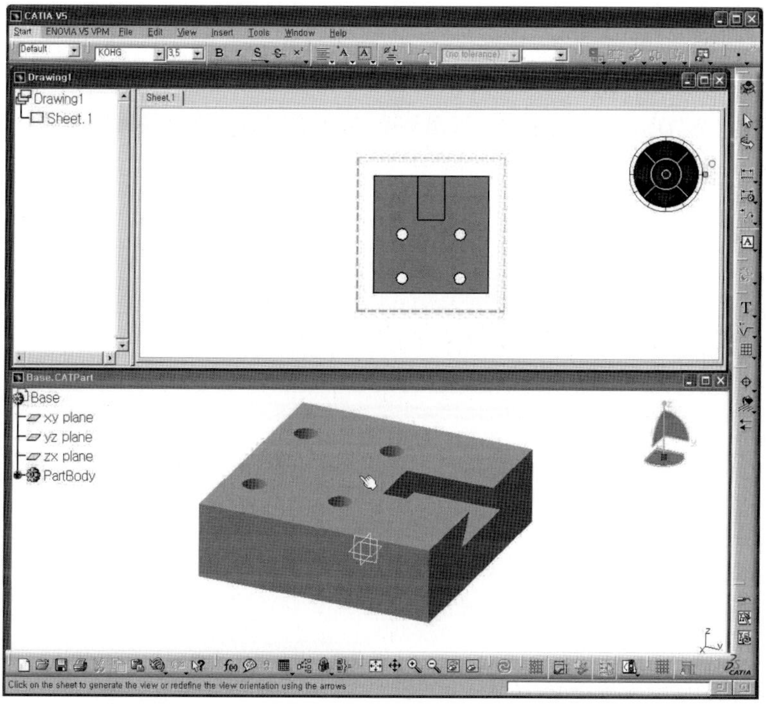

4. 파란색 버튼은 정면도를 조정하는 기능이 있다. 화살표의 선택으로 앞뒤의 방향과 좌우의 각도가 변한다. 우측 Handle에 의해서는 임의의 각도로 회전할 수도 있다. 이 버튼의 우측 위쪽 원을 마우스 우측버튼으로 누르면 파란 버튼의 설정을 변경하는 Pull Down Menu가 나온다.

- Free Hand Rotation : 자유로운 회전
- Incremental Hand Rotation : 일정 각도씩 회전
- Set Increment : Incremental Hand Rotation에서 회전 각도의 단계를 설정한다. Default는 30도로 되어있다.

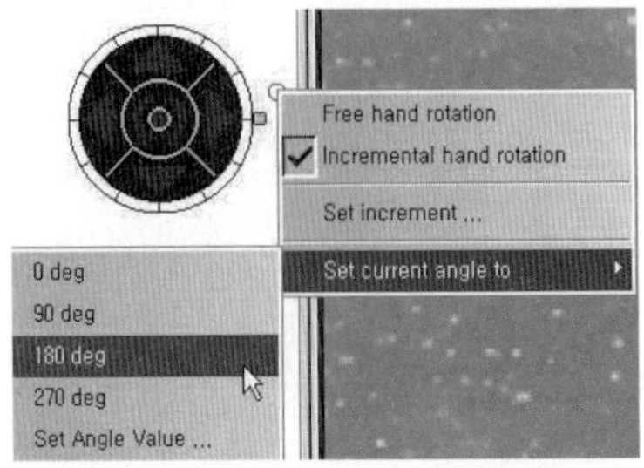

5 위치 조정이 끝났으면 파란 버튼의 가운데 또는 빈 공간을 클릭한다. Solid에서 도면으로 바뀐다.

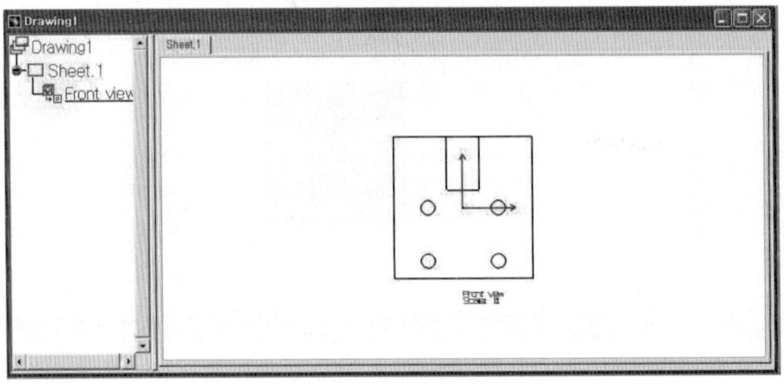

Unfold View

Sheet Metal Design 등에서 생성한 Solid Model의 전개도를 생성하는 기능이다.

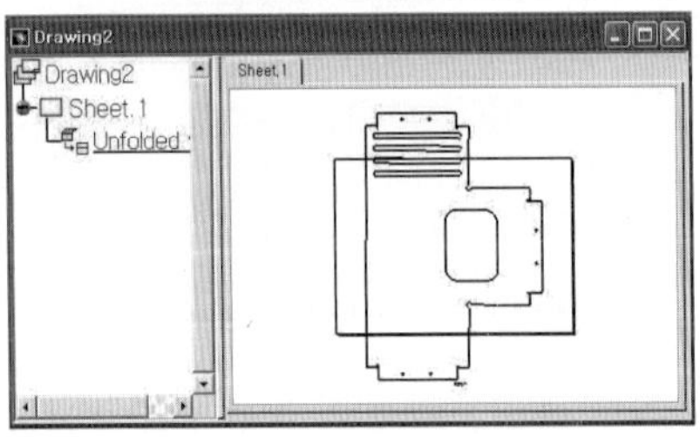

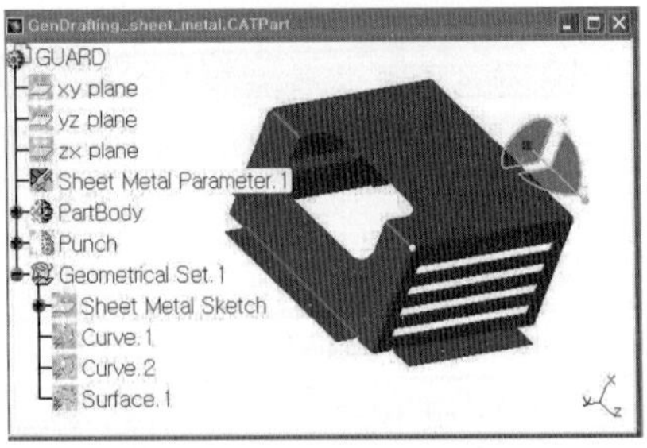

View From 3D

Part Design 작업 시, Annotation Set에 미리 설정한 3D View를 보이는 기능이다.

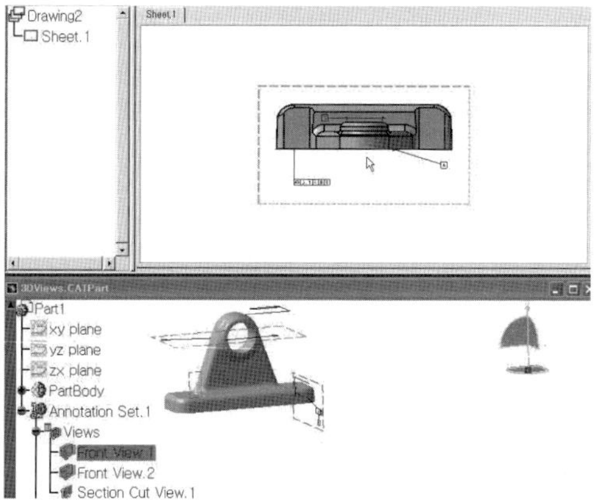

Projection View

기준 투상도를 기준으로 다른 투상도를 생성하는 아이콘이다.

1 먼저 기준이 되는 View를 더블 클릭하여 활성화 시킨다.

2 Projection View 를 클릭하고 기준 View의 좌우, 상하로 마우스를 가져가면 필요한 투상도를 얻게 된다.

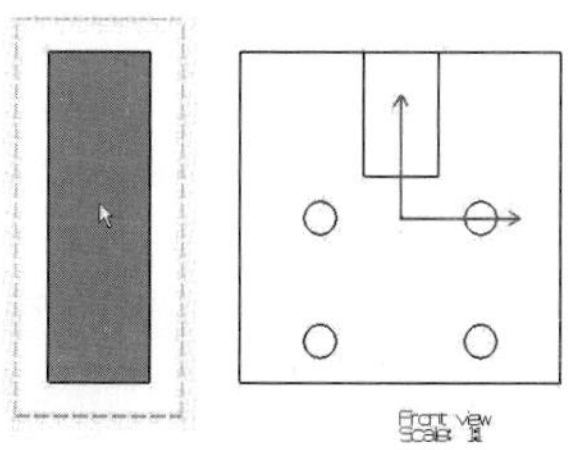

3 마우스를 원하는 위치에서 클릭한다. 우측면도가 생성되고 Specifications Tree에도 Right View라는 가지가 만들어진다.

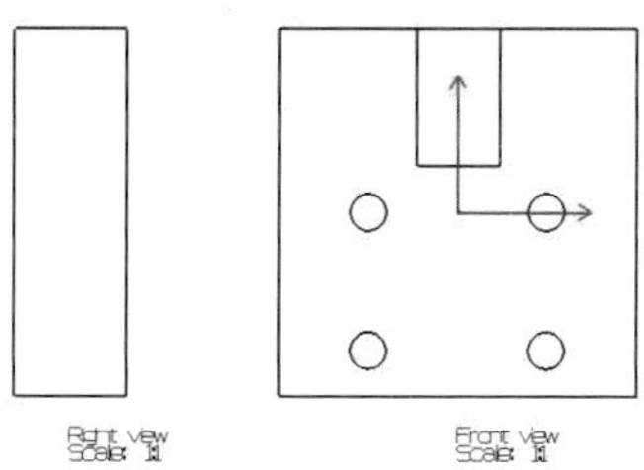

Auxiliary View

정상적인 투상도 외에 임의의 방향을 기준한 투상도를 생성하는 아이콘이다.

1 아이콘을 클릭하고 활성화된 도면의 원하는 방향으로 마우스로 잘라준다.

2 도면을 생성할 위치에 마우스를 클릭한다.

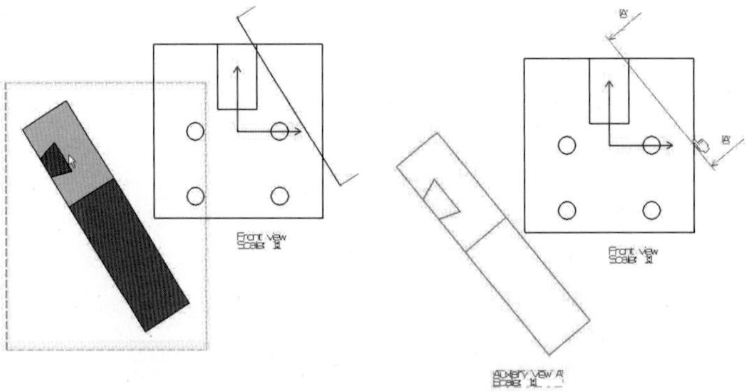

Isometric View

등각 투상도를 생성하는 아이콘으로 화면을 상하 또는 좌우로 분할한 상태에서 도면을 생성한다.

1 Isometric View 를 클릭하고 Solid Model을 선택한다.

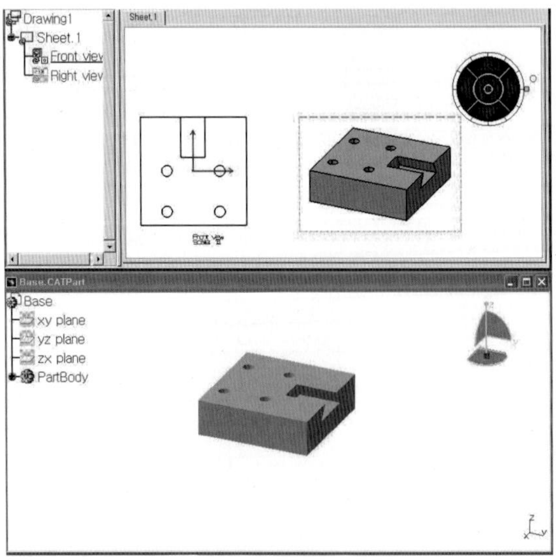

CATIA V5

2 파란색 버튼을 이용하여 방향을 결정하고 클릭한다.

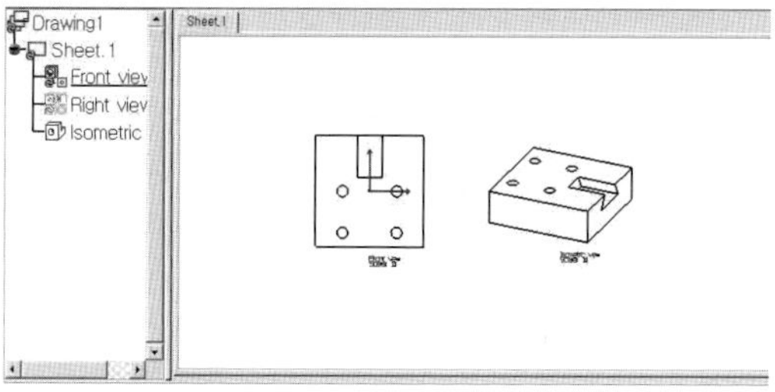

Advanced Front View 

정면 투영도를 생성하는 아이콘으로 아이콘을 클릭하면 열리는 View Parameters 창을 이용하여 이름과 축척을 설정할 수 있다.

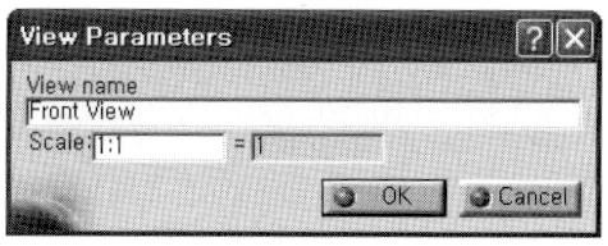

(2) Sections

Solid의 단면을 절단하여 투영시켜 주는 기능을 갖는 Tool Bar이다.

Offset Section View 

Solid Model을 임의의 단면으로 절단하여 단면도를 작성하는 아이콘이다.

1 활성화된 View를 선택한 상태에서 Offset Section View 을 클릭한다.

2 절단할 단면을 생각하며 마우스로 투영도에 시작점을 잡고 끝점을 더블클릭하여 절단선을 만든다.

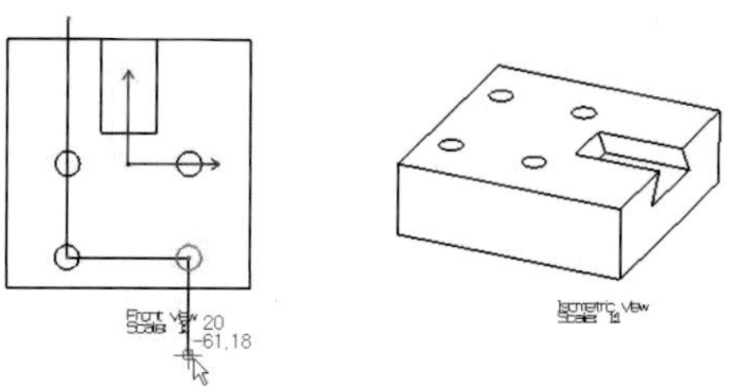

3 절단선을 기준으로 어느 방향으로 단면을 볼 것인가를 생각하여 해당 방향에서 마우스를 클릭해준다.

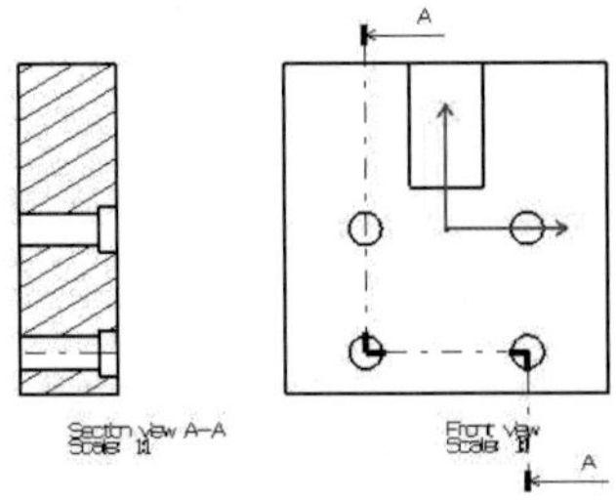

4 Hatching 단면의 수정은 해칭 면에 마우스 우측 버튼을 이용하여 Properties Box를 열어서 수정할 수 있다 또 해칭 면은 재료의 재질과도 상관 관계를 갖는다. 여기서는 재질은 부여하지 않았다. Pattern Tab을 열어서 수정한다.

▸ Type : 해칭 형태의 정의로 Hatching, Dotting, Coloring, Image, None 등의 Option이 있다.

▸ Hatching : Hatching 선분의 종류, 색, 두께, 각도, 간격 등을 조절할 수 있다.

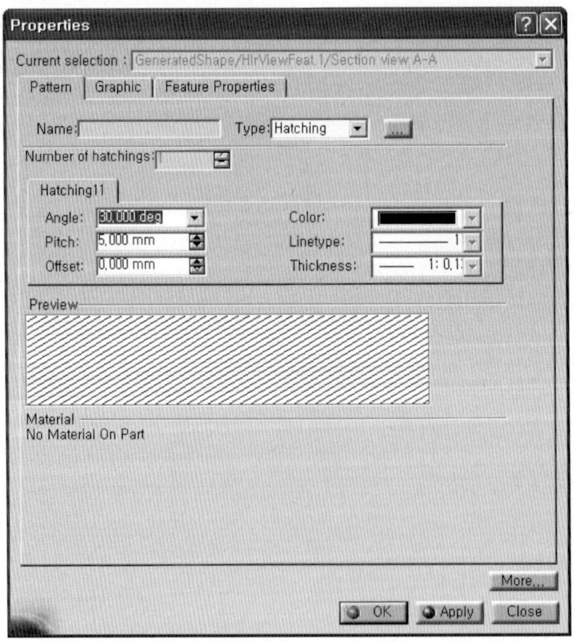

Aligned Section View

경사지게 절단된 단면도를 수직축을 중심으로 직선으로 전개하여 펼쳐져 보인다. 따라서 단면도의 길이가 길어진다. 다음 그림의 좌측은 Offset Section View이고 우측은 같은 단면의 Aligned Section View이다.

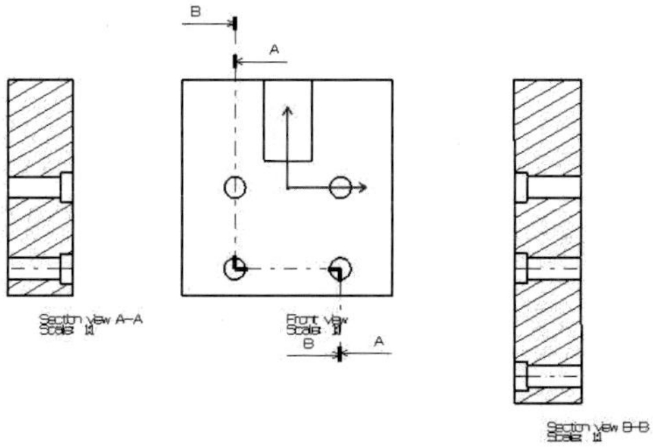

Offset Section Cut

Solid의 잘린 면만을 보여주는 기능을 갖는 아이콘. 다음 그림의 우측은 Offset Section Cut 단면도이다.

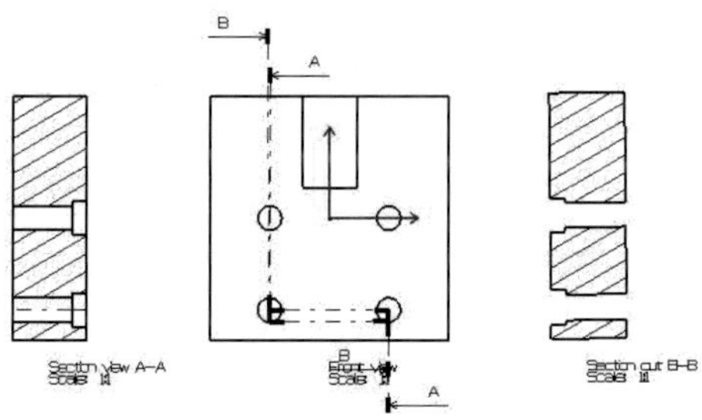

Aligned Section Cut

Aligned Section View에서 만든 투영도 중에서 잘린 단면만을 보여주는 투영도를 생성한다.

(3) Details

Solid Model의 세부 상세도를 작성하는 기능을 가지고 있는 Tool Bar이다.

Detail View

기존의 도면에서 상세하게 표현하고자 하는 부분을 선택하여 표현하는 도면이다.

1 Detail View 를 클릭하고 상세도를 원하는 부분으로 마우스를 가져가 영역을 설정한다.

2 적당한 위치에 클릭하여 상세도를 얻는다.

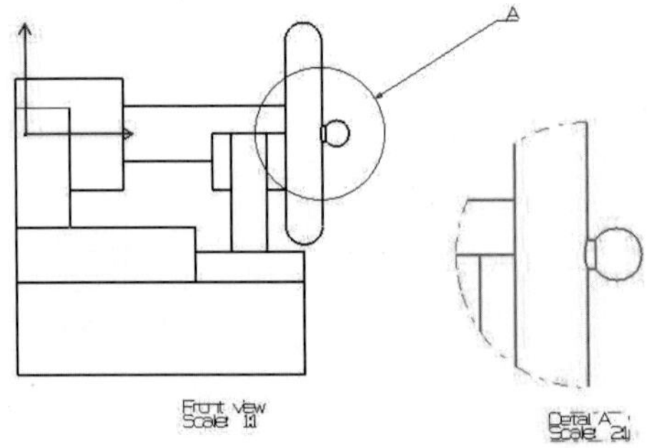

Detail View Profile

Detail View 아이콘이 원형의 영역만을 선택할 수 있는 것에 반하여 자기가 원하는 영역을 마음대로 설정하여 상세 도면을 생성하는 기능이 있는 아이콘이다.

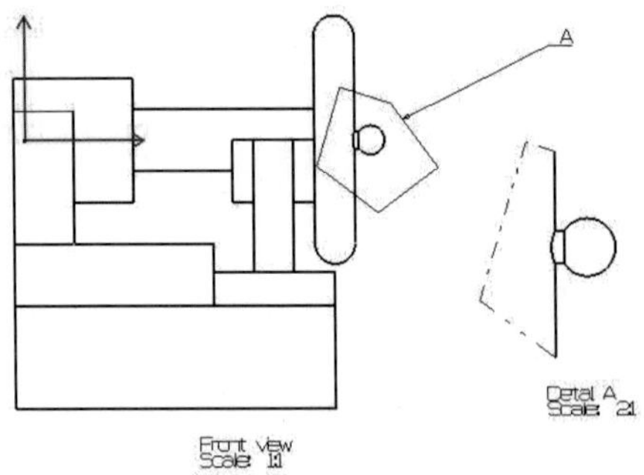

Quick Detail View / Quick Detail View Profile

Detail View가 상세한 3D 생성 면을 보여주는데 반하여 Quick Detail View는 외견상 보이는 면을 2차원으로 투영하여 보여준다. 다음의 좌측의 Detail View B는 Detail View이고 우측의 Detail View A는 Quick Detail View 도면이다.

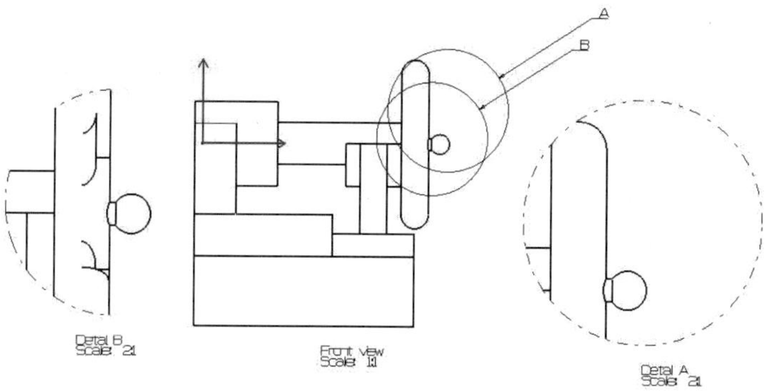

(4) Clippings

기존의 투영도를 원하는 부분만 남기고 잘라내는 기능을 갖는 Tool Bar이다. 여기에는 Clipping View, Clipping View Profile, Quick Clipping View, Quick Clipping View Profile 등의 서부 아이콘이 있다.

Clipping View 

기존의 투영도를 원으로 선택하여 원하는 부분만 남기고 잘라내는 도형이다. 다음은 정면도에 Clipping View 아이콘을 클릭하여 원 부분을 선택하여 얻은 결과이다.

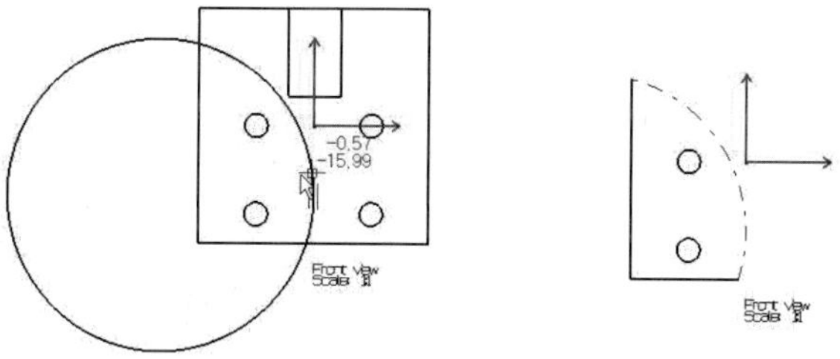

(5) Break View

Solid를 잘라내어 투상도를 생성하는 Tool Bar이다.

Brocken View

폭이나 길이가 긴 Solid의 내부을 잘라내고 축소하여 도면화 하는 것으로, Solid의 외측은 남겨두고 중앙 부분을 잘라내어 도면을 생성하는 기능이다.

1. Brocken View 를 클릭한다.
2. 기존 도면의 한 선분을 클릭하면 녹색 선이 나타난다. 원하는 방향을 결정한다.
3. 잘라낼 다른 선분을 선택하여 영역을 결정한다.
4. Sheet의 적당한 곳을 클릭하면 결과가 보인다.

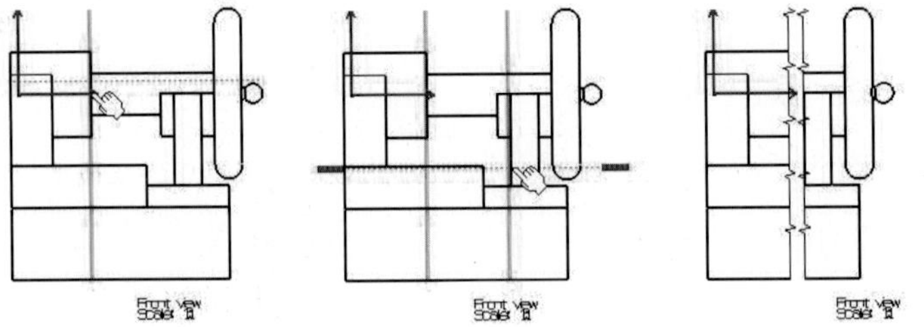

Breakout View

Solid Model에서 일부를 잘라내어 단면을 보여준다.

1. 아이콘을 클릭하고 기존 투영도에서 잘라낼 선을 그린다.
2. 더블클릭하면 3D View 창이 열린다. 여기서 세로 방향 절단면을 선택하여 OK 한다.

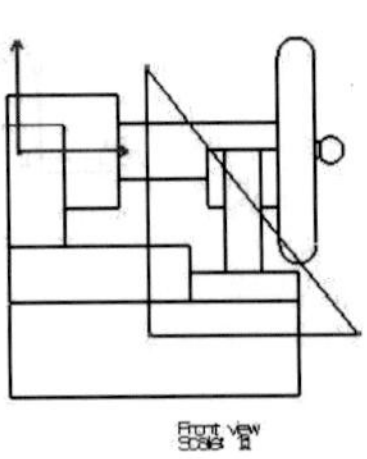

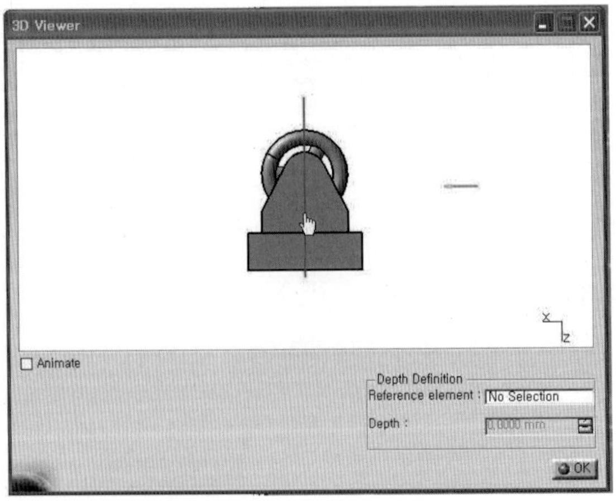

3 결과는 3각형 형태로 잘린 부분의 투영도가 만들어진다. 또는 Animate를 체크하면 Reference Element를 설정함에 따라서 화면에 회전되어 보인다. 단, 한번 만들어진 도형은 수정할 수 없다.

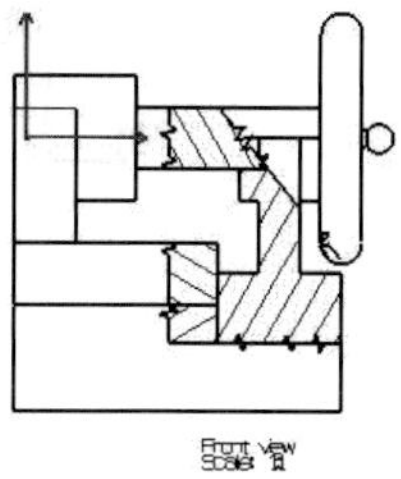

Add 3D Clipping View

복잡한 조립제품 등에서 손쉽게 잘라서 내부를 볼 수 있는 기능이다.

1 활성화된 투영도에서 Add 3D Clipping View 을 클릭하면 Clipping 창이 열린다.

2 Clipping Mode

- Back Clipping Plane : 하나의 평면으로 뒤쪽을 Clipping 한다.
- Clipping by Slice : 슬라이스 형태로 Clipping 한다.
- Clipping Box : Box 형태로 Clipping 한다.

3 Mode가 선택되면 Plane위의 녹색 점을 눌러 위치를 결정한다. 다음은 Slice Mode로 생성한 결과이다.

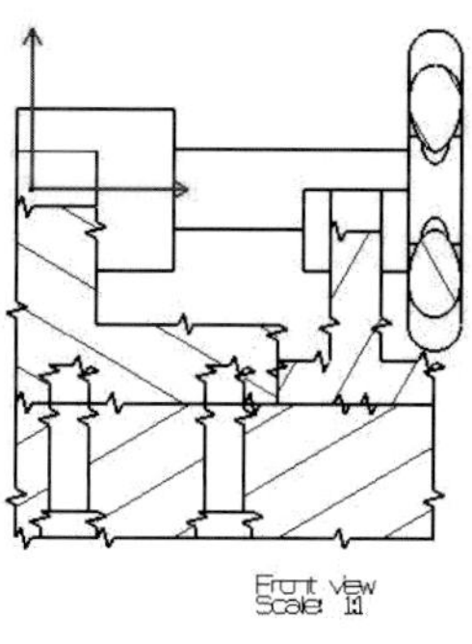

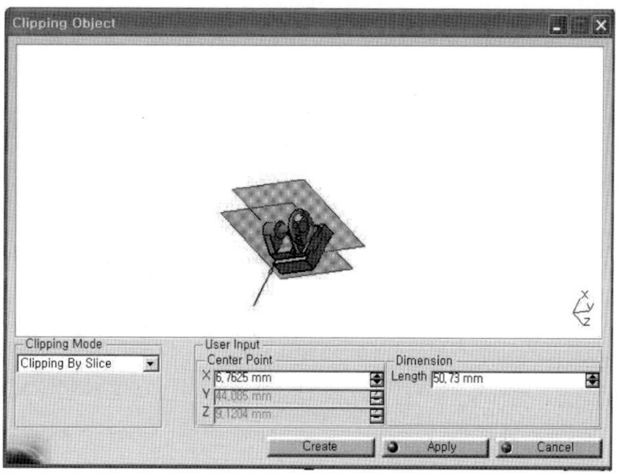

(6) Wizard

미리 정해진 Option으로 다양한 도면을 생성하는 기능을 갖는 Toolbar이다.

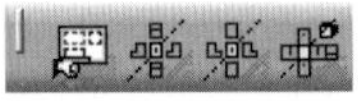

View Creation Wizard

준비된 선택 사양을 활용하여 다양한 투영도를 생성한다.

1 View Creation Wizard 을 실행하면 View Wizard 창이 열린다.

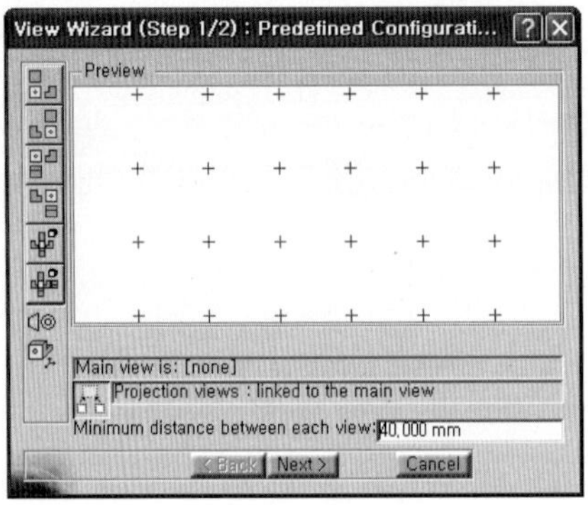

- Front, bottom and left
- Front, bottom and right
- Front, top and left
- Front, top and right
- Projection and isometric
- Projection, rear and isometric

2 좌측 아이콘 중에서 원하는 것을 클릭하면 창의 가운데에 원하는 투영도가 배치된다.

3 Next 버튼을 클릭한다. 두 번째 창이 열린다.

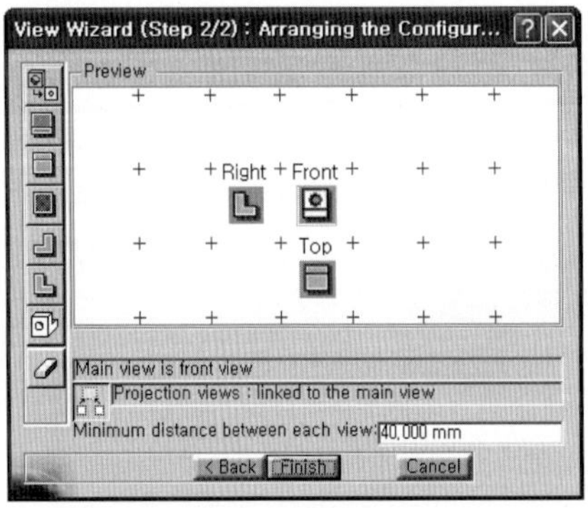

Front View	Left View
Rear View	Right View
Top View	Isometric View
Bottom View	Clear Preview

4 Main View가 정면도로 설정되었다. 더 추가할 것이 없으면 Finish 한다.

5 Solid Model 창에서 정면도로 선택될 면을 클릭한다.

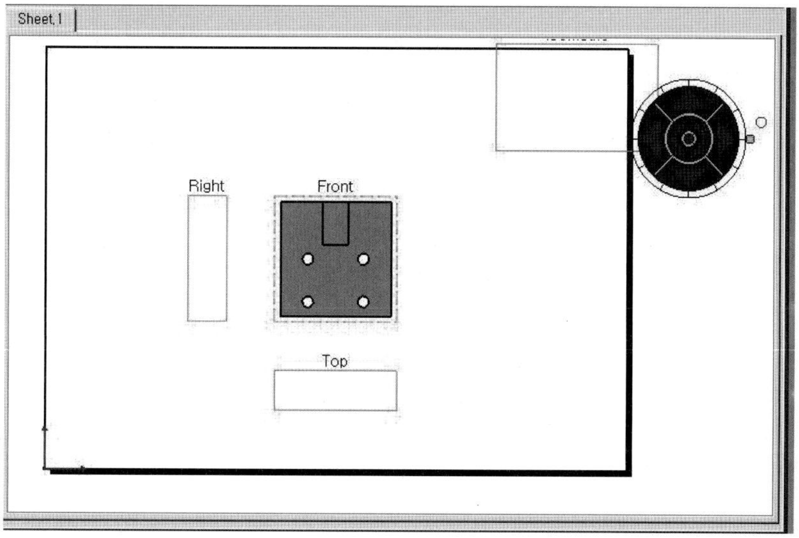

6 파란색 버튼에서 위치를 확인하고 가운데를 눌러서 도면을 생성한다.

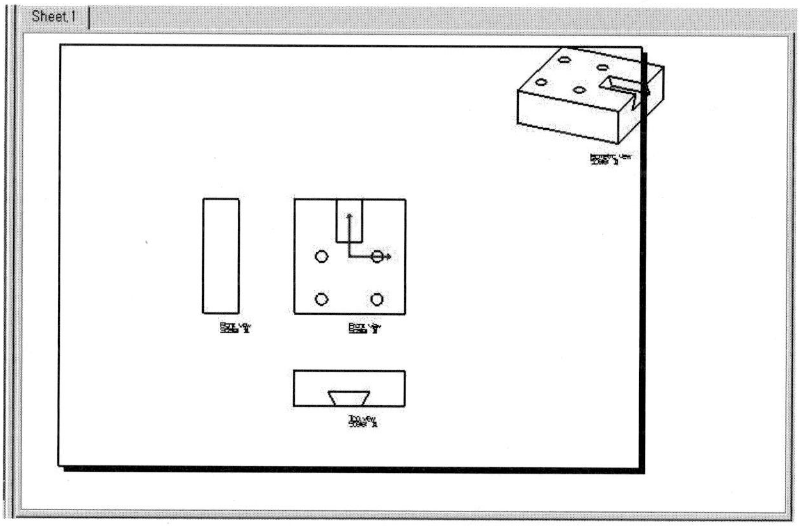

Front Top And Left

자동으로 정면도, 평면도, 좌측면도를 만들어준다. 아이콘을 클릭하고 해당하는 Solid Model을 클릭하면 된다. 다른 아이콘들도 같은 기능이다.

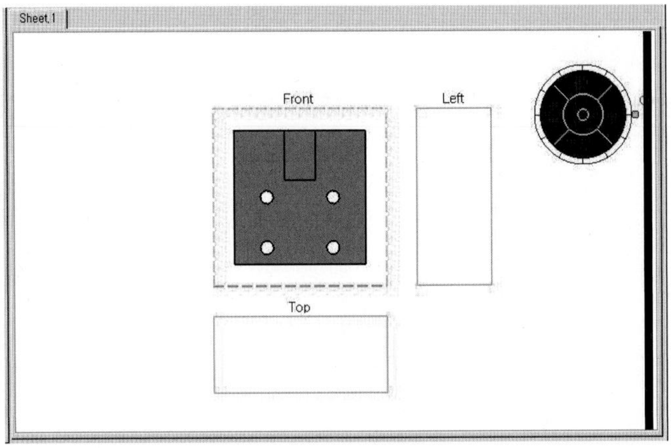

4 도면의 편집

생성된 도면은 수정이 가능하다. 다음과 같이 따라 해보자.

1 Specifications Tree의 해당 도면 가지에 마우스를 놓고 우측 버튼을 눌러 Pop Up Menu를 불러온다. 여기서 Properties 항을 클릭하면 다음과 같은 Properties Box가 열린다.

2 View Tab를 클릭한다.

3 Hidden Line, Center, Axis, Scale, 방향 등을 수정하고 싶다면 필요한 항목을 체크하거나 수정하면 변경된다.

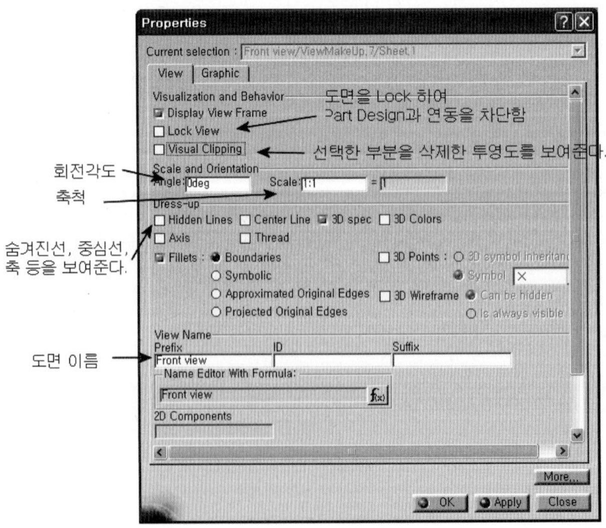

4 Dress-Up의 Hidden Line, Center, Axis를 체크해 보자. 우측면도의 숨겨진 선들이 보이고 Center Line도 보인다.

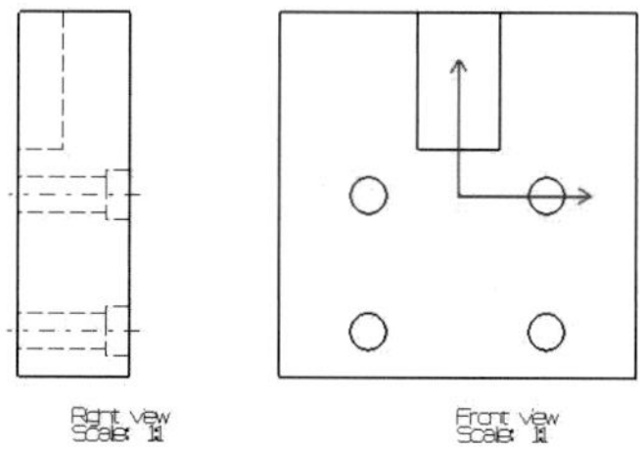

5 치수 생성하기

Generative Drafting에서는 한번 클릭으로 모든 치수를 생성 할 수도 또는 하나하나 필요한 부분의 치수를 생성해 나갈 수도 있는 기능을 가지고 있다.

5.1 Option 설정

치수 생성하기에 앞서 CATIA가 가지고 있는 치수 생성 기능을 사용하기 위해서 Option을 설정하자.

1 Pulldown Menu → Tools → Options 하여 창을 열고

2 Mechanical Design → Drafting → Generation Tab을 누른다.

3 Dimension Generation 항에서 Filters Before Generation을 체크하고 OK한다.

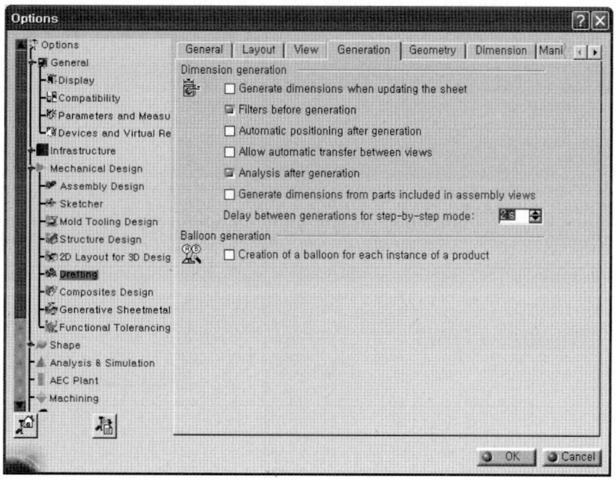

CATIA V5

5.2 치수 생성

(1) Generate Dimensions

Sketcher 작업 시의 구속사항을 기반으로 자동으로 치수를 생성하는 기능을 가지고 있는 Tool Bar이다. 여기에는 Generate Dimensions, Generate Dimensions Step by Step, Generate Balloon의 서브 메뉴가 있다.

Generate Dimensions 

1 아이콘을 클릭하면 Dimension Generation Filters Box가 열린다.

- Type of Constraint : Sketch 작업시의 구속, 3D에서의 구속 그리고 측정된 구속을 포함하며 조립 작업 시에는 Assembly Constraints가 활성화된다.
- Option
  ① Associated with unrepresented elements : 도면에 표현되지 않은 요소에 대해서도 치수를 생성한다.
  ② With Design Tolerance : 설계 치수공차를 생성한다.
- All Add Parts : Assembly 작업 시, 활성화되며 조립되는 Element List가 만들어진다.

2 OK 하면 Generated Dimension Analysis 창이 열린다. 이 창은 Pulldown Menu → Tools → Options → Mechanical Design → Drafting → Generation에서 Analysis after Generation이 체크되어있기 때문이다. 여기서는 그냥 OK 한다.

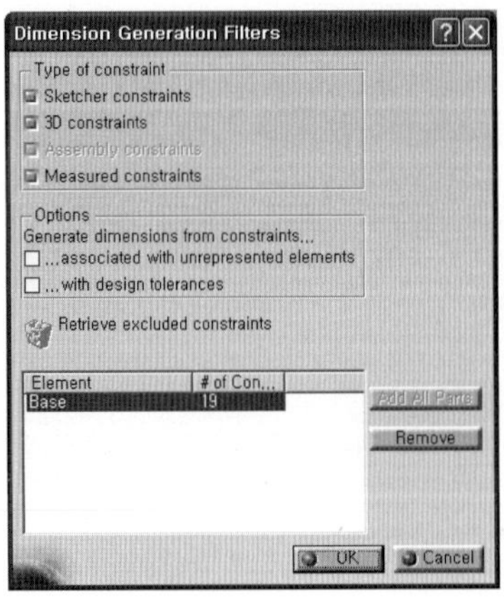

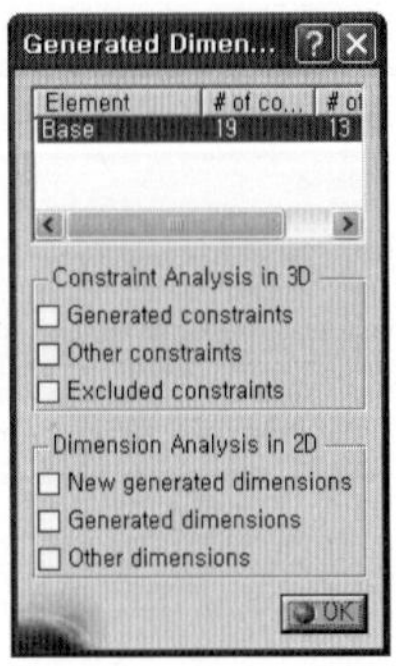

3 치수가 생성되었다.

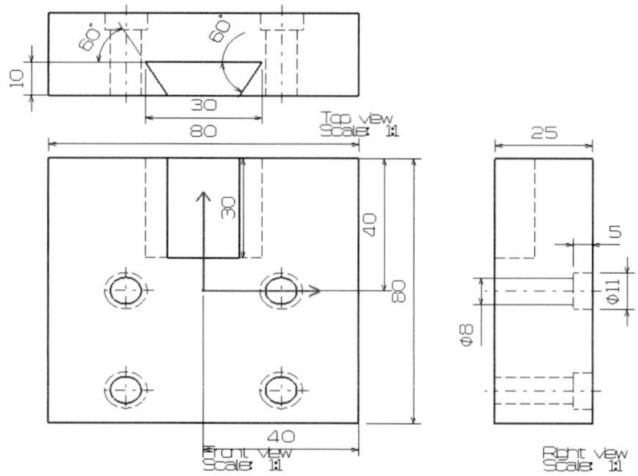

4 CATIA는 기본적으로 모든 View의 치수가 생성된다. 만약 특정 View의 치수만을 생성하고 싶다면 해당 View를 더블클릭하고 Generate Dimensions 을 실행한다.

Generate Dimensions Step by Step

1 치수를 순차적으로 생성하는 아이콘으로 클릭하면 Dimension Generation Filters Box가 열린다.

2 OK 하면 다음과 같은 Step by Step Generation Box가 열린다.

3 Timeout은 한 개의 치수를 생성하고 기다리는 시간으로 0이면 모든 치수를 한번에 생성한다.

4 을 클릭하여 치수 생성을 시작한다.

5 필요 없는 치수가 생성되면 를 클릭하여 중간에 잠시 멈추고 를 클릭하여 삭제한다.

6 다른 View로 이동해야할 치수가 있으면 를 클릭하여 중간에 잠시 멈추고 Transfer 를 클릭한 후 옮기려는 View를 Specifications Tree에서 선택하면 이동한다.

7 중단하려면 을 클릭한다. 빠르게 하려면 을 클릭한다.

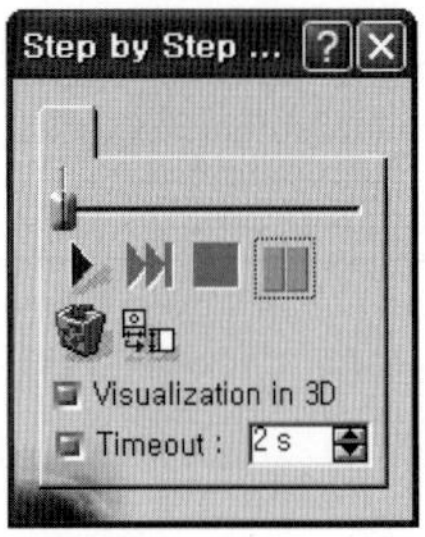

Generate Balloons

조립부품의 조립도에 각 부품의 풍선번호를 부여하는 기능이다.

1. 이 기능을 사용하려면 조립제품을 Assembly Design Workbench의 Product Structure Tools Tool Bar에서 Generate Numbering 을 클릭하여 번호를 부여해야한다.
2. 번호 부여가 끝났으면 Pull Down Menu → Analysis → Bill of Material을 실행하여 준다.
3. 생성된 번호는 마우스로 드래그 하여 위치 등을 변경할 수 있다.

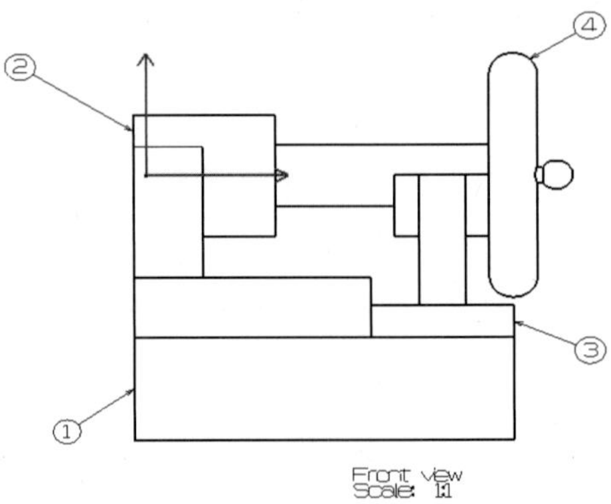

4. Bill Of Material : 조립도의 제원 표 생성

   Pulldown Menu → Insert → Generation → Bill of Material 을 선택하여 표를 만들 위치를 Sheet의 임의의 위치를 클릭하면 재원표가 만들어진다.

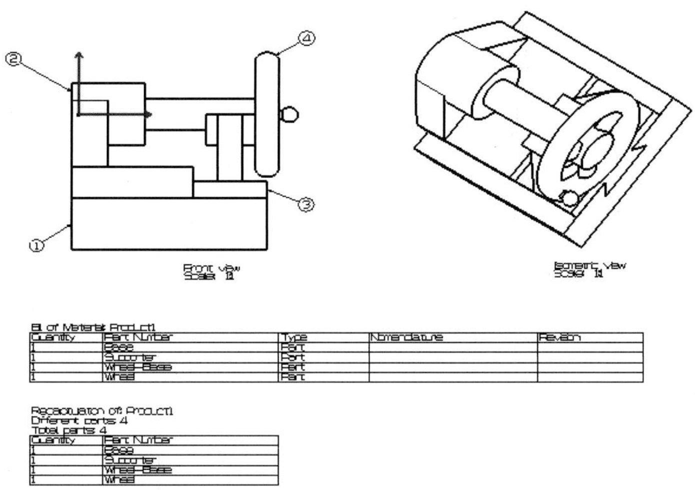

(2) Dimensioning

수동으로 도면을 확인하며 직접 치수를 부여하는 Tool Bar로 여기에는 Dimensions, Technological Feature Dimensions, Dimension Edition, Tolerance 등의 Sub Tool Bar가 존재한다. 또 Reference Tool Bar로 Tools Palette가 열린다. 이것의 기능은 명칭과 같다.

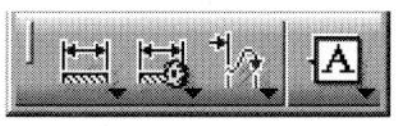

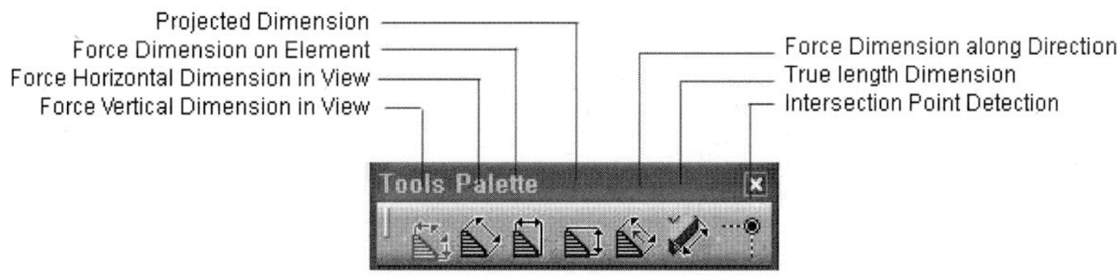

Dimensions

길이 방향의 치수 또는 직경의 치수를 부여하는 아이콘으로 다음처럼 사용한다.

■ 원의 직경 치수 생성

1 Dimensions 아이콘을 클릭하고 원을 선택하면 자동으로 원의 직경의 치수를 생성한다.

2 마우스를 끌어서 적당한 위치에 클릭해서 기록한다.

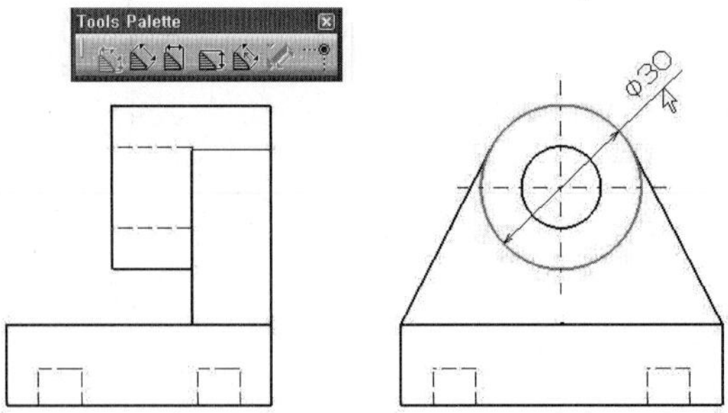

■ 직선의 길이 치수 생성

1 Dimensions 을 클릭하면 Tools Palette Tool Bar가 열린다.

2 치수를 생성하려는 방향의 Tools Palette Tool Bar의 아이콘을 선택한다.

3 직선을 선택하면 자동으로 직선의 길이 치수를 생성한다.

4 원하는 위치에 마우스를 드래그 해준다.

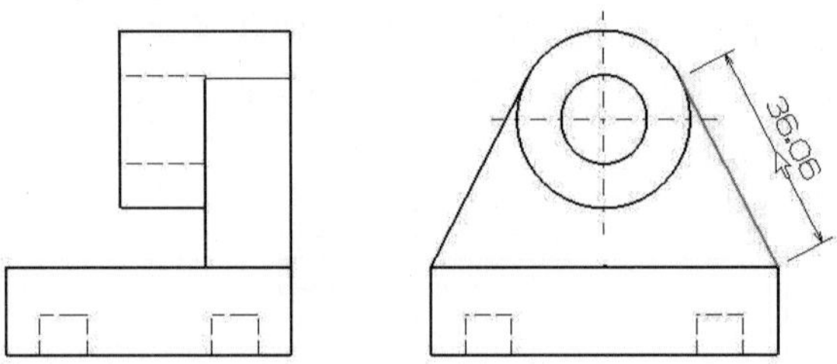

■ 두 직선 사이의 거리 치수 생성

1 Dimensions 을 클릭하고 두 개의 직선을 차례로 선택한다.

2 Tools Palette Tool Bar에서 치수 생성 방향을 설정해 준다.

3 적당한 위치에 마우스를 클릭한다.

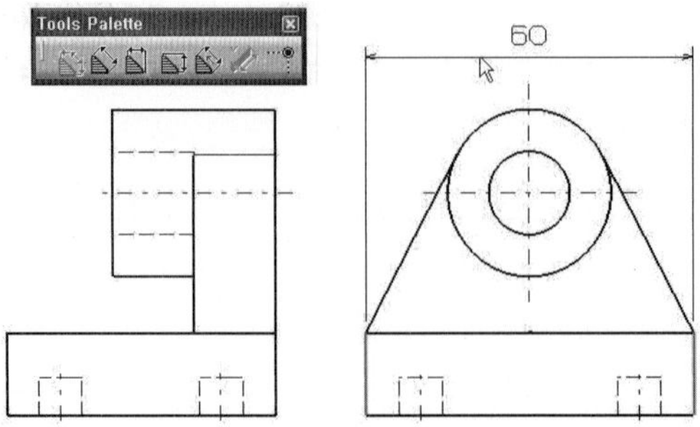

■ 두 원 사이의 거리 치수 생성

1 Dimensions 을 클릭하고 두 원을 차례로 선택한다.

2 선택지점에 나타나는 노란색 사각형은 마우스를 끌어서 위치 변경을 할 수 있다.

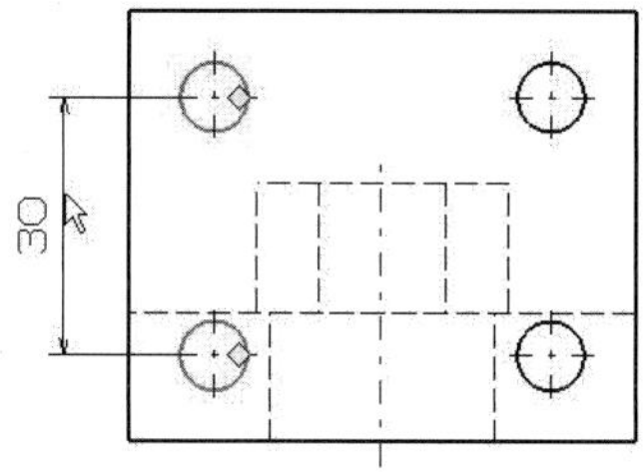

■ 여러 지점의 치수를 동시에 생성

1 Dimensions 을 클릭하고 Tools Palette Tool Bar에서 을 선택한다.

2 치수를 생성하고자하는 요소의 점을 차례로 선택하여 준다.

다음은 두 원의 중심을 차례로 선택하고 끝으로 사각형 모서리를 선택한 결과이다.

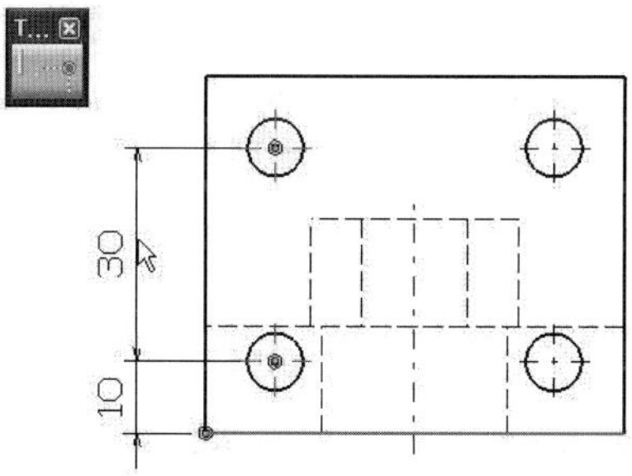

■ 치수의 방향을 지정하여 생성하기

1 Dimensions 을 클릭하고 Tools Palette Tool Bar에서 를 선택하면 Tools Palette Tool Bar가 확장된다.

2 치수생성 방향을 결정할 Reference 요소의 평행, 수직 또는 임의 각도로 선택한다.

3 방향을 결정할 Reference 요소를 선택한다.

4 치수를 부여할 직선을 선택한다.

다음은 사각형 윗변의 치수를 우측 사선을 Reference로 선택하여 우측 사선에 나란하게 생성한 결과이다. Tools Palette Tool Bar의 Option은 Contextual Menu를 불러서 설정할 수도 있다.

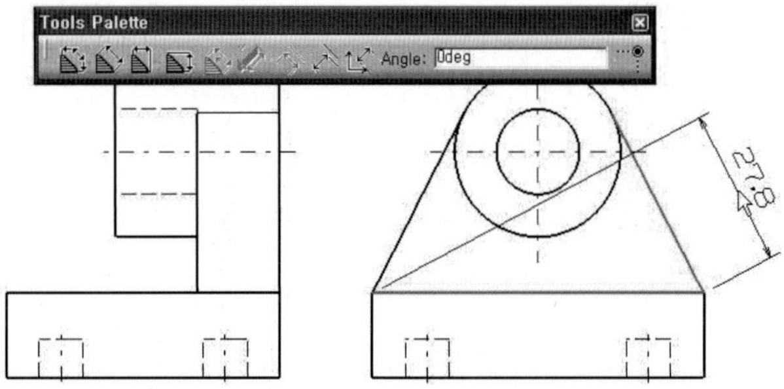

■ 실제 치수 생성하기

3차원 투영 도면은 투영 각도에 따라서는 실제 치수와는 다르게 표시되는 경우가 있다. 이런 경우 Tools Palette Tool Bar의 True Length Dimension 을 클릭하여 실제 치수를 얻을 수 있다.

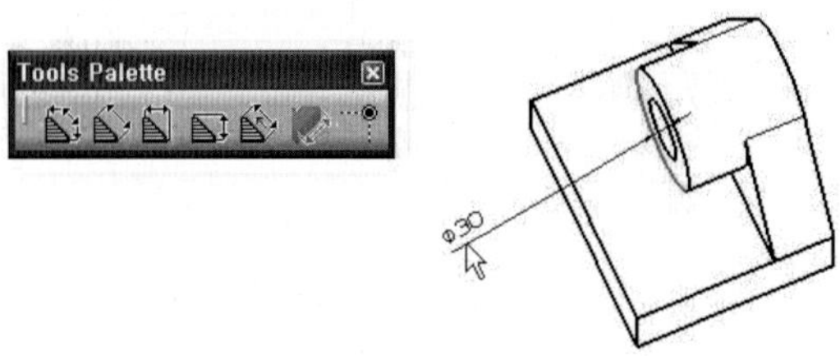

Chain Dimensions

여러 개의 치수를 한 번에 생성하는 기능으로 차례로 요소를 선택하면 생성된다.

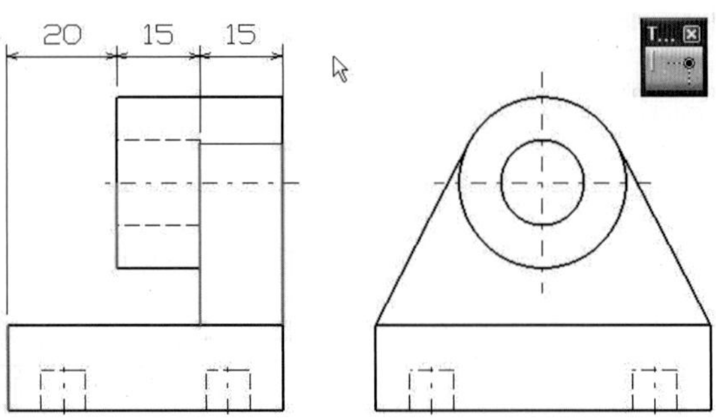

Cumulated Dimensions

한 요소로부터 연속적인 거리를 생성하는 아이콘이다.

다음은 사각형의 윗변으로부터 차례로 직선을 선택하여 거리 치수를 생성한 것이다.

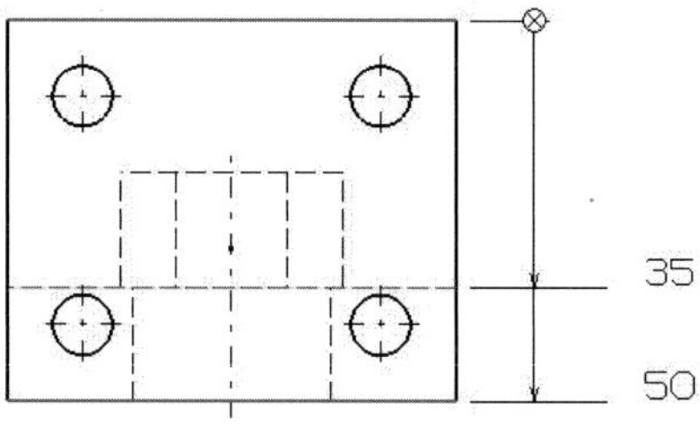

Stacked Dimensions

기준점으로부터 연속적인 치수를 생성하는 아이콘이다.

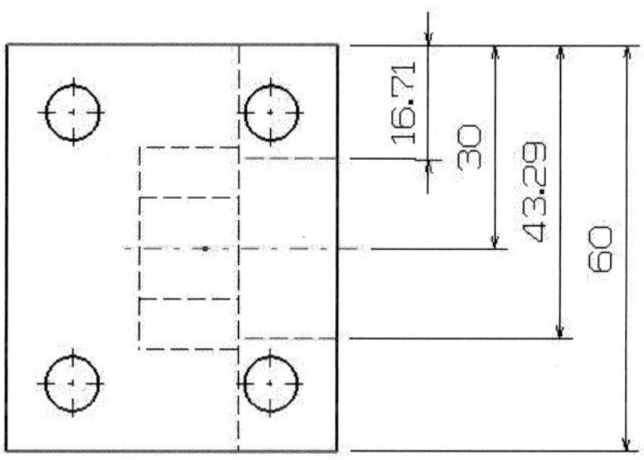

Length/Distance Dimensions

두 점의 거리 요소의 길이 치수를 생성하는 아이콘

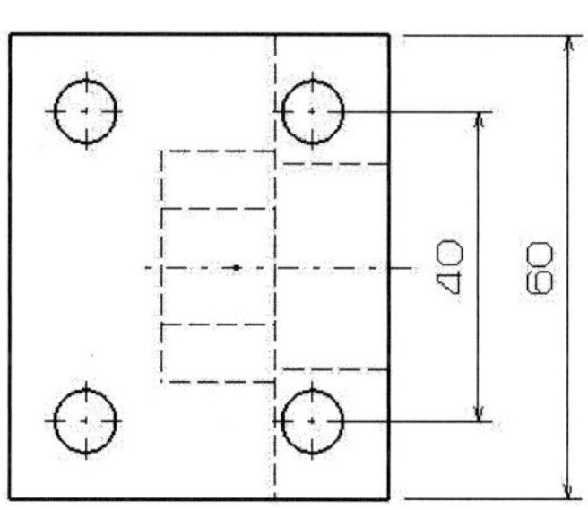

Angle Dimensions

두 요소 사이의 각도 치수를 생성한다.

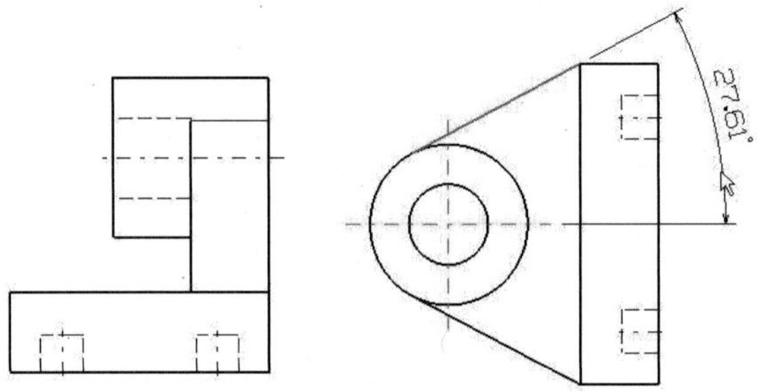

Radius Dimensions

반지름 치수를 생성하는 아이콘

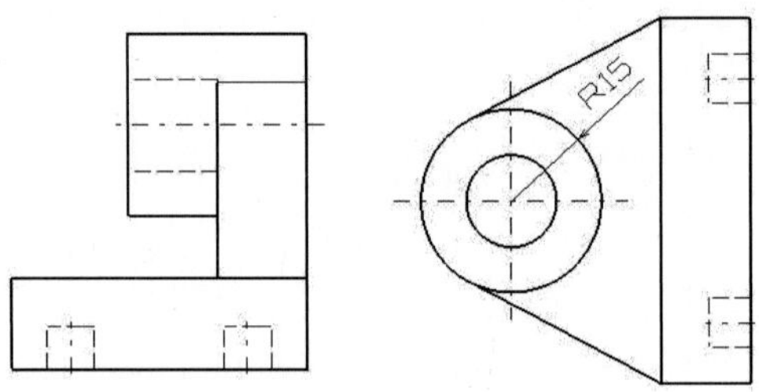

Diameter Dimensions

원의 지름 치수를 생성한다.

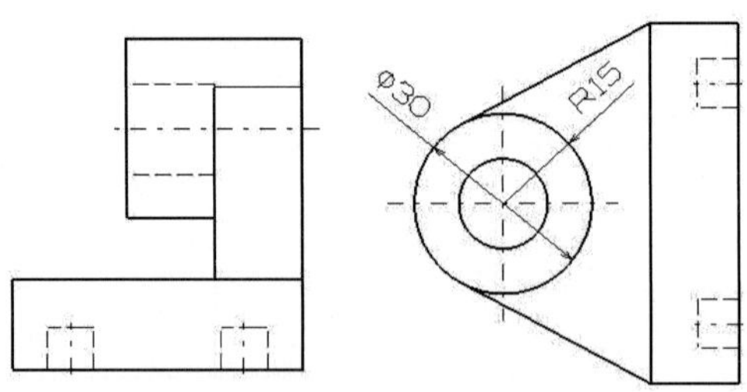

Chamfer Dimensions

모따기 치수를 생성한다.

1 Chamfer Dimensions 를 클릭하면 Tools Palette Tool Bar가 열린다.

2 여기서 원하는 치수형태 기록 방법을 선택하여 생성한다.

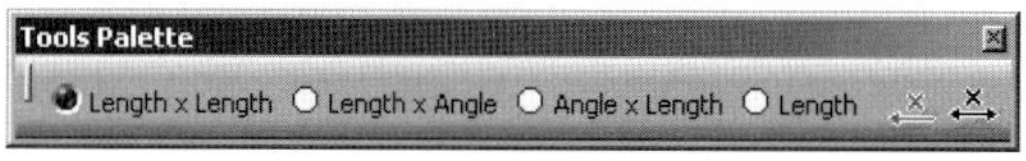

3 모서리의 선택 순서에 따라 표시되는 치수의 순서가 결정된다. 2점의 위치는 마우스를 모서리로 가져가면 생성되는 번호로 치수 생성도 2, 3의 순서로 2번 X 3번 형태로 된다.

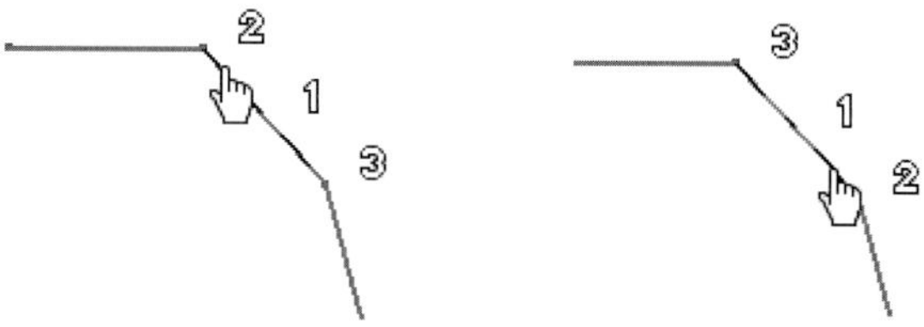

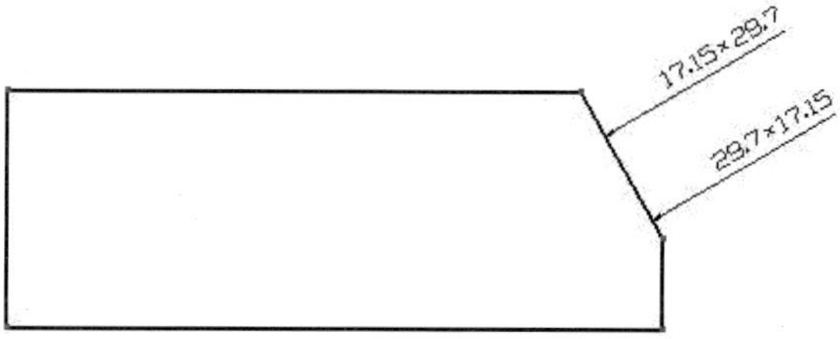

Thread Dimensions

- 정면도를 이용한 나사 치수 생성은 정면도의 원을 선택하면 원의 직경 치수가 생성 된다.

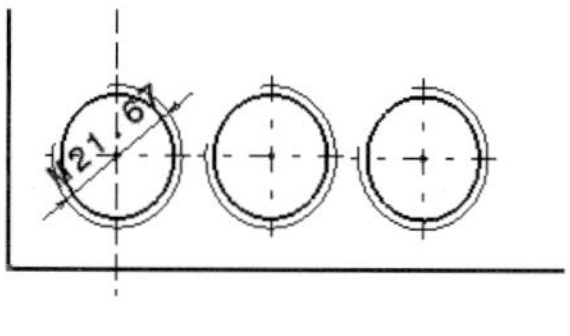

- 단면도를 이용한 나사 치수는 측면의 두선을 선택하면 직경과 깊이 치수가 생성 된다.

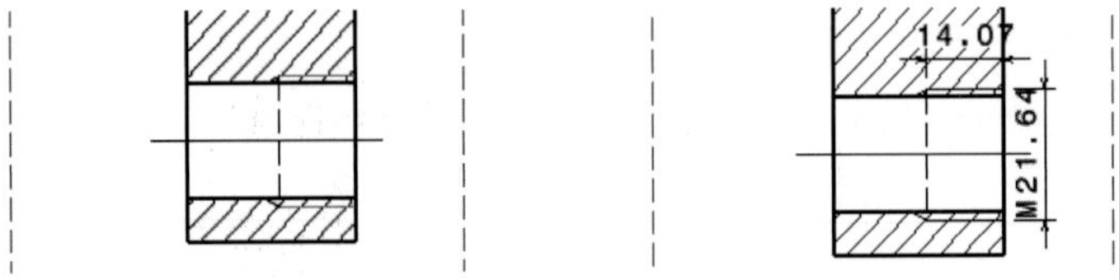

Coordinate Dimensions

지정한 점의 위치를 좌표로 생성하는 치수이다.

- 2D (xy) 좌표시스템의 좌표 값을 생성한다.
- 3D (xyz) 좌표시스템의 좌표 값을 생성한다.

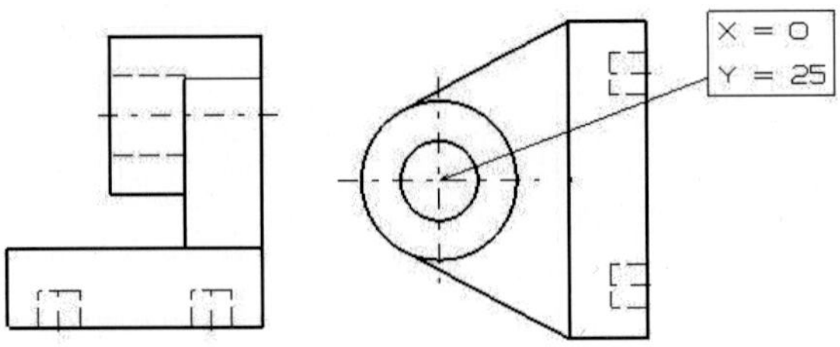

Hole Dimension Table

여러 개의 Hole의 직경 치수를 테이블로 생성한다.

1. 여러 개의 원을 키보드와 마우스를 이용하여 Ctrl+원을 차례로 선택한다.
2. Hole Dimension Table 을 클릭한다.
3. Axis System and Table Parameters Box가 열리면 Columns, Title 등을 수정한 후 OK 한다.
4. Table을 붙여 놓을 장소를 지정한다.

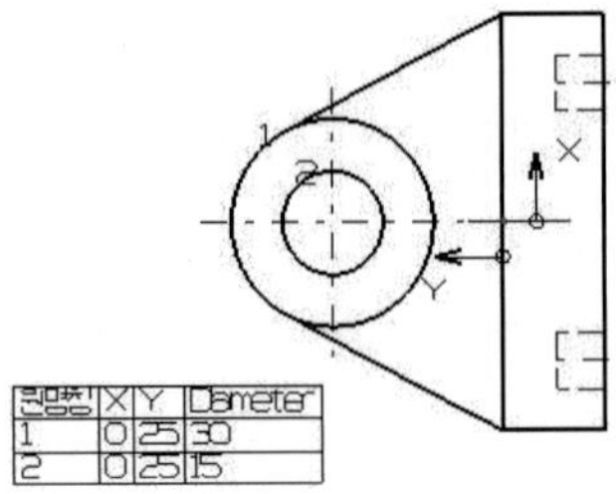

Coordinate Dimension Table

여러 개의 점의 좌표를 Table로 생성한다.

1 여러 개의 점을 차례로 선택한다.

2 Coordinate Dimension Table 을 클릭하여 열리는 Axis System and Table Parameters Box가 열리면 Columns, Title 등을 수정한 후 OK 한다.

3 테이블이 위치할 장소를 클릭한다.

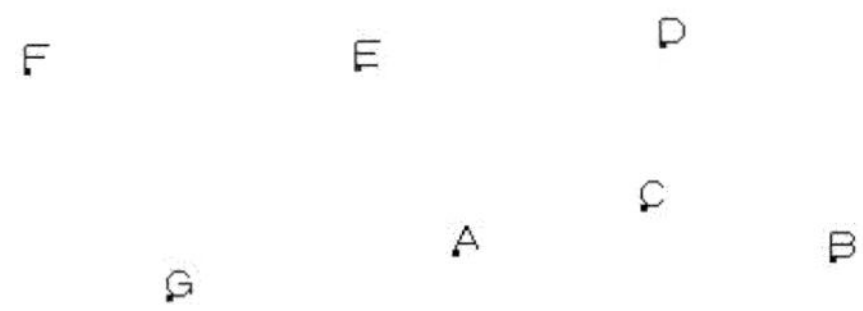

REF.	X	Y
A	45.72	−336.85
B	45.06	−388.52
C	51.93	−353.02
D	74.18	−365.64
E	70.91	−323.11
F	70.25	−276.99
G	38.5	−296.94

(3) Dimension Edition

생성된 치수를 수정하는 기능의 Tool Bar

Re-route Dimension

기존의 치수를 다른 요소의 치수로 변경하는 아이콘

1 Re-route Dimension 을 클릭하고 기존 각도 치수를 선택한다.

2 새로운 각도 치수를 생성할 사선과 사각형 옆 모서리를 차례로 선택한다.

3 적당한 위치에 치수선을 생성한다.

4 기존 치수는 없어지고 새로운 치수가 만들어졌다.

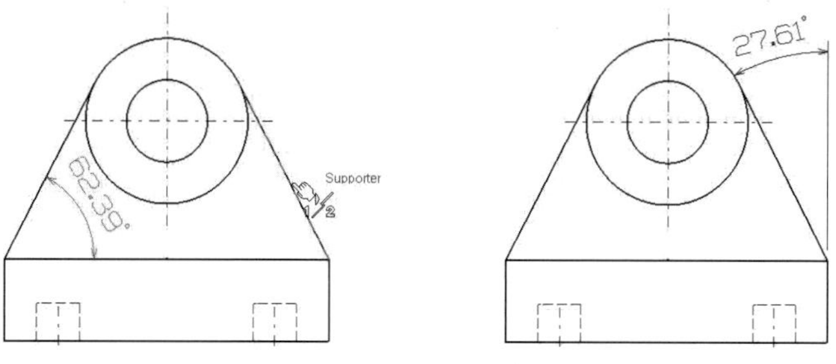

Create Interruption

치수 보조선을 잘라내는 아이콘으로 하나의 보조선 또는 두 개의 보조선을 잘라내는 기능이 있다.

1. Create Interruption 을 클릭하고 자르려는 보조선을 선택한다.
2. 자르려는 위치를 두 곳 선택한다.

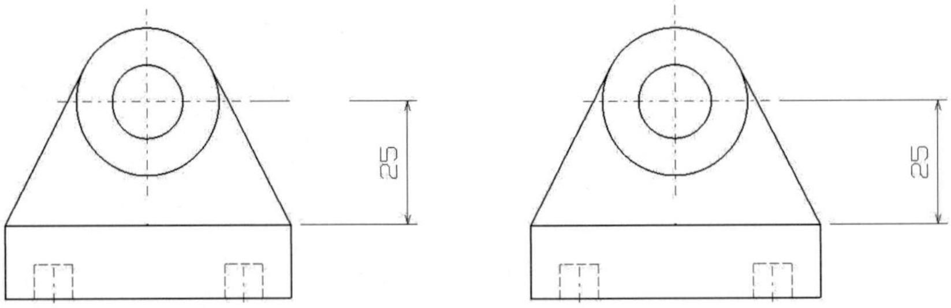

Remove Interruption

Create Interruption에 의해서 잘린 보조선을 복구하는 기능이 있다.

1. Remove Interruption 을 클릭하고 복구하려는 보조선을 선택한다.
2. 복구하려는 위치를 두 곳 선택한다.

Create/Modify Clipping

치수 보조선의 한쪽을 삭제하는 기능이다.

1. Create/Modify Clipping 을 클릭한다.
2. 남겨둘 치수 보조선이 있는 쪽의 화면을 클릭한다.

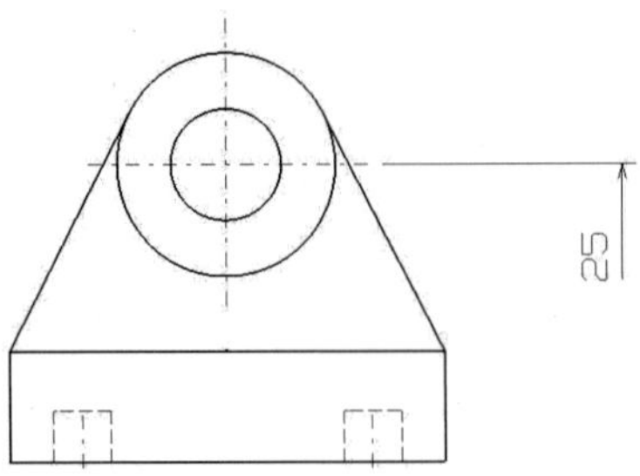

(4) Tolerance

공차와 Datum을 생성하는 Tool Bar이다.

Datum Feature

Datum Feature는 공차를 계산하는데 기준이 되는 면을 생성 하는 아이콘이다.

1. Datum Feature 을 클릭하고 기준면을 선택한다.
2. 화면에 Datum 표식이 나타나고 Datum Feature Creation Box가 열린다.
3. Datum Feature Creation Box에 해당 Datum 이름을 입력하고 OK 한다.

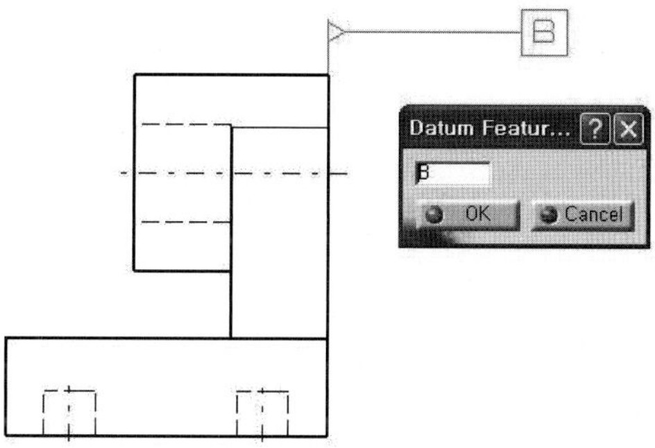

Geometrical Tolerance

형상공차를 생성하는 아이콘이다. 아이콘을 클릭하고 위치를 선정하면 Geometrical Tolerance Box가 열린다.

1. Keyboard 와 Insert Symbol Tab을 이용하여 Upper Text Field 입력한다.
2. Tolerance Symbol Tab을 열어서 해당 기호를 삽입한다.
3. Tolerance Value란에 Keyboard와 Insert Symbol Tab을 이용하여 공차 값을 입력한다.
4. Reference Field에 Keyboard와 Insert Symbol Tab을 이용하여 해당 Datum을 입력한다.

5 Keyboard 와 Insert Symbol Tab을 이용하여 Lower Text Field 입력한다.

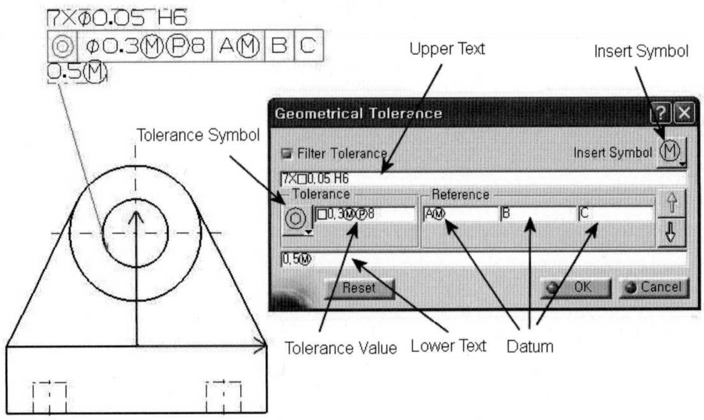

(5) Annotations

도면에 문자, 기호 등을 입력하는 기능의 Tool Bar이다.

Text

1 도면에 문자를 입력하려면 Text 를 클릭한다.

2 마우스 포인터로 입력 위치를 클릭하면 작은 사각형이 만들어지고

3 Text Editor 창이 열린다.

4 Text Properties Tool Bar에서 Font의 종류, 글자크기, 굵기, 정렬 방법 등을 선정한다.

5 Text Editor 창에 문자를 입력한다.

6 OK 한다.

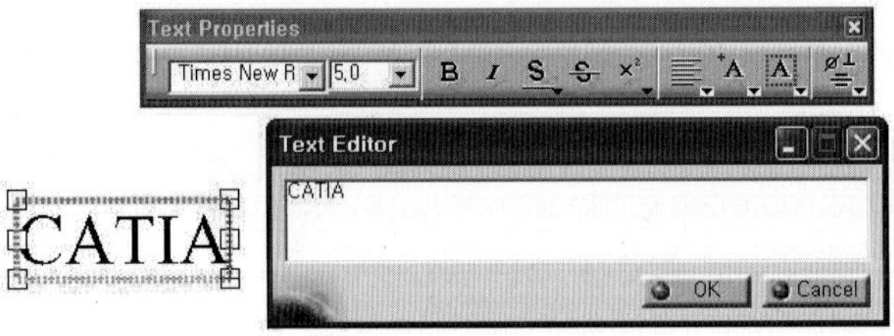

CATIA V5

Text with Leader

1 Text with Leader 을 클릭한다.

2 화살표의 끝점이 될 위치를 선택한다.

3 지시선이 꺽이고, 문자를 입력할 위치를 클릭한다.

4 Text Editor에 문자를 입력한다.

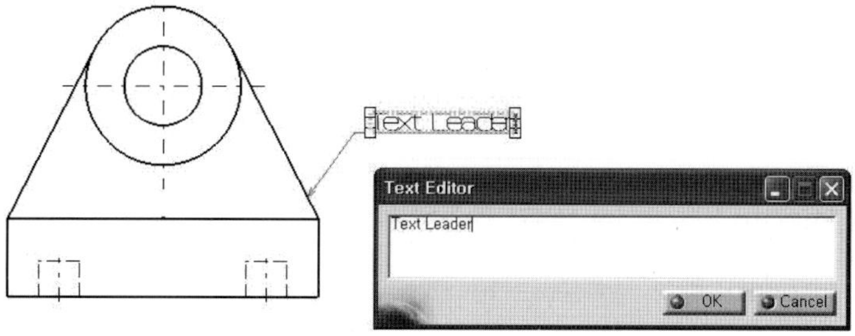

Balloon

1 Balloon 을 클릭한다.

2 풍선 기호를 입력해줄 요소를 선택 한다

3 기호를 기록할 공간에 클릭한다.

4 Balloon Creation Box에 문자를 넣는다.

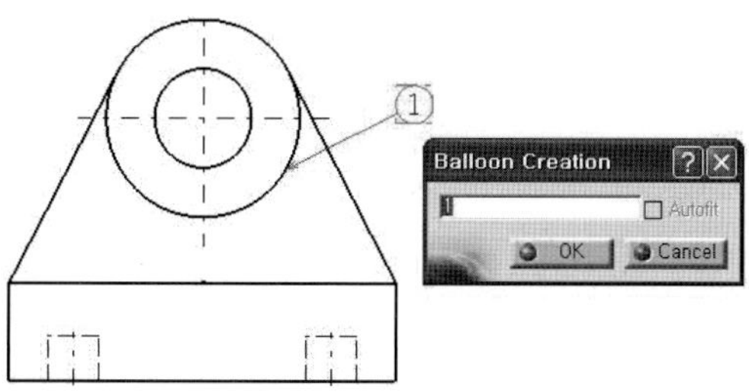

Datum Target

1 Datum Target 을 클릭한다.

2 Target 화살표가 위치할 요소를 선택한다.

3 Datum Target 문자가 위치를 클릭하면 Datum Target Creation Box가 열린다.

4 Datum Target Creation Box 위쪽 칸에 Target의 위쪽 칸에 올 값을 기록한다.

5 직경기호가 필요하면 Field 앞의 Ø를 클릭한다.

6 아래 칸에 Datum을 입력한다.

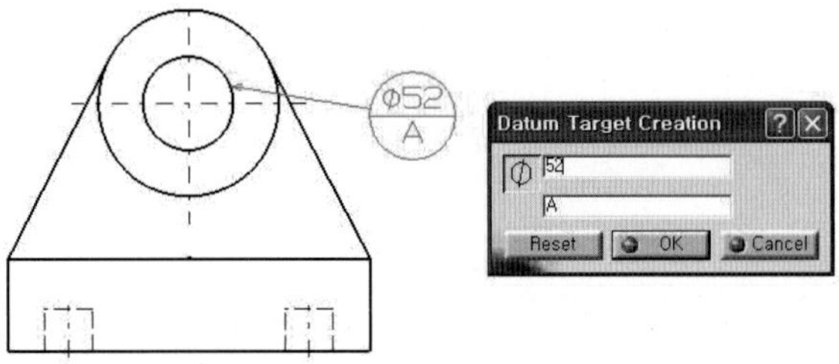

Text Template Placement

Assembly 제품의 조립도 등에 Part Number, Name등의 만들어주는 기능의 아이콘이다.

1 Text Template Placement 을 클릭한다.

2 Place Text Template 창의 위쪽 필드 오른쪽에 있는 Folder 탐색 버튼 을 클릭하여 File Selection 창을 연다.

3 자신의 CATIA Document Folder에서 Text Templates.catalog 파일이 있는 곳을 찾는다.

▸ Dassault Systemes / xxxdoc / online / cfysm_C2 / samples / Drafting / Text Templates.catalog

4 Text Template가 부착될 요소를 선택한다.

5 Place Text Template 창의 아래쪽에 Part number, Part name List가 나타난다.

6 표시하고자 하는 Part number, Part name을 선택한다.

7 Text Template가 만들어진다.

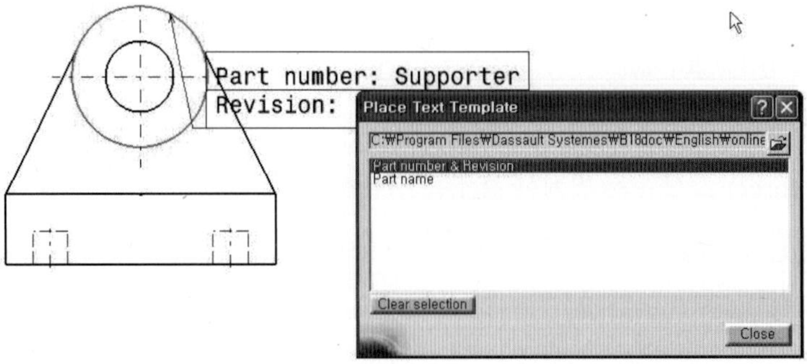

(6) Symbols

도면에 필요한 거칠기, 다듬질, 용접 등의 각종 기호를 입력하는 Tool Bar이다.

Roughness Symbol

1. 거칠기를 표시하는 Roughness Symbol 아이콘을 클릭한다.
2. Roughness Symbol Box가 열린다.
3. 열린 Box에 원하는 값을 선택하고 기록한다.
4. OK 한다.

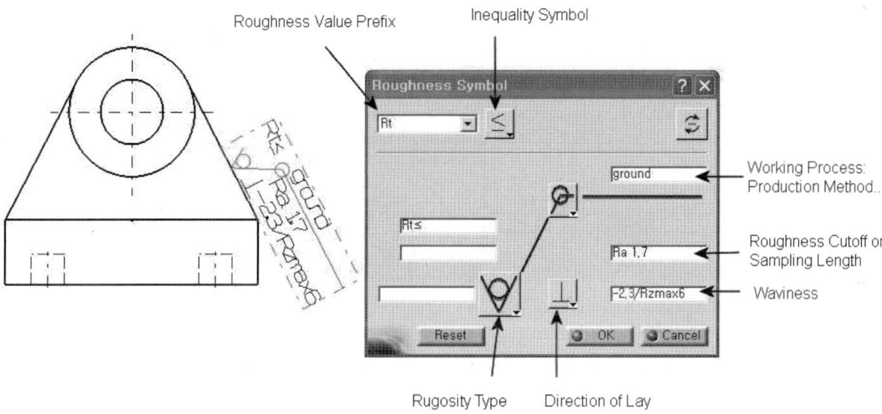

Welding Symbol

부품에 용접 기호를 추가하는 아이콘이다.

1. Welding Symbol 을 클릭한다.
2. 용접하려는 두 개의 요소를 차례로 선택해 준다.
3. Welding Creation Box가 열린다.
4. 차례로 선택하고 입력한 후 OK 한다.

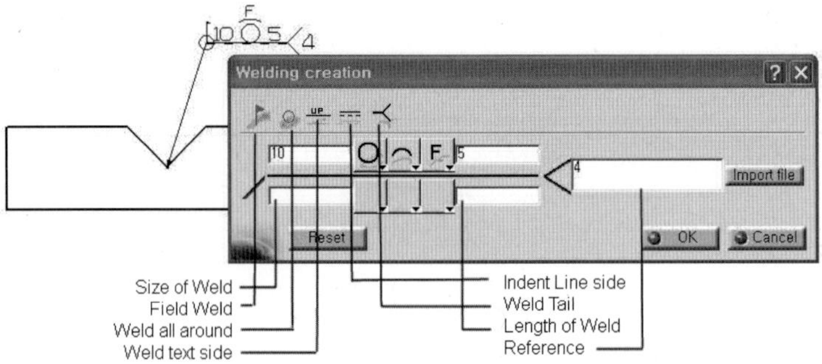

Weld

도면에 용접 표식을 생성하는 아이콘이다.

1 Weld 을 클릭한다.

2 용접하려는 두 개의 요소를 차례로 선택하면 Welding Editor가 열린다.

3 용접 두께, 각도, 모양을 선택하고 OK 한다.

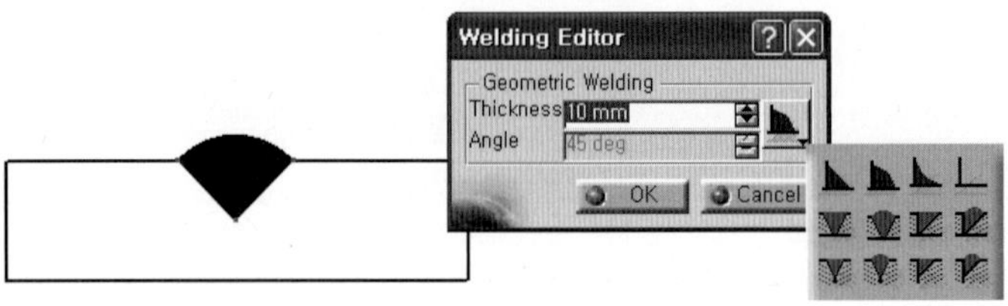

Table

도면에 Table을 생성해주는 아이콘

1 Table 을 클릭한다.

2 Table Editor 창에 Columns, Rows 수를 입력하고 OK 한다.

3 Table을 생성할 위치를 클릭하면 만들어진다.

4 마우스로 드래그 하여 이동이 가능하다.

5 더블클릭하면 편집모드로 바뀐다.

6 입력하려는 Cell을 선택하고 더블클릭하면 Text Editor가 열린다.

7 Text Properties Tool Bar를 이용하여 Font, Size의 정렬을 할 수 있다

8 Text를 입력하고 OK 한다.

Ref	74.11	343.5	33.4
K	0.35	5.55	3.23
G	4.34	4,56	6.56

(7) Dress Up

도면에 중심기호, 축 등 보조 요소들을 첨가하여 완성도 높은 도면을 만들도록 돕는 기능이 있는 Tool Bar이다.

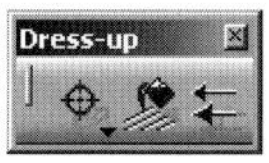

Center Line

원의 중심선을 생성하는 아이콘으로 아이콘을 클릭하고 원을 선택하면 원에 중심선이 생성된다.

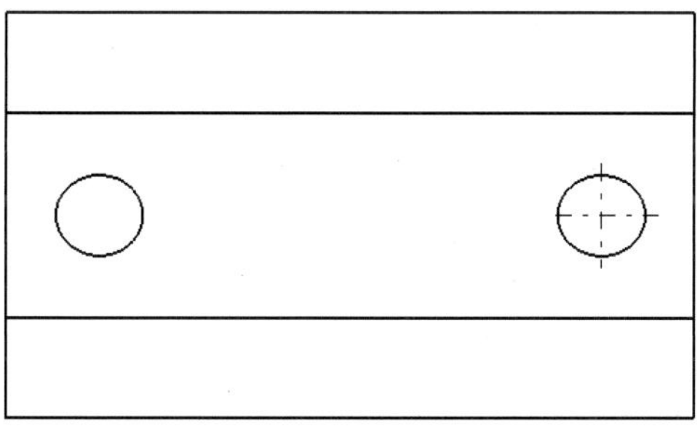

Center Line with Reference

Reference 방향으로 중심선을 생성한다.

1 아이콘을 클릭한다.

2 원을 선택한다.

3 Reference 요소를 선택한다. 여기서는 모서리를 선택하였다.

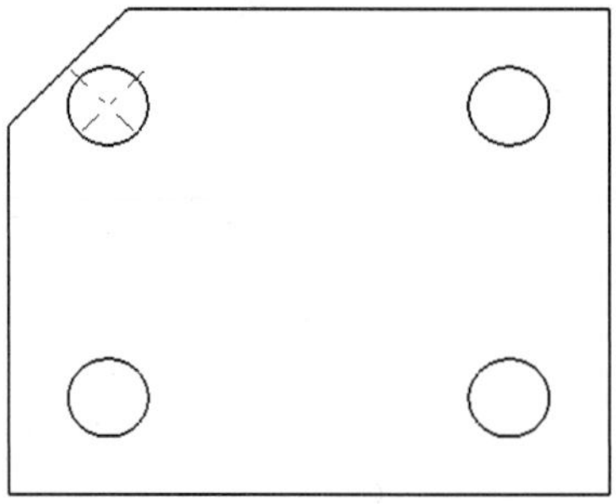

Thread

원에 Thread 또는 Tap의 기호를 삽입한다.

1. Thread 아이콘을 클릭한다.
2. Tool Bar에서 Tap과 Thread 둘 중에서 선택한다. Default는 Tap이다.
3. 원을 선택한다.

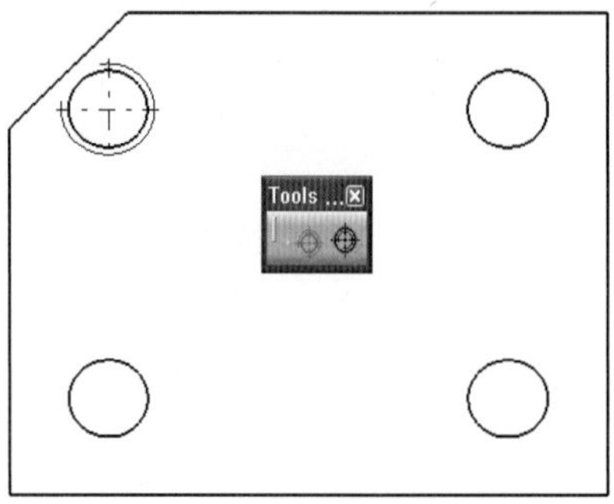

Thread with Reference

Reference 방향으로 Thread를 생성하는 아이콘

Axis Line

축을 생성하는 아이콘으로 축을 생성하려는 두 개의 직선을 차례로 선택하면 중앙에 축을 생성한다.

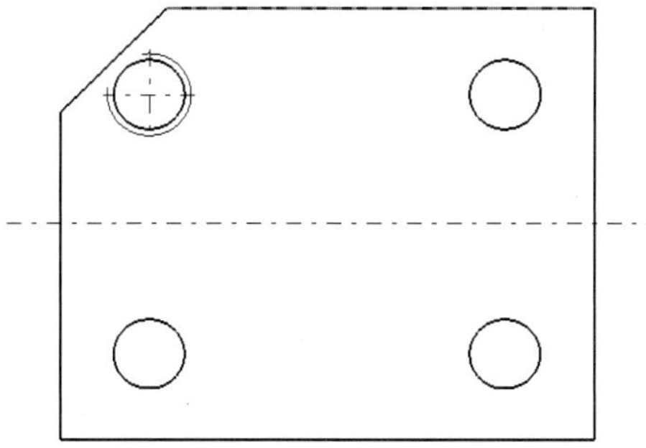

Axis Line and Center Line

중심선과 축을 동시에 생성하는 아이콘으로 두 개의 원을 차례로 선택하면 중심선과 축이 생성된다.

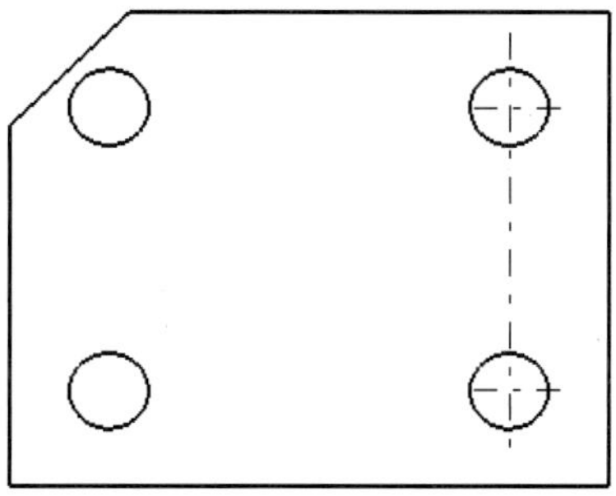

Area Fill

선택한 영역에 Hatching을 하는 아이콘

1 Area Fill 을 클릭하면 Tools Palette Tool Bar가 열린다.

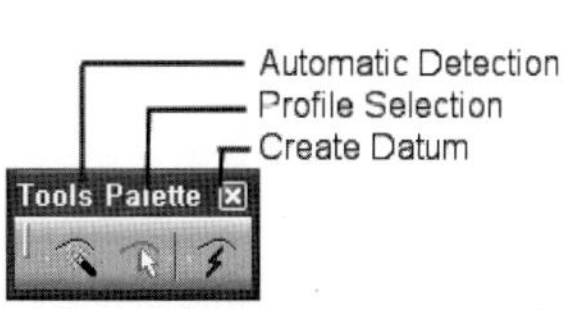

2 Tools Palette에서 선택한다.

- Automatic Detection : 닫혀 있는 공간의 가운데 부분을 클릭하면 자동으로 해칭 된다.

▸ Profile Selection : 해칭 할 공간을 둘러싸고 있는 선분을 차례로 선택하면 해칭 된다.

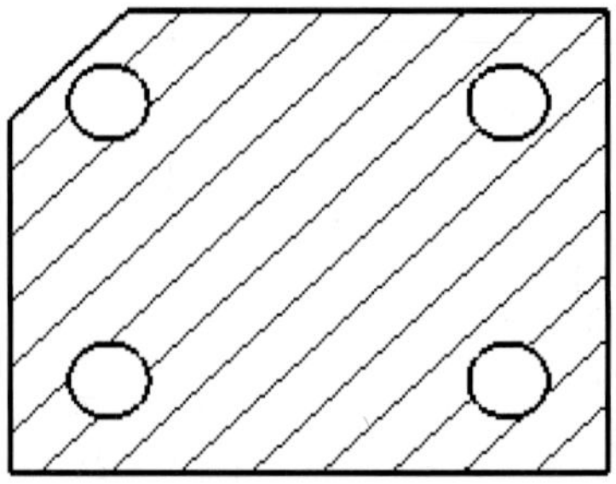

Arrow

화살표를 생성하는 기능의 아이콘이다.

1 아이콘을 클릭하고 화살표를 삽입할 목표점을 선택한다.

2 끝점을 선택하면 끝에 화살이 만들어진다.

3 화살표의 끝점을 우측 마우스로 Contextual Menu를 연다.

4 Add on Breakpoint를 선택하면 중간이 꺾인 화살표를 만든다.

5 또 Symbol Shape을 선택하면 메뉴가 확장 되어 화살 끝의 모양을 변경시킬 수 있다.

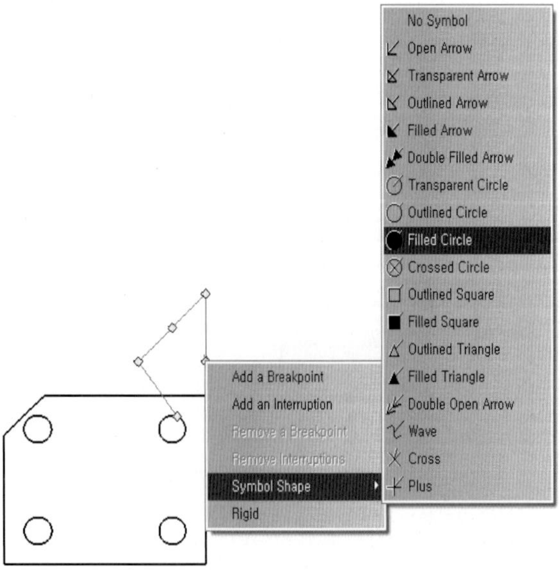

6 기타

6.1 New Sheet

조립도와 같이 여러 부품의 도면을 관리하기 위해서는 여러 장의 Sheet가 필요하다. New Sheet 는 새로운 도면을 생성할 Sheet를 만들어 주는 기능의 아이콘으로 Sheet2가 새로 만들어진다. 작업 Sheet를 변경하려면 Specifications Tree나 Tab의 Sheet 번호를 선택하면 작업 Sheet가 바뀐다.

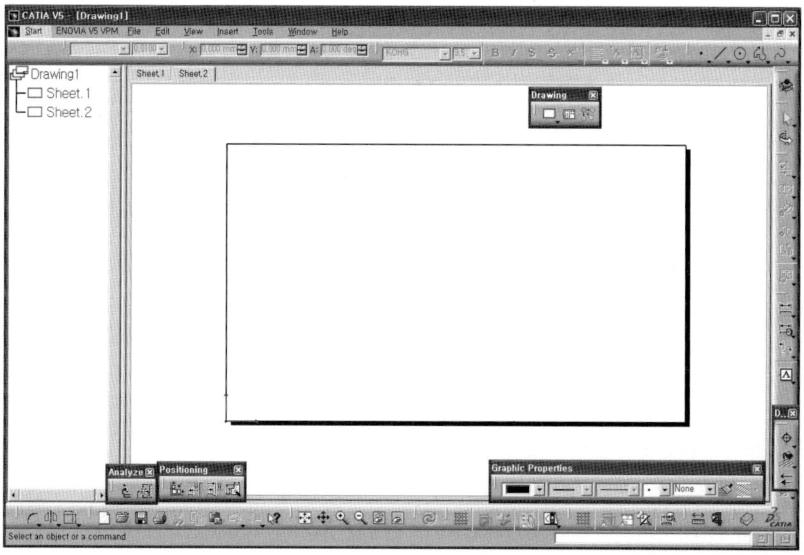

6.2 Visualization

작업을 하다보면 주변의 간섭이나 환경에 의해서 영향을 받을 때가 있다. 이 Tool Bar는 작업의 편의를 위해서 사용하는 것으로 그리드, 구속 내용, View화면 경계 등을 포함한다.

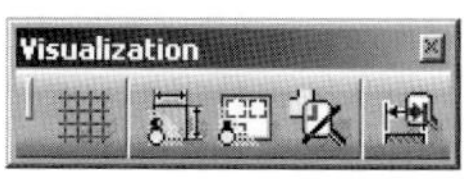

- Sketcher Grid : 화면에 격자를 생성 또는 감추는 아이콘
- Show Constraints : 도면에 부과된 구속 내용을 보여주거나 감추는 아이콘

- Display View Frame as Specified for each View : 각 투영도의 프레임을 보이고 감추는 기능의 아이콘
- Filter Generated Elements : 3D 작업에서 생성한 요소는 색으로, 2D에서 생성한 요소는 회색으로 구별하여 나타낸다.
- Analysis Display Mode : 치수 종류에 따라서 미리 설정한 색상으로 표시하는 기능의 아이콘

6.3 Frame 만들기

도면에 프레임이나 표제란을 만들기 위해서는 Background Mode로 들어가야 한다. 이 모드에 들어가면 화면이 회색으로 변경되고 기존의 View는 보이지 않는다.

1 Pull Down Menu → Edit → Sheet Background를 클릭하면 화면이 회색으로 바뀐다.

2 Drawing Tool Bar에서 Creating a Frame Title Block 를 클릭한다.

3 Manage Frame And Title Block 창이 열린다.

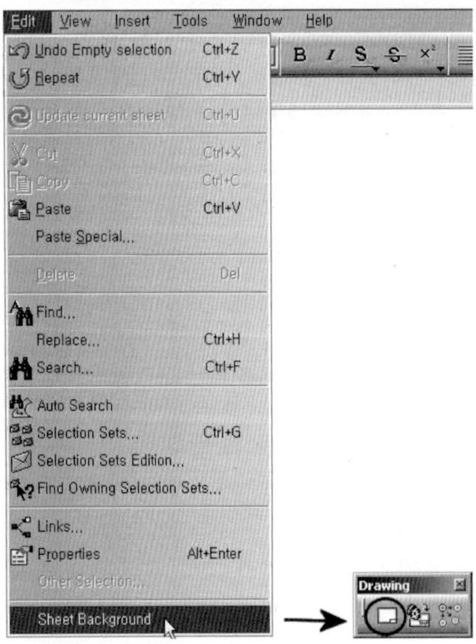

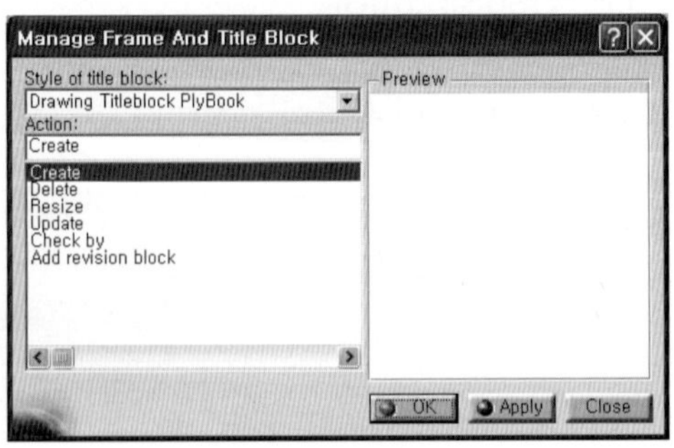

- Style of Title Block : 목록 중에서 프레임과 표제란의 스타일을 선택한다. 기존의 Sample을 선택하면 화면에 미리보기가 된다.
- Create : 현재의 도면에 프레임과 표제란을 생성한다.
- Delete : 도면의 프레임과 표제란이 삭제된다.
- Update : Sheet의 사이즈, 추가 등을 하였을 때 업데이트한다.
- Check by : 도면을 Check 한 사람의 이름을 입력하는 창이 열린다. 입력하고 OK 한다.
- Add Revision Block : 수정한 사람의 이름과 내용을 입력한다.

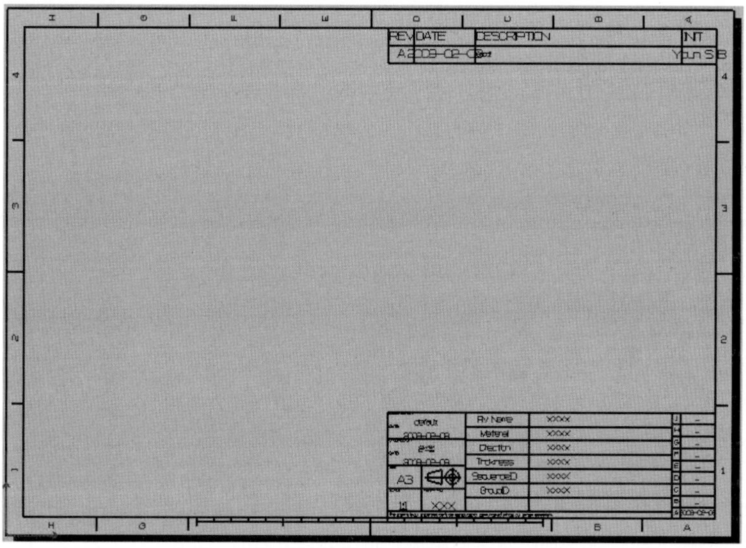

4 Frame과 표제란이 만들어졌으면 수정할 문자를 더블클릭하면 Text Editor가 열린다.

5 Text Properties 창을 활용하여 수정할 내용을 입력하고 OK한다.

6 그림을 삽입하려면 Pull Down Menu → Insert → Picture 로 입력한다.

7 Frame 생성작업에서 나가려면 다음처럼 나간다.

Pull Down Menu → Edit → Working Views

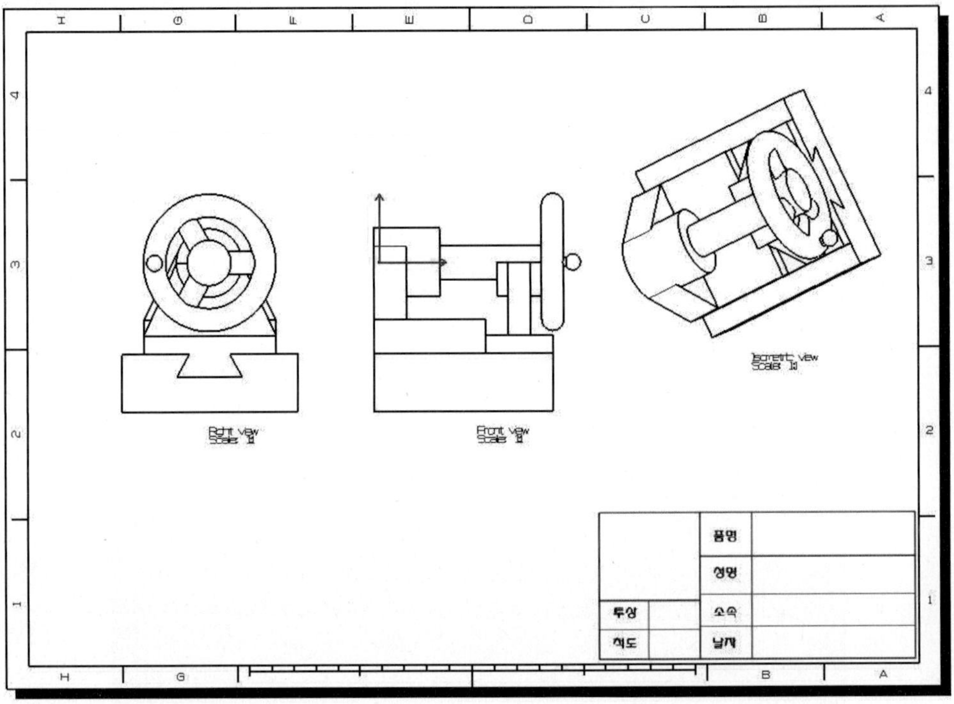
Right view
Scale: 1:1
Front view
Scale: 1:1
Isometric view
Scale: 1:1
품명
성명
투상
소속
척도
날짜

CHAPTER 07 EXERCISE

Ex_01

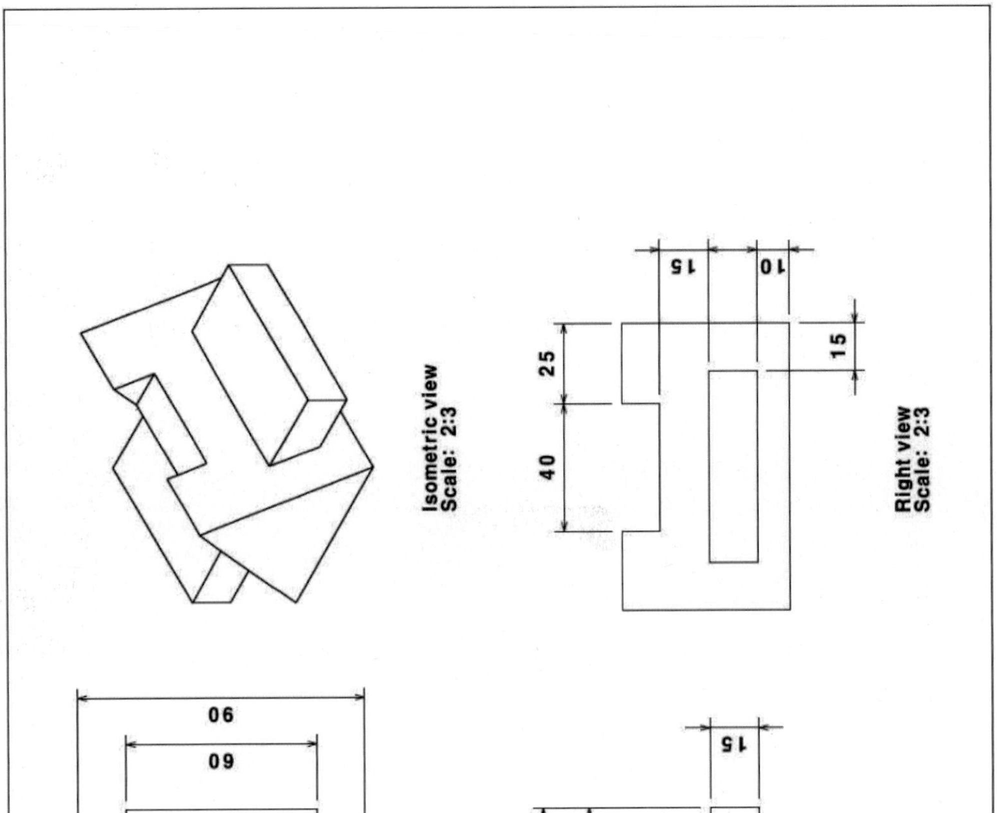
Isometric view
Scale: 2:3
Top view
Scale: 2:3
90
60
Front view
Scale: 2:3
90
45
15
60°
60°
60
Right view
Scale: 2:3
25
40
15
10
15

Ex_02

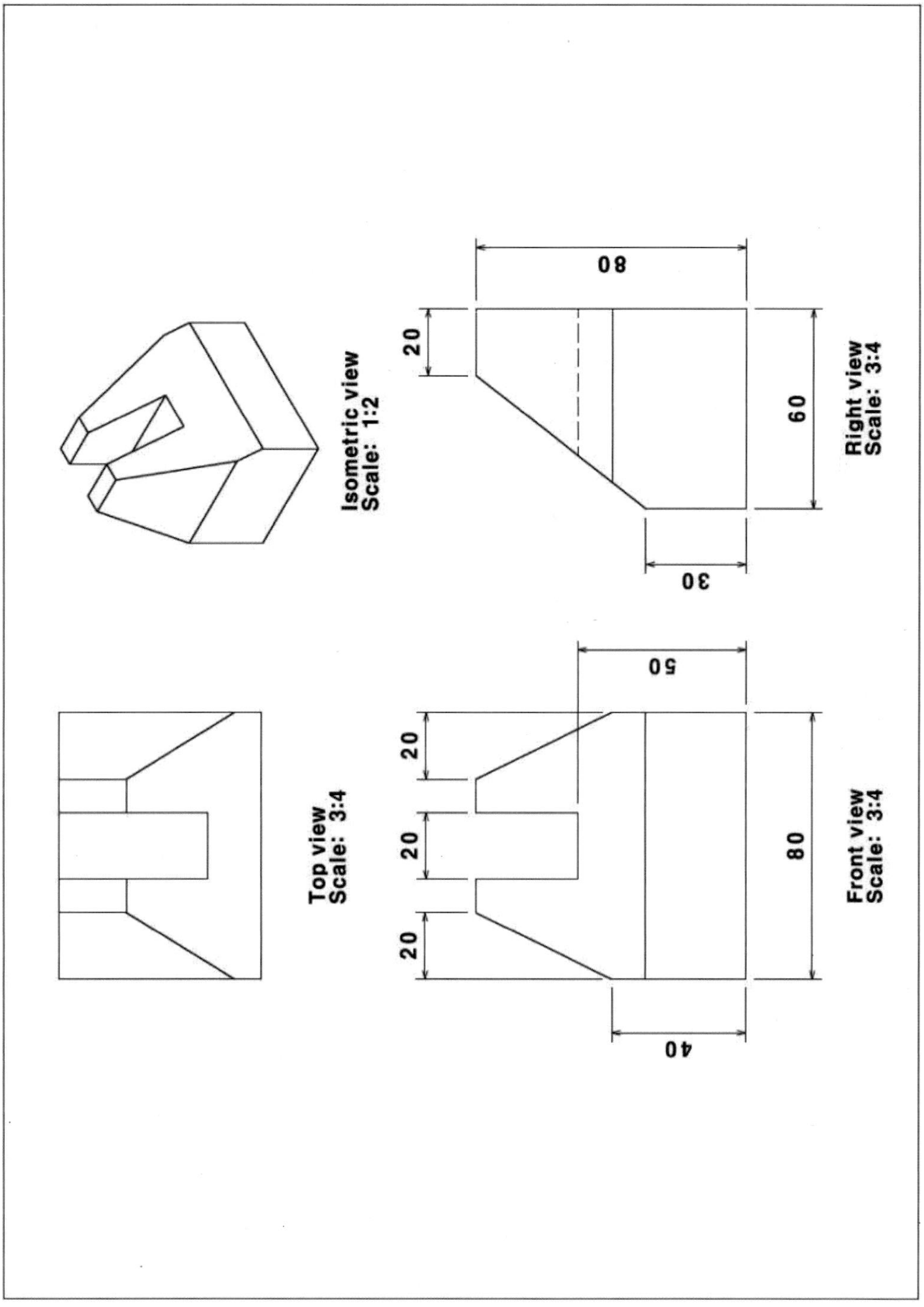

Isometric view
Scale: 1:2
Top view
Scale: 3:4
Right view
Scale: 3:4
Front view
Scale: 3:4
80
20
60
30
50
20
20
20
80
40

Ex_03

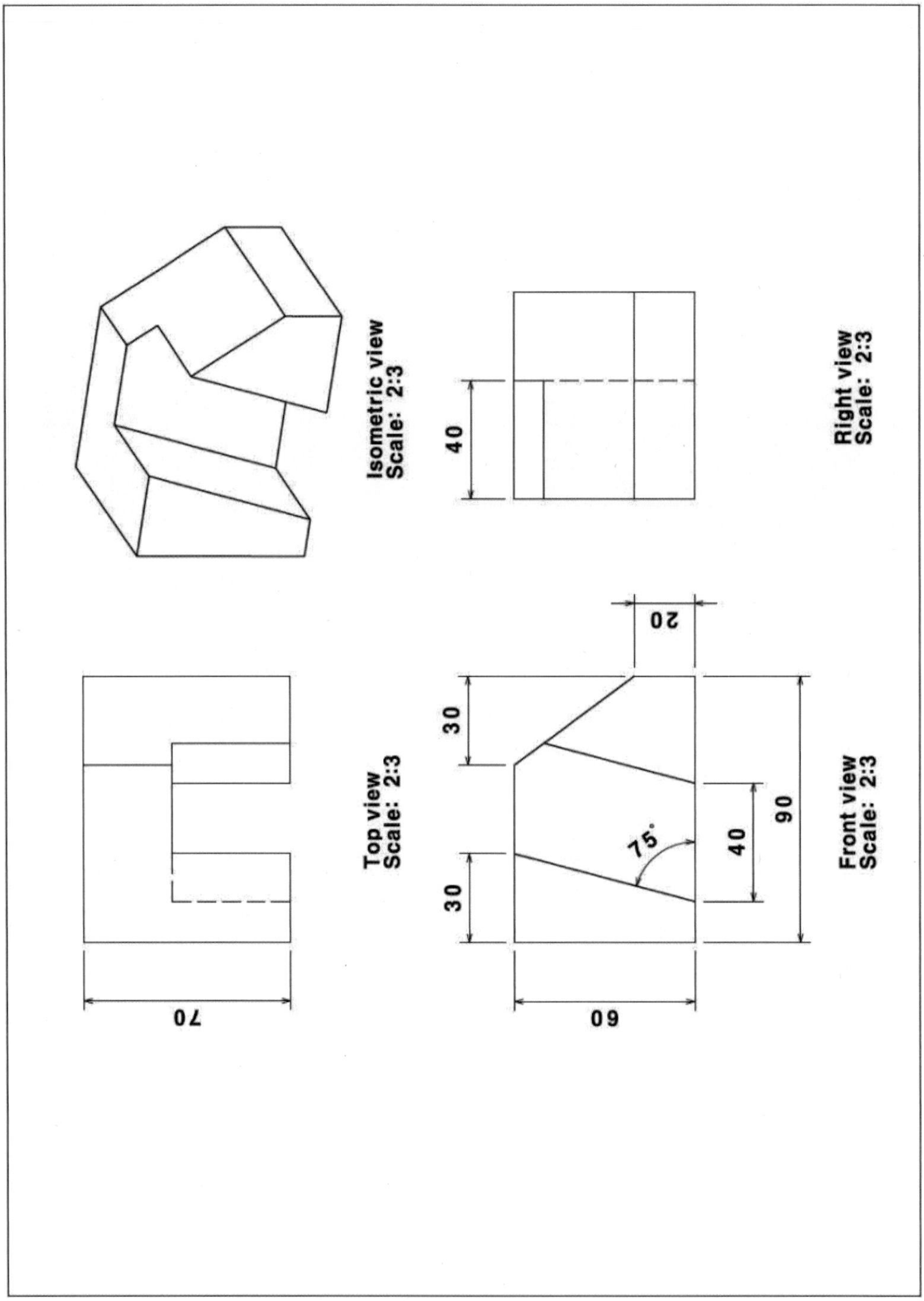

Isometric view
Scale: 2:3
Top view
Scale: 2:3
Right view
Scale: 2:3
Front view
Scale: 2:3
70
60
90
40
30
30
40
20
75°

Ex_04

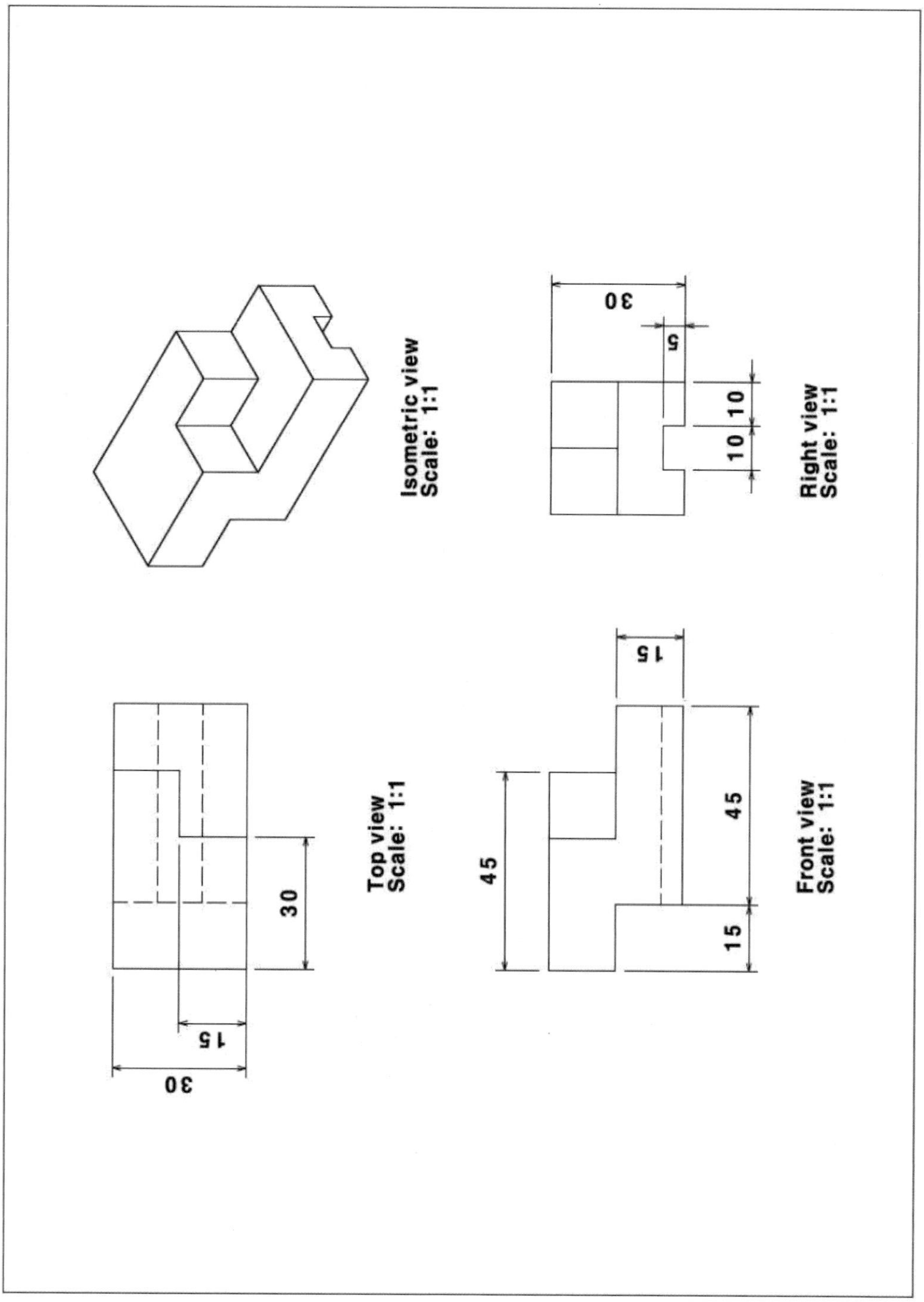
Isometric view
Scale: 1:1
Right view
Scale: 1:1
Top view
Scale: 1:1
Front view
Scale: 1:1
30
5
10
10
15
45
45
15
30
15
30

Ex_05

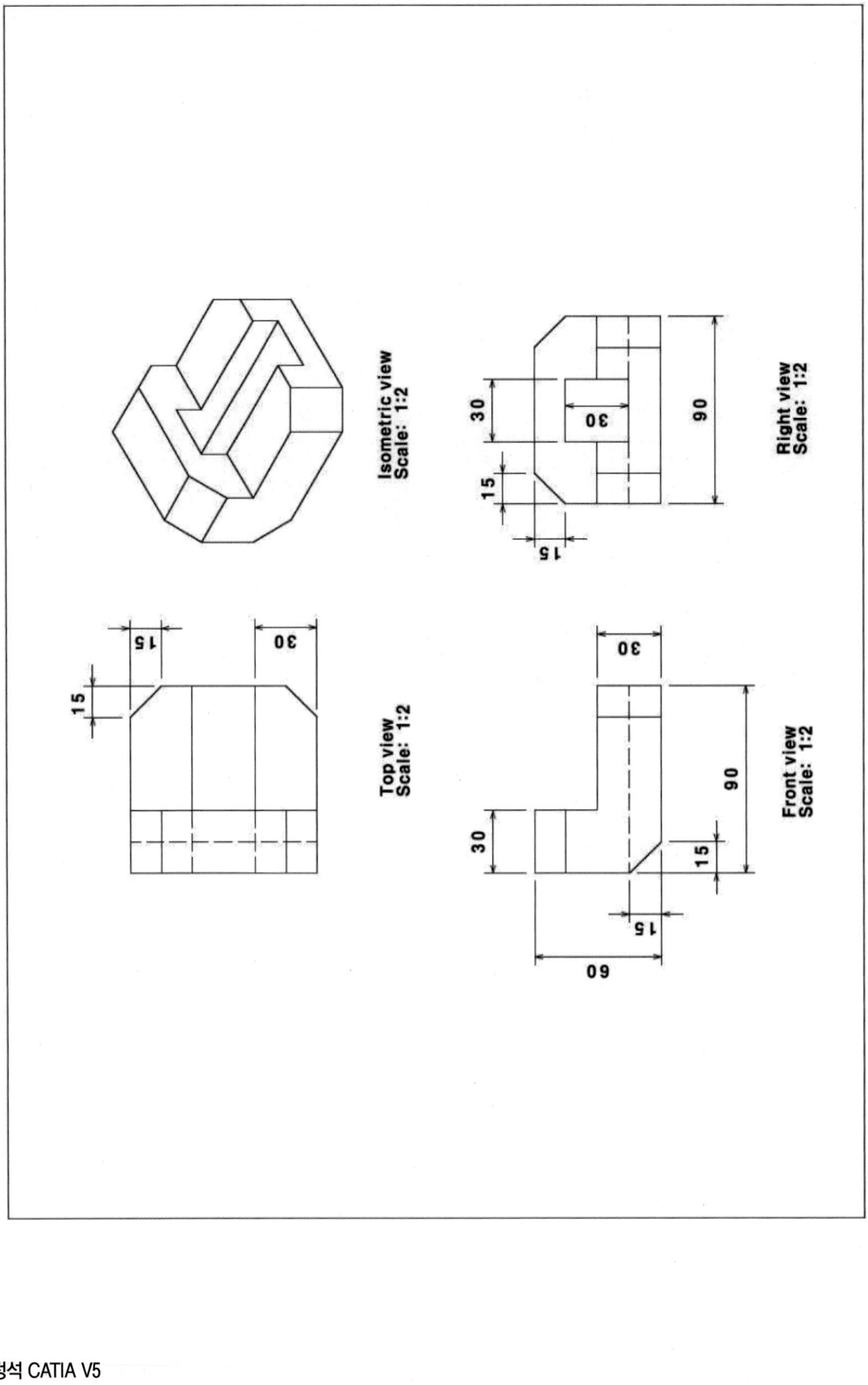
Isometric view
Scale: 1:2
Top view
Scale: 1:2
Front view
Scale: 1:2
Right view
Scale: 1:2
15
30
90
60

Ex_06

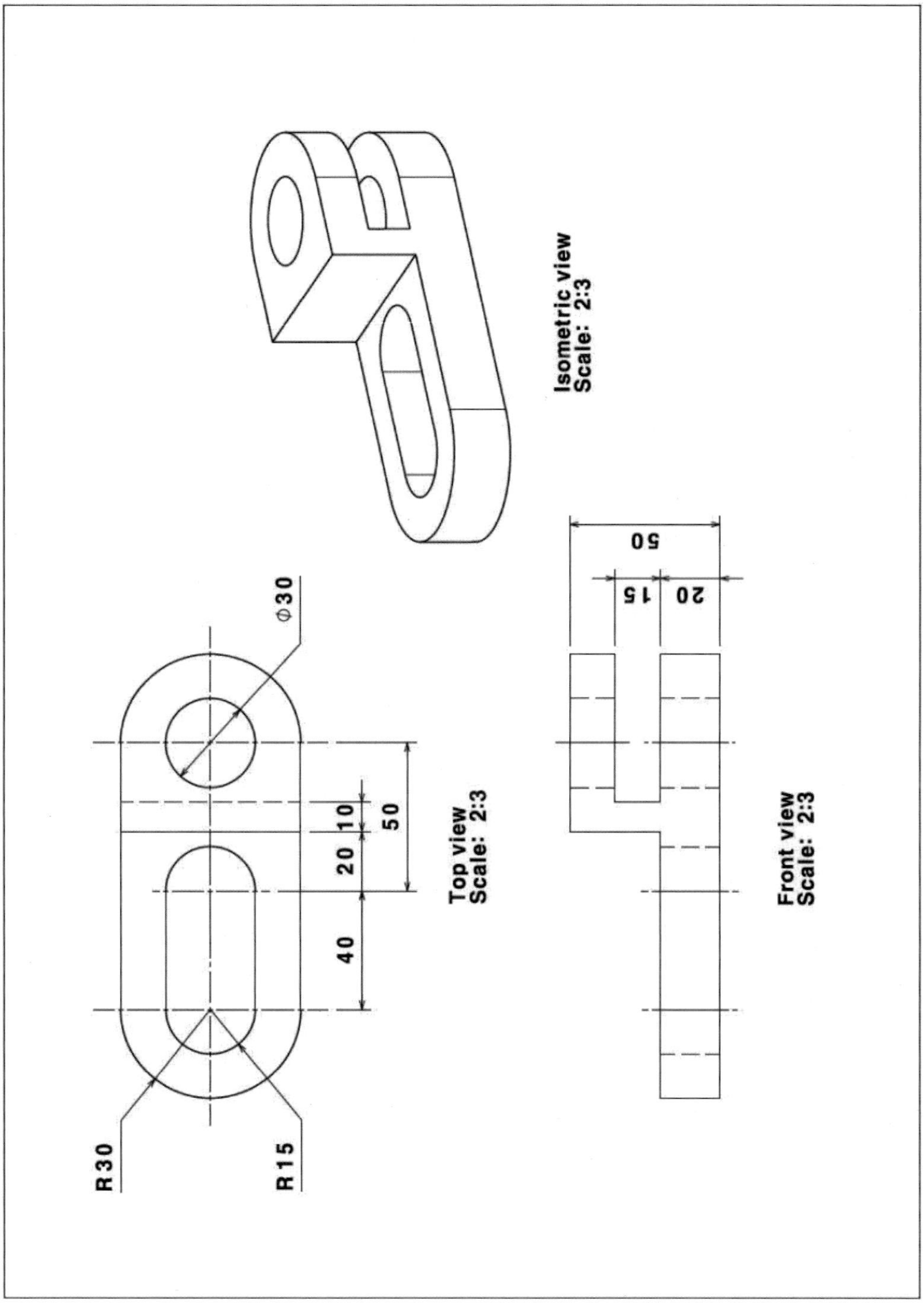

Φ30
R30
R15
20
10
50
40
Top view
Scale: 2:3
50
15
20
Front view
Scale: 2:3
Isometric view
Scale: 2:3

Ex_07

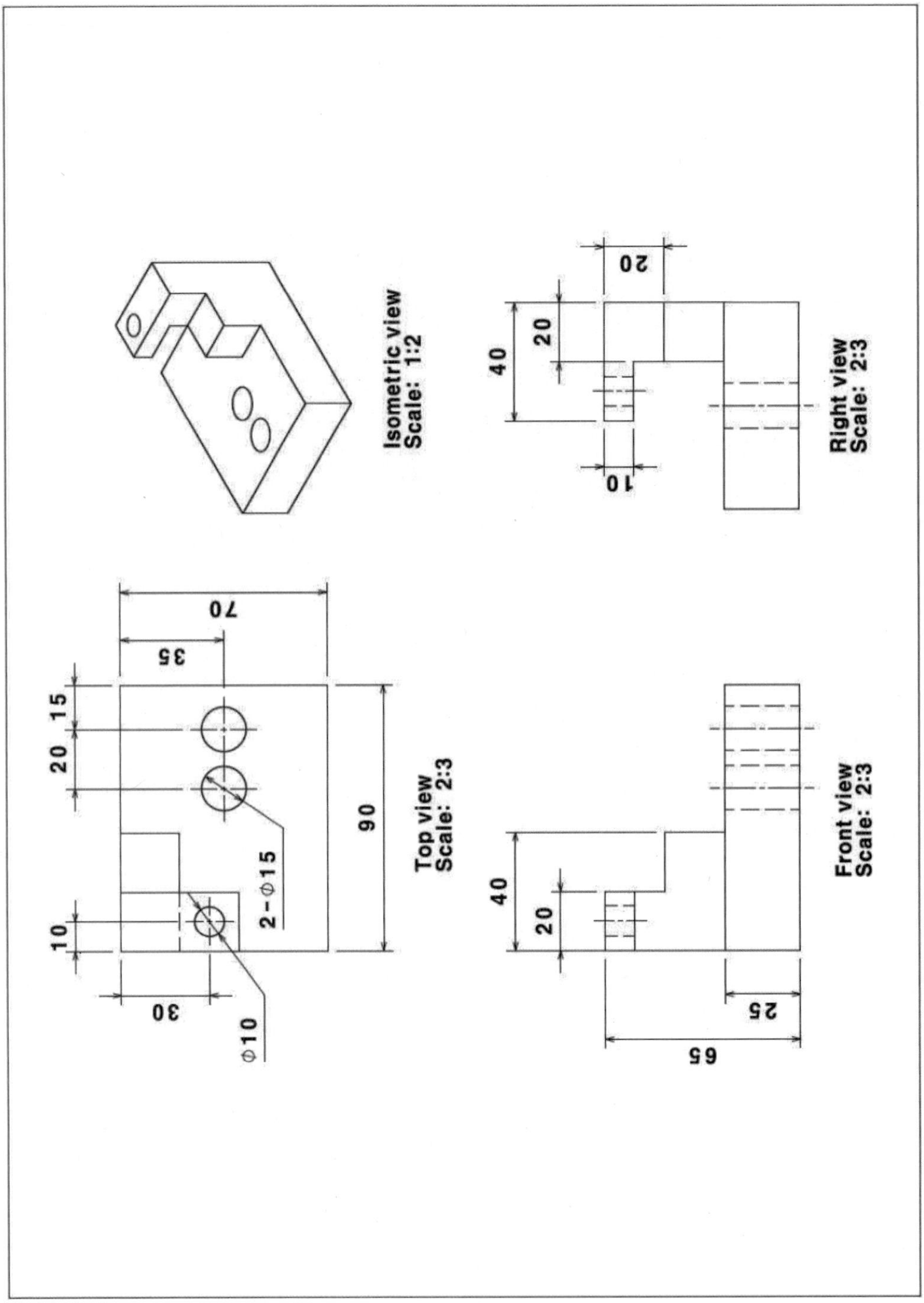
Isometric view
Scale: 1:2
Top view
Scale: 2:3
Right view
Scale: 2:3
Front view
Scale: 2:3
2-Φ15
Φ10
70
35
30
90
10
20
15
40
20
20
10
25
65

Ex_08

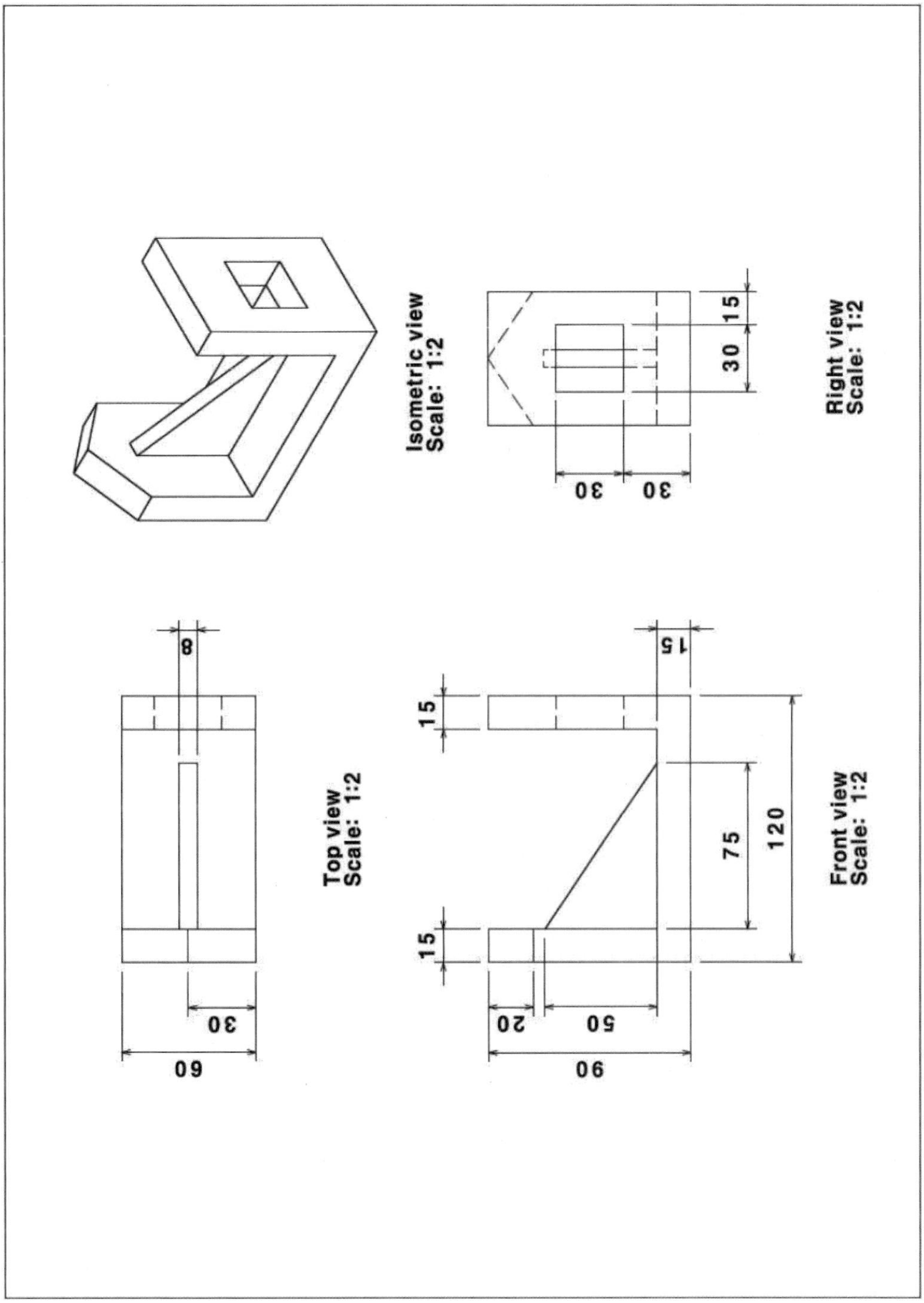
Isometric view
Scale: 1:2
Right view
Scale: 1:2
Top view
Scale: 1:2
Front view
Scale: 1:2
15
30
30
30
8
60
30
15
15
75
120
20
50
90
15

Ex_09

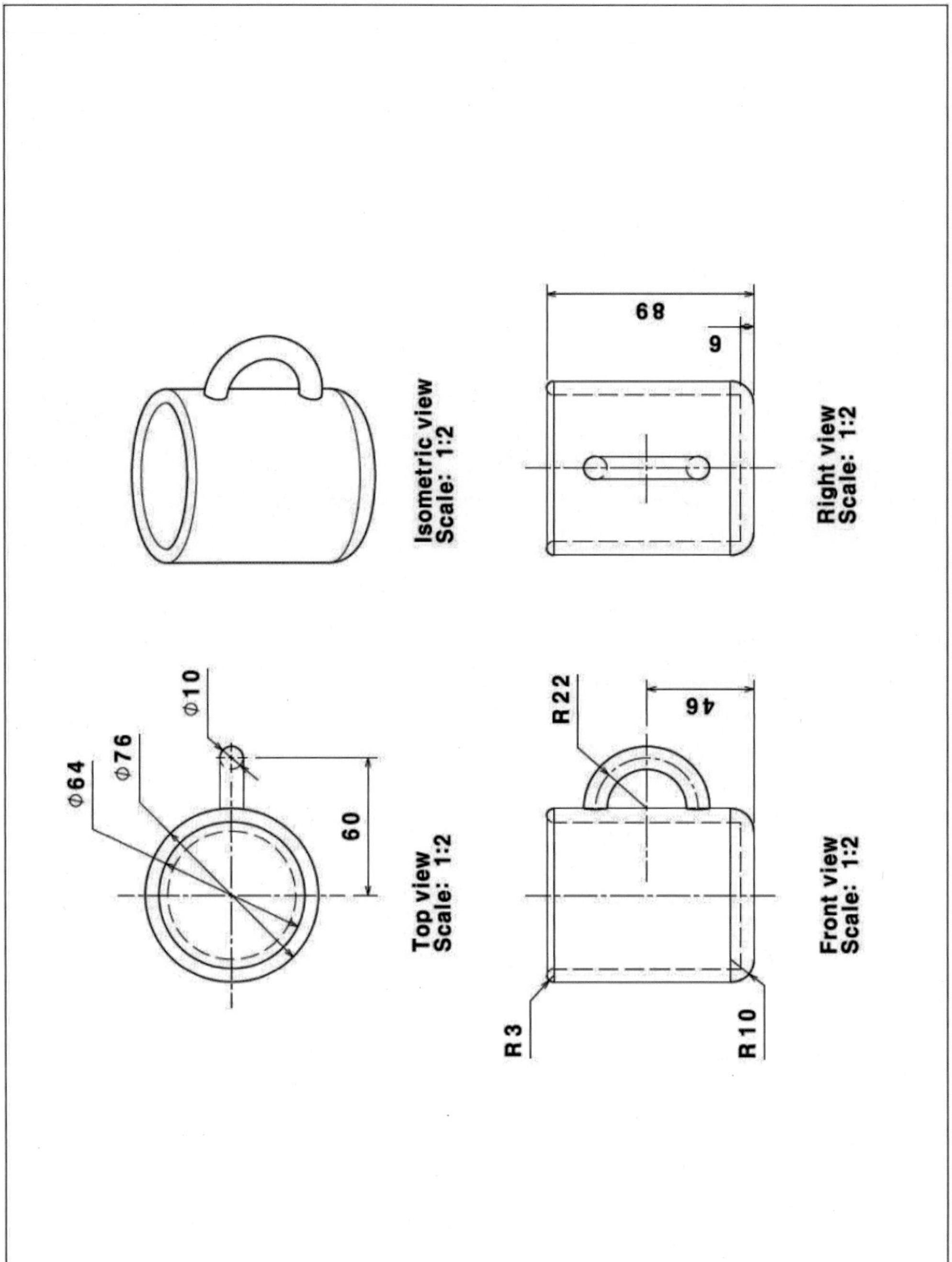
Isometric view
Scale: 1:2
Top view
Scale: 1:2
Right view
Scale: 1:2
Front view
Scale: 1:2
Φ64
Φ76
Φ10
60
R22
46
R3
R10
89
6

Ex_10

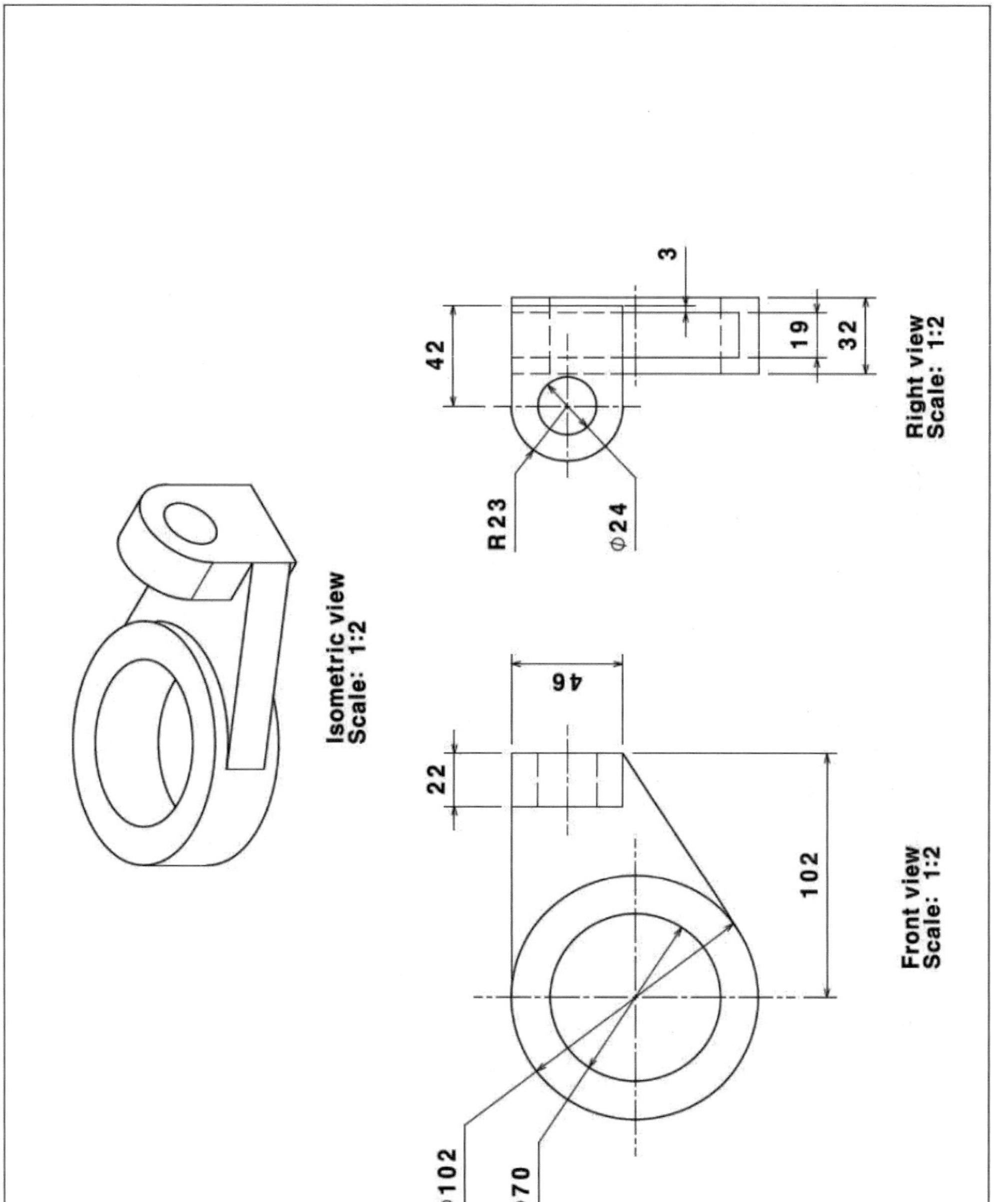
Isometric view
Scale: 1:2
Front view
Scale: 1:2
Right view
Scale: 1:2
Φ102
Φ70
102
22
46
42
R23
Φ24
3
19
32

Ex_11

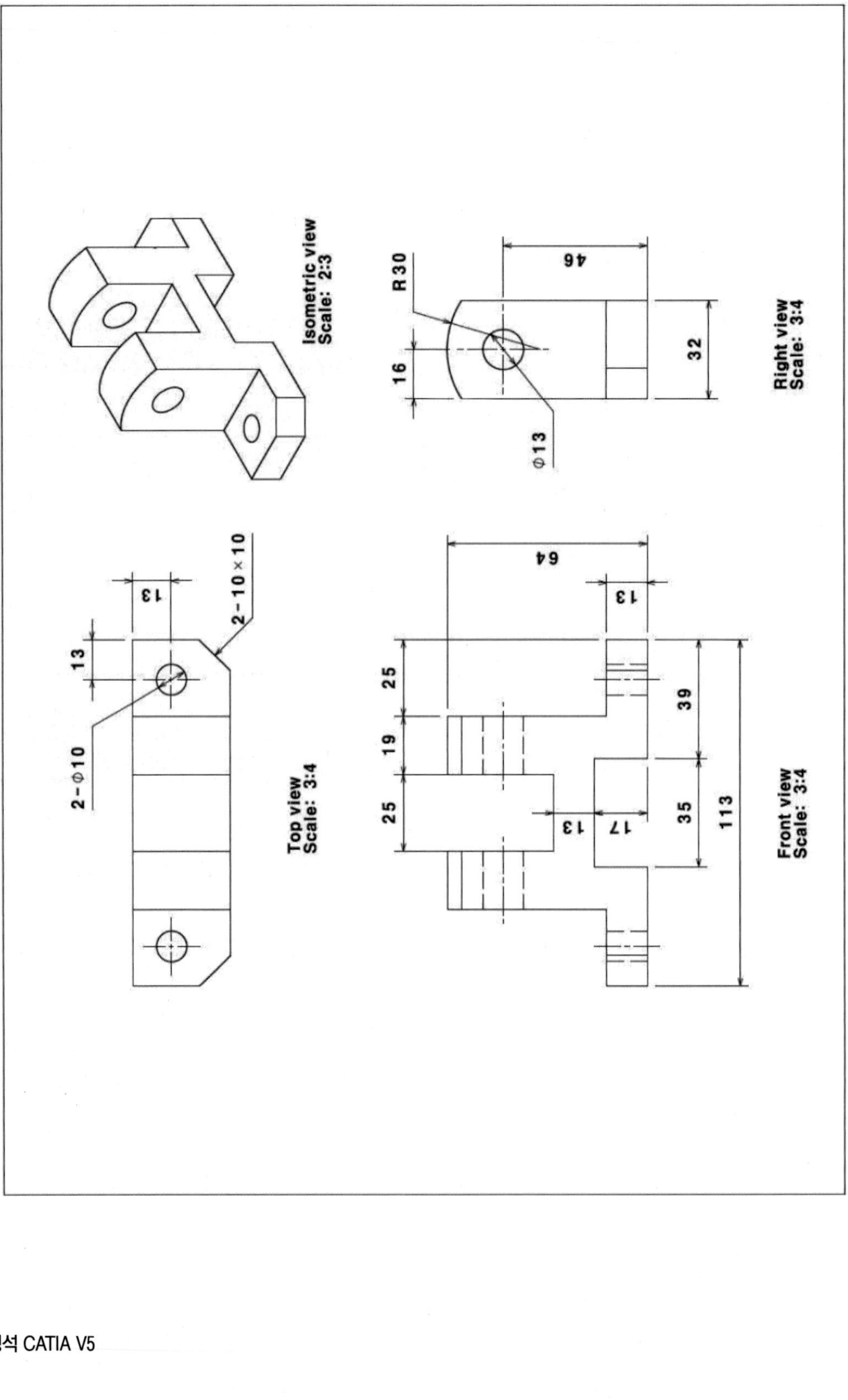

Isometric view
Scale: 2:3
Top view
Scale: 3:4
Front view
Scale: 3:4
Right view
Scale: 3:4
2-Φ10
2-10×10
R30
Φ13
113

Ex_12

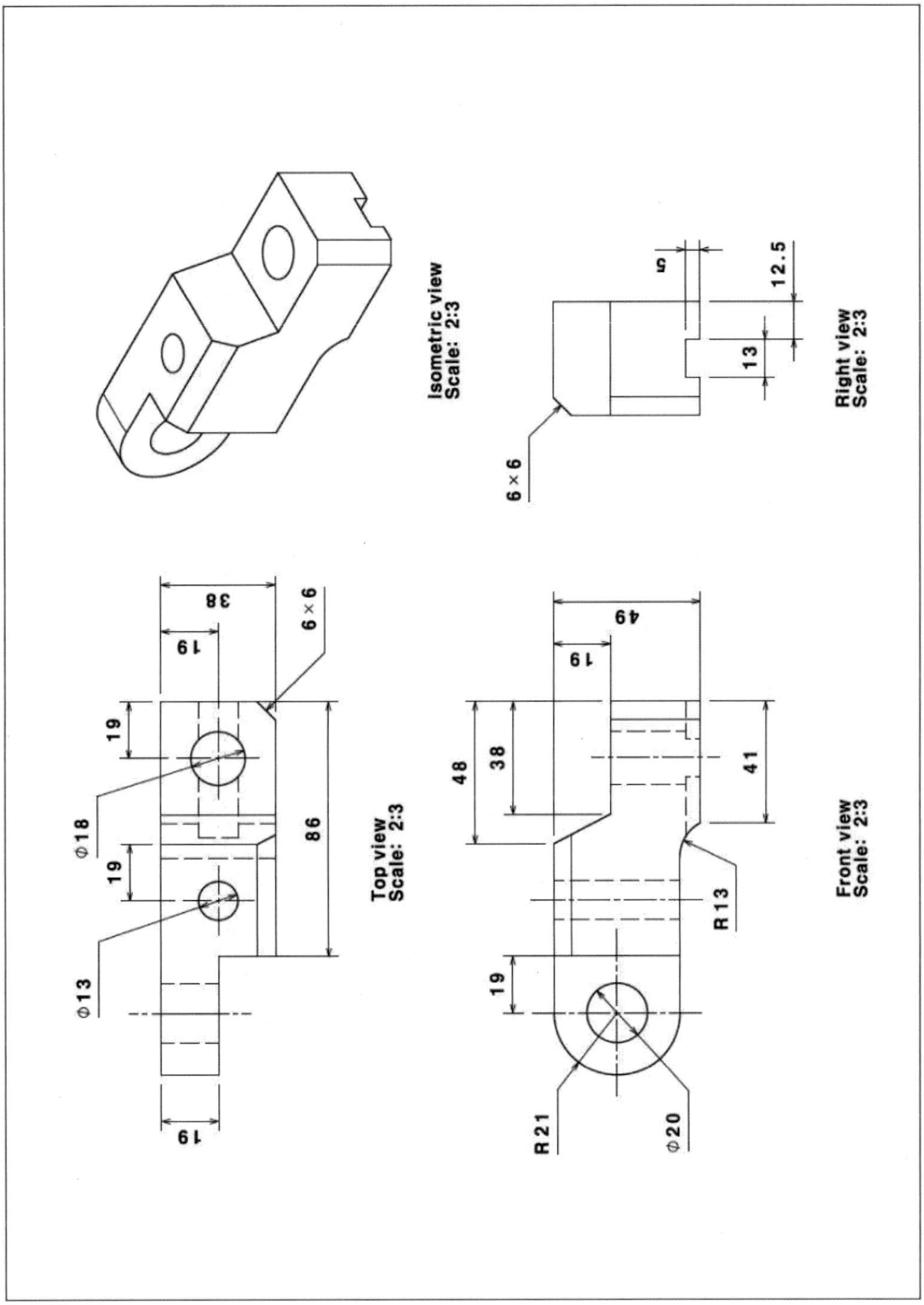
Isometric view
Scale: 2:3
Top view
Scale: 2:3
Front view
Scale: 2:3
Right view
Scale: 2:3
Φ13
Φ18
Φ20
R21
R13
6×6
19
38
86
48
41
49
13
12.5
5

Ex_13

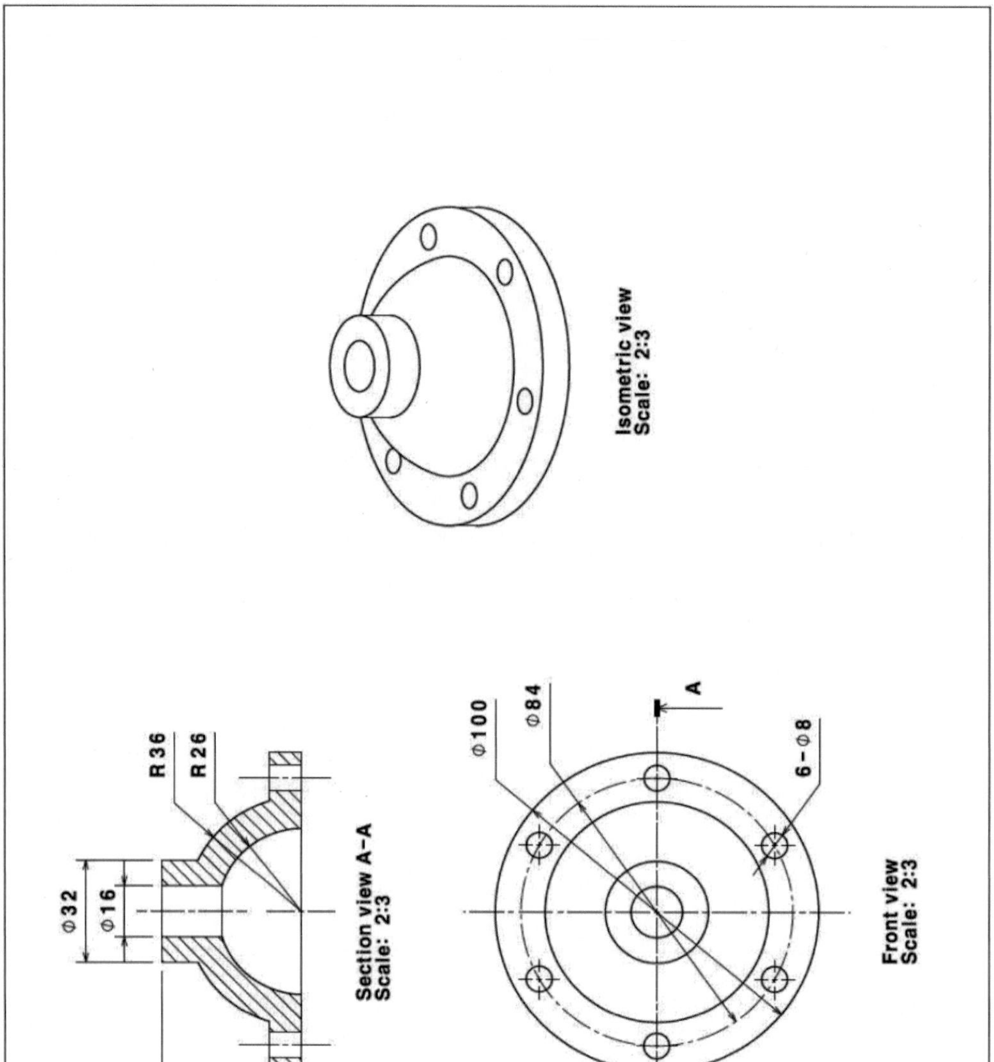
Φ32
Φ16
R36
R26
10
44
Section view A-A
Scale: 2:3
Φ100
Φ84
A
6-Φ8
A
Front view
Scale: 2:3
Isometric view
Scale: 2:3

Ex_14

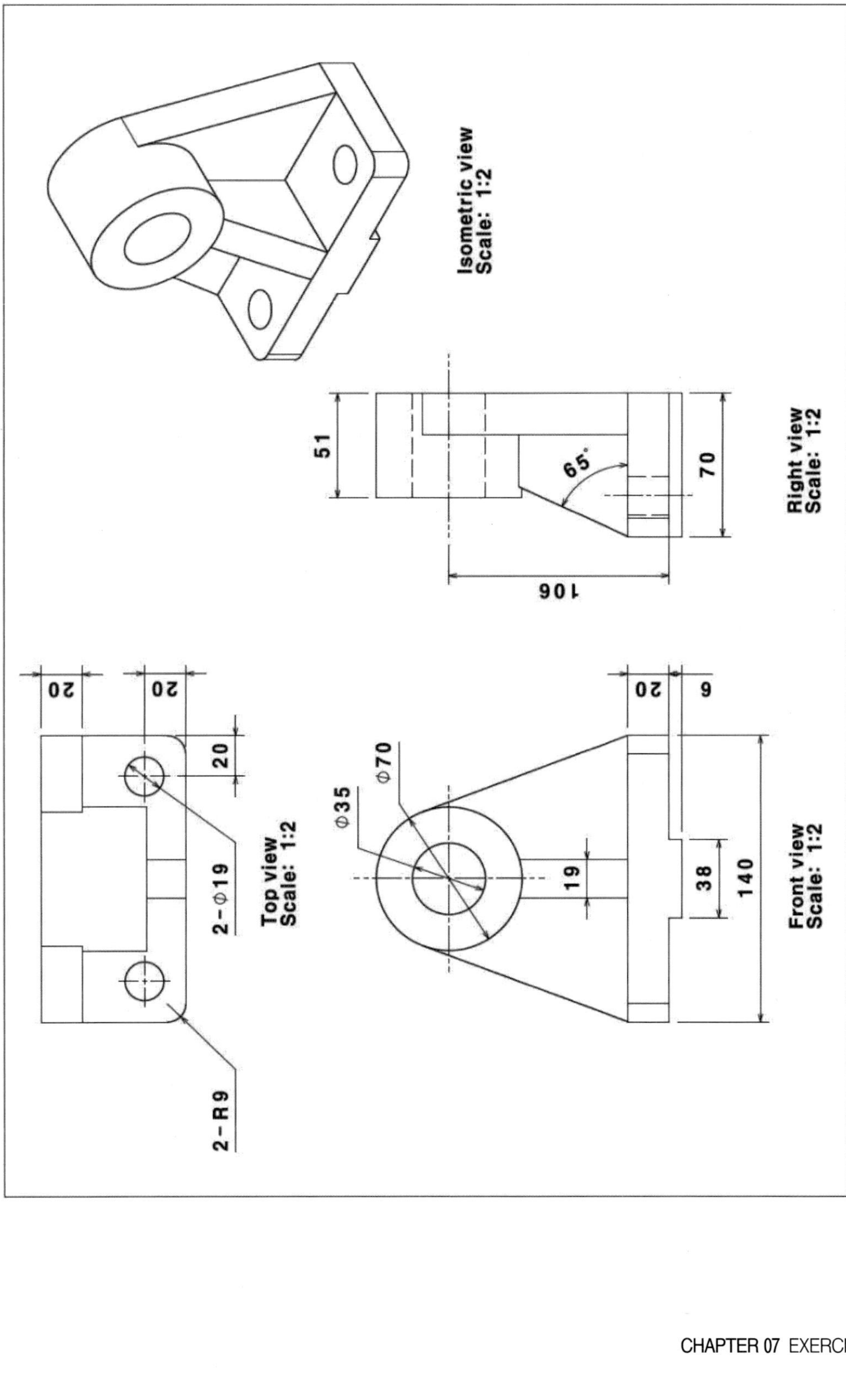

Isometric view
Scale: 1:2
Right view
Scale: 1:2
51
65°
70
106
Top view
Scale: 1:2
20
20
20
2-Φ19
2-R9
Front view
Scale: 1:2
Φ35
Φ70
19
38
140
20
6

Ex_15

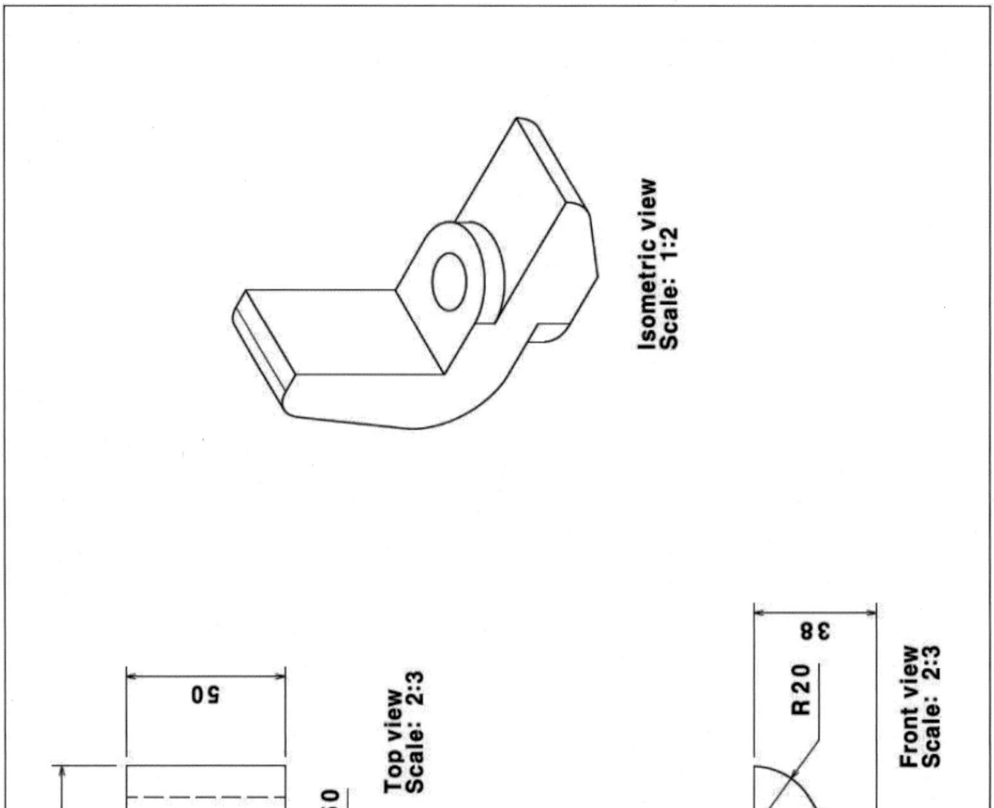
Isometric view
Scale: 1:2
Top view
Scale: 2:3
Front view
Scale: 2:3
50
72
30
Φ50
Φ24
38
R20
32
28
55
76
10
R32
R15
48

Ex_16

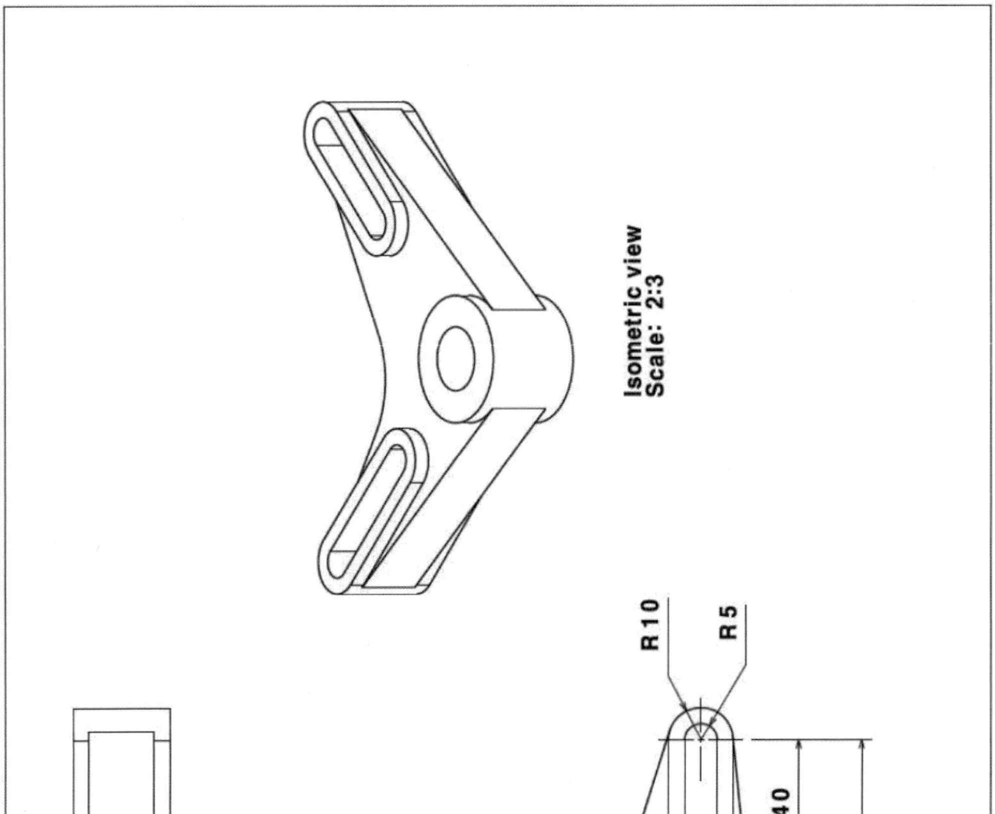

Isometric view
Scale: 2:3
Top view
Scale: 2:3
Front view
Scale: 2:3
R10
R5
R10
R5
120°
R30
50°
40
100
45
90
Φ40
Φ20
20
30

Ex_17

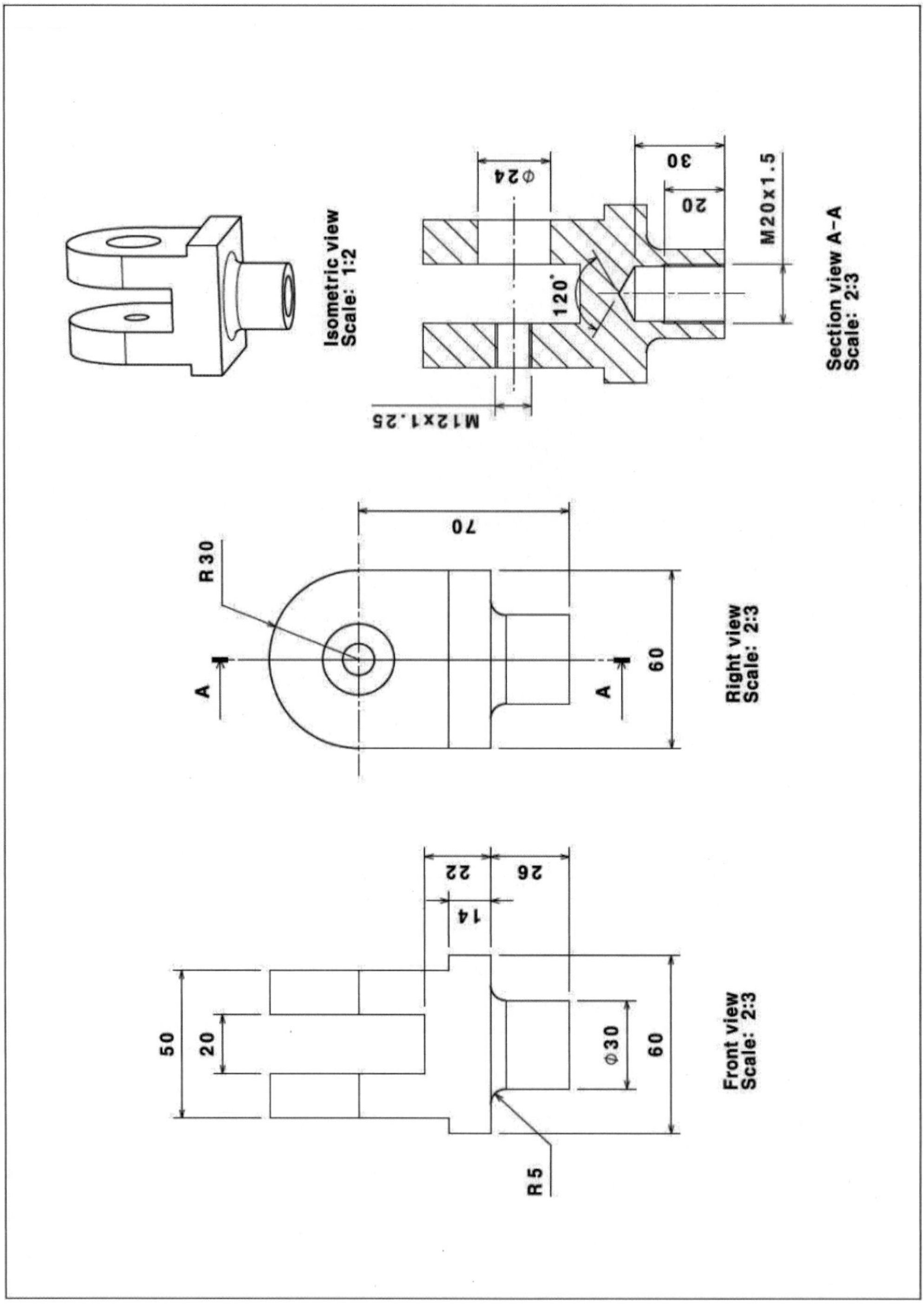

Isometric view
Scale: 1:2
Section view A-A
Scale: 2:3
Right view
Scale: 2:3
Front view
Scale: 2:3
M12x1.25
Φ24
120°
30
20
M20x1.5
R30
70
A
60
50
20
14
22
26
Φ30
R5

Ex_18

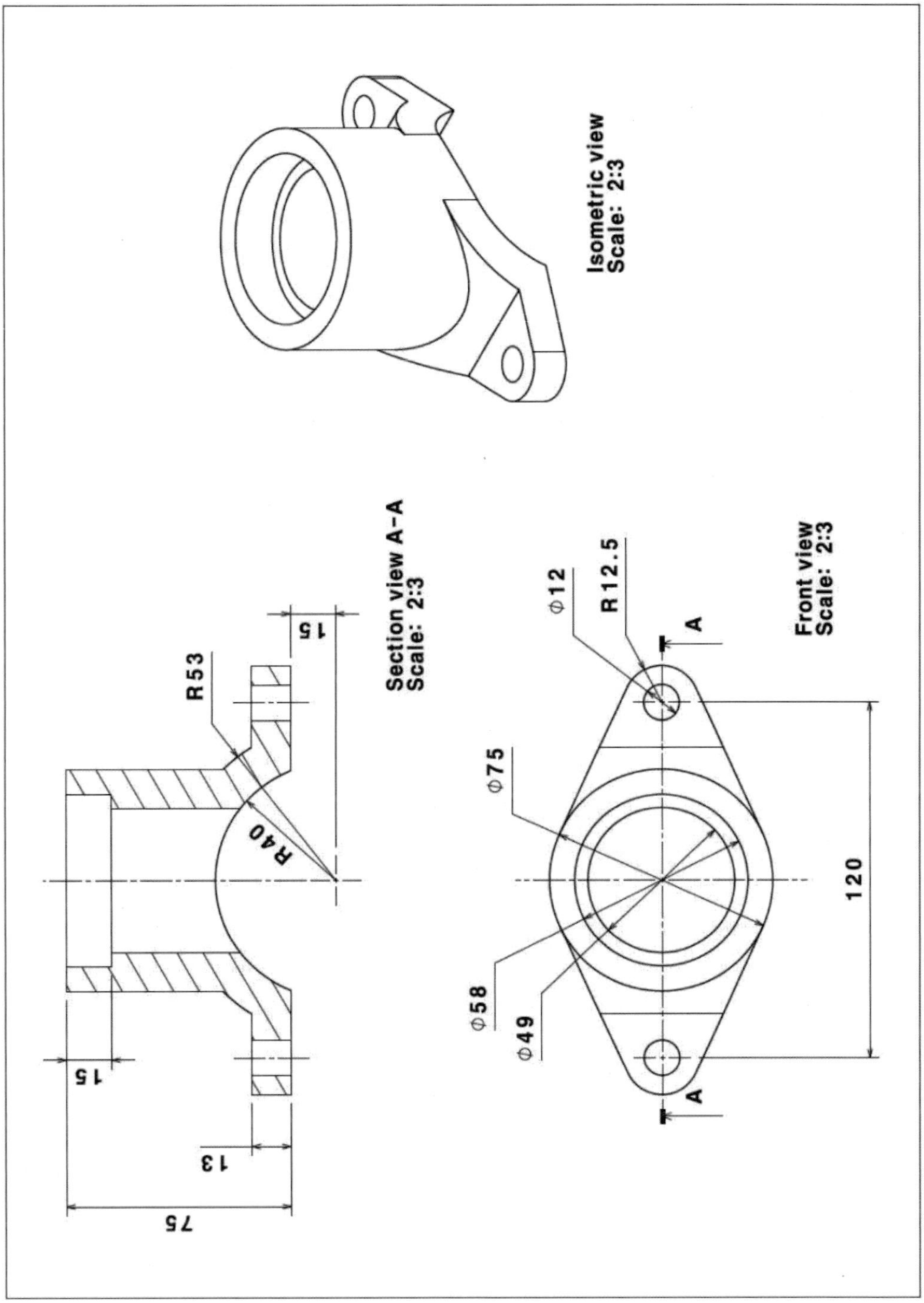

Isometric view
Scale: 2:3
Section view A-A
Scale: 2:3
Front view
Scale: 2:3
R53
R40
15
15
13
75
Φ75
Φ58
Φ49
Φ12
R12.5
120
A
A

Ex_19

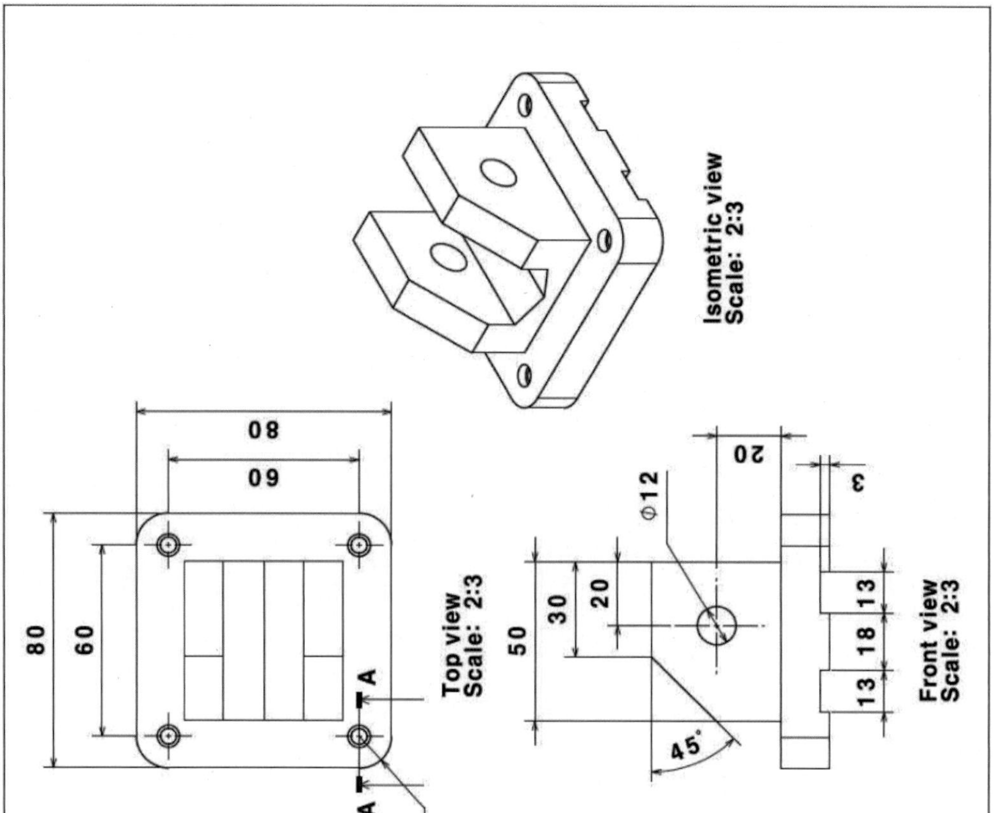
Isometric view
Scale: 2:3
Top view
Scale: 2:3
Front view
Scale: 2:3
Left view
Scale: 2:3
Section cut A-A
Scale: 1:1
4-R10
A
A
80
60
80
60
50
30
20
Φ12
20
3
45°
13
18
13
10
5
50
25
15
35
55
Φ7
Φ5
3

Ex_20

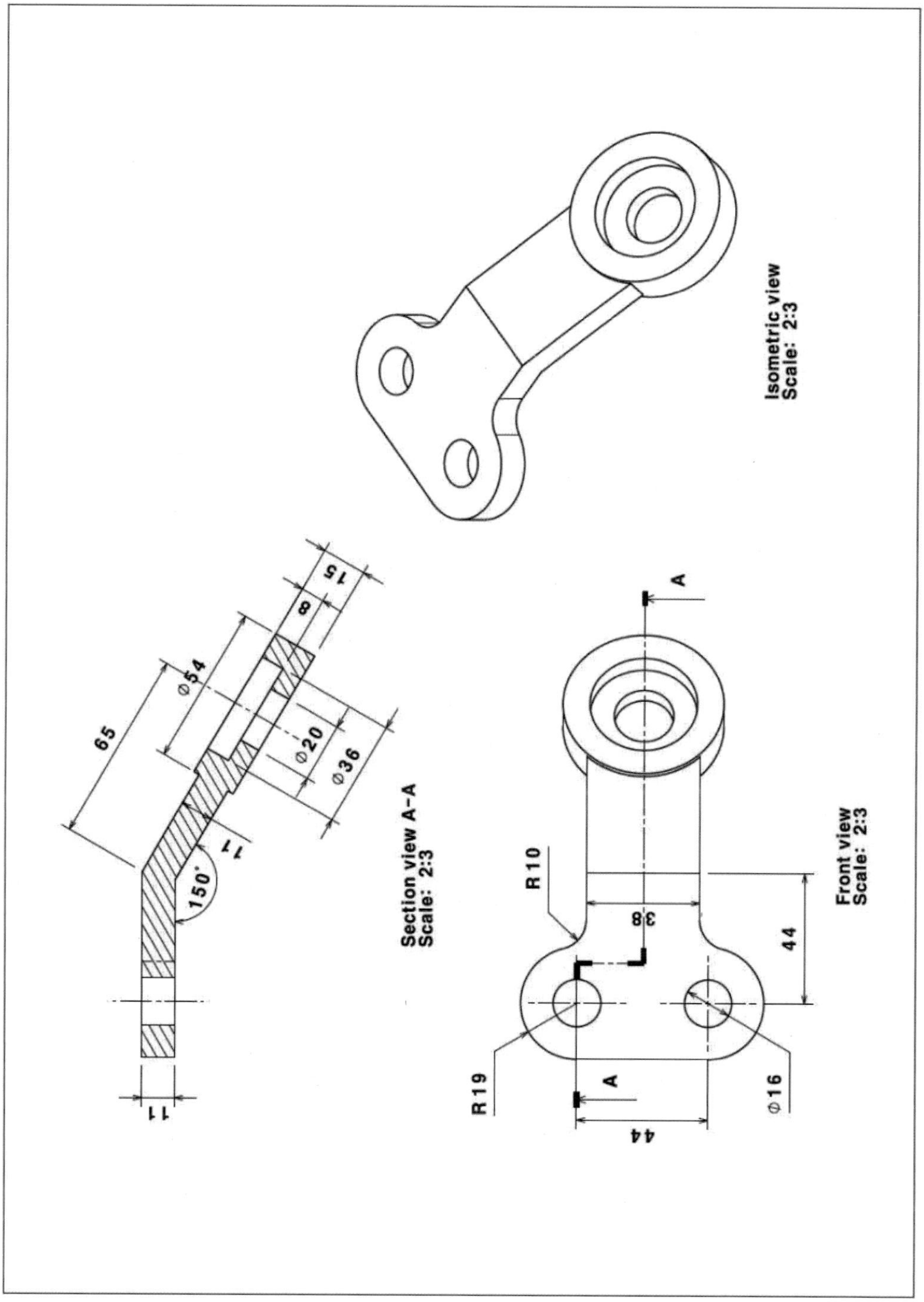
Isometric view
Scale: 2:3
Section view A-A
Scale: 2:3
Front view
Scale: 2:3
65
Φ54
Φ20
Φ36
8
15
11
150°
11
R10
R19
38
44
44
Φ16
A
A

Ex_21

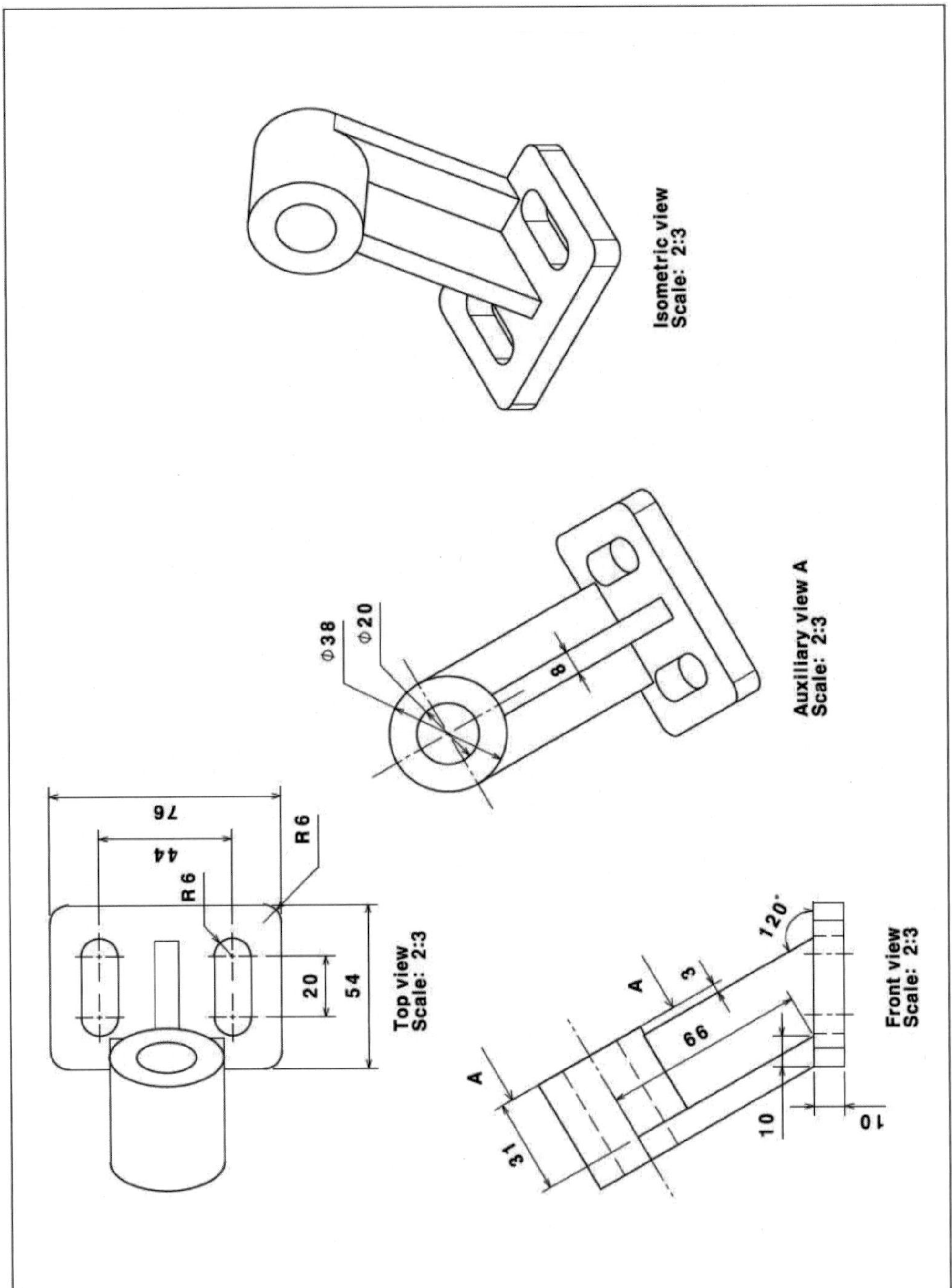
Isometric view
Scale: 2:3
Auxiliary view A
Scale: 2:3
Φ38
Φ20
8
Top view
Scale: 2:3
76
44
R6
R6
20
54
Front view
Scale: 2:3
A
A
3
66
31
10
10
120°

Ex_22

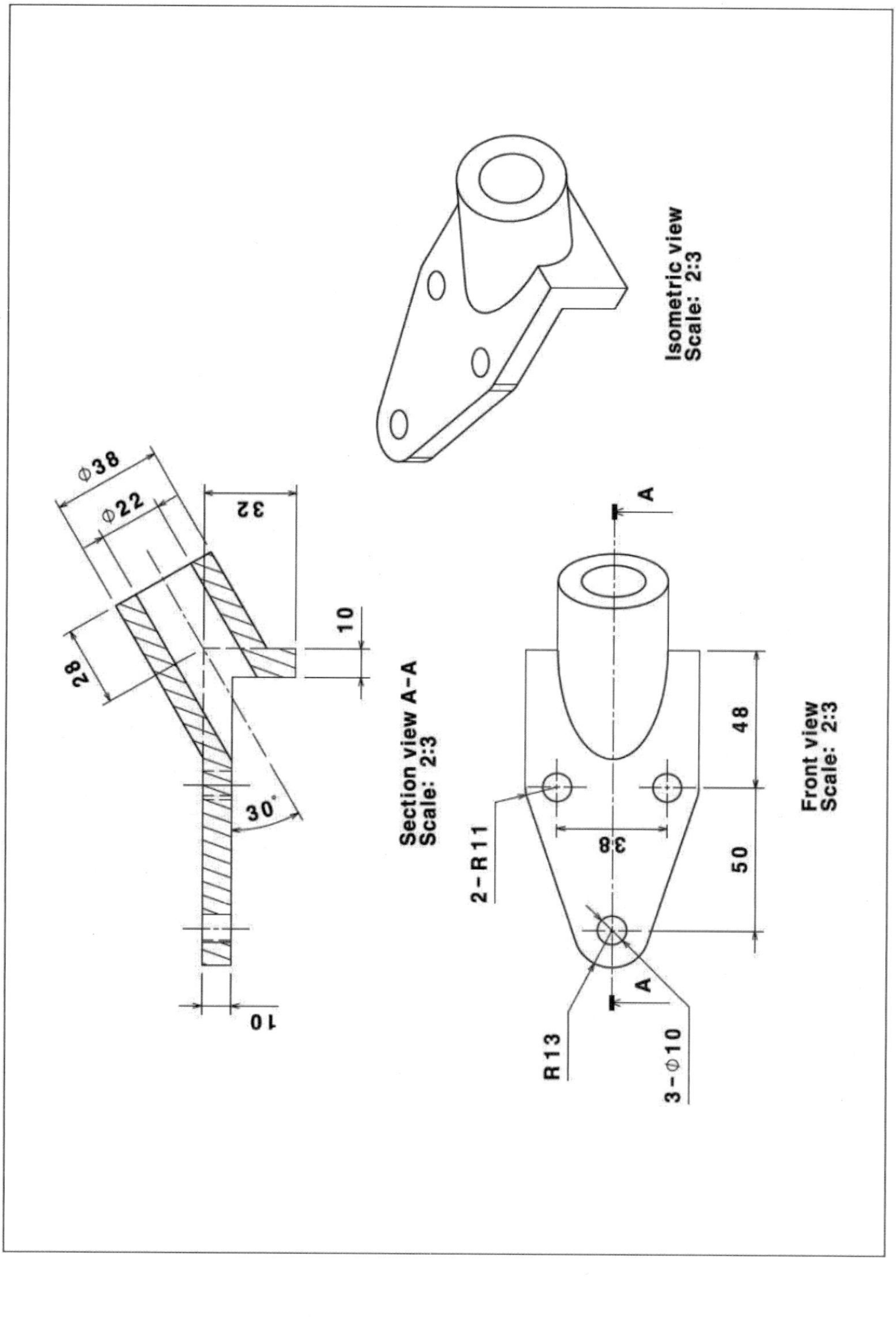
Φ38
Φ22
32
28
10
30°
10
Section view A-A
Scale: 2:3
Isometric view
Scale: 2:3
A
A
48
50
38
2-R11
R13
3-Φ10
Front view
Scale: 2:3

Ex_23

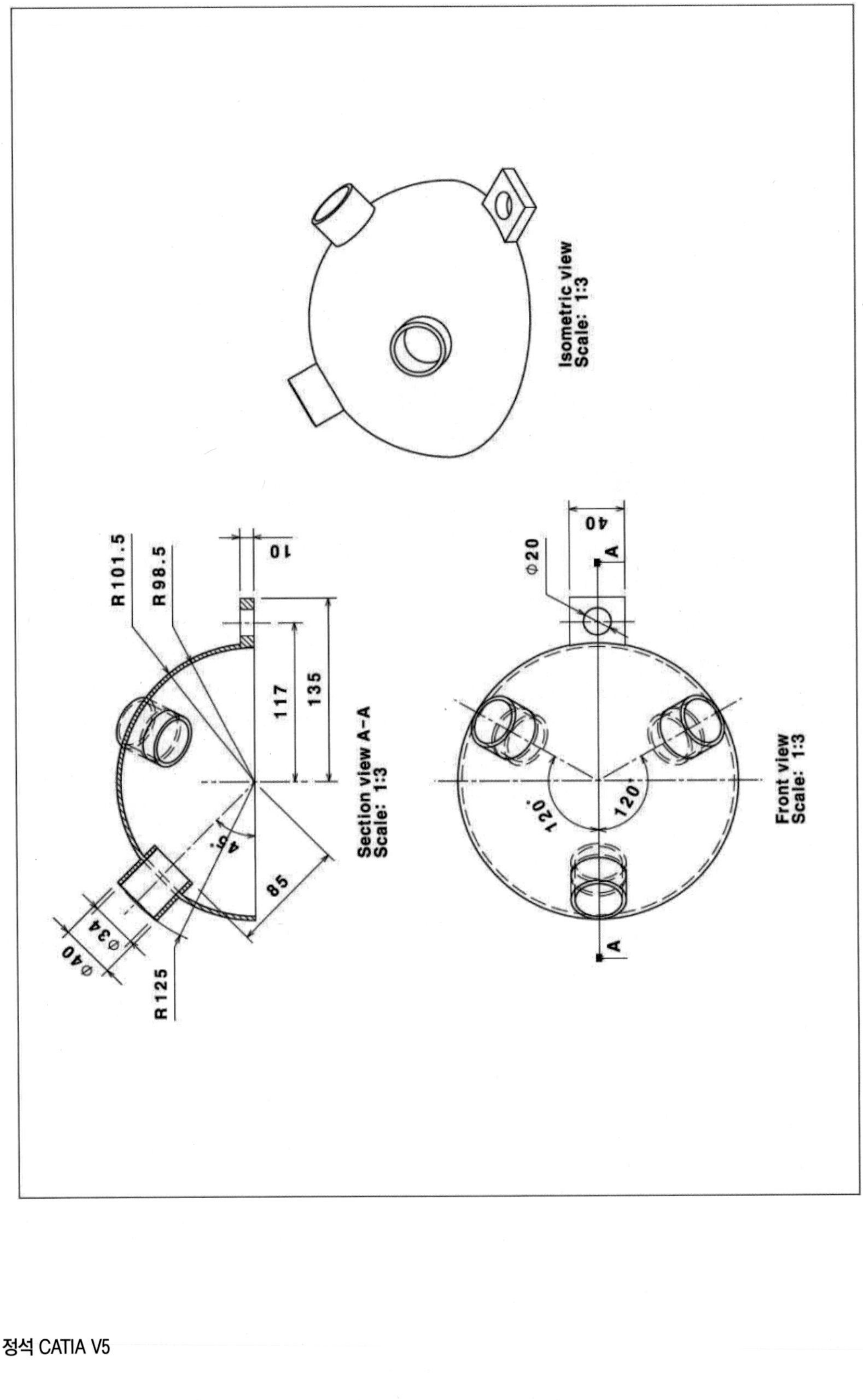
Section view A-A
Scale: 1:3
Front view
Scale: 1:3
Isometric view
Scale: 1:3
R101.5
R98.5
R125
10
117
135
85
45°
Ø40
Ø34
Ø20
40
120°
120°
A
A

Ex_24

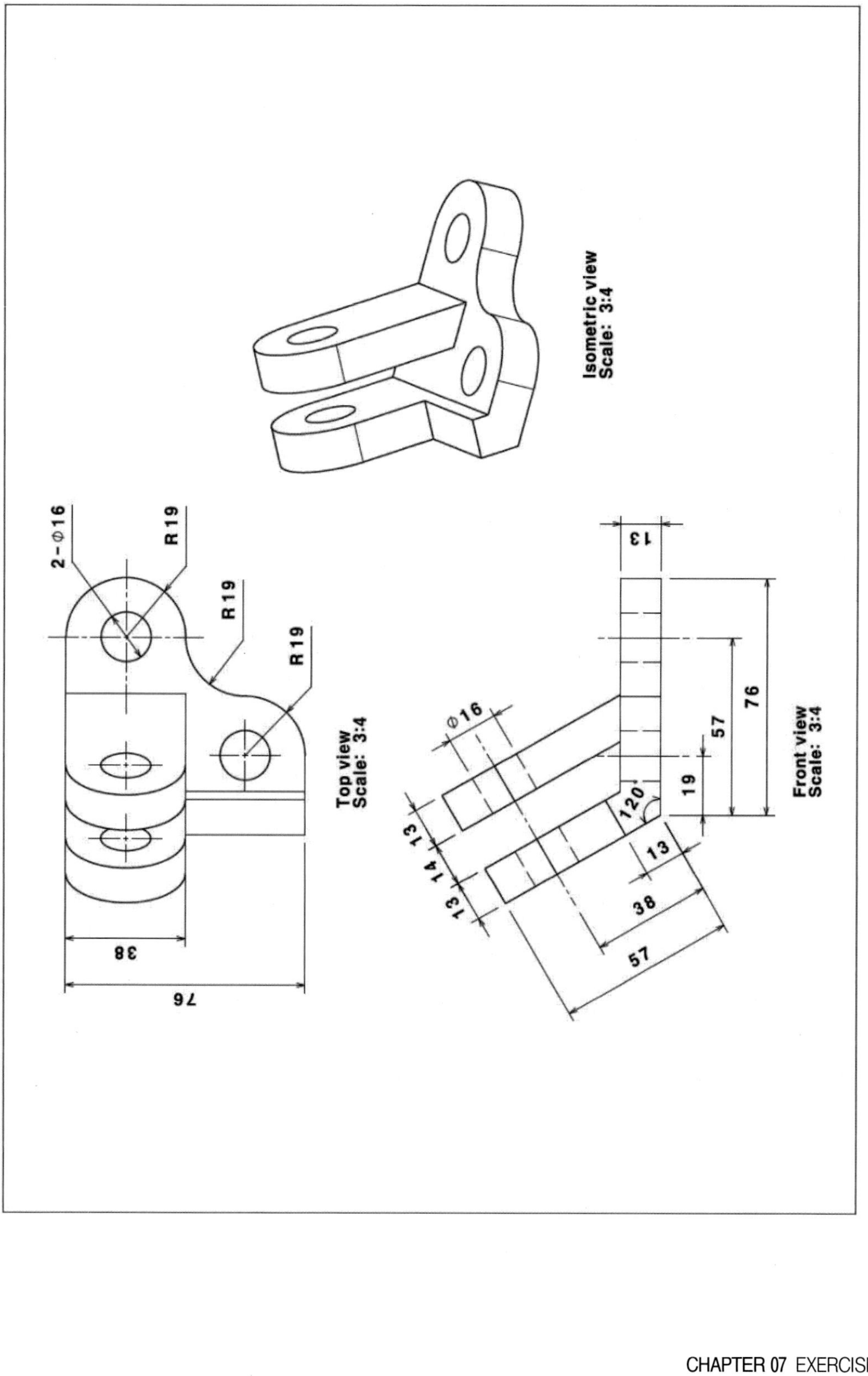
Isometric view
Scale: 3:4
Top view
Scale: 3:4
Front view
Scale: 3:4
2-Ø16
R19
R19
R19
38
76
13
Ø16
57
76
19
120°
13
14
13
13
38
57

Ex_25

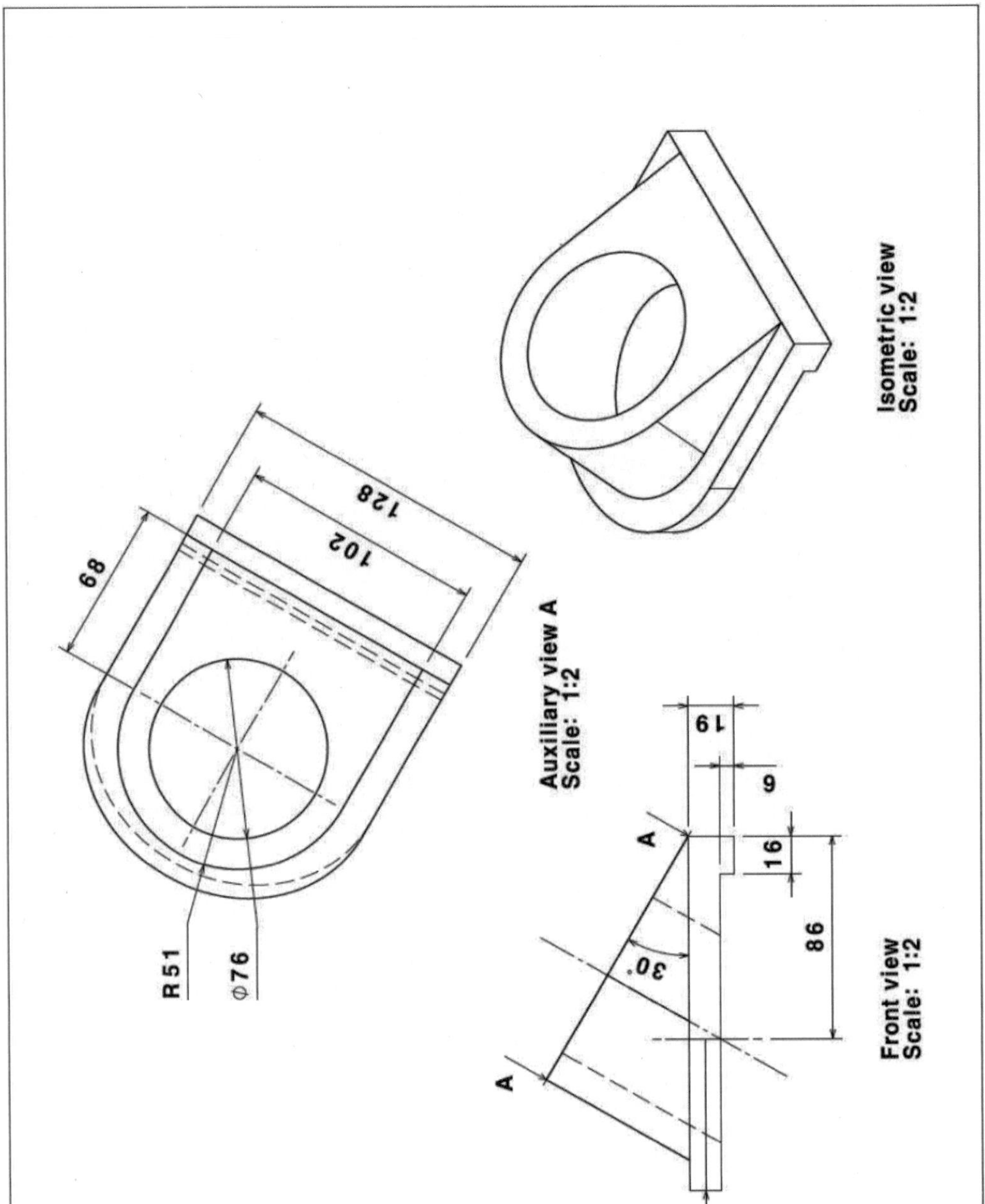
Auxiliary view A
Scale: 1:2
Isometric view
Scale: 1:2
Front view
Scale: 1:2
68
128
102
R51
Φ76
A
A
30°
19
6
16
86
R64

Ex_26

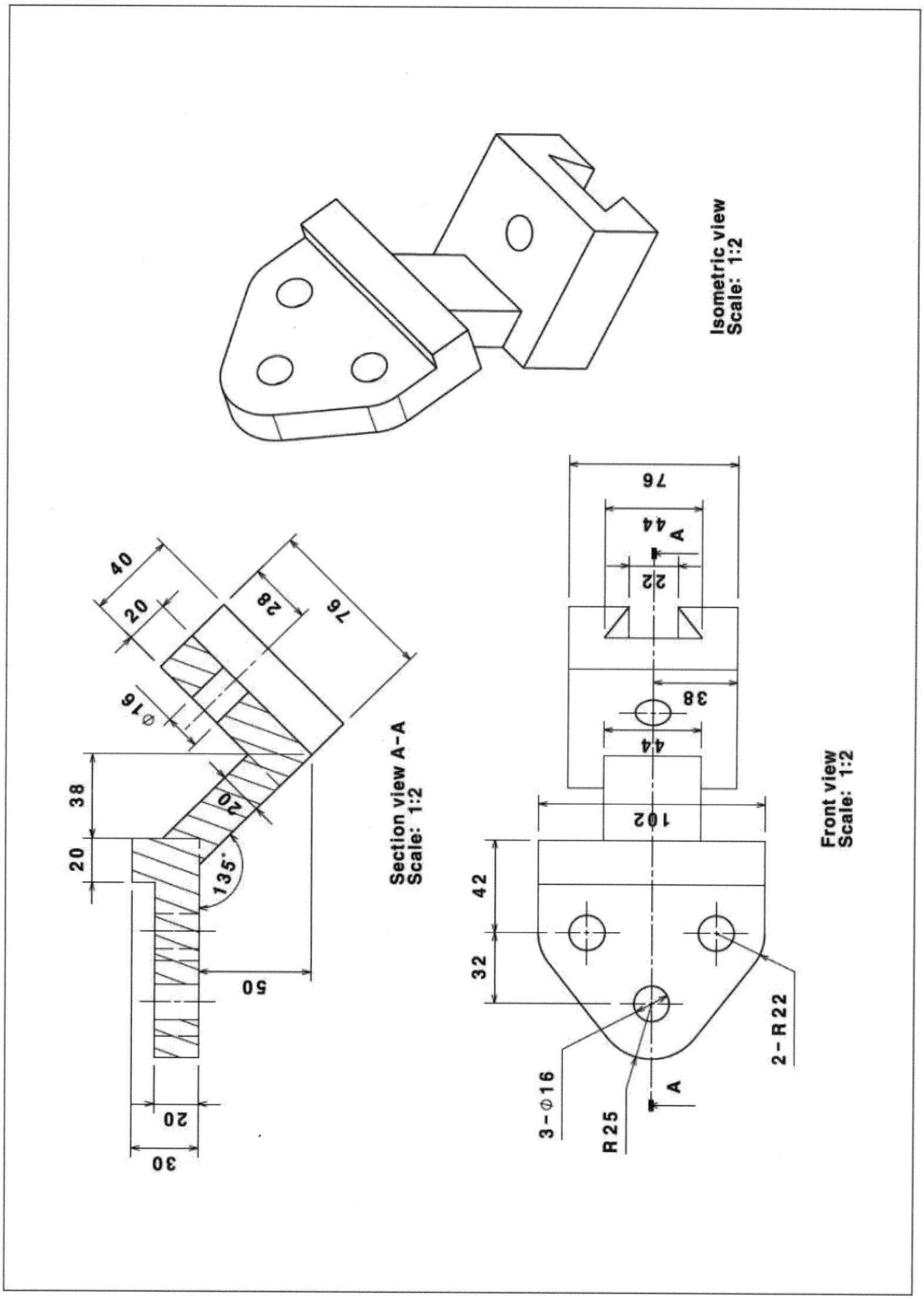

Isometric view
Scale: 1:2
Section view A-A
Scale: 1:2
Front view
Scale: 1:2

Ex_27

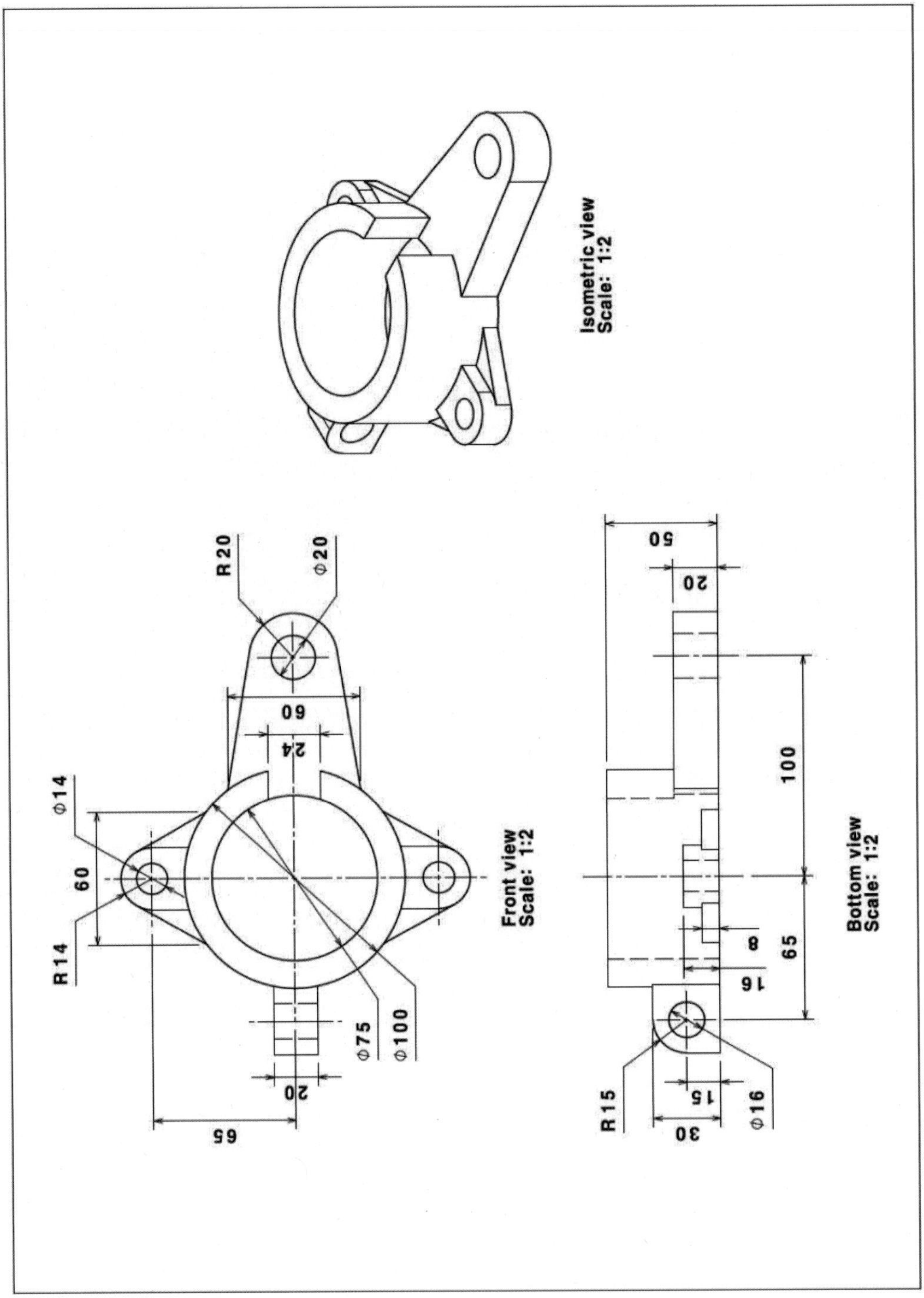

Isometric view
Scale: 1:2
Front view
Scale: 1:2
Bottom view
Scale: 1:2
R20
Φ20
Φ14
60
R14
60
24
Φ75
Φ100
20
65
50
20
100
8
65
16
R15
15
30
Φ16

Ex_28

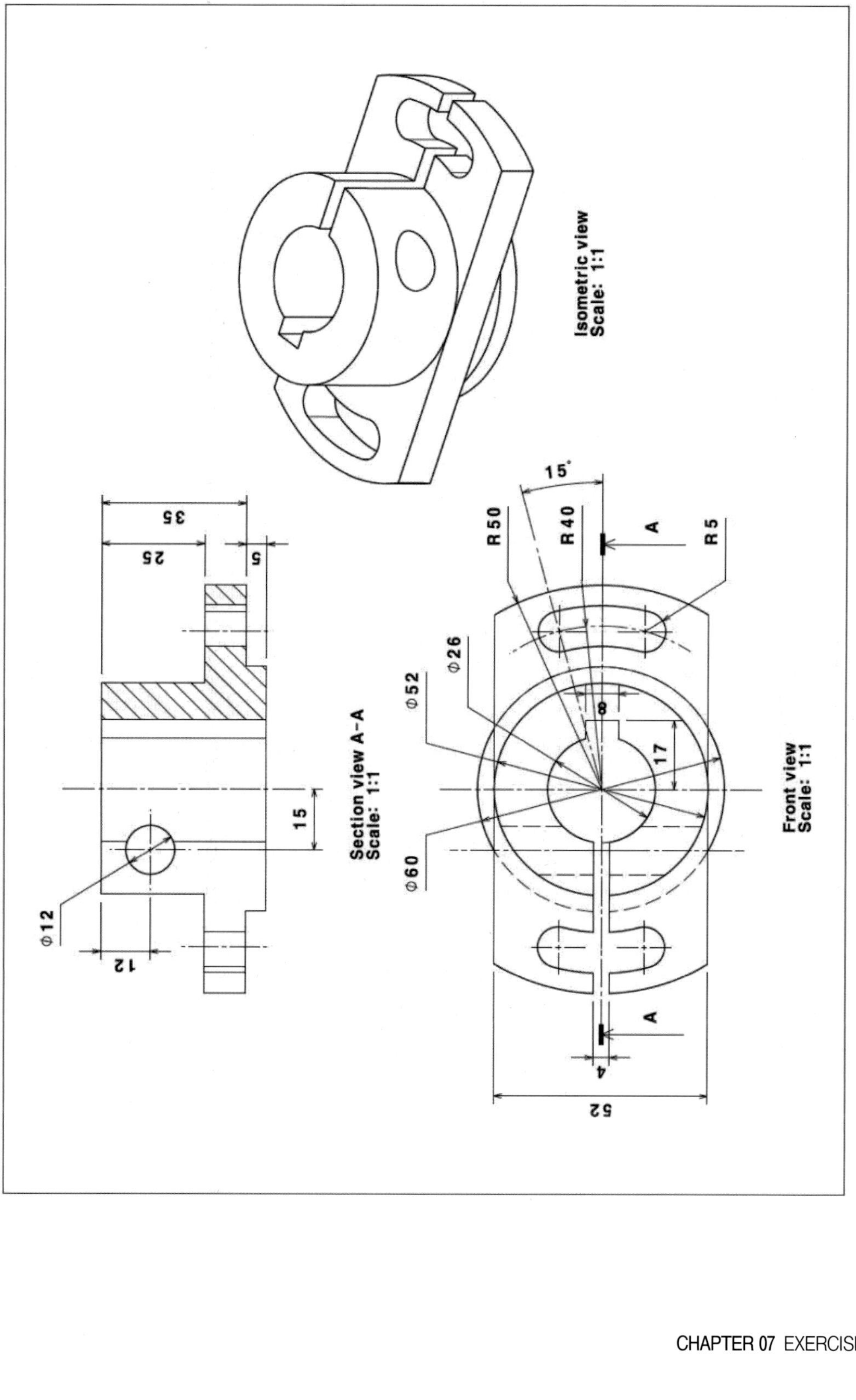
Isometric view
Scale: 1:1
Section view A-A
Scale: 1:1
Front view
Scale: 1:1
Φ12
12
15
25
35
5
Φ52
Φ26
Φ60
R50
R40
R5
15°
A
A
8
17
4
52

Ex_29

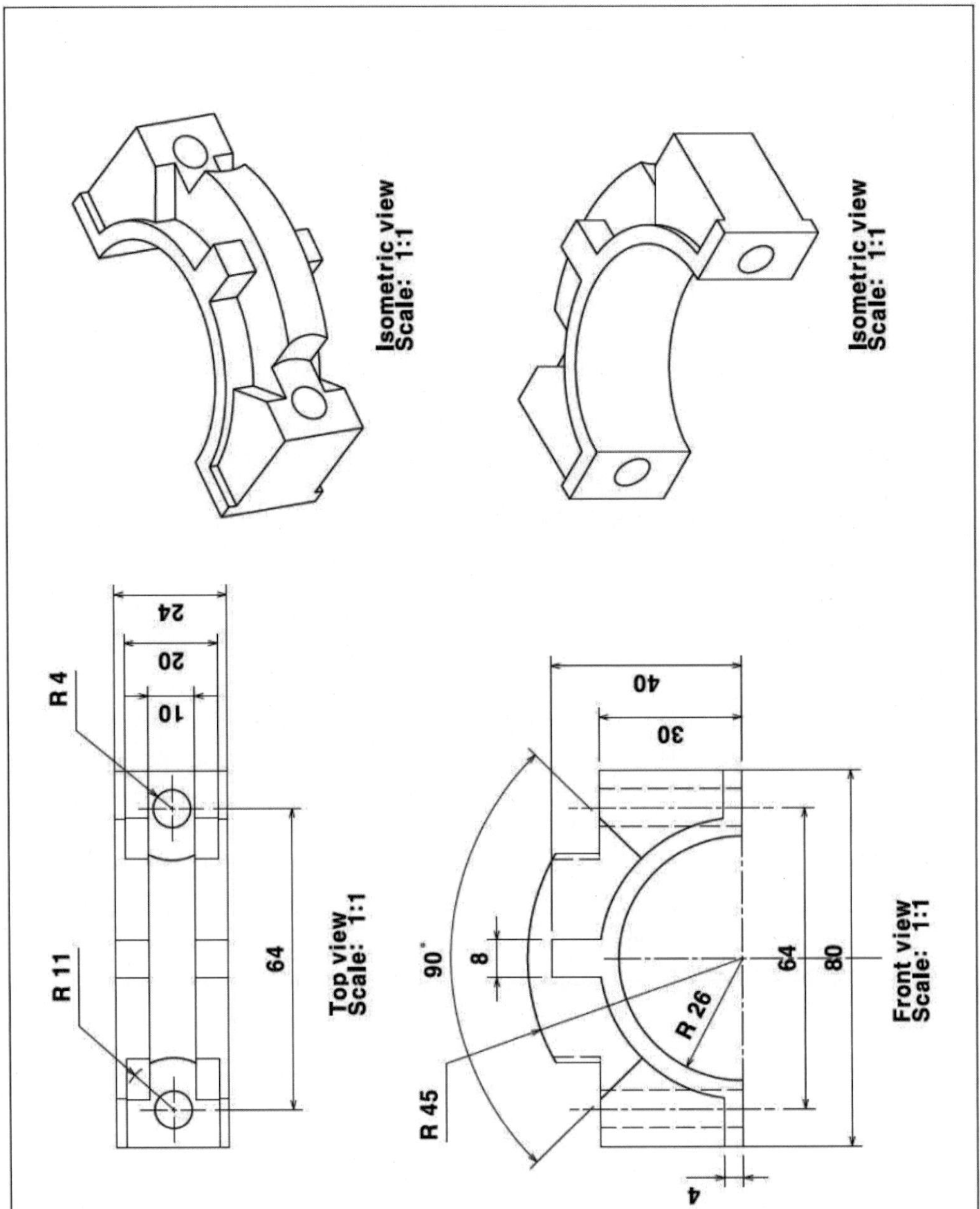
Isometric view
Scale: 1:1
Isometric view
Scale: 1:1
Top view
Scale: 1:1
Front view
Scale: 1:1
R 4
R 11
10
20
24
64
90°
8
R 26
R 45
30
40
64
80
4

Ex_30

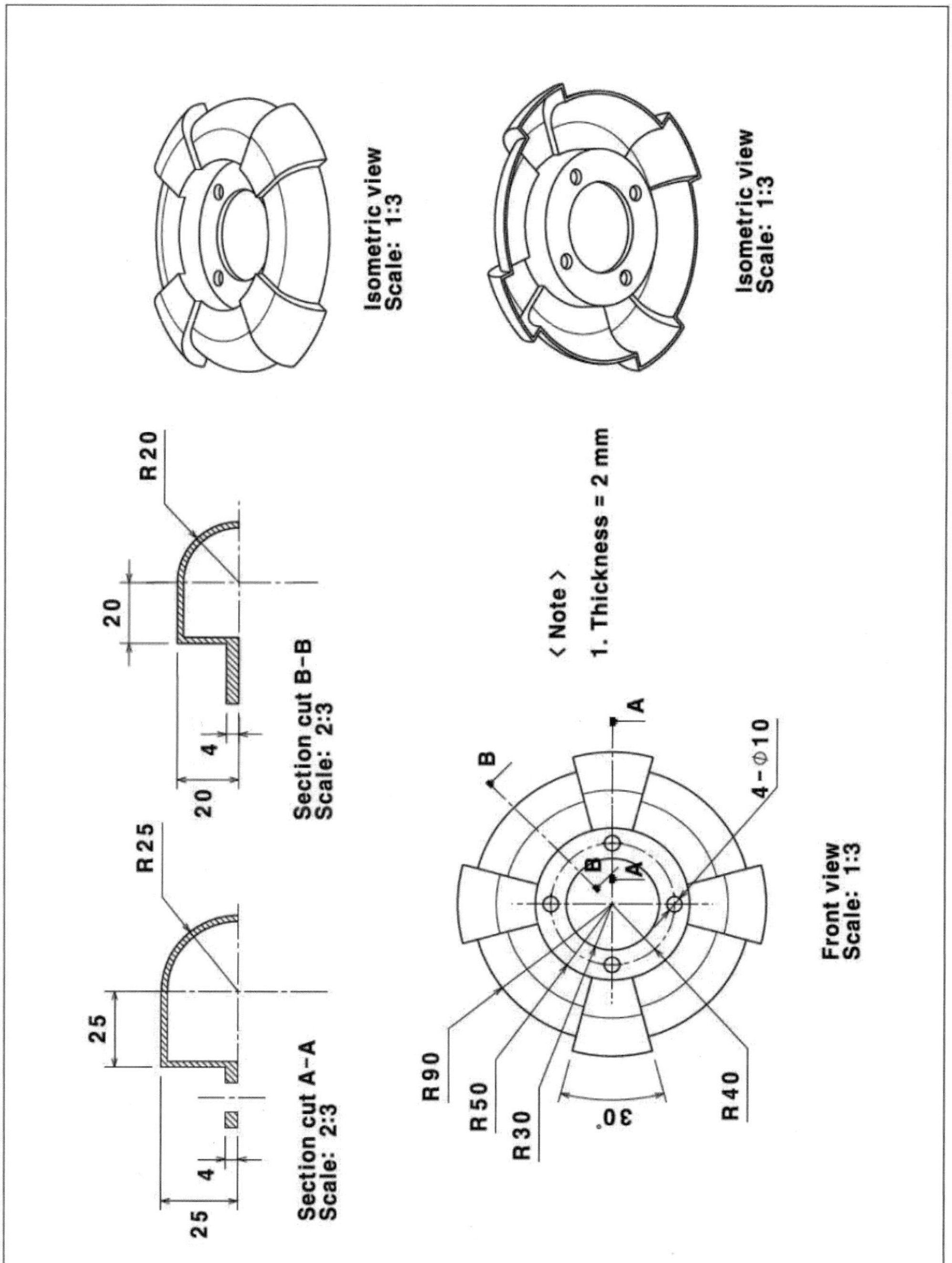

Section cut A-A
Scale: 2:3
25
4
25
R25
Section cut B-B
Scale: 2:3
20
4
20
R20
Isometric view
Scale: 1:3
Isometric view
Scale: 1:3
< Note >
1. Thickness = 2 mm
Front view
Scale: 1:3
R90
R50
R30
30°
R40
4-Φ10
A
B

Ex_31

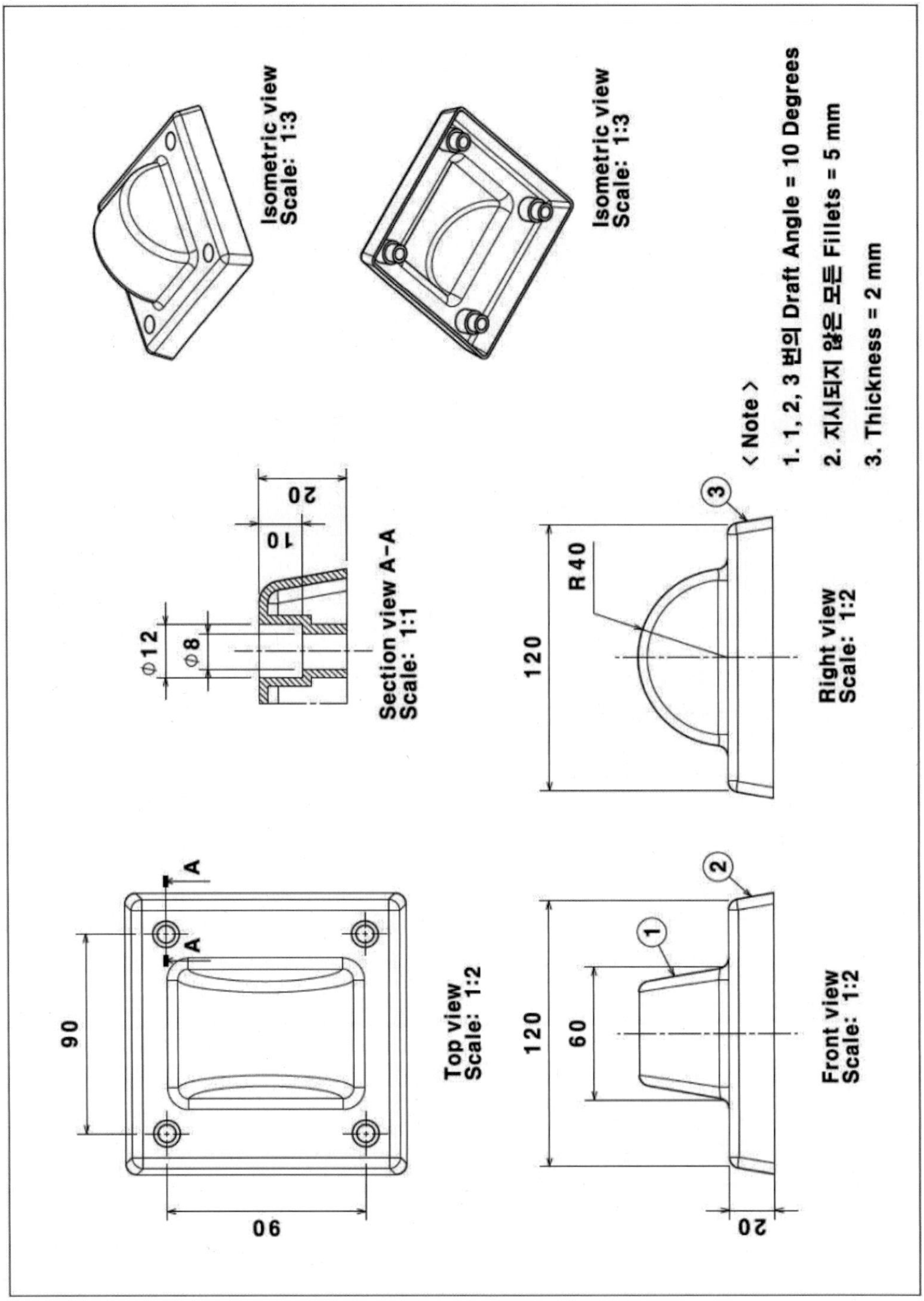
Top view
Scale: 1:2
Section view A-A
Scale: 1:1
Isometric view
Scale: 1:3
Front view
Scale: 1:2
Right view
Scale: 1:2
Isometric view
Scale: 1:3
90
90
A
A
ϕ12
ϕ8
10
20
120
60
20
120
R40
< Note >
1. 1, 2, 3 번의 Draft Angle = 10 Degrees
2. 지시되지 않은 모든 Fillets = 5 mm
3. Thickness = 2 mm

Ex_32

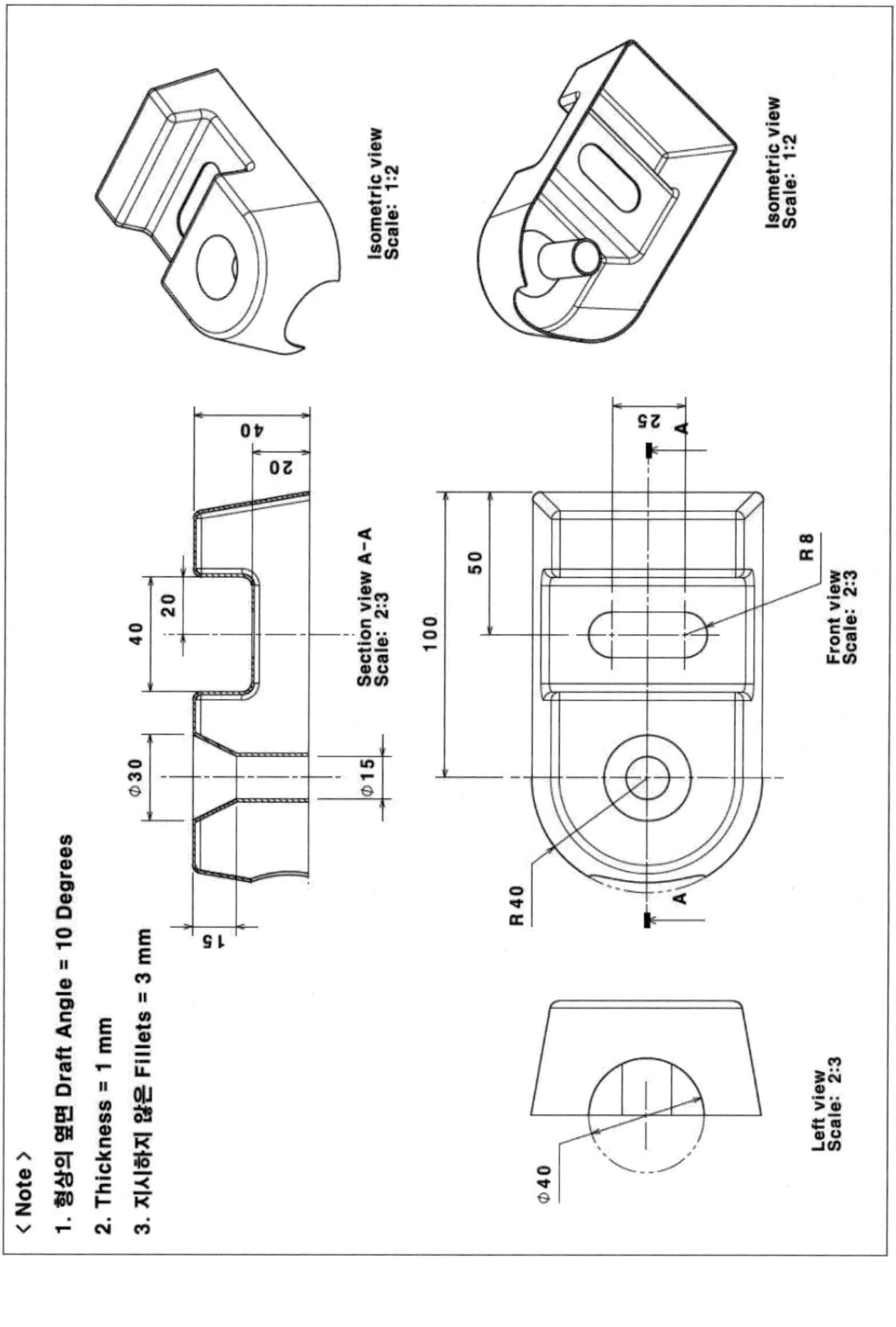
< Note >
1. 형상의 옆면 Draft Angle = 10 Degrees
2. Thickness = 1 mm
3. 지시하지 않은 Fillets = 3 mm
Section view A-A
Scale: 2:3
Front view
Scale: 2:3
Left view
Scale: 2:3
Isometric view
Scale: 1:2
Isometric view
Scale: 1:2
Φ30
Φ15
40
20
15
40
20
100
50
25
R40
R8
Φ40
A
A

Ex_33

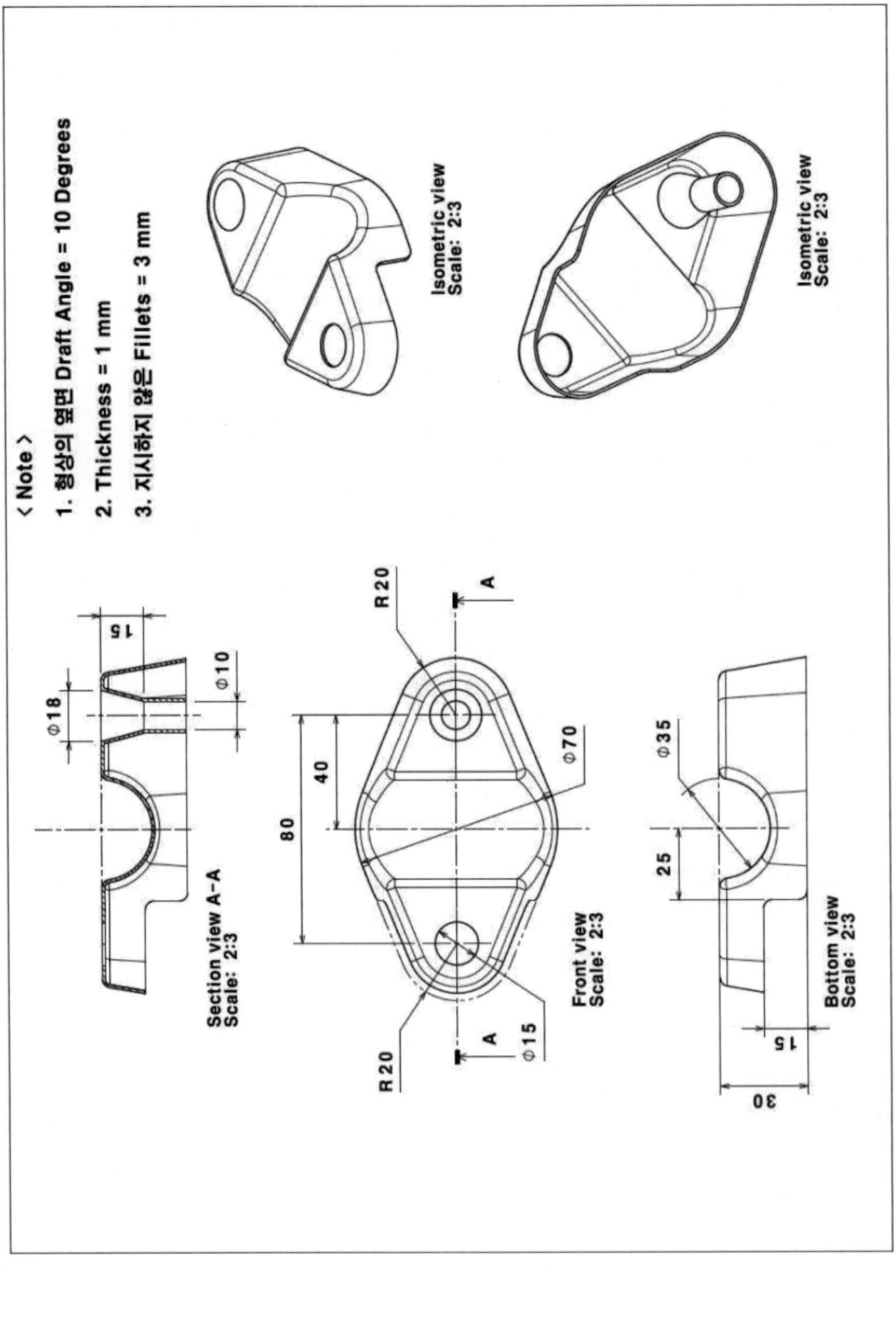
〈 Note 〉
1. 형상의 옆면 Draft Angle = 10 Degrees
2. Thickness = 1 mm
3. 지시하지 않은 Fillets = 3 mm
Φ18
Φ10
15
Section view A-A
Scale: 2:3
R20
A
80
40
Φ70
Φ15
R20
A
Front view
Scale: 2:3
Φ35
25
15
30
Bottom view
Scale: 2:3
Isometric view
Scale: 2:3
Isometric view
Scale: 2:3

Ex_34

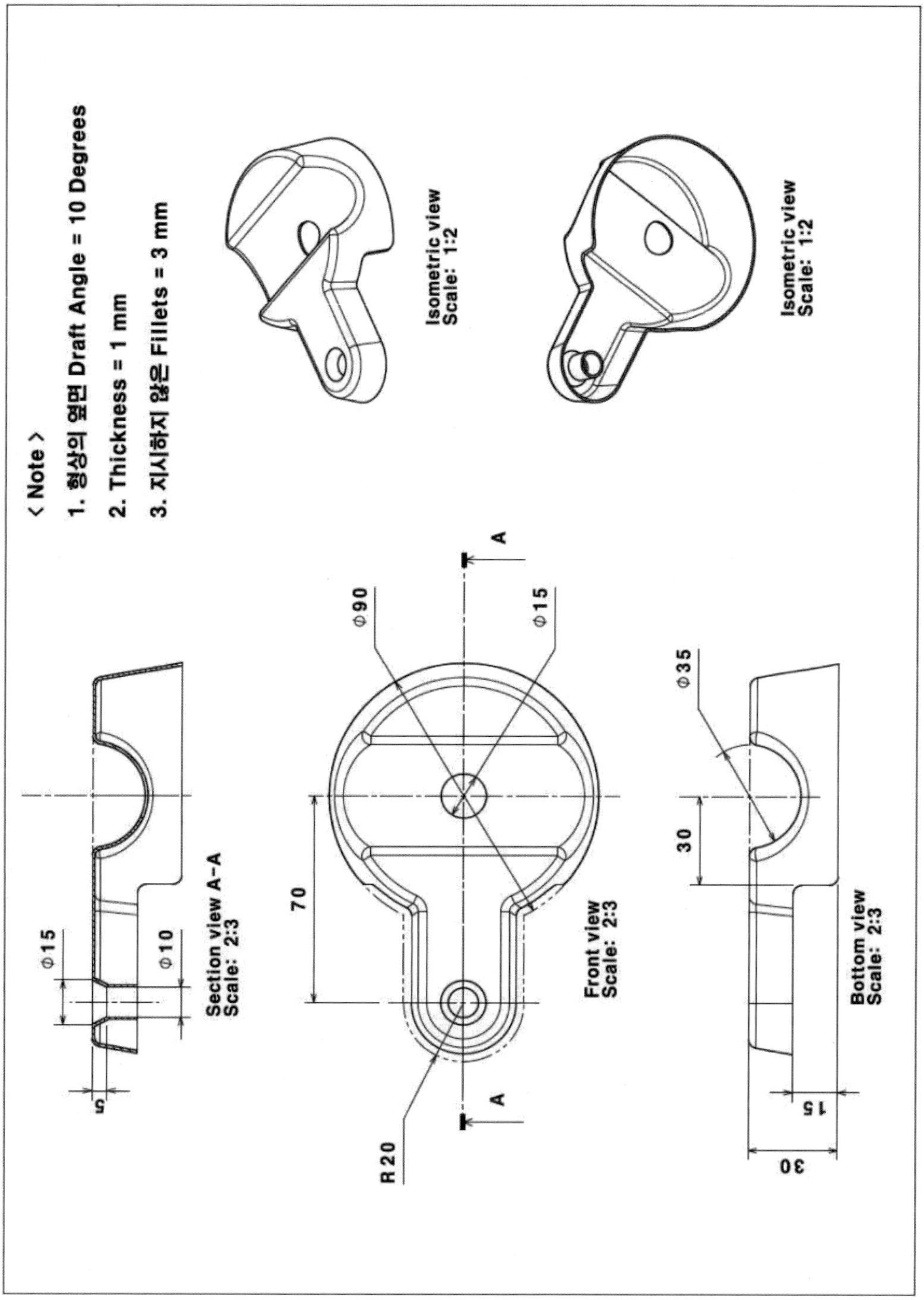
< Note >
1. 형상의 옆면 Draft Angle = 10 Degrees
2. Thickness = 1 mm
3. 지시하지 않은 Fillets = 3 mm
Section view A-A
Scale: 2:3
Front view
Scale: 2:3
Bottom view
Scale: 2:3
Isometric view
Scale: 1:2
Isometric view
Scale: 1:2
Φ15
Φ10
5
70
R20
Φ90
Φ15
A
A
Φ35
30
15
30

Ex_35

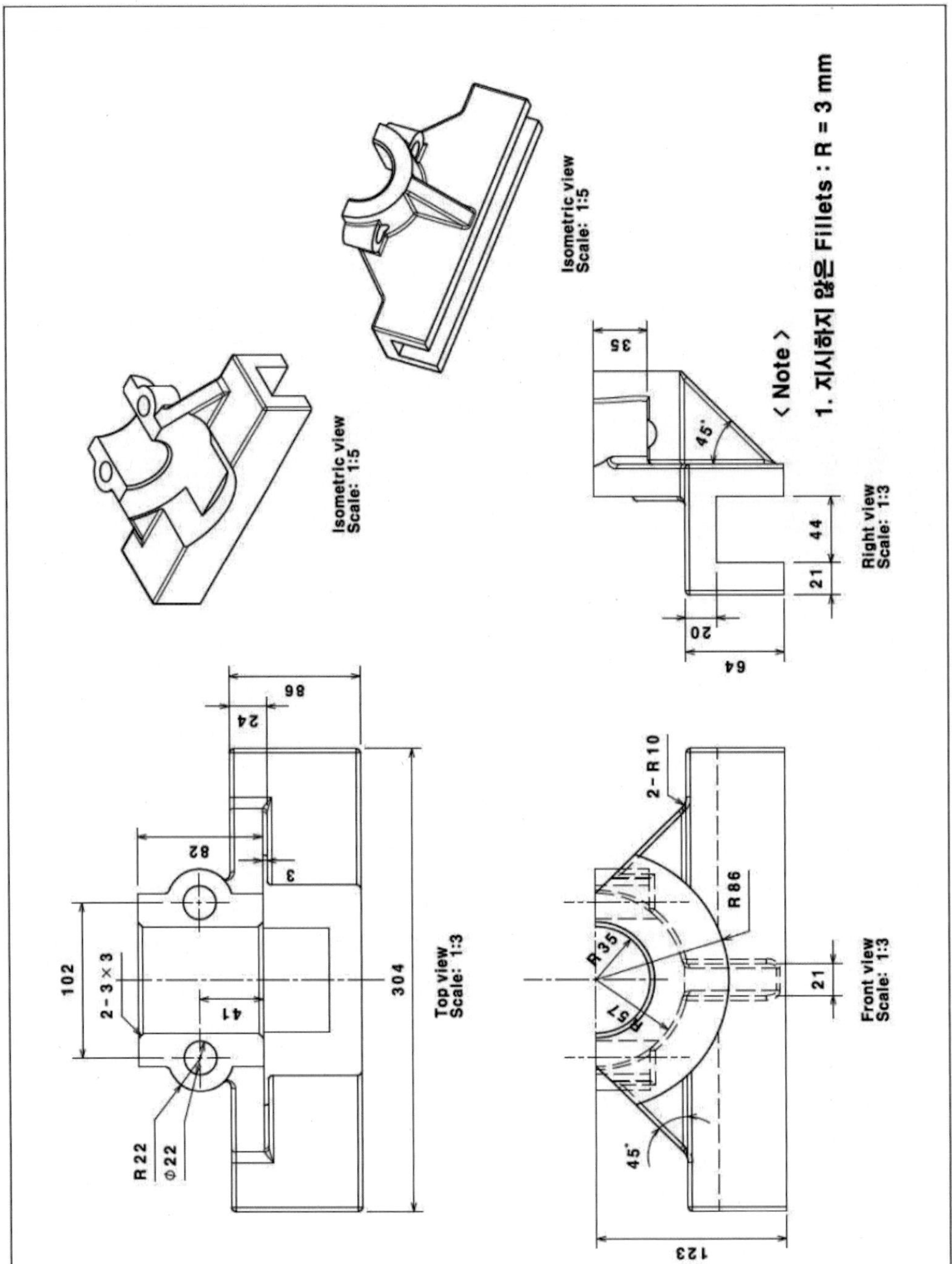
Isometric view
Scale: 1:5
Isometric view
Scale: 1:5
102
2 - 3 × 3
R 22
Φ 22
41
82
3
24
86
304
Top view
Scale: 1:3
35
45°
20
64
21
44
Right view
Scale: 1:3
2 - R 10
R 86
R 35
R 57
45°
123
21
Front view
Scale: 1:3
〈 Note 〉
1. 지시하지 않은 Fillets : R = 3 mm

Ex_36

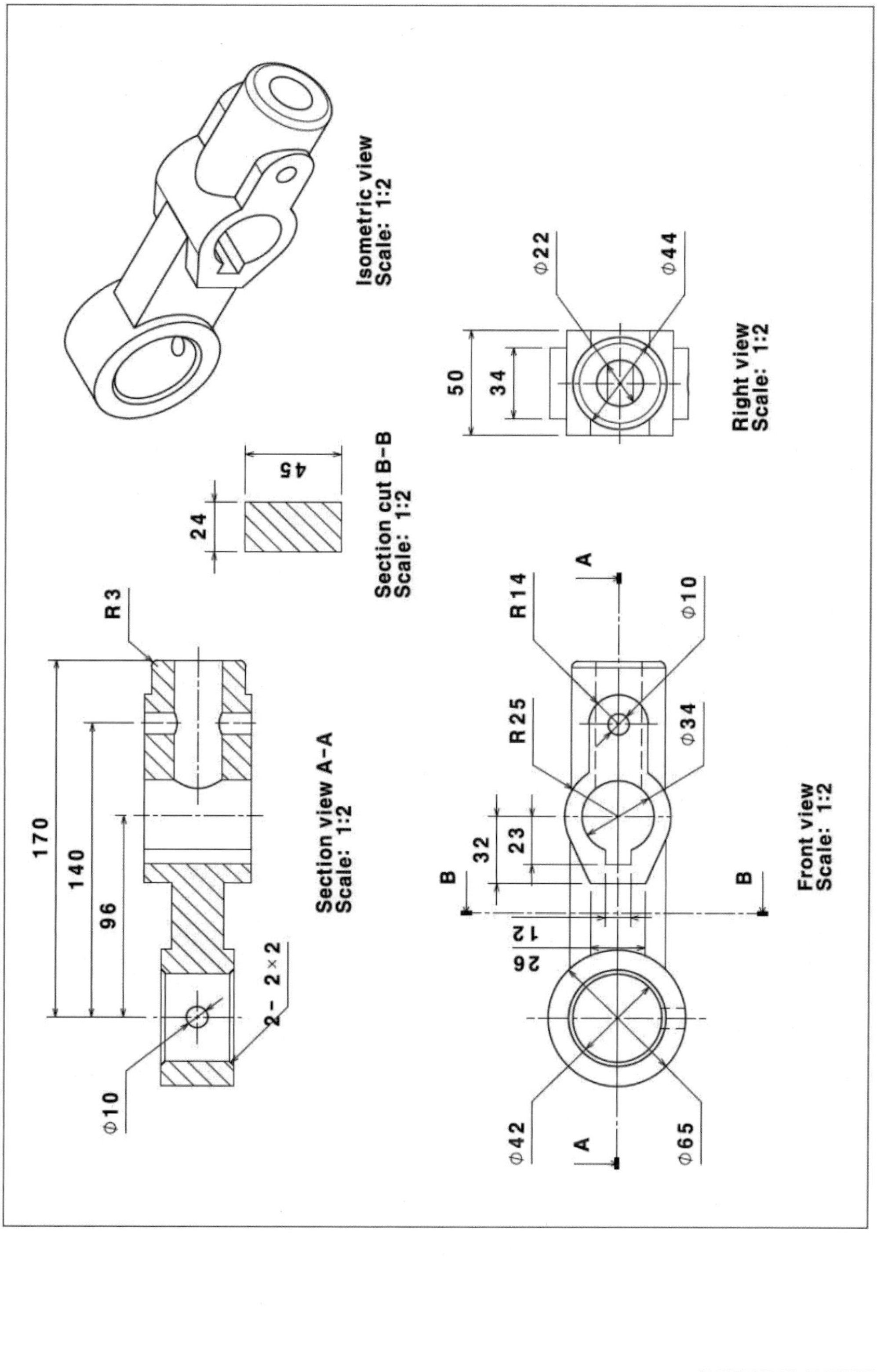
Isometric view
Scale: 1:2
Section view A-A
Scale: 1:2
Section cut B-B
Scale: 1:2
Right view
Scale: 1:2
Front view
Scale: 1:2
170
140
96
R3
Φ10
2- 2×2
24
45
50
34
Φ22
Φ44
R14
R25
Φ10
Φ34
32
23
12
26
Φ42
Φ65
A
B

Ex_37

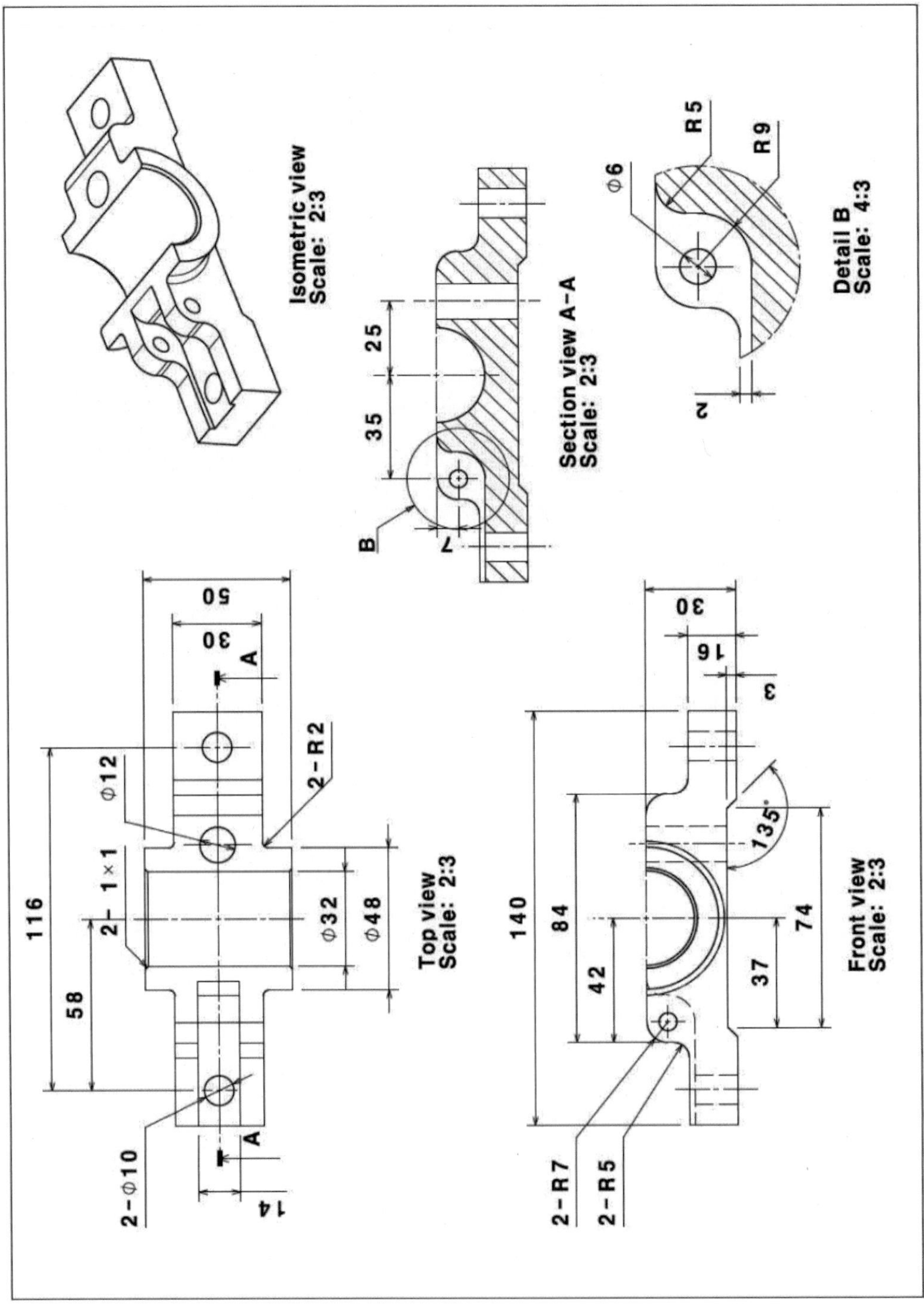
Isometric view
Scale: 2:3
Section view A-A
Scale: 2:3
Detail B
Scale: 4:3
Top view
Scale: 2:3
Front view
Scale: 2:3
B
A
A
Φ6
R5
R9
2
35
25
7
116
58
2-Φ10
14
Φ12
2-R2
2- 1×1
Φ32
Φ48
50
30
140
84
42
37
74
135°
30
16
3
2-R7
2-R5

Ex_38

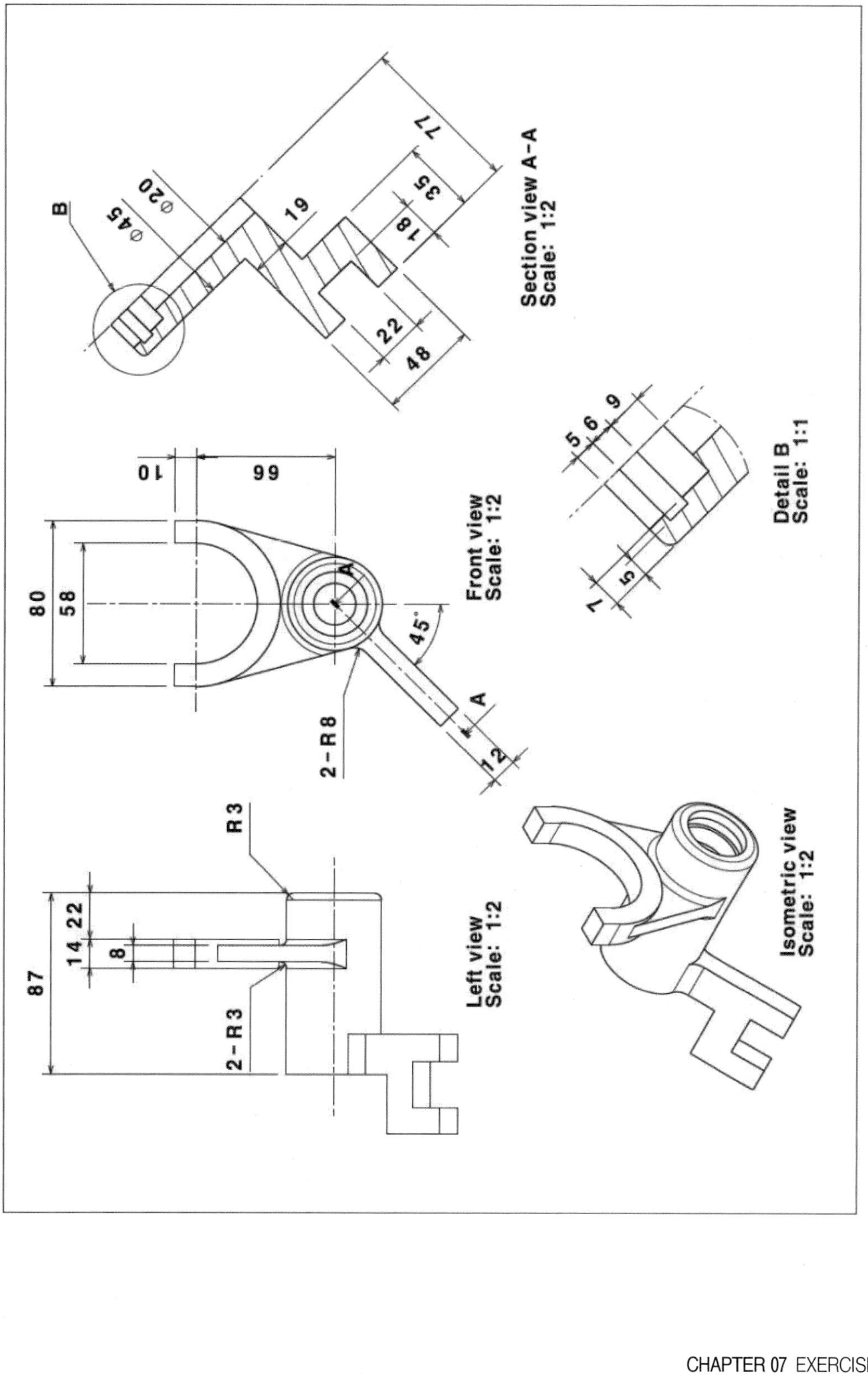
Section view A-A
Scale: 1:2
Front view
Scale: 1:2
Detail B
Scale: 1:1
Left view
Scale: 1:2
Isometric view
Scale: 1:2

Ex_39

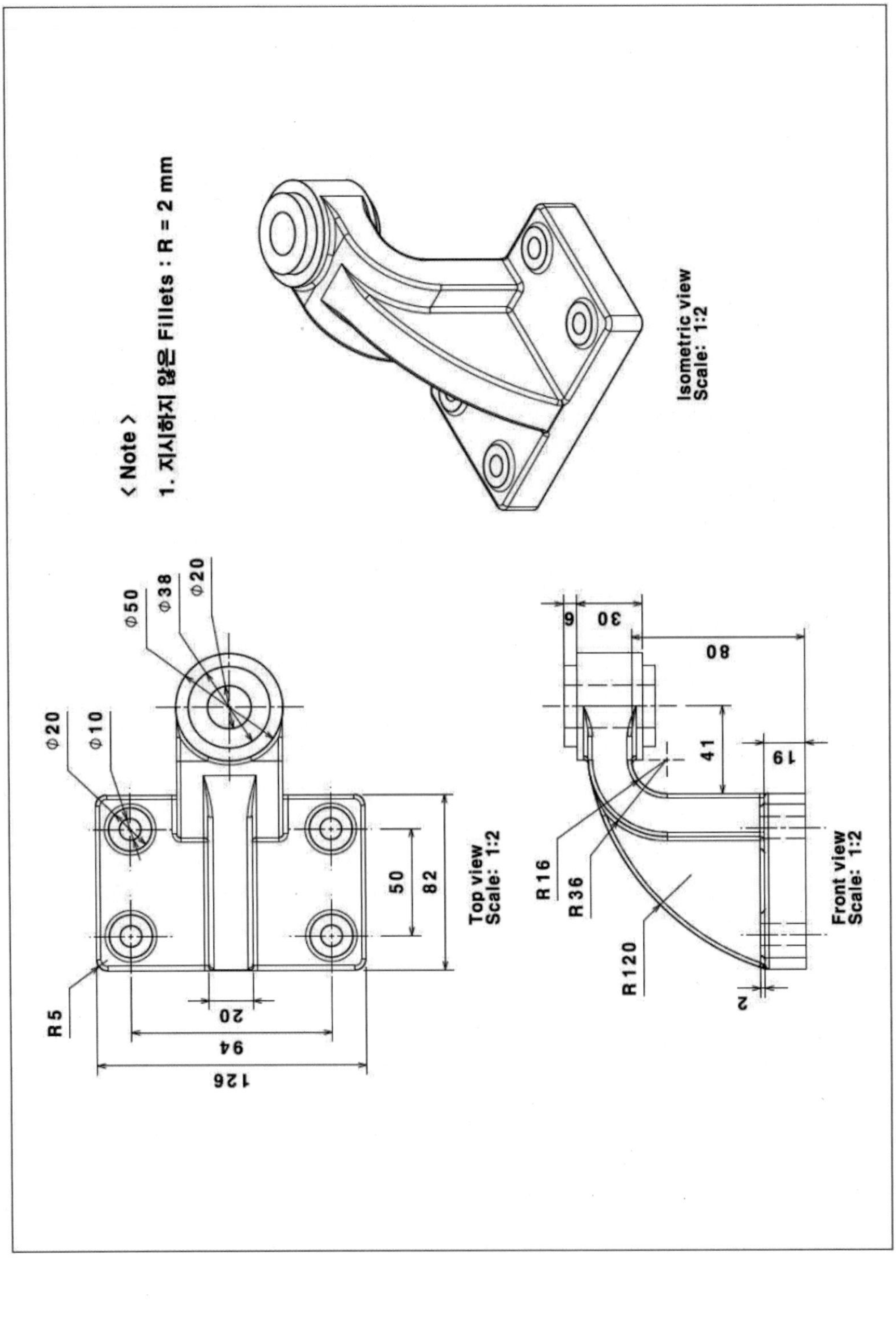

< Note >
1. 지시하지 않은 Fillets : R = 2 mm
Φ20
Φ10
Φ50
Φ38
Φ20
R5
20
94
126
50
82
Top view
Scale: 1:2
9
30
80
41
19
R16
R36
R120
2
Front view
Scale: 1:2
Isometric view
Scale: 1:2

Ex_40

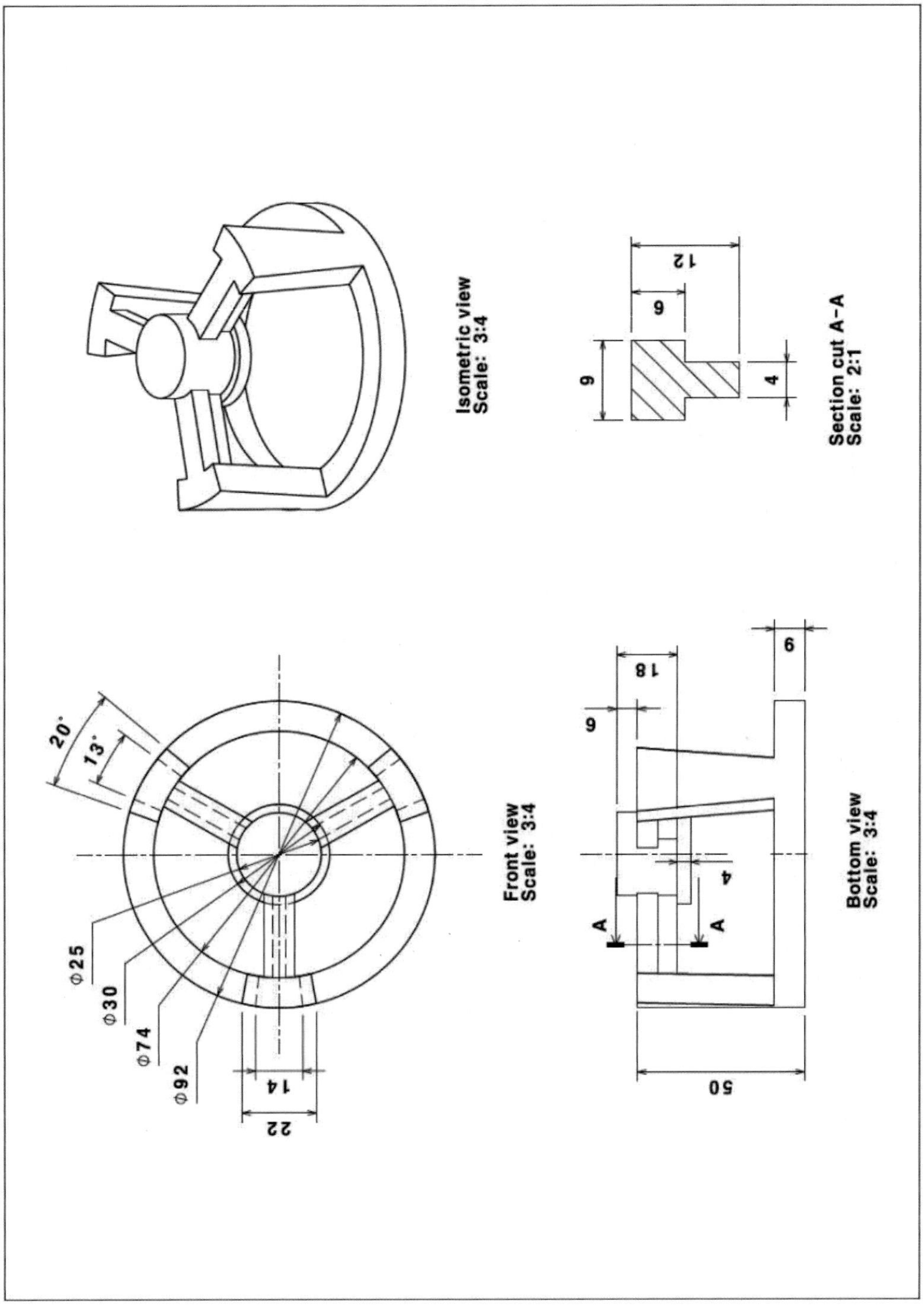

Isometric view
Scale: 3:4
Section cut A-A
Scale: 2:1
Front view
Scale: 3:4
Bottom view
Scale: 3:4
Φ25
Φ30
Φ74
Φ92
20°
13°
14
22
50
18
6
9
12
4
A
A

Ex_41

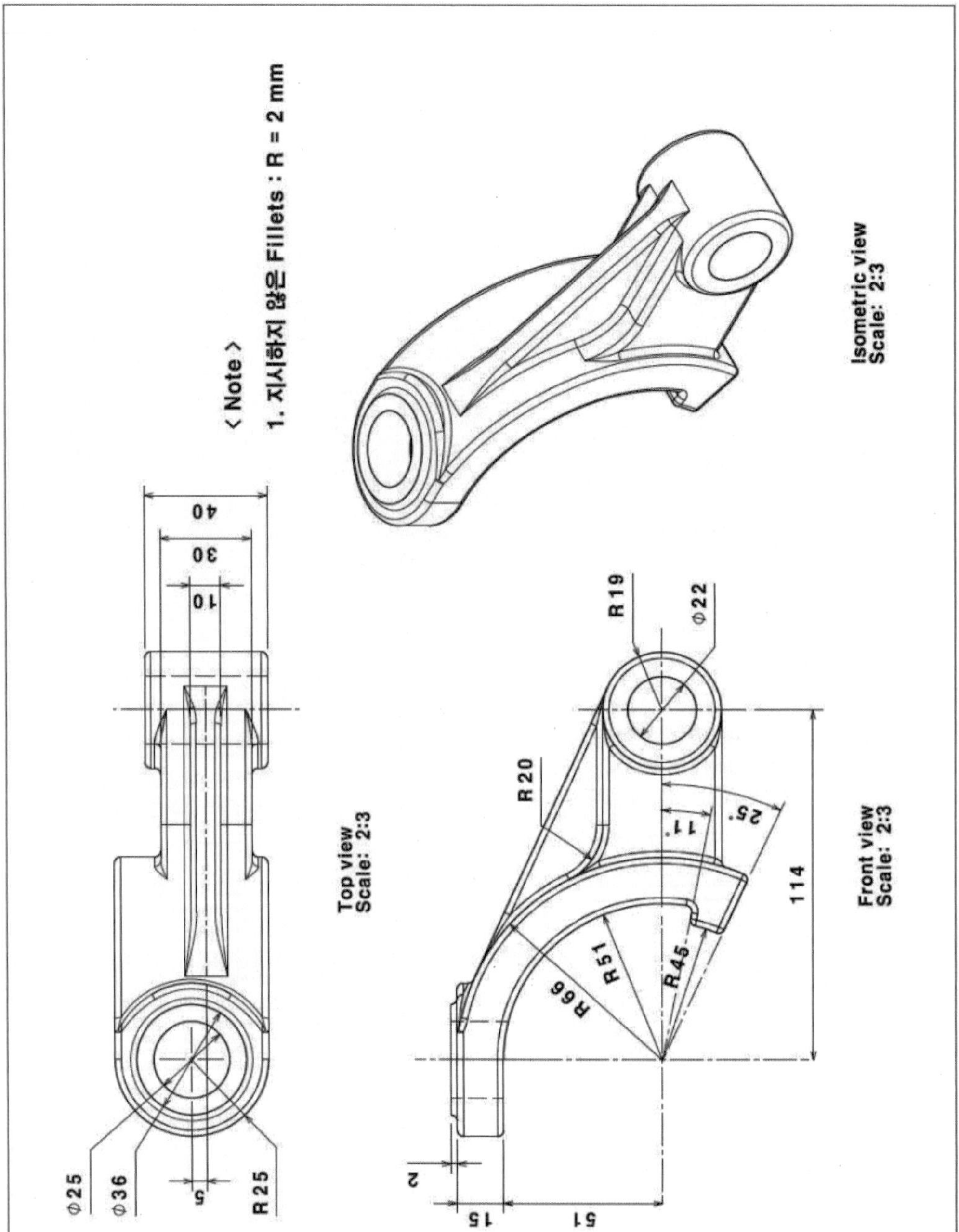

< Note >
1. 지시하지 않은 Fillets : R = 2 mm
Top view
Scale: 2:3
Front view
Scale: 2:3
Isometric view
Scale: 2:3
Φ25
Φ36
5
R25
40
30
10
R19
Φ22
R20
11°
25°
114
R51
R45
R66
2
15
51

Ex_42

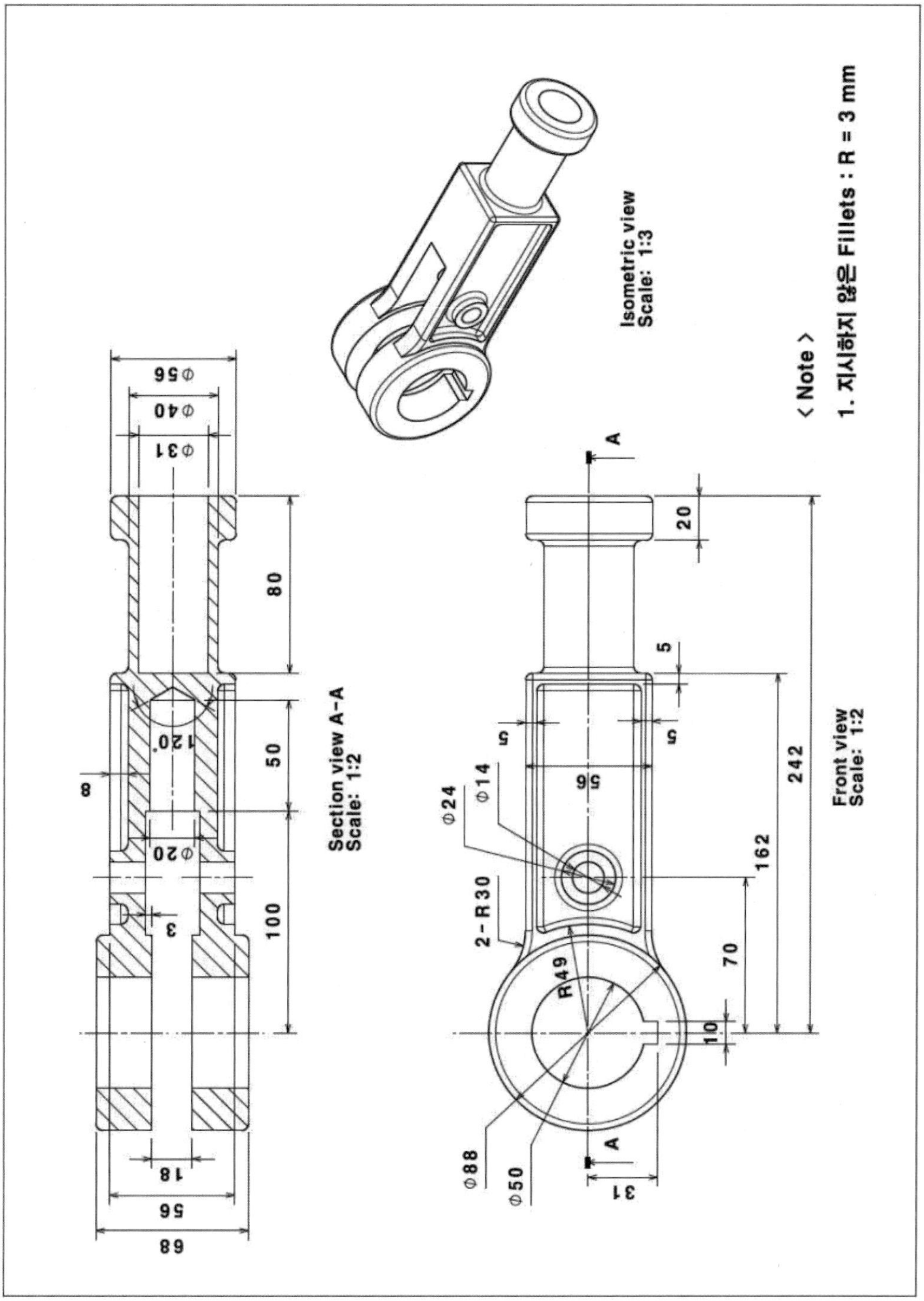
Section view A-A
Scale: 1:2
Front view
Scale: 1:2
Isometric view
Scale: 1:3
< Note >
1. 지시하지 않은 Fillets : R = 3 mm

Ex_43

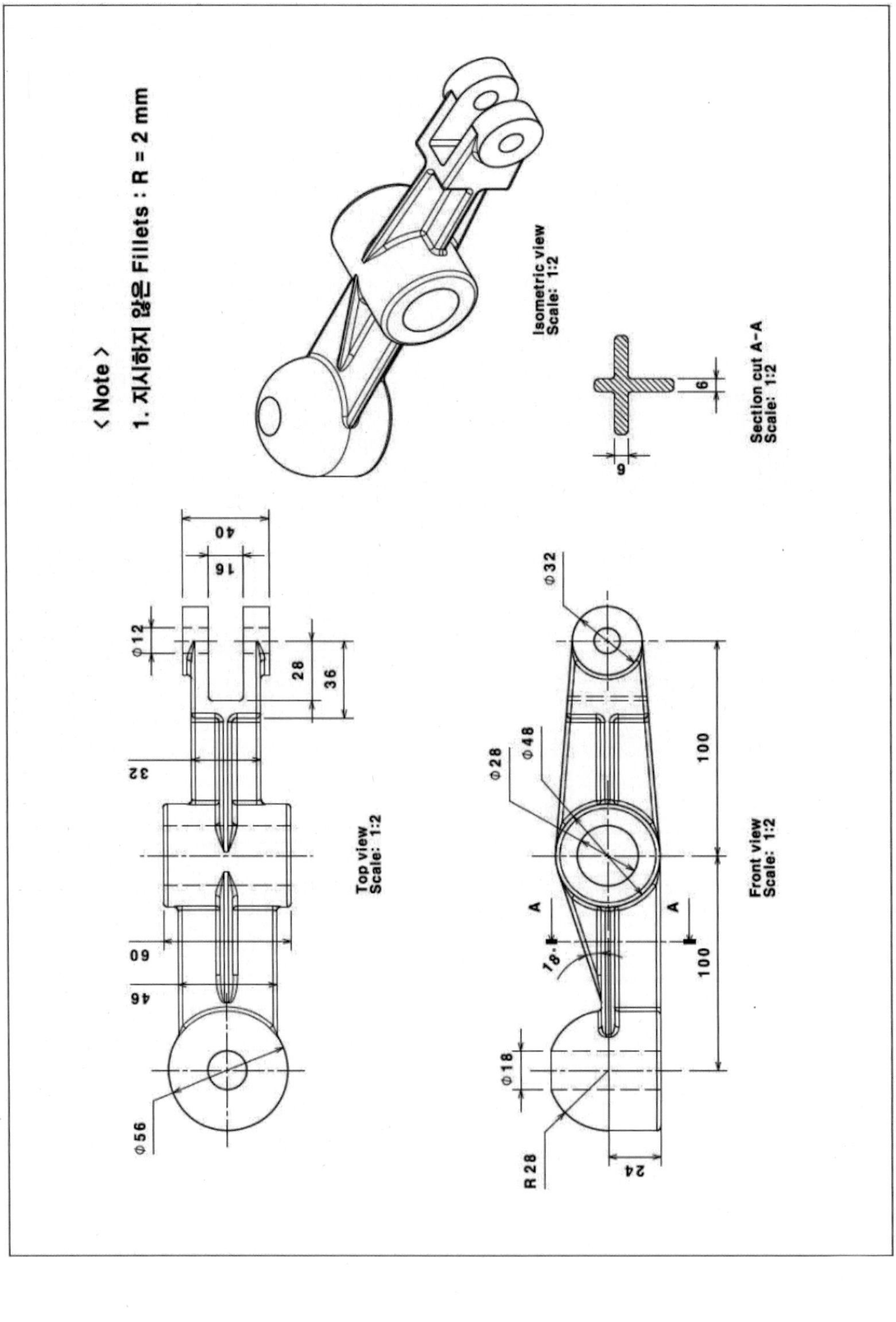

< Note >
1. 지시하지 않은 Fillets : R = 2 mm
Isometric view
Scale: 1:2
Section cut A-A
Scale: 1:2
6
6
Top view
Scale: 1:2
Φ12
40
16
28
36
32
60
46
Φ56
Front view
Scale: 1:2
Φ32
Φ28
Φ48
100
100
A
A
18°
Φ18
R28
24

Ex_44

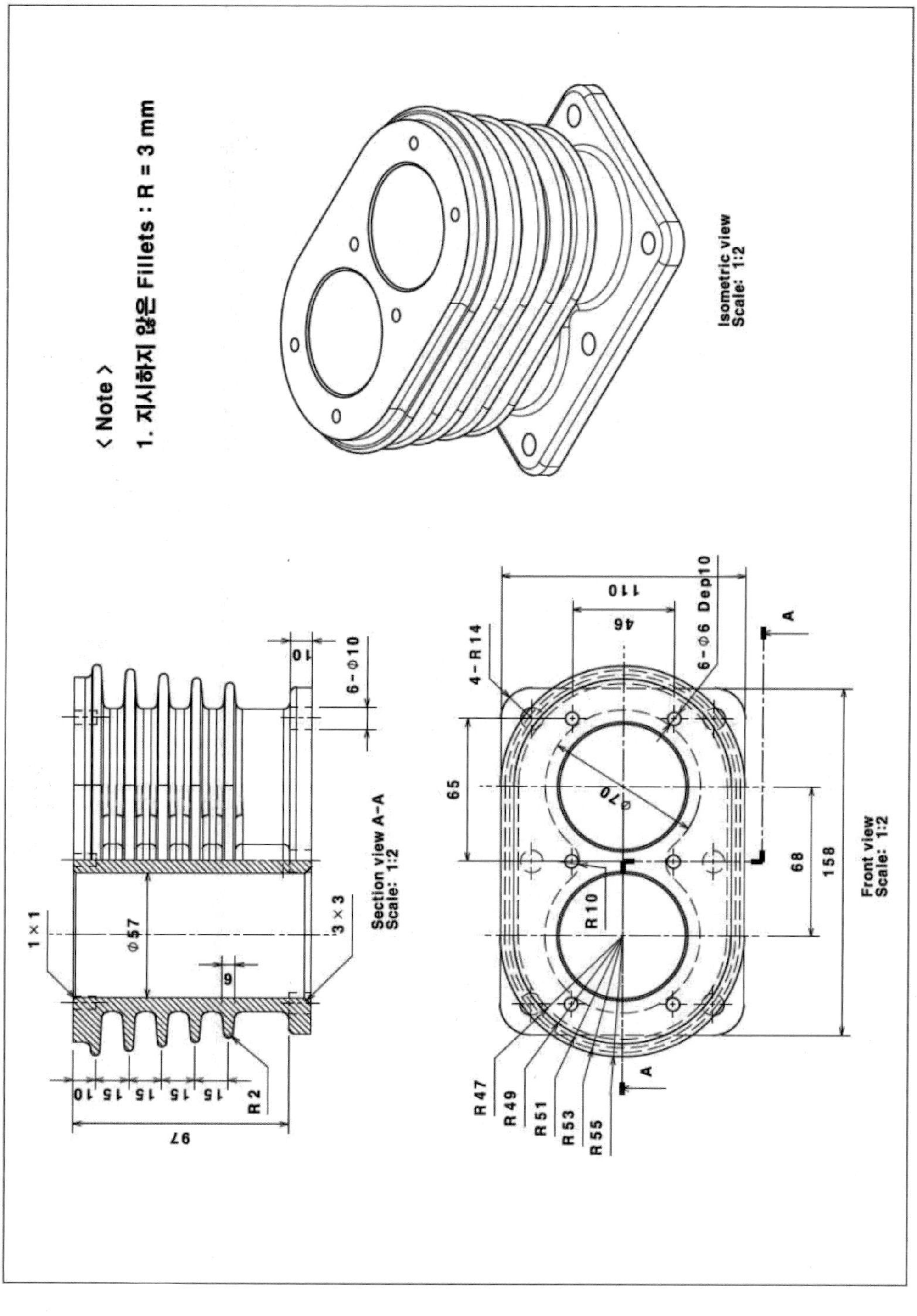

< Note >
1. 지시하지 않은 Fillets : R = 3 mm
Isometric view
Scale: 1:2
1 × 1
Φ57
9
3 × 3
10
15
15
15
15
R 2
97
10
6 - Φ10
Section view A-A
Scale: 1:2
4 - R14
110
46
6 - Φ6 Dep10
65
Φ70
R10
68
158
A
A
R 47
R 49
R 51
R 53
R 55
Front view
Scale: 1:2

Ex_45

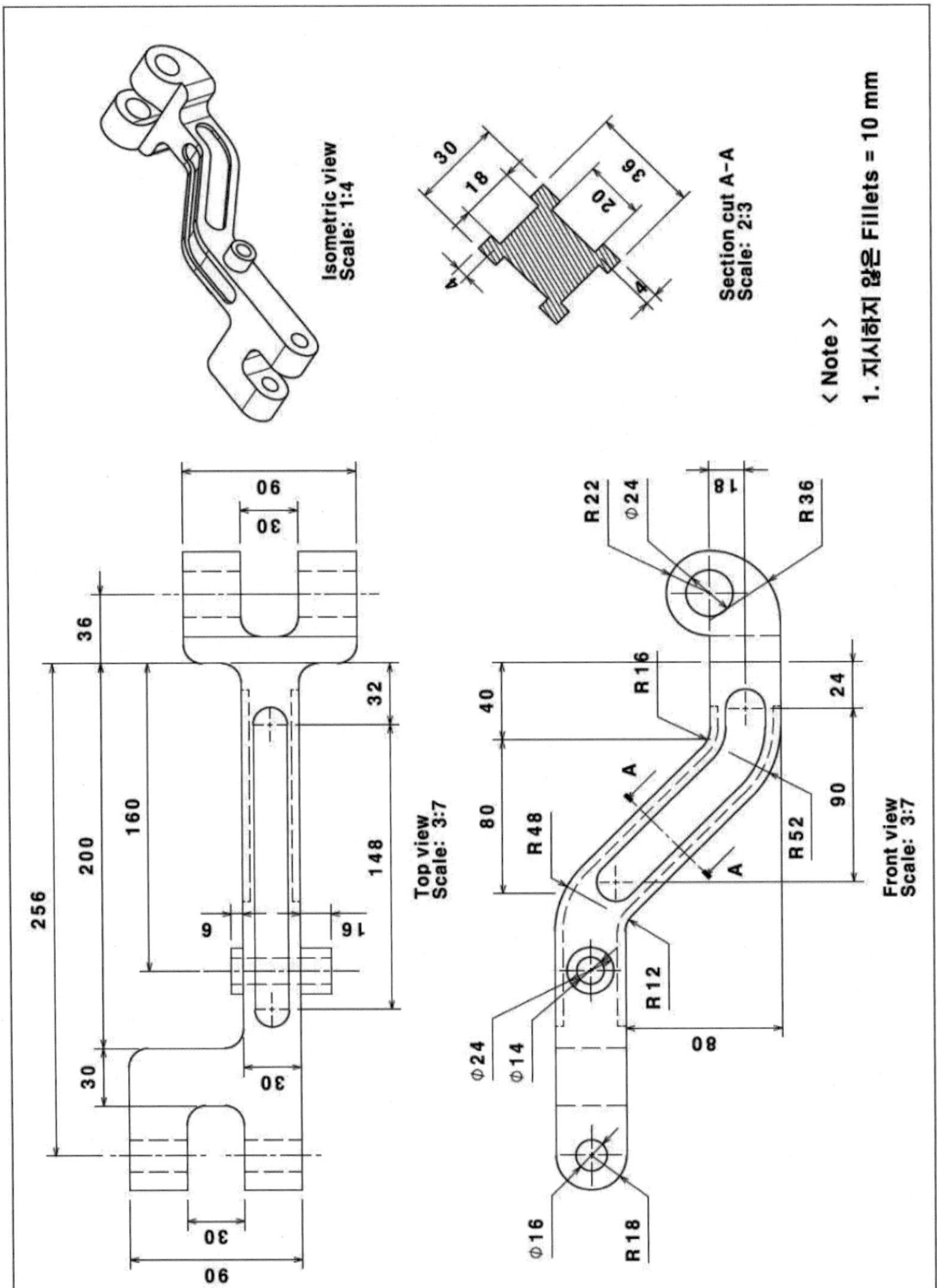
Isometric view
Scale: 1:4
Section cut A-A
Scale: 2:3
Top view
Scale: 3:7
Front view
Scale: 3:7
< Note >
1. 지시하지 않은 Fillets = 10 mm

Ex_46

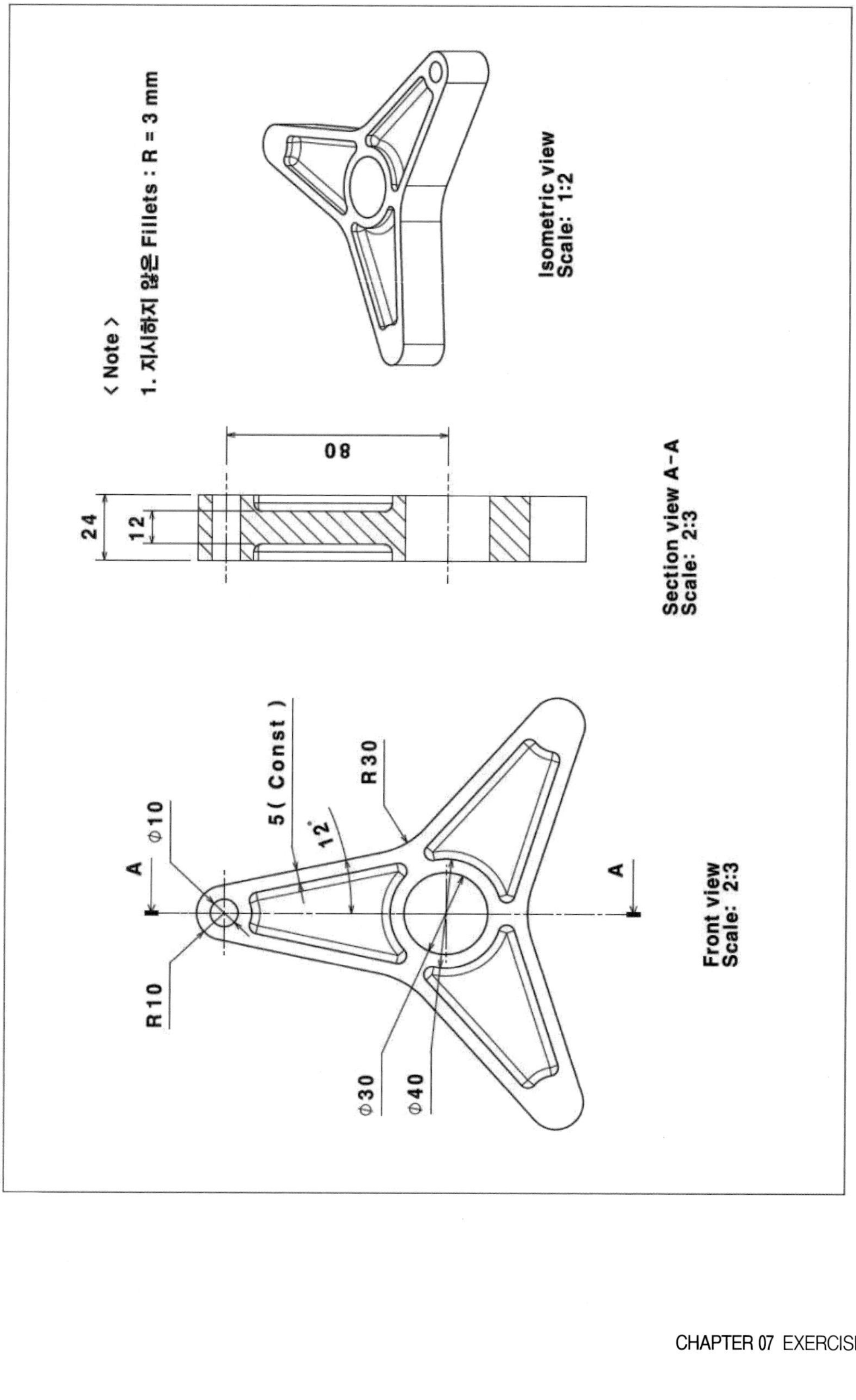

< Note >
1. 지시하지 않은 Fillets : R = 3 mm
Isometric view
Scale: 1:2
24
12
80
Section view A-A
Scale: 2:3
R10
A
Φ10
5(Const)
12°
R30
A
Φ30
Φ40
Front view
Scale: 2:3

Ex_47

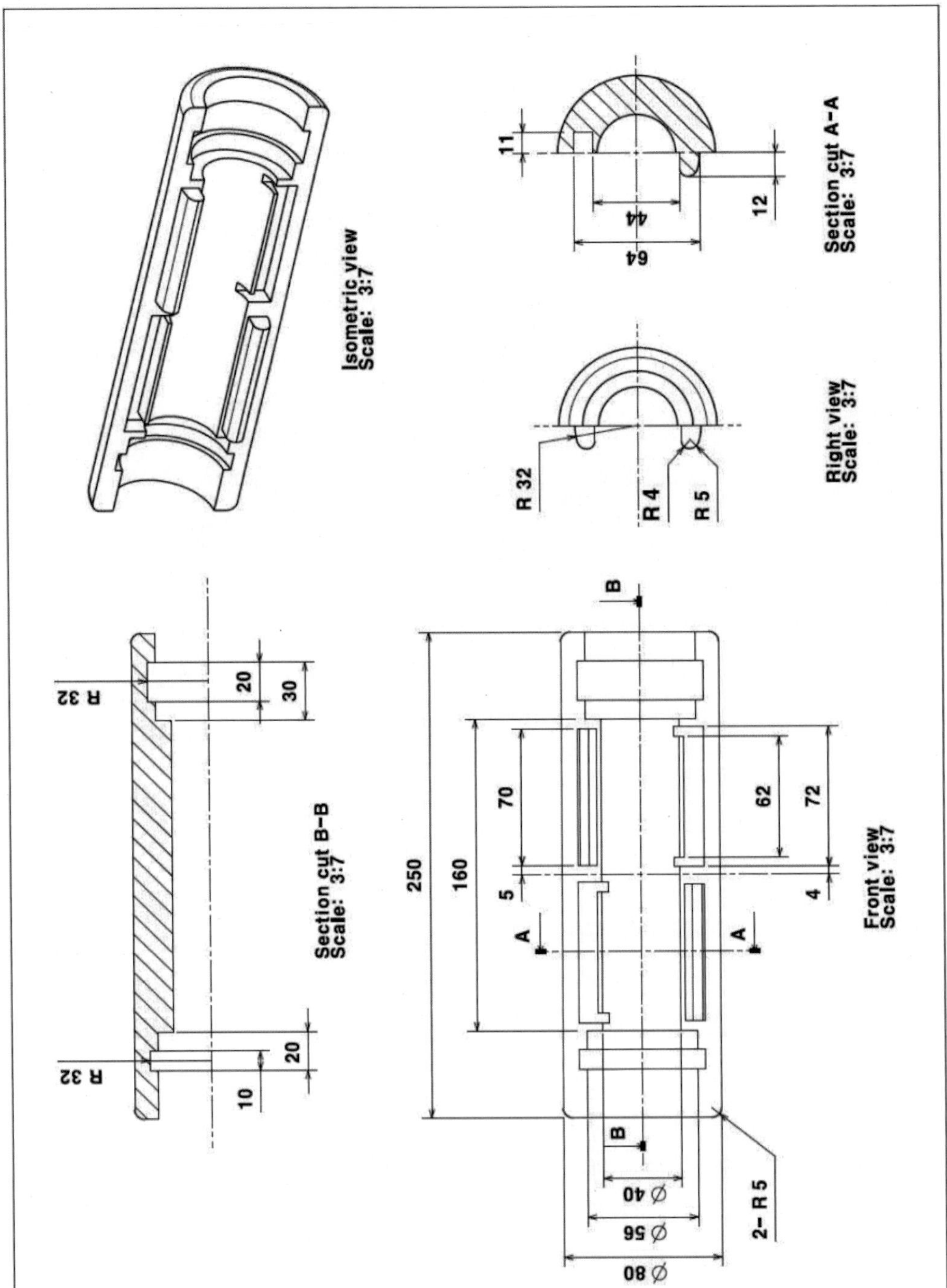
Isometric view
Scale: 3:7
Section cut A-A
Scale: 3:7
11
12
44
64
Right view
Scale: 3:7
R 32
R 4
R 5
Section cut B-B
Scale: 3:7
R 32
20
30
20
10
Front view
Scale: 3:7
B
A
250
160
70
5
62
72
4
2- R 5
Ø 40
Ø 56
Ø 80

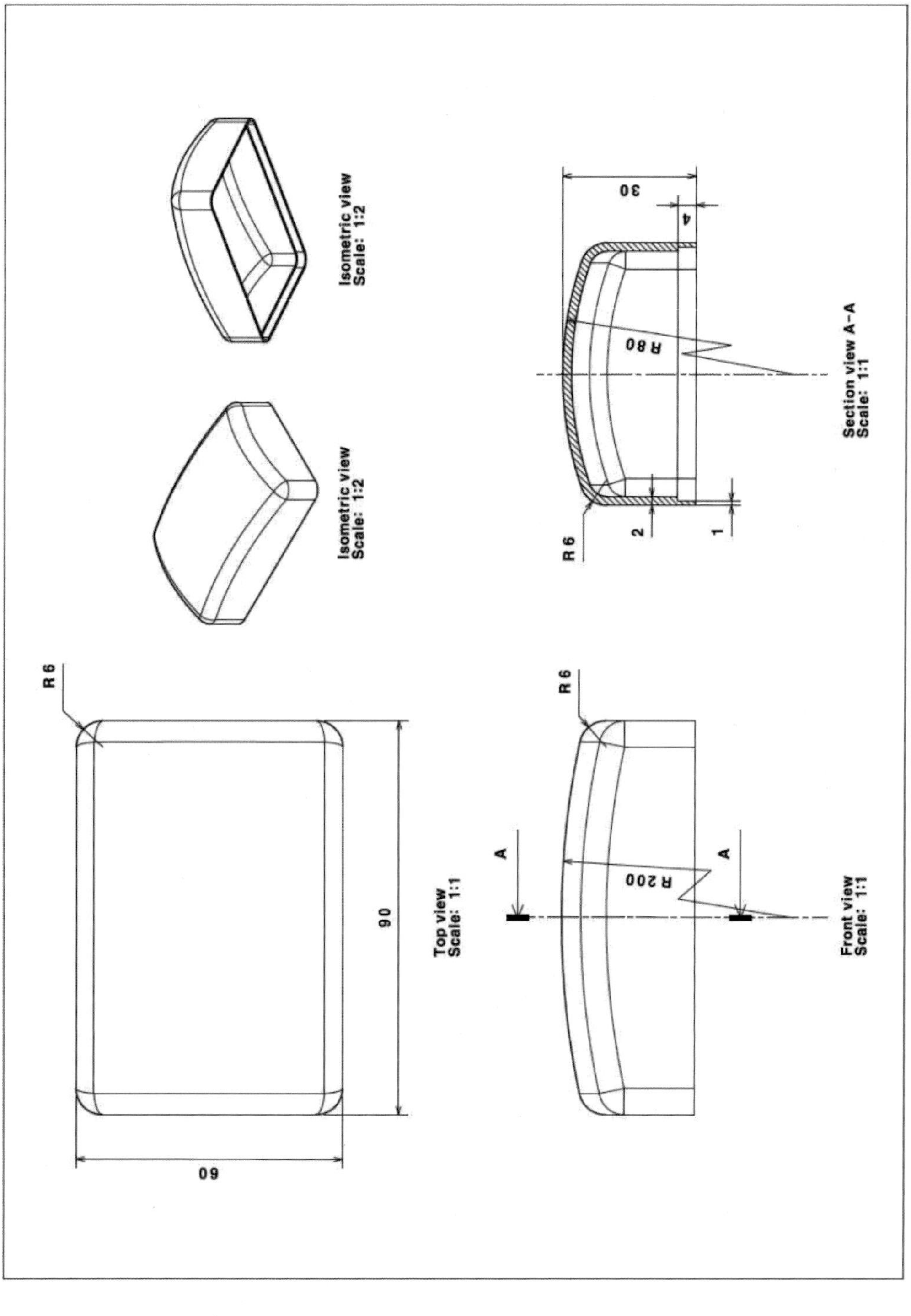
Top view
Scale: 1:1
R 6
90
60
Front view
Scale: 1:1
R 6
R 200
A
A
Isometric view
Scale: 1:2
Isometric view
Scale: 1:2
Section view A-A
Scale: 1:1
R 80
R 6
30
4
2
1

Ex_49

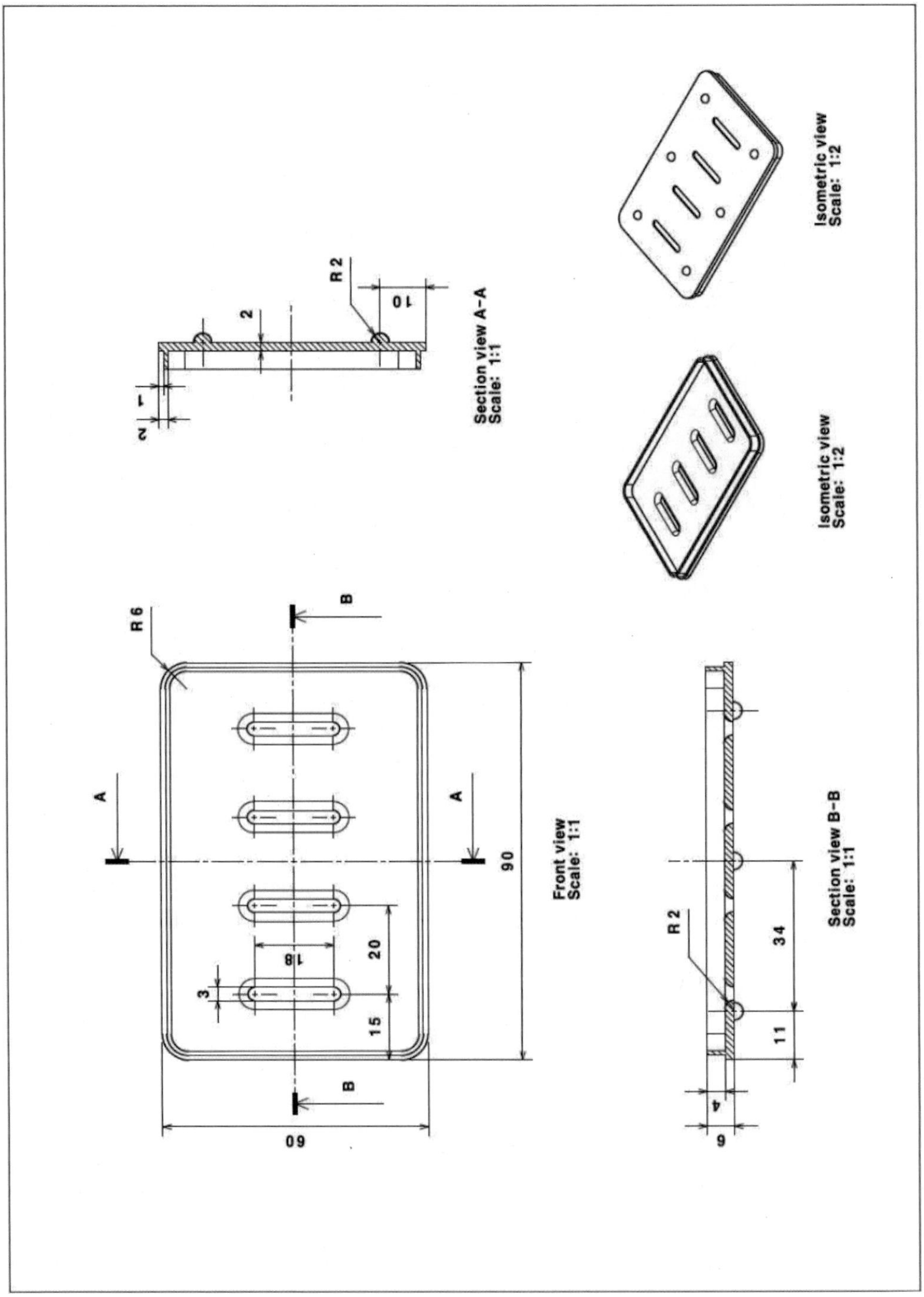
Front view
Scale: 1:1
Section view A-A
Scale: 1:1
Section view B-B
Scale: 1:1
Isometric view
Scale: 1:2
Isometric view
Scale: 1:2
R 6
R 2
R 2
A
A
B
B
90
60
20
15
18
3
2
1
2
10
34
11
4
6

Ex_50

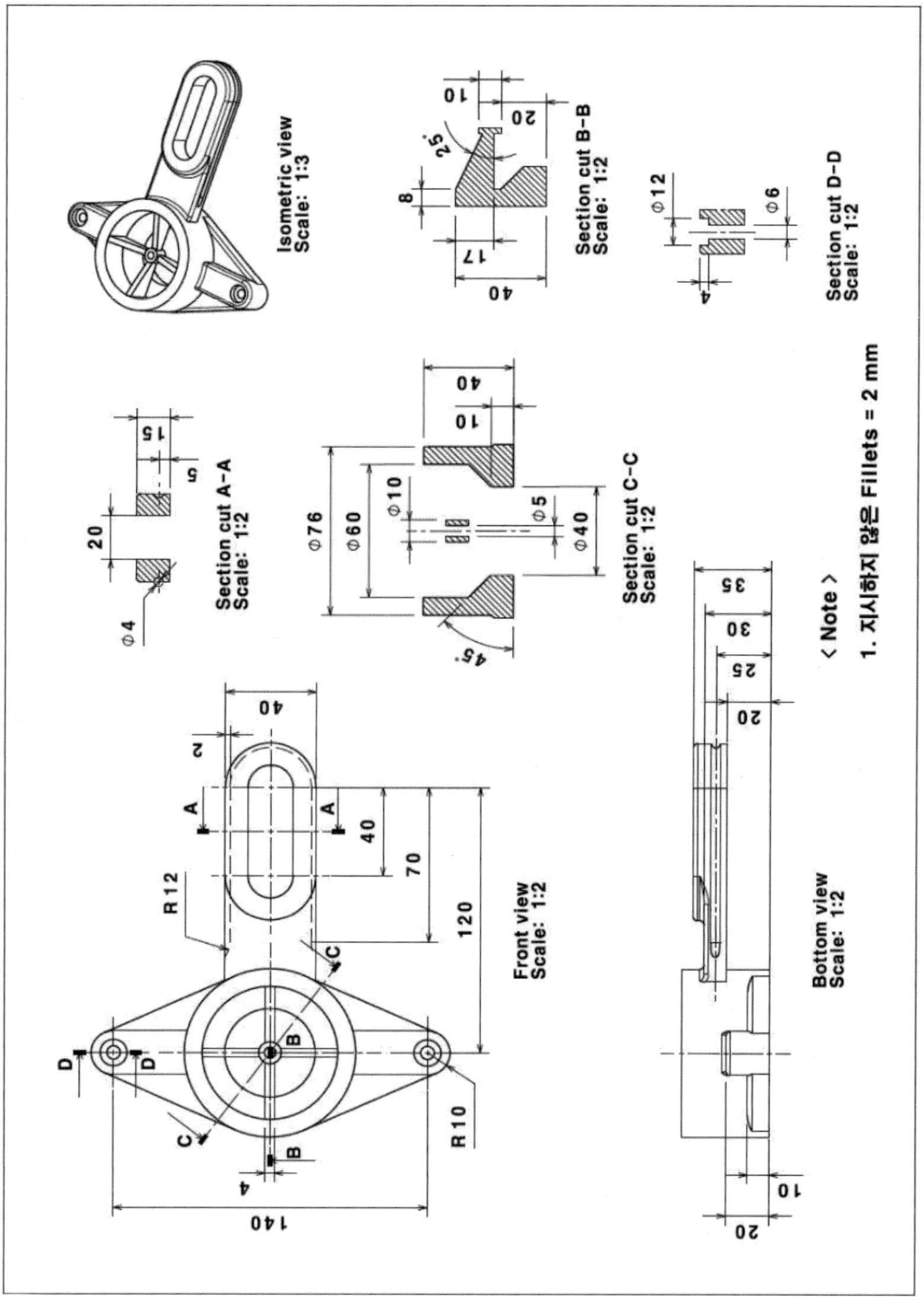
Isometric view
Scale: 1:3
Section cut A-A
Scale: 1:2
Section cut B-B
Scale: 1:2
Section cut C-C
Scale: 1:2
Section cut D-D
Scale: 1:2
Front view
Scale: 1:2
Bottom view
Scale: 1:2
< Note >
1. 지시하지 않은 Fillets = 2 mm

Ex_51

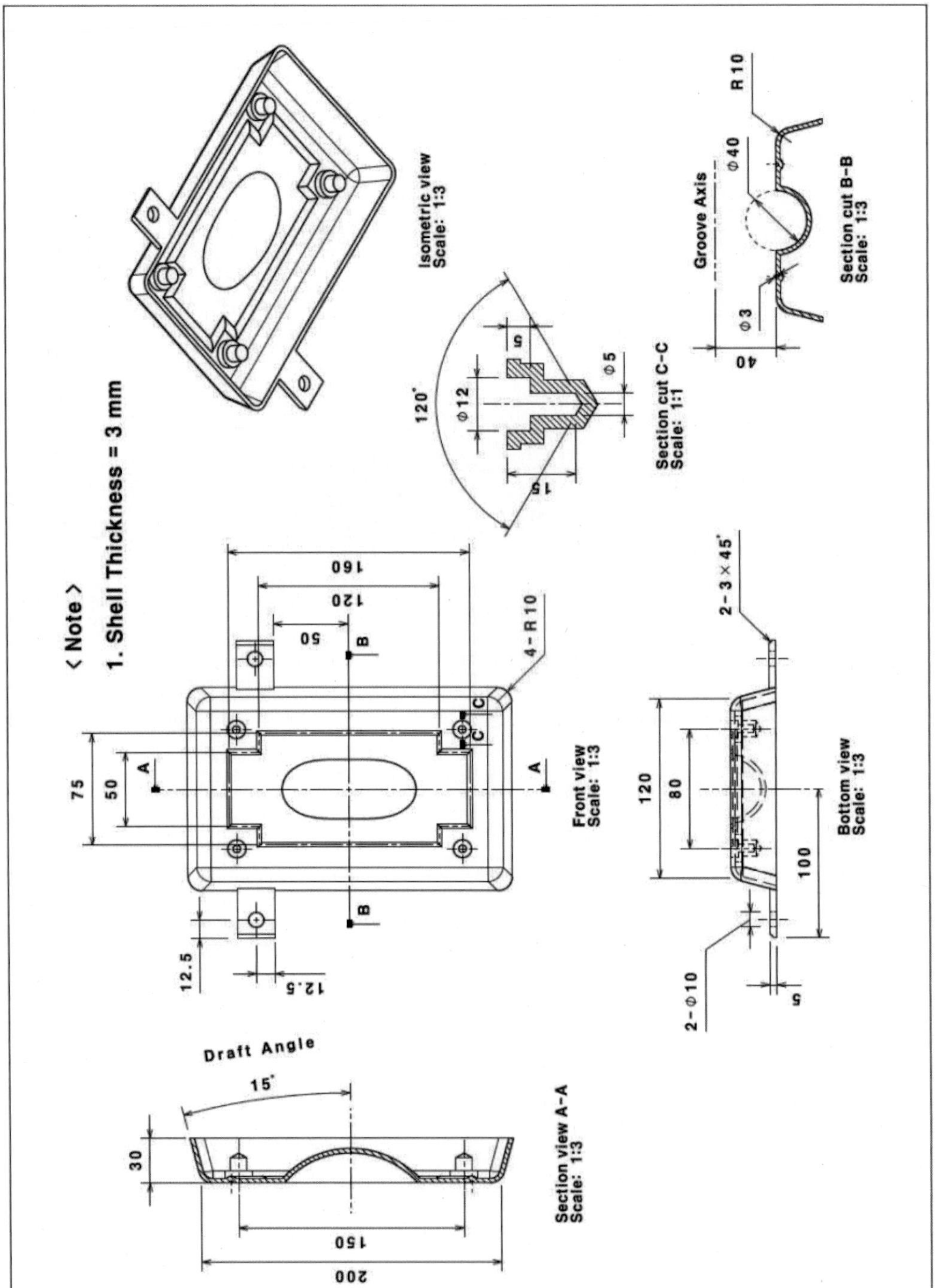

< Note >
1. Shell Thickness = 3 mm
Isometric view
Scale: 1:3
Front view
Scale: 1:3
Section view A-A
Scale: 1:3
Bottom view
Scale: 1:3
Section cut C-C
Scale: 1:1
Section cut B-B
Scale: 1:3
Draft Angle
15˚
Groove Axis
120˚
4-R10
2-3×45˚
2-Φ10
Φ12
Φ5
Φ40
Φ3
R10
200
150
160
120
100
80
75
50
40
30
15
12.5
5

Ex_52

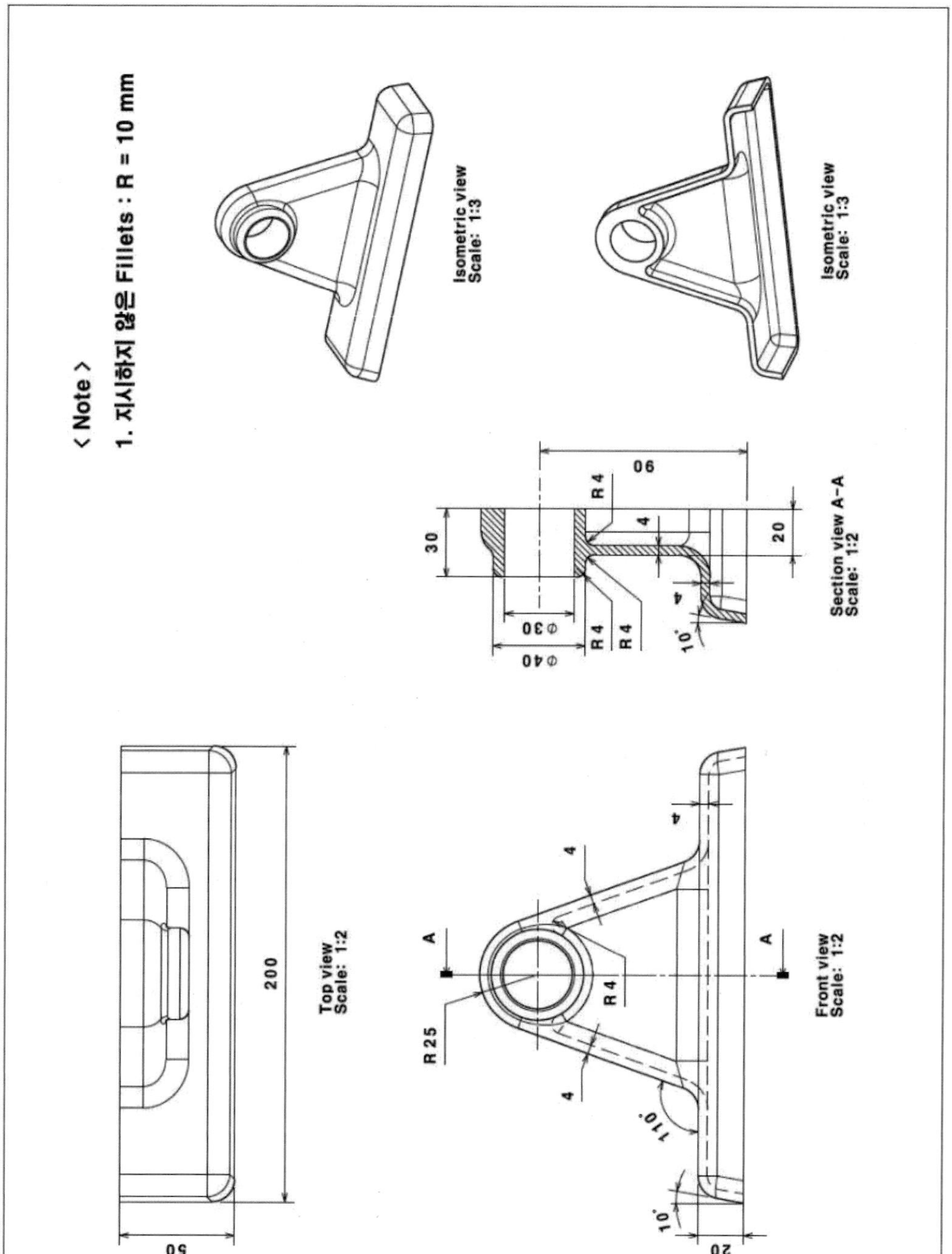

< Note >
1. 지시하지 않은 Fillets : R = 10 mm
Isometric view
Scale: 1:3
Isometric view
Scale: 1:3
90
R 4
30
4
20
Φ30
Φ40
R 4
R 4
4
10°
Section view A-A
Scale: 1:2
50
200
Top view
Scale: 1:2
R 25
A
R 4
A
4
4
4
110°
10°
20
Front view
Scale: 1:2

Ex_53

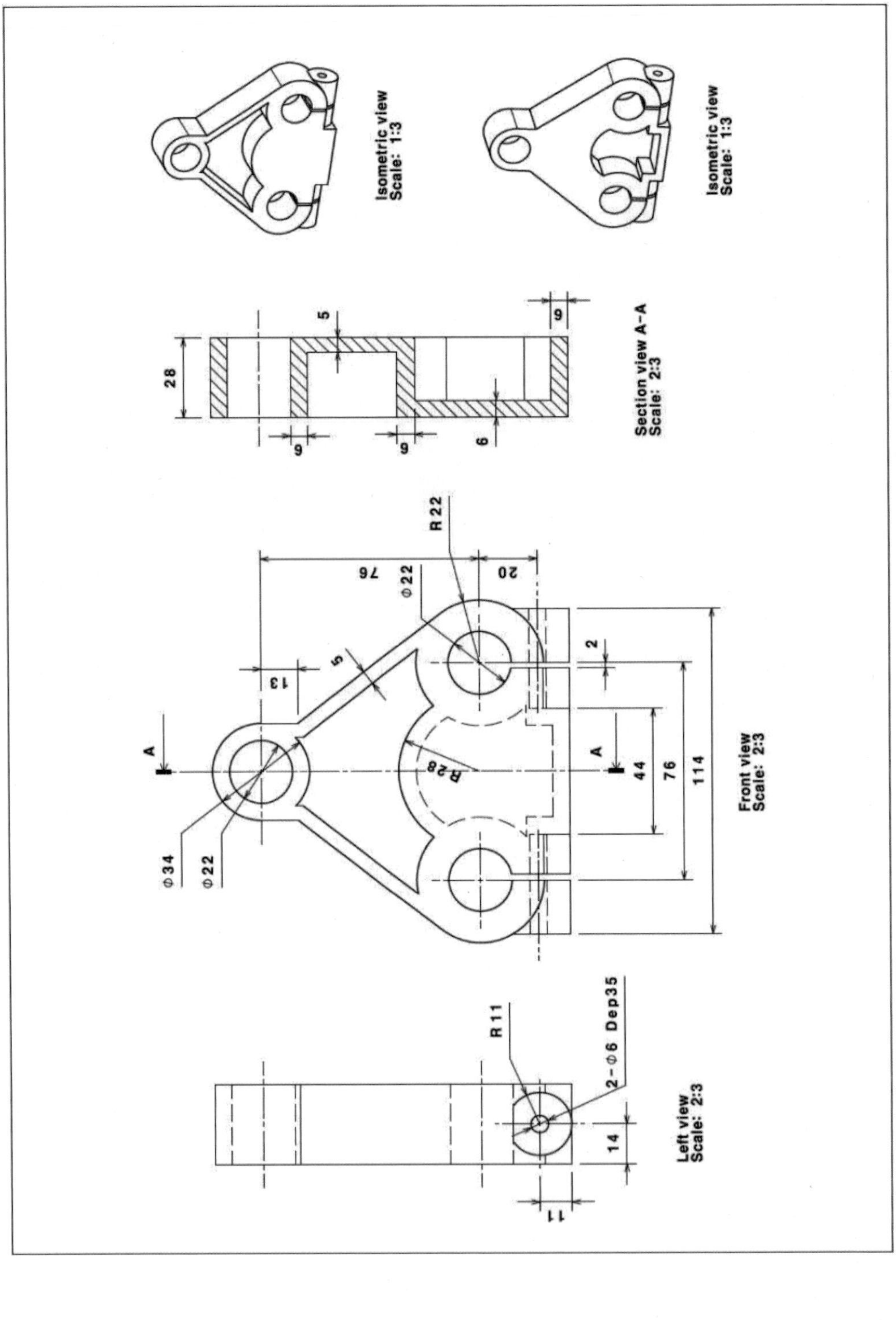

Isometric view
Scale: 1:3
Isometric view
Scale: 1:3
Section view A-A
Scale: 2:3
Front view
Scale: 2:3
Left view
Scale: 2:3
2-Φ6 Dep35
R 11
R 22
R28
Φ34
Φ22
Φ22
A
A

Ex_54

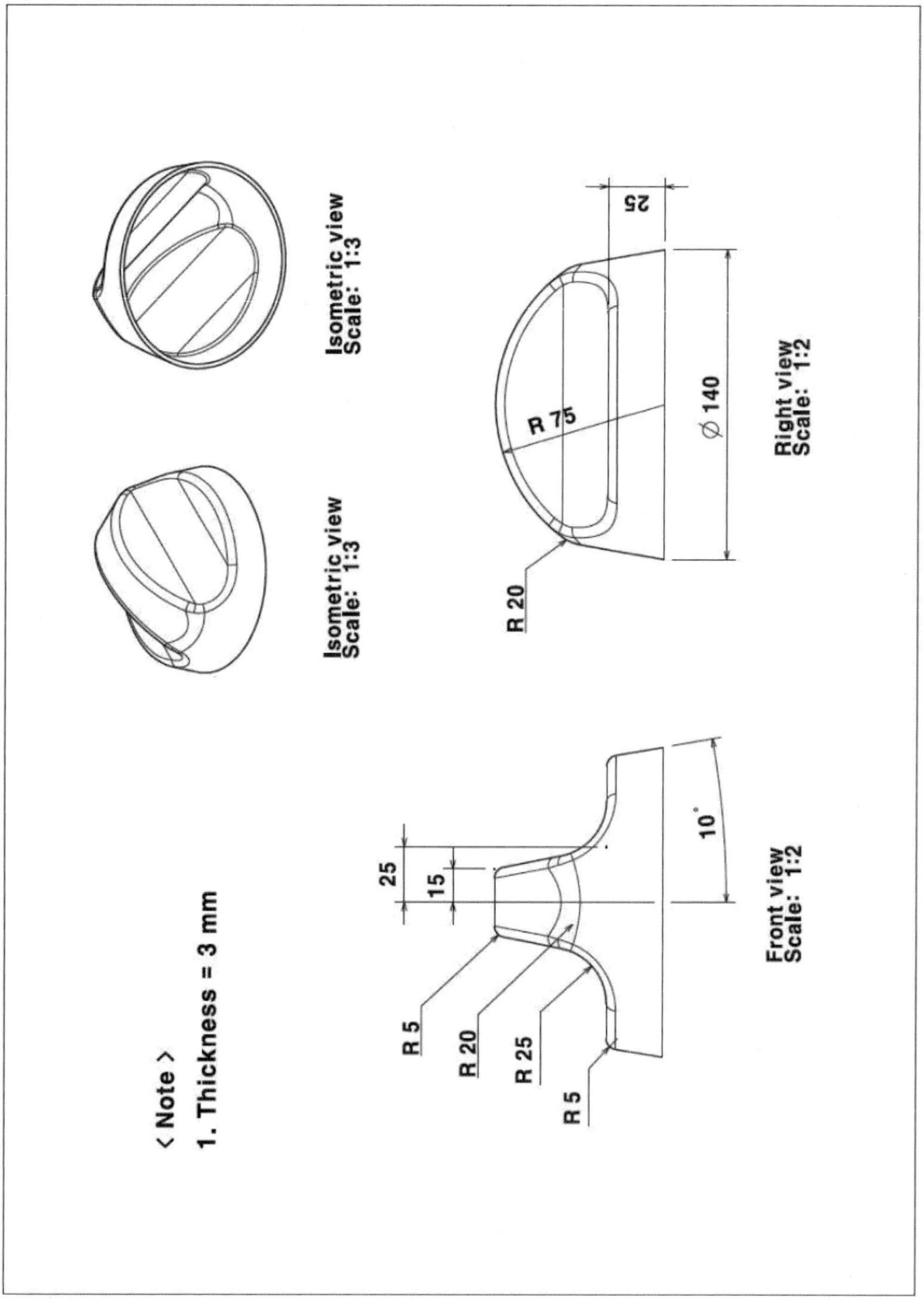

< Note >
1. Thickness = 3 mm
R 5
R 20
R 25
R 5
25
15
10°
Front view
Scale: 1:2
Isometric view
Scale: 1:3
R 20
R 75
Ø 140
25
Right view
Scale: 1:2
Isometric view
Scale: 1:3

Ex_55

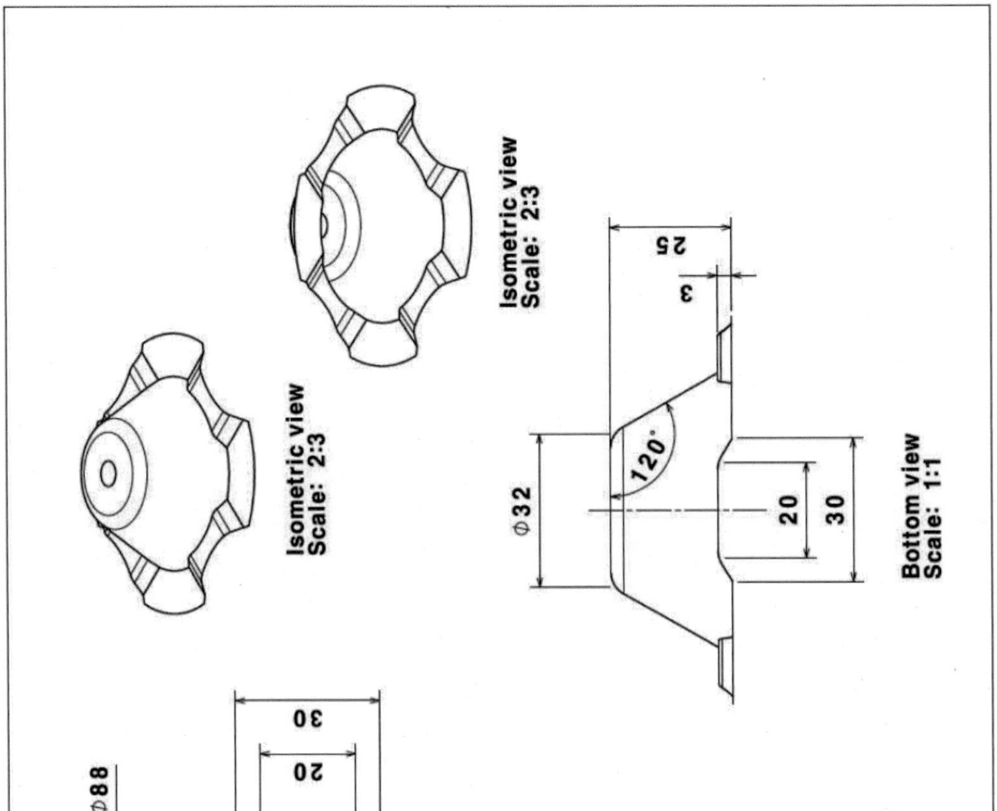
Isometric view
Scale: 2:3
Isometric view
Scale: 2:3
Φ32
120°
20
30
25
3
Bottom view
Scale: 1:1
Φ88
30
20
R30
Φ8
65
Front view
Scale: 1:1
< Note >
1. 지시하지 않은 Fillets = 5 mm

Ex_56

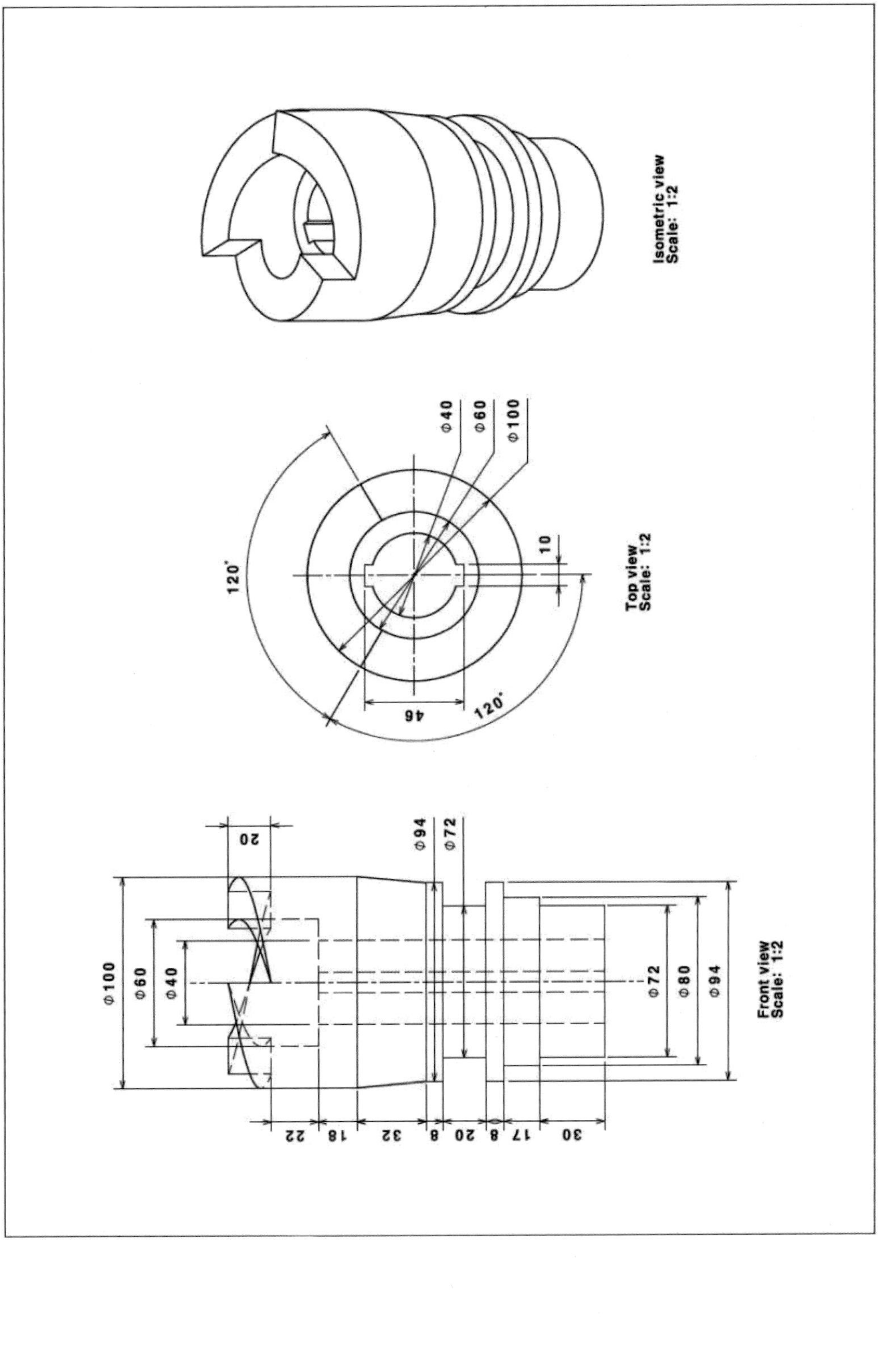
Isometric view
Scale: 1:2
Top view
Scale: 1:2
120°
120°
Φ40
Φ60
Φ100
10
46
Front view
Scale: 1:2
Φ100
Φ60
Φ40
20
Φ94
Φ72
Φ72
Φ80
Φ94
22
18
32
8
20
8
17
30

Ex_57

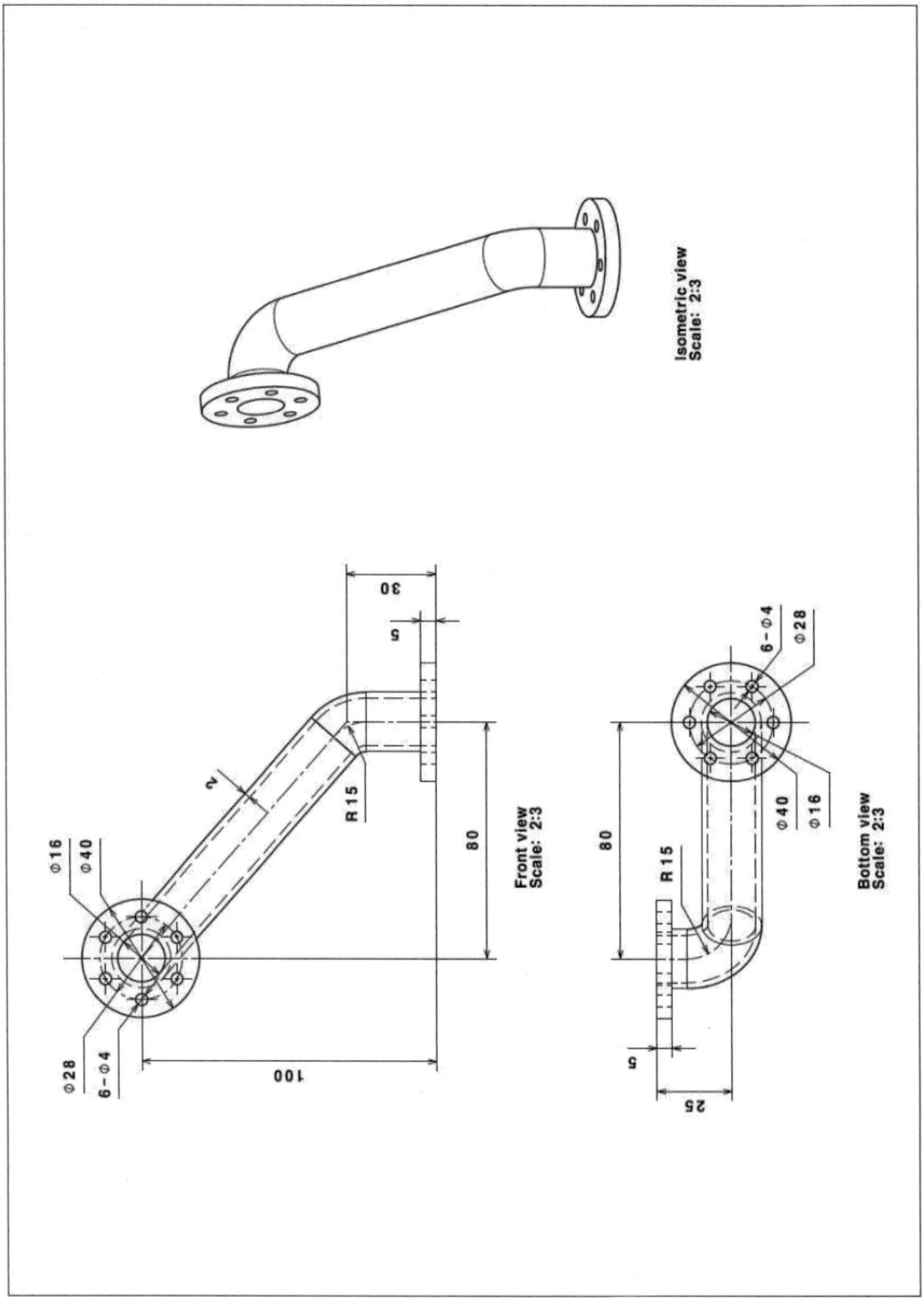
Isometric view
Scale: 2:3
Front view
Scale: 2:3
Bottom view
Scale: 2:3
Φ16
Φ40
Φ28
6-Φ4
R15
2
30
5
80
100
25

Ex_58

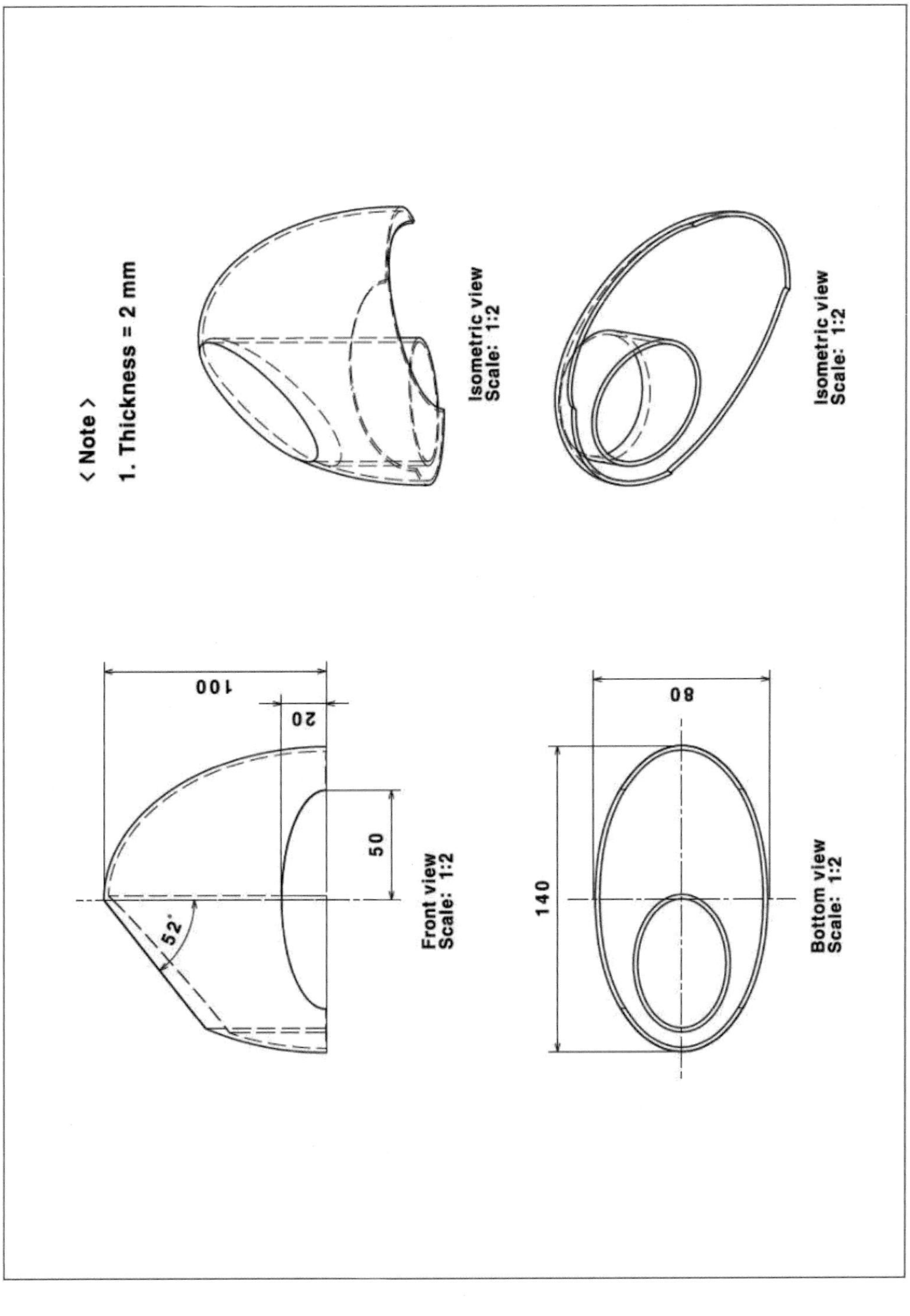

< Note >
1. Thickness = 2 mm
Isometric view
Scale: 1:2
Isometric view
Scale: 1:2
100
20
50
52°
Front view
Scale: 1:2
140
80
Bottom view
Scale: 1:2

Ex_59

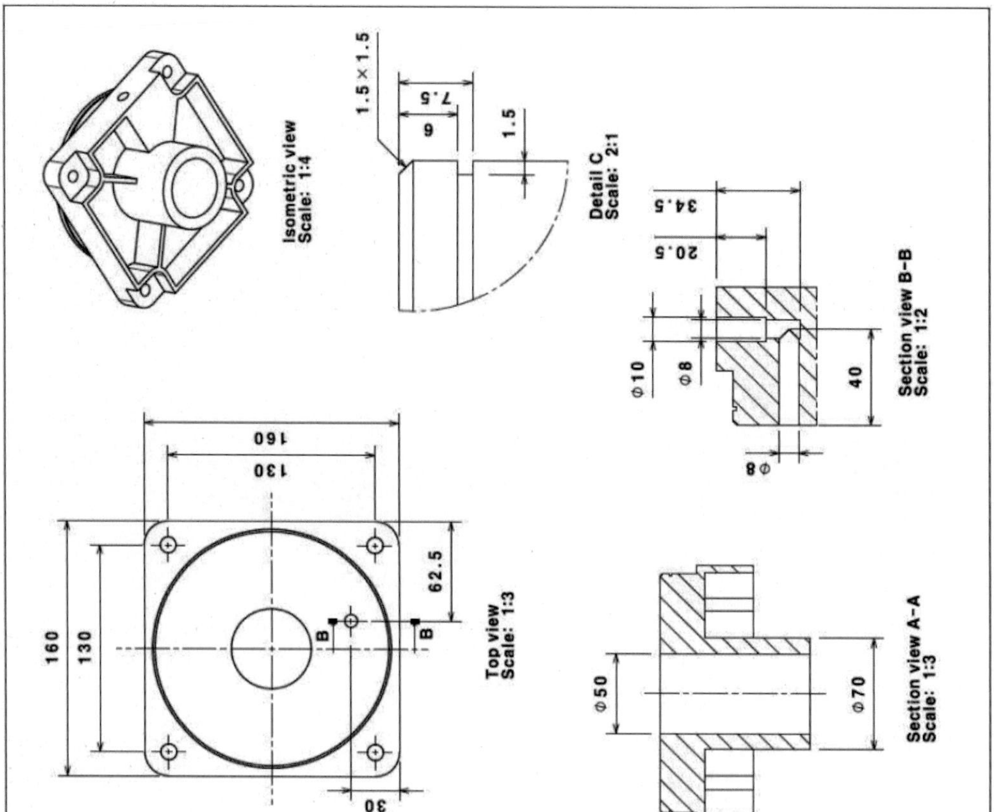
Isometric view
Scale: 1:4
Detail C
Scale: 2:1
Top view
Scale: 1:3
Section view B-B
Scale: 1:2
Front view
Scale: 1:3
Section view A-A
Scale: 1:3
Bottom view
Scale: 1:3

Ex_60

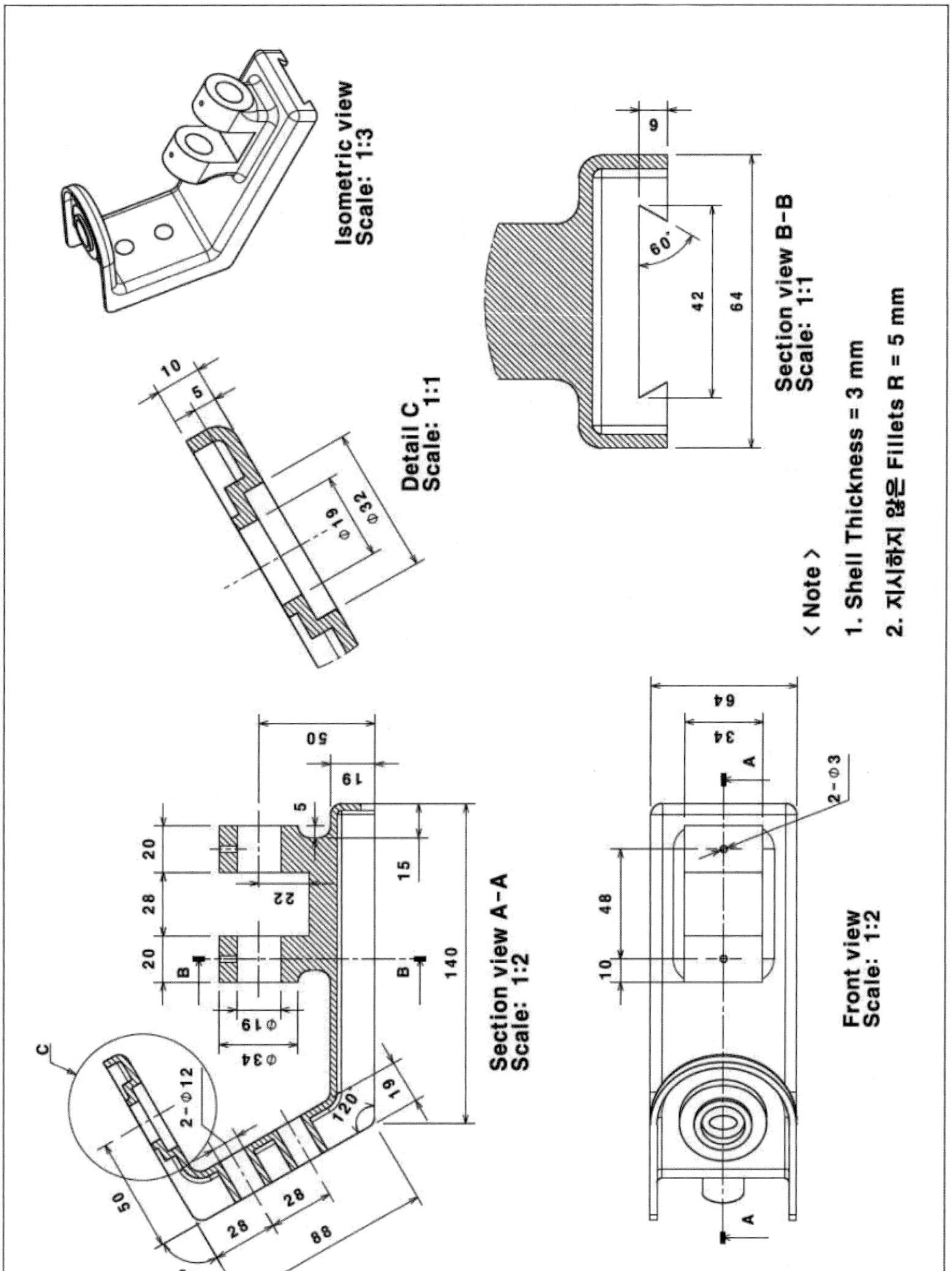

Isometric view
Scale: 1:3
Detail C
Scale: 1:1
Section view B-B
Scale: 1:1
Section view A-A
Scale: 1:2
Front view
Scale: 1:2
< Note >
1. Shell Thickness = 3 mm
2. 지시하지 않은 Fillets R = 5 mm

Ex_61

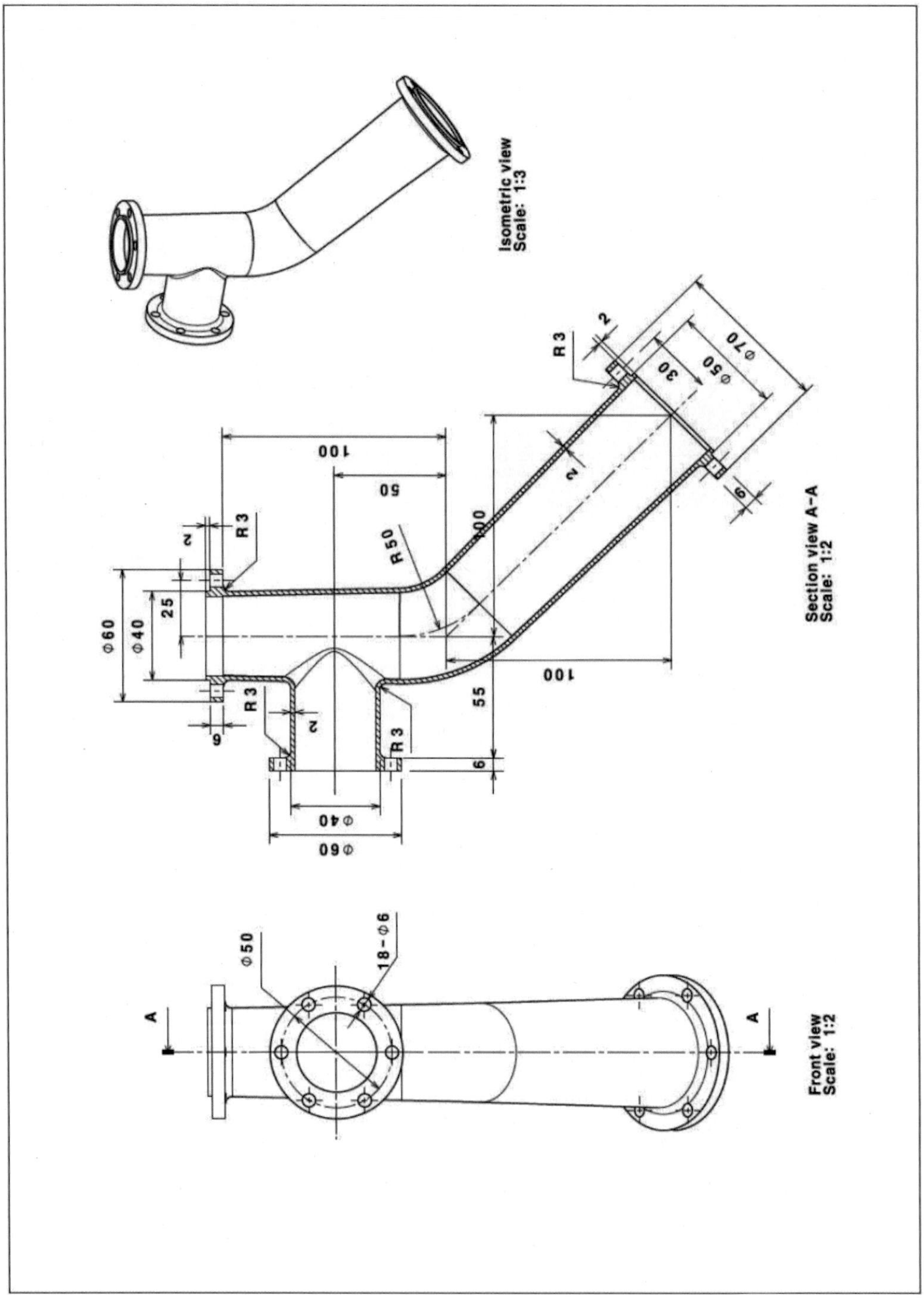
Isometric view
Scale: 1:3
Section view A-A
Scale: 1:2
Front view
Scale: 1:2

Ex_62

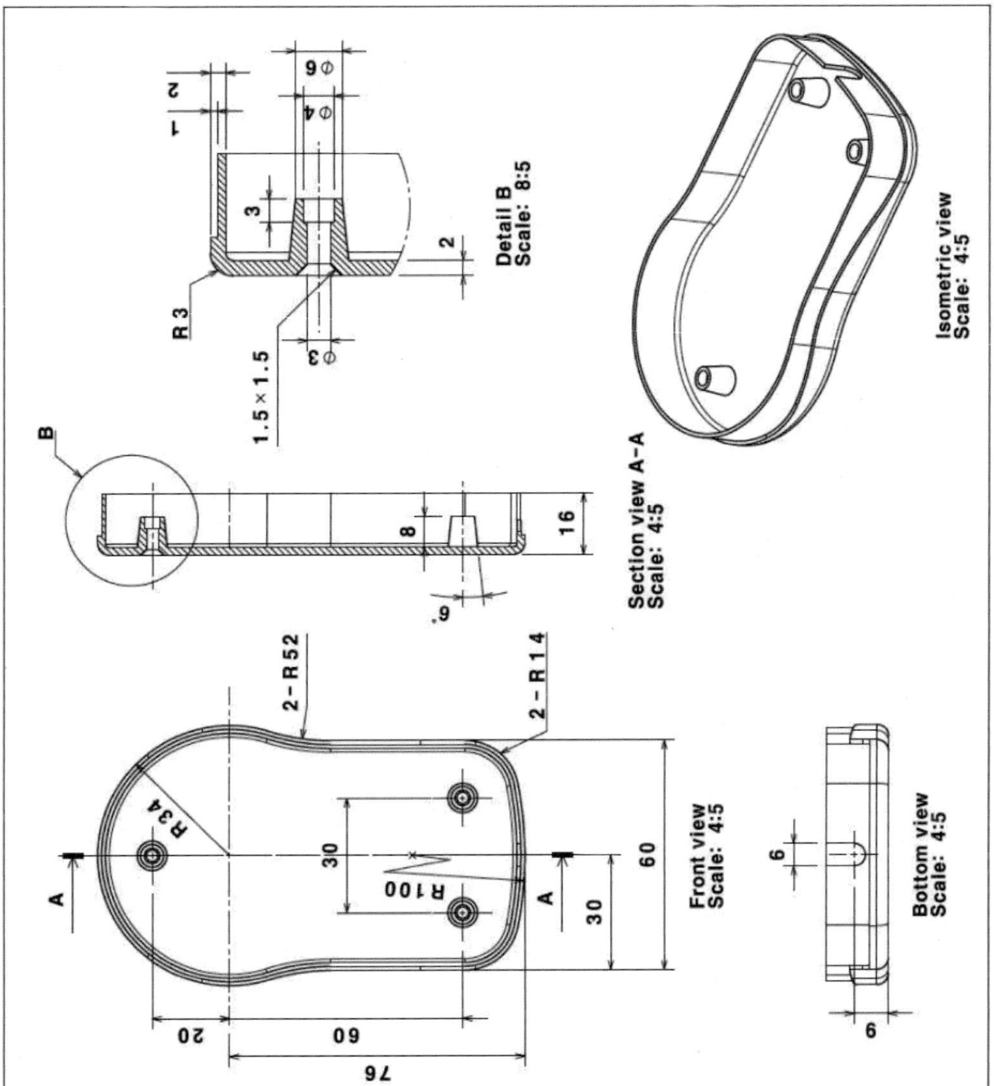

Front view
Scale: 4:5
Section view A-A
Scale: 4:5
Detail B
Scale: 8:5
Left view
Scale: 4:5
Bottom view
Scale: 4:5
Isometric view
Scale: 4:5

Ex_63

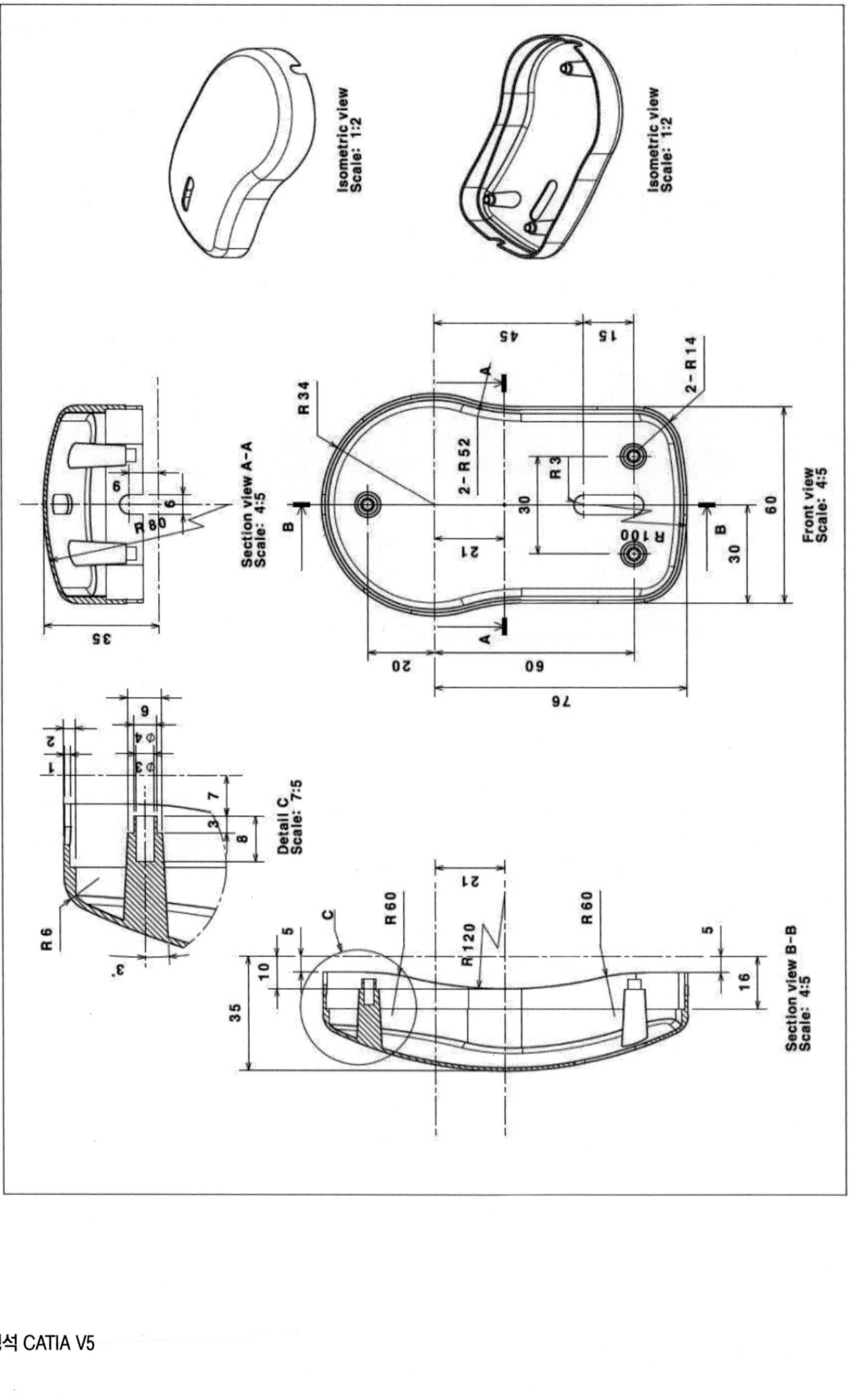

Isometric view
Scale: 1:2
Isometric view
Scale: 1:2
Section view A-A
Scale: 4:5
Front view
Scale: 4:5
Detail C
Scale: 7:5
Section view B-B
Scale: 4:5

Ex_64

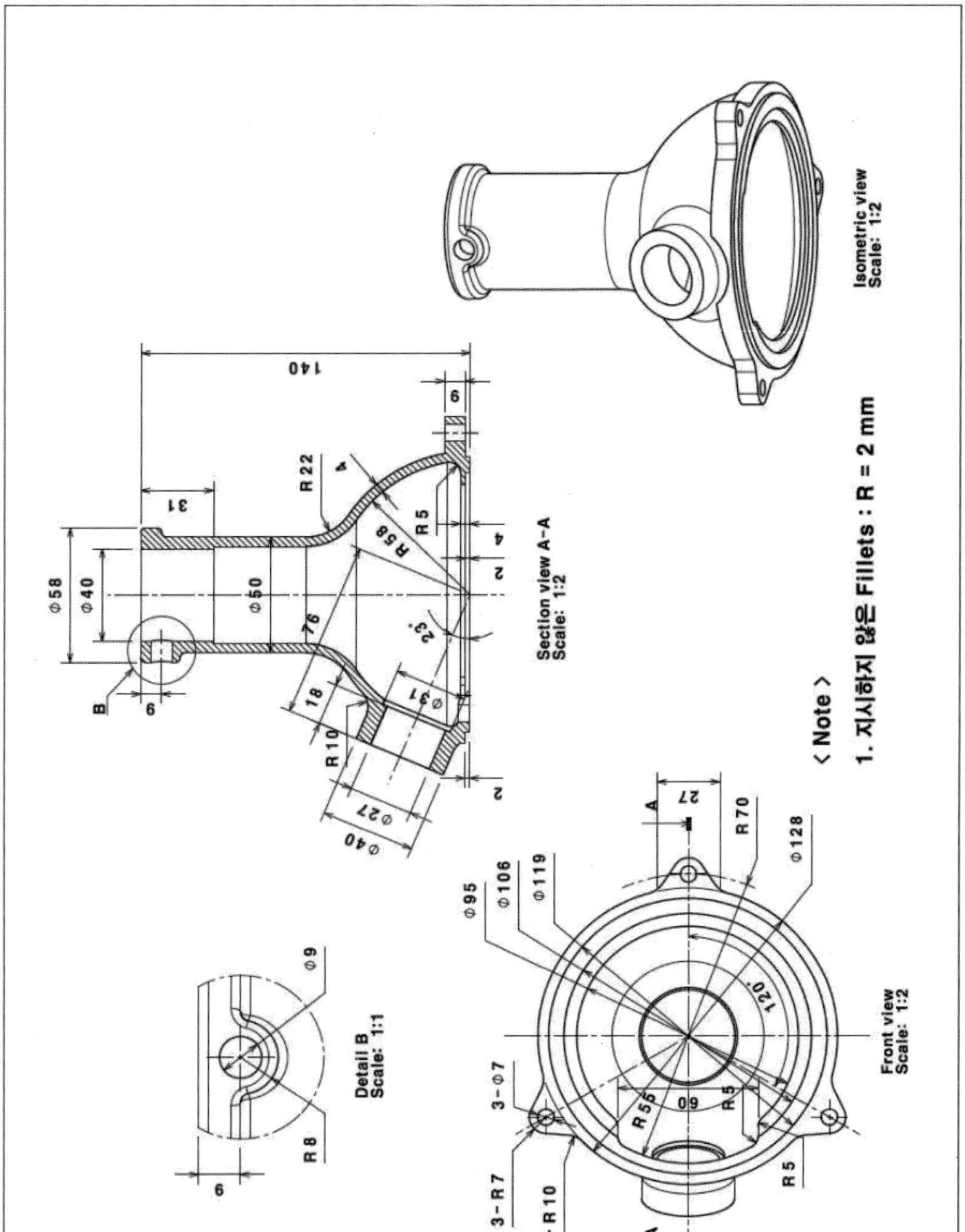
Section view A-A
Scale: 1:2
Isometric view
Scale: 1:2
Detail B
Scale: 1:1
Front view
Scale: 1:2
< Note >
1. 지시하지 않은 Fillets : R = 2 mm

Ex_65

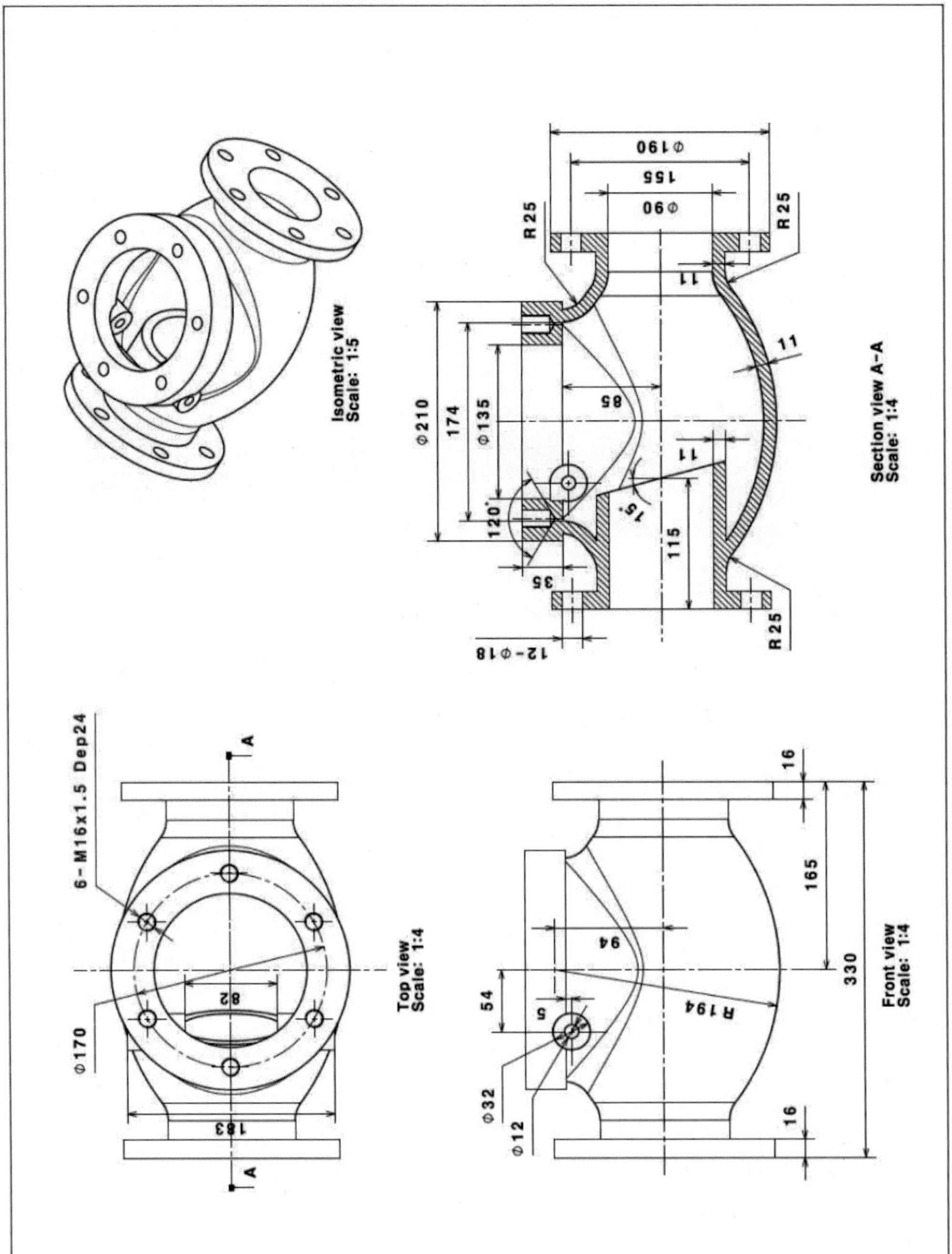

Isometric view
Scale: 1:5
Section view A-A
Scale: 1:4
Top view
Scale: 1:4
Front view
Scale: 1:4
6-M16x1.5 Dep24
Φ170
183
82
A
A
Φ190
155
Φ90
R25
R25
R25
11
11
11
Φ210
174
Φ135
85
120°
15°
115
35
12-Φ18
16
16
165
330
94
R194
54
5
Φ32
Φ12

Ex_66

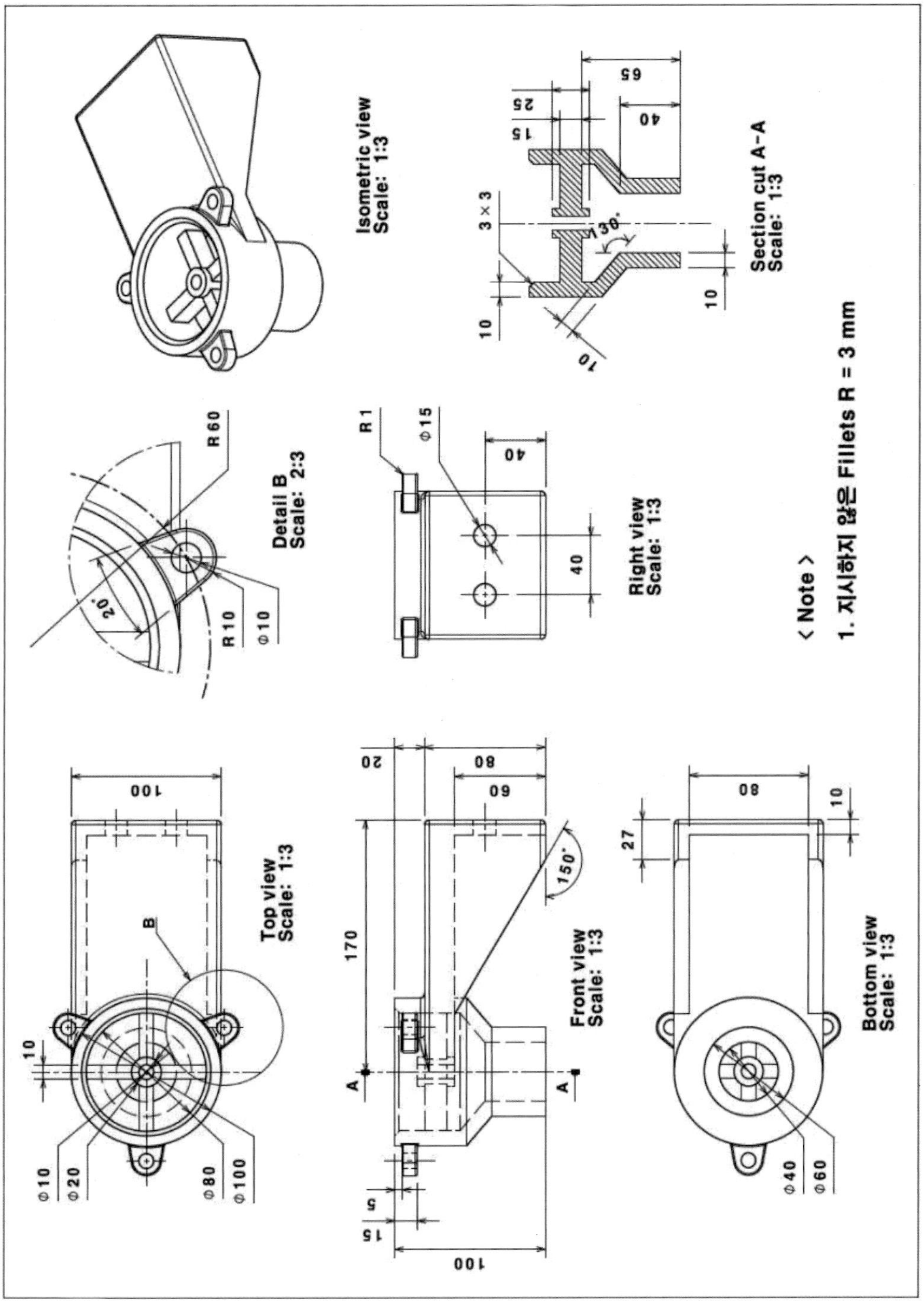
Top view
Scale: 1:3
Front view
Scale: 1:3
Bottom view
Scale: 1:3
Detail B
Scale: 2:3
Right view
Scale: 1:3
Isometric view
Scale: 1:3
Section cut A-A
Scale: 1:3
< Note >
1. 지시하지 않은 Fillets R = 3 mm

Ex_67

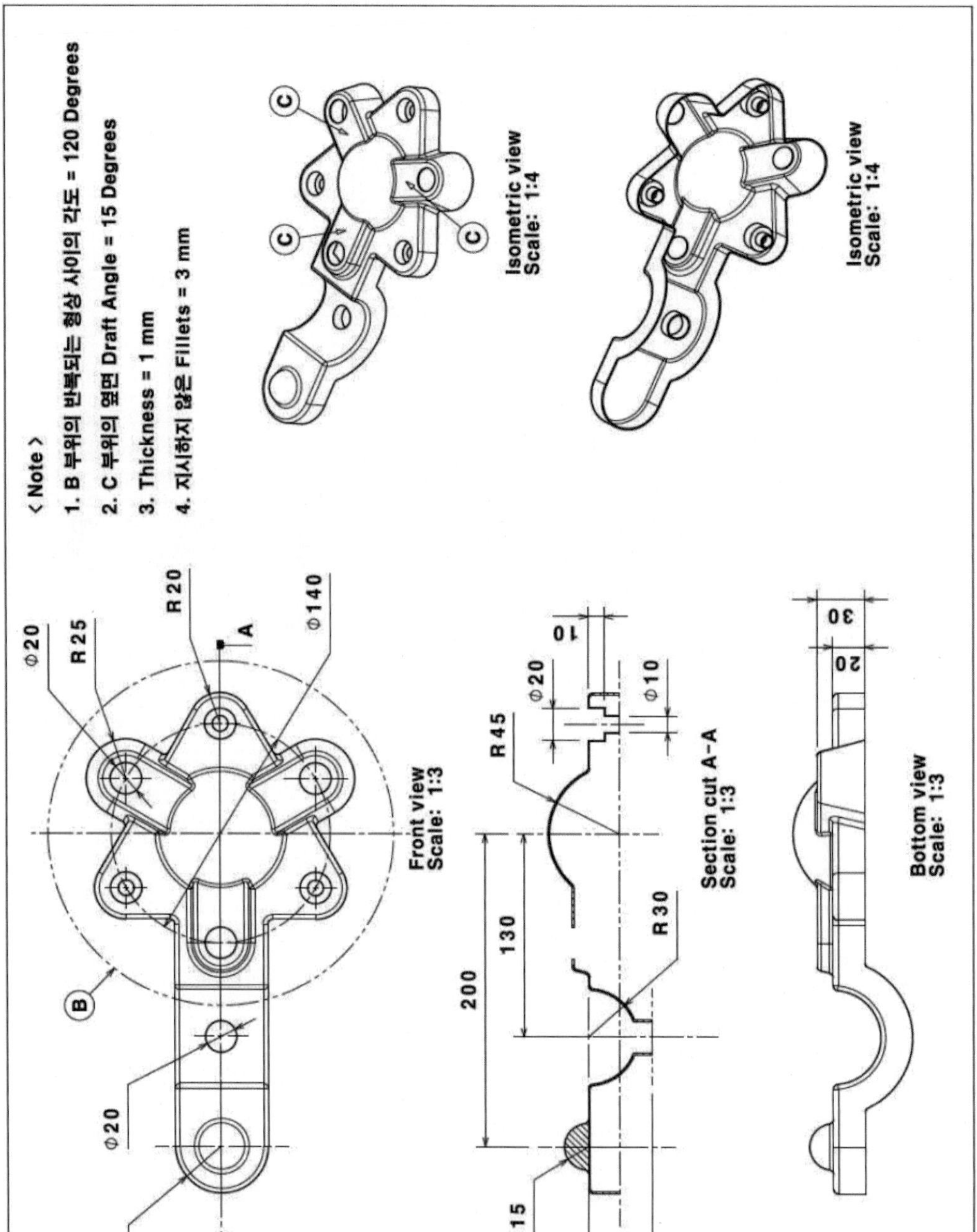
〈 Note 〉
1. B 부위의 반복되는 형상 사이의 각도 = 120 Degrees
2. C 부위의 옆면 Draft Angle = 15 Degrees
3. Thickness = 1 mm
4. 지시하지 않은 Fillets = 3 mm
Isometric view
Scale: 1:4
Isometric view
Scale: 1:4
Front view
Scale: 1:3
Section cut A-A
Scale: 1:3
Bottom view
Scale: 1:3
Φ20
R25
R20
Φ140
R30
Φ20
R15
R45
R30
Φ10
200
130
40
10
30
20

Ex_68

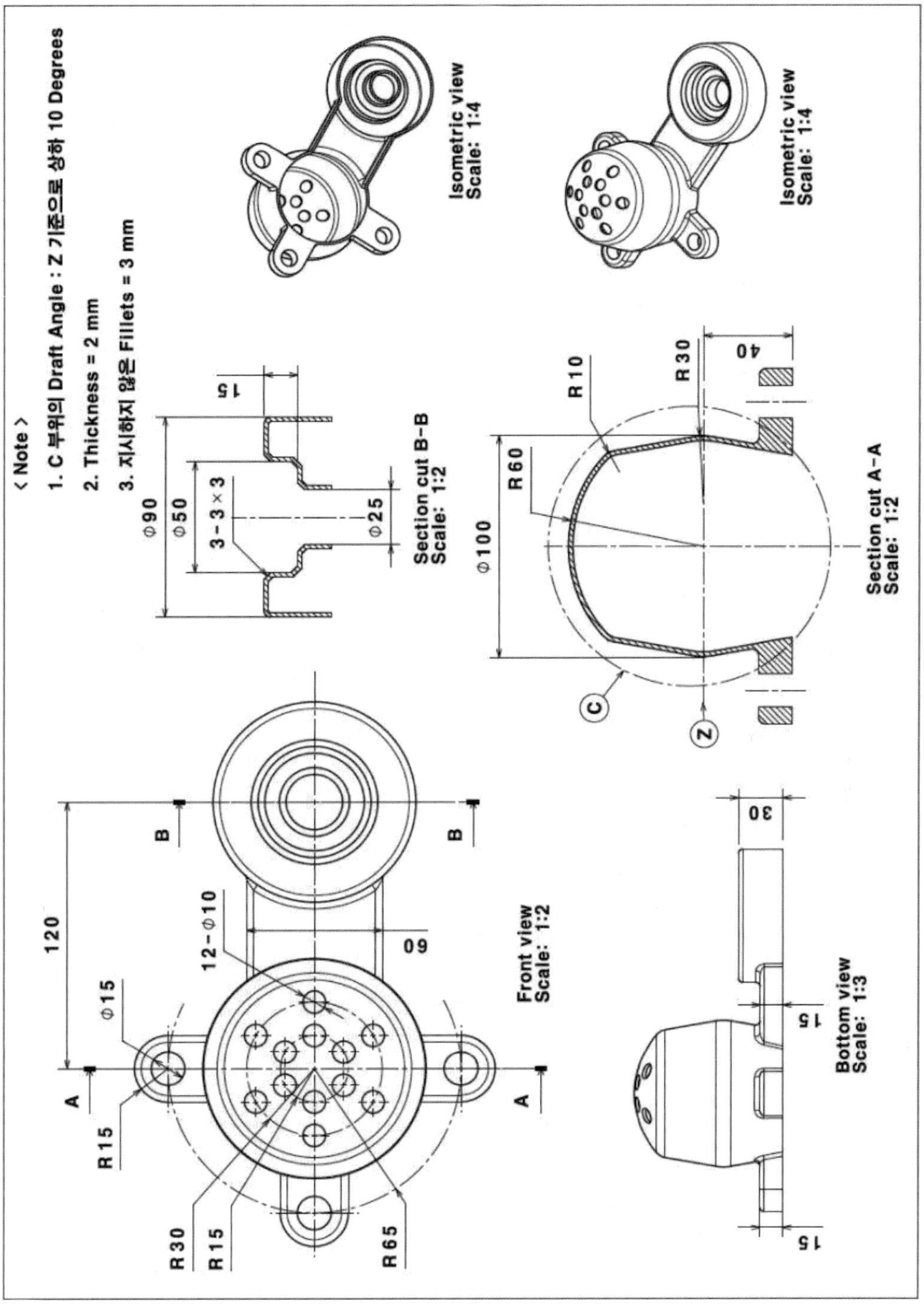
< Note >
1. C 부위의 Draft Angle : Z 기준으로 상하 10 Degrees
2. Thickness = 2 mm
3. 지시하지 않은 Fillets = 3 mm
Isometric view
Scale: 1:4
Isometric view
Scale: 1:4
Section cut B-B
Scale: 1:2
Section cut A-A
Scale: 1:2
Front view
Scale: 1:2
Bottom view
Scale: 1:3

Ex_69

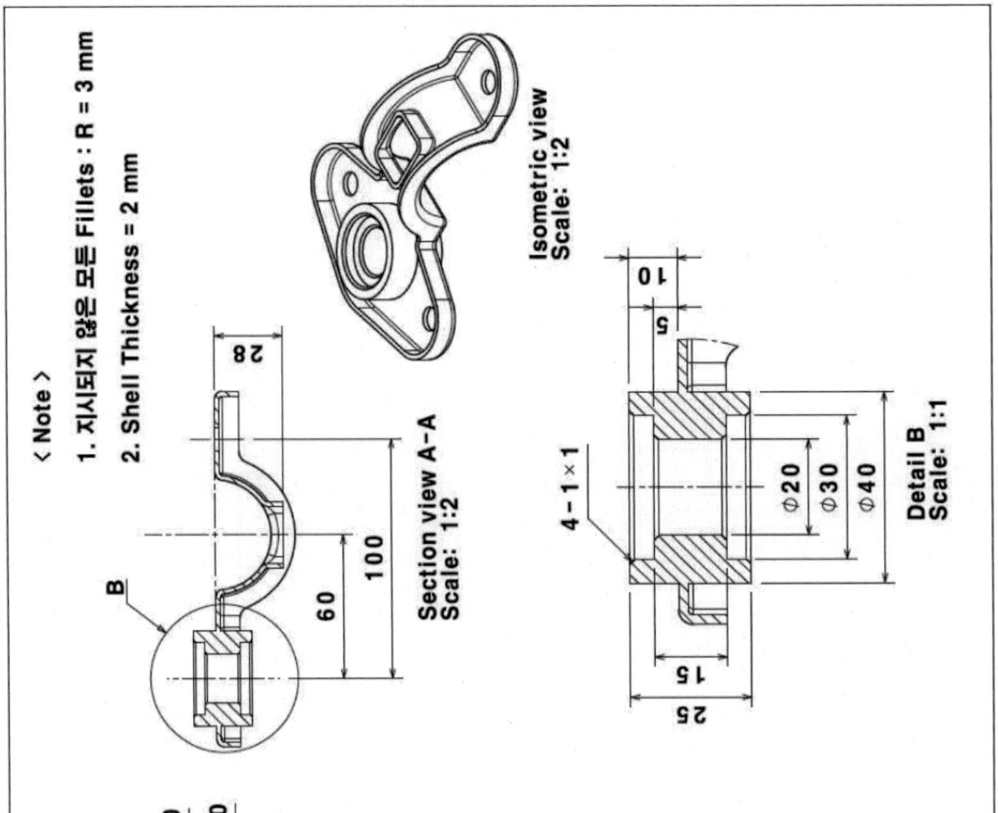

< Note >
1. 지시되지 않은 모든 Fillets : R = 3 mm
2. Shell Thickness = 2 mm
Isometric view
Scale: 1:2
Section view A-A
Scale: 1:2
Detail B
Scale: 1:1
Front view
Scale: 1:2
Bottom view
Scale: 1:2
2-R17
2-Φ10
Φ10
R20
R30
80
20
24
B
60
100
28
4-1×1
Φ20
Φ30
Φ40
10
5
15
25
R23
R33
60
10
10

Ex_70

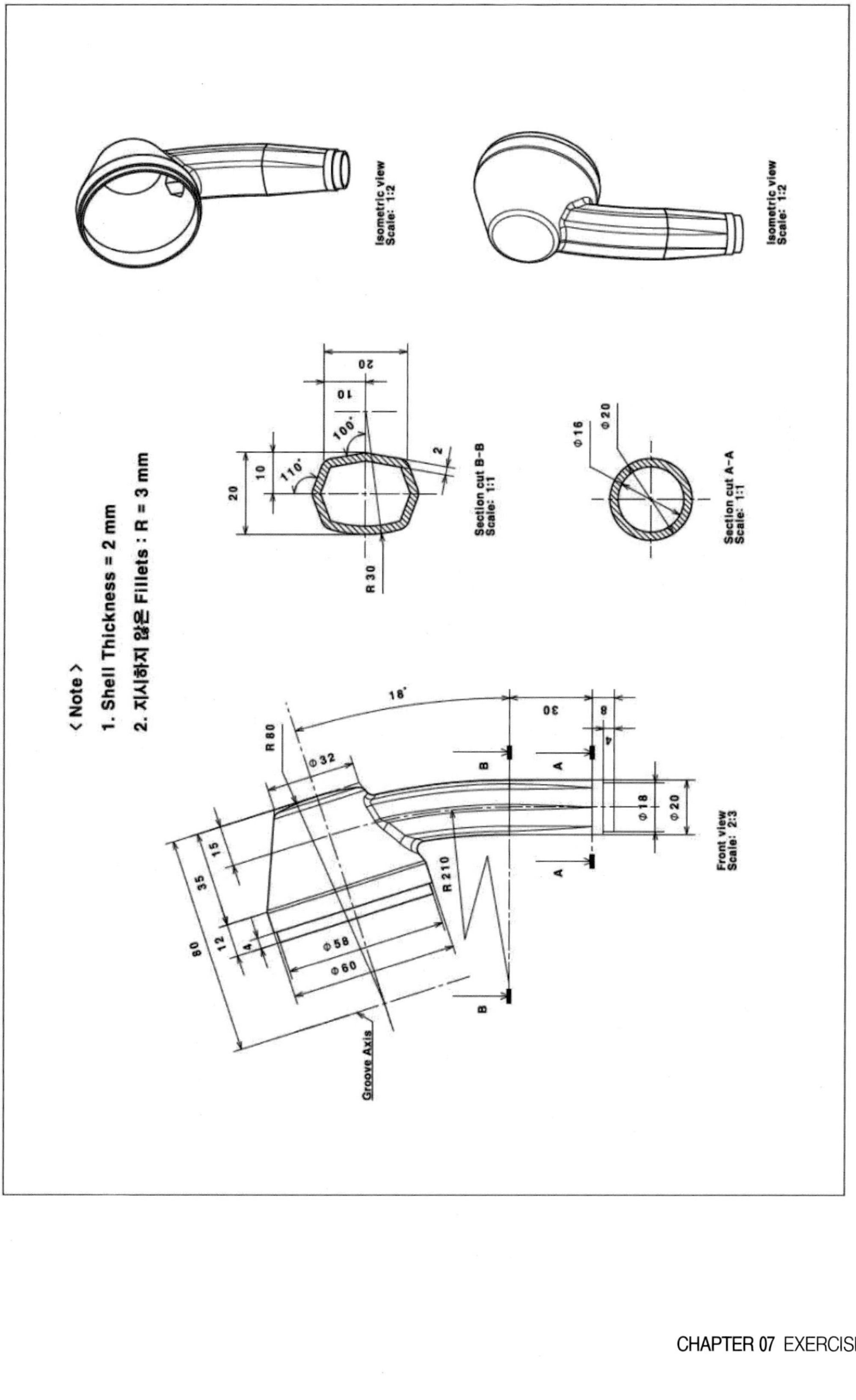

< Note >
1. Shell Thickness = 2 mm
2. 지시하지 않은 Fillets : R = 3 mm
Isometric view
Scale: 1:2
Isometric view
Scale: 1:2
Section cut B-B
Scale: 1:1
Section cut A-A
Scale: 1:1
Front view
Scale: 2:3
Groove Axis

Ex_71

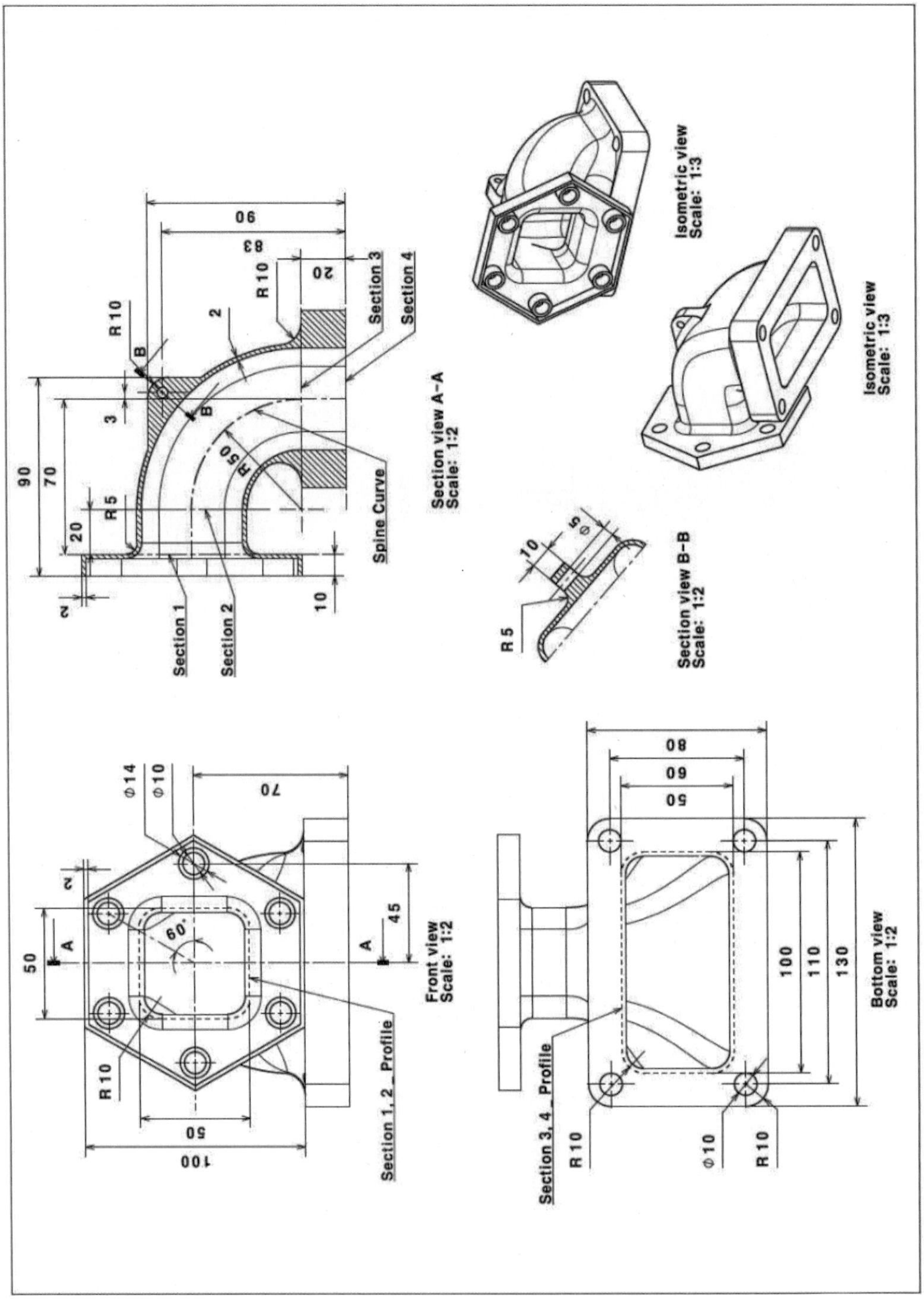

Section view A-A
Scale: 1:2
Section view B-B
Scale: 1:2
Isometric view
Scale: 1:3
Isometric view
Scale: 1:3
Front view
Scale: 1:2
Bottom view
Scale: 1:2
Section 1
Section 2
Section 3
Section 4
Spine Curve
Section 1, 2 _ Profile
Section 3, 4 _ Profile
R 10
R 5
R 50
60°
Φ14
Φ10
Φ5
90
83
70
50
100
110
130
80
60
45
20
10
3
2

Ex_72

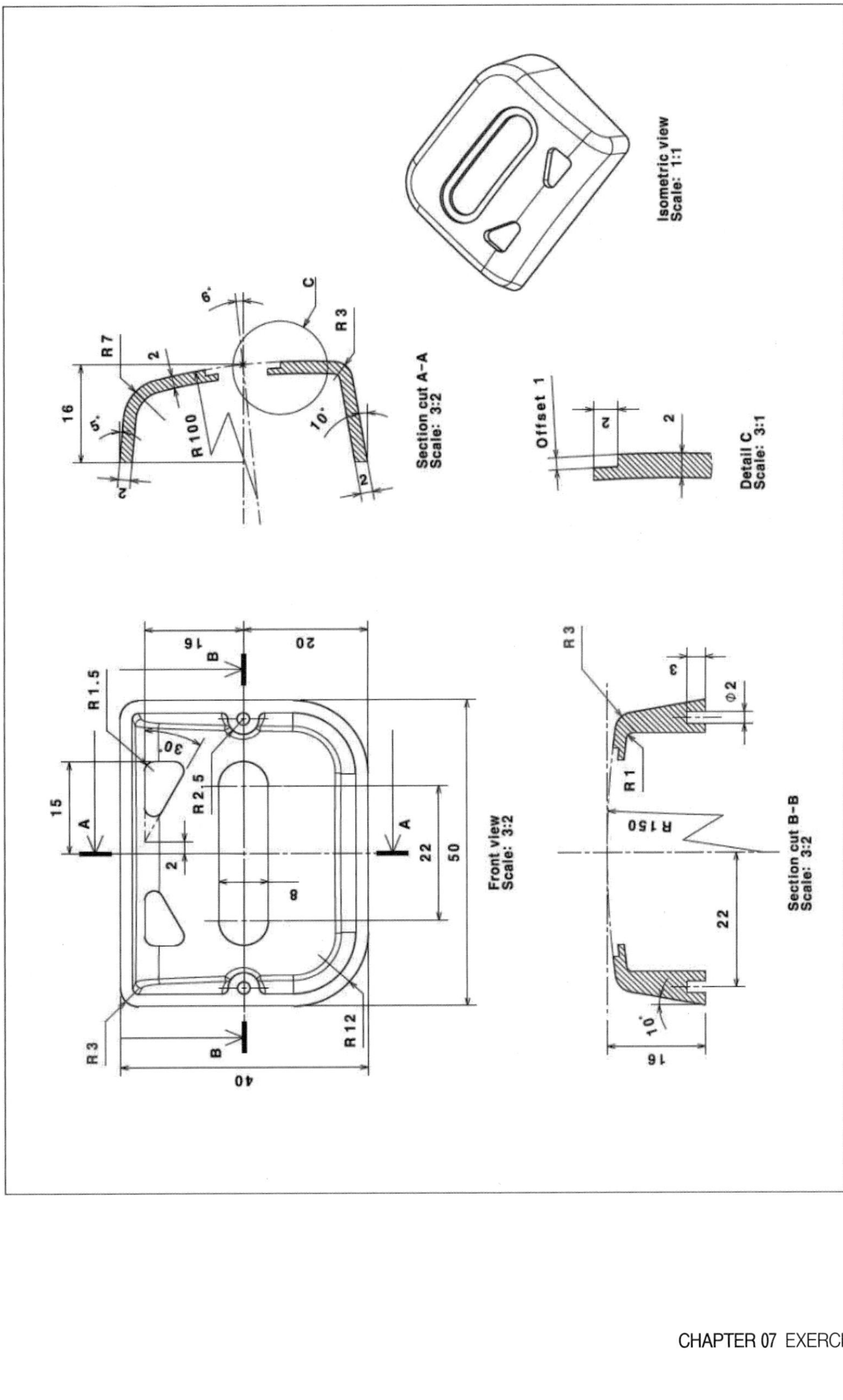

Front view
Scale: 3:2
Section cut A-A
Scale: 3:2
Section cut B-B
Scale: 3:2
Detail C
Scale: 3:1
Offset 1
Isometric view
Scale: 1:1

Ex_73

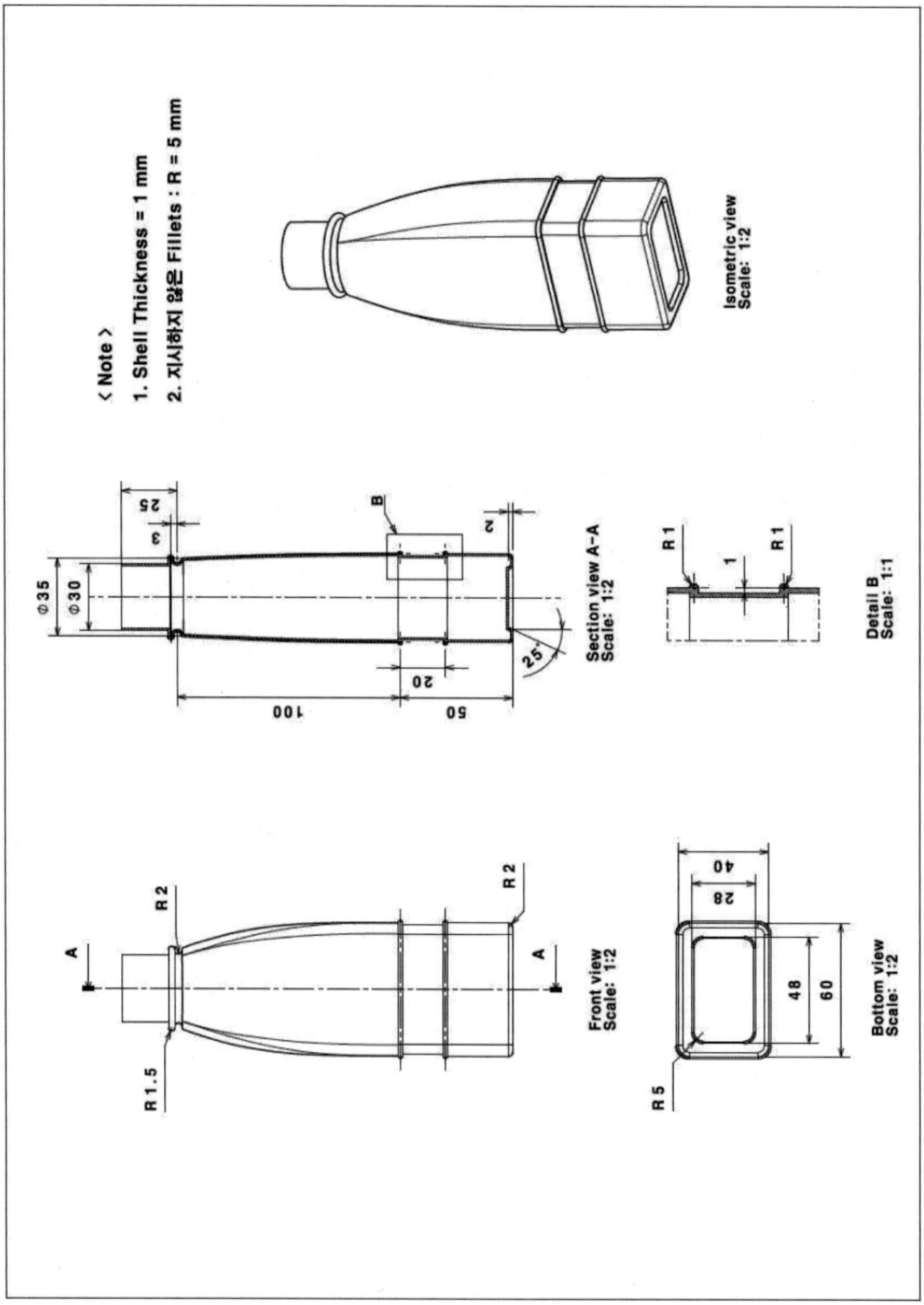
< Note >
1. Shell Thickness = 1 mm
2. 지시하지 않은 Fillets : R = 5 mm
Isometric view
Scale: 1:2
Section view A-A
Scale: 1:2
Detail B
Scale: 1:1
Front view
Scale: 1:2
Bottom view
Scale: 1:2

Ex_74

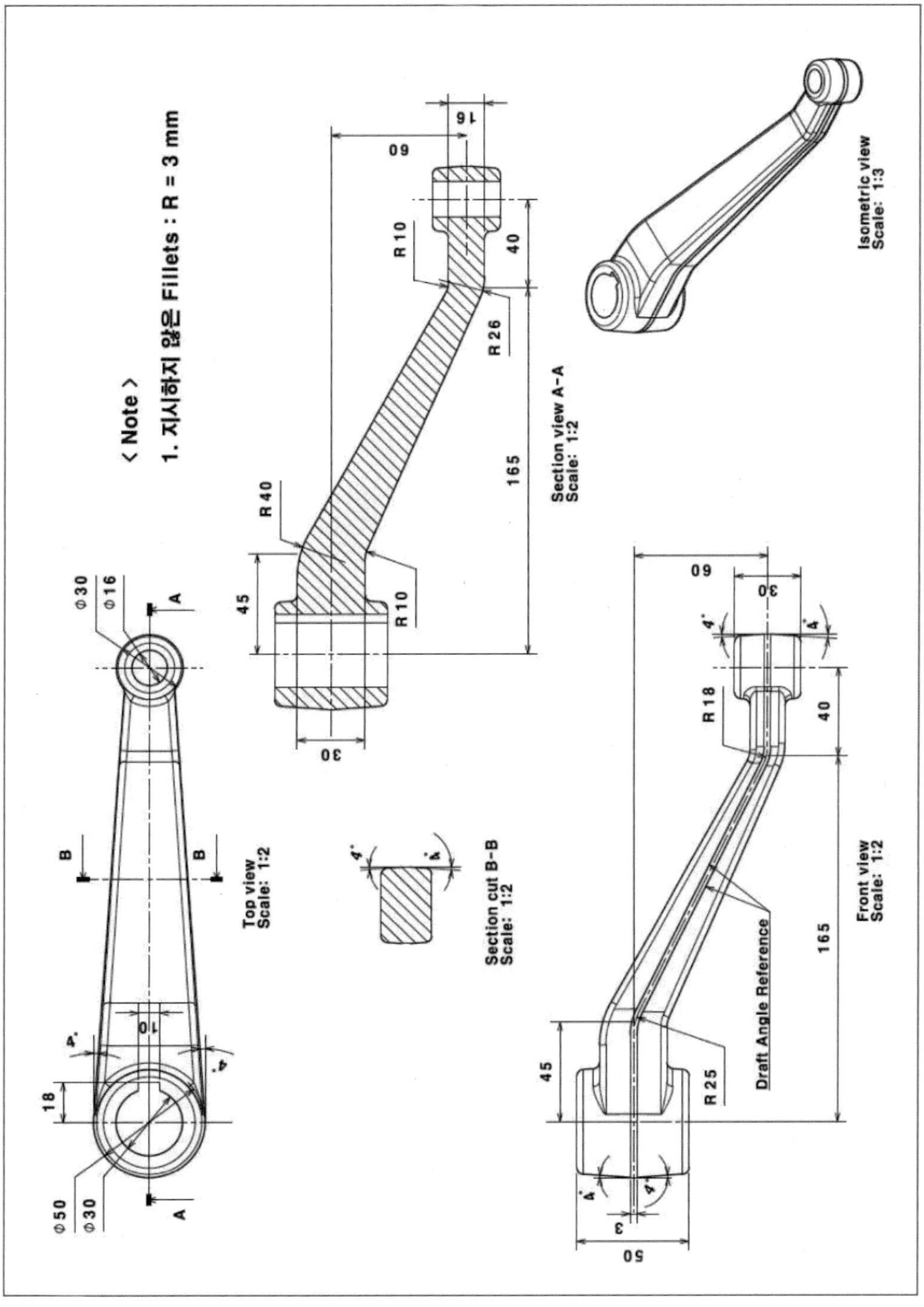
< Note >
1. 지시하지 않은 Fillets : R = 3 mm
Top view
Scale: 1:2
Section cut B-B
Scale: 1:2
Section view A-A
Scale: 1:2
Front view
Scale: 1:2
Draft Angle Reference
Isometric view
Scale: 1:3

Ex_75

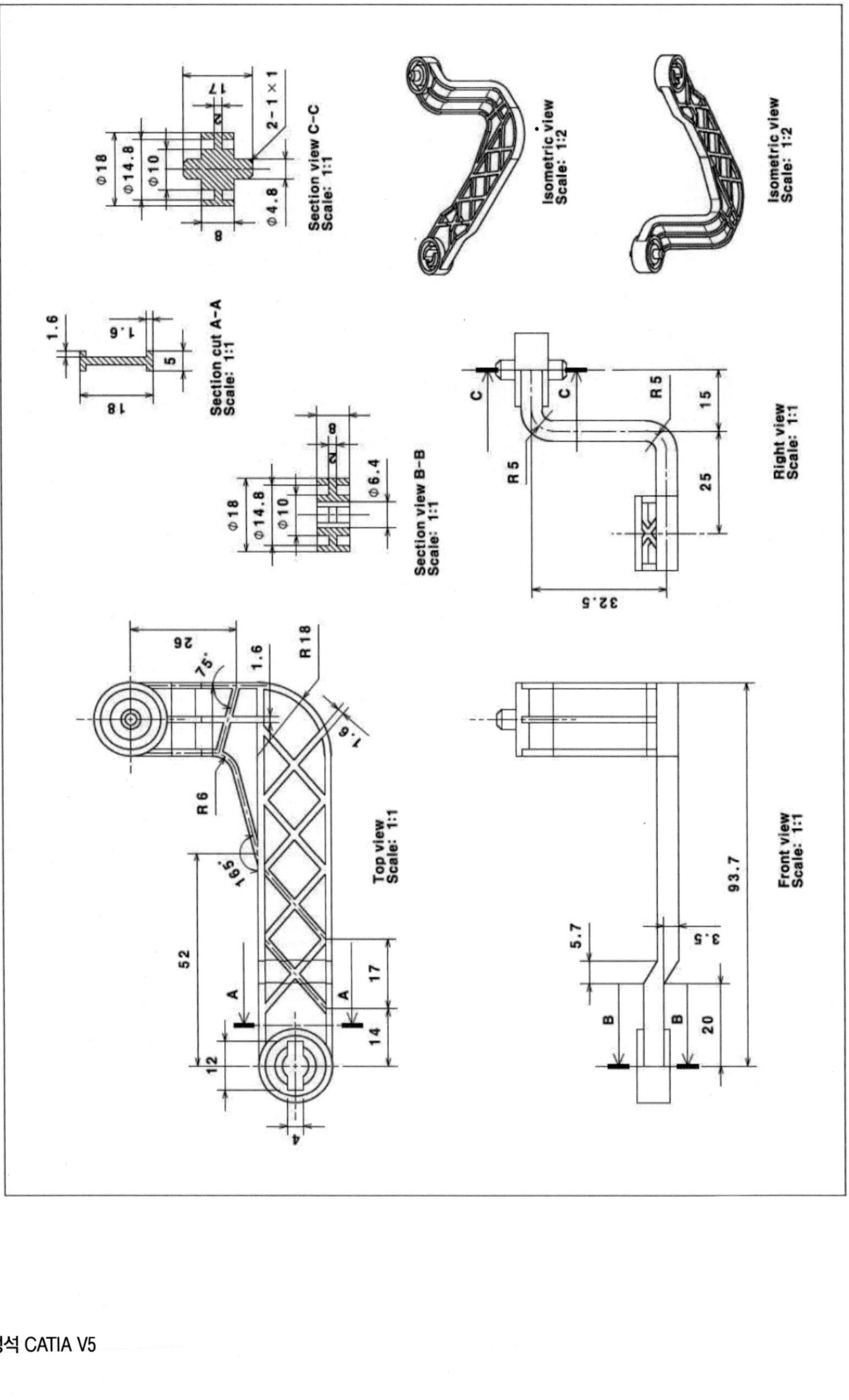
Section view C-C
Scale: 1:1
Section cut A-A
Scale: 1:1
Section view B-B
Scale: 1:1
Top view
Scale: 1:1
Isometric view
Scale: 1:2
Right view
Scale: 1:1
Front view
Scale: 1:1

Ex_76

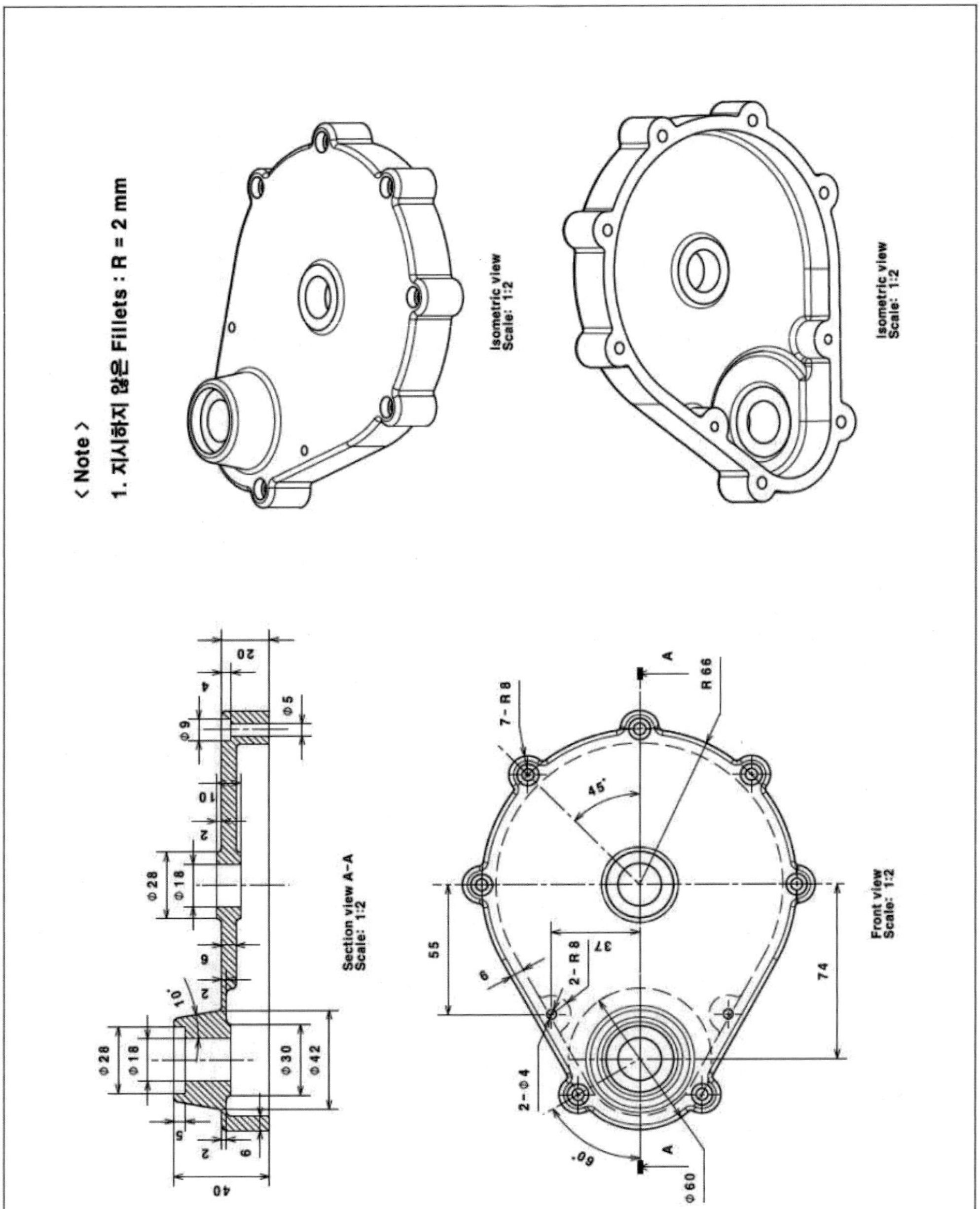

< Note >
1. 지시하지 않은 Fillets : R = 2 mm
Isometric view
Scale: 1:2
Isometric view
Scale: 1:2
Section view A-A
Scale: 1:2
Front view
Scale: 1:2

Ex_77

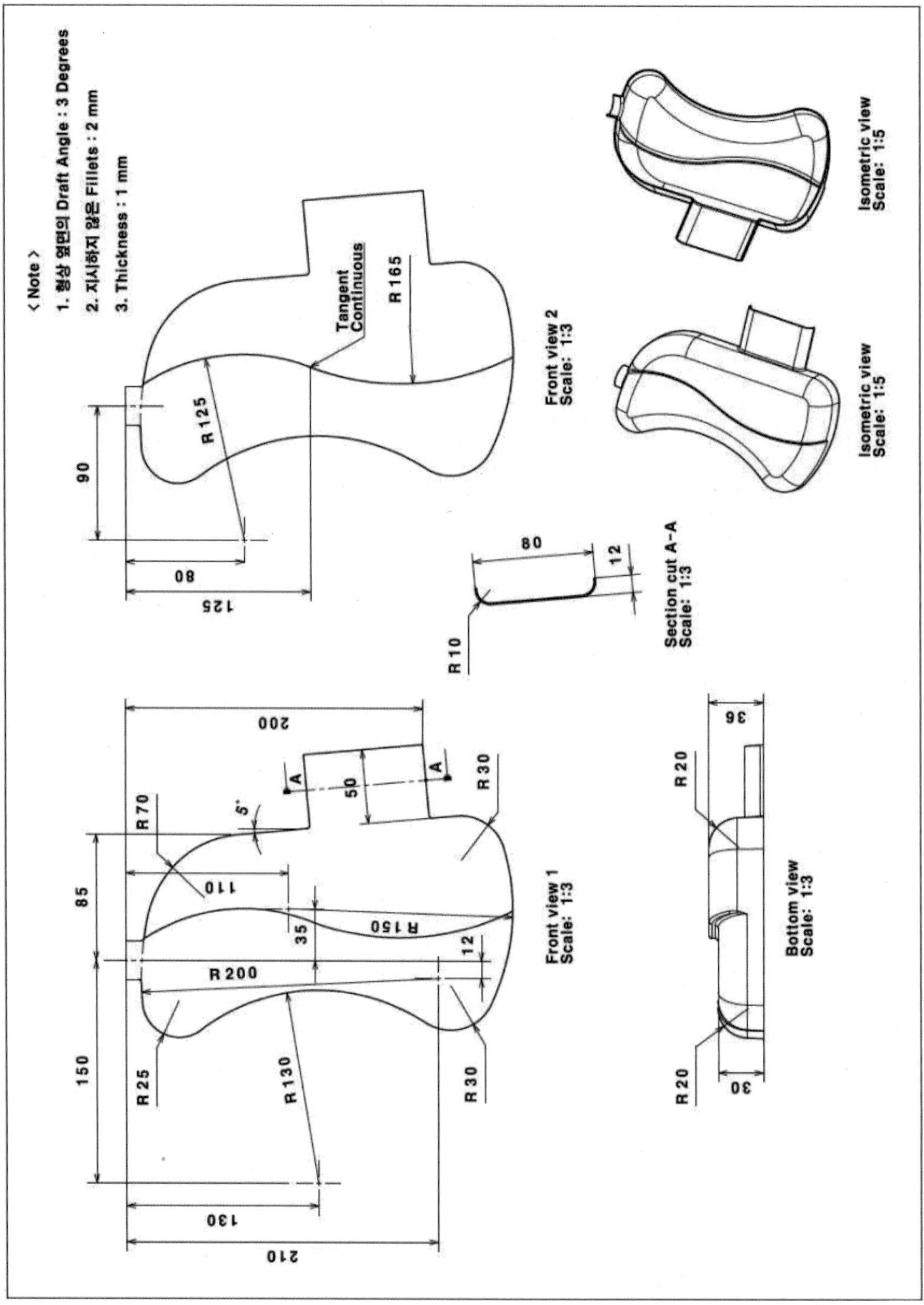
< Note >
1. 형상 옆면의 Draft Angle : 3 Degrees
2. 지시하지 않은 Fillets : 2 mm
3. Thickness : 1 mm
Front view 1
Scale: 1:3
Front view 2
Scale: 1:3
Section cut A-A
Scale: 1:3
Bottom view
Scale: 1:3
Isometric view
Scale: 1:5
Isometric view
Scale: 1:5
Tangent
Continuous

Ex_78

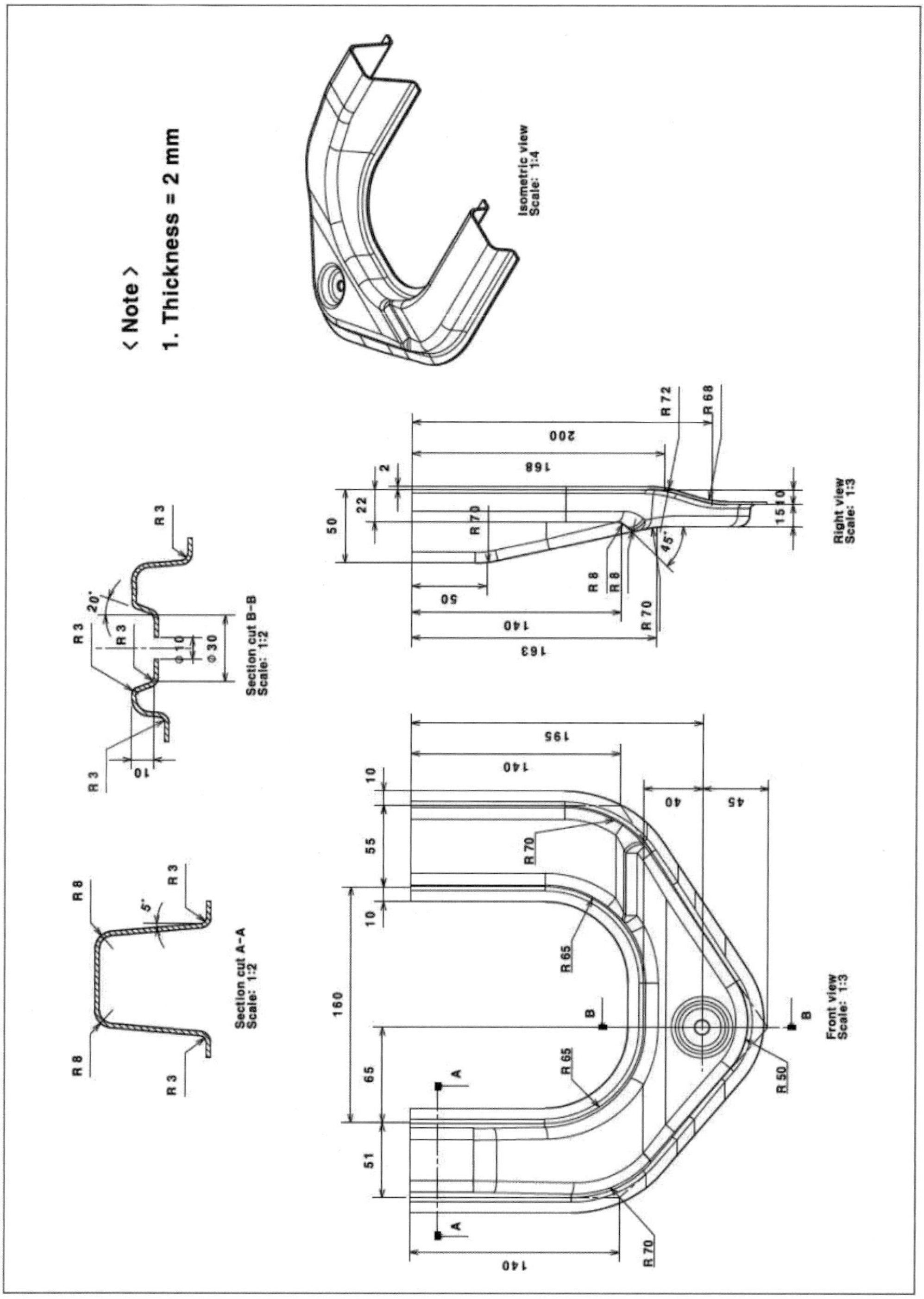

< Note >
1. Thickness = 2 mm
Isometric view
Scale: 1:4
Section cut A-A
Scale: 1:2
Section cut B-B
Scale: 1:2
Right view
Scale: 1:3
Front view
Scale: 1:3

Ex_79

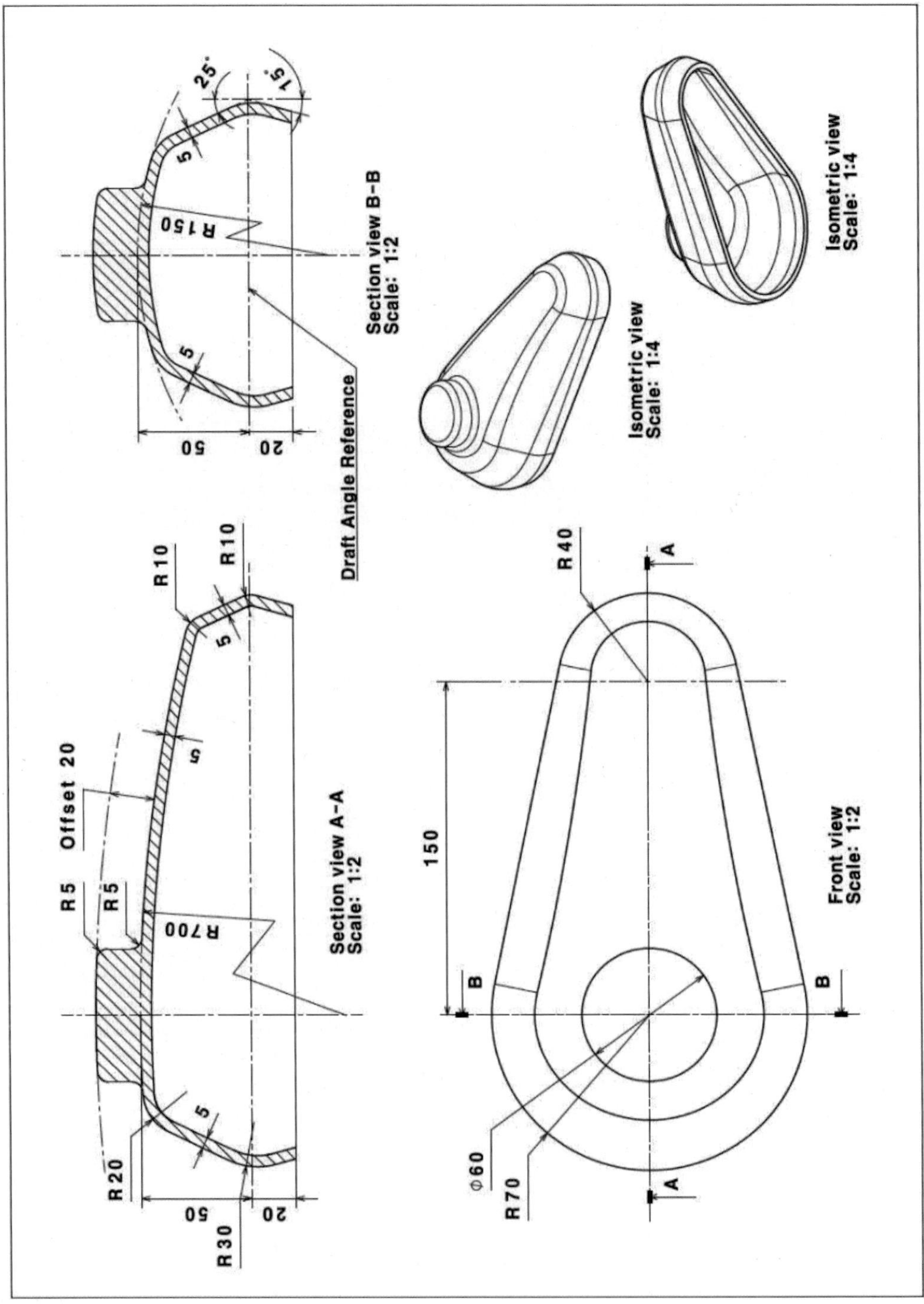

Section view A-A
Scale: 1:2
Offset 20
R 5
R 5
R 20
R 30
R 700
R 10
R 10
5
50
20
Section view B-B
Scale: 1:2
R 150
25°
15°
5
50
20
Draft Angle Reference
Isometric view
Scale: 1:4
Isometric view
Scale: 1:4
Front view
Scale: 1:2
150
R 40
Φ60
R 70
A
A
B
B

Ex_80

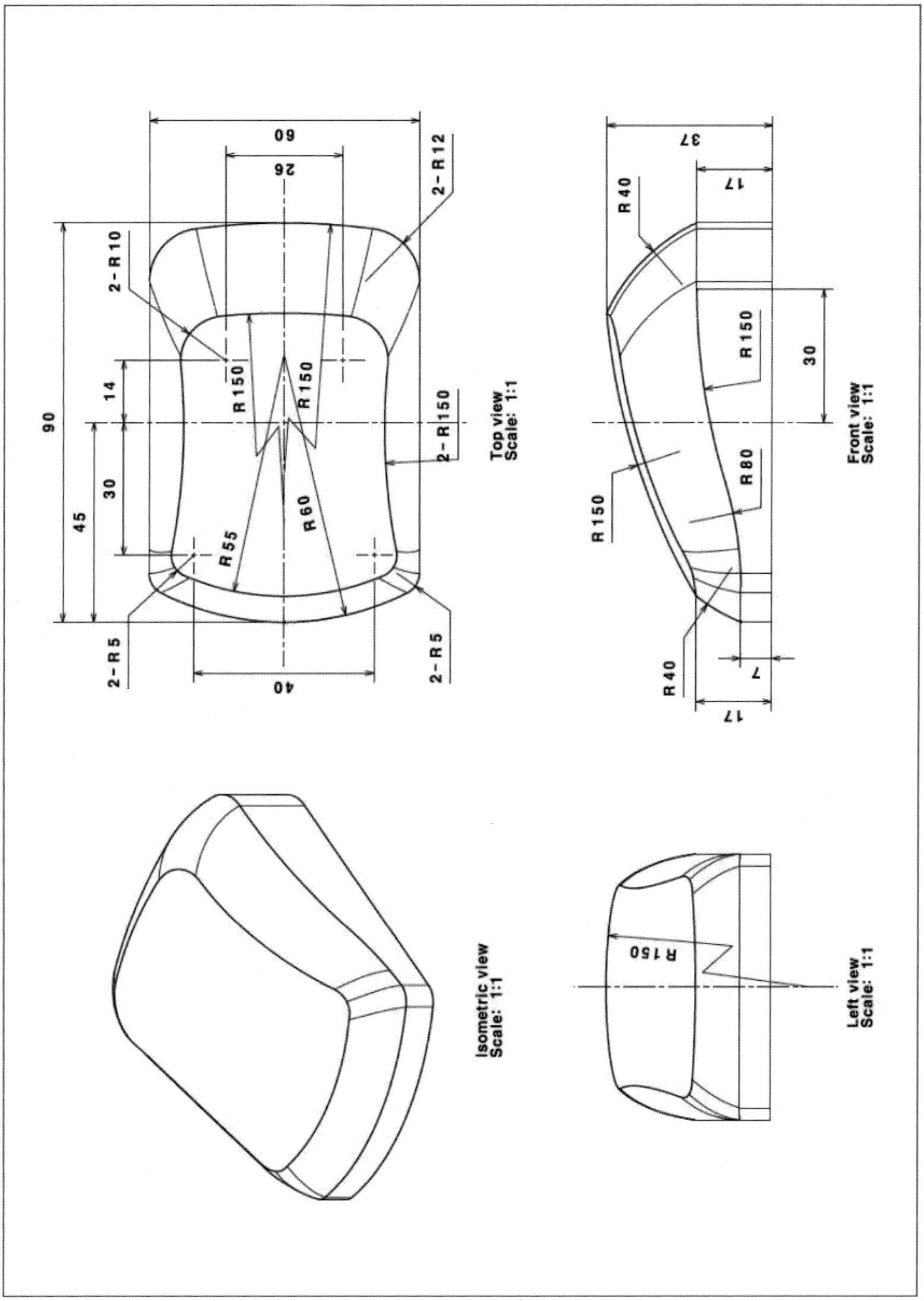
Top view
Scale: 1:1
Front view
Scale: 1:1
Isometric view
Scale: 1:1
Left view
Scale: 1:1

Ex_81

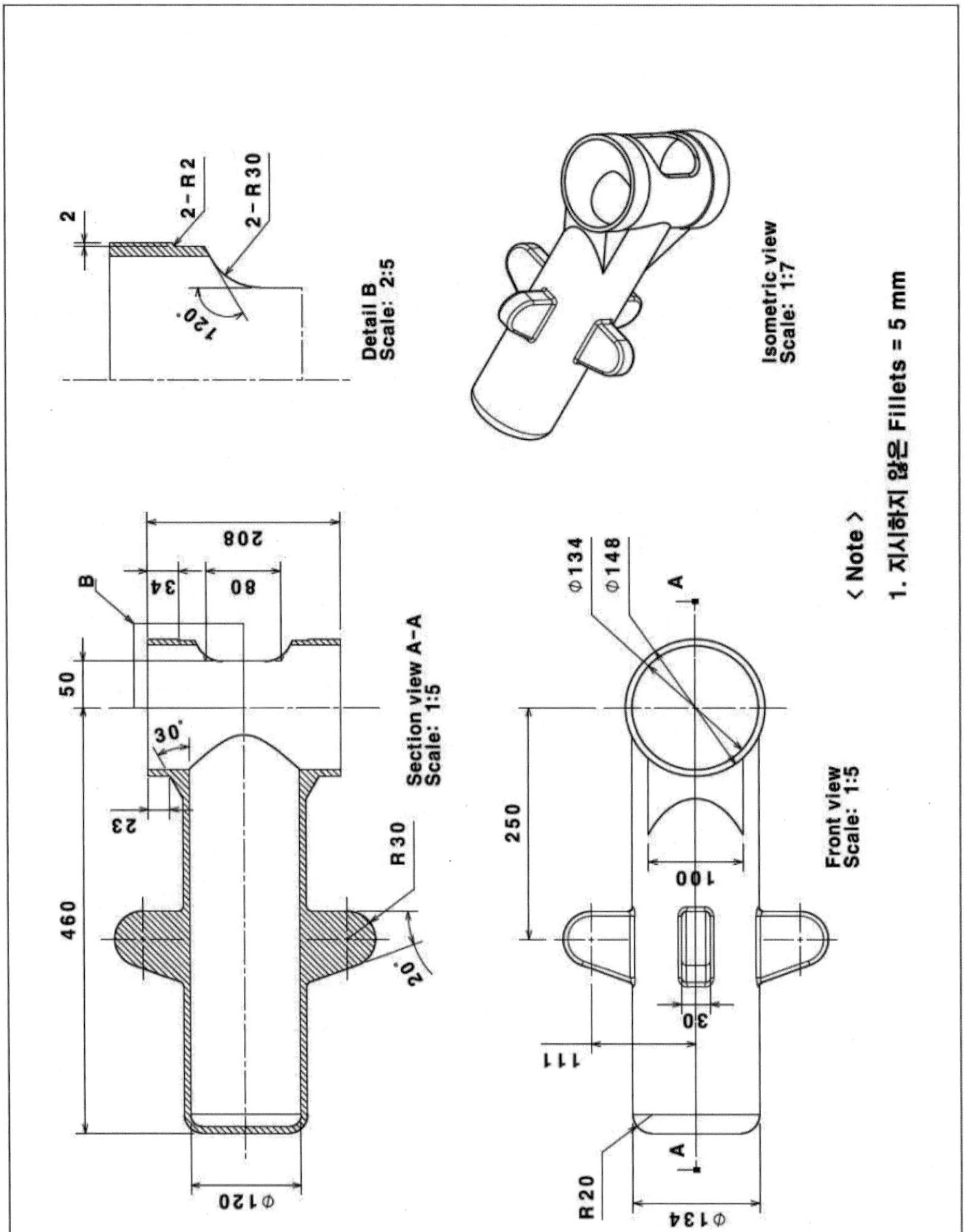
Section view A-A
Scale: 1:5
Detail B
Scale: 2:5
Isometric view
Scale: 1:7
Front view
Scale: 1:5
2
2-R2
2-R30
120°
208
34
80
50
B
30°
23
460
R30
20°
Φ120
Φ134
Φ148
A
250
100
30
111
R20
Φ134
< Note >
1. 지시하지 않은 Fillets = 5 mm

Ex_82

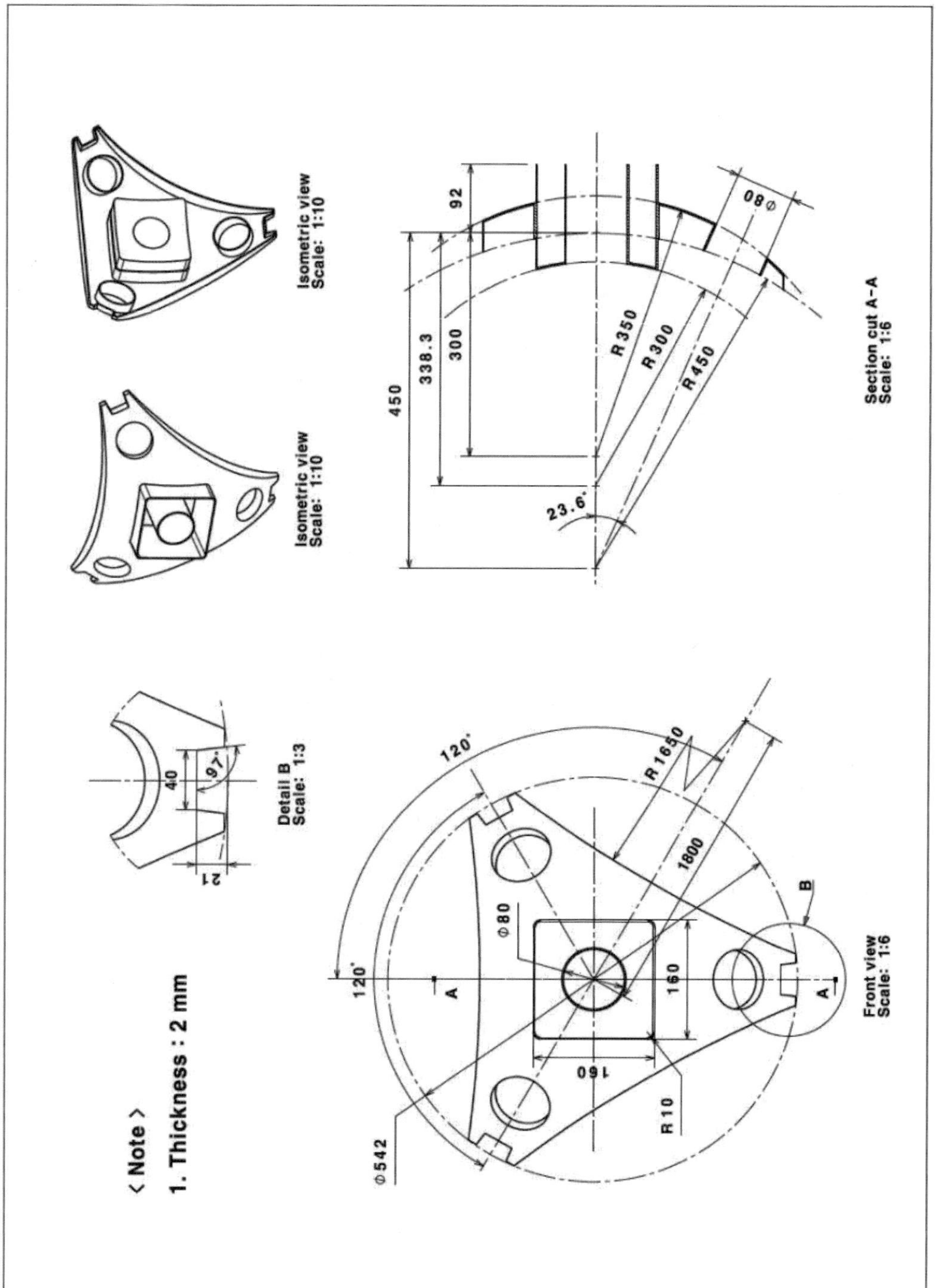

< Note >
1. Thickness : 2 mm
Detail B
Scale: 1:3
Isometric view
Scale: 1:10
Isometric view
Scale: 1:10
Section cut A-A
Scale: 1:6
Front view
Scale: 1:6

Ex_83

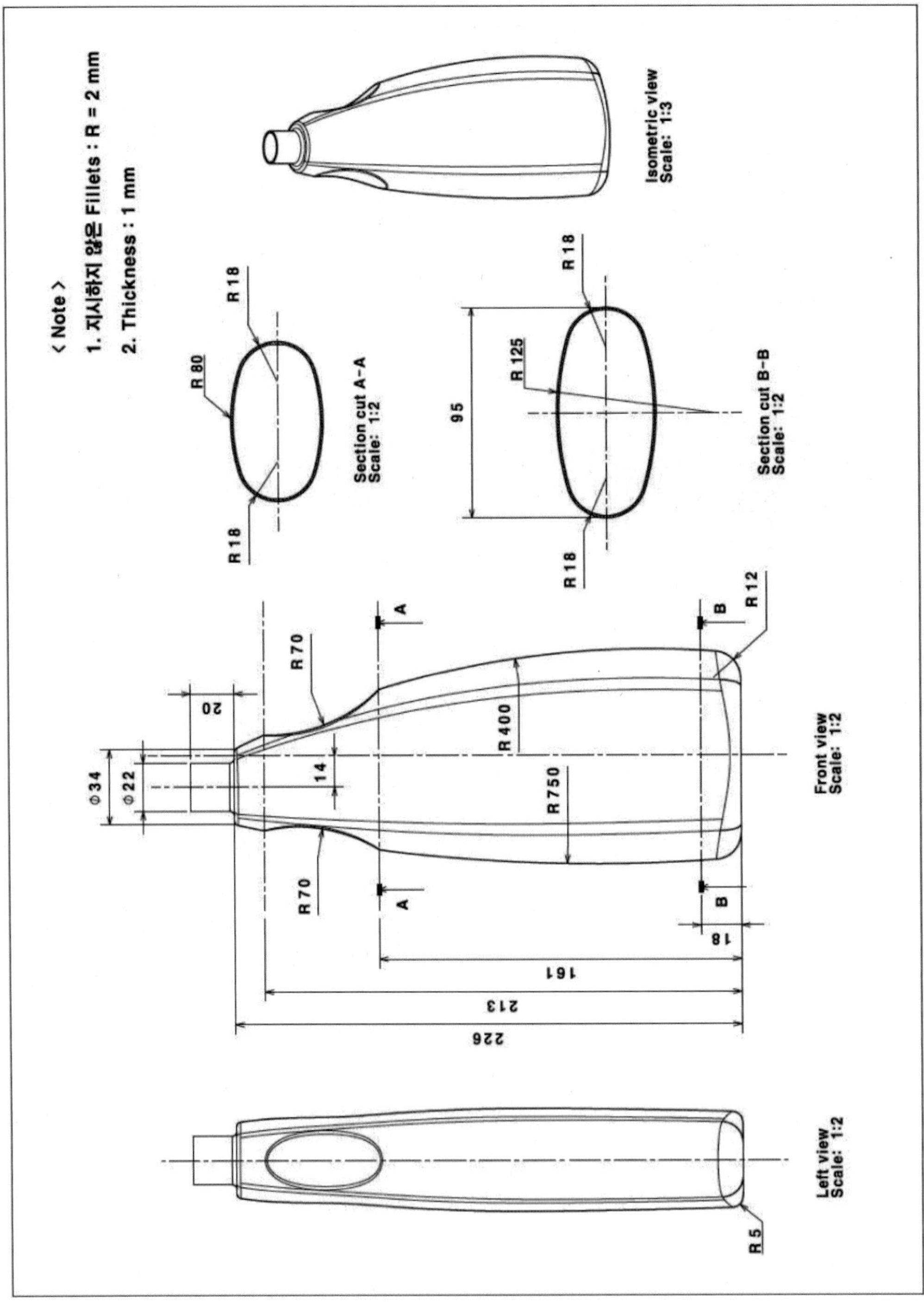

CATIA V5

Ex_84

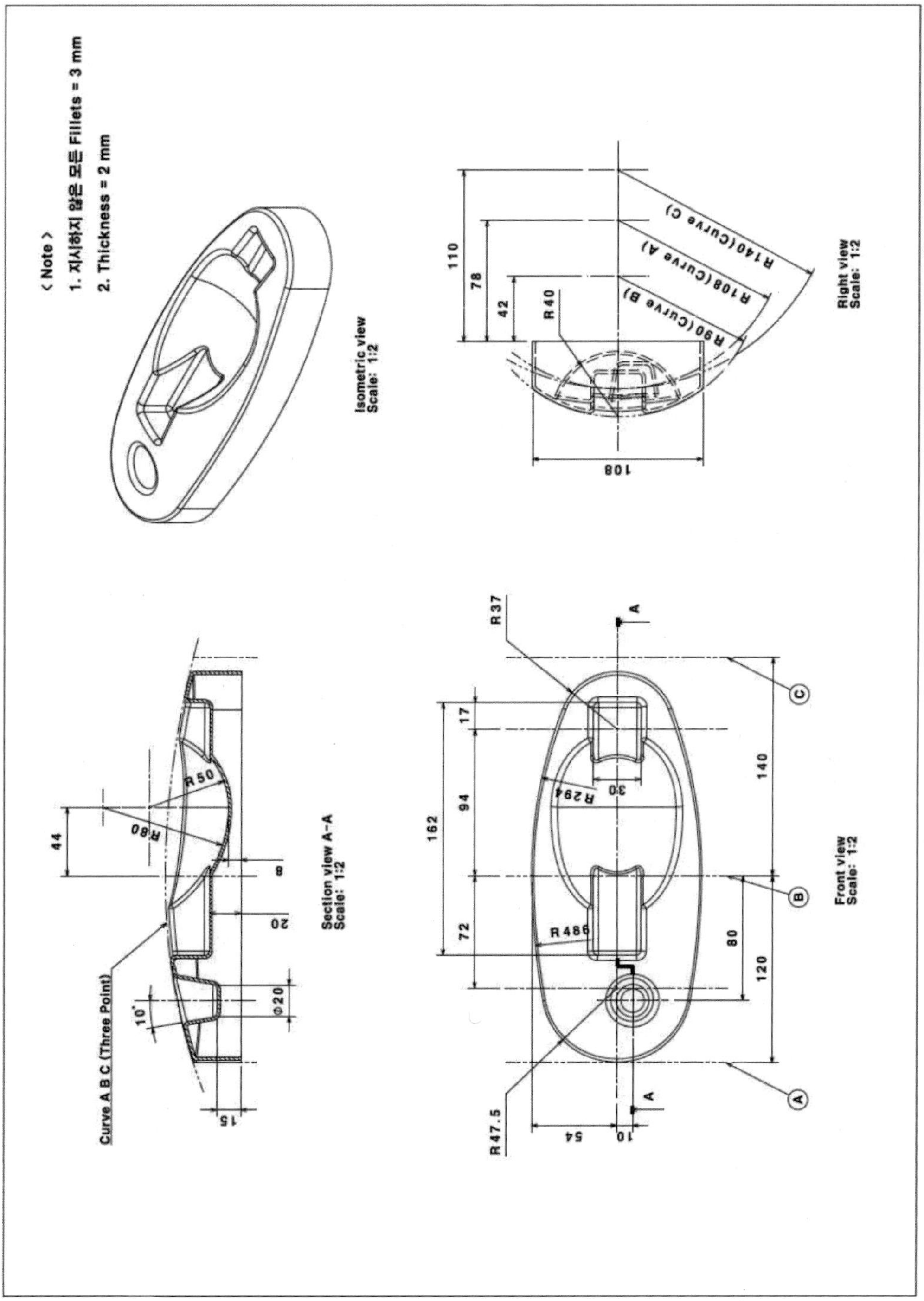
< Note >
1. 지시하지 않은 모든 Fillets = 3 mm
2. Thickness = 2 mm
Isometric view
Scale: 1:2
R140(Curve C)
R108(Curve A)
R90(Curve B)
R40
110
78
42
108
Right view
Scale: 1:2
Curve A B C (Three Point)
R50
R80
44
8
20
Φ20
10°
15
Section view A-A
Scale: 1:2
R37
R294
30
162
94
17
72
R486
R47.5
54
10
140
80
120
A
B
C
Front view
Scale: 1:2

Ex_85

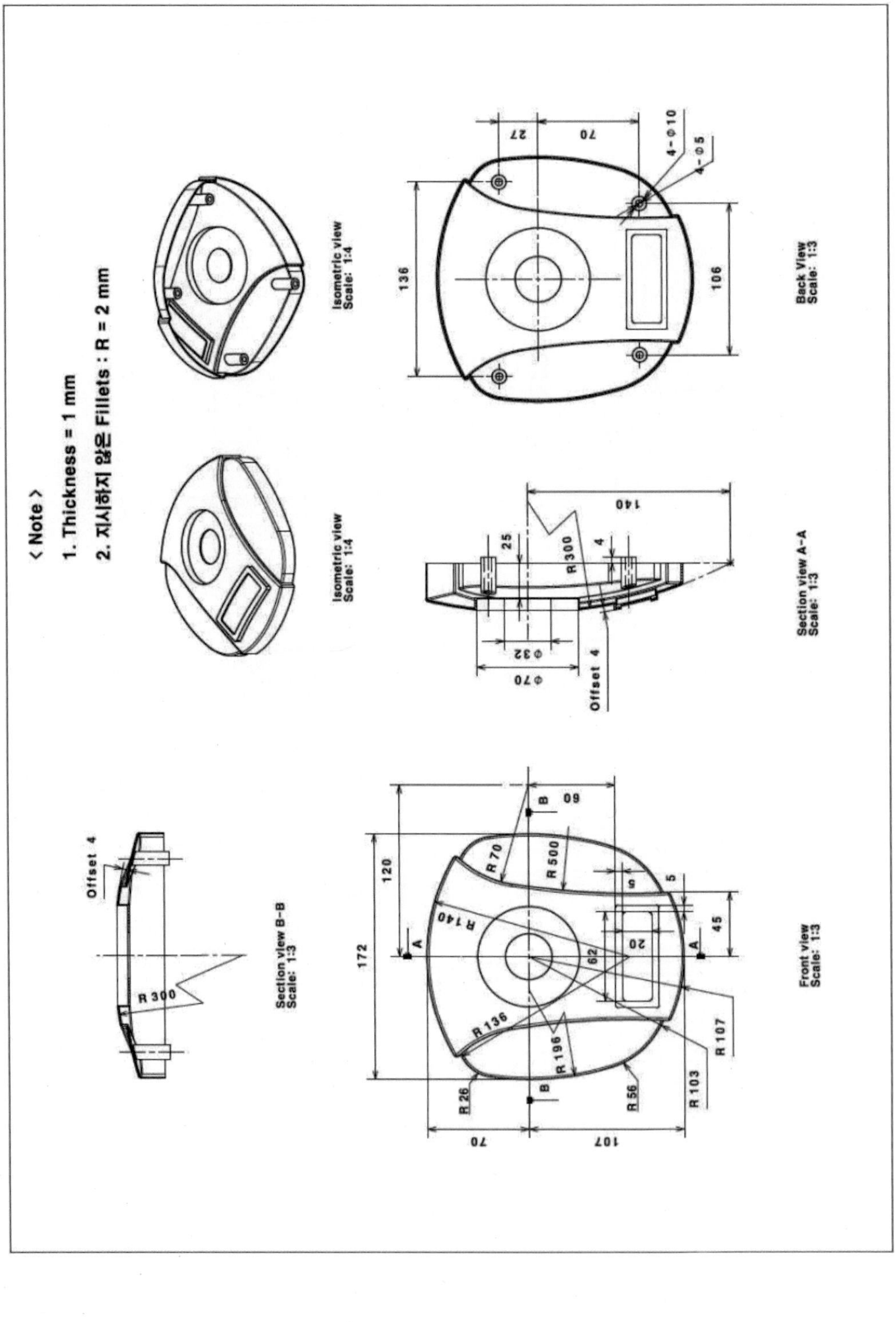

< Note >
1. Thickness = 1 mm
2. 지시하지 않은 Fillets : R = 2 mm
Isometric view Scale: 1:4
Isometric view Scale: 1:4
Section view B-B Scale: 1:3
Section view A-A Scale: 1:3
Back View Scale: 1:3
Front view Scale: 1:3
Offset 4
R 300
φ32
φ70
25
4
140
136
106
27
70
4-φ10
4-φ5
172
120
60
R 70
R 500
5
R 140
20
62
45
R 136
R 196
R 107
R 26
R 56
R 103
107

Ex_86

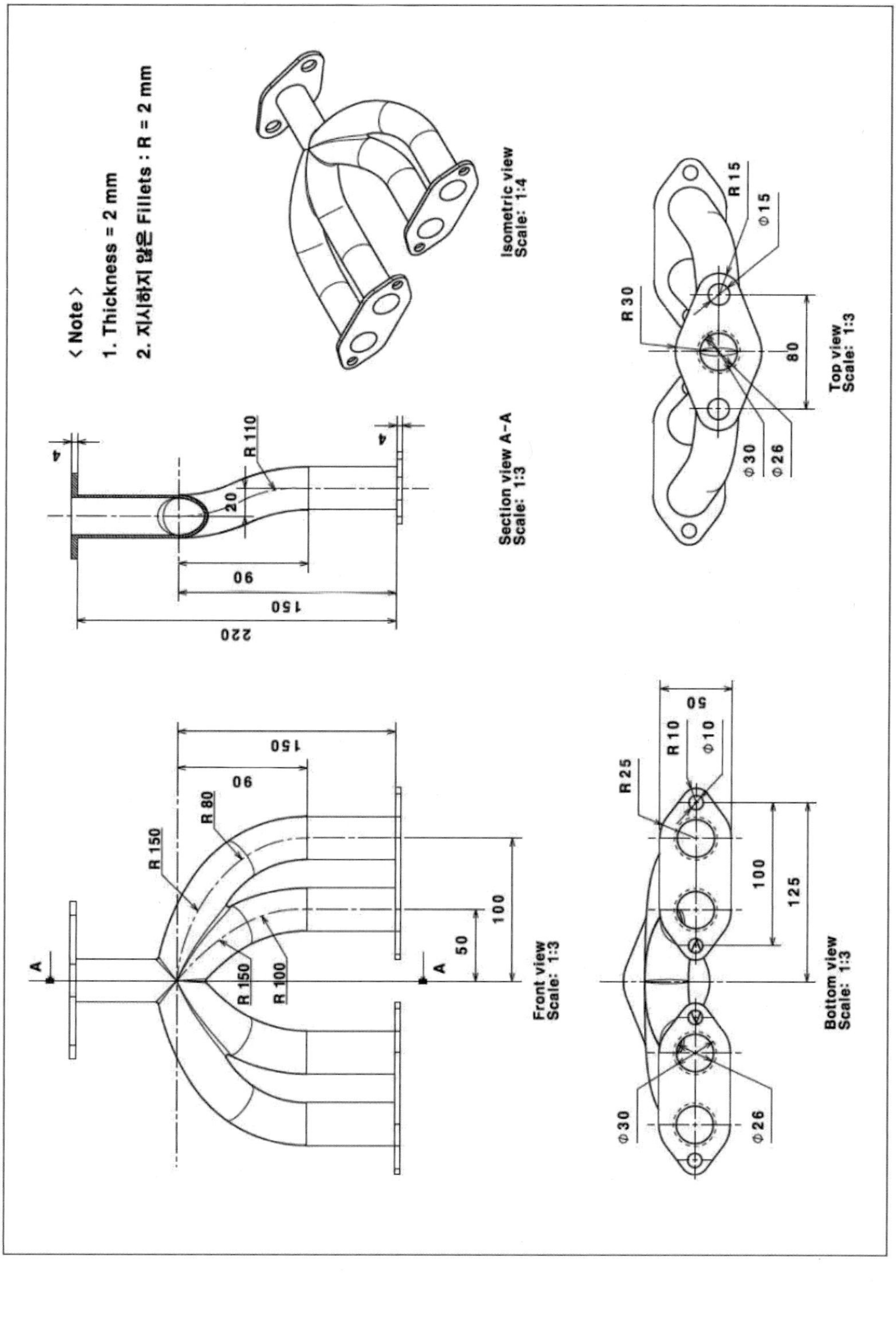

< Note >
1. Thickness = 2 mm
2. 지시하지 않은 Fillets : R = 2 mm
Isometric view
Scale: 1:4
Section view A-A
Scale: 1:3
Top view
Scale: 1:3
Front view
Scale: 1:3
Bottom view
Scale: 1:3

Ex_87

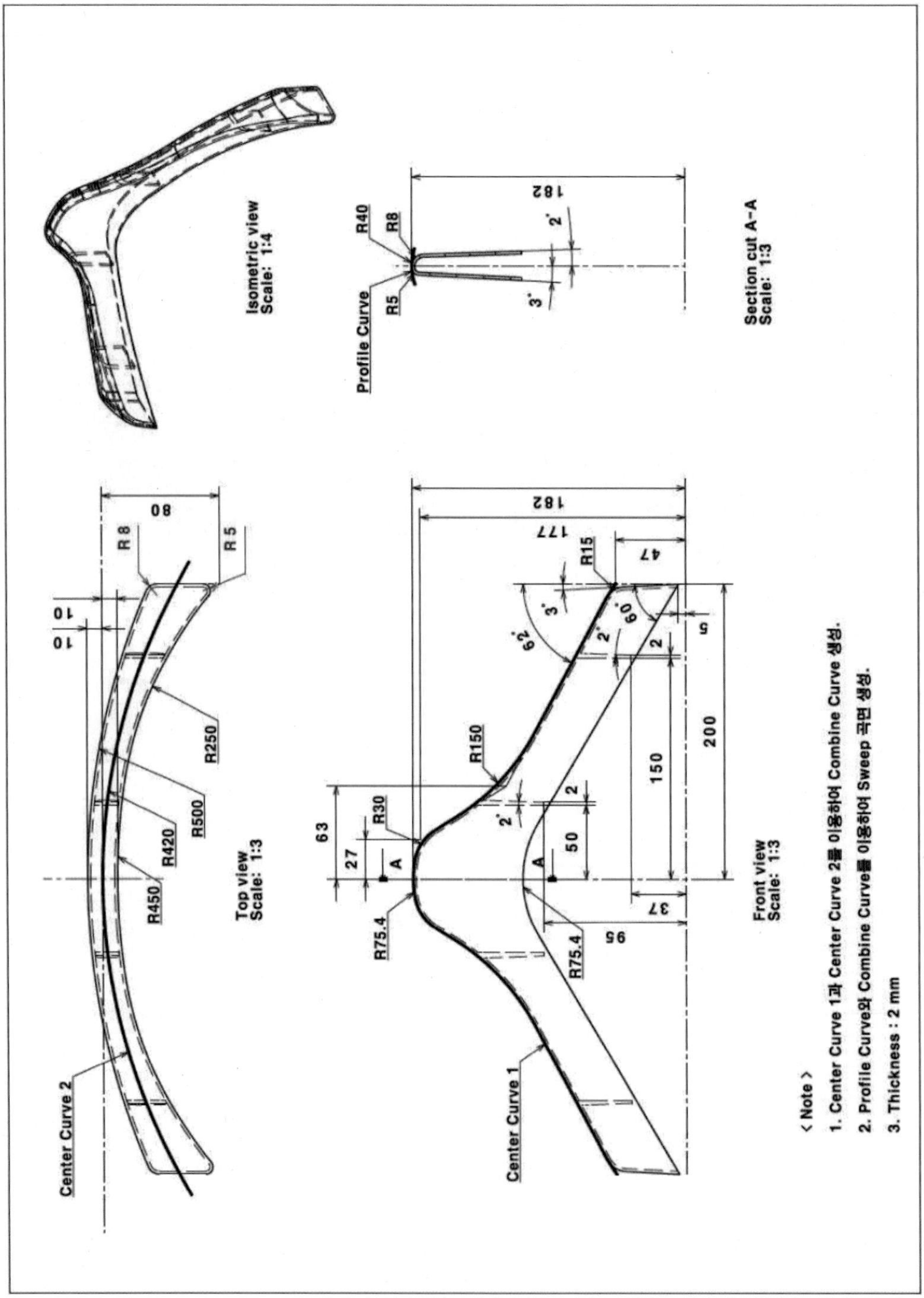
Isometric view
Scale: 1:4
Profile Curve
R5
R40
R8
3°
2°
182
Section cut A-A
Scale: 1:3
Center Curve 2
R450
R420
R500
R250
R 8
R 5
10
10
80
Top view
Scale: 1:3
Center Curve 1
R75.4
A
27
63
R30
2°
R150
2
50
R75.4
37
95
150
200
62°
3°
2°
60°
R15
47
2
5
177
182
Front view
Scale: 1:3
< Note >
1. Center Curve 1과 Center Curve 2를 이용하여 Combine Curve 생성.
2. Profile Curve와 Combine Curve를 이용하여 Sweep 곡면 생성.
3. Thickness : 2 mm

Ex_88

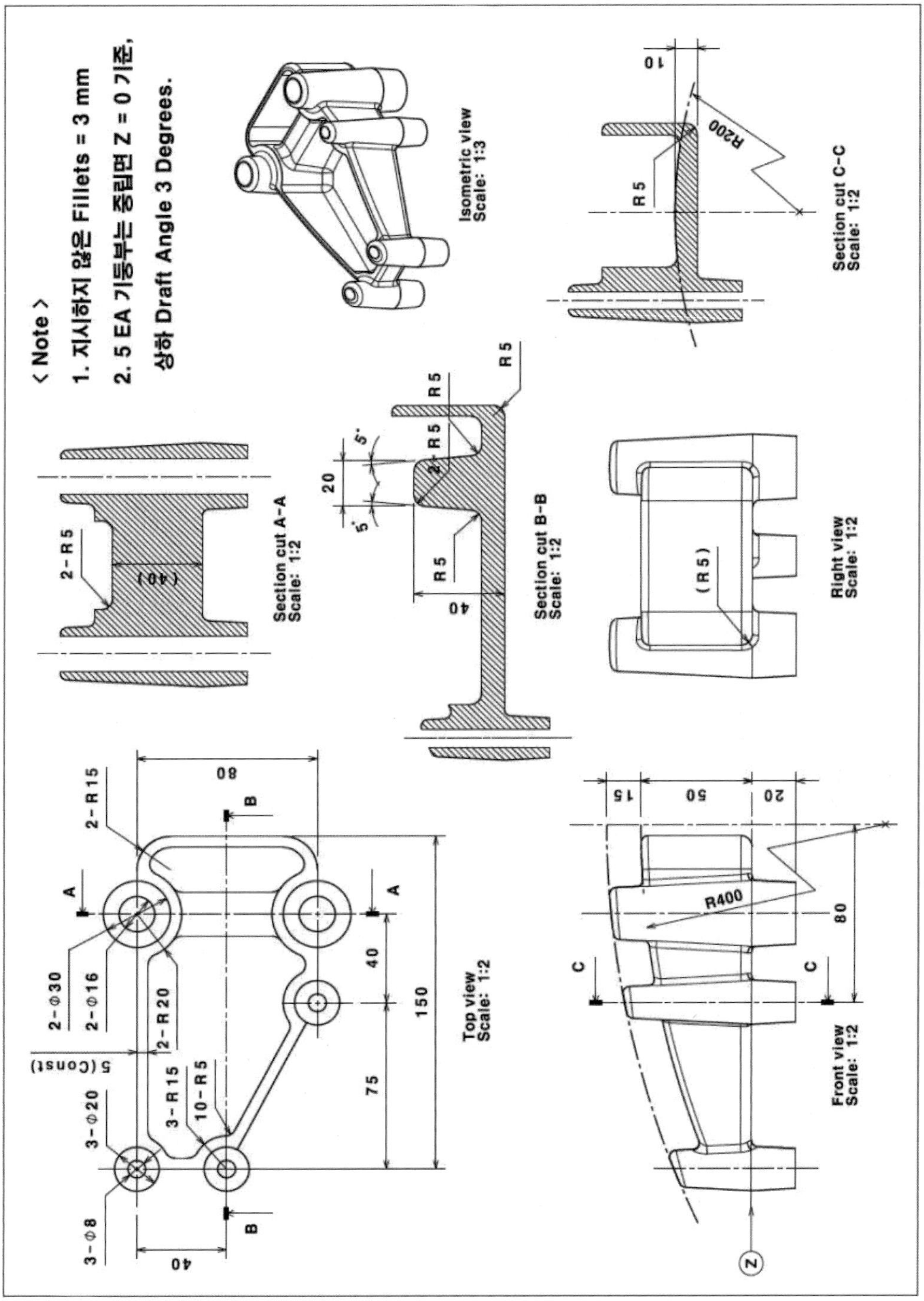

< Note >
1. 지시하지 않은 Fillets = 3 mm
2. 5 EA 기둥부는 중립면 Z = 0 기준,
상하 Draft Angle 3 Degrees.
Isometric view
Scale: 1:3
Section cut A-A
Scale: 1:2
Section cut B-B
Scale: 1:2
Section cut C-C
Scale: 1:2
Top view
Scale: 1:2
Right view
Scale: 1:2
Front view
Scale: 1:2

Ex_89

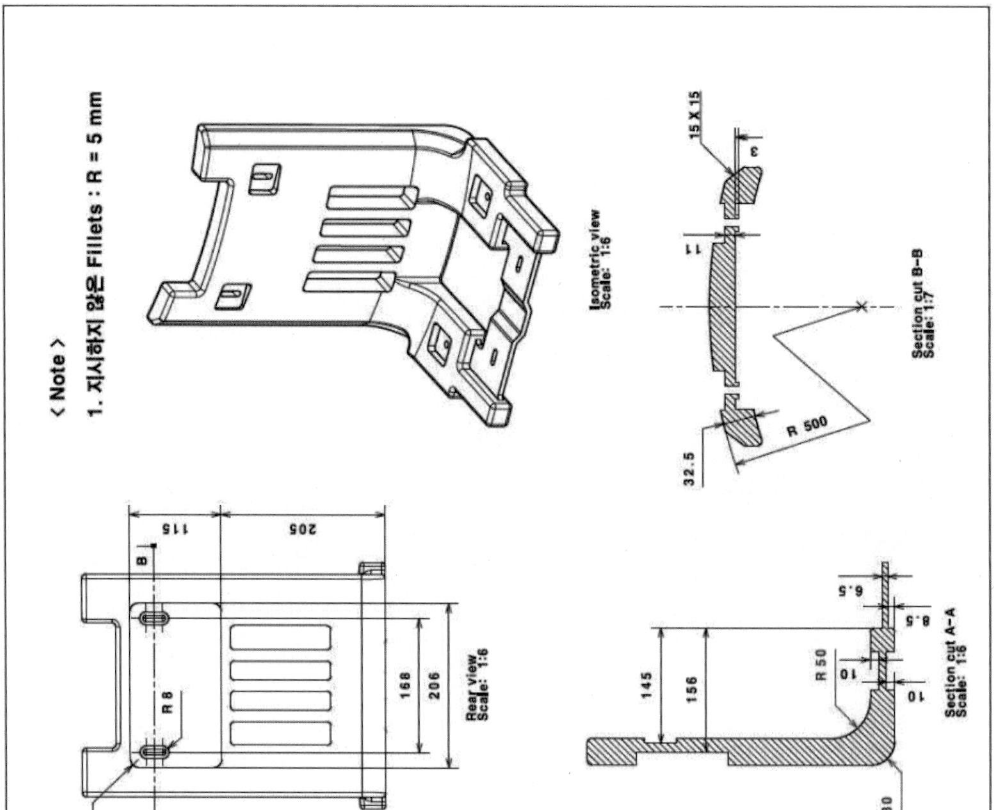

< Note >
1. 지시하지 않은 Fillets : R = 5 mm
Isometric view
Scale: 1:6
Top view
Scale: 1:6
Rear view
Scale: 1:6
Front view
Scale: 1:6
Section cut A–A
Scale: 1:6
Section cut B–B
Scale: 1:7

Ex_90

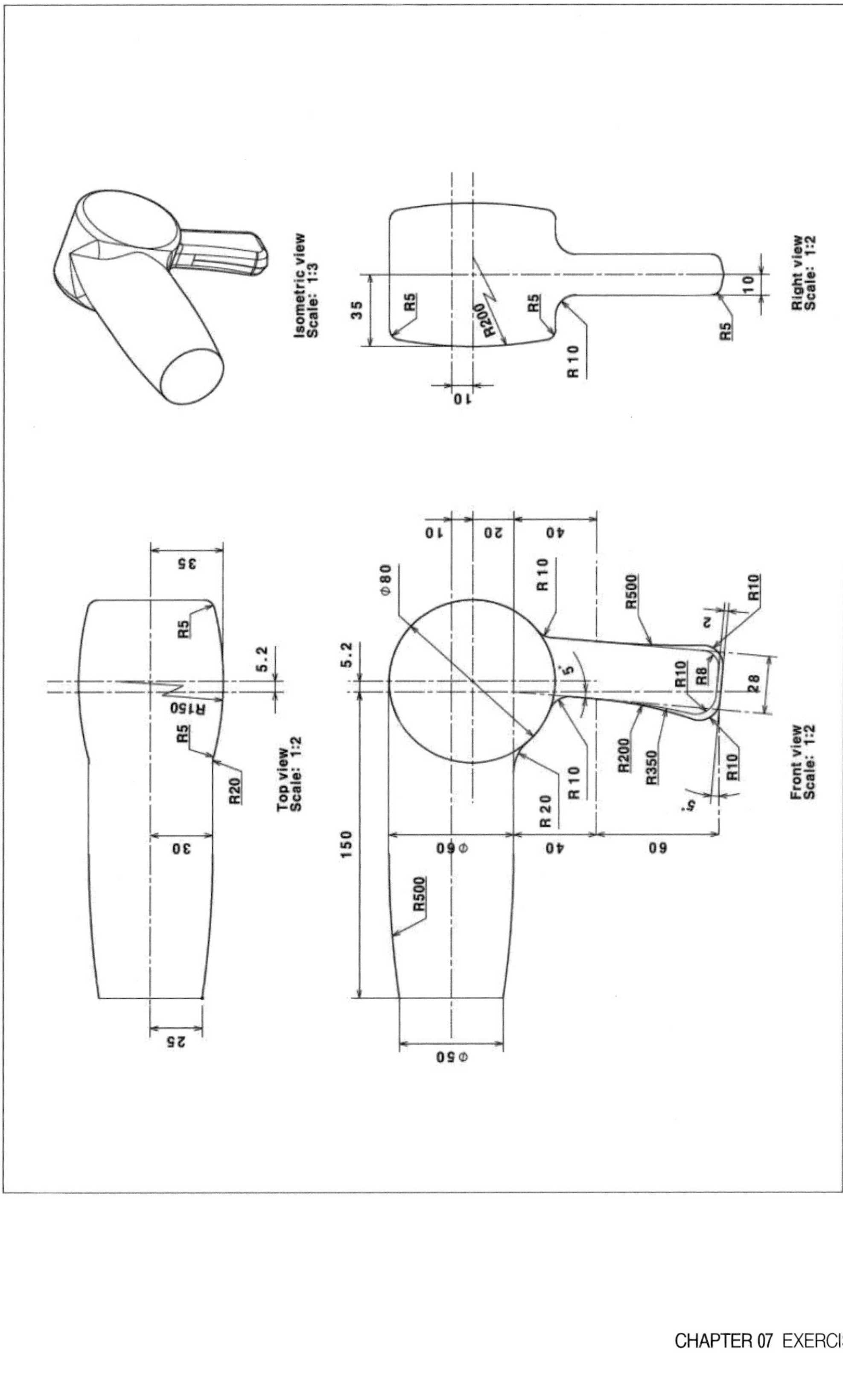
Isometric view
Scale: 1:3
Right view
Scale: 1:2
Top view
Scale: 1:2
Front view
Scale: 1:2

저자 소개

- **윤석범**
  전북대학교 기계설계공학부

- **육기철**
  전북대학교 기계설계공학부

- **김창동**
  동의과학대학교 기계계열

- **임재문**
  대덕대학교 기계설계과

정석 CATIA V5

발 행 일 | 2015년 6월 30일
3쇄인쇄 | 2019년 8월 1일

저 자 | 윤석범 · 육기철 · 김창동 · 임재문
발 행 자 | 최봉조
발 행 처 | 진샘미디어
주 소 | 서울특별시 은평구 연서로5길 28
부호아파트 102동 상가 5호
전 화 | 02)353-4421
F A X | 02)353-4431
Home-page | www.jinsaem.co.kr

신고번호 | 제311-2005-000025호
I S B N | 979-11-85504-40-7 (93550)

정가 27,000원